Weg und Einsätze des SS-Panzerregiments 5
Juni 1942 – April 1945
Moskau
Wolga
Don
Charkow
Poltawa
Donez
Tscherkassy
Isjum
Rostow
Simowniki
Dnjepro-
petrowsk
Amwro-
siewka
Kaspisches
Meer
Bug
Dnjepr
Kropotkin
Armawir
Dnjestr
Terek
Kuban
Malgobek
Maikop
Alagir
Schwarzes Meer
TÜRKEI
IRAN

Ewald Klapdor

Panzerkampf im Osten

Mit dem
SS-Panzerregiment 5 „Wiking“
an der Ostfront

Edition Zeitgeschichte

Titelseite: Das Hauptbild unten zeigt furtende Panzer der I. Abteilung des SS-Panzer-Regiments 5. Darüber sind zu sehen (v.l.n.r.): der „Panther“ mit der Turmnummer „501“ der 5. Kompanie; ein Stroßtrupp der 13. Panzer-Division in den Straßen von Rostow; der Autor Ewald Klapdor.

Bibliographische Information der Deutschen Bibliothek
Die Deutsche Bibliothek verzeichnet diese Publikation in der Deutschen Nationalbibliographie; detaillierte bibliographische Daten sind im Internet unter www.dnb.de abrufbar.

Den Gefallenen
des SS-Panzerregimentes 5
zum Gedächtnis

Erstveröffentlichung 1980 im Eigenverlag des Autors.

ISBN 978-3-942145-49-7

Edition Zeitgeschichte
Postfach 52, D-24236 Selent

Gedruckt in der Europäischen Union

Vorwort

Die ursprüngliche Konzeption dieser Arbeit ging davon aus, auf der Grundlage der von Kameraden zur Verfügung gestellten Originalunterlagen und auf der Grundlage persönlicher Erlebnis- und Erinnerungsberichte die Enstehung und den Einsatz des Regimentes darzustellen.
Der erste Entwurf zeigte allerdings bald die Unzulänglichkeiten dieses Versuches einer kriegsgeschichtlichen Darstellung. Nicht zuletzt auch angesichts bekannter Schwierigkeiten, verschiedene Aussagen zum gleichen Geschehen zur Deckung zu bringen, schien es notwendig, den Rahmen und das Gerüst der beabsichtigten Darstellung durch kriegsgeschichtlich gesicherte Daten abzustützen. Dies bedeutete die Suche nach offiziellen Unterlagen, die zur Zeit des Geschehens formuliert und von den damals kompetenten Organen anerkannt und niedergeschrieben worden sind (Kriegstagebücher mit ihren Anlagen).
Im Bundesarchiv in Freiburg fand ich die erbetene Hilfe und großes Entgegenkommen. Es gelang mir, Zugang zu offiziellen Unterlagen zu finden, die es ermöglichten, entscheidende Aussagen zu Einsatzschwerpunkten des Panzerregimentes 5 und der 5. SS-Panzerdivision Wiking auf eine kriegsgeschichtlich gesicherte Grundlage zu stellen. Die angesprochenen Einsatzschwerpunkte sind: Rostow, Ssagopschin, Malgobek, der Raum südwestlich Stalingrad, der Donezraum, Kowel, Brest Litowsk und Ungarn.
Um eine Kontinuität der Darstellung in den Jahren 1942–1945 zu erreichen, schien es weiterhin geboten, in Ausnutzung der Gegebenheiten zeitweise den Divisionsrahmen stärker zu betonen. Wiederholte Hinweise und Aussagen über die Einsätze vor allem der Grenadierregimenter sind die Folge.
Der jetzt tragfähige, kriegsgeschichtlich abgestützte Rahmen konnte die Aussagen aus den persönlichen Tagebüchern, Briefen und Erinnerungsberichten aufnehmen. Diese unentbehrlichen und belebenden Elemente sind für den Leser der eigentliche Zugang zu der Erlebnis- und Gefühlswelt der damals Handelnden, die notwendige Voraussetzung für das Verständnis einer Ausnahmesituation, wie sie ein Krieg darstellt.
Die persönlichen, im Kriege geschriebenen Tagebücher, Briefe und Gefechtsberichte werden dabei insbesondere der Forderung nach Geschehnisnähe gerecht. Denn je näher diese Unterlagen den Geschehnissen zeitlich stehen, um so weniger dürften sie beeinflußt sein durch an sich zwar wichtige, später gewonnene Einsichten und Kenntnisse oder aber auch durch Geschehnisüberlagerungen oder gar opportunistische Färbungen. Die ausgewerteten Erinnerungsberichte schildern das Erlebte nach bestem Vermögen des Berichtenden.
Die Verbindung dieser Unterlagen mit den Ergebnissen der Durchsicht amtlicher Quellen lege ich in dieser Arbeit vor mit der alleinigen Zielsetzung, dem Leser eine nützliche Orientierungshilfe zu bieten und seiner Urteilsbildung über einen Teil der deutschen Streitkräfte im Zweiten Weltkriege, über einen Teil der Waffen-SS, dienlich zu sein.

Unter den benutzten Nachkriegsveröffentlichungen befindet sich u. a. die Arbeit des russischen Armeegenerals S. M. Shtemenko, während des Krieges Chef der Operationsabteilung und stellvertretender Generalstabschef: „The soviet general staff at war 1941–1945“ in englischer Sprache. Da mir eine autorisierte deutsche Übersetzung nicht bekannt war, sind die entnommenen Zitate eine Eigenübersetzung.
Zur Form der Darstellung ist anzumerken, daß zwei verschiedene Schrifttypen die schnellere Unterscheidung von Zitaten und Eigendarstellung erleichtern.
Abschließend danke ich an dieser Stelle Wolf Schneider für sein persönliches Tagebuch, das mir eigentlich den Mut zu meinem Vorhaben gegeben hat.
Den Kameraden Hein und Dr. Renz sei Dank für die Überlassung noch in ihrem Besitz befindlicher Originalunterlagen, die zur Darstellung der Kämpfe im Jahre 1944 hilfreich waren.
Dem Geschäftsführer der Truppenkameradschaft Panzerregiment 5, dem Kameraden Proschek, danke ich für seine organisatorische Hilfe bei der Sammlung der Unterlagen.
Besonderen Dank schulde ich Herrn Oberarchivrat Meyer und seinen Mitarbeitern im Bundesarchiv Freiburg für die bereitwillige und wertvolle Unterstützung.
Schließlich danke ich allen Kameraden, die ihre Beiträge zur Verfügung gestellt und sich um die Erstellung dieser Arbeit bemüht haben.

Im Dezember 1980 Ewald Klapdor

I. Aufstellung und Verlegung der SS-Panzerabteilung 5 an die Ostfront

Tr.Üb.Pl. Wildflecken und Sennelager-Stauhmühle

Die am Anfang des II. Weltkrieges, am 1. 9. 1939, im Rahmen der SS-Verfügungstruppe bestehenden 4 Regimenter: „Leibstandarte Adolf Hitler", „Deutschland", „Germania" und „Der Führer", sowie Spezialtruppenteile: Artillerie, Nachrichten- und Pioniereinheiten, waren bis zum Anfang des Jahres 1941 verstärkt, erweitert, zusammengefaßt bzw. umgegliedert worden in 4 mot. Divisionen: „Leibstandarte", „Das Reich", „Totenkopf" und „Wiking".
Mit der Verordnung vom 12. März 1940 (RGBL I S. 512, in „Soldaten wie andere auch" S. 66 Munin Verlag) war auch der bis dahin übliche Name „SS-Verfügungstruppe" in „Waffen-SS" geändert worden.
Die genannten 4 Divisionen hatten sich im ersten Jahr des Rußlandfeldzuges 1941 im Rahmen der größeren, operativen Verbände des deutschen Feldheeres durch ihren Einsatz und militärische Leistungen ausgezeichnet. In diesem Umstand kann ein maßgebender Beweggrund gesehen werden für die Absicht, diese Divisionsverbände durch Panzereinheiten zu verstärken bzw. zu Panzerdivisionen zu erweitern, und darüber hinaus zusätzliche Divisionsverbände aufzustellen.

Im Frühjahr 1942 befinden sich auf dem Truppenübungsplatz Wildflecken in der Rhön zeitweise die Aufstellungsstäbe für 3 Panzerabteilungen. Die Führer dieser Aufstellungsstäbe und gleichzeitig die für die aufzustellenden Abteilungen vorgesehenen Kommandeure sind Sturmbannführer Mühlenkamp für die Panzerabteilung der Division „Das Reich", Sturmbannführer v. Reitzenstein für die der Division „Wiking" und Sturmbannführer Schönberger für die der Division „Leibstandarte".
Wie sich Sturmbannführer Mühlenkamp nach dem Kriege erinnert, war die Frage der endgültigen Zuordnung der 3 Abteilungen zunächst offen bzw. unklar. Sie wurde später entschieden durch die Dringlichkeit der Anforderung. So wurde durch das Herausziehen der Division „Das Reich" aus der Ostfront die ursprünglich für sie bestimmte Abteilung jetzt der Division „Wiking" zugeordnet, die sich in der Miusstellung auf die kommenden Sommeroperationen des Jahres 1942 vorbereitete.
Einer im Archiv des Traditionsverbandes Wiking e.V. vorliegenden Verfügung des SS-Führungshauptamtes (Org. Tgb. Nr. 2310/42 geheim vom 18. 4. 1942) entnehmen wir unter Punkt 1:
*„Auf Befehl des Führers wird eine 3. SS-Panzer-Abteilung aufgestellt.
Die mit Verfügung SS-FHA, Org. Tgb. Nr. 830/42 geh. vom 11. 2. 42 aufgestellte SS-Panzerabteilung für die Div. „Reich" führt die Bezeichnung „SS-Panzer-Abteilung 5" und gehört nunmehr zur SS-Division „Wiking". Die mit heutigem Befehl aufgestellte 3. SS-Panzer-Abteilung gehört zur SS-Division „Reich" und wird mit dem Aufstellungstag dieser unterstellt. Sie führt die Bezeichnung „SS-Panzer-Abteilung 2".*

Die außerordentlich schnelle Erweiterung der Regimenter der Waffen-SS in Divisionsverbände und ab 1942 in spezialisierte Panzerverbände stellte neben quantitativ personelle ungewöhnliche qualitativ technische Probleme.
Das Moment der Bewegung auf dem Gefechtsfeld in einem wie ein Boot auf mäßig bewegter See schlingernden Gefechtsfahrzeug aus Stahl, das der Wirkung der feindlichen Waffen offen ausgesetzt ist, erforderte von allen eine gedankliche und körperliche Umstellung des bisherigen Gefechtsverhaltens. Die Besatzungen mußten zu Kampfgemeinschaften auf engstem Raum zusammenwachsen, wobei jeder Einzelne, ob Fahrer, Funker, Ladeschütze oder Richtschütze, mit dem Grad seiner Funktionstüchtigkeit den Kampfwert des Panzers bestimmte.
Unter den eingeengten Sichtverhältnissen, bei der einzigen Verständigungsmöglichkeit durch Funk und Kopfhörer mußten die Führung des einzelnen Kampfwagens ebenso wie die Führung der Einheiten und des Abteilungsverbandes in einer kurzen, ungewissen Zeit geübt und beherrscht werden.
Im Rahmen der Waffen-SS gab es zu diesem Zeitpunkt keine Ersatzverbände, die über Stämme an Spezialisten für Panzereinheiten verfügten. Sturmbannführer Mühlenkamp berichtet, daß er die Möglichkeit erhielt, uneingeschränkt die geeignet erscheinenden Männer, Unterführer und Führer in den Standorten der Ersatzeinheiten der Frontdivisionen der Waffen-SS auszuwählen und auf dem Truppenübungsplatz Wildflecken zusammenzuziehen.
Diese zum Teil bereits fronterfahrenen Soldaten trafen nun in den beiden ersten Monaten 1942 dort ein. Es waren Männer vom Ersatzbataillon des Regimentes Deutschland in Prag, vom Ersatzbataillon des Regimentes Germania in Hamburg-Langenhorn und einer Ersatzeinheit in Apeldoorn in Holland.
Wildflecken selbst, so berichtet der Führer der späteren 2. Kompanie der SS-Panzerabteilung 5, Obersturmführer v. Staden, in seinem Tagebuch, ist zu dieser Zeit mit einer Schneedecke von 1,50 m ausgesprochen panzerunfreundlich. Die zunächst vorgesehenen Beutepanzer vom Typ „Hotchkiss“ blieben infolgedessen
„zu 75 % auf der Rampe und zu weiteren 10 % an der Zufahrtstraße zum neuen Lager stehen.“
„Zum 15. 2. sollten unsere Ausbildungskurse beginnen“, berichtet v. Staden, *„unheimlich pünktlich, schon am 19. 2., hörten wir den ersten Unterricht . . .“*
„Am 4. 3. beginnt die erste Panzerfahrschule, und am 12. 3. übernimmt die Abteilung ihre ersten Panzer.“[1]
Während die Ausbildungskurse bereits laufen, können auch endlich die noch ausstehenden personellen Entscheidungen getroffen werden,
„als am 10. 3. die vom Kommandoamt festgelegte Einsetzung der Kompaniechefs und Führer eintraf.“[1]
Chef der 1. Kompanie wurde Obersturmführer Schnabel,
Chef der 2. Kompanie Obersturmführer v. Staden und
Chef der 3. Kompanie Hauptsturmführer Darges.
Die Stabskompanie führte Obersturmführer Gaipel, und zwar mit dem
Aufklärungszug unter Untersturmführer Martin, dem

1) Tagebuch v. Staden

Kradschützenzug unter Untersturmführer Hein, dem
Pionierzug unter Untersturmführer Schraps und dem
Nachrichtenzug unter Untersturmführer Köntop.

Die endgültige Zuweisung der Panzer erfolgte am 27. 3. 1942. Die Masse der Kampfwagen vom Typ Panzer III für die 1. und 2. Kompanie war bereits mit der Kanone 5 cm KWK 39/L 60 ausgerüstet. Diese leistungsstärkere Kanone L 60 gab der Panzergranate 40 eine Anfangsgeschwindigkeit von 835 m/sec und der Stahlkerngranate eine solche von 1198 m/sec (Rudolf Lusar: Die deutschen Waffen und Geheimwaffen im II. Weltkrieg S. 74). Dieser Umstand war geeignet, das Vertrauen der Panzermänner in ihre neue Waffe zu stärken. Die 3. Kompanie der SS-Panzerabteilung 5, die sogenannte schwere Kompanie, sollte mit dem Panzerkampfwagen IV mit der Kanone 7,5 cm KWK L 43 lang, der später KWK 40 genannten Kanone, ausgestattet werden.

Die Ausbildung an Waffen und Gerät, die Fahrausbildung und die Gefechtsausbildung wurden entscheidend geprägt von Offizieren der Panzertruppe des Heeres. Der Leiter dieses Ausbildungskommandos war Hauptmann Phillip. Mit ihm bemühten sich Hauptmann Kertscher, Oberleutnant Euler und die Leutnante Böckler und Rößler u. a. um den Ausbildungsstand der Abteilung. Sowohl der Kommandeur der Abteilung, Sturmbannführer Mühlenkamp, als auch Obersturmführer v. Staden, der möglicherweise engere Berührung mit diesen Ausbildern gehabt hat, erkennen dankbar die Arbeit dieser Herren an.

Anfang Mai 1942 war die Phase der Aufstellung, der Ausrüstung, der Fahrausbildung und der Grundausbildung an Waffen und Geräten beendet. Die SS-Panzerabteilung 5 wurde auf den Truppenübungsplatz Stauhmühlenlager bei Paderborn verlegt, um hier die Schieß- und Gefechtsausbildung verstärkt zu betreiben mit dem Ziel der kurzfristigen Herstellung der Feldverwendungsfähigkeit.
Am 31. 5. 1942 berichtet das Tagebuch des Chefs der 2. Kompanie von der ersten Abteilungsübung, die ein Vorbeimarsch vor dem SS-Gruppenführer Krüger beendete. Dieser fand lobende Worte für den Leistungsstand und drückte seine Überzeugung aus, *„daß die Abteilung jede ihr gestellte Aufgabe meistern wird.“*[1]
Bis zu diesem Zeitpunkt hatten sich Führer, Unterführer und Männer, zum überwiegenden Teil aus motorisierten Verbänden kommend, mit Begeisterung in vielen Lehrgängen mit den panzerspezifischen, neuen Aufgaben vertraut gemacht. Planspiele und Verbandsübungen hatten die Führer und Unterführer die Führungsgrundsätze von Panzern und Panzerverbänden gelehrt. Die Dienstfreude, der Stolz auf die Zugehörigkeit zu dieser bevorzugten Waffengattung, deren Anfänge im Rahmen der Waffen-SS hier mitgestaltet wurden, waren spürbar.

Mit der Rückkehr der letzten Führer, der Untersturmführer Dedelow und Flügel von der 3. Kompanie und Obersturmführer Klapdor von der 1. Kompanie, von einem Schießlehrgang der Panzertruppenschule des Heeres in Putlos an der Ostsee geht auch die Ausbildungszeit im Staumühlenlager zu Ende.

1) Tagebuch v. Staden

In den ersten Junitagen beginnen die Vorbereitungen für die Verlegung der Abteilung an die Ostfront. Natürlich finden in den Orten der Umgebung wie Paderborn, Bielefeld, Ahlen und vor allem in Bad Pyrmont „Abschiedsabende“ statt.
In den Nachmittagsstunden des 9. Juni 1942 ist die Ausbildung auf deutschen Übungsplätzen abgeschlossen. Die Transporte der ersten Panzerabteilung der Waffen-SS, der SS-Panzerabteilung 5, mit zunächst 3 Kompanien, der Stabskompanie und 2 Kampfkompanien, letztere zu je 3 Zügen mit je 5 Panzern, rollen an die Ostfront.
Von der 3. Kp., der schweren Kompanie, werden nur die mit der 7,5 cm Kanone kurz ausgestatteten Teile mitgeführt; die für die 7,5 cm lang bestimmten Teile sollen nachgeführt werden. Alle Panzer tragen an den Türmen dreistellige Ziffern, von denen die erste die Nummer der Kompanie, die zweite die des jeweiligen Zuges und die dritte die des Kampfwagens in jedem Zuge darstellt. Wie alle anderen Fahrzeuge tragen auch die Panzer das Kennzeichen der Division Wiking, zu der sie gehören, das Sonnenrad.

Amwrosiewka

„*Acht Tage geht nun schon diese Fahrt*“, heißt es in einem Brief vom 16. Juni 1942, „*noch einmal durch das schöne Deutschland: Harz, Thüringen, Sachsen und Schlesien. Weiter ging es durch Polen. Wie schroff sind doch die Gegensätze! Wieder diese schmutzigen, verwahrlosten Dörfer, Wege, zerlumpten Menschen. Dann ging es wieder hinein in die unendliche Weite Rußlands. Eigentümlich, wir fahren ungefähr dieselbe Strecke, die damals auch unseren Vormarsch sah, Lemberg, Tarnopol. Erinnerungen, Gefechte stehen vor mir. Und doch kann man kaum begreifen, daß sich das alles vor einem Jahr hier abgespielt haben soll. Ein Bahnbetrieb wie im tiefsten Frieden.*
Niedergebrannte, zerschossene Häuser, abgeschossene, herumstehende Panzer erinnern noch an die Härten und Schrecken des Vorjahres. Der größte Teil der Äcker ist bestellt.
In Dnepropetrowsk ging es wieder über den Dnepr. Um manche Stelle dieser Bahn haben wir selbst gekämpft. Ein eigentümliches Wiedersehen mit diesem Dnepropetrowsk. Wer denkt heute noch daran, daß hier damals die Hölle los war?
Nun liegt auch der Dnepr schon weit hinter uns. Das Wetter ist heute zum ersten Male etwas freundlicher. Bisher regnete es fast dauernd. Der ganze Weg, vor allem Haltepunkte und Bahnhöfe, wimmeln von Kindern und Erwachsenen, die Seife, Brot und Zigaretten wollen und dagegen Eier eintauschen.“[1]
Die SS-Panzerabteilung 5 der SS-Division Wiking befindet sich seit dem 9. 6. 1942 im Eisenbahnmarsch auf dem Wege in den Einsatzraum der Division am Mius, einem Fluß, der in Nord-Südrichtung an Kuybyschew, Metwjewskurgan vorbei sich westlich Taganrog in das Asowsche Meer ergießt. Er bestimmte in den schweren Winterkämpfen 1941/1942 den Frontverlauf nördlich des Asowschen Meeres.
Folgen wir zunächst dem Bericht des Obersturmführers Klapdor:[1]
„*Nach neuntägiger Bahnfahrt in normalen Personenzugwagen der 3. Klasse mit Holzbänken nähern wir uns am 18. 6. 1942 unserem vorläufigen Ziel, der Stadt Amwrosiewka, etwa 70 km*

1) Bericht Klapdor

nordnordwestlich Taganrog am Asowschen Meer. Ein Jahr zuvor hatten wir die gleiche Strecke in fünfmonatigem Kampf zurückgelegt.
Wohl jeder von uns empfindet den Wechsel von Heimat, tiefer Etappe und Frontnähe in dieser letzten Nacht, deren Dunkelheit immer wieder ein fernes Wetterleuchten durchzuckt, der Feuerschein nächtlicher Artillerieduelle. Ein kaum kontrollierbares Gefühl der Beklommenheit ist jedoch schnell abgeschüttelt in der Helligkeit und Geschäftigkeit des folgenden Tages.
Die Ausladungen in den frühen Morgenstunden des 18. 6. 1942 vollziehen sich in der gewohnten Ordnung. Die Quartiere sind vorbereitet. Wir sind wieder Gäste in den einfachen, russischen Häusern oder richten uns in unseren Zelten ein. Eine wie selbstverständlich vertraute Umgebung, die nur für einen Augenblick durch den Aufenthalt im Reich unterbrochen gewesen zu sein scheint.“
Bis zum 19. 6. 1942 sind die Transporte der SS-Panzerabteilung 5 eingetroffen und entladen. Die Masse der Abteilung bezieht ihre Unterkünfte in Amwrosiewka, die 2. Kompanie in Wassiljewka, wie Obersturmführer v. Staden berichtet. Sein Tagebuch berichtet für den 20. 6. eine Abteilungsbesprechung aller Führer auf dem Divisions-Gefechtsstand in Uspenskaja. In dieser Besprechung verweist der Divisions-Kommandeur auf den besonderen Charakter der Division Wiking als eines Verbandes, in dem Freiwillige aus fast allen nord- und westeuropäischen Völkern sich einer gleichen Aufgabe und einem gleichen Ziel verschrieben haben. Rücksicht auf die nationalen Eigenarten, Einfühlungsvermögen, besonders elastische Menschenführung sind die besonderen Forderungen an jeden Führer in dieser Division Wiking.
Die Einweisung in die militärische Lage deutet die kommenden Aufgaben der Division an. Die noch verbleibende Zeit ist zu nutzen für die Erweiterung und Vervollkommnung der Ausbildung.
Am 29. 6. 1942 besichtigt der Divisions-Kommandeur, Gruppenführer Steiner, die Abteilung in Amwrosiewka. Er begrüßt sie als neues Element seiner Division, als einen erfolgversprechenden Zuwachs ihrer Kampfkraft.

In Amwrosiewka, wo außer der Panzerabteilung 5 auch das Feld-Ersatz-Bataillon untergebracht ist, wird der Dienstbetrieb, der lediglich durch die neuntägige Bahnfahrt unterbrochen worden war, unverzüglich wieder aufgenommen. Die Umgebung bietet für Marsch- und Gefechtsübungen gute Möglichkeiten.
Der Sportplatz der Stadt erlebt Spiele und Wettkämpfe.
Das „Wikingerheim“ erlaubt kulturelle Veranstaltungen und Darbietungen im Rahmen der Truppenbetreuung. Eine Frontbühne mit Programmen zum Teil einheimischer, russischer Kräfte sorgt für die so notwendige Auflockerung und Abwechslung. Wenn nicht der russische Bomber vom Dienst, auch Nähmaschine genannt, ein paar leichte Bomben in die nähere Umgebung, so auch in den Stalinpark, würfe, ohne größeren Schaden anzurichten, käme man kaum auf den Gedanken, wieder in Frontnähe zu sein. In allgemein zuversichtlicher Stimmung erwarten die Panzermänner den kommenden Einsatz. Dieser ungebrochene Einsatzwille und eine gewisse Unbekümmertheit sprechen aus folgendem Bericht:

„Die erste nähere Berührung mit der Front bringt uns eine Einladung des Führers der 2. Kompanie der Aufklärungsabteilung 5, Hauptsturmführer Schlei, den ersten Jahrestag des

Beginns des russischen Feldzuges auf seinem Gefechtsstand zu begehen. Mit dem Beginn der Abenddämmerung fahren wir an diesem Tage über Uspenskaja frontwärts, erreichen zu Fuß den Gefechtsstand, einen geräumigen, angeblich bombensicheren Unterstand.
Es ist eine eigenartige Nacht. Die Freude über das Wiedersehen hier draußen, die harten Winterkämpfe, die so plötzlich die großen, erfolgreichen Angriffsschlachten des Sommers 1941 in die starren, für einen motorisierten Verband besonders problembehafteten Formen des Stellungskrieges einmünden ließen, das Gefühl der noch ungebrochenen Kraft und Zuversicht, im beginnenden Sommer die Entscheidung in diesem nun ein Jahr dauernden Ringen miterzwingen zu können, und der Ausfluß dieser ungebrochenen Kraft, ein wenig Übermut, alle diese Momente kommen in dieser Nacht zu ihrem Recht.
Ein Truppenarzt fühlt seine Einsatzbereitschaft zu wenig beansprucht. Eindringlich spricht er auf den ebenfalls anwesenden Kommandeur der Aufklärungsabteilung, Hauptsturmführer Pätsch, ein. Er will unter allen Umständen mit einem Truppenkommando betraut werden. Um Mitternacht ist plötzlich der Vorschlag nicht mehr zu unterdrücken, dem Russen eine große Hakenkreuzfahne vor seine Stellung einzubauen. Ein Spähtrupp „hißt" die Flagge etwa 70 m vor den russischen Linien, die dann mit beginnendem Morgengrauen und am folgenden Tage das Ziel wütender, aber erfolgloser Feuerschläge der Russen ist.
Diese eigentlich vorauszusehende Reaktion zwingt uns, nach dem Verlassen des gastlichen Gefechtsstandes der 2./A.A.5 noch in der Morgendämmerung recht lebhaft über eine Strecke vom Feinde einzusehenden Geländes zu hüpfen."[1]

Während in Amwrosiewka die Tage gleichmäßig dahinlaufen, trifft die 2. Kompanie ein schwerer Verlust. Ihr Führer, Obersturmführer v. Staden, verunglückt bei einer Übung tödlich. Die Panzermänner übergeben ihn der russischen Erde auf dem Heldenfriedhof der Division Wiking, einem schon ausgedehnten Gräberfeld zwischen Amwrosiewka und Uspenskaja. Jeder dieser ungezählten Hügel birgt ein zu früh verloschenes Leben. Das Ziel der Toten bleibt die Aufgabe der Lebenden, heute und morgen. Ungewiß liegt dieses „morgen" vor ihnen. Erkennbar sind die Vorbereitungen für eine große Offensive.

Der Feind seinerseits hat im Verlaufe des ersten halben Jahres 1942 große Anstrengungen hier im Südabschnitt der Ostfront unternommen, um in Ausnutzung der Ungunst des Winters für das deutsche Heer und dessen Erschöpfung wichtige Positionen zurückzugewinnen und zum Teil zu operativen Erfolgen zu kommen.
Im Januar und Februar griff er beiderseits Isjum in Richtung Charkow an. Die deutsche Front wich auf 80 km Breite 100 km tief zurück. In der gleichen Zeit führte die russische Großlandung auf der Krim zum Verlust der Halbinsel Kertsch.[2]
Am 12. Mai 1942 setzte erneut eine russische Offensive beiderseits Charkow ein, die im Norden zu keinem Erfolg, im Süden jedoch zu einem Durchbruch bis unmittelbar südlich Charkow führte. Fünf Tage später kam es im Zuge des deutschen Gegenangriffs aus dem Raum Slawiansk heraus zur Einschließung und zum Verlust erheblicher Teile von 20 russischen Schützendivisionen, 7 Kavalleriedivisionen und 14 Panzerbrigaden westlich des Donez.[1]

1) Bericht Klapdor
2) v. Tippelskirch „Geschichte des II. Weltkrieges" Athenäum Verlag, 1956

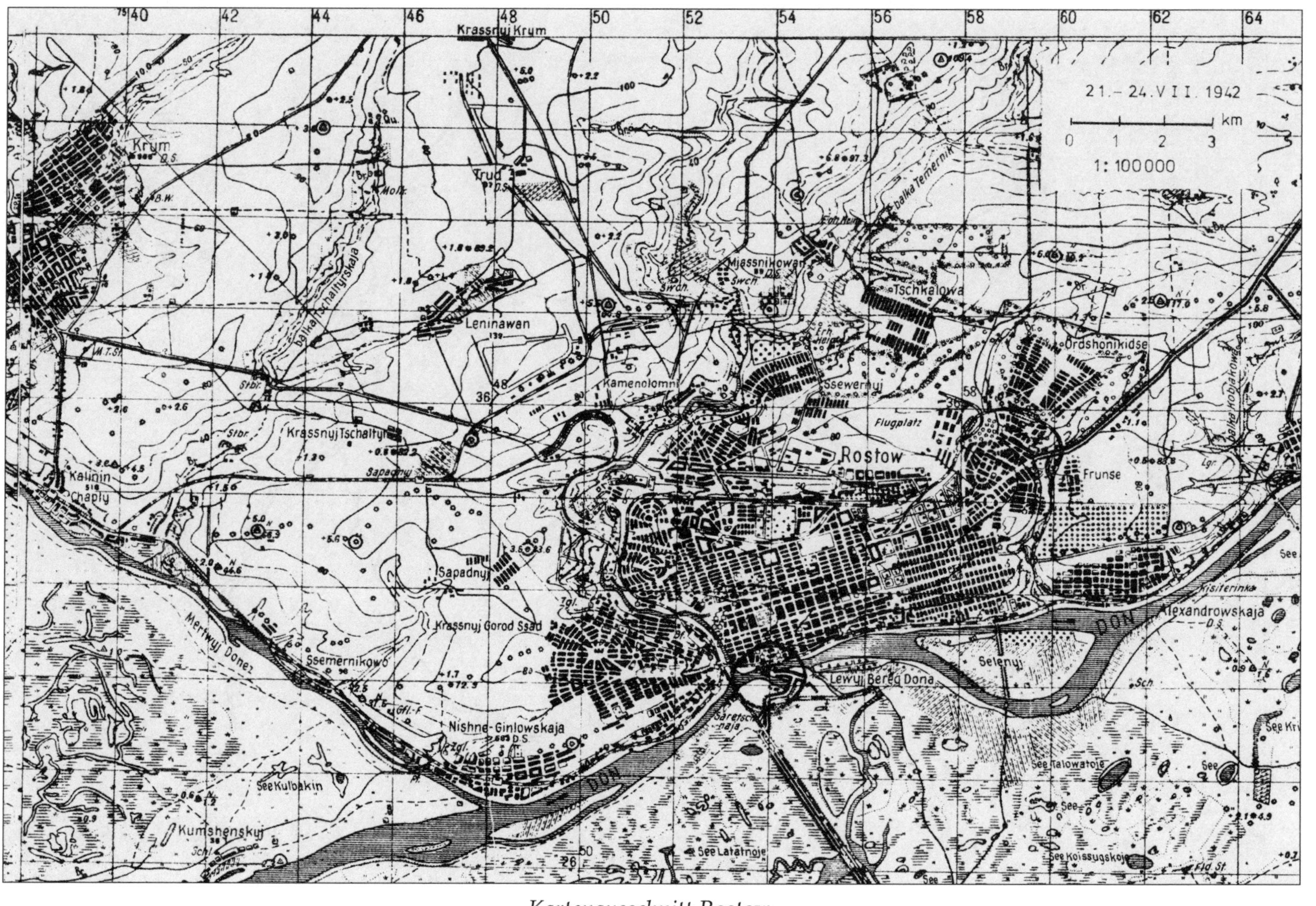

Kartenausschnitt Rostow

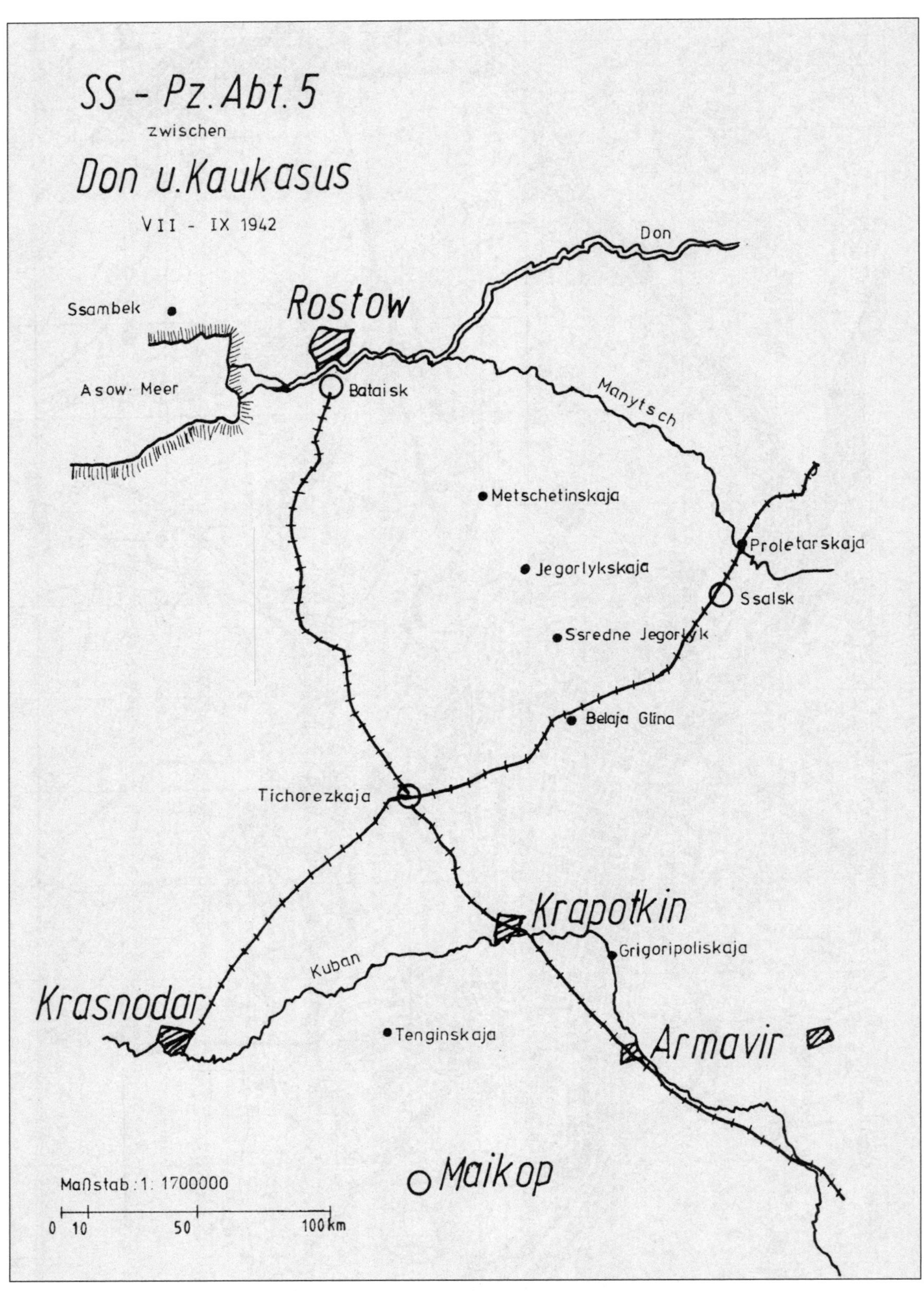

Übersichtsskizze Rostow – Maikop

Nur wenige Tage vorher war die Wiedereroberung von Kertsch am 16. Mai gelungen. Am 1. Juli 1942 war auch die starke Festung Sewastopol gefallen. Hier gerieten 100 000 Russen in Gefangenschaft.[1]
Damit betrugen die russischen Verluste in diesen Frühjahrsoperationen im Südabschnitt der Ostfront etwa 490 000 Gefangene, mehr als 3700 Geschütze und 1500 Panzer.[1]
Unerschöpflich scheinen die Reserven des Feindes zu sein bei Berücksichtigung der außerordentlichen Verluste des Vorjahres. Zwischen Kiew und Moskau hatte er von August bis Dezember 1941 etwa 1 300 000 Gefangene, über 9000 Geschütze und 2000 Panzer verloren.[1]
Seine bisherigen personellen Verluste entsprachen mehr als der Hälfte der gesamten deutschen Streitkräfte, die am 22. Juni 1941 nach Osten angetreten waren.

Zehn Tage befindet sich die SS-Panzerabteilung 5 in Amwrosiewka, als die spannunglösende Nachricht vom Beginn der großen deutschen Offensive, dem gelungenen deutschen Durchbruch zwischen Bjelgorod und Kursk, bekanntgegeben wird. Am 7. Juli ist Woronesch genommen, am 9. Juli beginnt die Heeresgruppe A ihre Offensive. In ihrem Rahmen steht auch die 17. Armee mit dem LVII. Panzer-Korps, bestehend aus der 13. Panzerdivision, der Division Wiking und der 198. Infanteriedivision nördlich des Asowschen Meeres bereit.
„Während wir den Fortgang der Ereignisse täglich mit großer Spannung verfolgen", berichtet Obersturmführer Klapdor, *„ändert sich für uns in Amwrosiewka zunächst noch nichts. Der Teil der Bevölkerung, mit dem wir zwangsläufig in unseren Quartieren in Berührung kommen, ist gastfreundlich und keineswegs feindlich. Trotz einer gewissen Zurückhaltung im allgemeinen tritt im Gespräch teilweise eine unbekümmerte Offenheit zu Tage. In Gesprächen mit Sina, einer Studentin in Kiew, die mit Beginn des Rußlandkrieges zu ihren Eltern nach Amwrosiewka, meinen Nachbarn, zurückgekehrt ist, kommt klar zum Ausdruck, daß von ihr der Bolschewismus als nationalrussisches Phänomen und als Fortschritt empfunden wird, der durch unser Erscheinen eine bedauerliche Unterbrechung erfahren hat. Ihr Vertrauen in die Kraft des russischen Volkes, die Richtigkeit seiner gesellschaftlichen Ordnung und ihr Selbstbewußtsein beeindrucken uns. Wir haben dieses Land betreten noch ganz unter dem Eindruck der Literatur, die sich mit dem Revolutionsgeschehen befaßt, erfüllt von den grauenhaften Geschehnissen im Zuge der gesellschaftlichen Umschichtung in diesem Riesenland. Hier scheint der Wunsch nach Wiederherstellung der vorrevolutionären Zustände nicht vorhanden zu sein."*[2]

1) v. Tippelskirch „Geschichte des II. Weltkrieges" Athenäum Verlag, 1956
2) Bericht Klapdor

II. Angriff und Verfolgung über Don, Kuban und Terek

Rostow

Etwa Mitte Juli 1942 wird die SS-Panzerabteilung 5 der Division Wiking alarmiert. Die Panzer stehen marschbereit, getarnt auf den Straßen. Die Quartiere sind geräumt. Es vollzieht sich alles ruhig und in der gewohnten Ordnung. Das große unbekannte Abenteuer des Panzerkampfes wird schon zu lange erwartet, als daß es jetzt, unmittelbar vor seinem Beginn, jene eigenartige Unruhe und belastende Spannung verursachte.
Von Amwrosiewka marschiert die Abteilung nach Süden. Nach einigen Tagen des Wartens im Raum Fedorowka erreicht sie den Versammlungsraum der für den Angriff auf Rostow gebildeten „Panzerkampfgruppe Gille“ westlich Ssambek. Den Kern dieser Gruppe unter der Führung des Kommandeurs des Artillerieregimentes der Division Wiking, Standartenführer Gille, bilden die SS-Panzerabteilung 5, Teile der Panzerjägerabteilung 5 und eine Artillerieabteilung mit der Kanonenbatterie unter Sturmbannführer Schlamelcher. Außerdem sieht die Gliederung der Division Wiking zwei infanteristische Gefechtsgruppen, Germania und Nordland, vor.

Ein Umstand von entscheidender Bedeutung für die Vorbereitung und die Durchführung weiträumiger Operationen ist die Ausstattung der Truppenführer mit dem notwendigen Kartenmaterial. Das im Auftrage des Generalstabes des Heeres, Abteilung für Karten- und Vermessungswesen, hergestellte Kartenmaterial wurde ergänzt, erweitert, vergrößert oder verkleinert durch die Kartenstellen der Armeen oder Armeekorps. Jede so angefertigte Karte trägt einen entsprechenden Hinweis. Um in der Literatur anzutreffenden, zum Teil groben Falschdarstellungen entgegenzutreten, sei an dieser Stelle darauf verwiesen, daß das Kartenmaterial der 5. SS-Division Wiking und damit auch der SS-Panzerabteilung 5 vielseitig, aktuell und ausreichend für den Kaukasusfeldzug gewesen ist. Zur Bestätigung dieser Feststellung seien die folgenden Kartenblätter aufgeführt, die u. a. dem Kommandeur der SS-Panzerabteilung 5 zur Verfügung gestanden haben.

1) Zusammendruck Asow – Rostow 3. Ausgabe v. 24. VII. 1942
   Blatt Bagajewskaja 1. Ausgabe v. 1. VII. 1942
   Blatt Wesselyi 3. Ausgabe v. XII. 1942
   Es handelt sich um Kartenblätter im Maßstab 1:100 000, hergestellt im Auftrage des AOK 17 Ia Meß., Druck: A. Kartenstelle (mot) 517; Nachdruck durch Verm.- und Kartenabteilung (mot) 617; Grundmaterial: Orig. Karte 1:100 000 (1935–37 u. 38).

2) Arbeitskarte Rostow – Grossnyi, Maßstab: 1:1 000 000, Stand: 1. 6. 1942
   Zeichnung und Druck: Verm.- und Kartenabteilung (mot) 602
   Unterlagen: UdSSR 1:1 000 000 Stand: 1937/1940
   1: 500 000 Stand: 1937/1940

3) Kartenblatt Armavir, Maßstab: 1:500 000, Stand: 1. V. 1942
Hergestellt im Auftrage Generalstab des Heeres, Abt. f. Karten u. Verm.W. Vermerk auf der Karte: Grundlage: russische Karte 1:500 000, Blatt L-37 Armavir (in abgeänderter Kegelprojektion), hergestellt 1934 vom Kartographischen Trust der UdSSR und ergänzt unter Verwendung des bis zum Januar 1941 verfügbar gewesenen Materials.

4) Kartenblatt Pjatigorsk, Maßstab: 1:500 000, Stand: 1941
Vermerk: Grundlage: russische Karte 1:500 000, Blatt L-38-B, Pjatigorsk (in abgeänderter Kegelprojektion) hergestellt vom Gen. St. der Roten Armee unter Verwendung des bis zum Januar 1941 verfügbar gewesenen Materials.

5) Kartenblatt Alagir, Maßstab: 1:50 000, Grundmaterial: russische Karte 1:100 000 u. Luftbilder (Stand: 6. 9. 1942)

6) Kartenblatt Malgobek, Maßstab: 1:25 000, Bearbeitung: LII. AK. Ia Meß. Druck: K. K. St. (mot) 452.

Der Angriff auf Rostow ist der Schlußpunkt im Auftakt der großen Sommeroffensive, die am 28. Juni 1942 mit dem Durchbruch durch die russischen Stellungen zwischen Bjelgorod und Kursk begonnen hat. Mehr als 3 Wochen später beginnt der Angriff auf Rostow.
Dem Armeegruppenbefehl Nr. 79 der seit dem 8. 7. 1942 in Armeegruppe Ruoff umbenannten 17. Armee vom 20. Juli 1942 ist unter Pkt. 1. zu entnehmen:
„Feindbild unverändert, ein Ausweichen auf Rostow auch auf Südfront bis zum Meer ist jederzeit zu erwarten.“
Unter Pkt. 3. heißt es in diesem Befehl:
„Armeegruppe Ruoff greift am 21. 7. 1942 früh mit Gruppe Kirchner zur Wegnahme von Rostow an und setzt mit den übrigen Kräften ihre Verfolgung fort ...“
Der Pkt. 4., Aufträge, bestimmt unter a:
„Gruppe Kirchner greift am 21. 7. entsprechend Sonderfernschreiben vom 19. 7./Armeegr. Ruoff Ia/Nr. 2854/42 geh. an. Angriffsbeginn 04.00 Uhr.“
Die „Gruppe Kirchner“, durch Armeebefehl vom 15. 7. 1942, abends für den beabsichtigten Angriff auf Rostow gebildet, verfügt über das LVII. Panzerkorps mit der 13. Pz. Division und der 5. SS-Division Wiking, sowie über das XXXXIX. Geb. Korps. Letzterem werden einen Tag vor dem Beginn des Angriffs, am 20. 7. 1942, die 298., die 73. und 125. I. D. unterstellt.
Im Angriffsbefehl der Gruppe Kirchner vom 20. 7. 1942, 16.30 Uhr[1] erhält das XXXXIX. Geb. Korps den Auftrag, beiderseits Ssambek nach Osten anzugreifen.
Die 13. Pz. Division wird über den Ssambekübergang im Ort Ssambek nachziehen und über die Höhe 101,5 – etwa 6 km ostwärts Ssambek – nach Osten durchstoßen.
Die Div. Wiking erhält den Auftrag, über den gleichen Ssambeküberg ang der 13. Pz. Division zu folgen, weil ein zweiter geeigneter Übergang nicht vorhanden ist.

1) KTB LVII. Pz. Korps

Um 04.00 Uhr greift die 298. I. D. an, öffnet den Brückenkopf Ssambek und gewinnt nach Osten Raum. Um 09.45 Uhr befiehlt der Kommandierende General des LVII. Pz. Korps der 13. Pz. Division, sofort anzutreten. Unter Pkt. 3 des gleichen Befehls heißt es:

„Der Panzerabteilung der SS-Division Wiking ist bei der Brückenstelle Ssambek Vorfahrtsrecht einzuräumen."[1]

Für das Übersetzen der Räderfahrzeuge wird die Division Wiking auf die Furt Warenowka, etwa 4 km weiter südlich, angewiesen.

Das Wetter ist sonnig und heiß. Die fast unerträgliche Hitze fordert von der Infanterie schwerste Marschleistungen. Bei der 73. I. D. fallen innerhalb kurzer Zeit allein bei einem Regiment 40 Mann durch Hitzschlag aus.[1]

Am Abend dieses ersten Angriffstages stehen die Spitzen der Division Wiking nördlich Ssinjawska – Höhe 107,6 – Höhe 116,9 und nach Norden anschließend die Angriffsspitzen der 13. Pz. Division. Der letzteren wird gegen Abend die 8./Lehr-Rgt. Brandenburg z.b.V. 800 zur Wegnahme besonderer Objekte unterstellt.

Noch im Laufe der Nacht schließen die 13. Pz. Division und die gepanzerte Gruppe der Division Wiking im Raum südostwärts Alexandrowka auf zum Angriff auf Ssulfan Ssaly und den Feind südwestlich davon. Mehr als 30 Kilometer Raumgewinn ist das Tagesergebnis für die Panzer an ihrem ersten Einsatztag. Noch 15 Kilometer trennen sie vom Westrand der Stadt Rostow.

Während es der 13. Pz. Division am Mittag des 22. 7. 1942 nach hartem Kampf gelingt, Ssulfan Ssaly und Krassny Krym an der von Nordwesten nach Rostow führenden Straße zu nehmen, kämpfen die Panzerbesatzungen der SS-Panzerabteilung 5 mit Minen und Geländeschwierigkeiten.

„Ein Durchfahren der tief eingeschnittenen Balka ist selbst mit Panzern nur an wenigen Stellen möglich."[1]

Im Laufe des Nachmittags gelingt es ihnen, einen Brückenkopf über den Panzergraben, die Balka Tschaltyrskaja, südwestlich Krassny Krym zu gewinnen und bis zum Abend in schwungvoll geführtem Angriff zwei von insgesamt drei durch Panzergräben, Minengürtel, Minenhunde und Panzerabwehr befestigte Verteidigungsgürtel der Stadt Rostow zu durchbrechen. Sie erreichen eine Linie nordwestlich Sapadny, aus der am folgenden Tage das Angriffsziel, die Stadt Rostow, erreichbar erscheint.

Wie der Kommandeur der Abteilung, Sturmbannführer Mühlenkamp, sich erinnert, waren es die Kühnheit und das Ungestüm des Panzerangriffs, die vorbildliche Zusammenarbeit mit den Pionieren bei der Überwindung der Minensperren und Panzergräben, die Inbesitznahme zum Teil unbeschädigter Panzergrabenüberführungen und das Erkennen sowie das schnelle Niederkämpfen panzergefährlichen Feindes, die den Angriffserfolg der Abteilung bedingten. So berichtete er u.a., daß der Zug Wilde von der 1. Kompanie auf seinen Befehl eine feindliche Batterie von 6 Geschützen in einem kühnen „Horizontschleicher" vor deren Feuerbereitschaft vernichtet hat.

Die Angriffsspitze der 13. Pz. Division steht am Abend des 22. 7. 42 bei Trud. In den frühen Morgenstunden des 23. 7. 1942 befindet sie sich

1) KTB LVII. Pz. Korps

„im Straßenkampf mit zahlreichen Pak und schwächerer Infanterie in Gegend Kamennolomni.“[1]

Die Panzer der Panzerabteilung 5 werden zur gleichen Zeit gestoppt durch den letzten Panzergraben beiderseits Sapadny, während die Gefechtsgruppen Germania und Nordland nur langsam Boden gegen die sich zäh und verbissen verteidigenden Feindkräfte in Krym und Tschaltyr gewinnen.

Bis zum Mittag ist auch dieser letzte Panzergraben überwunden. Die Panzer der SS-Panzerabteilung 5 rollen in den Westteil der Stadt Rostow hinein, vorbei an Straßenbunkern, Barrikaden und Straßensperren verschiedenster Art, ohne noch größeren Feindwiderstand zu finden.

Die 13. Pz. Division erzwingt im Laufe des Vormittags

„den Übergang über den Bach südostwärts Kamennolomni und dringt in harten Einzelkämpfen tiefer in die Stadt ein.“[1]

Im Gegensatz dazu verlassen die Panzer der SS-Panzerabteilung 5 am Nachmittag den westlichen Stadtrand wieder, stoßen auf dem Nordufer des Don nach Westen und sperren westlich Nishne-Ginlowskaja bzw. südostwärts Ssemernikowo nach Westen und Südwesten gegen den Mertwyj Donez. Das Kriegstagebuch des LVII. Panzerkorps hält am 23. 7. 1942, vormittags, in diesem Zusammenhang fest:

„Luftaufklärung ergibt Zurückgehen des Feindes vor den Angriffsspitzen der 298. I. D. und Übersetzen über den Don westlich Rostow. Zur Verhinderung dieser Übersetzmöglichkeiten erhält SS-Division Wiking den Auftrag, bis Ssemernikowo am Donez durchzustoßen und in der dortigen Panzergrabenstellung nach Westen zu sperren.“[1]

Während die Panzer der SS-Panzerabteilung 5 und Teile der infanteristischen Gefechtsgruppen der Division Wiking das Übersetzen des Feindes über den nördlichen Deltaarm des Don weitgehend verhindern, *„setzt sich die 13. Pz. Division im Laufe des Nachmittags nach Brechung starken Widerstandes in den Besitz des gesamten Westteiles von Rostow; ein kampfkräftiger Spähtrupp bringt das russische Fährgerät am Don unversehrt in eigene Hand. Gegen Abend steht die Masse der Division am Don und stellt die Verbindung zu den in Gegend westlich der Donbrücke stehenden Kräften der SS-Division Wiking her. Der Fährbetrieb bei Kumshenskyi“* (ca. 4 km südl. Ssemernikowo, d. Verf.),

so heißt es im KTB des LVII. Pz. Korps am Abend weiter,

„kann durch die Gruppe Kirchner nicht ganz verhindert werden, da hierzu nötige Kräfte fehlen.“[1]

Über den Abschluß der Kämpfe um die Stadt Rostow und um die für den Fortgang der Operationen so wichtigen Donbrücken berichtet das KTB des LVII. Pz. Korps am 24. 7. 1942:

„In der Nacht Wiederaufleben des russischen Widerstandes in der Stadt. Der Kdr. der 13. Pz. Division setzt, bevor ihn der Befehl hierzu erreicht, aus eigenem Entschluß mit Teilen seiner Division überraschend über den Don und bildet noch im Verlaufe der Nacht einen kleinen Brückenkopf, 1,5 km südwestlich der Eisenbahnbrücke. Gegen Morgen gelingt es der Division durch tatkräftige Unterstützung der 8./Lehr-Rgt. z.b.V. 800, nach Brechung feindlichen Widerstandes die Donbrücken sowie die Eisenbahnbrücke nach Bataisk unversehrt in Besitz zu nehmen.“[1]

1) KTB LVII. Pz. Korps

Das Geschehen der beiden letzten Kampftage aus der Sicht eines Panzerkommandanten der SS-Panzerabteilung 5 schildert der folgende Bericht.[1]

„Am 21. Juli 1942 durchbrechen Infanterieverbände die Front nördlich Taganrog. Wir selbst werden am Tage und in der Nacht zum 22. Juli nachgeführt. In dem Kampfgelände von gestern drängen die Nachschubkolonnen. Wir überqueren einen durchlaufenden Panzergraben und künstliche Hindernisse in dem wenig Deckung bietenden und kaum durchschnittenen Gelände. In den Morgenstunden des 22. Juli 1942 stellen wir uns südwestlich Ssulfan-Ssaly im Schutze eines geeigneten Hinterhanges bereit zu unserem ersten Angriff. Unser linker Nachbar, die 13. Panzerdivision, wird entlang der Straße Ssulfan-Ssaly, Rostow angreifen.

Mit begreiflicher Spannung erwarten wir den Befehl „Panzer marsch". Die Luken sind geschlossen. Wie in einer Übung der vergangenen Wochen rollen jetzt unsere Panzer in der bekannten W-Form über die Anhöhe. Die schmalen Sehschlitze des Turmes beeinträchtigen die Sicht. Rechts und links wälzen sich in imponierender Ordnung die stählernen Festungen über die Bodenunebenheiten hinweg wie auf- und eintauchende, schlingernde Boote bei bewegter See. Das Gelände vor uns ist offen und übersichtlich, teilweise mit hohem Gras bewachsen. Schon nach wenigen Minuten stehen wir vor dem ersten Hindernis, einem breiten Minengürtel, teils gut, teils weniger gut erkennbar. Während ich noch einen Augenblick unschlüssig verharre, detoniert unter einem links von mir fahrenden Panzer eine Mine. Die nur schwach gepanzerte Wanne wird aufgerissen und der unten rechts sitzende Funker schwer verwundet.

Das feindliche Abwehrfeuer setzt ein, dem wir in diesem Augenblick zweifellos ausgezeichnete Ziele bieten. Unsere ganze Aufmerksamkeit gilt jetzt den Feuerstellungen der russischen Panzerabwehr. Die nur langsam weichende erste Aufregung, das Schlingern des Kampfwagens erschweren die Zielbeobachtung. Eigentlich nur reinem Glück und den scharfen Augen meines Fahrers verdanke ich die glückliche Durchfahrt durch dieses Minenfeld. Auch die übrigen Wagen finden eine Gasse. Der Angriff läuft.

In diesem Augenblick werde ich plötzlich mit dem Kopf nach vorn gegen die Turmwand geschleudert. Es kracht, mein Panzer bewegt sich nicht mehr. Er steht indessen nicht horizontal, sondern stark nach vorn geneigt. Aussteigen erscheint nicht ratsam, denn der bewegungsunfähige Panzer zieht das feindliche Abwehrfeuer magnetisch an. Auch Maschinengewehrfeuer prasselt wie Hagel auf die Panzerplatten. Wir selbst sind wehrlos, der Turm dreht sich nicht, keine Waffe ist zu gebrauchen, durch die Optik ist nichts zu sehen.

Nach einigen Minuten haben die zügig weiter angreifenden Panzer auch den Gefechtslärm mit nach vorn genommen. Ich kann aussteigen und sehe unseren Panzer nur mit der rückwärtigen Hälfte aus einem schön getarnt gewesenen Panzerloch herausragen. Die Kanone hat sich in die Erde gebohrt. Nachdem russische Panzerabwehr und Maschinengewehre ganz von uns abgelassen haben, zieht uns ein Panzer der zweiten Welle aus diesem Loch heraus. Die Waffen werden wieder einsatzfähig gemacht, und ohne Zwischenfall erreichen wir die Angriffsspitze. Ein vorbildlich ausgehobener Panzergraben, in dem sich die ersten Gefangenen sammeln, kann durch Umgehung auf unbeschädigten Übergängen überwunden werden. In der Tiefe des Hauptkampffeldes suchen wir die russische Artillerie. Der Feind scheint langsam auszuweichen.

Am Nachmittag wird der mittlere Festungsgürtel von Rostow mit dem gleichen Schwung durchstoßen. Die russische Artillerie versucht, schon unsere Bereitstellung zu stören. Im Turm stehend

1) Bericht Klapdor

fühle ich plötzlich nach der Detonation einer Granate hinter uns einen Schlag im Rücken, sacke auf meinen Sitz und entdecke später ein kleines Stück Eisen, das offenbar keine Durchschlagskraft mehr besessen hatte.
Der Angriff läuft wieder wie in einer Übung. Die in Wellen angreifenden Kompanien gewinnen Raum, indem sie sich im Wechsel decken und wieder aufschließen. In zum Teil zusammengefaßtem Feuer kämpfen sie Widerstand nieder. Geländehindernisse können weitgehend umfahren werden.
Der Chef der 1. Kompanie, Obersturmführer Schnabel, erhält, auf seinem Panzer stehend, einen Fersenstreifschuß. Am späten Nachmittag zeigt sein Panzer Qualm- und Rauchentwicklung. Größerer Schaden und Verluste treten jedoch nicht ein.
Am Abend sehen wir die Silhouette von Rostow, schwere Rauchwolken liegen über der Stadt. Bis in die Nacht werden die Panzer aufgetankt und aufmunitioniert. Unsere Gedanken ordnen die Eindrücke. Zuversicht und Freude über den bisherigen guten Verlauf unseres ersten Einsatzes şind allgemein.
Am 23. 7. 1942 erreichen wir schon am frühen Vormittag den dritten großen Panzergraben, der die Vorortbezirke der Stadt schützen soll. Da es keine Übergangsmöglichkeiten gibt, muß ein Übergang geschaffen werden.
Pioniere bringen durch Zünden von Sprengladungen die steilen Wände des Grabens zum Einsturz. Mit allen verfügbaren Spaten werden die Böschungen weiter abgeflacht und dadurch gleichzeitig die Sohle des Grabens angehoben. Am frühen Nachmittag steht die Panzerabteilung bereit, in die Stadt Rostow einzudringen.
Der feindliche Widerstand ist hier praktisch zusammengebrochen. Vorsichtig, die Turmluken sind teilweise zwar geöffnet, die Köpfe aber im Turm, fahren wir in die westlichen Vororte hinein, ohne noch auf ernsthaften Widerstand zu stoßen.
Auch die 13. Panzerdivision kämpft bereits in der Stadt. Stärkerer Gefechtslärm erfüllt den Ostteil und hallt herüber vom Südufer des Don.
Am späten Nachmittag rollen unsere Panzer bereits wieder stadtauswärts, um auf dem überhöhten Nordufer des Don zu sichern und den nächsten Tag zu erwarten. Die infanteristische Sicherung müssen wir selbst übernehmen. Das bedeutet, daß trotz der physischen Beanspruchung in den letzten Tagen unsere Panzerbesatzungen auch in der kommenden Nacht den ersehnten Schlaf nicht finden dürfen.
Aber auch die schärfsten Strafbestimmungen für Wachvergehen vor dem Feind werden einen schlafenden Posten nicht aus der Welt schaffen. So treffe ich bei einem Kontrollgang nach Mitternacht meinen guten, zuverlässigen Ladeschützen, Abraham, fest eingeschlafen auf seinem Posten an. Er ist tief erschrocken. Beide werden wir über den Vorfall Stillschweigen bewahren.

Aus der weichenden Dunkelheit läßt der grauende Morgen des 24. Juli die gewaltige Niederung des Don sich formen. Unbegrenzte Weite. Nach Süden und nach Westen hemmt nichts den Blick. Vereinzelte Schwimmer und Ruderer im Strom sind Panzermänner der Division Wiking, die sich diese Gelegenheit zur Erfrischung nicht entgehen lassen.
Vormittags rollen unsere Panzer in die Stadt zurück. In einem Parkgelände werden sie untergezogen, der heutige Tag ist Ruhetag.

Ein Brief vom 24. Juli 1942 in die Heimat faßt die Eindrücke der letzten Tage zusammen: „Unsere Premiere ist wirklich gut verlaufen. Die große Zahl Panzer, Artillerie, Stukas,

Schlachtflieger, Zerstörer und Jäger veranstalteten ein Höllenkonzert. Das war buchstäblich rollender Einsatz, wie ich ähnliches noch nicht erlebt habe. Und so standen wir denn gestern mittag vor Rostow, und nachmittags ging es hinein.
Es ist ein eigentümliches, nicht zu bezeichnendes Gefühl, das uns bewegte, als unsere ersten Panzer hineinrollten. Straßensperren, Barrikaden, Bunker. Alle Fensterläden geschlossen. Ab und zu kommt aus einem Erdloch ein Zivilist zu Tage, dem noch die ausgestandene Hölle der letzten Tage am Gesicht abzulesen ist.
Unser erstes Ziel aber war erreicht.
Im Augenblick sitze ich in einem Park. Etwas Ruhe ist herrlich, nachdem man die letzten Tage so ziemlich ganz im Panzer verbracht hat. Allerdings herrscht hier noch ein ganz netter Krach, denn der Russe wehrt sich im Ostteil der Stadt verbissen. Knatternde Maschinengewehre, Detonationen und die Flugzeuge runden das akustische Bild ab, während die untergehende Sonne die in Rauch und Qualm eingehüllte Stadt eigentümlich beleuchtet."

Der 25. Juli 1942 ist Ruhetag. Niemand weiß, wie lange uns dieser Zustand erhalten bleibt. Die Stadt Rostow hat unter den Kampfhandlungen sehr gelitten. Wenngleich die allzu frischen Spuren des Kampfes, noch schwelende Brände und geschwärzte Ruinen, unsere Eindrücke von der Stadt an der Mündung des Don natürlicherweise belasten, so erscheint sie uns dennoch mitteleuropäisch, großstädtisch, sowohl in ihrem Kern als auch an der Peripherie. Kuppelüberdachte Kirchen, ein großer Theaterbau, Kinopaläste, breite Straßen und mehrstöckige Häuser wie in jeder deutschen Großstadt. An der Peripherie der Stadt sind neue Wohnblocks errichtet worden, wie wir sie schon in den Industriestädten der Ukraine kennenlernten. Daran schließen die eingeschossigen Stein-, Holz- und Lehmhäuser, von Bretterzäunen umgeben, an.
In der Stadt entdecken wir in ausgedehnten Kellerräumen Radioapparate buchstäblich bis unter die Decke gestapelt. Möglicherweise mußte die Bevölkerung diese Geräte abliefern, um von deutscher Seite ausgestrahlte Sendungen nicht empfangen zu können.
In den Kaischuppen im Hafen lagern willkommene Vorräte, besonders Seife und Zigaretten sind begehrt. In Weinkellern sind teilweise die Fässer ausgelaufen, man watet stellenweise im Wein. In der Stadt selbst ist es totenstill nach dem Kriegslärm der letzten Tage. Im Süden, auf der anderen Seite des Flusses, einige Artillerieabschüsse bzw. Detonationen, sonst nur Fahrzeug- und Motorengeräusche. „Gleichzeitig wird es überall still", heißt es in einem Brief vom 27. 7. 1942. „Vereinzelte Schüsse; die Flak jagt ihre Leuchtspur in den dunklen Himmel, als wenn dieser herrliche russische Sternenhimmel noch irgendwelche Zusätze nötig hätte. Auch die letzten Fahrzeuge kommen einmal zur Ruhe."

Zwischen Don und Kuban

„In den frühen Morgenstunden des 28. Juli 1942 rollen die Panzer der Division Wiking durch die noch ausgestorbene Stadt Rostow. Die oberirdisch verlegten Strom- und Fernsprechleitungen queren häufig Straßen und Plätze und fordern von den in den Panzertürmen stehenden Kommandanten besondere Aufmerksamkeit. Mir selbst versetzt so ein über die Straße gezogenes

Sommer 1942, Angriffsbesprechung.
V.l.n.r.: Hstuf. Oeck, Ustuf. Dedelow, Ostuf. Schnabel, Chef der 1. Kompanie

Sommer 1942: SS-Pz.Abt. 5 greift an.

22.7.1942, Rostow: Gefangene sammeln sich im 2. Panzergraben.

23.7.1942: Rostow: Pz.Pioniere sprengen die Wände,
Spaten und Bohlen füllen die Sohle des 3. Panzergrabens vor Rostow.

23.7.1942, Rostow: die Panzer 121, Ostuf. Klapdor, Uscha. Brödel (Richtschütze) und…

…124, Scharf. Hühnerfaut überqueren den 3. Panzergraben.

23.7.1942, Rostow: Die Panzer der SS-Pz.Abt. 5 dringen in Rostow ein.

23.7.1942, Rostow: Ein Stoßtrupp der 13. Pz.Div

23.7.1942, Rostow: Bunker sperren die Straßen und müssen ausgeschaltet werden.

24.7.1942, Rostow: Die zerstörten Donbrücken im Strom

Die unversehrte Brücke über die Niederungen des Don-Delta

28.7.1942, Rostow: Über die Kriegsbrücke rollen die Panzer der SS-Pz.Abt. 5 nach Bataisk.

und von mir nicht beachtetes Kabel einen empfindlichen Schlag in den Nacken, während ich mich gerade umdrehe, um ein Photo zu machen."[1]

Mit diesen Sätzen wird ein Bericht eingeleitet über die jetzt beginnenden Verfolgungskämpfe der SS-Panzerabteilung 5 im Rahmen der Division Wiking über den Don, den Kuban und Terek bis in das Vorfeld des für den Feind lebensnotwendigen Ölgebietes von Grossny. Diese Kämpfe sind hineingestellt in den großen operativen Rahmen, der durch die Weisungen Nr. 41 vom 5. 4. 1942 und Nr. 45 vom 23. 7. 1942 abgesteckt worden ist. Da die Operationen des Sommers 1942 im Südabschnitt der Ostfront zu einem der erregendsten Abschnitte des II. Weltkrieges werden sollten infolge der am Ende stehenden Vernichtung der 6. Armee bei Stalingrad und infolge des Verlustes des im Kaukasusgebiet gewonnenen Raumes, sei dieser Rahmen zum Verständnis hier angedeutet. Die vielfältigsten Stellungnahmen und Beurteilungen nach dem Geschehen werden in ihrem Wert erkennbarer, wenn man die Konzeption der Operationen auf ihren Ursprung zurückführt.

In der Weisung Nr. 41 OKW/WFST Nr. 55616/42 g. K. Chefs F. H. Qu. vom 5. 4. 1942 heißt es unter Punkt I Allgemeine Absicht u. a.:[2]

„*Unter Festhalten an den ursprünglichen Grundzügen des Ostfeldzuges kommt es darauf an, bei Verhalten der Heeresmitte, im Norden Leningrad zu Fall zu bringen und die Landverbindung mit den Finnen herzustellen, auf dem Südflügel der Heeresfront aber den Durchbruch in den Kaukasusraum zu erzwingen.*

Dieses Ziel ist in Anbetracht der Abschlußlage nach der Winterschlacht, der verfügbaren Kräfte und Mittel und der Transportverhältnisse nur abschnittsweise zu erreichen.

Daher sind zunächst alle greifbaren Kräfte zu der Hauptoperation im Südabschnitt zu vereinigen mit dem Ziel, den Feind vorwärts des Don zu vernichten, um sodann die Ölgebiete im Kaukasischen Raum und den Übergang über den Kaukasus selbst zu gewinnen ..."

Nach den Ausführungen über die Führung der Operationen in aufeinander folgenden und in Zusammenhang stehenden oder sich ergänzenden Angriffen heißt es unter Punkt D in der gleichen Weisung Nr. 41:

„*Die schnelle Fortsetzung der Bewegungen über den Don nach Süden zur Erreichung der Operationsziele muß im Hinblick auf die jahreszeitlichen Bedingungen gewährleistet sein.*"[2]

Wenig mehr als 3 Wochen nach dem Beginn der laut Weisung Nr. 41 aufeinander folgenden und in Zusammenhang stehenden oder sich ergänzenden deutschen Angriffe im Südabschnitt der Ostfront wird in der Weisung Nr. 45 vom 23. Juli 1942 über die Fortführung der Operationen im Einzelnen bestimmt unter Punkt II:[2]

„*Ziele der weiteren Operationen*

A. Heer:

1. *die nächste Aufgabe der Heeresgruppe A ist es, nunmehr die über den Don entkommenen feindlichen Kräfte südlich und südostwärts Rostow einzuschließen und zu vernichten ...*
2. *Nach Vernichtung der feindlichen Kräftegruppe südlich des Don ist es die wichtigste Aufgabe der Heeresgruppe A, die gesamte Ostküste des Schwarzen Meeres in Besitz zu nehmen und damit die Schwarzmeerhäfen und die feindliche Schwarzmeerflotte auszuschalten.*

1) Bericht Klapdor
2) Friedrich Lenz „Stalingrad der verlorene Sieg" 1956

Hierzu sind die hierfür vorgesehenen Teile der 11. Armee (Rum. Geb. K.) über die Straße von Kertsch überzusetzen, sobald das Vorgehen der Hauptkräfte der H. Gr. A. wirksam wird, um alsdann im Zuge der Schwarzmeerküstenstraße nach Südosten vorzustoßen. Mit einer weiteren Kräftegruppe, bei der alle übrigen Geb.- und Jg.-Divisionen zusammenzufassen sind, ist der Übergang über den Kuban zu erzwingen und das Höhengelände von Maikop und Armavir in Besitz zu nehmen. Im weiteren Vorgehen dieser durch die rechtzeitig zuzuführenden Gebirgseinheiten zu verstärkenden Gruppe gegen und über den Westteil des Kaukasus sind alle gangbaren Pässe auszunutzen und so im Zusammenwirken mit den Kräften der 11. Armee die Schwarzmeerküste in Besitz zu nehmen.

3. *Zugleich ist mit einer im wesentlichen aus schnellen Verbänden zu bildenden Kräftegruppe unter Ausscheiden eines Flankenschutzes nach Osten der Raum um Grossny zu gewinnen und mit Teilkräften die Ossetische und Grusinische Heerstraße möglichst auf den Paßhöhen zu sperren. Anschließend ist im Vorstoß entlang des Kaspischen Meeres der Raum um Baku in Besitz zu nehmen.*

4. *der Heeresgruppe B fällt, wie befohlen, die Aufgabe zu, neben dem Aufbau der Don-Verteidigung im Vorstoß gegen Stalingrad die dort im Aufbau befindliche feindliche Kräftegruppe zu zerschlagen, die Stadt selbst zu besetzen und die Landbrücke zwischen Don und Wolga selbst zu sperren.“*

Beide Weisungen lassen von der Planung der Operationen an als Hauptoperation im Südabschnitt der Ostfront unzweideutig die Kaukasusoffensive erkennen. Von einer gleichgewichtigen Doppeloperation ist keine Rede. Vielmehr wird der Einrichtung der Don-Verteidigung und den Bewegungen in Richtung Stalingrad der Charakter des Schutzes der strategischen Nordostflanke der Kaukasusoperationen zugewiesen.

Am 28. Juli 1942 treten die SS-Division Wiking und in ihrem Rahmen die SS-Panzerabteilung 5 zur Verfolgung des Feindes südlich des Don an, nachdem die Divisionen des III. Panzerkorps bereits am 26. 7. weiter ostwärts den Don überschritten und im Angriff nach Süden an diesem Tage bereits den Manytsch erreicht haben.[1]
Der Auftrag der Division Wiking vom 27. 7. 1942, 19.50 Uhr lautet:
„SS-Division Wiking überschreitet am 28. 7., 04.00 Uhr, mit Anfängen die Donbrücke und gewinnt über Bataisk, Olginskaja vorgehend zunächst das Höhengelände südostwärts Seljanaja-Roschtscha.“[2]
Das befohlene Angriffsziel liegt etwa 30 km ostw. Bataisk.
Für den Brückenschlag über den Don waren bereits am 23. 7. die Pionierbataillone 74 und 203 der Gruppe Kirchner zugeführt und dem XXXXIX. Geb. Korps unterstellt worden.
Am 28. 7., 04.00 Uhr überschreiten zwar die Anfänge Wiking die Brücke, doch ihre Tragfähigkeit erweist sich als zu schwach. Teile brechen zusammen und müssen ausgebessert werden. Unterbrechungen und Verzögerungen sind die Folge. Erst gegen 14.30 Uhr ist die Brücke soweit wiederhergestellt und auch durch den Einsatz des

1) v. Mackensen, „Vom Bug zum Kaukasus“, Kurt Vowinkel Verlag, 1967
2) KTB LVII. Pz. Korps

Pz. Pi. Btl. 4 verstärkt worden, daß mit dem planmäßigen Übersetzen der Division Wiking begonnen werden kann. Gegen 18.00 Uhr befindet sich die Masse der Division auf dem Südufer des Don.[1]
Aber bereits gegen 15.00 Uhr erreicht die 1. Kompanie der SS-Panzerabteilung 5 das befohlene Tagesziel, Seljanaja – Roschtscha, und meldet den Ort feindfrei. Obersturmführer Klapdor aus der 1. Kompanie berichtet:[2]
„Die zerstörte Donbrücke liegt im Strom. Pioniere haben eine Pontonbrücke eingefahren, über die unsere Panzer jetzt in vorsichtiger Fahrt bei sorgfältig eingehaltenen, weiten Abständen das Südufer erreichen. Im Gegensatz zu der großen Brücke konnten die Übergänge über die südlichen Deltaarme unzerstört in deutschen Besitz gebracht werden.
Auf der Ausfallstraße nach Osten, auf der wir uns bewegen, ziehen mit uns motorisierte Nachschubkolonnen und pferdebespannte Panjewagen der verschiedensten Art und Größe. An den Kolonnen vorbei zwängen sich Solomelder auf ihren Krädern in beiden Richtungen. Da die russischen Straßen bekanntlich vielfach den Vorteil der Verbreiterungsmöglichkeit ohne zusätzlichen Aufwand haben – gewöhnlich sind sie nicht durch Gräben begrenzt – ist das Nebeneinander der Kolonnen kein Hindernis, solange einseitige Richtungsänderungen oder gar das Kreuzen der Marschrichtungen vermieden werden können. Uns entgegen ziehen nach Norden lange Kolonnen russischer Gefangener, in der Hand den Brotbeutel oder Decke und Zeltbahn nach Art des Sturmgepäcks über der Schulter. Vereinzelt sehen ihnen an der Straße stehende Bewohner anscheinend teilnahmslos nach. Ich denke an unsere Studentin Sina in Amwrosiewka, die einmal auf unsere Frage, warum sie und andere eigentlich gefangenen Russen, ihren Landsleuten, nicht gelegentlich etwas zusteckten, Gefangene als Verräter bezeichnete, die ihre Pflicht, bis zum Letzten zu kämpfen, nicht erfüllt hätten.
Die letzten und zum größten Teil zerstörten einfachen Häuser von Bataisk bleiben zurück. Die große Ebene, deren Ausdehnung nach Süden und Osten unbegrenzt erscheint, nimmt uns auf. Ihre wachsende Weite läßt unsere eben noch gedrängt und kraftvoll scheinenden Kolonnen immer kleiner werden. Allerdings wird dieses Auflösungsvermögen des Raumes, in dessen ungeheurer Tiefe wir täglich neue Ziele zugewiesen erhalten, verschleiert durch die hoch wirbelnden, dichten Staubwolken auch des kleinsten Fahrzeuges.
Noch überholen wir marschierende Teile der Infanterie, die über Bataisk nach Süden angegriffen hatten. Teile einer Radfahrschwadron sehen uns vielleicht mit ein wenig Neid vorbeirollen. Der vorgeschobene Divisions-Gefechtsstand, der sich an drei großen Strohdiemen etabliert hat, liegt nun auch hinter uns. Von nun an gibt es vor uns nur noch den Feind, der geordnet auszuweichen scheint, ohne allerdings noch eine feste, zusammenhängende Front zu wahren.
Früher als sonst scheint es hier dunkel zu werden. In den erreichten Stellungen wird gesichert. Bis gegen Mitternacht zieht sich die Versorgung der Panzer hin, Tanken und Aufmunitionieren. Geschlafen wird unter freiem Himmel, am besten in einer schnell ausgehobenen Schützenmulde unter dem Panzer."
Am 29. 7. rollen die Panzer der Division Wiking ab 05.30 Uhr zunächst nach Osten in Richtung Swobodnyi, auf dem Südufer des Manytsch, um die 16. I. D. mot., die hier bereits einen Brückenkopf im Angriff von Norden gewinnen konnte, zu entlasten. Das Marschziel für Wiking ist jedoch Balabanoff – Gigant in südostwärtiger Richtung.

1) KTB LVII. Korps 2) Bericht Klapdor

Gegen Mittag wird ein Wechsel der Stoßrichtungen für Wiking und die 13. Pz. Division befohlen, um Marschkreuzungen zu vermeiden.[1] Die 13. Pz. Division stößt nun auf Gigant und Wiking über Metschetinskaja auf Jegorlykskaja vor.

„Mit der aufgehenden Sonne, die den Horizont des Steppenrandgebietes erglühen läßt, macht sich die SS-Panzerabteilung 5 zur weiteren Verfolgung des ausweichenden Feindes bereit. Sie wird in den Flanken gesichert von den Kompanien der Aufklärungsabteilung, artilleristisch unterstützt durch eine Abteilung des Artillerieregimentes 5 mit der relativ weit reichenden Kanonenbatterie, deren vorgeschobene Beobachter bei den Angriffsspitzen fahren und auf diese Weise eine vorzügliche Zusammenarbeit und schnelle Wirksamkeit erreichen.

Schwere Panzerabwehrgeschütze auf Selbstfahrlafetten begleiten unseren Angriff. Panzergrenadiere sitzen auf den Hecks der Panzer, um sofort verfügbar zu sein.

Wie die Eisenspitze eines langschäftigen Speeres bohrt sich die gepanzerte Gruppe in die langsam ausweichenden, einer größeren Umfassung immer wieder entgehenden Russenkolonnen.

Die Tagesziele werden nicht mehr vom feindlichen Widerstand, sondern von unseren Marschleistungen durch Maisfelder, versteppte Kuselgelände, unwegsame Balkas, das sind Geländeeinschnitte zum Teil mit Hohlwegcharakter, bestimmt.

Südlich Metschetinskaja verbringen wir die Nachtstunden in den erreichten Stellungen, um am 30. 7. mit Sonnenaufgang die Verfolgung wieder aufzunehmen. Gegen 09.00 Uhr stehen wir vor Jegorlykskaja, das gegen stärkeren Feindwiderstand im Sturm genommen wird.

Die feindlichen Nachhuten sind verlorene Haufen. Auch bereits im Wirkungsbereich unserer Waffen versuchen sie, den in der Bewegung feuernden Panzern noch zu entkommen. Dramatische Szenen zum Teil, wenn Verfolgte und Verfolger nebeneinander oder unmittelbar hintereinander in dieselbe Richtung fahren. Lastkraftwagenfahrer werden vom Fahrersitz heruntergeschossen. Rechts von mir fährt eine Zugmaschine mit aufgeprotztem Geschütz führerlos den Hang hinunter. Einzelne erdbraune Gestalten tauchen aus dem Gras halb aufgerichtet, den Ausdruck des Schreckens im Gesicht, unmittelbar vor den Stahlkolossen auf.

Niemand kümmert sich um Gefangene, vorwärts heißt die Losung. Diese Form des Vorwärtsstürmens zeitigt eine nicht berechnete Gefahr. Nicht nur vor uns, sondern auch hinter uns befindet sich jetzt bewaffneter Feind. Kopfschüsse einzelner Panzerkommandanten lassen uns vorsichtiger werden.

Überwalzte Stellungen werden ganz vom Feinde gesäubert. Auf dem südlich Jegorlykskaja ansteigenden Hang müssen die Russen einzeln aus ihren Löchern herausgeholt werden. Mein Panzer steht auf einem gewinkelten Loch. Nichts rührt sich darin trotz der wiederholten Aufforderung, sich zu ergeben. Mit entsicherter Pistole versuche ich vorsichtig, in das Loch zu blicken. Auf dem Boden gewahre ich einen Russen liegen, wie das Loch gewinkelt, an die Erde gepreßt. Zögernd mit gespanntem Ausdruck erhebt er sich langsam, unter ihm liegt sein Maschinengewehr. Dann klettert er aus dem Loch heraus und trabt, offenbar etwas mißtrauisch über diese glimpfliche Behandlung, nach rückwärts.

Bereits drei Stunden später, gegen 12.00 Uhr, stehen unsere Panzer vor dem 20 km südlicheren Ssredny Jegorlyk. Während unseres Marsches durch eine längere Balka sehen wir uns plötzlich von russischen Jägern angegriffen, deren Maschinengewehrgarben wie Hagelkörner auf unsere schnell geschlossenen Türme und Decks prasseln. Sie erkennen unsere relative Wehrlosigkeit

1) KTB LVII. Pz. Korps

und lassen nicht von uns ab. Doch nach einiger Zeit ändert sich die Szene. Durch Vermittlung des der Division zugeteilten Fliegerverbindungsoffiziers erscheint die Zerstörerstaffel des Majors Döring und beendet diesen Spuk.

Ssredny Jegorlyk soll im Sturm genommen werden. Der Divisonskommandeur, Gruppenführer Steiner, fährt in seinem hellen Staubmantel mit seiner kleinen Führungsstaffel unerschrocken unmittelbar hinter der Panzerabteilung. Sein Gefechtsstand ist vorne. Entschlüsse und Befehle sind dem Gefechtsverlaufe angepaßt, aktuell und schnell. Die Artillerie geht in Stellung, die vorgeschobenen Beobachter schießen sich ein, korrigieren, und während wir uns bereitstellen, singen bereits die Granaten der Kanonenbatterie über uns hinweg. Der Russe wird geworfen und weicht fluchtartig zurück.

Auf den Hängen südlich des Ortes wird „Halt“ befohlen. Ein technisch begründeter „Halt“, den wir nicht verstehen. In unseren Türmen stehend müssen wir mit dem Glas und dem bloßen Auge zusehen, wie russische Kolonnen von Nordosten nach Südwesten an uns vorbeidefilieren. Trotz unserer Vorstellungen wird ein sofortiges Vorstoßen in diese Rückwärtsbewegung nicht befohlen.

Dieser 30. Juli hat uns junge Panzersoldaten besonders beeindruckt. „Der gestrige Tag“, heißt es in einem Brief vom 31. 7. 1942, „war wohl bisher der schönste. Das war schon mehr regellose Flucht. Unter anderem sahen wir hier die ersten wirklichen Kamele. Also Asien langsam in Sicht. Unerhört heiß ist es hier. Man steht durchschnittlich 12 Stunden im Panzer. Mit Wasser ist es auch nicht mehr besonders bestellt. Aber das sind ja keine Dauerzustände.

Die Bevölkerung ist bei weitem nicht mehr so wie in der Ukraine. Gestern nahmen wir Jegorlyk. Keine Seele zu sehen. Alle hockten sie in ihren Erdlöchern. Dann wiederum sahen sie uns verstohlen nach. Hoffentlich ist der Lauf der Post nach Deutschland nicht auch so in die Länge gezogen wie umgekehrt. Seit 10 Tagen ist hier keine Post mehr eingetroffen. Der Weg nach Deutschland wird immer länger.“

Um den Lauf der Post auf etwa 5 Tage zu verringern, können den Angehörigen Luftfeldpostbriefmarken zur Verfügung gestellt werden. Die Briefe dürfen nicht schwerer als 10 g sein, die Vorderseite des Umschlages muß zweimal diagonal durchgestrichen werden.

Die Wohn- und Lebensgewohnheiten der Landesbewohner sind uns vertraut und überall gleich. In der Nähe der einfachen Lehmkaten stehen draußen im Freien die Lehmöfen, auf denen gekocht wird. Die in die Erde gegrabenen Keller sind erstaunlich kühl, oft geräumig und nur durch einen schmalen Einstieg erreichbar, dessen Tarnung nicht allzu schwer ist. Diese Erdkeller dienen der Bevölkerung jetzt als Schutzräume und Versteck.

Hinter den sichernden Panzergrenadieren des Regimentes Nordland verbringen unsere Panzerbesatzungen die Nacht im Freien und erholen sich von der Hitze und den Staubwolken des Tages. Die Gesichter werden langsam schmaler. Zu der Außentemperatur kommt die stickige Hitze im Kampfraum des Panzers. Die Uniform wird immer legerer. Oft ist nur die Hose als Bekleidungsstück übriggeblieben.

Der Speisenplan wird eintöniger. Im Wassereimer mitgeführte, bereits gekochte Hühner, Eier und Gurken bilden die Standardmahlzeit. Die mitgeführte Schokolade aus den „Eisernen Rationen“ genießt besondere Wertschätzung.

Brennstoff und Munition scheinen ausreichend vorhanden zu sein. Das Trinkwasser wird knapper.

Im Hochgefühl unserer eigenen Erfolge brennen wir abends auf die Meldungen des Rundfunks. Sie verbinden uns mit dem Gesamtgeschehen in diesem Sommer 1942:

Die Panzerverbände der 6. Armee und der 4. Panzerarmee entscheiden die Schlacht im großen Donbogen zu ihren Gunsten. Bei Kalatsch ist der Übergang über den Don erzwungen worden. Die Operationen gegen den Unterlauf der Wolga beginnen. Ostwärts von uns hat die 13. Pz. Division in weitem Bogen nach Osten ausholend den Übergang über den Manytsch bei Ssalsk erzwungen.
In Nordafrika treiben die Panzer Rommels die Engländer vor sich her bis an die Tore Ägyptens.
In den Atlantik versinken monatlich in diesem Sommer an 500 000 t feindlichen Schiffsraumes, herausgeschossen aus den Geleitzügen von den in Rudeln angreifenden deutschen U-Booten.
Auf allen Fronten Erfolge. Angriffswille und Angriffswucht scheinen ungebrochen."[1]

In den frühen Morgenstunden des 31. 7. 1942 wird die Angriffsspitze der Division Wiking in Ssredny Jegorlyk unerwartet von feindlichen Nachtruppen angegriffen. 2 russische Bataillone, unterstützt durch 2 Panzer und Reihenwurfgeräte, greifen Jegorlyk von Westen an und werden abgeschlagen. Dann treten die Panzer der SS-Panzerabteilung 5 nach Süden an, erreichen 09.15 Uhr Betschanowskiy und gegen Mittag Pestschanokopskoje. Das am späten Abend für den nächsten Tag befohlene Angriffsziel ist Belaja Glina.
Daß sich der Feind immer wieder mit Erfolg dem Zugriff der Angreifer entzieht, dafür sprechen die Gefangenen- und Beutezahlen des LVII. Pz. Korps. Vom Antreten südlich Rostow bis zum 31. Juli 1942 wurden 9000 Gefangene gemacht und 28 Geschütze eingebracht.[2]
„*In unserer rechten Flanke*", berichtet Obersturmführer Klapdor,[1] „*verlegt der Feind am 1. 8. den angreifenden Infanteristen in stärker ausgebauten Feldstellungen bei Nowo Stepnoy den Weg. Wir werden nach rechts abgedreht und stellen uns zum Angriff auf diese feindlichen Stellungen bereit. Während die Feuerschläge der Artillerie den Gegner noch niederhalten, stehen unsere Panzer bereits auf den ersten Schützenlöchern der Russen. Methodisch, langsam überrollen sie die tief gestaffelte Stellung. Die nachfolgenden Infanteristen haben Mühe, die einzelnen Russen aus ihren Löchern herauszuholen.*
Etwa 30 m links von mir nähert sich der von Scharführer Hühnerfaut befehligte Panzer einem Schützenloch. In dem Augenblick, in dem das Loch in dem toten Wirkungs- und Sichtwinkel des Panzers zu sein scheint, erhebt sich ein Russe im offenen Hemd, wirft eine geballte Ladung unter den Panzer und verschwindet wieder. Bevor ich noch über Sprechfunk Hühnerfaut warnen kann, erfolgt die Detonation, doch offensichtlich ohne Schaden anzurichten. Der Panzer überrollt das Loch, ohne auf ihm stehenzubleiben und es einzuwalzen. Ich traue meinen Augen nicht, als derselbe Russe, unbekümmert um die folgenden Panzer, erneut auftaucht, eine zweite geballte Ladung wirft, wieder ohne das Laufwerk zu beschädigen. Eine Sprenggranate setzt dem Wirken dieses tapferen Mannes ein Ende.
Unser Angriff läuft ohne Stocken und nähert sich jetzt einer langen, quer zur Angriffsrichtung laufenden Hecke. Plötzlich bewegen sich die Äste und Sträucher, als wäre ein Sturmwind in sie gefahren. Die Hecke beginnt, sich in einzelne Teile aufzulösen, und die bis jetzt vorzüglich getarnten Fahrzeuge rasen als fahrende Büsche nach rückwärts. An Schnelligkeit sind sie

1) Bericht Klapdor   2) KTB LVII. Pz. Korps

unseren Panzern überlegen. Die Geschosse unserer Panzerkanonen und Maschinengewehre sind schneller.
Zum ersten Male erbeuten wir hier Fahrzeuge amerikanischer Fertigung.
In rastloser Verfolgung streben wir der Stadt Belaja Glina zu. Die Eisenbahnlinie Krasnodar – Ssalsk wird überquert. Mit Kriegsmaterial beladene Güterzüge hinter verlassenen, unter Dampf stehenden Lokomotiven bleiben hinter uns zurück. Wie in Kiellinie laufende Boote durchschneiden unsere Panzer mit ihren schwankenden Türmen und Kanonen die wogenden Getreidefelder. Die von ihnen gewalzten Bahnen sind die Marschstraßen der folgenden motorisierten Kolonnen. Vereinzelte in Rauch und Flammen aufgehende strohgedeckte Häuser sind die Zeichen eines schnell niedergekämpften Widerstandes. Gegen 18.00 Uhr ist Belaja Glina genommen."
Die Überfälle versprengter Feindgruppen auf die kämpfenden Teile wie auf die Versorgungstruppen sind lästig. Sie veranlassen die Division Wiking, am 2. 8. mit der Masse den Raum Belaja Glina von diesen Feindgruppen zu säubern und die eigenen Verbände zu ordnen. Die Panzerspitze wird vorgeschoben bis Nowo Pokrowskoje, etwa 15 km südlich Belaja Glina. Trotz des Drängens des Korps tritt die gepanzerte Gruppe erst am Morgen des 3. 8. zur weiteren Verfolgung an.
„Rastlos geht die Fahrt nach Süden durch Dörfer, Mais- und Sonnenblumenfelder. Um 11.00 Uhr wird die Bahnlinie Kropotkin – Woroschilowsk überschritten.
Vor 14 Tagen noch im Sturm auf Rostow stehen wir in den Nachmittagsstunden des 3. August 1942 am großen Knie des Kubanflusses, etwa 250 km südlich von Rostow, nach achttägiger ununterbrochener Verfolgung des ausweichenden Feindes. Hier, von dem nördlichen Steilufer des Kuban, der hier seine bisherige Süd-Nordrichtung in einem großen Bogen in West-Richtung ändert, bietet sich dem Auge eine verwandelte Landschaft. Ungestört vom Feinde folgt das Auge dem Fluß mit seinen zahllosen Armen und Windungen, die kleine Inseln umschließen. Beide Ufer sind eingefaßt von breiten, grünen Waldgürteln, die nach Süden wieder in eine endlose Ebene überzugehen scheinen."[1]

Die Kuban-Brücke von Kropotkin

„Dieser unregulierte Strom, der mit den von den Höhen des Westkaukasus ihm zustrebenden Flüssen ein großes Flußsystem bildet, das zum ersten Male das unaufhaltsame Vordringen der deutschen Angriffsspitzen unterbricht, ist noch an keiner Stelle überschritten worden. Von den wenigen Übergängen befindet sich noch keiner in deutscher Hand. Daher ist Kropotkin, Eisenbahnknotenpunkt und Kuban-Übergang etwa 25 km westlich von uns, das Angriffsziel für morgen. Die Brücke soll handstreichartig und unzerstört genommen werden.
In den frühen Morgenstunden des 4. August 1942 rollt die gepanzerte Gruppe, die 1./Pz. Abt. 5, der Gefechtsstab und der Aufklärungszug der Abteilung, zusammen mit den Grenadieren des Regimentes Nordland westwärts. Widerstandslos nähern wir uns Kropotkin, das am frühen Vormittag unerwartet vor uns liegt.

1) Bericht Klapdor

Das Gelände fällt steil ab in die Niederung, in der sich die Stadt ausbreitet. Mit dem bloßen Auge erkennen wir den Bahnhof, auf dem noch rangiert wird. Ohne Zweifel bemühen sich die Russen, noch Teile des rollenden Eisenbahnmaterials über den Fluß zu schaffen. Unsere Sprenggranaten stören sie offenbar wenig. Erwidert wird unser Feuer nicht.
Wo aber ist die Brücke? Wir können sie von hier aus nicht ausmachen. Zu langem Verweilen ist auch nicht die Zeit.
Der Angriffsbefehl der Abteilung fordert das unverzügliche Antreten, Eindringen in die Stadt, das rücksichtslose Durchstoßen zum Kuban und die Inbesitznahme der unzerstörten Brücke. Mit dem als Spitzenzug der 1./Pz. Abt. 5 befohlenen 2. Zug rollen die ersten Panzer jetzt ein wenig weiter rechts langsam auf einem holprigen, teilweise abgestuften Wege hangabwärts in die Stadt. Weder in den Häusern am Stadtrand noch im jetzt erreichten Zentrum ist irgendjemand zu sehen. Alles erscheint wie ausgestorben, keine Hindernisse, kein Widerstand.
In der Stadtmitte verfehle ich die zur Kubanbrücke führende Straße. Während wir uns noch zu orientieren versuchen, hat der Aufklärungszug unter Untersturmführer Sepp Martin bereits die Spitze übernommen. Ihm folgen jetzt die Züge der 1. Kompanie in umgekehrter Reihenfolge. Zwischen den beiden vorderen Zügen, an deren Spitze der Kompaniechef, Obersturmführer Schnabel, fährt, hat sich der Abteilungskommandeur, Sturmbannführer Mühlenkamp, eingegliedert. Mein Zug fährt als letzter der Spitzenkompanie. Den südlichen Stadtrand lassen wir hinter uns und rollen nach einer Rechtskurve auf der jetzt dammartig erhöhten Straße in eine Flußschleife. Beiderseits der Straße behindern schmale Baumstreifen die Sicht. Noch ist kein Schuß gefallen.
In diesem Augenblick – die leichten Panzer II müssen unmittelbar vor dem Fluß angelangt sein – steigt vor der Panzerkolonne eine gewaltige Detonationswolke hoch. Die Brücke fliegt in die Luft und dann in den Fluß.
Gleichzeitig erhebt sich Gefechtslärm. Das Krachen detonierender Granaten aus Panzerabwehrgeschützen in bisher versteckten Feuerstellungen rechts von uns und offenbar auf dem jenseitigen Ufer vermischt sich mit dem harten Knall der feuernden Panzerkanonen vorn an der Brückenauffahrt. Feindliche Maschinengewehre bestreichen jetzt ebenfalls von rechts die Straße. Das russische Pakfeuer verstärkt sich. Die ersten zwei oder drei Panzer, die bereits außerhalb der Sichtdeckung bietenden Baumstreifen halten, suchen jetzt Deckung auf der linken Straßenseite. Ein Panzer unmittelbar vor der Brücke steht und feuert. Er ist vielleicht getroffen und bewegungsunfähig. Wenig später entquillt ihm dunkler Rauch, er brennt und feuert dennoch weiter.
Die säuberlich, wie aufgefädelt, auf der Straße stehenden Panzer können infolge der behinderten Sicht durch den Baumstreifen rechts der Straße nicht eingreifen. Der Funkverkehr scheint zusammengebrochen zu sein. Es ist kein Wort in diesem Durcheinander im Äther zu verstehen. Kurz entschlossen öffne ich mein Turmluk, steige aus, springe auf die linke Straßenseite und laufe nach vorn bis zum Wagen des Kommandeurs, gedeckt gegen das feindliche Feuer durch die auf der Straße stehenden Panzer. In dem jetzt vorsichtig geöffneten Turmluk seines Panzers zeigt sich der Kommandeur ungehalten über den Ausfall des Funkweges. Er ist mit dem Vorschlag einverstanden, die Panzer rechts der Straße hinunter in den Baumstreifen fahren zu lassen, um in Flußnähe mit besserer Sicht mit der ganzen verfügbaren Feuerkraft die feindliche Panzerabwehr auszuschalten. Die von mir eingewiesenen Panzer entfalten jetzt am Rande der Baumkulisse einen Feuerzauber auf das gegenüberliegende Ufer, der die russischen Pak- und Maschinengewehrnester nach einiger Zeit verstummen läßt.

Mai 1942: Truppen-Übungsplatz Sennelager, Übungsbesprechung

Juli 1942, Amwrosiewka: 2. und 3. Zug der 1./Pz.Abt. 5, Besichtigung durch Div.Kdr.

Juli 1942, Amwrosiewka: Dorfstraße

Juli 1942, Amwrosiewka: Eingang zur Frontbühne im Wikingerheim

28.7.1942, Bataisk: Die Gefangenen ziehen nach Norden, die Panzer der SS-Pz.Abt. 5 nach Süden.

Juli 1942: Unser linker Nachbar, die 13. Pz.Div., überschreitet „die große Grenze“.

Juli/August 1942: Zwischen Don und Kuban greifen die Panzer der SS-Pz.Abt. 5 den immer wieder ausweichenden Feind an und brechen jeden Widerstand.

Zwischen Don und Kuban

4.8.1942, Kropotkin: Blick von der gesprengten Brücke auf den Kuban

4.8.1942, Kropotkin: Vor der Kubanbrücke brennt der Panzer des Ustuf. Martin. Im Vordergrund der Panzer des Kommandeurs

8.8.1942 abends, Tenginskaja: Die Offiziere der 1. Kompanie, v.l.n.r.: Ostuf. Schnabel, Ostuf Klapdor, Ustuf. Kolodzi, Oberjunker Pinnow, Ustuf. Hübner

12.8.1942, an der Belaja: V.l.n.r.: Ein Fahrer (N.?), Ostuf. Sobota, Ustuf. Niemann, Ustuf. Dedelow (im Panzer), Ostuf. Klapdor (verwundet)

August 1942: Furtende Panzer der 1./Pz.Abt. 5

10.8.1942, Beloretschenskaja: Furten der Belaja

6.9.1942, Apscheronskaja: Stubaf. Mühlenkamp mit Offizieren der Pz.Abt. 5 nach der Verleihung des Ritterkreuzes

Als nach einiger Zeit auch der „Alte Fritz", der Kommandeur des Regimentes Nordland, Oberführer v. Scholz, eintrifft, ist der Gefechtslärm schon wieder weitgehend abgeebbt. Er freut sich über die schnelle Meisterung der durch diesen Hinterhalt entstandenen Situation und erinnert sich lebhaft an die Kradschützenkompanie seines Regimentes im letzten Jahr, die ich bis zu meiner Verwundung geführt hatte. Inzwischen sind auch einzelne russische Überläufer aufgetaucht, die durch den Fluß zurückgeschwommen sind.
Unser Auftrag war nur halb erfüllt. Doch auch ohne intakte Kubanbrücke waren der schnelle Zugriff und die Inbesitznahme der Stadt Kropotkin ein Erfolg; erleichterte er doch den nachfolgenden Verbänden der 17. Armee den Weg zum Kuban.
Nachdem auch der Chef der 1. Kompanie mit den links der Straße ausgewichenen Panzern wieder zur Masse gestoßen ist, verlassen wir am Nachmittag Kropotkin auf demselben Wege, auf dem wir gekommen sind. Auf dem stark zerstörten Bahnhofsgelände bewundern wir die Vorarbeit der Luftwaffe. Mit Lastwagen und Geschützen beladene Güterzüge mußte der Feind hier zurücklassen.[1]

Tenginskaja

Einige Kilometer südostwärts der Stelle, an der sie gestern den Kuban erreicht hatte, zieht die 1. Kp. unter. Es sind 2 Ruhetage vorgesehen.
Die Masse der SS-Panzerabteilung 5, die inzwischen die in Eiltransporten nachgeführte 3. Kompanie mit ihren Panzern IV mit den Kanonen 7,5 cm lang wieder an sich gezogen hatte, war mit dem verstärkten Regiment Germania am 3. August 1942 auf dem Ostufer des Kuban weiter nach Süden vorgedrungen, um einen Übergang zu finden. Nach etwa 25 km hatten sie in schnellem Zugriff den Ort Grigoripoliskaja erreicht und genommen. Eine Brücke über den Kuban gab es allerdings nicht. Entschlossen setzte die Kompanie Dorr des Regimentes Germania in Floßsäcken über den Fluß unter dem Feuerschutz der Artillerie und der Panzer. Gegen hartnäckigen Widerstand der Russen konnte der anfänglich kleine Brückenkopf erweitert und gehalten werden.
Inzwischen ist eine 8 t Pontonbrücke eingefahren und am 6. 8. seit 05.00 Uhr freigegeben worden. Sie erweist sich jedoch als zu schwach und wird daher im Laufe des Nachmittags durch das Korps-Pionierbataillon auf 16 t verstärkt.[2]
Obersturmführer Klapdor berichtet:
„Während bei Grigoripoliskaja eine Pontonbrücke eingefahren wird, sind wir froh, uns ein wenig erfrischen zu können. Die Gedanken wandern nach Deutschland, einige tausend Kilometer westlich.
Durch den Rundfunk erhalten wir beunruhigende Nachrichten. Er meldet Bombenangriffe der Engländer auf Hamburg und andere deutsche Wohngebiete. Seit dem Beginn unseres Angriffs auf Rostow am 22. Juli hat uns keine Post aus der Heimat mehr erreicht.
Die Sonne läßt das Quecksilber hier in der Kubanebene subtropische Grade erreichen, dagegen erscheinen uns die Abende und Nächte kühl. Nach den auch für die technischen Dienste so

1) Bericht Klapdor 2) KTB LVII. Pz. Korps

notwendigen Ruhetagen überschreitet die SS-Panzerabteilung 5 in den frühen Morgenstunden des 7. August 1942 auf der Pontonbrücke bei Grigoripoliskaja den Kuban und tritt aus dem bereits erweiterten Brückenkopf zunächst in nordwestliche Richtung zur weiteren Verfolgung des Feindes an. Otrado Kubanskaja wird gegen 07.30 Uhr genommen, die Bahnlinie Kropotkin – Armavir überschritten. Noch unter Dampf stehende Güterzüge werden unsere Beute. In den Abendstunden stehen wir etwa 12 km südostw. Tifliskaja. Im großen Kubanknie steht kein Feind mehr.

Mit dem Büchsenlicht in den Frühstunden des 8. August 1942 nimmt die Panzerabteilung 5 ihre Verfolgung in südwestliche Richtung wieder auf. Die Marschleistungen unserer Panzer sind gut bei Berücksichtigung der in den letzten Wochen an sie gestellten Anforderungen. Technische Ausfälle sind so gut wie nicht eingetreten dank des vorbildlichen Einsatzes der Instandsetzungsstaffeln vorn bei den Kompanien auf dem Gefechtsfeld und der schnellen Durchführung von größeren Reparaturen durch den personell und technisch vorzüglich ausgestatteten Instandsetzungszug der Abteilung unter Führung von Obersturmführer Sobota. Für kleinere technische Arbeiten, wie das Auswechseln von Kettengliedern, Drehstäben u. a., sind die Panzerbesatzungen selbst vorbereitet und geschult.

Die Stirnpanzerung, die den größeren Kalibern der feindlichen Panzerabwehrkanonen und Panzerkanonen nicht mehr entspricht und weit unter den Maßen des neuen russischen Panzers vom Typ T 34 liegt, ist behelfsmäßig verstärkt worden durch Anbringen der Reserveketten auf dem Bug des Panzers. Die dünne Seitenpanzerung unseres Panzers III ist seine verwundbarste Stelle. Sie zwingt dazu, den Panzer so zu führen, daß er möglichst immer nur die Stirn dem Feinde bietet. Diese Forderung gilt besonders für die Stellung des Panzers im „Schießhalt". Die Durchschlagskraft unserer 5 cm Kanone gegen gepanzerte Ziele erlaubt höchste Schußentfernungen bis etwa 500 m. Dagegen wird der russische T 34 mit einer doppelt so starken Seitenpanzerung dem Panzer III auf 1500–2000 m mit seiner 7,62 cm Kanone gefährlich.

In der Angriffsformation eines Breitkeiles mit zurückgestaffelten Flügeln rollen unsere Kampfwagen über das leicht wellige, übersichtliche, panzergünstige Gelände. Das Angriffstempo steigert sich. Der Zwischenraum zwischen der Panzergruppe und den nachfolgenden Grenadieren wird größer. Wir können nicht verhindern, daß feindliche Gruppen sich hinter uns erneut sammeln und ihrerseits versuchen, in geschlossenen Formationen Anschluß nach Süden an ihre Hauptkräfte zu gewinnen. Die Situation in unserem Rücken wird zunehmend unklarer.

Gegen 10.00 Uhr vormittags wird vor uns am Horizont eine Staubwolke oder besser eine Staubwand quer zu unserer Angriffsrichtung sichtbar. Etwa 15 Minuten später erkennen wir die Ursache. Wenige hundert Meter vor uns muß der Laba, ein Nebenfluß des Kuban fließen. Auf seinem diesseitigen Ufer, dem Nordufer, bewegt sich eine endlose Viehherde von Norden nach Süden. Der Russe versucht offenbar in Befolgung der Parole von der verbrannten Erde, die dem Feinde zurückzulassen ist, alle Viehbestände in Sicherheit zu bringen. Mit der Schnelligkeit unseres Vordringens konnte er nicht rechnen. Diese Viehherde wird den Laba jedenfalls nicht mehr überqueren.

Während die Tiere vor der Front unserer Panzer langsam nach Süden trotten, ertönt plötzlich vom rechten Flügel sich schnell verstärkender Gefechtslärm, der sofort unsere ganze Aufmerksamkeit beansprucht. Halb rechts von uns, auf halbem Wege zu einer in etwa 400 m Entfernung erkennbaren Ortschaft, brennt einer unserer Panzer.

In den folgenden Minuten einer gewissen Unschlüssigkeit erhalten wir folgende Orientierung: Der Ort rechts von uns ist Tenginskaja mit einem Übergang über den Laba. Während sich der auf dem rechten Flügel unseres Angriffskeiles fahrende Panzer des Aufklärungszuges der Herde näherte, teilte sich diese plötzlich, und eine durch die Herde und den Staub bisher versteckte russische Pak eröffnete auf kürzeste Entfernung das Feuer und setzte 2 Panzer des Aufklärungszuges außer Gefecht. Untersturmführer Martin ist schwer verwundet. Die russische Pak wurde dann vernichtet.

Tenginskaja ist zweifellos feindbesetzt. Ein Pakriegel soll unseren schnellen Übergang über den Laba verhindern.

Zwischen unserer augenblicklichen Stellung und dem Ort zieht sich eine flache Mulde parallel zum baumbestandenen Ortsrand hin. Das Zwischengelände ist deckungslos und erlaubt gut eingebauten und getarnten Panzerabwehrkanonen gute Möglichkeiten für die Bekämpfung unserer Panzer.

Hinter uns erlaubt eine ebenso flache Mulde eine etwas geschütztere Annäherung an den Ortsrand und bestimmt damit unseren Angriffsplan. Sofortiger Angriff ohne Abwarten der unbestimmten Ankunft unserer Panzergrenadiere.

Die Türme unserer Panzer auf den aufmerksam beobachteten Ortsrand gerichtet, erreiche ich mit meinem Zuge die Stelle, an der wir aus dem Schutze der Mulde herausrollen müssen, um über das jetzt ungedeckte, voll einzusehende Gelände an den Ortsrand heranzukommen. Angriffsrichtung ist das Ende der Baumreihe am Ortsrand, wo ich eine russische Pakstellung ausmache. In einem kurzen Schießhalt wird sie niedergekämpft. In der Bewegung aus allen Maschinengewehren schießend schieben wir uns ohne Verluste an den Ortsrand heran.

Mein Panzer steht vor der verlassenen russischen Pak und ist im Begriffe, sie zu überwalzen, um sie unbrauchbar zu machen. In diesem Augenblick trifft den Bug des Panzers ein harter Schlag. Noch bevor ich begreife, daß es sich um eine abgeprallte russische Pakgranate handelt, wird unser kleiner Kampfraum von dem Getöse einer ohrenbetäubenden Detonation erfüllt, begleitet von einem grellen Blitz. Volltreffer! Halb rechts, keine 50 m entfernt, bei einigen Holzschuppen, Russen. Verzweifelt versucht mein Richtschütze, Unterscharführer Brödel, den Turm zu drehen, um feuern zu können. Da kein Wort mehr zu verstehen ist, offensichtlich funktioniert unser Bordsprechverkehr nicht mehr, ziehe ich an seiner rechten Schulter zum Zeichen, den Turm weiter nach rechts zu drehen. Der Turm rührt sich nicht. Nur Minutenbruchteile nach dem ersten Volltreffer blitzt es jetzt unmittelbar vor mir im Abweiser der Kanone auf. Eine Stichflamme, ein furchtbarer Krach! Noch kann ich alle Glieder bewegen. Aber dieses Mal erlischt der Blitz nicht wieder, es brennt in unserem Kampfraum.

„Aussteigen! Raus!" Ich öffne das Turmluk und versuche, auszusteigen und so schnell wie möglich hinter den Turm zum Schutze gegen das nun einsetzende Maschinengewehrfeuer zu kommen. Trotz meines rechtwinklig versteiften rechten Armes infolge einer Gelenkzertrümmerung im letzten Winter bin ich schnell raus aus dem schmalen, körperbreiten Turmluk, bleibe aber dann plötzlich hängen. Um meinen Hals und Kopf haben sich die Leitungen von Kopfhörer und Kehlkopfmikrophon verschlungen, die ich in meiner Aufregung nicht abgelegt habe.

Mit einem verzweifelten Ruck kann ich mich befreien, springe hinter den Panzer und bin dort zunächst gedeckt.

Ein paar Meter weiter rechts ist eine kleine Erdvertiefung, unmittelbar am Ende der Baumreihe. Die inzwischen bei mir liegenden Richt- und Ladeschützen springen mit mir hinüber. Hier

haben wir wenigstens nach vorne Deckung. Unsere Pistolen sind unsere einzige Waffe. Inzwischen ist auch der Funker zu uns in das Loch gehüpft. Nur „Jupp", unser Fahrer, fehlt noch. Da ich keine Spur von ihm entdecken kann, springe ich zurück hinter den rauchenden Panzer und entdecke ihn regungslos unter dem Wagen. Vorsichtig versuche ich, ihn ein wenig zurückzuziehen. Seine schweren Verbrennungen über den ganzen Oberkörper lassen diesen Versuch fast unmöglich erscheinen. Ein tiefes Stöhnen ist sein einziges Lebenszeichen. Jetzt durchschlägt auch noch eine Maschinengewehrkugel seinen Oberarm. Wie ist er nur in diesem Zustand aus dem Panzer herausgekommen? Der Motor ist vorschriftsmäßig abgestellt und der Schlüssel abgezogen, wie sich später herausstellt.
Untersturmführer Hübner muß inzwischen in den Ort eingedrungen sein, der Gefechtslärm entfernt sich. Panzer der nachfolgenden Kompanie rollen an uns vorbei. Während sich die Instandsetzungsstaffel bereits um unseren Panzer kümmert – das Feuer ist gelöscht, er wird abgeschleppt – gelingt es uns, unseren schwer verwundeten „Jupp" auf einem Wagen so behutsam wie möglich über das holperige Gelände zum Verbandsplatz zu fahren.
Dort liegt auch schon der vor etwa einer Stunde abgeschossene und durch Lungensteckschuß schwer verwundete Untersturmführer Martin.
Der Arzt hat alle Hände voll zu tun. Unter anderem kommt ein Mann zur Behandlung, dem ein Splitter in der Haut unter dem Kinn stecken geblieben ist. Er ist kreidebleich. Der Splitter wird entfernt, ein Pflaster auf die Haut, und der Mann ist entlassen. Derselbe Splitter hätte ihn buchstäblich den Kopf kosten können.
Inzwischen sind auch mein Kopf und der rechte Arm wegen der starken Verbrennungen in weiße Binden verpackt worden. Der Abteilungskommandeur läßt sich berichten und ist damit einverstanden, daß ich nicht nach rückwärts verlegt werde, sondern beim Troß mitfahre. In einigen Tagen wird auch mein Panzer wieder einsatzbereit sein.
In der sengenden Mittagshitze ist der russische Pakriegel inzwischen ganz aufgebrochen worden, Tenginskaja genommen, der Übergang über den Laba erzwungen und die Masse der Abteilung am Spätnachmittag auf dem Südufer des Flusses. Der Rest des Tages dient der Instandsetzung von Gerät und Waffen sowie der Vorbereitung des weiteren Angriffes nach Südwesten am folgenden Morgen.
Die Siegeszuversicht und das Gefühl der Überlegenheit befähigen eine Truppe zu ungewöhnlichen Leistungen, sie verstärken die Kampfkraft in kaum vorstellbarem Maße und sind in der Lage, fehlende materielle Kräfte zu ersetzen, kurz, beide sind von unschätzbarem Wert. Wir haben in diesen Tagen von Norden nach Süden strömende Russenkolonnen in kühnem Angriff quer durchschnitten, sie hinter uns gelassen, ohne uns um ihr weiteres Schicksal zu kümmern. Das übliche „vor uns der Feind und hinter uns Freund" gilt nicht mehr. Wir schwimmen allmählich mit in diesen Russenströmen, nur ein Ziel vor Augen, den Westkaukasus, das Ölgebiet von Muck und Tuapse am Schwarzen Meer."[1]

Am gleichen 8. August 1942 erreichen die mit Unterstützung der 2. und 3. Panzerkompanie südlicher angreifenden Gefechtsgruppen Nordland und Germania die Labaübergänge Temirgojewskaja und Petropawlowskaja. In kühnem Nachtangriff gelingt die Bildung kleiner Brückenköpfe. Die Sprengung der Brücke Temirgojewskaja durch den Feind kann allerdings nicht verhindert werden.

1) Bericht Klapdor

„In der Nacht zum 9. August 1942 wird der Bau einer Behelfsbrücke bei Temirgojewskaja durch die SS-Division Wiking aufgegeben, da die wenigen vorhandenen Pionierkräfte und Gerät nicht ausreichen. Die Masse des SS-Pi. Btl. befindet sich noch im Auffrischungsraum . . .“[1]

„SS-Division Wiking schließt im Brückenkopf und Ort Tenginskaja zum weiteren Antreten am 10. 8. 42 auf. Mit der Fertigstellung der 16 t Brücke durch das Korps-Pi. Btl. ist nicht vor Einbruch der Dunkelheit zu rechnen.“[1]

Am Morgen des 10. August treten die Panzerkompanien und die Gefechtsgruppen der SS-Division Wiking zur weiteren Verfolgung des Gegners an. Panzer der 3. Kp. erreichen im Verband einer Vorausabteilung um 14.00 Uhr Maikop und stellen die Verbindung zum III. Pz. Korps her.[1]

Die Masse der Panzerabteilung überwindet die Belaja nördlich Beloretschenskaja. Die Stadt selbst wird gegen 16.00 Uhr genommen.

„Am 10. August werden Widerstandsversuche eines russischen Gardekavalleriekorps über den Haufen geworfen und die Belaja, ein weiterer Nebenfluß des Kuban, nördlich Beloretschenskaja überwunden. In der Ferne endet die Ebene, die Höhen des Westkaukasus zeichnen den Horizont. Der feindliche Widerstand wächst, er versteift sich. Die russische Artillerie streut nicht mehr planlos. Ihre Feuerschläge auf unsere Verbindungswege und Fahrzeugansammlungen lassen die rückwärtigen Dienste und Trosse, bei denen ich mich befinde, recht lebhaft durch das Gelände hüpfen und die Stellungen wechseln.

Am 11. August werden Teile unserer Troßfahrzeuge benötigt für den beabsichtigten Einsatz der 7./Lehr-Rgt. Brandenburg auf die Pschecha-Brücke in Pschechskaja. In ihren braunen Russenkitteln jagen die Brandenburger am folgenden Morgen durch die Russenkolonnen, veranlassen diese, jeden Gedanken an Widerstand aufzugeben, und steigern Verwirrung und Panik. An der Brücke Pschechskaja entledigen sie sich der russischen Uniformteile und kämpfen in ihren deutschen Uniformen. Nur kurze Zeit später werden sie entlastet von den nachstürmenden Grenadieren des Regimentes Nordland. Der wichtige Übergang Pschechskaja steht unzerstört für unsere Nachschubkolonnen zur Verfügung.

Beim Wechseln meiner Verbände empfiehlt mir der Abteilungsarzt, Dr. Standl, – er zieht mir buchstäblich die Haut von Kopf und Arm – ein rückwärtiges Lazarett aufzusuchen, um Infektionen und entstellende Narbenbildung zu vermeiden.

Im PKW des technischen Führers, Obersturmführer Sobota, fahre ich am Nachmittag zurück zum Hauptverbandsplatz in Richtung Tenginskaja. Während wir selbst unangefochten dort ankommen, empfängt uns der Chef des Hauptverbandsplatzes aufgeregt und beschwörend vor seiner Unterkunft. Erst jetzt fällt uns auf, daß kaum ein Sanitäter zu sehen ist. In der vergangenen Nacht sind Russen, so berichtet der Arzt, in geschlossenen Kolonnen durch den Ort gezogen. Unverständlicherweise ist ihnen die Belegung desselben mit dem Hauptverbandsplatz verborgen geblieben. Das Schicksal der zahlreichen Verwundeten wäre nicht auszudenken gewesen. Im Laufe des heutigen Tages machten die Russen jedoch Anstalten, den Ort anzugreifen. Alles, was ein Gewehr tragen kann, liegt am Ortsrand zur Verteidigung. „Sie sind doch Truppenoffizier“, wendet er sich an mich, „helfen Sie mir.“ Nun, nach dem Grundsatz, mit wachsender Entfernung vom Ort verringert sich die Einwirkungsmöglichkeit des Feindes auf ihn, raffe ich alle Gewehrträger zusammen, inszeniere einen infanteristischen Angriff in die

1) KTB LVII. Pz. Korps

Flanke des Feindes, dessen seitliche Ausdehnung schon erkundet werden konnte. Er bringt den wackeren Sanitätern am Ortsrande zunächst Entlastung.

Weit draußen im Gelände gehen wir in die Erde und warten nun unsererseits auf den Feind. Ich wundere mich, daß das feindliche Gewehrfeuer trotz aller Wechselstellungen immer sehr gut in meiner Nähe liegt. Schließlich komme ich darauf, daß mein weithin leuchtender, in weiße Binden eingewickelter Kopf eine ausgezeichnete Zielansprache erlaubt.

Der Russe greift zwar in den folgenden Stunden nicht an, bleibt jedoch eine Bedrohung, die noch vor Einbruch der Nacht beseitigt werden muß. Die Verbindung mit der Panzerabteilung funktioniert, und einige Panzer schaffen dem Hauptverbandsplatz diese unangenehmen Nachbarn vom Halse.

Am 12. August bringt mich ein Flugzeug, das auf freiem Gelände landet und startet, mit anderen Verwundeten nach Armavir. Dort übernimmt uns eine Ju 52 und abends finden wir uns wieder in einem gepflegten Lazarett in Taganrog am Asowschen Meer, betreut von Schwestern des Roten Kreuzes. Die Atmosphäre in diesem Lazarett im rückwärtigen Operationsgebiet kann in kurzen Worten angedeutet werden. Ich bin in einem Raum untergebracht, dessen Belegschaft auf 15 Mann der verschiedensten Truppenteile und Dienstgrade anwächst. Zur Hebung des körperlichen Wohlbefindens aller Insassen mit und ohne Dienstgrade werden auch die Sektbestände der Verwaltung nicht geschont. Die Haltung der Schwestern ist eine Wohltat. Von früh morgens bis spät in die Nacht unermüdlich auf den Beinen, sind sie doch immer guter Laune und haben für jeden noch ein freundliches Wort. Ein Radioapparat im Zimmer beendet unsere Weltabgeschiedenheit. Das Angebot des Kriegspfarrers, von seiner Bibliothek Gebrauch zu machen, wird dankbar in Anspruch genommen.

Die Gespräche bewegen sich zwischen den Erlebnis- und Einsatzberichten, der Beurteilung der Erfolgsaussichten und der Erörterung philosophischer Fragen. Von großer Bedeutung für den Einzelnen ist die Frage nach dem eigenen Schicksal, Rückkehr zum Frontverband oder die Verlegung in ein Heimatlazarett, Rückkehr nach Deutschland. Die Haltung eines Rottenführers unserer Abteilung, der ebenfalls mit Kopfverletzungen, allerdings schwererer Art, hier liegt, ist ebenso eindrucksvoll wie vereinzelt. Er tritt laut dafür ein, hier zu bleiben, und sobald der Zustand es erlaubt, wieder zu seinen Kameraden zurückzukehren. Den geraden Gegensatz verkörpert ein junger Leutnant mit einem Handdurchschuß. Die Wunde heilt so gut, daß er, unglücklich über die Verschiebung des Abfahrtermins eines Lazarettzuges, klagt, daß in der Heimat keiner seine Verwundung glaube, wenn er nur noch ein Pflaster auf der Hand trüge.

In einem Durchgangslazarett wie dem unsrigen sieht man, wie groß die Freude derjenigen ist, die nach Deutschland abtransportiert werden. Wochen-, ja monatelange Sehnsucht geht in Erfüllung. Es ist den meisten gleichgültig, wie sie zurückkommen, wenn sie nur nach Deutschland kommen. Viele werden eines Tages wieder hier sein, um erneut denselben Weg zu gehen. Manche bleiben hier, treten, kaum ausgeheilt, wieder zu ihrem Verband und füllen neu entstandene Lücken. Was mag sie nach vorne zurückziehen? Den einen eine innere Unruhe, er sucht neues Erleben. Unbestimmter Tatendrang, auch Ehrgeiz läßt ihn immer wieder die Gefahr aufsuchen, deren Größe ihm wirklich nicht mehr unbekannt ist. Andere bleiben hier und kehren zurück, weil sie es müssen. Eine innere Verpflichtung ihren toten und lebenden Kameraden gegenüber zwingt sie immer wieder an ihren alten Platz.

Am 17. August ist wieder ein Lazarettzug nach Deutschland abgefahren. Der Heilungsprozeß meiner Verbrennungen macht so gute und schnelle Fortschritte, daß ich bereits am 21. August

1942 zu meiner Einheit in den Kaukasus entlassen werden kann. Um 05.00 Uhr morgens starten wir in den erwachenden Tag hinein. Unter uns das Meer, und weit im Osten steigt aus der breiten Niederung des Don die Sonne auf. Dann überfliegen wir Dörfer, in denen bereits Menschen geschäftig umherlaufen. Vor wenigen Wochen erst durchquerten unsere Panzerkeile den jetzt so friedlich erscheinenden Raum.
Von Maikop trägt mich ein Auto durch eine ganz verwandelte Landschaft. Beiderseits der Straße Wälder, deren Ausdehnung nicht erkennbar ist. Statt der staubigen Ebene ein Land, dessen Mittelgebirgscharakter heimatlich anmutet. Schon am Ausgang von Maikop hat deutscher Ordnungssinn ein nicht zu übersehendes Schild am Straßenrand aufgestellt mit der Aufschrift: „Ihr fahrt in's Gebirge, habt Ihr Eure Bremsen in Ordnung?"
Eine halbe Fahrstunde weiter westwärts sägen und schlagen Pioniere Schneisen durch den dichten Waldrand. Fernsprechbautrupps verlegen Leitungen. Über eine Holzbrücke, die das wilde Geröllbett eines der Belaja zustrebenden Gebirgsbaches überspannt, trägt uns das Auto jetzt langsamer die steiler werdende Straße hinauf, von der wir die schönsten Ausblicke genießen.
Gegen Abend treffe ich bei der 1. Kompanie der SS-Panzerabteilung 5 in Karabolinskaja wieder ein."[1]

Westkaukasus

„Die Gesamtlage der Division Wiking hat sich in den Tagen meiner Abwesenheit entscheidend verändert. Nach dem ungestümen Vormarsch durch die Kubanebene ist sie zwar in die Gebirgstäler und in entlegene Gebirgsdörfer des Westkaukasus eingedrungen. Sie hat zwar die Straße Maikop, Tuapse nach Süden überschritten, den Zugang nach Tuapse jedoch sperren die Höhen des Westkaukasus, tausend Meter und höher, unwegsame Täler, reißende Bäche. Völlig veränderte Kampfbedingungen, ungeeignet für Panzer und motorisierte Verbände.
Zwar sind die Bataillone, III./Nordland und II./Westland, aus ihren Auffrischungsräumen wieder zugeführt worden. Doch die Division liegt fest.
Noch könnte der Angriff mit Aussicht auf Erfolg vorgetragen werden von entsprechend ausgerüsteten Verbänden. Doch das XXXXIV. Jägerkorps ist noch Tagemärsche entfernt. Damit gewinnt der Feind die entscheidenden Tage zur Intensivierung seiner Verteidigungsanstrengungen, zur Heranführung von Reserven.
Die Ausweichtaktik des Marschalls Timoschenko, der Anfang Juli befohlen hatte, Einschließungen zu vermeiden, nicht jeden Fußbreit Boden ohne Rücksicht auf Verluste zu verteidigen, war inzwischen abgelöst worden durch die Forderung Stalins, jede Rückwärtsbewegung einzustellen, und seinen Befehl, es gebe jetzt nur noch Sieg oder Tod.
Am 23. August 1942 müssen wir uns in der am weitesten westlich erreichten Stellung diesen Tatbestand demonstrieren lassen. In Chadyschenskaja, eingebettet in einem engen Talkessel, ist der Versuch, weiter vorzudringen, gescheitert. Drohend hallen die Detonationen der russischen Granaten wider von den dunklen, steilen Hängen. Nur 60 km trennen uns von Tuapse, von der Küste des Schwarzen Meeres.

1) Bericht Klapdor

Während unsere Phantasie noch mit Operationen bis zur türkischen Grenze spielt, eine Wiederholung der Bedrohung der englischen Mittelmeerstellung auf den Spuren des deutschen Korps „Yilderim" im I. Weltkriege noch nicht für unmöglich hält, hören wir im Rundfunk in diesem entferntesten Winkel des südrussischen Kriegsschauplatzes vom Besuch des englischen Erstministers, Churchill, in Moskau. Vom entgegengesetzten Ende der europäischen Fronten, von der nordfranzösischen Küste, wird die Vernichtung der englischen Invasionsstreitkräfte bei Dieppe gemeldet. Mit wachsender Spannung wird der noch fortschreitende Angriff zwischen Don und Wolga auf Stalingrad verfolgt und besprochen.

Am 24. August 1942, um 15.00 Uhr verläßt die SS-Panzerabteilung 5 Karabolinskaja. Die Panzer erreichen gegen Abend Apscherowskaja, etwa 20 km auf dem Wege nach Maikop. Hier, in diesem Gebirgsort an der Pschecha, einem Nebenfluß der Belaja, richten wir uns auf einen längeren Aufenthalt ein. Panzer und Fahrzeuge bekommen eine behelfsmäßige Überdachung mit Hilfe von 4 Pfählen, 2 Querbalken und einem Dach aus Brettern, Blech und Heu. Der Reichtum des Waldkaukasus ist das Holz. Sägewerke und Holz verarbeitende Industriezweige, auf dem gleichzeitigen Ölvorkommen sich gründende technische Stationen bestimmen die soziale Struktur. Im Gegensatz zu der rein bäuerlichen Bevölkerung des Kubangebietes lernen wir den Industriearbeiter und den Spezialisten, den Techniker, kennen. Ihr Mißtrauen und ihre Zurückhaltung sind ausgeprägt. Dennoch werden hin und wieder Gespräche mit einer verblüffenden Offenheit geführt. Das bolschewistische System hat soziale Aufstiegschancen eröffnet, man vertraut der Kraft des eigenen Volkes, das seinen Weg allein finden wird und des Rates und der Unterstützung kapitalistischer Länder nicht bedarf. Die Aufforderung an uns, doch nach Deutschland zurückzukehren, wird ganz offen ausgesprochen.
Zu den wenigen Ausnahmen, die uns wohlwollend gegenübertreten, gehört ein ehemaliger zaristischer Offizier, der in den Revolutionswirren hierher verschlagen wurde und dessen Tochter Tamara ihre Einquartierung freundlich betreut.
Die überwiegend unfreundliche Haltung der Bewohner, die ganz offensichtlich Kontakte zu den russischen Streitkräften unterhalten, zwingt uns zu ungewöhnlicher Aufmerksamkeit und entsprechenden Vorsichtsmaßnahmen. Ich schlafe mit der Maschinenpistole im Arm. Nächtliche Schießereien und Handgranatenwürfe kommen vor.

Am 30. August 1942, einem Sonntag, hat sich die Abteilung Truppenbetreuung etwas Besonderes einfallen lassen. Für 11.15 Uhr ist eine Fahrt nach Maikop in's Kino angesetzt. Nach einer Wochenschau, die unseren eigenen Angriff auf Rostow vor sechs Wochen zeigt, läuft der Film „Wiener Blut". Hier in Maikop hören wir, daß ein Plan, das für die deutschen Truppen bestimmte Brot zu vergiften, noch rechtzeitig aufgedeckt und vereitelt werden konnte.
Neben der kulturellen Betreuung in diesen Wochen der Ruhe läuft die dienstliche. Meine Rottenführer Öhler, Grunert, Dörre und Bahlinger werden am 1. September zu Unterscharführern befördert. Öhler wird darüber hinaus mit dem EK II ausgezeichnet.

Am 6. September 1942 finden die Leistungen der Abteilung ihre Würdigung und Anerkennung durch die Verleihung des Ritterkreuzes an den Abteilungskommandeur, Sturmbannführer Mühlenkamp. Ein willkommener und berechtigter Anlaß zu feiern."[1]

1) Bericht Klapdor

Das Wesen, die Denk- und Gefühlswelt der hier im Kaukasus kämpfenden Männer, die Art des Verhältnisses der „Germanischen Freiwilligen“ in der Divison Wiking zu ihrer selbst gestellten Aufgabe könnte kaum etwas anderes wirksamer beleuchten als der folgende Bericht des Niederländischen Freiwilligen J. Hepp, dessen Kameraden in allen Teilen der Division kämpften.[1]

„Es war damals in Muk, im August 1942. Der schnelle Kubanaufmarsch lag hinter uns, die Kaukasusfront war im Entstehen. Wir von der „Germania“ wurden dann einige Tage in dem Dorf Muk aufgehalten. In der hügeligen Landschaft um die Ortschaft hatte sich der Bolschewik festgesetzt und bescherte uns von Zeit zu Zeit einen schönen Granatensegen. Ein paar Mal versuchte er auch, wieder in Muk einzudringen, mußte sich aber nach einigen Scharmützeln wieder zurückziehen. In diesen Tagen hatte ich ein Erlebnis, das mich sowohl durch seinen Inhalt wie durch seine symptomatische Bedeutung tief ergriff und meinen Glauben an die Berechtigung zu diesem Kampf, an dem ich als Germanischer Freiwilliger teilhatte, stärkte. Mitten im Lärm der materiellen Gewalt trat auf einmal fordernd und tröstend jene hehre Wirklichkeit auf uns zu, die der eigentliche, der ewige Sinn unserer Existenz ist.

Unser Pakzug (von der 4. Kompanie) hatte in einem einstöckigen Haus (offenbar Partei- oder Verwaltungsgebäude) Unterschlupf gefunden – d.h. seine Männer, denn die Fahrzeuge und Geschütze blieben, gut gegen Flieger getarnt, im Garten. Die sich regelmäßig wiederholende Granatenstreuerei des Russen hatte bereits am zweiten Tage erwirkt, daß in den Fenstern der von uns bezogenen Zimmer fast keine Scheibe mehr ganz war. Am Abend machten wir uns daran, unser Wohn- und Schlafzimmer wieder mit geschont gebliebenen Scheiben aus leer stehenden Stübchen schön abzudichten. Und befriedigt suchten wir im Dunkeln unsere Schlafplätze auf dem Fußboden auf. Kaum hatten wir uns hingelegt, da spielte auf einmal wieder die Stalinorgel eine schöne Fuge, und futsch waren unsere ganzen Fensterscheiben.

Am nächsten Morgen wollten wir gerade auf die Suche nach etwa wunderbarerweise noch irgendwo erhalten gebliebenen Scheiben oder sonst nach Pappe gehen (unser Geschützführer war nun einmal ein trotziger Dickkopp von der Lüneburger Heide, der sich nicht kleinkriegen ließ), als der Befehl durchkam: In zwei Stunden alles ausgangsmäßig antreten!

Die A-Garnitur wurde aus den seit vielen Wochen auf dem Wagen verstauten Tornistern hervorgeholt, und während des Putzens und Wichsens, das nun losging, fing ein allgemeines Rätselraten an. Bald aber hatte es sich herumgesprochen: Der Regimentsmusikzug ist da und gibt ein Konzert.

Das war ein merkwürdiges, erhebendes, ja auch etwas unwirkliches Gefühl, als zur festgesetzten Zeit (die russische Ari hatte zum Glück seit einigen Stunden geschwiegen) aus allen Ecken und Enden des kleinen, primitiven Dorfes wie friedensgarnisonsmäßig die Einheiten aufmarschierten, die wochenlang nichts anderes gekannt hatten als Kampf, Staub, Strapazen. Es war mir feierlich zumute, als ich mitmarschierte, hinunter in die Flußebene unterhalb des Dorfes, wo bei der Ziegelei das „Platzkonzert“ stattfinden sollte.

Wie Boten aus einer besseren Welt standen da vor den niedrigen Schuppen der Ziegelei die Kameraden des Musikzuges mit ihren Instrumenten, Musiker in Feldgrau. Ich glaube, auch ihnen war feierlich zumute, im vollen Bewußtsein ihrer Sendung, als sie sahen, wie die jungen und älteren Soldaten, einige Hundert, aus verschiedenen europäischen Völkern, sich um sie

1) „Wiking-Ruf“ Nr. 19, Mai 1953, Hannover

scharten, auf Brettern und Kisten und auf Regalen der Ziegelei, und als sie die Instrumente an den Mund setzten für den ersten Ton.
Da erklang unter dem sonnigen kaukasischen Himmel, in der grünen Ebene eines kaukasischen Gebirgsflusses, Beethovens Egmont-Ouvertüre und führte die Seelen empor. Dann folgten das Vorspiel zum 1. Akt von Wagners „Lohengrin" und weitere Werke unserer europäischen Klassiker. In tiefster Andacht, wie in einem Gottesdienst, wurde gelauscht, wurden die Klänge eingetrunken. Die Verbissenheit des Kampfes löste sich mehr und mehr auf den gebräunten Gesichtern. Unsere Seelen atmeten in einer Sphäre weit über Gewalt und Feindschaft. Nur eine abgeschossene Rata in hundert Metern Entfernung erinnerte noch an den Krieg.
In mir quoll eine ungeheure Freude und Dankbarkeit, daß es so etwas geben konnte in diesem so schwer ringenden Menschentum, daß für genau so notwendig wie der Nachschub von Munition, Lebensmitteln usw. der Nachschub von seelischer Nahrung gehalten wurde und daß diese so ganz auf Krieg und Kampf eingestellten Männer sich eine so hungrige Empfänglichkeit für die Kräfte und Werte einer zarteren Welt erhalten hatten.
Wie charakteristisch für das Menschentum und die Kultur, die wir verteidigen, – so dachte ich weiter – daß es keine aufregende Tanzmusik, keine das Triebhafte kitzelnde Tanzbudenmusik ist, die man der kämpfenden Front bringt, sondern gerade das Hehrste und Anspruchvollste, was abendländische Meister geschaffen haben.
Um die Seele einer Gemeinschaft, die eine solche Einstellung aufweist, braucht man trotz allem nicht bangen. Sie wird alle Verrohung, Überwucherung und Schändung heil überstehen, – wurde mir trostvoll klar. Nach einer kurzen Pause, während der ein paar russische Flugzeuge über der Ebene kreisten, aber bald wieder verschwanden, fing der zweite Teil des Konzertes an. Auf dem Programm stand jetzt leichtere Musik: Strauß, v. Suppé, Mascagni usw. Unsere Herzen wogten gerade auf dem Rhythmus der „schönen, blauen Donau", als es über uns heulte und in der Nähe eine russische Granate einschlug. Ohne nur einen Augenblick zu zittern, spielte die Musik weiter. Wir wollten uns doch von einer blöden Russengranate unsere schöne, erquickende Stunde nicht nehmen lassen! Bald aber folgten die zweite, die dritte. Es war klar, daß die feindliche Ari (durch die Flugzeuge) Witterung von unserem Platzkonzert bekommen hatte. Es entstand aber keine Unruhe, kein eiliges Sichbergen. Beherrscht wurde das Stück zu Ende gespielt und gehört. Nur widerstrebend folgten wir dem Befehl zum Aufbrechen. Es fiel schwer, so plötzlich wieder in die Welt des Krieges zurückzukehren.
Es wurde wenig gesprochen, als die Einheiten über die Dorfwege zu den Unterkünften zurückmarschierten, Deutsche, Niederländer, Flamen, Dänen. Sie fühlten sich verjüngt, bereichert. Und deutlicher als je zuvor war es manchem bewußt, welchem Ziel sein Einsatz galt.
Kein Konzert hat mich tiefer bewegt als dieses „Platzkonzert" in einer Feuerpause an der Front."

Zurück zur SS-Panzerabteilung 5, über die Obersturmführer Klapdor weiter berichtet:[1]
„Nachdem das Wetter seit unserem Abmarsch aus Amwrosiewka ununterbrochen heiß und trocken gewesen ist, regnet es plötzlich seit ein paar Tagen, zunächst eine Wohltat, zu deren Folgen aber auch das Gedeihen von Fliegen, Wespen und Mücken gehört, die täglich neu vernichtet werden müssen.

1) Bericht Klapdor

Am 9. September wird der 1. Zug der 1. Kompanie alarmiert und der Aufklärungsabteilung 5 „Wiking" zugeführt zur Bereinigung eines Überfalles. Die Lage konnte dann aber ohne Eingreifen der Panzer geklärt werden.
Am 10. September trifft Unterscharführer Löblein, ein verdienter Panzerkommandant, trotz nicht ausgeheilter Oberschenkelverwundung wieder beim Haufen ein."
Inzwischen haben die 97. und 101. Jg. Division aufgeschlossen, die vorderen Teile Wiking abgelöst und mit den Vorbereitungen zur Fortsetzung des Angriffs auf Tuapse begonnen.
Bereits Mitte August war das III. Pz. Korps aus der Maikopfront herausgezogen worden, um aus dem Raum ostwärts Woroschilowsk zum Angriff nach Süden, auf den Terek, anzutreten.
Am 15. 9. 1942 erhält die Division Wiking um 09.50 Uhr vom LVII. Pz. Korps ein Fernschreiben. Darin heißt es unter Punkt 1. *„Anstelle slow. schnelle Division wird SS-Division Wiking beschleunigt aus der Front gezogen und zur 1. Pz. Armee verlegt."*
Unter Punkt 4. wird befohlen: *„SS-Division Wiking setzt noch am 15. 9. Pz. Abt. und sonstige verfügbaren Teile in Marsch (fernmdl. voraus). Marschweg der Division: Maikop – Labinskaja – Armavir – Georgiewsk."*[1]

„Für den 15. September 1942, 18.00 Uhr, wird Marschbereitschaft befohlen. In den frühen Morgenstunden des 16. September marschieren die Panzer in Richtung Maikop und erreichen abends Armavir. Nach einem Eisenbahnmarsch bis Georgiewsk ist das vorläufige Ziel Soldatskaja bzw. Karagatsch.
Hier begegnet uns ein ganz neuer Menschentypus in diesem Riesenreich. Bergstämme, deren Freiheitswille auch von den Bolschewisten ganz offensichtlich noch nicht gebrochen werden konnte. Sie bekennen sich zum Islam.
Schärfste Befehle ergehen, auf die Mentalität und die Gefühle dieser Bergstämme Rücksicht zu nehmen. Die Waffen sind ihnen zu belassen. Stolz tragen die Männer den Dolch im Gürtel. Die Häuser dürfen von uns nicht betreten werden.
Wir kampieren also im Freien bzw. in unseren Zelten auf den freien Hofplätzen der umfriedeten Gehöfte. Die Panzer werden getarnt. Mein Panzer steht an der Stirnseite eines Hauses, das von einem Mann, vier Frauen und einem Kind bewohnt wird.
Die Frauen verfolgen unser Tun interessiert, doch nach außen zurückhaltend. Morgens sitzen sie vor dem Hause, nehmen aus einer metallenen Kanne einen Schluck Wasser in den Mund, dann in die Hände und benetzen das Gesicht. Es können eigentlich nur symbolische Gebärden sein.
An einem späten Vormittag durchschreitet der Hausherr das Hoftor, in der rechten Hand ein geschlachtetes Huhn. Er geht einige Schritte auf die sitzenden Frauen zu und wirft ihnen das Huhn wortlos zu, das von allen mit großem Eifer gerupft wird.
Ganz allgemein ist die Haltung der Bewohner uns gegenüber freundlich. Teilweise bilden die Männer Verbände, die freiwillig am Kampfe auf unserer Seite teilnehmen.
In der Umgebung des Dorfes entdecke ich einen vernachlässigten Friedhof, dessen ungewöhnliche Grabsteine mir auffallen, schmale, fast mannshohe Steinplatten, bedeckt mit arabisch-türkischen Schriftzeichen in sechs übereinander angeordneten Rechtecken.

1) KTB LVII. Pz. Korps

Das an ungewöhnlichen Begebenheiten wahrlich nicht arme Kriegsgeschehen sorgt hier in Soldatskaja für eine Überraschung, die die Wirkungsgrenzen von Befehlen einerseits und die Schranken überwindende Kraft menschlicher Empfindungen andererseits aufzeigt.
Eines Nachts kontrolliere ich kurz vor 02.00 Uhr die Posten. Der abzulösende Posten wartet auf den als Ablösung vorgesehenen Fahrer meines Panzers vergeblich. Langsam beunruhigt und Unpünktlichkeiten dieser Art ungewohnt, beginne ich zusammen mit dem inzwischen geweckten Untersturmführer Hübner, meinen Fahrer zu suchen. Er ist weder bei seinen Kameraden noch in seinem Panzer, in dem man auch schlafen kann. Bei der Suche im Panzer fällt mir auf, daß das Fenster in der Stirnseite des Hauses, etwa in Höhe des rechten Turmluks und diesem genau gegenüber, geöffnet ist. Ein schon keimender Verdacht wird unterdrückt im Gedanken an die strengen Befehle und die Empfindlichkeit der Bewohner. Das Betreten des Hauses ist einfach ausgeschlossen. Wir greifen zu einer List. Lautlos nähern wir uns wieder dem geöffneten Fenster, durch das jetzt wie zufällig der Strahl meiner Taschenlampe huscht. Für Sekundenbruchteile wird ein Kopf mit aufgelösten Haaren sichtbar. Alles bleibt still. Minuten verrinnen. Während wir noch überlegen und warten, hören wir plötzlich auf der entgegengesetzten Seite des Hauses ein Geräusch, etwa wie wenn jemand aus größerer Höhe auf weichen Rasen springt. Das kann nur unser Vermißter gewesen sein. Nach weiteren Minuten marschiert er denn auch durch das Hoftor ohne das geringste Zeichen einer Mitteilungsbereitschaft, etwa der Gründe für seine verspätete Wachablösung. Nach unserer Versicherung, daß der Vorfall unter uns bleibt, klären sich dann die menschlichen Hintergründe.
Einfach rührend ist die Szene am folgenden Mittag. Während wir uns marschbereit machen, reicht die kleine schwarzhaarige Gastgeberin meinem Fahrer durch das geöffnete Fenster in das Turmluk Lebensmittel aller Art, die für sie selber in dieser Zeit wertvoll sind.“[1]

1) Bericht Klapdor

Ssagopschin – Malgobek

Die Kompanien der SS-Panzerabteilung 5 werden aus ihren Unterkünften im Raume Soldatskaja am 24. September 1942 über Prochladnyj bis an den Terek, etwa 60 km, vorgeführt. Sie überschreiten den Fluß und ziehen auf seinem Südufer in einem baumbestandenen Gelände unter.

Die Masse der SS-Division Wiking – das Regiment Westland hatte am 23. 9. den Raum nordwestlich Pjatigorsk, das Pi. Btl. 5 und die A. A. 5 den Raum Deisoff – Krassnyj und das Regiment Nordland den Raum Ssowjetskaja, etwa 30 km nördlich Prochladnyj, erreicht – wird ebenfalls am 24. 9. in den Raum Srestowskiy – Gokinajeff – Saizoff, auf dem Nordufer des Terek, vorgezogen. Während Teile Nordland (III. Btl.) in der Nacht vom 23./24. 9. bereits Teile des I. R. 666 (370. I. D.) im Terekbrückenkopf abgelöst haben, überschreitet die Masse der Division Wiking in der Nacht zum 25. September und während des Tages den Terek über die Brücke Chamidija, westlich Gnadenburg, nach Süden. Damit befindet sich die Division in dem am 2. 9. durch das LII. A. K. gewonnenen Terekbrückenkopf. Dieser konnte bis zum 24. 9. auf etwa 50 km Breite und eine Tiefe von 17 km (Nish. Kurp) bzw. 23 km (Werch. Akbasch) erweitert werden. Zur Überwindung der südlich vorgelagerten, verhältnismäßig schmalen Höhenrippen reichten die Kräfte nicht mehr aus.
In diesem Brückenkopf in dem großen Knie des Terek, der von Südosten kommend zunächst in nordwestliche, dann nach einem etwa 20 km langen Bogen in fast ostwärtige Richtung fließt, werden die deutschen Kräfte umgruppiert. Die 1. Pz. Armee beabsichtigt, nach der Zuführung der 5. SS-Division Wiking den entscheidenden Stoß auf Ordshonikidse zu führen. Mit dem Besitz dieser Stadt sind sowohl die Ossetische als auch die Grusinische Heerstraße als Lebensadern des russischen Nachschubs ausgeschaltet und damit die Voraussetzungen für den Stoß auf Grossny gegeben.
Das zu überwindende Gelände ist charakterisiert durch in Westostrichtung parallel laufende, bis zu 100 km lange Höhenrippen. Diese sind natürliche Barrieren gegen den deutschen Angriff und bieten nur wenige Durchgänge für den deutschen Nordsüdstoß. Die Öffnung der Engen von Elchotowo, zwischen Terek und dem Westrand des Mussakay-Gebirges, sowie die der Enge von Atschaluki, zwischen dem Ostrand des Mussakay- und dem Ssunshen-Gebirge, etwa 17 km südostwärts Ssagopschin, ist demzufolge das erste Operationsziel der 1. Pz. Armee.
Dieser stehen als Stoßkräfte das III. Pz. Korps (23., 13. Pz. Div. und 370. I. D.) und das LII. A. K. (111. I. D. und 5. SS-Division Wiking) zur Verfügung. Das XXXX. Pz. Korps deckt die Ostflanke der Armee.
P. Straßner[1] berichtet im Zusammenhang mit den operativen Zielen der 1. Pz. Armee von einer Unterhaltung General Steiners mit dem Chef des Generalstabes dieser Armee in Pjatigorsk über eine „von oben befohlene“ Überquerung des Kaukasus auf den genannten beiden Heerstraßen, um den transkaukasischen Raum zu gewinnen. Im KTB der 1. Pz. Armee findet sich kein Anhaltspunkt, weder für den utopischen

1) „Europ. Freiwillige“, Munin Verlag, 1968

Plan einer Kaukasusüberquerung mit mechanisierten Verbänden noch für das angeführte Gespräch.
Durch die Weisung Nr. 45, Pkt. A 3, vom 23. Juli 1942 ist die Führung der Operationen vorgegeben. In der 22. Einzelanordnung des Führers wird sie Anfang Oktober 1942 nochmals eindeutig umrissen.
In der Anordnung
„wird der Armee mitgeteilt, daß das OKH beabsichtigt, je nach Entwicklung der Lage bei Stalingrad, gegen Monatsende 1–2 Schnelle Verbände von der Heeresgruppe der Armee zuzuführen. Der Armee soll damit die Möglichkeit gegeben werden, im Sinne der gegebenen Weisungen unter Sperrung der Ossetischen und Grusinischen Heerstraße das Gebiet um Grossny zu nehmen und weiter in Richtung Machatsch Kala (Kaspisches Meer, d. Verf.) *vorzustoßen."*[1]

Der Angriff der beiden Stoßkeile der 1. Pz. Armee ist zeitlich gestaffelt.
„Das III. Pz. Korps tritt am 25. 9. zum Durchbruch auf die Enge Elchotowo an. Hierbei unterstützt LII. A. K. mit der hierzu verfügbaren Artillerie das III. Pz. Korps durch Ausschaltung feindlicher Flankierung gegen Ostflanke III. Pz. Korps. Einzelheiten sind in unmittelbarem Einvernehmen zu vereinbaren.
LII. A. K. tritt am 26. 9. zum Angriff mit Schwerpunkt auf Ssagopschin an."[1]
Die Bedeutung dieser entscheidenden Schlacht im Kaukasischen Raum, ihr Mißlingen, rechtfertigt ein Eingehen auf Einzelheiten ihrer Vorbereitung und Durchführung.
Am 24. 9. 1942, gegen 12.00 Uhr ergeht der Befehl des LII. A. K. für die Fortsetzung des Angriffs schriftlich an die unterstellten Divisionen und Truppenteile. Nachstehend folgt er im Auszug:

„1. *Die dem Korps gegenüber liegenden Feindverbände sind bereits durch den eigenen Angriff oder die verlustreichen feindlichen Gegenangriffe angeschlagen und besitzen infanteristisch keine große Kampfkraft mehr. Dagegen muß die artilleristische Abwehr und der Einsatz der panzerbrechenden Waffen weiterhin als stark angenommen werden. Mit Verminungen und Geländeverstärkungen, besonders gegen Panzer, ist zu rechnen. Ein größerer Einsatz von Panzern oder stärkerer Reserven ist nach den bisherigen Aufklärungsergebnissen nicht zu erwarten.*

2. *LII. A. K. (SS-Div. „Wiking" und 111. I. D.) greift am 26. 9. aus dem Raum ostw. Nish. Kurp – südostw. Malgobek a. K. mit Schwerpunkt südl. der Höhenstufe Nish. Kurp – Wosnessensskaja zur Vernichtung des Gegners zwischen den beiden Höhenstufen und zum Öffnen der Enge von Atschaluki an.*
Rechts davon greift am 25. 9. III. Pz. Korps zum Öffnen der Enge von Jelchotowo an und stößt auf Ordshonikidse durch …

3. *Es greifen an: Rechts SS-Division Wiking, links 111. I. D.*
Trennungslinie: Südhang 565 – Südaustritt der Straße Pssedach – Rasdolnoje aus dem Gebirge (3 km südl. San. Sowjetskij) – Nowaja Derewna (Nordrand)
Gefechtsaufträge:
a) SS-Division Wiking greift aus der Linie 320 (3 km ostw. Nish.-Kurp) – 565 mit starkem rechten Flügel beiderseits der Stoßlinie 408 (3 km ostw. Nordrand Nish. Kurp) –

1) KTB 1. Pz. Armee

Südwestspitze Ssagopschin an und nimmt als erstes Angriffsziel Pssedach und Ssagopschin. Eine kleinere Gruppe ist rechts gestaffelt vom Osthang 489 (4 km südl. Nish. Kurp) zur Wegnahme von Keskem anzusetzen. Je nach Entwicklung der Lage kann nach Wegnahme von Ssagopschin der Angriff schwacher Kräfte zum Öffnen der Gegend Malgobek von Süden in Betracht kommen.
Nächstes Ziel ist das Öffnen der Enge von Atschaluki durch schnellen Vorstoß beweglicher Kräfte unter Abdecken der Südflanke durch Inbesitznahme der Höhen Babalo und Srednjaja.
b) Aufgabe der 111. I. D. ist die Inbesitznahme der Höhenstufe Nish. Kurp – Wosnessenskaja durch Angriff von Westen und Norden. Erstes Angriffsziel: Gegend von San. Ssowjetskij . . .

4. *Artillerie:*
Arko 140 bringt ostw. Nish. Kurp die II./A. R. 65 und Mörser Abt. 607 so in Stellung, daß vor allem Flankierungen gegen den Angriff der SS-Div. Wiking von den beiden Höhenzügen ausgeschaltet werden können und der Angriff der 111. I. D. rittlings der Höhenrippe unterstützt werden kann . . .
5. . . .
6. *Zeitlicher Ablauf:*
Nacht 23./24. 9. Ablösen I. und II./I. R. 666 durch 1 Btl. SS-Div. Wiking, Ablösen III./I. R. 666 durch 111. I. D.
Nacht 24./25. 9.) Artillerieaufmarsch und Hereinführen
und 25./26. 9.) SS-Div. Wiking in die Bereitstellung (mit Masse erst in der letzten Nacht).
7. . . .
8. . . .“[1]

Am 25. 9. und in der Nacht zum 26. 9. erreichen die Truppenteile der SS-Division Wiking ihre Unterzieh- bzw. Bereitstellungsräume. Der Führungsstab der Division ist abends 5 km westlich Malgobek a. d. Kurp arbeitsbereit.
Das Regiment Nordland steht mit dem II. Btl. südostw. Nish. Kurp, mit dem I. und III. Btl., das der Division am Nachmittag wieder unterstellt worden ist, ostnordostwärts Nish. Kurp.
„Unterziehraum für SS-I. R. Westland mit SS-A. A. 5 unmittelbar südw. des Gefechtsstandes. II. Abt. in Stellung 1 km nördlich der III. Abt. mit 3 leichten und 1 schweren Batterie. Unterziehraum der SS-Pz. Abt. 5 ab heute Nacht Schlucht 1 km ostw. des Nordteiles Nish. Kurp.“[1]
Ohne das I. R. Germania, ohne die I./A. R. 5, ohne die 10. und 13./A. R. 5 stellt sich somit die Division Wiking im Raum Nish. Kurp in der Nacht zum 26. 9. 1942 bereit zum Angriff nach Südosten auf Ssagopschin.
Das Angriffsgelände ist eine von West nach Ost laufende, wellige Talmulde mit einer durchschnittlichen Breite von 3 km, die beiderseits flankiert wird von terrassenförmig ansteigenden Höhenrippen mit einem Hanggefälle von etwa 8% und mehr. Die

1) KTB LII. A. K.

festungsartig ausgebauten Höhenorte, die zahlreichen Artillerie- und Panzerabwehrstellungen mit ausgezeichneten Flankierungsmöglichkeiten sind vom Russen zu einem starken Verteidigungssystem verbunden worden.
Dieses läßt den beabsichtigten Angriff von vornherein sehr schwierig erscheinen. Stark gesicherte Panzergräben am Ein- und Ausgang der Talmulde unterstreichen noch diese Feststellung.

Der Angriffsplan der Division Wiking ist darauf abgestellt, zunächst den Panzergraben zu überwinden, die Flankierung aus beiden Höhenstellungen auszuschalten und dann mit der gepanzerten Gruppe im Tal durchzubrechen.
Dazu wird das II./Nordland den Feind auf den südlichen und das I. und III./Nordland den Feind auf den nördlichen Hängen angreifen. Nach Überwindung des Panzergrabens soll die Panzerabteilung mit dem I./Westland zum Durchbruch antreten. Für den Angriff auf den Panzergraben wird der Division zusätzlich 1 Bttr. der Sturmgeschützabteilung 109 unterstellt, die nach Erreichen des Panzergrabens der 111. I. D. wieder zuzuführen ist.
Mit dem rechten Nachbarn, der 370. I. D., werden der gleiche Angriffstermin und flankierende artilleristische Unterstützung für den Angriff des II./Nordland und zum Schutze der rechten Flanke vereinbart.

Am 26. 9. 1942, 04.45 Uhr greifen die Bataillone des Regimentes Nordland an. Sie treffen auf einen gut vorbereiteten Feind, der sich zäh verteidigt, sich nicht gefangen gibt und von überraschend starken Artillerie- und Luftstreitkräften unterstützt wird. Fünf Stunden nach dem Angriffsbeginn, um 09.45 Uhr, kann die Division melden, daß sie mit Teilen den Panzergraben westlich Osemyj erreicht hat. Gleichzeitig wird die unterstellte Sturmgeschützbattr. dem I. R. 70 (111. I. D.) wieder zugeführt.
Inzwischen ist die SS-Panzerabteilung 5 angetreten. Ihre Gefechtsstärke beträgt 48 Kampfwagen (5 II, 11 III k, 23 III lg., 3 IV k, 6 IV lg.) und 12 schwere Pak 7,62 cm SFL; letztere unter der Führung von Hauptsturmführer Oeck.
Um 10.45 Uhr meldet die Division dem LII. A. K. durch Fernschreiben: *„Panzerspitze hat Panzergraben nördlich umfahren. Zur Zeit im Kampf gegen sich sehr zäh wehrenden Gegner in Stellung ostw. des Panzergrabens.*
II./Nordland hat vor Südteil des Panzergrabens ebenfalls zähen Gegner vor sich. Panzerabteilung ist zur Wegnahme der feindlichen Stellungen am Südrand des Panzergrabens angetreten. Drei Panzer durch geballte Ladungen ausgefallen.“[1]
Durch die russische Artillerie und die Panzernahbekämpfung werden die Panzer zeitweise festgenagelt. Die 1./Pz. Abt. 5, Spitzenkompanie der Abteilung, verliert den Führer des 1. Zuges, Untersturmführer Kolodzi, dessen Panzer 112 einen Volltreffer erhält.
Die russische Infanterie ist ganz im Gegensatz zu der im Korpsbefehl getroffenen Feststellung durch einen erstaunlichen Kampfgeist und eine überraschend große Standfestigkeit gekennzeichnet.
Drei Stunden nach dem Umfahren des Panzergrabens durch die Panzerabteilung meldet die Division dem LII. A. K.:

1) KTB LII. A. K. Anlagenband

„500 m ostw. Panzergraben Minenfeld. Pioniere am Räumen. Erneutes Antreten auf Ssagopschin gegen 15.00 Uhr. Feind setzt zur Zeit eine Abteilung schwerer Artillerie zur Bekämpfung der Panzer ein.“[1]

Es herrscht klares, sonniges Herbstwetter mit Temperaturen bis 24 °C. Die Panzerabteilung hat inzwischen aufgeschlossen und erzwingt gegen 15.00 Uhr den Durchbruch. Die beiden durch die Panzer IV der 3. Kp. verstärkten Kompanien schießen sich gegenseitig vor. Die Panzer versuchen durch entsprechende Staffelung, sich gegenseitig zu decken gegen russische Nahbekämpfung. Geballte Ladungen und aufspringende Sprengkommandos lauern überall. Zermürbend wirkt die Flankierung der starken feindlichen Artillerie mittleren und schweren Kalibers von Südosten.

Im Durchbruchsgelände halten sich russische Widerstandsinseln, die über Panzerabwehr verfügen, mit bisher nicht vermuteter Zähigkeit. Untersturmführer Flügel, Führer der 2. Kompanie, muß, wie er berichtet, am Abend Panzer zurückschicken, um den Gefechtsstab der Abteilung nach vorn durchzuschleusen, eine für die weitere Gefechtsführung notwendige Maßnahme.

Die hinter der Front sich zäh haltenden Feindgruppen, teils sogar mit einzelnen Geschützen, sind mitunter so stark, daß sie z. B. bei der linken Nachbardivision, der 111. I. D., den Nachschub von Munition und Verpflegung und das für den weiteren Angriff so notwendige Nachziehen der Artillerie unmöglich machen.

Das Ergebnis des ersten Angriffstages faßt die Division Wiking in ihrer Tagesmeldung um 20.15 Uhr an das Korps zusammen:

„1. *Im Laufe des Tages wurde der äußerst zäh in tiefem Stellungssystem, in 2 Panzergräben kämpfende Gegner bei Osemyj durchbrochen, und der Angriff mit Panzern und Infanterie bis an Straße Ssagopschin – San. Ssowjetskij vorgetragen. Starke feindliche Artillerie mittleren und schweren Kalibers flankierte den Angriff von Südosten.*

2. *SS-Pz. Abt. 5 hat 18.00 Uhr Abwehrriegel nördl. Ssagopschin gebildet. SS-I. R. Westland mit I. u. II. hat Anschluß an Abwehrriegel. SS-I. R. Nordland sichert mit II. rechte Flanke südw. Osemyj mit Front nach Ost und Südost. Verbindung mit rechtem Nachbarn hergestellt. I. u. III. hatten mit Einbruch der Dunkelheit noch zähe Nahkämpfe mit nördl. der Durchbruchsstelle haltendem Gegner.*

5. ...

7. ...

9. ... *Verluste: 4 Offz., 35 Mannschaften gefallen*
5 Offz., 180 Mannschaften verwundet, davon 10 bei der Truppe.“[1]

Um 22.15 Uhr erteilt das Korps fernschriftlich den Kampfauftrag für den 27. 9.:

„SS-Div. Wiking säubert am 27. 9. frühzeitig den Raum Osemyj – Keskem – Pssedach – Ssagopschin, nimmt Keskem, Pssedach, Ssagopschin und schließt in der Gegend von Ssagopschin auf, um von hier aus auf die Enge von Werch. Atschaluki anzugreifen. Die Division hält eine kleine Kampfgruppe mit Panzern bereit, um im Einvernehmen mit 111. I. D. nach Wegnahme von San. Ssowjetskij durch 111. I. D. von Ssagopschin auf Malgobek vorzustoßen. Korpsartillerie unterstützt die Div. zunächst aus bisherigen Stellungen und bereitet baldigen Stellungswechsel in den Raum um Ssagopschin vor.“[1]

1) KTB LII. A. K. Anlagenband

Der Angriff erstickt im Feuer der schweren Waffen. Die Luftwaffe des Feindes tritt massiert in Erscheinung. Trotz eigenen starken Artillerieeinsatzes und wiederholter Umgliederung der Angriffsspitzen gewinnt der Angriff nicht an Boden. Die Wirkung der feindlichen Artillerie, die die in den kaum Deckung bietenden Bodenwellen weit auseinander gezogenen Panzer zeitweise mit ihrem Feuer zuzudecken scheint, ist verheerend. Die seelische Belastung wird unerträglich. Die russische Luftwaffe greift mit Bomben und Bordwaffen in die Erdkämpfe ein.

„Zwischen 15 und 16.30 Uhr Angriffe stärkerer Bomberverbände. Stärke zwischen 20 und 30 Bombern bzw. gepanzerten Zerstörern, Hoch- und Tiefangriffe. 2–4 deutsche Jäger waren für Abwehr nicht ausreichend.“[1] (Meldung Wiking um 17.15 Uhr).

Am späten Nachmittag meldet die Division:

„Umgliederung der Artillerie für neuen Angriff konnte wegen dauernder Fliegereinwirkung und starker Artillerieeinwirkung aus Malgobek bei Tage nicht durchgeführt werden. Desgleichen war dies der Pz. Abt. nicht möglich.

Gliederung und Bereitstellung zum Angriff gegen Keskem und Pssedach erfolgt in der Nacht. Antreten 28. 9. früh. Erbitten für diesen Tag:

a) Fliegerunterstützung gegen Art. Stellung Malgobek

b) Starke Jagdabwehr gegen die sich wiederholenden Tiefangriffe, da sowohl Panzer wie Artillerie in völlig deckungslosem Gelände.“[1]

Am Abend des zweiten Angriffstages stehen die Angriffsspitzen etwa 1200 m nördlich Ssagopschin. Die Stellungen des II./Nordland sind unverändert.

„III./SS-I. R. Nordland hat gesamten linken Abschnitt übernommen. I./Nordland herausgelöst und hinter III. versammelt.

SS-I. R. Westland steht mit I. auf der Bodenwelle nördl. Ssagopschin nach Norden bis fast an den Hang der nördlichen Höhenrippe.

II./SS-I. R. Westland westlich anschließend bildet einen schmalen Schleier mit II./SS-I. R. Nordland.

Verstärkte SS-Pz. Abt. 5 bei I./SS-I. R. Westland.

II. Abteilung innerhalb der Linien von I./SS-I. R. Westland.

III. zwischen I. und II./SS-I. R. Westland.“[1]

Die starke Bewaffnung des Gegners auf kleinstem Raum läßt die Zahl der Waffen erkennen, die nach der Überwindung des Panzergrabens bei Osemyj auf etwa 1,5 km Breite und bei dem Vorstoß auf Ssagopschin erbeutet worden sind.

Gegenüber nur 133 eingebrachten Gefangenen der 57. russischen Schützenbrigade wurden erbeutet:

21 Pak 4,5 cm, 9 Pak 7,62 cm, 1 Geschütz 10,5 cm, 22 Pz. Büchsen, 68 MG, 42 MPi., 2 Granatwerfer, 207 Gewehre und 4 LKW.[1]

Die Ausfälle der gepanzerten Angriffsspitze entsprechen dem Feindbild. Die SS-Panzerabteilung 5 zählt am Abend des 27. 9. 20 ausgefallene Panzer, unter ihnen 1 Pz. IV als Totalausfall (4 III k, 11 III lg, 2 IV k, 2 IV lg., 1 II).[1]

Über die Division bittet die Abteilung dringend um Zuweisung von 10 Panzern als Ersatz für die Ausfälle.

1) KTB LII. A. K. Anlagenband

Am Abend des 27. 9. fliegt der Russe mit beginnender Dunkelheit rollende Luftangriffe auf Nish. Kurp, den Ausgangspunkt des Angriffes der Division Wiking.
Unter dem Eindruck des Kampfverlaufes an den ersten beiden Tagen schlägt der Kommandeur der 5. SS-Division Wiking dem LII. A. K. vor, *„mit der Masse der Division und den Panzern entlang des Südhanges der Höhenrippe auf Malgobek vorzustoßen und es zu nehmen."*[1]
Er erblickt in der Einnahme der Höhen von Malgobek den Schlüsselpunkt für die gesamten weiteren Operationen.
Das Korps hält dagegen an der Auffassung fest,
„daß der Schwerpunkt der Operationen weiterhin auf dem rechten Flügel und im Angriff nach Südosten auf die wichtige Enge bei Nish. Atschaluki liegt."[1]
Um 23.15 Uhr erteilt es für den 28. 9. folgenden Auftrag:
„SS-Div. Wiking nimmt am 28. 9. unter Ausnutzung des Morgennebels mit möglichst starken Kräften Ssagopschin und stößt von dort auf die Höhenstufe Babalo – Ssrednjaja weiter vor."[1]
Unter dem Punkt 3 des gleichen Befehls folgt die Mahnung:
„Die angespannte Munitionslage erfordert sparsamen Munitionsverbrauch."[1]
Ein wenig verständlicher Hinweis in dieser Phase des Angriffs, bei fehlender eigener Luftunterstützung.

An den folgenden 3 Tagen ringen die Grenadiere und Panzerbesatzungen der Division Wiking in heißen Kämpfen um Sssagopschin, das zu nehmen ihnen nicht gelingt. Wie vom Korps befohlen, wird der Morgennebel zur Neutralisierung der flankierenden und überhöhenden feindlichen Stellungen genutzt.
Die verstärkte 2. Kp. der Panzerabteilung 5 tritt zum endgültigen Durchbruch, zur nördlichen Umgehung Ssagopschins und zum Angriff von Osten auf dieses entscheidende Hindernis an. Auch die Infanteriebataillone versuchen, den dichten Nebel zum Antreten und zum Eindringen in die russsischen Stellungen zu nutzen.
Die Panzer durchbrechen die russischen Stellungen. Doch zu dem unvermindert starken und zähen Widerstand tritt eine weitere Überraschung. Unerwartet reißt der Nebel auf. Strahlender Sonnenschein erlaubt der russischen Abwehr, ihren Stellungsvorteil voll zur Geltung zu bringen. Den Panzern gelingt es dennoch, tagsüber die Grusinische Heerstraße ostw. Ssagopschin zu sperren. Am folgenden Morgen werden sie allerdings gezwungen, sich durch russische Sperren, die während der Nacht in ihrem Rücken errichtet werden konnten, zu den eigenen vorderen Infanterielinien zurückzukämpfen. Dabei gelingt es ihnen, einen starken feindlichen Panzergegenstoß unter Abschuß von 12 Panzern zu zerschlagen (1 KW 1, 6 T 34, und 5 Mark III).
Ungeachtet der Erfolge des rechten Nachbarn – der Angriff des III. Pz. Korps gewinnt an Boden – verstärkt sich am 29. 9. der Feind vor der Division Wiking weiter. Um 09.50 Uhr stellt Luftaufklärung im Raume westlich und südwestlich Malgobek 50 Feindpanzer fest.[1] In den Nachmittagsstunden wird das
„weitere Heranführen von Truppenteilen und Panzern (400–500 Kraftfahrzeuge und etwa 25 Panzer werden beobachtet) in den Raum Wosnessensskaja – Ssagopschin festgestellt."[1]

1) KTB LII. A. K.

Am frühen Morgen trägt die Division Wiking dem LII. A. K. erneut
„die Ansicht vor, daß der Angriff ohne schwere Verluste nur möglich ist, wenn

1. die Luftherrschaft durch Einsatz stärkerer eigener Luftkräfte errungen,
2. die Ausschaltung der feindlichen Artillerie durch Inbesitznahme des Raumes um Malgobek errungen wird."[1]

Der Einsatz der Masse der Division Wiking auf Malgobek wird indessen erneut abgelehnt.
„Die Stoßrichtung der Division bleibt nach wie vor nach Südosten auf Höhe 811 (Babalo) und die Enge von Werch. Atschaluki."[1]
Die in der unterschiedlichen Auffassung über die Kampfführung begründeten Spannungen zwischen Korps und Division wachsen.
Der am Abend, um 22.00 Uhr fernschriftlich der Division erteilte Auftrag für den 30. 9. lautet:
„SS-Division Wiking durchstößt unter Zusammenfassung aller infanteristischen und artilleristischen Kräfte die Dörferzone Kesskem – Pssedach – Ssagopschin und gewinnt die Gegend Straßengabel 4 km ostwärts Pssedach zum weiteren Angriff auf die Höhenstufe Babalo – Ssrednjaja."[1]

Doch zunächst sei der Kampf der Panzerabteilung 5 an den beiden letzten Tagen aus der Sicht des Sturmmannes Neumann, Panzermann in der 2./Pz. Abt. 5, dargestellt.
„26. September 1942: Seit 07.00 Uhr früh steht das SS-I. R. Westland im Angriff auf den Panzergraben südostw. Nischnyj-Kurp, den wir gegen 10.00 Uhr überwinden. Einige Panzer fallen wegen Minen aus. Wagen 112 erhält Ari-Volltreffer.
Wir stehen 4 Stunden im stärksten Arifeuer und sind ständig Angriffen der russischen Luftwaffe ausgesetzt. Um 15.00 Uhr fahren wir an und durchbrechen die feindlichen Infanterielinien, stoßen bis Malgobek vor, was nun in etwa 2 km Entfernung halblinks auf einer beherrschenden Höhe vor uns liegt. Einige 7,62 cm Pak werden außer Gefecht gesetzt. Untersturmführer Perthes fällt hierbei durch Kopfschuß, Obersturmführer Wörner wird am Kopf verwundet.
Bei Anbruch der Dunkelheit rollen wir hinter eine kleine Bodenwelle, nach allen Seiten sichernd. Wir sind allein, die Infanterie kann nicht nachgezogen werden, da noch russische Infanterie zwischen uns liegt.

Am Morgen des 27. September müssen wir feststellen, daß der Russe in der Nacht in unsere offene rechte Flanke eine Infanterie- und Paksicherung flankierend angesetzt hat. Wir greifen mit einem Zuge an und vernichten diese Sicherung, was sich dabei als ein russisches Bataillon herausstellt. Den Tag über bleiben wir in Deckung einer Bodenwelle weit auseinandergezogen und werden von der alles überragenden Höhenstellung Malgobek mit Ari eingedeckt.
Die zweite Nacht bricht herein. Wie sich aus den Angriffsbewegungen des nächstfolgenden Tages, des 28. September, dann ergibt, hat der Russe in dieser Nacht vor uns seine Minensperre verstärkt, die von Malgobek bis kurz vor Ssagopschin reicht. Hier hat er allerdings eine breitere Gasse gelassen, um damit die Voraussetzung für seinen Ansatz von Panzerwagen zu schaffen, der rechts von uns entlang, dann tief in unsere rechte Flanke vorgetragen werden sollte. Damit

1) KTB LII. A. K.

wären wir auch von unserer Nachbardivision, der 13. Panzer-Division, getrennt. Als Beweis dafür gilt ebenfalls seine am 27. September nach rechts vorgeschobene Sicherung, die diese Angriffsbewegung abdecken sollte. Doch es sollte anders kommen.

Es ist der 28. September. Die Dunkelheit weicht dem Licht des neuen Tages. Dichter Nebel verhüllt das Gelände um uns und läßt uns kaum 20 m Sicht. Wir sind gefechtsbereit. Waffen und Panzer sind in Ordnung. Letzte Vorbereitungen für den uns bevorstehenden Kampf werden getroffen. Aus der Lage erfahren wir, daß unsere 2. Kp. und Teile der 3. Kp. den Auftrag haben, die feindliche Rückzugsstraße Ssagopschin, Nisch.-Atschaluky zu sperren, um einen Abtransport der russischen schweren Waffen zu verhindern und Ssagopschin in unseren Besitz zu bringen. Die Motoren werden angeworfen, wir fahren an. Die Kompanie macht sich sofort bereit und hält nach einigen hundert Metern. Gestalten werden im Grau des Nebels sichtbar. Eine Kompanie des SS-Infanterieregimentes Westland kommt heran und sitzt auf unseren Panzern auf. Eine kurze Besprechung der Einheitsführer gibt uns etwas Zeit, eigene Betrachtungen anzustellen. Ist der Nebel zu unserem Vorteil oder erschwert er unseren Vorstoß? Auf jeden Fall fühlen wir alle, daß unsere Panzer-Kompanie wieder eine Aufgabe bekommen hat, auf die wir alle stolz sind. Das Kommando „Panzer marsch" reißt uns aus dieser Überlegung heraus. Wir greifen an. Schon nach kurzer Fahrt beschlagen Optik und Sichtgläser. Dicke Wassertropfen, vom Nebel gebildet, hängen daran und erschweren nochmals die Sicht. Flüche werden laut. Angestrengt versuchen Augenpaare im Nebelschleier etwas zu erkennen. Vergebens! Es ist nur auf kürzeste Entfernung möglich. Die aufgesessene Infanterie muß doppelt aufpassen, um Überraschungen auszuschalten. So rollen wir weiter. Wie unheimliche Schatten gespenstern unsere Panzer im Nebel dahin. Ein packendes Bild eines Panzerangriffs. –
Plötzlich wird der Nebel dünner. Hin und wieder können wir hundert Meter klaren Geländeeinblick nehmen. Ganz überraschend ist die Sicht völlig frei. Die Nebelschwaden liegen hinter uns. Strahlender Sonnenschein läßt alles hell und klar erscheinen.

Die russische Infanterielinie wird schnell durchbrochen. Rasch gewinnen wir an Boden.
„Achtung! 03.00 Uhr 1500 m in der Mulde feindliche Panzer!" Deutlich höre ich diese Worte in dem Wagen durch Funk, obwohl ich keinen Kopfhörer aufhabe. Unser erstes Zusammentreffen mit Feindpanzern. Alles ist in uns gespannt. Werden wir einige zur Strecke bringen können? Doch schnell erschallen Kommandos vom Kommandanten in den Kampfraum hinunter. Ich lege Panzergranaten bereit. Zwischendurch finde ich Zeit, einen kurzen Blick aus dem seitlichen Sehschlitz zu werfen. Richtig! In der Mulde rechts von uns lassen sich deutlich in der angesprochenen Entfernung etwa 25 Feindpanzer erkennen. Sie befinden sich in schneller Fahrt auf unsere eigene Linie.
Doch plötzlich pfeift es über uns hinweg. Pak oder Panzer?
In schneller Fahrt geht es vorwärts. „Achtung! 01.00 Uhr 400 m Feindpanzer!" Also doch Panzer! Schnell schiebe ich eine Panzergranate in's Rohr. Einige Wagen von uns haben schon das Feuer eröffnet. Noch schießt der Russe. Auch unser Wagen hat jetzt den Gegner erkannt. „Feuer frei!" Schon jagt die erste Panzergranate hinaus. Sekunden größter Spannung vergehen. Abschüsse unserer Panzer sind zu hören, die neben uns im Schießhalt stehen. „Er brennt!" schreit laut unser Kommandant mit erregter, aber freudiger Stimme. Unser erster Abschuß. Doch unsere Freude kann nur kurz sein, denn neue Zielansprachen werden während der Weiterfahrt gegeben. Als ich wieder einen kurzen Blick durch den Sehschlitz werfen kann, sehe ich

02.00 Uhr auf 200 m Entfernung 2 Sowjetpanzer am Rande eines hohen, vertrockneten Sonnenblumenfeldes qualmend stehen. Aber noch immer werden wir von Pak oder Panzern beschossen. Da ruft unser Kommandant „Wagen 231 brennt!"
Verdammt! Wir sehen zum Glück die Besatzung ausbooten. Der Zugführer, Untersturmführer Nicolussi-Leck, steigt um. Da kündet eine neue Rauchsäule den Abschuß eines weiteren Russenpanzers an. Er hatte im Wagen 231 den Motor getroffen und damit den schnellen Brand verursacht. Jetzt hat es ihn erwischt.
Durch den Funk höre ich vom Abschuß eines vierten Russenpanzers. Große Freude und Genugtuung durchdringt uns.
Inzwischen hat das Rudel Feindpanzer in unserer rechten Flanke die Fahrt abgestoppt und steht untätig still. Überrascht durch unser Vorgehen und abgeschreckt durch die abgeschossenen 4 Sowjetpanzer, die sich alle als T 34 herausstellen.
Wie sich später zeigt, haben wir hier die letzten Panzer des im Keil zum Angriff antretenden russischen Panzerverbandes erwischt und davon 4 T 34 herausgeschossen.
Unser Kompaniechef nützt diese Verwirrung bei den Russen aus. Wir stoßen weiter in das sich vor uns auftuende Tal vor, das links und rechts von beherrschenden Höhen begrenzt ist. Rechts liegt Ssagopschin, während sich links von uns auf einer beherrschenden Höhe Malgobek erhebt. Unsere Infanterie muß zu Beginn dieses Gefechtes absitzen und führt nun in kleinen Gruppen ihren Kampf. Wir jedoch gewinnen schnell an Boden und kommen durch Pakfeuer und Feuer von Panzerbüchsen an den Panzergraben heran. Dieser ist ein ausgetrocknetes Flußbett, das schnell zu einem Panzergraben hergerichtet wurde.
Die Überwindung gestaltet sich für uns äußerst schwierig. Oberscharführer Bachschuster fällt hierbei durch Arisplitter. Die übrigen Wagen kommen gut hinüber.
Inzwischen sind wir weit über Ssagopschin hinaus vorgestoßen. Jetzt schwenken wir nach rechts ein, um auf unser Angriffsziel, die Straße Ssagopschin, Nisch.-Atschaluky vorzustoßen. Sofort kommt unser Spitzenzug in's Gefecht mit einigen weiteren Russenpanzern, die an dieser Straße stehen. Nach kurzer Zeit brennen schon einige davon, der Feind zieht sich auf einen Hang zurück und bleibt auf halber Höhe stehen. Wir erreichen die Straße und sperren sie. Jetzt haben wir zunächst etwas Zeit, um eigene Betrachtungen über unseren großen Erfolg anzustellen, denn alles ist zunächst ruhig um uns. Der Russe ist untätig, völlig überrascht und durcheinander.
Voll Stolz erfahren wir nun die genaue Abschußzahl. Es sind 6 T 34 und 5 englische Mark III abgeschossen und weitere 2 T 34 bewegungsunfähig geschossen worden. Große Freude herrscht bei uns.
Wie mir später bekannt wird, sind wir hier auf die Spitze einer zweiten feindlichen Panzerabteilung gestoßen, die als Reserve der anderen Abteilung bereit stand, um später bei stärkerem Widerstand in den Kampf geworfen zu werden. Doch unser Vorstoß hatte diese beiden Panzerkräfte des Russen getrennt.
Um eine Annäherung von Fahrzeugen besser erkennen zu können, wird vom Kompaniechef ein Zug links der Straße vorgezogen. Doch da schießt plötzlich Pak, der Zug wird beschossen. Nach geraumer Zeit meldet der Zugführer die Vernichtung von zwei 7,62 cm Pak. Er wird aber weiter von 2 Panzern beschossen, die er der großen Entfernung wegen mit seiner 5 cm KWK nicht bekämpfen kann. Daher setzt er sich auf Befehl wieder etwas von der Straße ab.
Unsere Kompanie bildet nun mit den Teilen der 3. Kompanie einen großen Halbkreis und

sichert nach der Straße. Lange Zeit ereignet sich nichts. In der Ferne sehen wir russische LKW in schneller Fahrt Ssagopschin verlassen und dicke Staubwolken aufwirbeln.
Jetzt kommt der Befehl durch, daß die Hakenkreuzfahnen entfernt und die Wagen gut getarnt werden sollen. Schon bald erscheint die russische Luftwaffe mit 18 Flugzeugen über uns, hat uns ausgemacht, ohne jedoch zum Angriff anzusetzen. Anscheinend erkennen sie uns nicht als deutsche Panzer und verwechseln uns mit den ihrigen, da Umrisse und Typ infolge der Tarnung nicht auszumachen sind.
Der Führer des 1. Zuges nutzt diesen kritischen Augenblick für uns aus, indem er im Turm stehend mit beiden Armen zu den Flugzeugen emporwinkt. Die meisten Kommandanten folgen seinem Beispiel, und wirklich, die Maschinen drehen auf Ssagopschin ab. Diese Begebenheit wirkt auf uns sehr erheiternd. Jedoch sollen wir uns noch mehr wundern. Wir glauben zu träumen, als sie über Ssagopschin, das ja noch in ihrem Besitz ist, ihre Bomben auslösen. Ja, so etwas läßt man sich gefallen. Während wir diesen grotesken Fall von Verwirrung lebhaft besprechen, werden wir in der Ferne von krepierenden Granaten unterbrochen. Was ist denn das? Ja, ja, zum Teufel nochmal, was ist denn heute nur los?! – Da schießt der Russe mit seiner Ari von Malgobek her ebenfalls nach Ssagopschin rein. Offenbar von seinen Flugzeugen angespornt, will der Russe mit seiner Ari nicht nachstehen, dem verhaßten „Feind" in Ssagopschin das Vorgehen so schwer wie möglich zu machen. In Wirklichkeit beschießen sie ihre eigenen Verbände, die nach wie vor dort liegen. Auch unsere Arieinschläge lassen sich jetzt erkennen . . .
Der Russe muß völlig durcheinander sein. Bemerken uns seine schweren Waffen denn nicht? Wir führen es darauf zurück, daß seine Nachrichtenübermittlung schlecht sein muß, und hoffen, daß unsere Infanterie und Panzerjäger bald nachkommen werden, um den gewonnenen Raum infanteristisch zu besetzen.
Über uns erscheint plötzlich ein Messerschmitt-Jäger. Er kurvt über uns und setzt zum Tiefflug an. Die Messerschmitt beschießt uns mit ihren Bordwaffen. Da wir uns nicht als deutsche Panzer zu erkennen geben können, wiederholt sich dieses einige Male.
Völlig unerwartet pfeifen Pakgeschosse über uns. Noch sind die Abschüsse nicht auszumachen. Auch die beiden auf halber Höhe stehenden T 34 eröffnen nun das Feuer auf uns, ohne daß wir mit unserer KWK dorthin langen können.
Urplötzlich heult es heran. Zwischen uns liegen die Einschläge schwerer russischer Ari. Von allen Seiten werden wir beschossen. Wir müssen unsere Stellung wechseln und rollen etwas zurück. Aber die Einschläge gehen mit. Deutlich sind die Abschüsse einer 18,2 cm Batterie zu vernehmen, die uns aus offener Feuerstellung beschießt. Eine verdammt teuflische Lage. Die Burschen schießen sich ein. Immer näher liegen die Einschläge bei uns. Je nach der Lage der Einschläge fahren wir vor und zurück. Ein ohrenbetäubendes Krachen der in unmittelbarer Nähe unserer Panzer berstenden Granaten. Dazwischen pfeifen die Geschosse der Pak und Panzer. Staub und Dreck durchziehen das Innere des Panzers, Splitter schlagen klirrend gegen die Panzerwand. Es ist eine unheimliche Nervenbeanspruchung, in starkem Arifeuer untätig im Panzer zu hocken, den Abschuß der Feindbatterie zu hören und dann auf den Einschlag zu warten. Unwillkürlich fühlt man sich im Panzer beengt.
So geht das einige Zeit. Da entschließt sich unser Kompaniechef, in den Panzergraben zu rollen, um aus dem Wirkungsbereich der Ari herauszukommen. Die Ausführung seines Befehles gestaltet sich jedoch äußerst schwierig, da mit dem Hineinfahren der ersten Panzer der Feind sein Feuer sofort auf diese Stelle legt. Aber alle Wagen kommen gut hinein.

Hier können wir erst einmal etwas Luft schnappen. Wir stehen bis zum Turm gedeckt im Graben und können also nicht mehr beschossen werden. Jetzt erst empfinden wir die schlechte Luft im Panzer. Es ist mehr als eine Wohltat, nun durch die geöffneten Luken frische Luft zu atmen. Wir tarnen unsere Fahrzeuge und besehen dabei schnell die Schäden. Wenn auch bei manchem Panzer die Kettenabdeckung weggeschossen oder ein Schwingarm durch Splitter ausgefallen ist, so sind unsere Panzer doch nach kurzer Zeit wieder einsatzfähig. Zerschossene Kettenglieder werden schnell ausgewechselt. Der Chef geht von Wagen zu Wagen und erkundigt sich nach den Verwundeten.

Ich schaue auf meine Uhr, es ist 16.00 Uhr. Seit einer Stunde stehen wir im Graben ... Unser Chefpanzer steht dauernd in Funkverbindung mit der Abteilung und der Division. Unsere Infanterie ist angetreten, scheint aber durch stärkeren Feindwiderstand nur langsam vorwärtszukommen. So erwarten wir hier den Einbruch der Dunkelheit.

Es ist 16.30 Uhr. Langsam versinkt dieser Tag mit der hereinbrechenden Dämmerung. Wir legen unsere MPi bereit und setzen uns schußbereit in die Luken. Etwa eine Stunde vergeht, ohne daß sich etwas ereignet. Plötzlich höre ich raschelnde Geräusche hinter mir ... Schon jagt die erste MPi ihren Feuersegen in diese Richtung. Auch ich schieße. Da werden von dort russische Laute vernehmbar. Einer ruft etwas herüber, was wir nicht verstehen können. Wir wenden unser weniges Russisch an und fordern die Russen auf, sofort zu uns zu kommen.

Da erscheinen in der Dunkelheit einige Gestalten, die wir in den Graben herunterholen. Es sind 17 Männer. Sofort werden sie zum Kompaniechef gebracht und mit Hilfe eines Dolmetschers verhört.

Gespannt achten wir nun auf jeden Laut. In der Ferne sind Scheinwerfer zu erkennen. Die Russen fahren dort unbekümmert mit ihren LKW herum.

Nach einiger Zeit kommt der Befehl, zugweise aus dem Graben herauszufahren und im freien Feld im Kompanieverband eine Wagenburg zu bilden. Wir werfen an und setzen uns vom Graben ab, um diese befohlene Wagenburg zu bilden. Sie erlaubt eine bessere Verteidigung bei etwaigen Nahangriffen.

Scharf beobachtend stehen die Posten im Turm. Ständig sind Geräusche von fahrenden russischen LKW zu hören.

Durch den Funk spricht der General unserem Kompaniechef seine Anerkennung aus für den erfolgreichen Vorstoß.

3 angeschossene Panzer fahren jetzt mit den Verwundeten im Schutze der Dunkelheit zurück. Die Zeit verstreicht. Kühler Nebel steigt auf, der sich fröstelnd um uns legt. Stündlich wechseln die Posten. Es ist 04.00 Uhr morgens. Die Posten hören Motoren- und Kettengeräusche. Panzer? Der Chef wird geweckt. Ohne Zweifel, es sind russische Panzer. Diese bewegen sich genau in unserem Rücken. Nach einiger Zeit verstummt das Kettengeräusch. Der Russe hat uns den Weg verlegt und mit seinen Panzern einen Riegel zwischen uns und der eigenen Infanterie vorgeschoben. Der Chef bittet die Zugführer zu sich und befiehlt, alles fertig zu machen. Die Panzer werden angeworfen und setzen sich in Marsch.

Nur schwach sind die Umrisse des vor uns im Nebel fahrenden Panzers zu erkennen. Es gibt einen Halt. Im gleichen Augenblick ist der Abschuß einer Panzerkanone zu hören. Ungewiß ist, ob es der Abschuß eines eigenen oder eines Feindpanzers ist. Doch schon geht es weiter. Nach kurzer Fahrt rollen wir an einem qualmenden Panzer vorbei. Es ist ein russischer KW I. Im Turm klafft ein großes Loch. Einer unserer Panzer IV hat dem zum Sperriegel gehörenden

Vor Rostow ist ein deutscher Panzer in eine Panzerfalle geraten.

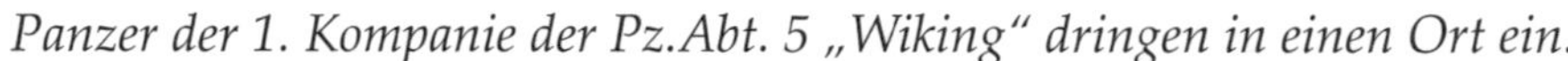

Panzer der 1. Kompanie der Pz.Abt. 5 „Wiking“ dringen in einen Ort ein.

Geheim!

Rundbild

Aufgenommen am: 10.10.1942

Standpunkt: Grabenstellung auf Anhöhe 1½ km nördl. Straße Nish Kurp-Ssagopschin

rechts: 84 607
hoch: 48 200

Aufnahme und Auswertung durch Vermessungsabteilung 602 (mot)

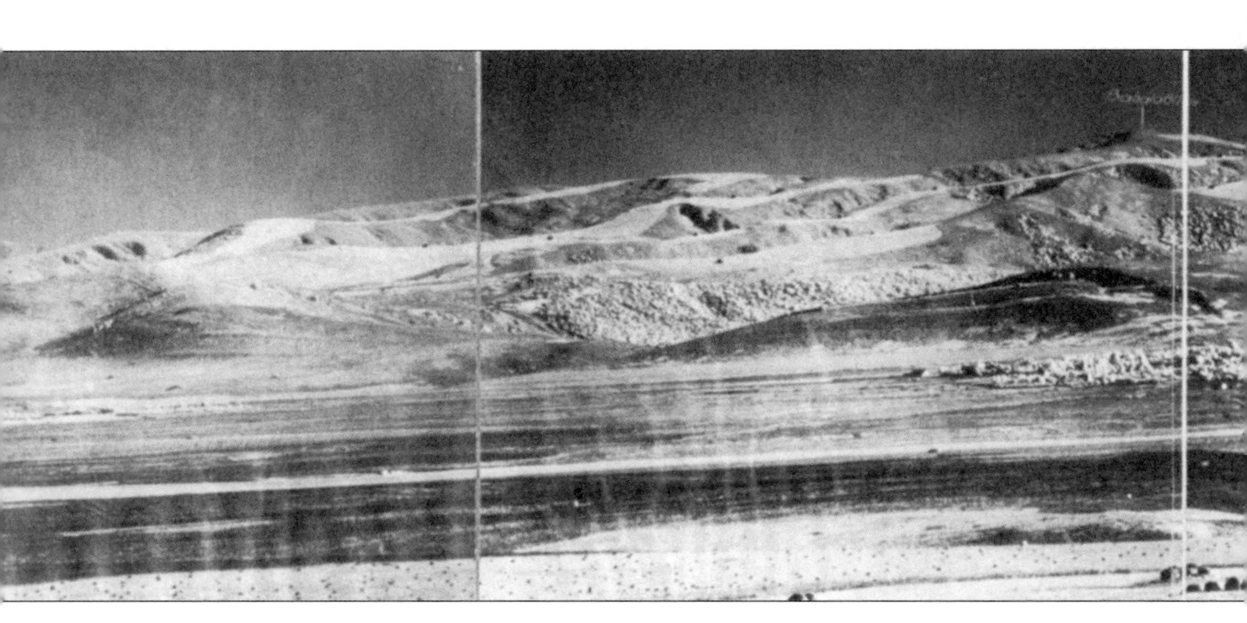

Das am 10.10.1942 aufgenommene Rundbild zeigt die Lage der heißumkämpften Orte Ssagopschin (oben) und Pssedach (unten). Der linke Rand des unteren Bildes schließt an den rechten des oberen im Sinne eines Rundblickes an. Quelle: Bundesarchiv

September 1942, Kaukasus: Der Chef der 3./Pz.Abt. 5, Hstuf. Darges

September 1942, Kaukasus: Eine seltene Trophäe, eine erbeutete sowjetische Fahne

Russenpanzer auf kürzeste Entfernung den vernichtenden Treffer beigebracht. Nach etwa 200 m pfeift es plötzlich zwischen uns. Wir werden von zwei Seiten von Pak beschossen. Doch nur schwer lassen sie sich erkennen. Daher gibt es für uns nur eines, mit erhöhter Geschwindigkeit hindurch!
Auch Panzerbüchsen bellen auf. Angestrengt achtet unser Fahrer auf den vor uns fahrenden Panzer. Nur ihn jetzt nicht im Nebel verlieren. So schnell wie das Pfeifen der Geschosse begonnen hatte, hört es jetzt auch wieder auf. Wir sind anscheinend durch den feindlichen Riegel durchgestoßen. Da wir in Reihe fahren, sind wir nur mit einem dieser sperrenden Panzer in's Gefecht gekommen.
Ein erneuter Halt. Ist unsere Spitze wieder auf Feind gestoßen? Doch wir erfahren, daß wir die eigene Infanterielinie erreicht haben. Hier werden wir mit Freude erwartet. Denn auch hier hatte man unseren Kampf verfolgt und die russischen Sperrmaßnahmen bemerkt. Leider haben wir einen Verwundeten im Panzer 212. Eine auf nächste Entfernung feuernde Panzerbüchse hat die Wanne durchschlagen und den Ladeschützen am Fuß verwundet ...
Nie werden wir diesen 28. und den Morgen des 29. September 1942 vergessen ... Ein Wort nur läßt in Zukunft dieses Gefecht lebendig vor uns erstehen: Ssagopschin."[1]

Ssagopschin ist das für den 30. 9. erneut befohlene Angriffsziel der Division Wiking. Am frühen Nachmittag meldet sie das erneute Scheitern des Angriffs.
„Nach erneutem Antreten um 05.50 Uhr mit I./SS-I. R. Nordland rechts, II./SS-I. R. Westland Mitte und I./SS-I. R. Westland links unter Bereitstellung des III./SS-I. R. Nordland in der rechten Flanke mit Sicherungsauftrag konnten die beiden rechten Bataillone etwa 07.30 Uhr gute Anfangserfolge erzielen. Gegner, besonders stark mit s. MG und sonstigen Maschinenwaffen ausgestattet, in gut ausgebauten Feldstellungen, durch schwere Artillerie und Reihenwurfgeräte unterstützt, überhöht den Angriff von allen Seiten.
Er flankiert den Angriff von links mit etwa 5 Batterien ostwärts Malgobek sowie mit 2 Batterien aus Richtung Pssedach. Infolge des sehr hartnäckigen Widerstandes blieb der Angriff liegen.
Reservebataillon, III./SS-I. R. Nordland, wird links neben I./SS-I. R. Nordland herangeführt, um mit Schwerpunkt rechts bei SS-I. R. Nordland den Angriff weiter fortzuführen.
Ein Gegenstoß aus dem Ort in Stärke etwa einer verstärkten Kompanie wurde durch I./SS-I. R. Westland abgewiesen. Gegen Mittag haben I. und II./SS-I. R. Westland einen Gegenangriff in Stärke etwa eines Bataillons mit 4 Panzern abgewiesen.
Das Angriffsgelände ist außerordentlich ungünstig mit seinen Sonnenblumenfeldern und Heidebeständen, die einen planmäßigen Einsatz der schweren Waffen verhindern und jeden Überblick ausschließen. In der rechten Flanke wurden Bewegungen feindlicher Infanterie festgestellt."[2]

Beim III. Pz. Korps liegt die 13. Pz. Division vor Elchotowo fest.
„Die 370. I. D. ordnet ihre stark dezimierten Verbände und wehrt mit ihrem linken Flügel mehrere feindliche Vorstöße gegen die beherrschenden Höhen ostw. Werch. Kurp ab. Die Division verliert allein in einem Infanterieregiment an zwei Tagen bei dem Kampf um diese Höhen 210 Mann."[3]

1) Bericht Neumann 2) KTB LII. A. K. 3) KTB 1. Pz. Armee

Auch bei diesem Stand der Entwicklung hält die Armee an der bisherigen Absicht fest und stimmt mit der Auffassung des LII. A. K. überein.
„Nach wie vor liegt die Entscheidung bei der SS-Division Wiking, die mit ihren verhältnismäßig starken Kräften die für den Feind so wichtige Enge von Nish. Atschaluki unbedingt nehmen muß, wenn der eigene Angriff auf Ordshonikidse überhaupt in Fluß bleiben soll.“[1]
Im KTB der 1. Pz. Armee finden Überlegungen ihren Niederschlag, die von einem Zusammenhang zwischen der Zusammensetzung der SS-Division Wiking mit Europäischen Freiwilligen und vermuteten Führungsschwierigkeiten sprechen. Zur Stützung dieser absurden Vermutung wird folgendes Bild der Zusammensetzung der Division Wiking im KTB der 1. Panzerarmee festgehalten:

Herkunft:	Offz.:	Unteroffz. u. Mannschaften:
Holländer	3	929
Flamen		124
Dänen	8	316
Norweger		126
Schweden		7
Schweizer		9
Finnen	12	575
	23	2.086

Die Gesamtzahl der Europäischen Freiwilligen in der 5. SS-Division Wiking am 1. 10. 1942 bedeutet also einen Anteil von 12% an der Gesamtstärke (Sollstärke) der Division in Höhe von 17 648 Mann.[1]

Am Vormittag des 1. 10. 1942 befiehlt das Korps die vorläufige Einstellung des Angriffs auf Ssagopschin, nachdem die Division Wiking um 09.10 Uhr gemeldet hat,
„daß es ihr nicht gelungen ist, das feindliche Hauptkampffeld bei Ssagopschin zu durchbrechen und den Ort zu nehmen. Sie hält ein weiteres frontales Vorstoßen gegen den Ort für nicht möglich ...“[2]
Auf dem Divisionsgefechtsstand wird dem Kommandierenden General des LII. A. K., General Ott, mittags gemeldet, daß ein Halten in der bisher erreichten Linie aus geländemäßigen Gründen nicht möglich sei. Der Kommandierende General erklärt nachdrücklich,
„daß die Abwehr nur eine vorübergehende ist, bis neue Kräfte zur Weiterführung des Angriffs heran sind. Es ist daher kein Gelände aufzugeben, das bei Fortsetzung des Angriffs in einigen Tagen unter schweren Kämpfen genommen werden muß. Auf nochmalige Bitte des Führers des vor Ssagopschin eingesetzten Regimentes Nordland, die Front um 2 km zurücknehmen zu dürfen, verbietet der Kommandierende General dieses ausdrücklich.“[2]
Oberführer v. Scholz hatte das Scheitern des Angriffs und die Bitte um Zurücknahme der vorderen Linie um 2 km mit einer Beschreibung des Angriffsgeländes begründet. Die folgende Wiedergabe derselben vertieft das Verständnis des Geschehens in diesen Tagen:

1) KTB 1. Panzerarmee 2) KTB LII. A. K.

„Der Angriff mußte ausschließlich als reiner Inf. Angriff geführt werden und der Unterstützung durch die schweren Inf. Waffen entbehren.
Beiderseits und ostwärts der Straße Pssedach – Malgobek zieht sich auf Ssagopschin ein weites Maisfeld hin, das nach Ssagopschin in langer Fläche abfällt und in einen etwa 500 m breiten Grund übergeht.
Ostwärts dieses Grundes steigt das Gelände glacisartig auf Ssagopschin an. Das Stellungssystem des Gegners beginnt am Rande des Glacis und erstreckt sich in einer Tiefe von mehreren hundert Metern nach Osten auf Ssagopschin. Es besteht aus zahlreichen kleinen, tiefen Nestern, die sich gegenseitig flankieren.
Das glacisartige Vorgelände ist von einem dicht verfilzten und hohen Ginsterkraut bewachsen. Es ermöglicht dem Schützen nicht den Feuerkampf mit seinen leichten Waffen.
Eine Unterstützung durch die schweren Inf. Waffen ist nur aus der Mulde westlich der Straße Pssedach – Ssagopschin möglich, da jede Stellung schwerer Waffen auf dem Vorderhang des Maisfeldes von den Feindbatterien aus Malgobek eingesehen ist und von dort aus ohne mögliche Gegenwehr zusammengeschossen wird.
Ein Feuerkampf mit den s. MG zur Unterstützung des Angriffs sei aus dem Maisfeld oder aus der vor dem Maisfeld liegenden Mulde deshalb nicht möglich, weil diese kein Schußfeld hätten, da die Maisbepflanzung und die dicht verfilzte Ginsterbewachsung dieses verhindert. Die Artl. Unterstützung könne nur aus einer Stellung durchgeführt werden, die 7 km von der vorderen Linie abliege. Jede andere Möglichkeit entfalle, da das übrige gesamte Gelände von Malgobek restlos eingesehen werde und die Angriffsbatterien in ihren Stellungen, ohne die Möglichkeit feuern zu können, zusammengeschossen würden.“[1]
Für die Nacht zum 2. Oktober befiehlt der Kommandeur der Division Wiking, nachdem er sich „vor Ort“ von der Richtigkeit der Angaben des Kommandeurs des Regimentes Nordland überzeugt hat, entgegen dem Korpsbefehl die Zurücknahme der Front um etwa 2,5 km, um dadurch sinnvolle Kampfbedingungen für die Zeit der Abwehr zu schaffen.

Malgobek – Zielpunkt 701

Für den in den nächsten Tagen beabsichtigten Angriff auf Malgobek wird das im Laufe des 2. Oktober in den Vormittagsstunden aus dem Westkaukasus eingetroffene Regiment Germania der 111. I. D. unterstellt.
Der Kommandeur der Division Wiking wird auf Befragen vom Korps unterrichtet, daß für den geplanten Angriff Luftunterstützung nicht zur Verfügung stehen wird. Gruppenführer Steiner erklärt daraufhin, daß er den Angriff dann für undurchführbar halte und daß er diesen Sachverhalt dem Reichsführer-SS melden werde.
Diese Vorkommnisse komplizieren das Verhältnis der Division zum Korps weiter. Die beabsichtigte Umgehung des Dienstweges in militärischen Fragen sowohl als auch die eigenmächtige Zurücknahme der vorderen Linie werden von der Armee der Heeres-

1) KTB 1. Pz. Armee Anlagenband

gruppe gemeldet mit der Bitte, ein Verbot der Benutzung privater Dienstwege zu erwirken. Gleichzeitig veranlaßt sie die Belehrung des Divisionskommandeurs, daß für den Fall der Zurücknahme der vorderen Linie das Einverständnis der vorgesetzten Dienststelle erforderlich ist.[1]

Am 3. 10. greift das II./SS-I. R. Nordland 08.30 Uhr die beherrschende Höhenkuppe, 5 km südostw. Nish. Kurp Südrand, an, nimmt sie gegen 09.30 Uhr und vernichtet das IV. Bataillon der 57. Brigade. 90 Gefangene werden gemacht. Dieser Angriff entlastet den rechten Nachbarn (370. I. D.), der am Vortage den Nordteil des Ortes Werch. Kurp verlor. Das dort eingesetzte Regiment hatte 136 Mann Verluste.
Am Vormittag des 3. 10. schließt die 2./Pi. Btl. 5 die Lücke zwischen dem II. und I./SS-I. R. Nordland.
Die Instandsetzungsdienste der SS-Panzerabteilung 5 arbeiten fieberhaft mit dem Erfolg, daß die Abt. am Abend des 3. 10. wieder über 34 einsatzbereite Panzer verfügt. (4 II, 10 III k, 15 III lg., 1 IV k, 4 IV lg, 6 SFL)
Nach einem verhältnismäßig ruhig verlaufenen 4. Oktober werden bis in die Nacht zum 5. Oktober die Vorbereitungen für den Angriff auf Malgobek abgeschlossen. Nach erfolgter Umgruppierung steht auf dem linken Flügel der Division das II./SS-I. R. Nordland zum Angriff bereit. Statt dessen steht jetzt auf dem rechten Flügel im Anschluß an die 2./Pi. Btl. 5 die A. A. 5.
Dem Korps ist die Unterstützung des Angriffs durch 7–8 Stuka (Sturzkampfbomber) von der Armee zugesagt worden.
Für den Angriff selbst liegt folgender Korpsbefehl vom 2. Oktober[2] vor:

„*1. Feind . . .*

2. LII. A. K. setzt am 5. 10. den Angriff fort mit dem Ziel, durch Vorstoß auf der Höhenrippe Richtung Malgobek – Wosnessenskaja die Enge von Ssagopschin zu öffnen und die Voraussetzungen für den weiteren Angriff auf die Enge von Atschaluki zu schaffen.

3. Gefechtsaufträge:

a) SS-Div. Wiking (o. verst. Rgt. Germania)
drückt mit rechtem Flügel weiter Richtung Kesskem vor. Die Mitte der Division hält die bisherigen Stellungen, fesselt hier den Gegner durch fortlaufende von Artl. unterstützte Stoßtruppunternehmungen und täuscht Angriffsabsichten vor. Der linke Flügel der Division schließt sich dem Angriff der 111. I. D. auf der Höhenrippe an mit dem Ziele, den Eingang der Straße von Ssagopschin nach Nordosten auf die Höhenrippe zu gewinnen.

b) 111. I. D., der verst. Rgt. Germania (einschl. 3 lei. und 1 schw. Bttr.) unterstellt wird, greift auf der Höhenrippe beiderseits der Höhenstraße an und nimmt den Höhenblock Malgobek. Erstes Angriffsziel: Die von Norden auf die Höhe führende Kleinbahn . . .

4. . . .

5. . . .“

Mit der Unterstützung von 45 Batterien greifen am 5. Oktober zur befohlenen Zeit, um 04.30 Uhr, die Mitte und der rechte Flügel der 111. I. D. sowie in zeitlichem

1) KTB 1. Pz. Armee 2) KTB LII. A. K.

Abstand dann auch der linke Flügel der Division Wiking an. Bei klarem Wetter bei Mittagstemperaturen bis 25 °C gewinnt der Angriff langsam aber ständig Boden. Wider Erwarten ist die artilleristische Abwehr gering. Nach 9 Stunden zähesten Ringens sind etwa 2,5 km gewonnen und das gesteckte Angriffsziel erreicht. Das verst. Rgt. Germania steht um 15.30 Uhr in Malgobek-Westteil und auf der überragenden Höhe Malgobek-Erdöl. *„Der Angriff wurde unterstützt durch Stukaangriffe, welche fühlbare Unterstützung brachten. Der Gegner wehrte sich in stark ausgebauten mit Bunkern versehenen Feldstellungen sehr zäh."*[1]

„II./I. R. Nordland hat Ortschaft südwestlich Malgobek nach hartem inf. Kampf genommen. Mehrere Panzergegenstöße mit zusammen etwa 20 Panzern wurden abgewehrt, 10 Feindpanzer abgeschossen. I./SS-I. R. Westland hat linken Flügel bis zu der von II./SS-I. R. Nordland genommenen Ortschaft vorgenommen."[1]

Die 10 von der Panzerabteilung abgeschossenen Feindpanzer sind ausnahmslos amerikanische Mark III. 8 Mark III sind ausgebrannt, 2 bewegungsunfähig.

8 eigene Panzer (2 III k, 4 III lg, 2 IV lg) und 1 SFL sind ausgefallen, darunter ist 1 Panzer III lg. Totalschaden. Schwer wiegen die personellen Verluste in diesen Tagen. Die 1. Kp. hat keine Offiziere mehr. Der Kompaniechef, Obersturmführer Schnabel, die Oberjunker Pinnow und Gräbert sind gefallen, die Untersturmführer Hübner und Wilde verwundet.

Der Abend des 5. Oktober bringt für die Fortsetzung des Angriffs zwei erschwerende Umstände. „Stuka" können für den weiteren Einsatz *„von der Armee nicht mehr zur Verfügung gestellt werden, da diese bereits durch das OKH für einen anderen Raum vorgesehen sind."*[1] Zum anderen wird die Division Wiking angewiesen, den Artl. Verschuß zu steuern, weil er

„bei weitem zu groß ist. Die Div. Artl. hat am 5. 10. 2600 l. F. H. und 600 s. F. H. Granaten verschossen."[1]

Gegenübergestellt wird der Verschuß von nur 1073 l. F. H. Granaten durch die 111. I. D., ohne jedoch zu erwähnen, daß an diesem Angriffstage die gesamte Korpsartillerie zur Unterstützung des Angriffs der 111. I. D. zugewiesen war, u. a. die Kanonenabteilung 711 und die s. Mörserabteilung 607. Eine schwer begreifliche Mahnung während eines Angriffsunternehmens von entscheidender Bedeutung in einem äußerst schwierigen Angriffsgelände. Und dennoch bereits ein Hinweis auf die Probleme des Nachschubs und die damit zunehmende Belastung des Soldaten der vorderen Linie bei gleichzeitig umgekehrter Entwicklung auf der Feindseite.

Am 6. Oktober nimmt das verst. Regiment Germania im Zusammenwirken mit der Angriffsgruppe Tronnier der 111. I. D. den Ort Malgobek-Erdöl mit seiner beherrschenden Höhenstellung im Sturm. Alle Gegenstöße des Feindes werden abgewiesen.

„Links II./SS-I. R. Nordland hat Ortschaft Zielpunkt 642 genommen und Höhe hart nordostwärts davon, steht mit linkem Flügel bei Häusergruppe mit Anschluß an I./SS-I. R. Germania, mit rechtem Flügel am Ortsrand mit Anschluß an I./SS-I. R. Westland, das mit linkem Flügel mit vorgegangen ist."[1]

1) KTB LII. A. K.

Das II./Nordland bringt 120 Gefangene ein.
Zur Verstärkung des linken Flügels löst die Division Wiking aus ihrem rechten Flügel das III./Nordland heraus und stellt es so bereit, daß es sich im Angriff zwischen Germania und dem I./Nordland einschiebt. Angriffsziel sind die Stellungen auf der Höhenrippe ostwärts Malgobek-Erdöl, in denen sich der Feind inzwischen verstärkt hat. In den anfänglich fortschreitenden Angriff des II./Nordland ist gegen 08.40 Uhr der Russe mit 12 Panzern hineingestoßen. Die hinter Nordland bereitstehende Panzerabteilung 5 setzt eine Panzerkompanie und eine Kompanie SFL zum Gegenstoß an. Gegen Mittag ist der russische Stoß abgewehrt, 1 Feindpanzer vernichtet.

„III./SS-I. R. Nordland (Schwerpunkt) tritt von Höhe südostwärts Zielpunkt 693 um 13.00 Uhr zusammen mit I./SS-I. R. Germania auf Zielpunkt 701 an.“[1]
Die Höhenrippe beiderseits dieses Punktes ist der Dorn im Fleische des linken Nachbarn. Dessen rechter Flügel ist nicht angelehnt und wird von hier durch das Feuer schwerer Waffen des Feindes erfaßt. (Es muß hier darauf hingewiesen werden, daß es sich nicht um eine Erhebung von 701 m Höhe handelt, wie in der Literatur teilweise angegeben wird. Es handelt sich vielmehr um einen Zielpunkt, eine Zahlenbezeichnung für wichtige Punkte im Schrift-, Funk- und Fernsprechverkehr. Eine Erhöhung von 701 m hat es zwischen Malgobek und Wosnessenskaja nicht gegeben.)
Der Feind seinerseits verstärkt sich laufend. 5 km ostwärts der vorderen Linie wird gegen Mittag eine Feindkolonne in Stärke von 1000 Mann mit zahlreichen Kfz und Panjefahrzeugen festgestellt. Von Panzern unterstützte Infanterie wird im Vorgehen aus südostwärtiger Richtung beobachtet.
Die 111. I. D. beantragt jetzt als Ersatz für „Stuka“ Jäger zur Entlastung der schwer ringenden Infanterie.
„Nach Rücksprache mit dem Kommandeur der N. A. G. 1 wird um 16.00 Uhr ein Bombenangriff von Aufklärungsflugzeugen der Nahaufklärungsstaffel gegen den Gegner vor der Angriffsspitze der 111. I. D., I. R. 70, Germania und III./Nordland durchgeführt. Dieser Angriff kommt leider nicht zum Tragen, da die Aufklärungsflugzeuge wegen starker Flakabwehr die Bomben im Notwurf auf Ssagopschin abwerfen müssen.“[1]
Pionier-Stoßtrupps dringen kurz vor Beginn der Dunkelheit zwar in das feindliche Stellungssystem ein, der Angriff selbst bleibt jedoch liegen.
Am nächsten Morgen durchbricht Germania die russische Stellung und dringt bis an den Westrand von Malgobek II vor. Gleichzeitig wird der Gegner aus dem Waldstück nördlich der Höhenstraße geworfen und dieses bis zum Ostrand vom Feinde gesäubert. Die gleichzeitigen Angriffe des III. und II./Nordland von Norden bzw. Westen bringen auch am nächsten Tage keinen Erfolg. 400 m südlich der Höhenstraße bleiben sie liegen im Feuer mehrerer 44 t Panzer vom Typ KW I. Die bereitstehende Panzerabteilung 5 kann diese Kampfwagen ohne Stukaunterstützung nicht bekämpfen. Luftunterstützung ist indessen nicht zu erwarten.

Dem für den 10. Oktober befohlenen Angriff auf Zielpunkt 701 kommt ein planmäßiger russischer Gegenangriff mit starken Kräften und Unterstützung von Panzern

1) KTB LII. A. K.

zuvor. Nach Überläuferaussagen sind dazu eine neue Division und die 15. Pz. Brigade mit Panzern vom Typ Mark III herangeführt worden.
„Die SS-Panzerabteilung 5 steht zum Gegenangriff bereit, um bei Nachlassen des feindlichen Druckes anzutreten.“[1]
Sie verfügt wieder über 34 einsatzfähige Panzer.
Drei Tage rennt der Feind vergeblich gegen die deutschen Stellungen an. Dann läßt sein Druck nach. Auch starke Luftunterstützung, am 12. Oktober fliegt er mit 18 Bombern 4 Angriffe unter Jagdschutz auf Malgobek und die Höhenstellungen, erzwingt keinen Einbruch in die HKL. Während dieser Luftangriffe erklärt Generaloberst Freiherr v. Richthofen auf dem Gefechtsstand des LII. A. K.,
„daß ein Einsatz stärkerer Fliegerverbände in der nächsten Zeit nicht vorgesehen ist, da diese weiterhin durch die Kämpfe bei Stalingrad gebunden sind.“[1]
Am 14. Oktober fliegt der Russe mit 33 Maschinen 2 Bomben- und Bordwaffenangriffe auf die deutschen vorderen Linien.

Die SS-Panzerabteilung 5 verfügt am 14. Oktober nach einem zwischenzeitlichen Ausfall von 7 Kampfwagen durch Zugang aus der Werkstattkompanie wieder über 30 Panzer.
Inzwischen ist auch das III./Germania am 9. 10. aus dem Westkaukasus eingetroffen. Es löst das I. R. 50 ab, so daß das Regiment Germania jetzt geschlossen auf der Höhenrippe eingesetzt ist.
Für den 15. Oktober wird die endgültige Bereinigung der Situation südlich der Höhenstraße befohlen durch Wegnahme der Stellungen bei Zielpunkt 701. In harten Nahkämpfen bei starkem Flankenfeuer feindlicher Panzer und schwerer Waffen gelingt es, in den späten Nachmittagsstunden die Höhenrippe Zielpunkt 699–701 zu besetzen. Zweimal geht sie wieder verloren durch feindliche Panzergegenstöße. Die notwendigen Panzerabwehrwaffen können einfach nicht rechtzeitig nachgezogen werden. Die wechselvollen Kämpfe dauern bis in die Dunkelheit. Der Feind behauptet sich in seinen Stellungen.
Nunmehr wird für den 16. Oktober die endgültige Wegnahme der Höhenrippe Zielpunkt 701, die Wegnahme von Malgobek II und der Höhe 478,8 (1 km nördlich Malgobek II) befohlen.
Die Erfolgsaussichten und die vorgesehene Durchführung am Nachmittag werden vom Kommandierenden General, General Ott, und den Kommandeuren beider Divisionen, General Recknagel und Gruppenführer Steiner, derart gegensätzlich beurteilt, daß sich General Ott am Morgen des 16. 10., vor dem festgesetzten Angriffstermin, zu dem nachstehenden fernschriftlichen Befehl an die Kommandeure beider Divisionen veranlaßt sieht:
„Der Angriff auf Höhe Zielpunkt 701, das Dorf Malgobek II und Höhe 478,8 findet heute Nachmittag statt. Sollte die Autorität oder der Kampfwille der Unterführer nicht ausreichen, so bitte ich die Herren Divisonskommandeure, sich persönlich an die Stelle der Regimentskommandeure zu setzen, den Angriff vorzubereiten und ihn durchzuführen. gez. Ott“[1]

1) KTB LII. A. K.

Das verstärkte III./SS-I. R. Nordland (Finnenbataillon) und Teile der SS-Panzerabteilung 5 greifen in den Nachmittagsstunden an. Nach zweistündigem, harten Kampf, um 17.30 Uhr, fällt die Höhenrippe bei Zielpunkt 701 in eigene Hand. Ein feindlicher Panzergegenstoß mit 17 Panzern aus Südosten wird erfolgreich abgeschlagen.
Auf dem Höhenkamm vor Malgobek II entriß am gleichen Tage eine Kampfgruppe der 111. I. D. (Regiment Germania und Gruppe Tronnier) nach zähem Kampf dem Feind das Höhendorf Malgobek II und stürmte die Höhe 478,8. Mit Beginn der Dunkelheit setzte ein Gegenangriff des Feindes in Stärke von 2 Bataillonen ein, dem es gelang, sich wieder in den Besitz der Höhe zu setzen.[1]
Aber am folgenden Tage erstürmt das I. R. Germania nach mehrstündigem Kampf die Höhe erneut und nimmt sie endgültig in Besitz.
Gegen die neu gewonnenen Stellungen des III./Nordland beiderseits Zielpunkt 701 führt der Feind während des ganzen folgenden Tages Gegenangriffe mit Panzerunterstützung. Sämtliche Angriffe werden abgewiesen, 3 Feindpanzer von eigenen Panzern abgeschossen.[1]

Mit den Kämpfen am 17. 10. 1942 sind die Angriffskämpfe der 5. SS-Division Wiking im Raume Ssagopschin – Malgobek beendet. Die Division geht zur Verteidigung in den gewonnenen Stellungen über. Die SS-Panzerabteilung 5 wird am 18. 10. Korpsreserve. Auf Antrag der Division sieht das Korps von ihrer Verlegung in den Raum Malgobek/Kurp ab. Sie verbleibt im Raum Nish. Kurp, wo bereits Wohnbunker ausgebaut und beziehbar sind. Im gleichen Raume verbleibt auch das SS-Pi. Btl. 5 als Korpsreserve.

Der Ausgang der Operationen im Terekraum ist deutscherseits maßgeblich bestimmt worden durch vier Umstände:

1. Die Beurteilung des Feindes, Stärke und Kampfkraft der gegenüberliegenden Verbände sowohl als auch die Stärke der zur Verfügung stehenden Reserven, entfernte sich bei Zugrundelegung des Punktes 1 im Korpsbefehl vom 24. 9. 1942 weit von der Wirklichkeit.
2. Die Beurteilung des Angriffsgeländes für einen Panzerverband durch das LII. A. K. stand im Widerspruch zu der Beurteilung durch die verantwortlichen Truppenführer der Division Wiking. Erst nach Abschluß der verlustreichen, vergeblichen Kämpfe korrigiert der Chef des Generalstabes dieses Korps seine Auffassung in einer Unterredung auf dem Gefechtsstand der 1. Panzerarmee am 27. 10. 42: *„Nach den Erfahrungen des Korps bei den bisherigen Kämpfen ist ein Angriff über Ssagopschin auf Atschaluki ohne vorherige Wegnahme des beherrschenden Höhenkammes bei Wosnessenskaja wenig aussichtsreich, wenn nicht unmöglich, da er von den Höhenrippen von Süden und Norden sehr stark flankiert werden kann. Das Gelände der Höhen nordwestl. Atschaluki ist wahrscheinlich besonders schwierig und für schnelle Verbände wenig geeignet . . . Auch die 13. Panzerdivision hat diese Angriffsrichtung schon einmal als für sie wenig geeignet bezeichnet. S. Zt. ist aus diesem Grunde diese Division in Richtung Elchotowo angesetzt worden.“*[1]

1) KTB LII. A. K.

3. Eine so entscheidende Operation ohne Luftunterstützung zu führen, ist schwer begreiflich. Für einen entsprechend wünschenswerten, starken Druck auf die höchsten Kommandobehörden finden sich in den KTB der 1. Pz. Armee und des LII. A. K. keine Hinweise.
4. In Verbindung damit macht der schwer begreifliche Engpaß in der Versorgung mit Artilleriemunition – ein leistungsfähiger Schienenstrang endigt wenige Kilometer hinter der Front – die Terekoffensive vergleichbar einem Fahrzeug, das mit angezogenen Bremsen starten und Erfolg haben soll.

Die Männer der SS-Panzerabteilung 5 bauen in Nish. Kurp ihre Wohnbunker aus. Überhaupt sind der Gedanke an einen Winter hier im Kaukasus und die entsprechenden Vorbereitungen durchaus selbstverständlich.

Am 12. Oktober bereits *„ordnet die Armee in einem Organisationsbefehl die Maßnahmen für die Wintervorbereitungen an. Allgemein wird hierzu bemerkt, daß nicht anzunehmen ist, daß im Operationsgebiet der Armee nördlich der Kaukasusvorberge während des Winters eine durchgehende tiefe Schneedecke den Einsatz von mot. und Inf. Verbänden ohne winterbewegliche Ausrüstung für längere Dauer ausschließt. Trotzdem muß sich die Truppe darauf einstellen, daß sie auf Skiern und Schlitten auch bei Schneelage den Kampf beweglich führen kann und die Versorgung gesichert ist. Je Inf.-, Panzer- und SS-Division Wiking wird die Aufstellung eines winterbeweglichen Verbandes aller Waffen befohlen. Hierzu wird den Divisionen vermehrt und verbessert als im vorigen Winter Gerät in Form von Schlitten, Akja's, Skiern und Schneeunterlagen für sämtliche schwere Waffen zugewiesen. (Näheres siehe Anlage)“*[1]

Die Absichten der deutschen Führung noch zu dieser Zeit werden erkennbar an der Vorführung des Generalkommandos z. b. V., des sogenannten „Seekommandos Xerxes“, das unter der Führung von General Felmy für die Betreuung der Häfen am Kaspischen Meer u. a. vorgesehen ist. Es handelt sich um etwa 2200 Mann, unter ihnen Araber, Palästina-Deutsche, Fremdenlegionäre. Zum Teil mot. beweglich wird der Verband von der 1. Pz. Armee als wertvolle Verstärkung ihrer Kampfkraft zur Sicherung der Flanken angesehen, dieses aber zum Leidwesen des Kommandierenden Generals dieses Verbandes, der in einer Eingabe an das OKW vom 28. 10. 1942 schreibt:

„Ich habe deshalb die Sorge, daß bei diesem Einsatz das Gen. Kdo. z. b. V. mit seinen Verbänden in Kürze so verbraucht sein wird, daß es im Frühjahr zu einem Einsatz im Vorderen Orient nicht mehr in der Lage ist . . .“[1]

Ssagopschin und Malgobek sind Wendepunkte im Geschehen an der südlichsten Front des deutschen Heeres. An die Stelle der hinhaltenden Kampfesweise, an die Stelle weiträumiger Ausweichbewegungen des Feindes war der entschiedene Wille zur Verteidigung getreten am Rande der lebenswichtigen Ölbasis, an der Flanke des ebenso wichtigen Versorgungsweges vom Iran an die russische Front.

Die amerikanische Hilfe, die über den Persischen Golf die schwer ringende russische Südfront erreicht hat, wurde hier zum ersten Male fühlbar. Nach Schätzungen des deutschen Generalstabes sollen die Hilfslieferungen über den Persischen Golf in der Zeit vom Mai bis November 1942 monatlich 100 000 t betragen haben.[2]

1) KTB 1. Pz. Armee
2) Friedrich Lenz, „Stalingrad, der verlorene Sieg“, S. 158/187/190

Um sich unter dieser Zahl etwas vorstellen zu können, sei darauf verwiesen, daß unser Panzer III ein Gewicht von ca. 20 t besaß und daß der in den Kessel von Stalingrad eingeflogene Nachschub eine durchschnittliche Tagesleistung von 137 t ausweist.[1] Das sind monatlich 4000 t.
Der Kommandeur der SS-Panzerabteilung 5 berichtet:[2]
„Es waren bei den Gefechten unten im Kaukasus erstmalig in großer Zahl amerikanische Waffen aufgetreten. Russische Panzereinheiten waren teilweise reinrassig mit amerikanischen Shermanpanzern ausgestattet, mit amerikanischen Lastwagen, Fabrikat Dodge, Jeeps; selbst die Uniformen, die die russischen Soldaten trugen, vor allen Dingen die Ausrüstung der russischen Gebirgstruppen waren amerikanischen Ursprungs. Auch die Verpflegung, die wir bei abgeschossenen Kampfwagen aus den Verpflegungsbehältern herausholten, war amerikanisch.
Alles, was überhaupt noch am russischen Soldaten russisch war, war der Mensch. Alles andere war amerikanischer Herkunft."
Angesichts der fehlenden eigenen Luftunterstützung für die Offensive der 1. Pz. Armee kommt den feindlichen Luftstreitkräften besondere Bedeutung zu. In vorliegenden deutschen Berichten über diese Kämpfe finden sich keine Hinweise darauf, daß die starken russischen Luftstreitkräfte im Raume Grossny durch eigene Luftaufklärung festgestellt worden sind.
Der englische Militärschriftsteller Liddle Hart bemerkt zu dem deutschen Mißerfolg:
„Ein wichtiger Faktor bei diesem Mißerfolg war, daß die Russen mehrere hundert Bomber auf den Flugplätzen in der Nähe von Grossny stationiert hatten ... So konnten die russischen Bomber die Armee Kleist's ungehindert belästigen."[3]

Es muß an dieser Stelle auch über den Sanitätsdienst der SS-Panzerabteilung 5 berichtet werden, für den die schweren Kämpfe um Ssagopschin und Malgobek die erste große Bewährungsprobe brachten. Der Abteilungsarzt, Dr. Standl, berichtet über die Organisation und die Einsatzbedingungen bis zum Abschluß der Kämpfe um Malgobek.[4]
„Die Sanitätsstaffel der Panzer-Abteilung 5 hatte folgende Zusammensetzung: 1 Abteilungsarzt und 1 Hilfsarzt, 1 Stabs-SDG (Hauptscharführer), 1 SDG (Unterscharführer), 3 Krankenträger, 1 Fahrer für das Kfz. 15, 1 Fahrer und 1 Funker für den gepanzerten Sanka (ein für Sanitätszwecke umgebauter SPW), 1 Fahrer für den Krankenkraftwagen, 3 Fahrer für B-Kräder, 1 Fahrer und 1 Beifahrer für den Sanitätsgerätewagen (LKW 3 t).
Unterführer und Mannschaften waren wirtschaftlich der Stabskompanie zugeteilt, disziplinär dem Abteilungsarzt unterstellt.
Die Ärzte unterstanden disziplinär dem Kommandeur.
Jede Kompanie hatte auch eine Planstelle für 1 SDG und 3 Krankenträger, die mit B-Krädern motorisiert waren.
Auf dem Marsch fuhr der Abteilungsarzt im Kfz. 15 zusammen mit dem Stabs-SDG in der Gefechtsstaffel des Kommandeurs, der Hilfsarzt am Schluß der letzten Panzerkompanie entweder im gepanzerten Sanka oder in einem B-Krad.

1) Friedrich Lenz, „Stalingrad, der verlorene Sieg", S. 158/187/190
2) Bericht Mühlenkamp
3) Liddle Hart, „Geschichte des zweiten Weltkrieges", Band I, S. 323
4) Bericht Dr. Standl

Im Einsatz nahm der Abteilungsarzt an der Befehlsausgabe des Kommandeurs an die Kompaniechefs teil und erhielt von ihm sanitätstaktische Hinweise oder Befehle, außerdem auch Kenntnis über die vom Divisionsarzt geplante Einrichtung und Lage der HVP's.
Im Gefecht fuhr der Abteilungsarzt im gepanzerten Sanka, dessen Besatzung durch den SDG der Stabskompanie verstärkt wurde, je nach Lage hinter dem zweiten oder dritten Treffen und hatte Funkverbindung mit dem Kommandeur- und Adju.-Panzer.
Bei Einrichtung eines Truppenverbandsplatzes wurde die Gruppe des Hilfsarztes mit dem Stabs-SDG und den B-Krädern nachgezogen.
Beim Vorstoß der Panzerkampfgruppe von Rostow zum Kaukasus wurde der Abteilungsarzt vom Divisionsarzt zum Leitenden Sanitätsoffizier der Kampfgruppe bestimmt und die jeweiligen Bataillons- bzw. Abteilungsärzte mir sanitätstaktisch unterstellt. Dieses Unterstellungsverhältnis wurde nach meiner Erinnerung erst nach der Einnahme von Chadishenskaja aufgelöst.
Bei dem raschen Vormarsch wurden nur fliegende Truppenverbandsplätze im überschlagenden Einsatz eingerichtet. Die sanitätsdienstliche Versorgung beim Vormarsch der Panzergruppe zum Kaukasus war problemlos. Schwieriger wurde die Lage am Terek, nicht nur wegen der schon am ersten Angriffstag anfallenden hohen Verwundetenzahl, zu deren Transport häufig die eigenen Mittel nicht ausreichten, und der rasch wechselnden Gefechtslage, die die Einrichtung eines Truppenverbandsplatzes erst nach zwei Tagen möglich machte, sondern auch durch die plötzlich auftretende große Zahl von, wie sich erst später herausstellte, epidemischer Gelbsucht, die im Gegensatz zu den bisherigen sanitätsdienstlichen Richtlinien bei der Truppe behandelt werden mußte. Dieser Befehl des Divisionsarztes ließ sich nur dadurch verwirklichen, daß ich am linken Terekufer, östlich von Gnadenburg, in einer Schule ein Truppenkrankenrevier eröffnete, in dem ich zeitweise bis zu 50 Patienten betreute.
Da inzwischen mein Hilfsarzt, Obersturmführer Dr. Wittmann, ausgefallen war, pendelte ich jeden zweiten Tag zwischen meinem Truppenverbandsplatz in der Balka unterhalb Malgobek und dem Krankenrevier, das von meinem Stabs-SDG, Hauptscharführer Bewen, mustergültig geleitet wurde, hin und her, um die einigermaßen wieder Genesenen möglichst bald zur Truppe wieder zurückschicken zu können. Es war dies eine sowohl ärztlich wie sanitätstaktisch unbefriedigende Situation.“

Alagir – Ordshonikidse

Die auf beiden Seiten eingetretene Kampfruhe war deutscherseits begründet in dem Mangel an verfügbaren Kräften zur sofortigen Weiterführung der Operationen, russischerseits in der Notwendigkeit, die für den Angriff bereitgestellten Truppen abzuziehen, um mit ihnen der bedrohlichen Entwicklung der Lage im Raume westlich Ordshonikidse zu begegnen.
Da auch die SS-Panzerabteilung 5 in den Sog dieser Ereignisse geraten sollte, sei deren Entwicklung kurz aufgezeichnet.
In den Tagen der Kämpfe um Ssagopschin und Malgobek gelang es dem III. Pz. Korps, mit der 13. Pz. Division auf dem Ostufer des Terek nach Süden den Raum Elchotowo

und mit der 370. I. D. den Ort Werch. Kurp, etwa 7,5 km südlich Nish. Kurp, zu erreichen. Infolge des sich auch hier versteifenden russischen Widerstandes gruppierte die 1. Pz. Armee um. Das III. Pz. Korps erhielt den Auftrag, nach Ablösung in den bisher erreichten Räumen die bei und ostwärts Naltschik stehenden Feindkräfte zu zerschlagen.[1]
Die Orte Malgobek und Naltschik liegen geographisch etwa auf der gleichen Höhe, Malgobek etwa 50 km ostwärts, Naltschik etwa 35 km westlich des Terek. Wie das ganze westseitige Terekgebiet durchschnitten ist von kleinen Flüssen und Bachläufen, die von den in einem Abstand von etwa 50 km terekparallel laufenden Nordosthängen des Kaukasus in nordostwärtiger Richtung dem Terek zufließen, ist auch das Angriffsgelände des III. Pz. Korps durch diese Wasserläufe charakterisiert.
Der am 25. Oktober begonnene Angriff nach Südwesten verläuft über Erwarten erfolgreich. Bereits am 31. Oktober tritt das III. Pz. Korps aus einem bereits etwa 40 km südostwärts Naltschik erreichten Raum nunmehr nach Osten zum Angriff an. Die 23. Pz. Division erreicht am 1. 11. 1942 Alagir, den Ausgangspunkt der Ossetischen Heerstraße und die 13. Pz. Division den Raum etwa 15 km westlich Ordshonikidse. Von hier bedroht sie bereits die für den Russen lebenswichtige Grusinische Heerstraße. Während die 23. Pz. Division den nördlichen Flankenschutz am Fiag-Don-Bach für die 13. Pz. Division übernimmt, gelingt es dieser, den Westrand von Ordshonikidse zu erreichen.[1]
Diese Entwicklung der Lage erzwang die russischen Umgruppierungen im Raume Malgobek. Die dort frei gewordenen Verbände greifen ihrerseits die dünne rückwärtige Verbindungslinie der weit vorgestoßenen 13. Panzerdivision von Norden und Süden westlich Ordshonikidse an. Diese einzige Nachschubstraße der 13. Panzerdivision, Alagir, Ordshonikidse, liegt zeitweise unter beobachtetem feindlichen Artilleriefeuer, bis es am 6. November 1942 je einem russischen Schützenkorps im Angriff von Norden und Süden gelingt, die Verbindung zu durchschneiden.[1]
In dieser für die 13. Panzerdivision bedrohlicher werdenden Lage wird die SS-Division Wiking im Raum Malgobek beschleunigt abgelöst und in Eilmärschen dem bedrohten Abschnitt westlich Ordshonikidse zugeführt.
Während das vorausgeworfene Infanteriebataillon, II./I. R. Nordland, allein die Lage zwischen dem 6. und 10. November nicht verändern kann, gelingt es der SS-Panzerabteilung 5, die in Eilmärschen über Prochladny, Westufer des Terek, Alagir über eine Strecke von etwa 150 km herangeführt worden ist, zusammen mit weiteren Infanteriekräften der Division Wiking im Abschnitt Mairamadag, südlich der Straße Alagir – Ordshonikidse, und Fiag-Don eine feste Auffanglinie zu bilden und zu halten.
Nachdem die 13. Panzerdivision bereits am 9. November ihre Hauptkampflinie auf den Ostrand Gisel, etwa 7 km westlich Ordshonikidse, und am 10. November auf Nischny-Ssaniba zurücknehmen konnte, gelingt ihr in der Nacht vom 10./11. November ohne Verluste der Durchbruch nach Westen hinter die feste Linie der SS-Division Wiking.[1]
Mit welcher Härte gegen einen zahlenmäßig weit überlegenen Feind hier am Fuße des

1) v. Mackensen, „Vom Bug zum Kaukasus“, Vowinckel Verlag 1967

Kaukasus, unter dem eisglänzenden Kasbek, gekämpft worden ist, bestätigen entsprechende Zahlen des III. Panzerkorps. Während der Operationen vom 25. 10. – 12. 11. 1942 hatten 3 Divisionen dieses Korps Gefechtsberührung mit 30 feindlichen Verbänden, allein die 13. Panzerdivision in ihrem Stoß auf Ordshonikidse mit 14 Verbänden (2 Schützendivisionen, 8 Schützenbrigaden, 4 Panzerbrigaden). Das Korps machte 16 000 Gefangene, schoß 188 Panzer ab sowie 4 Panzerzüge und erbeutete 249 Geschütze.
Die eigenen Verluste des III. Panzerkorps
„im gesamten Operationszeitraum vom 19. 10. – 12. 11. 1942 betragen 1257 (63) Gefallene, 273 (2) Vermißte und 5008 (165) Verwundete.“[1]
Die Verbände der Division Wiking treffen im neuen Kampfraum ostwärts Alagir in der Reihenfolge ein, wie sie im bisherigen Kampfraum Malgobek abgelöst worden sind. Der Gefechtsstand der gepanzerten Gruppe geht nach Ardon bzw. Kadgoron.

Am 9. November findet die organische Zugehörigkeit der SS-Panzerabteilung 5 zur Division Wiking ihren Niederschlag in der ab 9. 11. 1942 offiziellen Umbenennung der Division in 5. SS-Panzergrenadierdivision Wiking.[2]
Die eintreffenden Teile werden zunächst der 23. Panzerdivision unterstellt, so auch die Panzerabteilung. Die stark geschwächten Verbände der 23. Panzerdivision erwehren sich nur mit äußerster Anstrengung der sich verstärkenden russischen Angriffe.
Am 13. 11. wird ein russischer Angriff auf die Mitte des Divisionsabschnittes abgewiesen. Am 14. 11. gelingt dem Feind bei einer Wiederholung des Angriffes ein Einbruch zwischen den Orten Raswet und Nart, beiderseits des Fiag-Don. Die SS-Panzerabteilung 5 riegelt diesen Einbruch nach Bereitstellung ab und fügt dem Feinde schwere Verluste zu. Am 16. 11. geht dieser auf Grund des zunehmenden Druckes der deutschen Gegenmaßnahmen in seine Ausgangsstellungen zurück.[1]
Diese Abwehrkämpfe der Panzerabteilung müssen in einem teilweise ausgesprochen panzerungünstigen Gelände ausgetragen werden. Der Bericht des SS-Kriegsberichters Karl-Heinz Eckert vom 17. 11. 1942 vermittelt ein sehr lebendiges Bild von den Kämpfen dieser Tage. Die Darstellungstreue des Gefechtsablaufes durch die Übermittlung der genauen zeitlichen Aufeinanderfolge der Meldungen und Eindrücke vom Gefechtsfelde und der von der Abteilungsführung getroffenen Maßnahmen macht den Leser zum unmittelbar beteiligten Beobachter.
„Die SS-Panzerabteilung bekommt folgenden Auftrag: Der Feind ist mit starken Kräften, darunter Panzer, Pak und Flak beim Dorfe Nart in unsere HKL eingebrochen. Die Panzerabteilung hat mit 2 Kompanien die alte HKL wiederherzustellen. Sie tritt zu diesem Zweck von Süden her an, und zwar in der Höhe des Dorfes Raswet, in das der Feind ebenfalls einzudringen versucht. Die Aufgabe der Panzer ist es, die eigene Infanterie, in Stärke etwa eines Bataillons, zu unterstützen. Von links her werden die Panzer der Kampfgruppe I ebenfalls angreifen und sich später mit den SS-Panzern vereinigen.

1) v. Mackensen, „Vom Bug zum Kaukasus“, Vowinckel Verlag 1967
Die eingeklammerten Zahlen sind die Verluste an Offizieren.
2) „Europ. Freiwillige“, Munin Verlag 1968, S. 173

Die beiden Kompanien rücken gegen 10.00 Uhr morgens aus dem Bereitstellungsraum ab. Sie finden ein äußerst ungünstiges Kampfgelände vor, das dem Gegner jede Möglichkeit der Verteidigung bietet, die eigenen Panzer aber zwingt, wie auf einer Schießscheibe in Vorderhangstellung auf den Gegner aufzulaufen, ohne selbst in der Lage zu sein, die Feindpanzer mit den geringsten Aussichten auf Wirksamkeit bekämpfen zu können. Der Feind hat seinen Vorteil gut erkannt und mit seinen schweren Panzern sehr günstige Stellungen bezogen.
Der Kommandeur befiehlt zunächst einen verstärkten Zug als Flankensicherung an den Nordrand des rechts gelegenen Dorfes Raswet. Ein feindlicher Panzerdurchbruch von dieser Seite ist zu vereiteln. Ein Kradmelder weist den Zug E. in seine Stellungen ein. Der Weg dorthin ist einzusehen vom Feinde, der mit schwerkalibrigem Artilleriefeuer und der ganzen Ladung einer Stalinorgel die Panzer abzuwehren versucht. Der Kradmelder bekommt einen Splitter in sein Fahrzeug, weiterer Schaden entsteht nicht.
Die Panzer fahren nach Raswet hinein und melden bereits kurz darauf, daß sie heftig von Pak, Flak und Artillerie beschossen werden und laufend Stellungswechsel vornehmen müssen, um Verluste zu vermeiden. Wenig später meldet der Zug E. etwa 10 feindliche Panzer.
Das Dorf Raswet liegt am Westufer des Baches, der hier zunächst nach Norden fließt und auf halbem Wege zum Dorfe Nart, vor welchem die Feindpanzer stehen, etwas nach Westen abbiegt. Hier ist dem Feinde der Einbruch gelungen.
Er steht mit seinen Panzern zum Teil diesseits des Baches in einem Maisfeld, in einer kleinen Mulde, die ihn etwas deckt. Die anderen Panzer stehen im Dorfe Nart, zum Teil in einer Kiesgrube, und haben Hinterhangstellung, so daß auch sie verhältnismäßig gut gedeckt sind.
Die eigenen Panzer stehen auf einer leicht abfallenden, fast glatten Fläche, breit auseinandergezogen, im niedrigen Eichengestrüpp, rechts die 3., links die 2. Kompanie. Die Infanterie liegt unten links in der Mulde und soll von links her angreifen.
Jede Bewegung bei den Panzern beantwortet der Feind mit großkalibrigem Artilleriefeuer. So liegen sich die Panzer gegenüber, beide Seiten bereit zum Vorstoß, beide Seiten abwartend, daß der andere zuerst aus seinen Stellungen vorgehen und vor den eigenen Geschützen auflaufen würde. Ein direkter Angriff der deutschen Panzer müßte schwerste Verluste nach sich ziehen.
Am Abend ist die Lage folgende: etwa 26 feindliche Panzer stehen, wirksam unterstützt von Pak und Flak, den deutschen Panzern gegenüber.
Im Morgengrauen des nächsten Tages beginnt das Artillerieduell. Die Wolken hängen tief am Himmel, die Sicht ist zeitweise sehr schlecht. Zwischenrein klärt es nach Osten zu etwas auf. Etwa 12 bis 15 km weiter östlich zieht mit weißer Rauchfahne ein feindlicher Panzerzug vorüber.
Die feindlichen Panzer sind inzwischen auf etwa 30 angewachsen. Die eigenen Panzer der Kampfgruppe I stoßen von Nordwesten her zu den SS-Panzern und schieben sich links von diesen ebenso breit auseinandergezogen und mit Eichengeäst getarnt auch bis an den Rand des Gestrüpps vor.
Die beiden Kommandeure besprechen die Lage. Sie ist durch einen direkten Angriff der Panzer immer noch nicht ohne sinnlose Verluste zu lösen. Auch Umgehungen sind geländemäßig nicht möglich. Es wird deshalb versucht, durch Feuerschläge der zusammengefaßten Artillerie den Gegner aus seinen Stellungen in irgendeiner Form herauszuholen. Um diesen Feuerüberfall noch zu vergrößern, treten in seinem Schutz die gesamten Panzer zu einem blitzschnellen Vorstoß an und greifen mit ihren Kanonen ebenfalls in den Feuerschlag ein.

Es kommt zu einem erbitterten Schußwechsel, in welchen die feindliche Pak und Flak ebenfalls eingreifen. Die Abschüsse der Panzer knallen hart und hell in die dumpferen der Artillerie. Leuchtspurbahnen flitzen hinüber und herüber, schlagen auf die Panzer, prallen ab und ziehen in steilen Bahnen hoch, bis sie erlöschen.

Ein Filmberichter ist auf einem Panzer aufgesessen. Als der Panzer über ein feindliches Grabenstück rollt, entdeckt der Berichter, ein aus allen Feldzügen dieses Krieges erfahrener Unterscharführer der Infanterie, darin zahlreiche Bolschewiken, die zusammengeduckt den Panzer über sich hinwegrollen lassen. Zwei Handgranaten treiben sie auf die Beine, sie rennen dem Ende des Grabens zu. Der Panzerkommandant, durch das Krachen der Handgranaten aufmerksam geworden, schwenkt den Turm des Panzers kurz ein, und Sprenggranaten fegen unter die dicht geballten Russen. Dann setzen sich die Panzer wieder vom Feinde ab und fahren in ihre Ausgangsstellungen zurück.

Der Zug E. meldet, daß das Katz- und Mausspiel mit den feindlichen Abwehrwaffen an Tempo zugenommen hat. Ein Mann ist unter dem Auge verwundet, kann aber im Panzer bleiben. Um 03.00 Uhr beginnt die einfallende Dunkelheit, jede Sicht auszuschließen. Ein paar Schüsse werden noch gewechselt. Das Artillerieduell mit den großen Kalibern schwillt wie ein vor dem Erlöschen noch einmal aufflackerndes Feuer an und versickert dann schließlich in der Dunkelheit.

Nun heißt es abwarten, ob der Feind mürbe geworden ist und im Schutze der Nacht Stellungswechsel in irgendeiner Form unternimmt. Nachts wird ein feindlicher Spähtrupp in der Nähe der eigenen Panzer aufgestöbert. Um 03.00 Uhr nachts, eine halbe Stunde vor Dämmerung noch, beginnt, erst mit einzelnen Schüssen, dann immer heftiger werdend, der Zweikampf der Artillerie erneut.

Eigene Feststellungen ergeben, daß die feindlichen Panzer sich etwas abgesetzt haben, außerdem liegen Minen vor der eigenen Linie. Damit ist den Panzern die Möglichkeit zum direkten Angriff gegeben. Dieser wird durch starkes Artilleriefeuer vorbereitet. Im Qualm der explodierenden Granaten schieben sich die Panzer vor. Von den Befehlspanzern der beiden Kommandeure aus beobachtet, spielt sich der Angriff folgendermaßen ab:

Die 3. Kompanie mit dem Decknamen B. meldet durch Sprechfunk um 08.35 Uhr, etwa fünf Minuten nach Angriffsbeginn, daß der deutsche Granatwerferüberfall auf den Gegner ausgezeichnet gelegen hat, und bittet um einen zweiten.

08.37 Uhr *B. erhält von rechts starkes Panzer-, Flak- und Pakfeuer.*

08.38 Uhr *W., die 2. Kompanie, die links von B. vorgeht, meldet, Kiesgrube erreicht, ein Zug wird rechts vorgezogen.*

08.39 Uhr *W. meldet: 1 T 34 in Brand geschossen. W. bittet um Artilleriefeuer auf Feindbatterien, die die Kompanie aus der Flanke beschießen.*

08.50 Uhr *W. meldet: Feindpanzer haben sich über den Bach zurückgezogen und bilden jenseits starke Feuerfront. Erbitte Artillerie auf Dorf Nart, da wir von dort in direktem Beschuß bekämpft werden.*

09.00 Uhr *W. meldet: Eigene Infanterie schiebt sich von links nach rechts vor und nimmt Verbindung mit uns auf.*

Anfrage des Kommandeurs (V.) an W.: Wo wünschen Sie genau Artilleriefeuer? Auf angesammelte Panzer rechts oder Stellungen im Dorf weiter links? W. an V.: Feuer bitte auf Feindpanzer.

09.20 Uhr *Anfrage V. an E.: Wie ist die Lage bei Ihnen? E. an V.: Unterstütze den Angriff nach Norden. Bekomme starkes Artillerie- und Flakfeuer.*
09.30 Uhr *E. an V.: Feindliche Infanterie in Ortschaft eingedrungen. Halte Raswet zusammen mit eigener Infanterie.*
09.45 Uhr *V. an Panzerjäger: Panzerjäger auf meine Höhe vorziehen. Chef auf meinen Gefechtsstand.*
10.00 Uhr *W. an V.: Erbitte dringend starkes Artilleriefeuer auf Panzer. Panzer befinden sich einen Daumensprung links des Gefechtsstandes in den weißen Häusern.*
10.10 Uhr *B. an W.: Aufpassen! Feindpanzer sind nach links zum Gegenstoß angetreten.*
10.20 Uhr *W. an V.: Feind greift mit 12 Panzern rechten Flügel an.*
Artilleriefeuer auf Nordrand Raswet erbeten.
Befehl an die Panzerjäger: Panzerjäger noch etwa 300 m vorziehen.
Befehl an die Artillerie: Zusammengefaßtes Feuer auf angegebenes Ziel.
10.22 Uhr *W. an V.: Feindpanzer bewegen sich von rechts nach links und versuchen, Kiesgrube wieder zu erreichen.*
10.23 Uhr *E. wird von hinten durch Feindpanzer angegriffen.*
10.24 Uhr *Befehl an Artillerie: Feuer beschleunigen!*
10.25 Uhr *an Artillerie: Feuer auf rechte Flanke.*
Befehl an W. und B.: In Hinterhangstellung bleiben und Feind aufrollen lassen!
10.26 Uhr *Befehl an die noch in Bereitstellung gebliebenen Panzer: Sofort an rechte Flanke vorziehen und Flankensicherung übernehmen!*
10.30 Uhr *B. an V.: Erbitte dringend Artilleriefeuer auf Mulde vor mir.*
10.41 Uhr *W. an V.: Zweite Welle von Feindpanzern, bis jetzt 10 Feindpanzer zu erkennen, kommt aus dem Maisfeld.*
E. an V.: Zugführer verwundet. Wird eben verbunden, bleibt beim Zuge.

Das feindliche Artilleriefeuer steht dem eigenen kaum nach. Ein eigener Panzer, der zur Reparatur eines kleinen Schadens zurückzieht, bringt 3 verwundete Infanteristen mit. In das Rollen der Artillerieeinschläge mischt sich das Tacken zahlreicher Maschinengewehre. Der Artilleriebeobachter lenkt vom Befehlspanzer der Heerespanzer aus das Feuer der Batterien. Stalinorgeln schießen mit voller Ladung und legen lange Dreck- und Rauchvorhänge. Eigene Granatwerfer antworten von zwei Seiten.

11.10 Uhr *W. an B.: Ziehen Sie weiter nach rechts! Ein feindlicher Panzer versucht, auszuscheren und Sie von der Flanke her anzugreifen.*
11.13 Uhr *W. an V.: Im Grunde vor mir starke Infanteriebewegung des Feindes. Infanterie hat Pak bei sich.*

Ein Heerespanzer kommt zurück und hat eine verwundete Panzerbesatzung aufgeladen. Er hält dicht neben dem Sanitätspanzer. Die Verwundeten werden in eine kleine Mulde gelegt, der Panzer schiebt sich als Splitterdeckung davor. Arzt und Sanitätspersonal helfen den Verwundeten. Verbände werden anglegt, Begleitzettel für Verwundete ausgestellt.

11.30 Uhr *W. an V.: 10 Feindpanzer überschreiten Bach zu neuem Angriff.*
11.31 Uhr *V. an W.: Wie lag eigenes Artilleriefeuer?*
11.32 Uhr *B. an V.: 4 Feindpanzer stoßen genau auf Kiesgrube zu und haben mindestens 1 Bataillon Infanterie bei sich. Eigenes Artilleriefeuer rund um die Brandstelle voraus legen.*

11.37 Uhr W. an V.: Artilleriefeuer in Richtung gut. Kürzer legen, Feind ist etwas vorangekommen.

11.39 Uhr Artillerieeinschläge liegen haarscharf. Wirkungsfeuer schießen.
E. an V.: Feindliche Infanterie tritt aus rechtem Ortsteil Nart zum Angriff an. Stärke etwa 2 Kompanien.
B. an V.: 4 feindliche Panzer, T 34, aus derselben Richtung.

11.51 Uhr E. an V.: Feindlicher Angriff auf Nordrand Raswet abgewiesen. Panzer und eigene Infanterie wieder in den alten Stellungen.

11.57 Uhr W. und B. an V.: Feindlicher Angriff zum Stehen gekommen.
Infanterie wieder in der alten HKL.

11.58 Uhr Meldung an Division: Alte HKL wieder hergestellt. Vorschlag: Infanterie zwischen die Panzerspitze schieben und Minen vor HKL legen.

Damit ist der Auftrag der Panzerabteilung vorerst erledigt. Das Artilleriefeuer geht auf beiden Seiten mit gleicher Heftigkeit weiter. Panzer und Panzerjäger stehen in weit auseinandergezogener Abwehrfront für alle Fälle gerüstet. Am Spätnachmittag versucht der Gegner noch einmal, mit seinen Panzern durchzubrechen. Nach einem kurzen, äußerst heftigen Feuerkampf ist auch dieser Angriff abgeschlagen. 2 weitere Feindpanzer brennen aus, 5 sind bewegungs- und kampfunfähig geschossen, ein sechster wahrscheinlich ebenfalls. Die Panzerjäger melden einen Totalabschuß und einen kampfunfähigen Panzer. Leider haben auch sie einen Totalausfall zu verzeichnen.“[1]

Am 19. 11. 1942 endet das Unterstellungsverhältnis der 5. SS-Panzergrenadierdivision Wiking unter die 23. Panzerdivision. Während letztere aus der Front herausgezogen und der Stalingradfront zugeführt wird, wird die erstere, jetzt vollzählig, dem III. Panzerkorps unterstellt und übernimmt geschlossen den rechten Abschnitt des Korps. Im Laufe der letzten Novemberwochen und besonders der beiden ersten Dezemberwochen konzentriert der Russe seine Anstrengungen auf die tiefe Südflanke der Division, wo er immer weiter westlich ausholend aus den tiefen Gebirgstälern heraus zu Erfolgen bzw. zur Einschließung der deutschen Terekstellungen zu kommen sucht. Vergeblich. Am 23. Dezember 1942 entschließt sich die 1. Panzerarmee, die deutsche „Fußspitze“ vor Ordshonikidse westlich des Terek im Zuge einer Frontverkürzung auf die Linie Durdur – Elchotowo zurückzunehmen. Durch diese Maßnahme wird gleichzeitig die 5. SS-Panzergrenadierdivision Wiking verfügbar.

Während die Hauptkampflinie um etwa 25 km in die Linie Durdur – Elchotowo zurückgenommen wird, löst sich die SS-Panzerabteilung 5 vom Gegner und setzt sich etwa 60 km nach Nordwesten ab, um im Raum Doschukino, einem Ort an der Bahnlinie Naltschik – Prochladniy, unterzuziehen.

Die Absetzbewegung brachte Nachhutgefechte, in denen am 24. Dezember 2 eigene Panzer verloren gingen. Der 25. 12. 1942 brachte der Abteilung einen letzten großen Erfolg in diesem Kampfabschnitt. Der Kommandeur der Abteilung, Mühlenkamp, berichtet:

„Ich erinnere mich, daß es eine eiskalte Winternacht mit sternenklarem Himmel war. Wir

1) Bericht Eckert

kamen gut voran, brachten auch unser gesamtes Gerät gut weg. Es war von der Division alles entsprechend vorbereitet. In der Nacht trafen wir auf einzelne russische Spähtrupps, kamen auch verschiedentlich in kleinere Gefechte.
Bei Schießereien, als wir noch nach Mitternacht des Weihnachtsfestes gedachten, wurde uns das Feierhaus über dem Kopf zusammengeschossen. Wir konnten uns aber auch in dieser Situation noch behaupten.
Am ersten Weihnachtstag hatten wir einen Geländeabschnitt erreicht, in dem wir uns im Freien aufhielten. Es traten die ersten russischen Kampfwagen auf, und nach einer bewährten Taktik ließen wir die Wagen auflaufen und schossen am ersten Weihnachtsfeiertag 1942 vormittags 22 T 34 brennend ab."[1]
Mit diesem zweifellos auch für den Russen sehr eindrucksvollen Schlußakt beendet die SS-Panzerabteilung 5 ihren vor fast auf den Tag genau 5 Monaten begonnenen Angriff über den Don nach Süden. Von mehr als 1100 Kilometern legte sie 900 Kilometer kämpfend bis an den Fuß des Kasbek, des zweithöchsten Gipfels des Kaukasus, zurück.
Die inzwischen eingetretene, sich laufend verschlechternde Lage im Raume Stalingrad, in der so gefährdeten Nordostflanke des deutschen operativen Stoßes in den kaukasischen Raum, erzwang den Abbruch dieser Operation, die Herauslösung, Verlegung und den Einsatz der 5. SS-Panzergrenadierdivision Wiking in diesem bedrohten Frontabschnitt, um mitzuhelfen, eine sich erweiternde Katastrophe der aus dem Kaukasus zurückzuführenden deutschen Truppen zu verhindern.

Es konnte keinem Zweifel mehr unterliegen, daß trotz so eindrucksvoller Erfolge die Kaukasusoffensive mit dem Beginn der Dezemberereignisse als gescheitert angesehen werden mußte. Sie wandte sich in ihr Gegenteil, die deutsche Kaukasusarmee geriet in die größte Bedrängnis.
Da den Panzermännern der SS-Panzerabteilung 5 zur Zeit des Geschehens die tatsächliche Entwicklung zum großen Teil unverständlich erschien, die wahren Zusammenhänge zum Teil bis heute noch umstritten sind, sei hier der Versuch unternommen, durch die Wiedergabe kritischer Bemerkungen des sowjetischen Armeegenerals S. M. Shtemenko in seinem 1970 im Moskauer Verlag, Progress Publishers, erschienenen Werk: „The soviet general staff at war 1941–45", zur allgemeinen Urteilsbildung beizutragen und immer noch offene Fragen zu beleuchten.
Zunächst bestätigt Shtemenko auf Seite 57 die russischerseits beabsichtigte Räumung der Stadt Rostow im Juli 1942:
„Um eine Einschließung zu vermeiden, wurde die Südfront vom Obersten Hauptquartier angewiesen, Rostow zu räumen und über den Don zu gehen. Am 25. Juli waren die Truppen auf dem Ostufer des Flusses."[2]
Ein zweites Thema von besonderer Bedeutung für das Verständnis des Kaukasusfeldzuges nimmt bei Shtemenko breiten Raum ein, und zwar die Lage in Transkaukasien vor und während der deutschen Offensive. Der so gern in das Reich der Phantasie

1) Bericht Mühlenkamp
2) S. M. Shtemenko, „The soviet general staff at war 1941–45".

und Utopie verwiesene deutsche Plan, den transkaukasischen Raum zu gewinnen, wird von Shtemenko als durchaus erörternswert angesehen. Eine Analyse der militärischen Situation in diesem Raum läßt ihn folgendes feststellen:
„Im Iran waren die Dinge vergleichsweise gut gegangen." (gemeint ist der Einmarsch russischer Streitkräfte, d. Verf.).
„Doch die Türkei war eine andere Sache. In der Mitte des Jahres 1942 konnte niemand dafür bürgen, daß sie nicht die deutsche Partei ergreifen würde. Es war nicht von ungefähr, daß 26 türkische Divisionen an der sowjetisch-türkischen Grenze zusammengezogen waren ..."[1]
In seinen weiteren Ausführungen trifft er einige bemerkenswerte Feststellungen, deren zeitliche Aussagen besonders zu beachten sind. Shtemenko schreibt:
„Die Transkaukasische Front, welche 1941 gebildet worden war, hatte ursprünglich aus der 45. und 46. Armee und den im Iran stationierten Truppen bestanden. Im Juni wurde sie durch die 44. Armee ergänzt ... Transkaukasien wurde auch durch die Kräfte der nordkaukasischen Front gedeckt. Aber diese Kräfte waren offensichtlich ungenügend, und auf Veranlassung des Generalstabes begann eine beschleunigte Überführung von Truppen aus Zentralasien und anderswoher ... Am 23. Juni unterbreitete der Militärrat der Transkaukasischen Front Moskau einen revidierten Plan für die Verteidigung Transkaukasiens. Dieser machte alle Mängel nur noch klarer. Der Mangel an Truppen hatte natürlich den Plan für ihre Verwendung beeinflußt. Während ganz richtig der Raum Baku durch die Verlegung der 44. Armee an den Terek verstärkt wurde, ließ das Kommando der Front nahezu den gesamten Hauptkaukasus ungedeckt ..."[1]
Noch bevor ein deutscher Soldat aus den im Winter 1941/1942 gehaltenen Stellungen zum erneuten Angriff angetreten ist, werden in einem Raum etwa 1000 km weiter südlich und südostwärts umfangreiche Verteidigungspläne und Verteidigungsvorbereitungen getroffen gegen einen Feind, der offen noch keine Angriffsabsichten zu erkennen gegeben hatte.
Die Weisung Nr. 41 vom 5. 4. 1942, geheime Kommandosache, liegt als historisches Dokument vor. In ihr ist die deutsche Absicht, den Kaukasus zu überschreiten, unter dem allgemeinen Punkt I festgehalten.
Das russische Oberkommando muß über Informationen verfügt haben, die den Inhalt dieser Weisung betreffen und die die von Shtemenko skizzierten Verteidigungsvorbereitungen ausgelöst haben. Beide Tatsachen lassen Zweifel an dem Aussagewert der Äußerungen des ehemaligen Chefs des deutschen Generalstabes, Generaloberst Halder, berechtigt erscheinen. Dieser schreibt in seiner Schrift „Hitler als Feldherr" auf Seite 48 etwa folgendes:
„Die vorgefaßte Meinung, daß der russische Widerstand nun endgültig gebrochen sei, verleitete Hitler während des Vorwärtsschreitens der Operation, die Mehrzahl der gerade in diesem Augenblick gegen sich versteifenden Widerstand westlich Stalingrad besonders notwendigen Panzerverbände der 6. Armee zu entziehen, nach Süden über den Don anzusetzen und den dort zusammengefaßten Kräften einen neuen Auftrag zu geben: Inbesitznahme des Kaukasus und Durchstoßen bis zur Linie Batum – Baku.
Das war etwas völlig Neues. An Stelle einer einheitlichen, nach Osten gerichteten Operation

1) S. M. Shtemenko, „The soviet general staff at war 1941–45".

mit dem Schwerpunkt Stalingrad, die nach Süden lediglich abgeschirmt werden sollte, traten zwei divergierende Operationen ...“[1]

Der Unbefangene ist überfordert, wenn er glauben soll, daß dem ehemaligen Chef des deutschen Generalstabes, Generaloberst Halder, die klaren Formulierungen der Weisung Nr. 41 aus dem April 1942, an deren Zustandekommen er möglicherweise selbst beteiligt gewesen ist, im Juli 1942 unbekannt gewesen sind.

Die in der zitierten Äußerung Halders angesprochene *„vorgefaßte Meinung, daß der russische Widerstand nun endgültig gebrochen sei ...“* gründet sich auf seine eigene, Halders, Auffassung der Dinge, wie sie im Tagebuch des Oberkommandos des Heeres dokumentiert ist. Entsprechende Feststellungen entnehmen wir den Erinnerungen des Generalobersten Rendulic in seinem Buch „Soldat in stürzenden Reichen“, zunächst auf Seite 278:

„Mit Bitterkeit und Groll erfüllte uns, daß keine Vorsorge für den Winter getroffen war. Schuld daran trug die falsche Beurteilung der Lage durch den Chef des Generalstabes des Heeres, Generaloberst Halder. In einer Eintragung im Tagebuch des Oberkommandos des Heeres vom Juli 1941 sagt er, es zeige sich immer mehr, daß seine Prophezeiung, der Krieg sei in einigen Monaten zu Ende, richtig sei ... Als ich diese Beurteilung der Erfolgsaussichten des Krieges gegen Rußland 1948 in Landsberg in einer Photokopie des Tagebuches las, wirkte sie wie eine Offenbarung auf mich.“[2]

Auf den Seiten 285/286 desselben Buches stellt Rendulic fest: *„Daß keine Abhilfe geschaffen wurde (Auffüllung der Divisionen mit Menschen, Waffen, Gerät) lag neben anderem an der neuerlichen grotesken Fehlbeurteilung der Lage durch den Chef des Generalstabes, Generaloberst Halder. Im Tagebuch des Oberkommandos der Wehrmacht vom 19. April 1942 heißt es: „Beim Lagevortrag folgert Chef des Generalstabes des Heeres aus den vielen Feindverbänden, die vor der Ostfront seit November 1941 aufgetreten sind, daß der Russe die äußersten Anstrengungen gemacht und einen wesentlichen Teil seiner verfügbaren Kräfte bereits verbraucht hat.“*[2]

Armeegeneral Shtemenko gibt uns Einzelheiten der Verteidigungsanstrengungen im Kaukasischen Raum bekannt, deren Beginn im Monat August 1942 datiert wird. Zu diesem Zeitpunkt hatte noch kein deutscher Soldat den Terek erreicht. Es vergingen noch mehr als 4 Wochen, bis die SS-Panzerabteilung 5 aus dem Westkaukasus in den Terekraum verlegt wurde.

Zur Deckung der entblößten Hauptkaukasusfront wurden im Laufe des Monats August 1942 das 10. und 11. Garde-Infanteriekorps und noch 11 selbständige Infanteriebrigaden entsandt.[3]

Zur Verteidigung der Flüsse Urukh und Terek wurde die sogenannte Nordgruppe gebildet. Diese umfaßte die 9. Armee mit den eingegliederten Kräften der 44. Armee und auch die 37. Armee, die aus dem Donez- und Donraum zurückgegangen war. Dieser Gruppe war der Schutz des Raumes Baku und der Georgischen Heerstraße anvertraut.[3]

Am 21. August 1942 wird Shtemenko auf persönliche Weisung Stalins in den Kaukasusraum zur Koordination und Unterstützung der Verteidigungsmaßnahmen entsandt.

1) Friedrich Lenz, „Stalingrad, der verlorene Sieg“, 1956, S. 16
2) Rendulic, „Soldat in stürzenden Reichen“, Damm Verlag, München 1965
3) S. M. Shtemenko, „The soviet general staff at war 1941–45“.

Über ein am 24. August 1942 verabschiedetes Notprogramm berichtet er:
„Alle Truppen, die von Norden in guter Ordnung zurückgegangen waren, wurden zur Verteidigung des Terek eingesetzt... Am 28. August wurden im Sektor Baku die ersten Schritte zur Aufstellung der 58. Armee getan. Ein gemischtes Kavalleriekorps wurde im Gebiet von Kizlyar zusammengezogen. Nach einem eingehenden Studium der Lage wurde entschieden, drei strategisch wichtige Zentren zu bilden: Baku, Grossny und Wladikawkas. Eine ganze Infanteriedivision wurde zur Verteidigung der Georgischen Heerstraße eingesetzt. Ihre Hauptkräfte sperrten den Zugang nach Ordshonikidse. Eine andere Division wurde soeben aus dem Gebiet Gori an die gleiche Stelle beordert ...“[1]
Mit welcher Konsequenz das russische Oberkommando für notwendig gehaltene Verteidigungsmaßnahmen durchführen ließ, schildert Shtemenko wie folgt:
„Der Bakusektor brachte uns eine Menge Schwierigkeiten. Während einer Inspektionsreise entdeckten wir, daß der Bau von Verteidigungslinien sehr langsam voranschritt. Hier herrschte ein offensichtlicher Arbeitskräftemangel. Am 16. September faßte auf Vorschlag von militärischer Seite das Verteidigungskommitee eine Sonderresolution zur Mobilisierung von 90 000 örtlichen Arbeitskräften zum täglichen Bau von Verteidigungsanlagen in den Räumen Mackhachkala, Derbent und Baku. Danach kamen die Arbeiten mit großer Geschwindigkeit voran. Panzergräben und Panzerlöcher wurden gegraben und Panzersperren errichtet, Tag und Nacht. In Ergänzung dazu wurden zur Erhöhung der Verteidigungskraft am 29. September vom Obersten Hauptquartier verschiedene andere Maßnahmen angeordnet und vor allen Dingen 100 Panzer in dieses Gebiet verlegt ...“[1]
Die Kenntnis derartig umfassender und teils rigoroser Maßnahmen des russischen Oberkommandos gibt den Panzermännern der SS-Panzerabteilung 5 eine einleuchtende Erklärung für die so ganz verwandelte und unerwartete militärische Szene im Terekraum.

Der Rahmen für die Kämpfe, die die Abteilung nach ihrer Verlegung aus dem Kaukasus in den Raum südwestlich Stalingrad um die Jahreswende 1942/1943 erwarten, ist klar gezeichnet durch ein von Shtemenko zitiertes Telefongespräch Stalins mit ihm am 4. Januar 1943 gegen 13.30 Uhr. Stalin diktierte ihm folgende Direktive:
„1. Der Feind geht vom Nordkaukasus zurück, indem er seine Lager verbrennt und die Straßen zerstört. Maslennikows Nordgruppe gliedert sich um in eine Reservegruppe mit dem Auftrag, eine verhaltene Verfolgung aufzunehmen. Es ist nicht zu unserem Vorteil, den Feind aus dem Nordkaukasus herauszuschlagen. Wir haben mehr davon, ihn hier festzuhalten, um seine Einschließung durch einen Stoß der Schwarzmeergruppe zu erreichen. Im Hinblick darauf ist der Schwerpunkt der Operationen der transkaukasischen Front in das Gebiet der Schwarzmeergruppe zu verlagern, eine Sache, über die sich weder Maslennikow noch Petrow im klaren ist.
2. ... Der wichtigste Auftrag für die Schwarzmeergruppe lautet, Tichorezkaja zu erreichen und so den Feind daran zu hindern, sein Material nach Westen herauszubringen. (Tichorezkaja ist ein bedeutender Eisenbahnknotenpunkt 150 km südl. Rostow, d. Verf.) *Sie werden dabei unterstützt werden von der 51. und möglicherweise der 28. Armee* (Aus dem Raum südostwärts Stalingrad, d. Verf.).

1) S. M. Shtemenko, „The soviet general staff at war 1941–45“.

Ihre zweite und Hauptaufgabe ist es, einen starken Truppenverband vom Schwarzen Meer anzusetzen, Bataisk und Asow zu besetzen und von Osten nach Rostow durchzubrechen, und so die feindliche Nordkaukasusgruppe einzuschließen mit dem Ziel, sie entweder gefangenzunehmen oder zu vernichten.
3. Befehlen Sie Petrow, diese Offensive rechtzeitig zu beginnen, ohne eine Stunde Zeitverlust und ohne auf das Eintreffen aller Reserven zu warten. Petrow ist die ganze Zeit defensiv gewesen und er hat keine große Erfahrung in Offensiv-Aktionen. Machen Sie ihm klar, daß er mit Angriffsgeist handeln muß, daß er jeden Tag, jede Stunde ausnutzen muß ..."[1]

In diese bereits eingeleiteten Offensivbewegungen der Russen, die die zur Deckung der deutschen Südflanke südwestlich Stalingrad stehende rumänische Armee bereits hinweggespült hatten, geraten die Verbände der 5. SS-Panzergrenadierdivision Wiking und mit ihnen die SS-Panzerabteilung 5 in den für sie vorgesehenen Ausladeräumen an der Eisenbahnlinie Tichorezkaja – Stalingrad, etwa 200–250 km südwestlich Stalingrad. Wir folgen hier der sehr plastischen Tagebuchschilderung des SS-Hauptsturmführers Schneider aus dem Stabe der Panzerabteilung.

1) S. M. Shtemenko, „The soviet general staff at war 1941–1945".

III. Rückzug und Abwehr zwischen Manytsch und Don

Am 28. Dezember 1942 liegt die SS-Panzerabteilung 5 noch in Doschukino; Teile sind bereits verladen.

Am 29. Dezember *„habe ich als neugebackener Hauptmann beim Stabe den Auftrag erhalten"*, so berichtet Hauptsturmführer Schneider, *„mit dem Gefechtsstab nach Manskoje zu fahren und dort denselben mit Teilen der 3. Kompanie zu verladen ... Um 09.00 Uhr rollen wir los ... In Manskoje stockt die Verladung, da noch zwei Panzer aus der Werkstatt mitgenommen werden sollen. Um 17.00 Uhr ist es endlich so weit. Im Schneckentempo geht es nordwärts.*

Unser Wagen ist natürlich wieder nicht geheizt. So wurde der erste Teil der Nacht zu einer „Nacht im Eisschrank". Endlich konnte ein Untersturmführer einen Heizschlauch besorgen. Denn am Fehlen dieses Instrumentes lag es, daß es bei uns nicht warm wurde. Diese Dinger sind unerhört knapp. Und wenn mal einer zu haben ist, dann ist er bestimmt schadhaft. Untersturmführer Mittelbacher wurde unser Retter insoweit, als er in einem größeren Bahnhof sich zu einem anderen Transportzug hinstahl und unter Lebensgefahr einen Heizschlauch abmontierte. Es ist klar, daß jeder Transport bewacht ist, und wer läßt sich ohne weiteres im Winter einen Heizschlauch klauen?! Na, wir freuten uns alle über den gelungenen Streich, denn nun brauchten wir nicht mehr zu frieren.... So schlief die Besatzung des Wagens ganz gut. Daß uns die Rippen am nächsten Morgen weh taten, daran konnte der Heizschlauch auch nichts ändern."[1]

Am 30. Dezember 1942 erreicht der Transportzug über Mineralnyje-Wody um 12.00 Uhr Newinnowskaja.

„Die Steppe ist trostlos. Schmutzig gelb ist ihre Farbe. Kein Baum ist weit und breit zu sehen. Man sieht nur die immer wiederkehrenden sanft gewellten Hügel. Um 17.00 Uhr stehen wir vor einem geschlossenen Signal auf der Strecke, als einige russische Bomber versuchen, uns zu treffen. Die Herren erwischen weder die vor uns liegende Kubanbrücke noch den dahinter liegenden Bahnhof oder den Schienenstrang ...

Am 31. Dezember biegen wir in Tichorezkaja von der Strecke nach Rostow ab, und der Zug dampft in nordostwärtige Richtung auf Ssalsk zu.

Der Silvesterabend wird bei einigen Gläsern Glühwein und Grog im Zug gefeiert.

Da gibt es plötzlich einen Ruck, und unser Zug steht. Draußen schreien deutsche und russische Eisenbahner durcheinander ... Ich schwinge mich aus dem Wagen und stelle fest, daß ein besonderer Anlaß zum lauten Rufen der Eisenbahner nicht vorhanden ist. Mir aber wird klar, daß wir nicht allein sind. Links und recht stehen andere Transportzüge. Beim Bahnhofsoffizier erfahre ich, daß mein Zug schon hier ausgeladen wird.

Der Ort heißt Proletarskaja und liegt am Manytsch, der offiziellen Grenze zwischen Europa und Asien.

Als ich über die Gleise zu meinem Wagen zurückstolpere, steigen in der Ortschaft plötzlich Leuchtzeichen in den Nachthimmel. „Sperrfeueranforderung", dann wieder „Feind greift an" und „hier sind wir". Bald darauf ertönt ein tolles Gewehr- und Maschinengewehrfeuer, sogar Panzerabwehrkanonen schießen dazwischen. Immer wieder steigen alle in der deutschen Armee gebräuchlichen Leuchtzeichen in die dunkle Nacht.

1) Tagebuch Schneider

Ich bin im ersten Augenblick etwas verdutzt. Denn, wenn das stimmt, was die Zeichen sprechen, dann muß der Russe ja toll unsere eben erreichte Stadt angreifen. Bei den wenig angenehmen Gerüchten, die in letzter Zeit unsere Reise begleiteten, war so ein Fall durchaus möglich. Eine offizielle Unterrichtung über die Lage war nicht zu erhalten. Na, ich wollte eben Sicherheitsmaßnahmen ergreifen, als mir erklärt wird, daß die Schießerei das Neujahrsschießen des vor uns ausgeladenen Regimentes „Germania" ist. Mit diesem heiteren Zwischenfall empfing uns das Jahr 1943 ...".[1]

Nach fast 60stündigem Eisenbahnmarsch hat die SS-Panzerabteilung 5 die 600 Eisenbahn-Kilometer in einem Stundendurchschnitt von 10 km zurückgelegt, die den bisherigen kaukasischen und den neuen Einsatzraum, südwestlich Stalingrad, voneinander trennen.

Der Gefechtsstab der Abteilung und die 3. Kompanie können nur mit Mühe in dem überbelegten Proletarskaja, in dessen Straßen sich die Fahrzeugkolonnen stauen, untergebracht werden.

Die 1. und 2. Kompanie sowie der Gefechtsstand der Abteilung liegen in Kuberle, einem Ort etwa 50 km nordostwärts Proletarskaja. In Kuberle liegen auch der Gefechtsstand der 5. SS-Panzergrenadierdivision Wiking sowie der Gefechtsstand des LVII. Panzerkorps, dem die Division Wiking unterstellt ist. Nach Kuberle werden die in Proletarskaja ausgeladenen Teile, der Gefechtsstab und die Teile der 3. Kompanie, am Vormittag des 3. Januar 1943 nachgezogen.

„Auf der Rollbahn nach vorne kommen einem immer wieder unzählige Kolonnen entgegen. Man kommt sich ganz verlassen vor, wenn man allein feindwärts fährt. Nachdem der Verkehr auf der Straße nachgelassen hat, kann man feststellen, was alles am Rand der Rollbahn liegengeblieben ist. Wegen kleiner und kleinster, leicht zu behebender Fehler werden kostbare Wagen und Spezialfahrzeuge einfach stehengelassen; oft mit wichtiger und wertvoller Ladung."[1]

Bereits am 4. Januar 1943 befinden sich Teile der SS-Panzerabteilung 5 im Einsatz, und zwar unter so ganz anderen Bedingungen als den bisher gewohnten.

„Die Abteilung marschiert mit der 2. und 3. Kompanie in die Mitte der Verteidigungsfront der Division und zieht in einem Kolchos, der mitten in der Steppe liegt, unter. Die Unterkunft ist miserabel. In alten, halb verfallenen Ställen wird gehaust. Platz ist gerade für eine Kompanie vorhanden. Die Quartierfrage wird bald von höchster Stelle insofern gelöst, als eine Kompanie nach der anderen eingesetzt wird ..."[1]

An dieser Stelle, an der die SS-Panzerabteilung 5 im Rahmen der SS-Panzergrenadierdivision Wiking in die Abwehrkämpfe in einem Raum einzugreifen beginnt, der sich so sehr unterscheidet von den bisherigen räumlichen Kampfbedingungen, sei in kurzen Strichen der strategisch-taktische Rahmen für diese Kämpfe im Januar 1943 gezeichnet.

Am 23. Dezember 1942, also vor etwa 10 Tagen, ist die 6. Panzerdivision auf Befehl des Feldmarschalls v. Manstein aus dem Verband des LVII. Panzerkorps, dessen Entsatzangriff auf Stalingrad den Mischkowa-Abschnitt erreicht hatte und in gutem Fortschreiten war, abgezogen und einem über mehr als 100 km entfernten Frontabschnitt zugeführt worden. Die 6. Panzerdivision war eine ungeschwächte und die derzeit stärkste Panzerdivision des deutschen Heeres.

1) Tagebuch Schneider

September 1942: Marsch in den Bereitstellungsraum

25.9.1942, Südufer des Terek: Gegen die Mückenplage gerüstet.
V.l.n.r.: Ustuf. Hübner, Ostuf. Klapdor und Ustuf. Kolodzi

September 1942: Kriegsbrücke über den Terek bei Chamidija

September 1942: Volkstanz von Angehörigen der kaukasischen Miliz

September 1942, Soldatskaja: Die Familie unseres Gastgebers

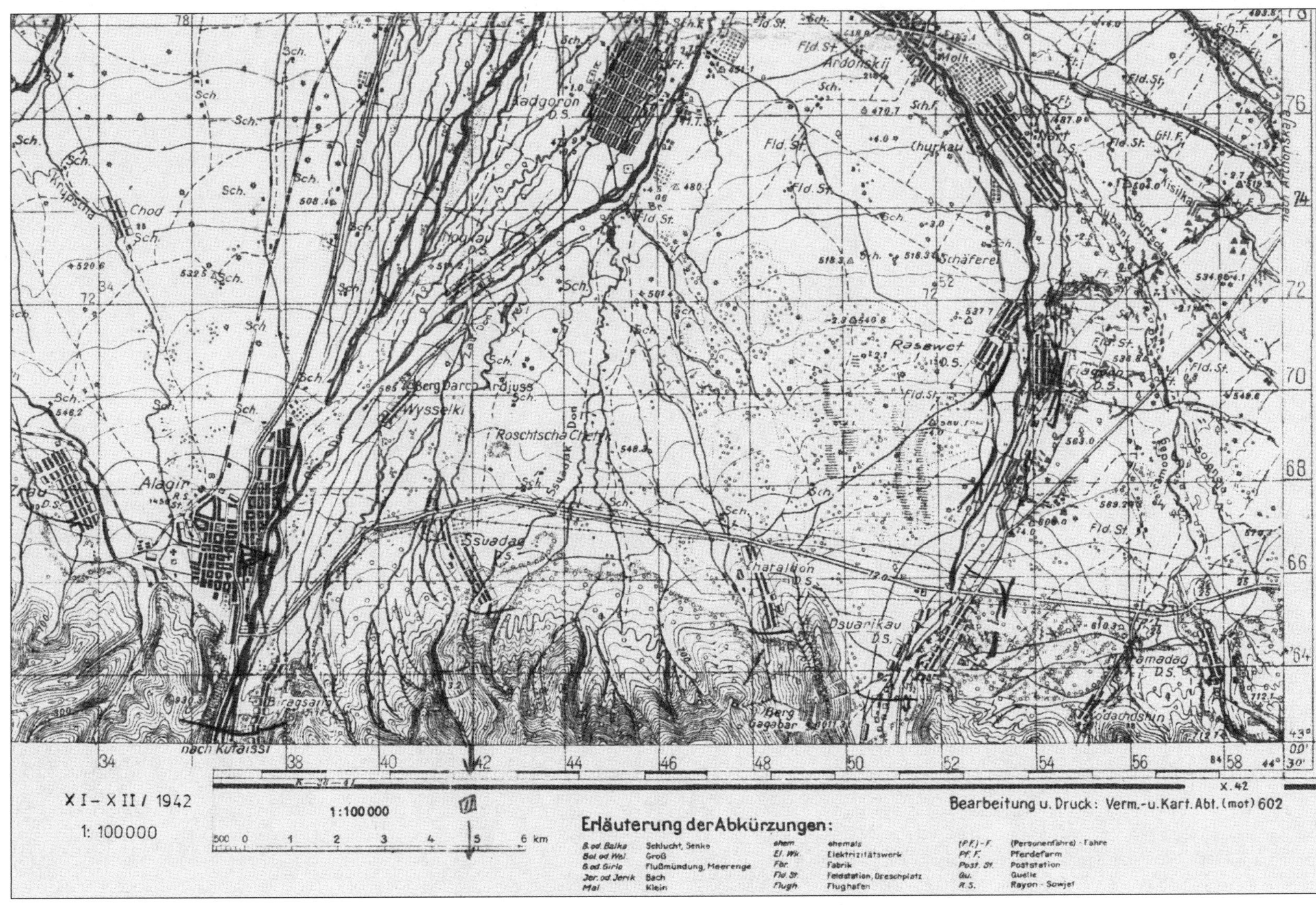

Kartenausschnitt Alagir (westl. Ordshonikidse)

25.9.1942, Terek: Ostuf. Klapdor mit dem 2. Zug der 1. Kompanie

Am 23. Dezember 1942 hatte diese Division den Angriffsbefehl erhalten für den letzten Durchstoß zur eingeschlossenen 6. Armee um Stalingrad, an dessen Gelingen die Division nicht zweifelte. 48 Kilometer trennten die Spitzen der Division vom Südrand des Kessels.
Die 6. Armee sollte dem Angriff der Division entgegenstoßen, so daß diese voraussichtlich nur mehr 33 Kilometer zu überwinden hatte, um sich mit der eingeschlossenen 6. Armee zu vereinigen.
Am Nachmittag des 23. Dezember traf der verhängnisvolle Gegenbefehl ein, der die Einstellung des Angriffs und die Herauslösung der Division noch in der Nacht vom 23. auf den 24. Dezember befahl.[1]
„Generaloberst Raus, der Kommandeur der tapferen 6. Panzerdivision, der noch nicht vor sehr langer Zeit gestorben ist, bekannte noch, daß er sich wochenlang Gewissensbisse gemacht habe, weil er den Befehl zur Verlegung überhaupt befolgte, statt entgegen dem Befehl nach Stalingrad durchzubrechen und sich mit Paulus zu vereinigen.“[1]
Die durch die von Feldmarschall v. Manstein befohlene Umgruppierung entscheidend geschwächte 4. Panzerarmee, die eigentlich nur noch über das LVII. Panzerkorps mit 2 geschwächten Panzerdivisionen, der 17. und 23. Panzerdivision, verfügte und ab Mitte Januar 1943 über die 16. mot. Division, war dem gemeinsamen Ansturm der 51. und 2. Gardearmee mit 1 Panzerkorps, 3 mech. Korps, 3 Schützendivisionen und einem Kavalleriekorps nicht gewachsen.[2] Sie wurde in den letzten Dezembertagen und Anfang Januar 1943 um etwa 150 km zurückgeworfen bis in den Raum ostwärts Simowniki, etwa 75 km nordostwärts Proletarskaja am Manytsch.
Im Laufe des Januar 1943 trat zu den beiden genannten, angreifenden russischen Armeen noch die 28. russische Armee im Raum Elista. Die 4. Rumänische Armee, die die rechte Flanke der 4. Panzerarmee und gleichzeitig die rechte Flanke der Heeresgruppe Don decken sollte, ging ungeordnet, teilweise ohne Waffen, in Trupps aufgelöst, teils in Uniform, teils in Zivil zurück.

Die Kampfesweise wird bestimmt von der Unterlegenheit an Zahl, dem Steppencharakter dieses Raumes und der Jahreszeit.
Die winterliche Kälte zwingt die Kämpfenden in die Steppendörfer; eine zusammenhängende Front gibt es nicht. Schneestürme und Eisglätte erschweren die Bewegungen in einem nicht gekannten Maße.

Das operative Ziel des Feindes ist die Vernichtung der deutschen Kräfte zwischen Don und Kaukasus, wie es in der bereits zitierten Anweisung Stalins vom 4. Januar 1943 formuliert ist.
Das operative Ziel der Heeresgruppe Don besteht in der Abwehr der russischen Angriffe, um den Raum Rostow zum Abfließen der aus dem Kaukasusraum zurückgehenden deutschen Verbände offen zu halten.

1) Friedrich Lenz, „Stalingrad, der verlorene Sieg“, 1956
2) v. Manstein, „Verlorene Siege“, Athenäum Verlag 1955, S. 372

Simowniki

„So wird die Abteilung in Kompanien zerlegt eingesetzt. Jeweils eine Kompanie, wo die Sache brenzlig zu werden droht.
Jetzt hat der Kommandeur nicht mehr den unmittelbaren Einfluß auf seine Chefs; denn diese müssen oft selbständige Entschlüsse fassen, die aus der augenblicklichen Lage geboren werden.
Und oft liegt einem solchen viel geplagten Chef dauernd der Infanterieführer in den Ohren, er möchte das und jenes tun. So kommt man leicht in die Gefahr, zwei Herren zu dienen, seinem Kommandeur und dem Infanteriekommandeur.
Daß dabei nichts Rechtes herauskommt, ist klar. Man muß oft im Gegenteil die ganze Kraft seiner Persönlichkeit einsetzen, um die Verantwortung für seine Panzer in der Hand zu behalten. Es kann sonst geschehen, daß der Infanterist zugleich Panzermann im Nebenberuf spielt. Und das ist das Übelste vom Üblen; denn Pfuscherei wird im Kriege mit Blut bezahlt."[1]
Hier wird eine Klage laut über ein Problem, dessen Anfänge zeitlich mit diesem Phasenwechsel für die deutsche Armee zwischen Offensive und strategischer Defensive in dieser Deutlichkeit zum ersten Male sichtbar werden. Mit diesem durch das Zusammenwirken der verschiedensten Faktoren erzwungenen Wechsel im Gesamtverhalten, dem Wechsel zur Defensive, die bis zum Kriegsende die Form der deutschen Kriegsführung bestimmt, tritt als Folge dieser beklagte Einsatz und Gebrauch der Panzerwaffe auf. Die Wucht des massierten Panzereinsatzes, der gleichzeitig dem einzelnen Panzer ein hohes Maß an Sicherheit auf dem Gefechtsfelde verschaffte, zersplittert sich in Einzelaktionen von weit geringerer Kraft und offenbart die verhältnismäßige Wehrlosigkeit des Einzelpanzers auf dem Gefechtsfelde.
Mit der zunehmenden Gewöhnung der Infanteristen an diesen vermeintlichen Schutz wuchs auch seine Anfälligkeit in Krisenlagen. Ihm fehlten allerdings jetzt in der Verteidigung die schweren panzerbrechenden Waffen zur entschlossenen Selbstverteidigung. Daß diesem Übel nicht in der notwendigen Form gesteuert worden ist, dürfte nicht zuletzt seine Ursache in einem mangelnden Verständnis für dieses Instrument der Panzerwaffe bei den für ihren Einsatz verantwortlichen Führern gehabt haben, die in infanteristischen Denk- und Führungsnormen aufgewachsen waren.
Der Krieg hatte eine technische Entwicklung beschleunigt, ohne gleichzeitig die Ausbildung des Nachwuchses der Truppenführer und auch der Generalstabsoffiziere dieser Entwicklung anzupassen. Der Kriegsschüler des Heeres orientierte sich bis zum Beginn des Krieges an einem modifizierten Modell des Infanteriebataillons des Ersten Weltkrieges, und auch der Generalstabsschüler der Kriegsakademie ging im Laufe des Zweiten Weltkrieges gerade dazu über, mit mot. Verbänden Truppenführung zu erlernen. In diesem Umstand ist keine Schuldanklage zu erblicken, sondern ein Symptom, wie es Übergangsphasen dieser Art, revolutionären Veränderungen der Kriegstechnik und Führung eigen zu sein scheint. Es ist hier die Tatsache zu berücksichtigen, daß die bei Kriegsbeginn vorhandenen 3 Panzerdivisionen in 3 Jahren bis Anfang 1943 verachtfacht worden sind.

1) Tagebuch Schneider

Am Nachmittag ist der Kommandeur der SS-Panzerabteilung 5 auf dem Gefechtsstand des Regimentes Westland in Simowniki. Regimentsstab und I. Bataillon gerieten am 1. 1. 1943, während die Transportzüge entladen wurden, in heftige Nahkämpfe mit russischen Panzern T 34 und russischer Infanterie. Während das LVII. Pz. Korps noch glaubte, daß Simowniki fest in eigener Hand sei, schlug das I./Westland unter seinem Kommandeur, Sturmbannführer Ziemssen, in der Nacht während der Entladung die Russen zurück, vernichtete einige russische Panzer, grub sich am Ortsrand von Simowniki ein und verteidigte den Ort.

Am Willen zur Verteidigung des Regimentes Westland unter seinem Kommandeur, Obersturmbannführer Polewacz, bricht sich in den nächsten Tagen die Angriffswucht des Feindes.

Um die Jahreswende 1942/43 setzte sich das LVII. Pz. Korps mit der 23. und 17. Pz. Division sowie dem G. R. 156 der 16. I. D. (mot) hinter den Bol. Kuberle beiderseits Simowniki bis zur Einmündung in den Ssal ab. Das Korps selbst war am 1. 1. 1943 von einem Verteidigungserfolg in Simowniki nicht mehr überzeugt, sondern richtete sich auf ein weiteres Ausweichen ein.

Im KTB des LVII. Pz. Korps finden sich unter dem 1. 1. 1943 folgende Eintragungen:

„Um 12.00 Uhr erhält das G. R. 156 den Befehl, sich hinter den Kuberle, nordwestlich Simowniki, abzusetzen. Der Ort Simowniki selbst ist zu meiden, da dieser unter feindlichem Beschuß liegt. Das neu unterstellte SS-Gren. Regiment Westland, zum Schutze von Simowniki gegen von Osten vordringenden Gegner eingesetzt, meldet um 08.45 Uhr 6 Feindpanzer und 1 Btl. auf Nordostecke Simowniki im Angriff und vorübergehend in den Ort eingedrungen. Das Regiment wehrt alle weiteren Angriffe ab und glaubt, auch während des Tages Simowniki noch halten zu können.

12.20 Uhr meldet der Chef der Armee, daß das Halten von Simowniki fraglich erscheint und daß die Vernichtung aller Vorräte und die Sprengung der Eisenbahn angeordnet worden ist.

17.00 Uhr: Masse der 23. Panzerdivision in neuem Abschnitt südwestlich Kuberle abwehrbereit. Aufklärung nach Osten und Südosten bis an den Manytsch.“[1]

Auch am folgenden Tage, dem 2. 1. 1943, hält das KTB fest:

„Westland schlägt Angriff auf Simowniki ab.

10.55 Uhr: SS-Regiment Westland verteidigt Simowniki hervorragend, trotzdem die Angriffe immer heftiger werden.

14.25 Uhr: 1 Btl. Germania zur Verstärkung nach Simowniki.

Panzerabteilung Wiking beschleunigt von Ssalsk nach Simowniki.

21. 05 Uhr: Bei den Feindkräften vor Simowniki handelt es sich im wesentlichen um mot. und Panzerverbände.“[1]

Noch am 6. Januar berichtet das KTB:

„Starker Feinddruck bei und nördlich Simowniki.

12.30 Uhr: Feind um 11.30 Uhr mit 4 Panzern und 300 Mann gegen Simowniki angetreten. Er konnte in erbittertem Nahkampf abgewiesen werden.“[1]

7 Tage hält das Regiment Westland Simowniki. Die Bedeutung von so gewonnenen 7 Tagen kann kaum hoch genug bewertet werden bei dem Wettlauf mit der Zeit um

1) KTB LVII. Pz. Korps

das Offenhalten von Bataisk-Rostow für das Abfließen der deutschen Verbände über den Don. Bedauerlicherweise konnte das Regiment Westland die Folgen der panikartigen Flucht vor seinem Eingreifen nicht mehr verhindern.

„47 000 neue Wintergarnituren verbrannten. Nagelneue Panzer und Kraftfahrzeuge, die von einem Heimatkraftfahrpark an die Truppe verteilt werden sollten, wurden einfach angesteckt. Fahrzeuge, die geringfügiger Schäden wegen dort zur Instandsetzung waren, wurden genau so behandelt.[1]

Am 5. Januar steht die 2. Kp. der SS-Panzerabteilung 5 in Nowy Gaschun, nordwestlich Simowniki, und ist dem Bataillon Scheibe des Regimentes Germania unterstellt. Ein Vorstoß der Panzer der 2. Kp. im Laufe des Nachmittags nordostwärts Stojanowski zersprengt feindliche Bereitstellungen.

Stojanowski selbst, das Obersturmführer Heder mit der 3./Pi. Btl. 5 verteidigt, wird am folgenden Tage von 16 Panzern und starken Feindkräften genommen.

„Der Ort ging gegenüber dieser Übermacht unter erheblichen eigenen Verlusten an Menschen und Material verloren; das Steilufer des Kuberle verhinderte ein weiteres Vordringen des Feindes nach Westen.“[2]

Am 7. Januar verstärkt sich der Feind bei Stojanowski. Er benutzt den starken Druck auf die Nordflanke des LVII. Pz. Korps, um Truppen zwischen Ssal und Don nach Westen vorzuschieben.

Im Morgengrauen ist Hauptsturmführer Schneider auf dem Wege nach Nowy Gaschun mit einem wichtigen Befehl.

„Die Fahrt durch die noch im Dunkeln ausgebreitete Steppe hat etwas Unheimliches an sich. Außerdem ist es nicht ganz einfach, sich zurechtzufinden. Denn es gibt absolut keinen Anhaltspunkt in Gestalt eines Baumes, Waldes, Hohlweges oder dergleichen. Gleichzeitig kann ich aus eigenem Erleben bestätigen, daß man vom Panzer bei Nacht verdammt wenig sieht.

Über Amta arbeite ich mich an Nowy Gaschun heran. Als sich die Silhouetten eines Kolchos vor mir abheben, schieße ich weiße Leuchtzeichen. Es wäre nicht das erste Mal, wenn ich von der eigenen Pak Feuer bekommen sollte. Die Tatssache, daß ich von rückwärts, also vom eigenen Hintergelände, mich der Ortschaft nähere, bedeutet keinen Schutz vor Beschuß durch eigene Waffen. Das erklärt sich aus der Beschaffenheit der Front. Bei ihr handelt es sich nicht um ein ineinander übergehendes Grabensystem. Vielmehr sind nur die Ortschaften von uns besetzt und zu Stützpunkten ausgebaut, die sich nach allen Seiten verteidigen können. Es kann in solchen Lagen leicht vorkommen, daß der Russe sich zwischen zwei Ortschaften hindurch mogelt und die sich nach rückwärts gesichert fühlende Besatzung an dieser schwachen Stelle packt und leicht vernichtet.“[1]

Nachdem die 2. Kp. am 7. Januar morgens auf den äußersten linken Flügel der Division in ein Lehmhüttendorf, Kowalewski, gezogen worden ist, ohne hier indessen ernsthafte Berührung mit dem Feinde zu bekommen, erhält die SS-Panzerabteilung 5 um 12.00 Uhr mittags den Befehl, das für die kommende Nacht befohlene Absetzen der Division Wiking als Nachhut zu sichern.

In einer Igelstellung steht die 1. Kompanie südlich der Straßenbrücke südwestlich

1) Tagebuch Schneider 2) KTB LVII. Pz. Korps

Simowniki mit dem 1. Zug westlich und dem 3. Zug ostwärts der Straße Simowniki, Kuberle. Der 2. Zug steht weiter ostwärts an der Eisenbahnbrücke. Die 2. und 3. Kompanie sowie der Stab der Abteilung stehen weiter südwestlich an der Straße nach Kuberle.

„Frierend warten wir, bis die letzten Teile von Westland an uns vorüber sind. Eisenbahnpioniere sprengen die Eisenbahnbrücke. Bald sind die letzten Grenadiere an uns vorüber. Nun müssen wir noch eine halbe Stunde warten. Auch diese Zeit geht vorüber, und indem wir uns zum letzten Male nach dem brennenden Simowniki umsehen, nehmen auch wir Abschied und folgen den Grenadieren nach Westen.

Bald erhebt sich ein Schneesturm, der die Sicht noch mehr verschlechtert. Dazu kommt die Glätte der Rollbahn, die bald einen Panzer nach links und den anderen nach rechts abrutschen läßt. Dadurch werden die Ketten abgeworfen, und in der Kälte und bei den schlechten Sichtverhältnissen ist es ein hübsches Stück Arbeit, die schweren Eisentrümmer zu montieren. So wird die Abteilung auseinandergerissen, daß einem graut. Oft drängt sich die Frage auf, was passieren würde, wenn der Russe plötzlich mit einigen T 34 nachstoßen würde."[1]

Am frühen Morgen des 8. Januar, gegen 06.00 Uhr erreicht die Panzerabteilung 5 Kuberle, etwa 25 km südwestlich Simowniki, an der Eisenbahnlinie Tichorezkaja – Stalingrad. 8 Stunden hat die Abteilung für diese 25 km gebraucht.

Für die ermüdeten Panzermänner gibt es keine Ruhe. In Orlowskaja, etwa 20 km südwestlich, im Rücken der Abteilung, soll der Russe sein. Die einzige Nachschubstraße und die Eisenbahnlinie wären damit verloren. Die 2. Kp. wird sofort als Feuerwehr in Marsch gesetzt. Gegen Mittag befiehlt die Division die ganze Abteilung nach Orlowskaja. Bei ihrer Ankunft ist die Lage jedoch bereits bereinigt.

„Ein aus ostwärtiger Richtung plötzlich auftauchendes russisches Infanterieregiment drang unter Ausnutzung der Überraschung in das nur schwach gesicherte Orlowskaja ein und konnte es zur Hälfte nehmen. Das von der Division Wiking dort in Reserve gehaltene Pi. Btl. warf, unterstützt von ein paar Panzern und Selbstfahrlafetten, die gerade von der Werkstatt auf dem Wege zur Abteilung waren, die Russen wieder hinaus. Als der Kampf gerade in bestem Fluß war, kam noch die Kompanie Flügel und ließ den Rückzug des Gegners zu einer Katastrophe für ihn werden. 700 tote Russen zählte die Wahlstatt. Das russische Regiment wurde vollkommen aufgerieben."[1]

Das KTB des LVII. Pz. Korps stellt am 8. 1. 1943 fest:

„07.45 Uhr: Der Ia SS-Division Wiking orientiert fernmündlich das Korps, daß Division zur Bereinigung der Lage bei Orlowskaja das Pi. Btl., verstärkt durch 6 Panzer, eingesetzt hat. 16.00 Uhr: Unter schweren Verlusten für den Feind (3 Btle. vernichtet) ist Orlowskaja von den Pionieren und Panzern der SS wieder genommen worden."[2]

Während sich die Panzerabteilung noch zur Sicherung von Orlowskaja einrichtet, wird sie sofort nach Kuberle zurückbefohlen. In stockdunkler Nacht rollt sie den Weg zurück, ohne jedes Licht, da der russische „Bomber vom Dienst" sie begleitet. Im Gegensatz zu ihr marschiert der Russe teilweise unbekümmert mit offenem Licht. In Kuberle angekommen, ruft die Abteilung ein neuer Befehl auf den linken Flügel der Division, wo ein russischer Angriff erwartet wird. Auf dem Marsch nach Nowo-Lodin,

1) Tagebuch Schneider   2) KTB LVII. Pz. Korps

einige Kilometer nordostwärts Kuberle, verbringen die Panzermänner die fünfte Nacht auf ihren Panzern.
In Nowo-Lodin werden örtliche Einbrüche ausgebügelt. Die 2. Kompanie vernichtet russische Kräfte in der Stärke fast eines Bataillons.
„Gegen den nach Westen über den Kuberle bis Gegend nordostwärts Trudowoj vorgedrungenen Feind wurde eine Panzerkompanie eingesetzt, die die feindliche Kräftegruppe zum großen Teil aufrieb, Reste entkamen nach Osten."[1]
Der Abteilungsgefechtsstand in einem Kolchos liegt unter Granatwerferfeuer. Vom überhöhten Ufer des Baches, der weiter nördlich in den Ssal-Fluß mündet, schießt der Russe sogar mit Panzerabwehrkanonen in den Kolchos.
Am 10. Januar, um 17.00 Uhr trifft der Befehl zum erneuten Absetzen ein. Die Tatsache, daß es wieder zurückgehen soll, ist für alle eine Überraschung. Die Panzerabteilung deckt das Lösen des Regimentes Westland vom Feind. Nachdem der letzte LKW die Abteilung passiert hat, wartet sie noch zwei Stunden.
„Während dieser Zeit", berichtet Hauptsturmführer Schneider, *„haut der Iwan toll in den Kolchos. Auch ein Stoßtrupp muß abgewiesen werden. Endlich dürfen auch wir abhauen. Es ist wieder verdammt dunkel. Die Fahrer haben entzündete Augen und sehen kaum etwas. Der Kommandant sitzt vorn auf dem Panzer und leitet mit Handzeichen den Fahrer.*
Als alles in bestem Fluß ist, türmt sich vor uns ein Hindernis in Form eines Dammes auf, den wir nicht zu überwinden vermögen, da die Fahrbahn zu schmal und obendrein vereist ist. Die Gefahr des Abrutschens ist zu groß. Nach vielen Versuchen wird von einer Benutzung des Dammes abgesehen.
Aber wie weiterkommen? Hinter uns ist der Russe, und wir sind allein. Da gehen wir an das Erkunden einer Umgehung, die auch bald gefunden ist. Allerdings stellt sie unerhörte Anforderungen an den Fahrer. Es ist die reinste Achterbahnstrecke. So wird ein Wagen nach dem anderen durch ein Gewirr von Felsen und rutschigen Eisstrecken zum anderen Ufer geschleust. Morgens 06.00 Uhr landen wir in Kamenno-Balkoff."[2]
Der Ort liegt nordwestlich der Straße von Kuberle nach dem bereits bekannten Orlowskaja, etwa 15 km südwestlich Kuberle. In Kamenno-Balkoff liegt der Stab des Regimentes „Nordland", das den Ort mit einem Bataillon verteidigt.
Die Panzermänner finden ein paar Stunden Schlaf; dann bedürfen die Panzer dringend der technischen Überprüfung und Wartung.
In den erst wenigen Tagen des Neuen Jahres 1943 hatte dieser neuartige, winterliche Steppenkrieg der SS-Panzerabteilung 5 Erfahrungen und Überraschungen gebracht. Kamenno-Balkoff fügte eine neue hinzu. Hauptsturmführer Schneider berichtet:
„Gegen drei Uhr morgens wache ich nach einem unruhigen Schlaf, durch Schüsse geweckt, auf. Im ersten Augenblick glaube ich zu träumen. Die Gewehrschüsse werden immer mehr, und im Zimmer habe ich den Eindruck, als ob es schon verdammt nahe wäre. Schnell ziehe ich mich an und greife nach meiner Pistole. All den anderen Kram lasse ich zuerst einmal liegen. Als ich aus dem Haus trete, peitschen die Schüsse die Straße entlang. Am Ortsausgang brennt ein Haus, und daneben steht der schöne Funkwagen in hellen Flammen. Während ich schnell zum Abteilungs-Gefechtsstand renne, saust eine Pak an mir vorbei, Richtung Ortsausgang.

1) KTB LVII. Pz. Korps   2) Tagebuch Schneider

Bei der Abteilung weiß man bereits, daß der Russe im Ort ist. Der Kommandeur befiehlt, daß der Stab sich einigelt, während er sich mit mir zur 2. Kompanie begibt. Auf dem Wege dorthin huschen vermummte Gestalten durch die Gärten, von denen man nicht weiß, Freund oder Feind. Die Herren der 2. Kompanie müssen erst geweckt werden. Ihr Erstaunen über die Lage ist nicht gering. Der Russe ist im Ort – schöne Bescherung. Die 2. Kompanie macht sich sofort fertig und riegelt am Ortsrand ab. Auf dem Wege zurück zum Gefechtsstand hatte ich ein erregendes Erlebnis. Als ich um eine Hausecke herumspitze, steht an der entgegengesetzten ein – Russe. Ruckartig fahre ich und ebenso der Russe zurück. Mit dem Kommandeur mache ich einen Umweg, und so kommen wir heil beim Gefechtsstand an, nicht ohne einige Male die Schnauze in den Dreck zu nehmen.

Am Ortsausgang steht die Pak und feuert wie toll, während die Gewehrschüsse der Bolschewisten die Straße entlang peitschen. Im Morgengrauen macht Untersturmführer Büscher mit 3 Panzern IV einen Gegenstoß, wobei 3 Pak, 1 Feldküche und 1 T 34 vernichtet werden, abgesehen von den vielen Toten und Gefangenen.“[1]

Auch Untersturmführer Hein, der Führer des Aufklärungszuges der Panzerabteilung 5, berichtet über das turbulente Geschehen an diesem 11./12. Januar 1943:

„Rückzug heißt die Devise, und wir, der leichte Zug mit nur noch 3 Panzerkampfwagen II, bilden die Nachhut. Es weht ein schneidend kalter Wind, und die von der „Organisation Todt“ nach Stalingrad erstellte Rollbahn mit den tiefen seitlichen Abwassergräben liegt unter einer leichten Schneedecke mit vereistem Untergrund.

Hinter uns ist Niemandsland, und vereinzelte Leuchtkugeln des Gegners verstärken das gespenstische Bild des trüben Nachthimmels.

Im Kampfwagen warten wir gespannt auf Funkmeldungen. Der junge Fahrer, Rottenführer Rötzer, kaut auf einer zu Eis gefrorenen Brotkante, die Läuse spazieren auf seinem Uniformkragen.

Verdammt! . . ., der Panzer dreht sich um die eigene Achse und rutscht gemächlich in den Graben. Ursache: Kettenriß links! Vor uns nichts, hinter uns nichts, umso schneller raus aus dem Wagen. Es schneit unentwegt. Mit Stöcken suchen und finden wir die Kette. Mit den beiden anderen Wagen ziehen wir unseren Panzer aus dem Graben, reparieren mit klammen Fingern den Schaden und müssen dabei aufmerksam nach hinten sichern. Es klappt – ferne Geräusche der Russen haben uns ganz schön eingeheizt.

Gegen Mitternacht passieren wir die Postenkette des Regimentes „Nordland“, sprechen kurz mit dem Zugführer und sehen seine Männer verschlafen und erschöpft in den Löchern hocken. Kurze Meldung beim Abteilungsstab, und wir erwischen noch zwei Russenkaten am Ortsrand, um unterzuziehen. Es ist mollig warm, und die Bewohner sind gastfreundlich.

Der Funker übernimmt die Außenwache, Rötzer macht es sich auf der Ofenbank bequem, und ich finde für den Schlaf ein Stalinbett. Ein Hindenburglicht flackert trübe und vermittelt uns Geborgenheit.

Um 5 Uhr früh werde ich von einem Melder des Stabes wachgerüttelt, das heißt: Alarmbereitschaft. Er hat seine Meldung kaum ausgesprochen, da peitscht eine Maschinenpistolengarbe durch's Fenster, und der Melder fällt tot über mich. In Sekundenschnelle das Licht vom Tisch, flach auf den Boden und schon stehen mehrere Russen im Raum. „Ruki Wjerch“, d. h. „Hände

1) Tagebuch Schneider

hoch!" Zunächst sind wir erstarrt, der junge Rötzer zittert am ganzen Leibe, und – weiß Gott – die Situation ist verdammt brenzlich.
Inzwischen, alles in wenigen Minuten, gellen draußen russische und deutsche Kommandos durcheinander. Die Garben eines M.G. 42 klatschen gegen die Hauswand, und Querschläger zwitschern durch's zerschossene Fenster. Kurzer Entschluß: Meine belgische FN-Pistole aus der Gesäßtasche, ein volles Magazin auf die verstörten Russen und mit Rötzer im Zick-Zack-Kurs durch den Gegner, nichts wie weg. Rötzer erhält einen leichten Streifschuß, aber wir schaffen es. Klappernd und schweißgebadet erreichen wir eine leerstehende Kate, requirieren zwei russische Steppjacken und Filzstiefel.
Das Dorf ist inzwischen ein Hexenkessel, und die Posten der „Nordland" empfangen uns in unserem Aufzug mit Karabinerfeuer. Trotzdem, wir kommen durch und erreichen Untersturmführer Büscher mit seinem Panzer IV.
Eine kurze Absprache, wir müssen unsere Panzer zurückerobern, und der Gegenstoß läuft. Die Straßengräben werden aufgerollt, bis wir unsere Katen erreichen. Hier haben sich inzwischen die Russen verschanzt, viele Tote bleiben liegen, der Rest ergibt sich.
Mit Lötlampen machen wir schnell die eingefrorenen Türme unserer Wagen beweglich, bergen unseren toten Melderkameraden und nehmen beim Stab vom Kommandeur neue Befehle entgegen." [1]
Was war nun in dieser Nacht geschehen?
„Die russische Aufklärung hatte Kamenno-Balkoff feindfrei gemeldet. Daraufhin erhielt die 17. sowj. Infanteriebrigade den Befehl, noch in der Nacht den Ort zu belegen. Das I. Bataillon marschierte fast ohne Störung durch uns in den Ort hinein. Nur einige Gewehre leisteten Widerstand. Eine Pak leistete hervorragende Gegenwehr. Ihr vor allem ist es zu danken, daß die Sache nicht noch schlimmere Ausmaße annahm. Das dichtauffolgende II. Bataillon der Russen zog sich auf Grund der Schießerei in eine Balka, die nördlich Kamenno-Balkoff am Ortsrand verläuft. Das III. Bataillon rastete an der Straße, ca. 2 km vor dem Ort, da dem Führer dieses Haufens die Schießerei komisch vorkam.
Die beiden ersten Bataillone wurden durch den Gegenstoß der Panzer aufgerieben. Der Gegner verlor neben vielen Toten 125 Gefangene, meist schlitzäugige Turkestanen.
Die Brigade bestand aus 3 Bataillonen, 1 Granatwerferkompanie und 1 Pakkompanie. Die Kompanien zählten meist nur 100 Mann, für russische Verhältnisse sehr wenig."[2]

Am Mittag des 12. 1. greift starker Feind das von Westland verteidigte Orlowskaja an. Eine Panzerkompanie wird zur Unterstützung der Abwehr zugeführt. Am Nachmittag meldet der Ia der Division Wiking,
„daß die Lage bei Orlowskaja geklärt, der Russe bis 5 km nördlich des Ortes zurückgeworfen wurde. Bei den Kämpfen um den Ort fiel der Kommandeur des Grenadierregimentes Westland, Ritterkreuzträger SS-Obersturmbannführer Polewacz."[3]

Am Nachmittag des folgenden Tages, 13. Januar 1943, übernimmt die SS-Panzerabteilung 5 erneut die Nachhut. Das für 17.00 Uhr befohlene Antreten verzögert sich, da bei zwei Panzern der Kompanie Flügel die Vorgelege eingefroren sind und erst aufgetaut

1) Bericht Hein 2) Tagebuch Schneider 3) KTB LVII. Pz. Korps

werden müssen. Dann tritt die Abteilung an, nicht fahrbereite Panzer werden geschleppt. Auch der Befehlspanzer des Kommandeurs schleppt einen Panzer IV.
„So zuckeln wir los – ein angeschlagener Haufe. Hiner der Ortschaft ist eine kleine Balka zu überwinden, an welcher wir stundenlang aufgehalten werden. Durch die Radfahrzeuge ist die Strecke glatt wie eine Eisbahn. Unsere Wagen haben keine Eisstollen und kommen kaum mit eigener Kraft den Berg hoch.
Mit Anlauf hat „Jumbo", der Befehlspanzer, den Panzer IV fast hochgebracht. Immer wieder wird es versucht. Aber nichts zu machen. Der Kommandeur ist verzweifelt und wütend. Er setzt sich selbst auf eine Selbstfahrlafette und sucht eine Umgehung.
In der Zwischenzeit lasse ich „Jumbo" den Berg hinauffahren, so, daß er auf wenig zerfahrenem Boden steht, und verlängere das Seil, indem ich einige Seile verbinden lasse. Nun soll „Jumbo" zeigen, was er kann. Und siehe da, er schleppt die alte Karre über den Berg. Nun ist der Weg wieder frei.
Aber kein Panzer kommt mehr hoch. Alle rutschen sie vom Wege in die Balka ab. Da gibt der Kommandeur Flügel den Befehl, mit seiner Kompanie eine Umgehung zu suchen und sofort anzutreten. Der Gefechtsstab fährt los, und Flügel sucht sich seinen eigenen Weg.
Als wir durch eine ganz kleine Balka fahren, brummt der geschleppte Panzer auf „Jumbo" auf. Gegen 02.00 Uhr unterbrechen wir den Marsch, um in einem Bauernhaus in Grekow zu schlafen, zu 25 Mann in der Bude. Wie in einer Sprottenkiste lagen wir nebeneinander."[1]

Zur gleichen Zeit verlief der Versuch der 2. Kompanie, Flügel, eine Umgehung zu finden, sehr unglücklich. Flügel stürzte mit seinem Panzer bei den durch den Schnee noch erschwerten Sichtverhältnissen in eine Balka ab, mit ihm der von seinem Panzer geschleppte Wagen. Flügel selbst, auf dem Panzer stehend, stürzte mit ab und zog sich einen Schädelbruch und eine Gehirnerschütterung zu. Das gleiche Schicksal traf Obersturmführer Uhden.
Die beiden abgestürzten Panzer gerieten in Brand und brannten aus. Ein dritter, ebenfalls abgestürzter Panzer mußte durch eine T-Mine zerstört werden. Der Verlust von 3 Panzern III in dieser Nacht war empfindlich.

Die Abteilung erreicht Beketny, eine früher von Deutschen bewohnte Siedlung, die verschleppt und deren Häuser bis auf wenige zerstört sind. Die Abteilung befindet sich hier nicht mehr an der Eisenbahnlinie und der großen Straße Proletarskaja, Kuberle, sondern etwa in der Mitte zwischen diesen beiden Orten, 25 km nordwestlich der beiden großen Verbindungswege.
Die 3. Kompanie wird am Nachmittag des 14. Januar auf Krassnaja-Stannja angesetzt. In den Abendstunden wird die Abteilung alarmiert und ihr befohlen, sofort nach Proletarskaja zu marschieren. Ostwärts der Stadt sollen russische Kräfte im Abschnitt der 23. Pz. Division durchgesickert und im Vorgehen auf Proletarskaja sein.
Gegen 24.00 Uhr trifft die Panzerabteilung dort ein. Im Morgengrauen angesetzte Aufklärung stellt keinen Feind mehr fest. Dagegen werden am Mittag dieses 15. Januar starke Panzerkräfte vor der 23. Pz. Div. gemeldet. Die SS-Panzerabteilung 5 wird diesen Kräften, die allerdings nur aus einigen Kompanien Infanterie und 4 Panzern bestehen,

1) Tagebuch Schneider

entgegengeworfen. Sie entsetzt die schwer bedrängte Ortschaft und muß feststellen, daß in dem Ort mehr eigene Panzer und Sturmgeschütze stehen als sie selbst aufzuweisen hat.
Allgemein sind die Kräfte der Truppe, besonders die der Grenadiere und Infanteristen, zum Zerreißen angespannt.

Vom 16. Januar an wird der deutsche Brückenkopf auf dem Ostufer des Manytsch nur noch von der 5. SS-Panzergrenadierdivision Wiking gehalten. Vor 16 Tagen wurde die Panzerabteilung hier ausgeladen. Untersturmführer Schumacher bekämpft mit 5 Panzern russische Infanterie vor dem Regiment Germania am Ostrand der Stadt.
„Gegner ist in einem Vorstoß von Osten in die Ziegelei ostwärts Proletarskaja eingedrungen. Proletarskaja liegt unter heftigem Beschuß. Eigener mit Panzern geführter Gegenstoß warf den Gegner aus dem Ziegeleigelände nach Osten zurück."[1]
Die strenge, anhaltende Kälte, die stellenweise verwehten Straßen und heftige Schneestürme erschweren die Bewegungen.
5 Panzer sind auf dem Marsch nach Stalinskij-Put, einige Kilometer südlich Proletarskaja. Hier hat der Feind den Manytsch bereits überwunden und bedrängt das Pi. Btl. Zehn Panzer der Abteilung, zur Zeit ihre ganze Kampfkraft, sind im Einsatz. Auch am folgenden Tage hat Untersturmführer Büscher mit seinen Panzern zusammen mit dem Pi. Btl. alle Hände voll zu tun gegen den bis zum Abend Stalinskij-Put angreifenden Feind. Der Kampf der Pioniere und Panzer ist erfolgreich bei Verlust eines Panzers durch einen Treffer im Turm.

Am 19. Januar erreicht die Panzerabteilung 5 gegen 15.00 Uhr der Befehl, als Nachhut das erneute Absetzen der Division mit Beginn der Dunkelheit zu sichern. Eine neue Widerstandslinie soll hinter dem Manytsch bezogen werden.
Damit entstehen der Panzerabteilung kaum zu lösende Schwierigkeiten. Die zahlreichen beim Werkstattzug zur Instandsetzung befindlichen Panzer können mit den vorhandenen Tiefladern und Zugmaschinen kaum bewegt werden. Feindeinwirkung und Überbeanspruchung in den letzten Wochen haben ihre Zahl ungewöhnlich anwachsen lassen. Die Trosse und rückwärtigen Dienste haben in diesem Stadium eines sich beschleunigenden Rückzuges ihre eigenen Probleme.
Sie versuchen, aus dem Zwang, die in diesem Raum befindlichen Mustergüter und Kolchosen mit ihren außergewöhnlichen Vorräten zurücklassen zu müssen, das Beste zu machen. Tausende Tonnen Getreide und Hühner müssen sie zurücklassen. Dafür werden aber auf den Munitionswagen und anderen Troßfahrzeugen fahrbare Schweineställe eingerichtet. Noch im Sommer 1943 standen für die Truppenverpflegung Schinken aus dieser Zeit zur Verfügung.

In diesen Tagen, Mitte Januar 1943, hat der Wettlauf mit der Zeit begonnen. Wer erreicht Bataisk und die Donbrücken bei Rostow zuerst? Die deutsche Kaukasusarmee in geordnetem Abfließen nach Norden und Nordwesten oder der Russe, der am 11. Januar 1943 mit der 46. und 18. Armee aus dem Westkaukasusraum nach Norden, am 16. Januar mit der 56. und 47. Armee nach Nordwesten auf die Tamanhalbinsel

1) KTB LVII. Pz. Korps

und mit der 2. Gardearmee, der 51. und 28. Armee aus dem Raum südwestlich Stalingrad seinen Druck und seine überholende Verfolgung der Reste des deutschen LVII. Pz. Korps auf dem enger werdenden Raume verstärkte? 7 russische Armeen sind angesetzt worden, um die deutsche 1. Panzerarmee, die 17. Armee und das LVII. Pz. Korps einzuschließen und zu vernichten.

Die sich verschlechternde Lage, die immer unübersichtlicher werdenden Verkehrsverhältnisse in dem sich verengenden Raum südlich Rostow bleiben auch auf die Befehls- und Nachrichtenverhältnisse nicht ohne nachteilige Auswirkung.
So wartet die abmarschbereite SS-Panzerabteilung 5 am 19. Januar um 18.00 Uhr auf eine Verbindungsaufnahme der letzten Teile der sich vom Feinde lösenden Infanterie. Sie erfolgt nicht. Eigene Bemühungen der Abteilung ergeben, daß sich kein deutscher Grenadier mehr in Proletarskaja befindet. Die letzten Eisenbahner, die mit der Sprengung des Bahnhofes beschäftigt sind, bestätigen es. Nach der direkten Verbindungsaufnahme mit der Division räumt die Abteilung Proletarskaja.
„Die Pioniere, die mit uns immer die Letzten sind, sprengen die Brücke und die Schleuse über den Manytsch."[1]

Ssalsk – Gigant

Beim Eintreffen in Jekaterinonko um 24.00 Uhr, dem Marschziel der Abteilung, wird noch um den Ort gekämpft. Das heißt nichts anderes, als daß bereits stärkere russische Kräfte im Rücken der deutschen Nachhuten operieren.
Am folgenden Morgen kämpft ein Zug der 1. Kompanie zusammen mit der 10. Kompanie „Nordland" den Ostteil des Ortes frei. 70 Gefangene werden gemacht und 100 tote Russen gezählt.
Im Morgengrauen des 21. Januar verlegt die Abteilung in das etwa 4 km entfernte Schablijewka an der Bahnlinie. Während die am Feind stehenden, kämpfenden Teile geordnet und planmäßig zurückgehen, wächst die Verwirrung bei den rückwärtigen Teilen, dort, wo gestern noch Etappe war. Lazarette und Versorgungslager werden nicht mehr ordentlich geräumt; die Plünderungen durch die Zivilbevölkerung nehmen zu.

„Während der Russe bisher in unserer rechten Flanke auftauchte", berichtet Hauptsturmführer Schneider, *„kommt gegen 09.00 Uhr die Meldung, daß der Gegner in unserer linken Flanke die Ortschaft Buddenowo angreift. Die Panzer können nicht sofort helfen, da die Brücke nach Buddenowo zu früh gesprengt worden ist. Das Eis trägt leider keinen Panzer. So müssen die Wagen einen zeitraubenden Umweg machen. Beim Abfahren erhält ein Wagen der 1. Kompanie einen Volltreffer von einem Geschütz 7,62 cm.*
Büscher greift gegen 13.00 Uhr den Gegner an. Dabei verliert er einen Wagen, der gesprengt werden muß. Ein Feindpanzer wird abgeschossen.
Trotz aller Anstrengungen wird die Lage immer bedrohlicher. Gegen 14.00 Uhr trifft der Befehl zum Absetzen ein. Die Abteilung ist wieder Nachhut.

1) Tagebuch Schneider

Seit Stunden schon brennt das wenige Kilometer entfernte Ssalsk. Unsere Kompanien bilden Geleitzüge, damit die unbeweglichen Panzer mitgeschleppt werden können. So schlagen wir uns als letzte durch das brennende Ssalsk hindurch und nehmen Richtung Rostow über Gigant, unser nächstes Ziel.
In der Nacht zum 22. Januar treffen wir dort ein. Eine bolschewistische Musterwirtschaft ist überall zu erkennen. So wohnen die Einwohner in gedielten Zimmern, und an dem Hausrat und den Möbeln sieht man, daß die Genossen von Gigant ihren Brüdern in der Steppe und in den unzähligen Dörfern weit voraus sind.
Am Nachmittag greift der Russe Gigant von Norden mit 6 Panzern und auf 8 LKW aufgesessener Infanterie an. Eigene Infanterie vernichtet 2 Feindpanzer.
Bereits am Nachmittag weichen wir auf Zelina aus.
Am 23. Januar gegen 09.30 Uhr ist der Iwan schon da. Das Frühstück, zu dem es 3 Eier aus der Musterfarm von Gigant gab, war trotzdem sehr gut. Von den gemeldeten Rudeln Infanterie mit 6 Panzern ist aber bislang noch nichts zu sehen.
Um 13.00 Uhr rennt er wirklich entlang der Bahnlinie an, 200 bis 300 Mann. Büscher, der am Ortsrand mit seinen Panzern IV in Stellung gegangen ist, meldet 2 Panzer. Bald legt uns der Russe ein ekelhaftes Granatwerfer- und Artilleriefeuer in die Nähe des Gefechtsstandes. Der Kommandeur befiehlt Stellungswechsel an den Westrand des Ortes. Am Abend hat der Russe das Dorf völlig umgangen. Da trifft auch schon der Befehl ein, daß sich die Besatzung von Zelina sofort nach Jegorlykskaja abzusetzen hat."[1]

Jegorlykskaja – Rostow

„*Mit gemischten Gefühlen verlassen wir das brennende Zelina. Denn bereits um 15.00 Uhr waren 5 Panzer mit 200 Mann Infanterie im Anmarsch auf Jegorlykskaja gemeldet. Ob es dem Russen dieses Mal gelingt, uns zu schnappen? Gelegenheit dazu hatte er in den letzten Tagen bestimmt gehabt.*
Auf dem Wege von Zelina nach Jegorlykskaja mußten ein Baumwollager und Tausende von Häuten vernichtet werden. Auf einem Feldflughafen wurden 40 schwere Stuka-Bomben gesprengt.
Wie vorausgesehen, empfängt uns der Russe in Jegorlykskaja sehr heftig. Er hätte uns beinahe gekriegt. Aber eben nur beinahe. In der ersten Stunde des 24. Januar rücken wir als letzte in das Dorf ein. Die Panzer stehen zum großen Teil noch außerhalb der Ortschaft, da eine Straßenverstopfung ein Weiterkommen unmöglich macht.
Da geht plötzlich ein rasendes Schnellfeuer aus schätzungsweise 10 Kampfwagenkanonen auf uns nieder. Die Leuchtspurmunition malt farbige Streifen in die Nacht. Und man kann kaum sein eigenes Wort verstehen in dem tollen Geballer.
Die Nacht ist stockduster. Mit dem Beginn der Schießerei ist auch die Marschstockung behoben, und die Fahrzeuge fließen in die Stadt ab. Dort herrscht ein tolles Durcheinander. In der Dunkelheit sind die Kompanien und Bataillone durcheinandergeraten, und so findet keiner

1) Tagebuch Schneider

seinen Haufen. Die ganz Hellen und Gescheiten, die auf Nummer Sicher gehen, fahren gleich bis zur nächsten Ortschaft. Die Panzer aber gehen am Ortseingang in Stellung und sichern in die Richtung, aus welcher die Schüsse kommen. Um uns nicht zu verraten, fällt von unserer Seite kein Schuß. Da es dunkel ist, würden wir so und so nichts treffen.
Immer noch schießt der Russe blindlings ins Dorf und die Straße entlang. Da von eigener Infanterie nichts zu sehen ist, entschließt sich der Kommandeur, den Gefechtsstand von Westland zu suchen und die Verbindung aufzunehmen. Ich begleite ihn. Der Kommandeur fährt im Befehlspanzer durch die Gärten. Der Adjutant und ich arbeiten uns mühsam zu Fuß durch das Gestrüpp und weisen den Fahrer des Kommandeurwagens ein. Endlich sind wir angekommen. Sturmbannführer Reichel, der neue Kommandeur, sitzt seelenruhig in seinem Quartier und behauptet steif und fest, daß seine Grenadiere draußen am Ortsrand sichern.
Auf Vorschlag des Kommandeurs wird die Verteidigung des Ortes neu organisiert und gleichzeitig versprochen, daß unsere Panzer morgen die Iwan-Panzer vernichten werden.
Anschließend holt der Kommandeur seine Chefs zusammen. In einem verlassenen Haus wird festgelegt, wie die Panzer erledigt werden sollen. Erst ist Verbindung mit den Grenadieren am Ortsrand aufzunehmen, die den Chefs den Standort der Feindpanzer beschreiben sollen. Darauf hat der Chef die für seine Kompanie günstigste Stellung zu erkunden. Anschließend fährt die Kompanie noch bei Dunkelheit in Stellung, um den Gegner am nächsten Morgen auf die gut getarnten Wagen auflaufen zu lassen.
Als die Besprechung schon fast zu Ende ist, hören wir plötzlich eine Handgranatensalve. Der Kommandeur mahnt zur Ruhe, und wir messen dem Vorfall weiter keine Bedeutung bei.
Als wir wieder auf die Straße treten, steht vor unserer Tür ein Panzer IV. Auf Befragen, warum der Wagen hier und nicht vorn am Ortseingang steht, erzählt der Kommandant folgende Begebenheit:
Da seine Kanone schadhaft ist, fuhr er mit Genehmigung seines Chefs zurück, um den Schaden zu beheben. Allerdings hat sich nach kurzer Zeit herausgestellt, daß das ohne Hilfsmittel nicht möglich ist. Die Besatzung hat sich daraufhin in das Innere verzogen und ein wenig gepennt. Da hören sie plötzlich Kettengeräusche vor ihrem Wagen. Und außerdem hört es sich an, als ob jemand an ihrem Wagen herumkratzt. Er, der Kommandant, öffnet daraufhin die Luke, um zu sehen, wer solchen Krach macht. Da vernimmt er russische Laute. Und als er vor Schrecken darüber plötzlich hellwach wird, erkennt er außerdem die Umrisse eines Mark III, der vor seiner Kiste steht.
Als die Russen in der Annahme, einen schadhaften eigenen Wagen vor sich zu haben, versuchen, ein Abschleppseil anzubringen, um den Wagen zu retten, reißt dem Kommandanten die Geduld, und er wirft einige Handgranaten unter die Meute. Daraufhin erkennt auch der Feind seinen Irrtum und will abhauen. Dabei verfährt er sich und bleibt im Schlick des tiefen Straßengrabens hängen. Leider konnte den Russen kein Denkzettel gegeben werden, die Kanone war ja kaputt!
Wie erwartet greift der Russe im Morgengrauen an. Wie im Programm für diesen Tag festgelegt, werden sämtliche angreifenden Panzer abgeschossen. Die Abteilung kann wieder 13 Abschüsse verbuchen. Interessant ist die Tatsache, daß unter den abgeschossenen Feindpanzern viele Wagen vom Muster Mark III sind. Nach dieser Abreibung hat der Russe für diesen Tag genug!"[1]

1) Tagebuch Schneider

An diesem Erfolg war die ganze Abteilung beteiligt. Während das Regiment Westland den Süd- und Südostrand von Jegorlykskaja, die Ausfallstraßen nach Ssalsk und Belaja Glina mit Schwerpunkt verteidigte, erwartete die 2. und 3. Kompanie der SS-Panzerabteilung 5 den Feind am Ortsrand, westlich der nach Belaja Glina führenden Straße, die 1. Kompanie nördlich der Straße nach Ssalsk.
Der Russe griff mit 5 Panzern nördlich dieser Straße an, mit 6 Panzern in der Straßengabel der Straßen Jegorlykskaja – Ssalsk bzw. Belaja Glina und mit 2 Panzern westlich der Straße Jegorlykskaja – Belaja Glina.
Nach der Vernichtung aller Feindpanzer bleibt es am 24. Januar in Jegorlykskaja ruhig. Das einsetzende Regenwetter nach den vergangenen sehr kalten, teilweise klaren Tagen verwandelt die Straßen zu Eisbahnen und teilweise in grundlose Schlamm-Massen. Die Ruhe ist indessen trügerisch.
„Feind greift mit weit überlegenen Infanteriekräften Taganrogskij an und ist mit etwa 500 Mann in Balabanoff eingedrungen. Teile II./Germania und Sturmgeschütze gegen Balabanoff.“[1]
„Lage nördlich Jegorlykskaja erheblich verschärft. Feindlicher Panzervorstoß mit etwa 20 Panzern südlich Taganrogskij in westliche Richtung drückte die bei Sowch. Jegorlykskaja stehende Aufklärungsabteilung nach Westen zurück und sperrt die Rollbahn.“[1]
Hauptsturmführer Schneider berichtet:
„Der Gegner kümmert sich nicht um die Besatzung in Jegorlykskaja. Vielmehr schiebt er Panzer auf Panzer nördlich Jegorlykskaja in allgemein westliche Richtung vorbei. Was das bedeutet, ist uns klar. Wenn der Russe erreichen will, was schon seit Wochen sein Ziel ist, nämlich die Einkesselung der Division Wiking, dann hat er den Zeitpunkt nicht schlecht gewählt. Im Ort steckt fast noch die gesamte Division.
Gegen 15.30 Uhr verschlechtert sich die Lage. 9 Feindpanzer sperren die Rollbahn. Die Falle scheint zuzusein. Allerdings unterläßt es der Gegner, uns anzugreifen. Vielleicht hat er zu wenig Infanterie. Auf jeden Fall bleibt er tatenlos. Und das ist unsere Rettung. Gegen 15.30 Uhr rollt die Abteilung wiederum als „die Letzten der Division“ aus Jegorlykskaja hinaus, Richtung Metschetinskaja. Die Fahrt ist insofern wenig angenehm, als wir uns mitten durch die Steppe hindurchschlagen müssen. Es ist stockdunkel und verdammt kalt. Wehe den Fahrzeugen, die abhängen und ohne Karte und Kompaß in der Steppe stehen. Kurz nach Mitternacht treffen wir in Metschetinskaja ein, wo ein Regiment bereits eine Auffanglinie besetzt hält.“[2]
Wenn bisher noch bis zu einem gewissen Grade Frontlinien erkennbar waren, so verschränken und verzahnen sich die von Freund und Feind jeweils besetzten Gebietsteile zunehmend.
Nach zwei erfolglosen Angriffen auf Metschetinskaja im Morgengrauen und gegen 08.00 Uhr des 27. Januar stellt der Russe diese einfach ein und versucht, seine Kräfte zwischen den Orten hindurch nach Westen vorzuschieben. Die beiden Angriffe auf Metschetinskaja waren mit der Hilfe starker, eigener Bomberverbände und der Artillerie abgewiesen worden.
Bezeichnend für die Überwindung der freien Steppenräume zwischen den Ortschaften ist die weit auseinandergezogene, gelöste Ordnung der Verbände. Sie „wieseln“ sich in

1) KTB LVII. Pz. Korps 2) Tagebuch Schneider

100 m Abständen von Mann zu Mann in wieder kleinen Trupps bis zu 30 und 40 Mann hindurch und nehmen so Bombenangriffen, Artillerie und Maschinengewehrfeuer die Wirkung.
Während in Metschetinskaja an den nächsten beiden Tagen Ruhe herrscht, werden die Panzermänner an die bedrohten Stellen der der Division Wiking zugewiesenen Widerstandslinie hin- und hergeworfen. Das Regiment Westland steht noch bei Leninka und Kalmikoff, etwa 15 km westlich Jegorlykskaja, die Aufklärungsabteilung auf halbem Wege zwischen Jegorlykskaja und Metschetinskaja, und das Regiment Nordland deckt den Raum westlich der Rollbahn Metschetinskaja – Rostow.
Am 26. Januar schafft Untersturmführer Schumacher mit seinen Panzern dem etwa 12 km südostwärts in Krassnoarmeiskij von der Einschließung bedrohten I./Germania Luft. Auf seinem Rückmarsch am folgenden Morgen mitten durch die Metschetinskaja angreifenden Russen vernichtet er 10 Geschütze 7,62 cm, 9 s.M.G. und etwa 200 Mann. Untersturmführer Büscher wird 8 km ostwärts Metschetinskaja im Kampf mit 2 T 34 abgeschossen und fällt. Obersturmführer Grathwol wird abgeschossen.
Außer diesen beiden Panzern verliert die Abteilung am 28. Januar 2 weitere Panzer. 1 Wagen der 1. Kp. stürzt ab in eine vereiste Balka, ein anderer brennt auf dem Wege zur Werkstatt aus.
Am 29. Januar entlastet ein Flankenstoß der 11. Pz. Division auf das von starken Feindkräften gehaltene Kammenyj die Division Wiking. Bei dem sich anbahnenden Erfolge, nach der Vernichtung von 46 Pak erhält die Kampfgruppe allerdings neue Weisungen und eine andere Verwendung. Der Feind hält infolgedessen Kammenyj.
Die SS-Panzerabteilung 5 ist an diesem Tage noch eine schwache Kompanie stark. Am 30. Januar „schleicht“ sie auf Umwegen etwa 20 km nordwärts nach Kagalnitzkaja, der neuen Widerstandslinie. Bis zum 2. Februar herrscht hier verhältnismäßige Ruhe.
Um 12.00 Uhr marschiert die Abteilung an diesem Tage befehlsgemäß nach Swoy-Trud, dem Ort des Divisions-Gefechtsstandes, von Kagalnitzkaja etwa 16 km nordwestlich und von Bataisk am Don noch etwa 30 km südlich entfernt.
Beim Abmarsch aus Kagalnitzkaja erhalten die Panzer am Nordwestrand des Ortes starkes Feuer von Pak, Panzern und Granatwerfern. Zur gleichen Zeit überwinden „Sankas“ (Sanitätskraftwagen) diesen vom Feinde eingesehenen und vereisten Hang. Sie evakuieren den Hauptverbandsplatz, der hier in der Hauptkampflinie liegt. Die unglücklichen Verwundeten, die wehrlosen Fahrer dieser Fahrzeuge wie überhaupt die Fahrer der Versorgungsfahrzeuge sind in diesen Wochen kaum vorstellbaren Beanspruchungen ausgesetzt.
Um 15.00 Uhr erreicht die Abteilung Swoy-Trud. Doch der gemeldete Feind mit 30 Panzern stellt sich als Panikmeldung heraus.
Am 4. Februar wird die durch Sturmgeschütze verstärkte Panzerabteilung auf den linken Flügel der Division, in den Abschnitt des Regimentes Nordland geworfen. Das Regiment ist durch Vorgänge bei der linken Nachbardivision in Mitleidenschaft gezogen worden, die einen Gegenstoß notwendig machen.
In eisiger Kälte tritt die Abteilung um 04.00 Uhr morgens an und bereinigt nach Abschuß von 4 Russenpanzern die Lage. Dennoch wird im Laufe des Tages das Regiment zurückgedrückt.

Um 15.30 Uhr trifft der Befehl zum erneuten und vorläufig letzten Absetzen auf Rostow ein. Hauptsturmführer Schneider berichtet:

„Da es beim Antreten bereits dunkel wird, beeilen wir uns, um möglichst viele Kilometer beim Dämmerlicht hinter uns zu bringen. Wie üblich treten bald Schwierigkeiten in Gestalt der von Räderfahrzeugen vollkommen glatt gefahrenen Balkas auf. An diesen Stellen gibt es immer stundenlangen Aufenthalt, da jeder Panzer drei- bis viermal ansetzen muß, bis er oben ist. Dabei ist es keineswegs so, daß einem unbeschränkte Zeit zur Verfügung steht. Denn wir sind die Letzten, und der Russe will auch nach Rostow.

Dazu liefert das Panorama der in der Umgebung brennenden Dörfer einen schaurig schön anzuschauenden Hintergrund. So tasten wir uns nach Bataisk. Die Straßen sind vor dem Ort verstopft. Dazu fegt einem ein Wind um die natürlich frostsicher verwahrten Ohren, der sich gewaschen hat und mindestens seine 35° Kälte im Gefolge hat. Daher entschließt sich der Kommandeur gegen Mitternacht, in Bataisk schnell noch unterzuziehen, um den müden Besatzungen eine Mütze voll Schlaf zu sichern.

Das Nest ist voll von Truppen, die Bataisk bis zuletzt verteidigen sollen. Zu 30 Mann, eng wie die Heringe geschichtet, schlafen wir 3 Stunden in einem engen Raum.

Als wir antreten, ist es noch stockfinstere Nacht. Der Schneesturm heult noch. Der Marsch auf Rostow scheint reibungslos zu gehen. Aber schon ist der Stop da. Kurz vor der großen Brücke über den Don mit ihren 2 Kilometern Länge heißt es halt. Vor uns ist ein Wagen die Böschung hinuntergebraust. Unsere Pioniere versuchen, noch zu retten, was zu retten ist. Denn es handelt sich um ihre Feldküche. So stehen wir in eisiger Kälte, im eisigen Sturm gerade an der schlimmsten Stelle, nämlich auf einem Damm, wo wir dem Sturm schutzlos ausgesetzt sind. Ich steige aus dem Panzer aus; denn er ist im Winter ein Kühlschrank. Ich wärme mich an den Kühlern der vor mir stehenden Pionier-LKW.

Gegen 10.00 Uhr rollen wir nach Rostow hinein. Aber auch da geht es nicht reibungslos. Die Straßen sind unerhört verstopft. Drei bis vier Kolonnen von Kraftfahrzeugen aller Typen stehen nebeneinander. Jeder Kolonnenführer sucht für sich und seinen Haufen zu entwischen, indem er andere abdrängt ... Wir kämpfen uns durch Rostow, um in einem Vorort für einige Tage zu ruhen und die technisch übel zugerichteten Panzer in Ordnung zu bringen.“[1]

Den engeren Brückenkopf Bataisk verteidigen die 111. I. D. und 16. I. D. (mot). Da diese Kräfte nicht ausreichen, werden sie am folgenden Tage, dem 6. Februar 1943, auf das Nordufer des Don zurückgenommen.

Vor 6 Monaten und 8 Tagen hatte die SS-Panzerabteilung 5 an dieser gleichen Stelle den Don nach Süden im Angriff überschritten. Von dieser Kaukasusoperation sprechen nachträgliche Kritiker teilweise in mokantem Ton von einer als von vornherein zum Scheitern verurteilten Operation, die nur einer ungezügelten Phantasie entspringen konnte.

Die Auffassung des russischen Oberkommandos berichtete uns bereits Shtemenko. V. Tippelskirch schreibt über die Aussichten dieser letzten weiträumigen deutschen Offensive des II. Weltkrieges in „Geschichte des II. Weltkrieges“, S. 267:

„Noch im August 1942 hatten die Engländer es für möglich gehalten, daß Hitler den Kaukasus

1) Tagebuch Schneider

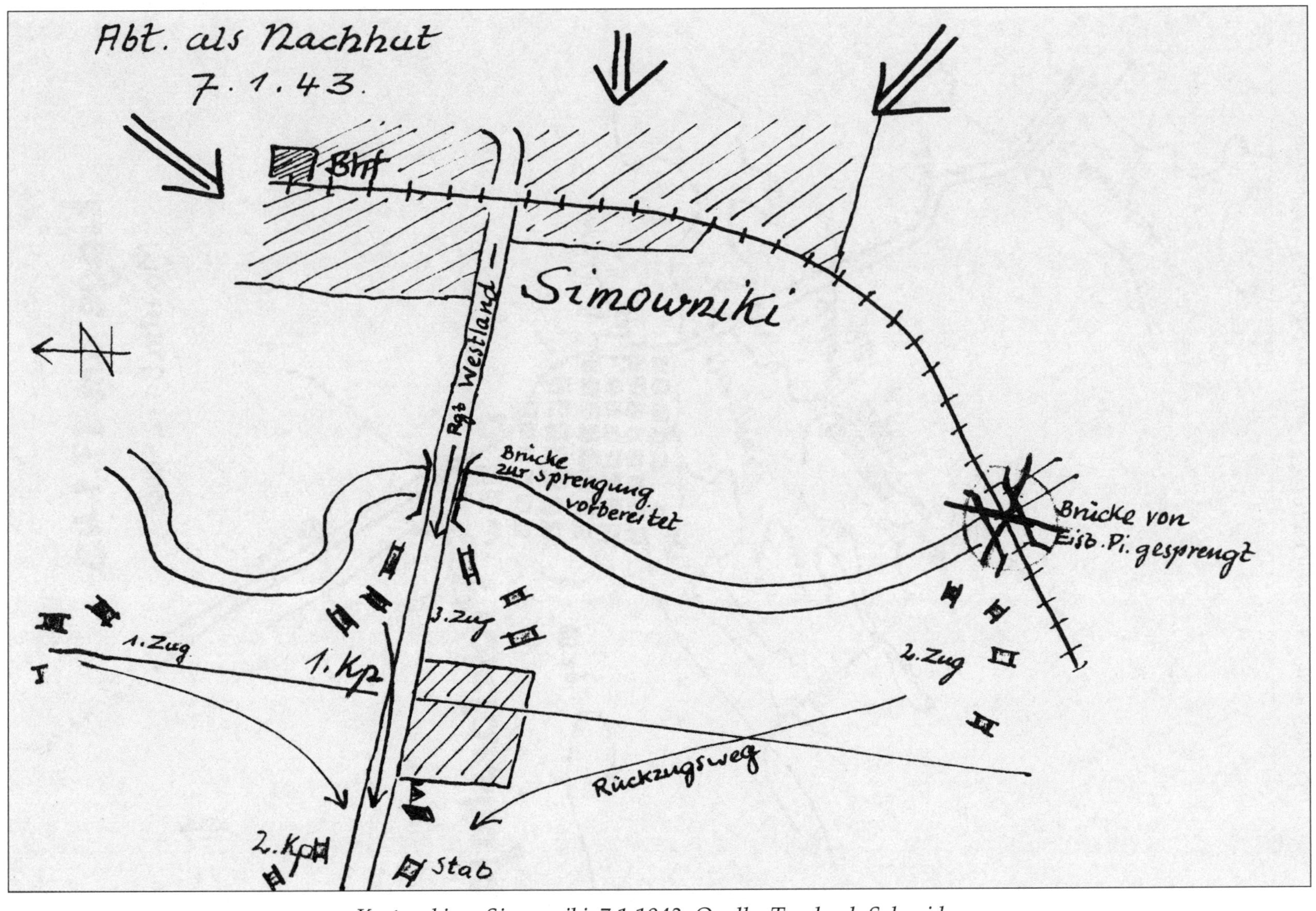

Kartenskizze Simowniki, 7.1.1943. Quelle: Tagebuch Schneider

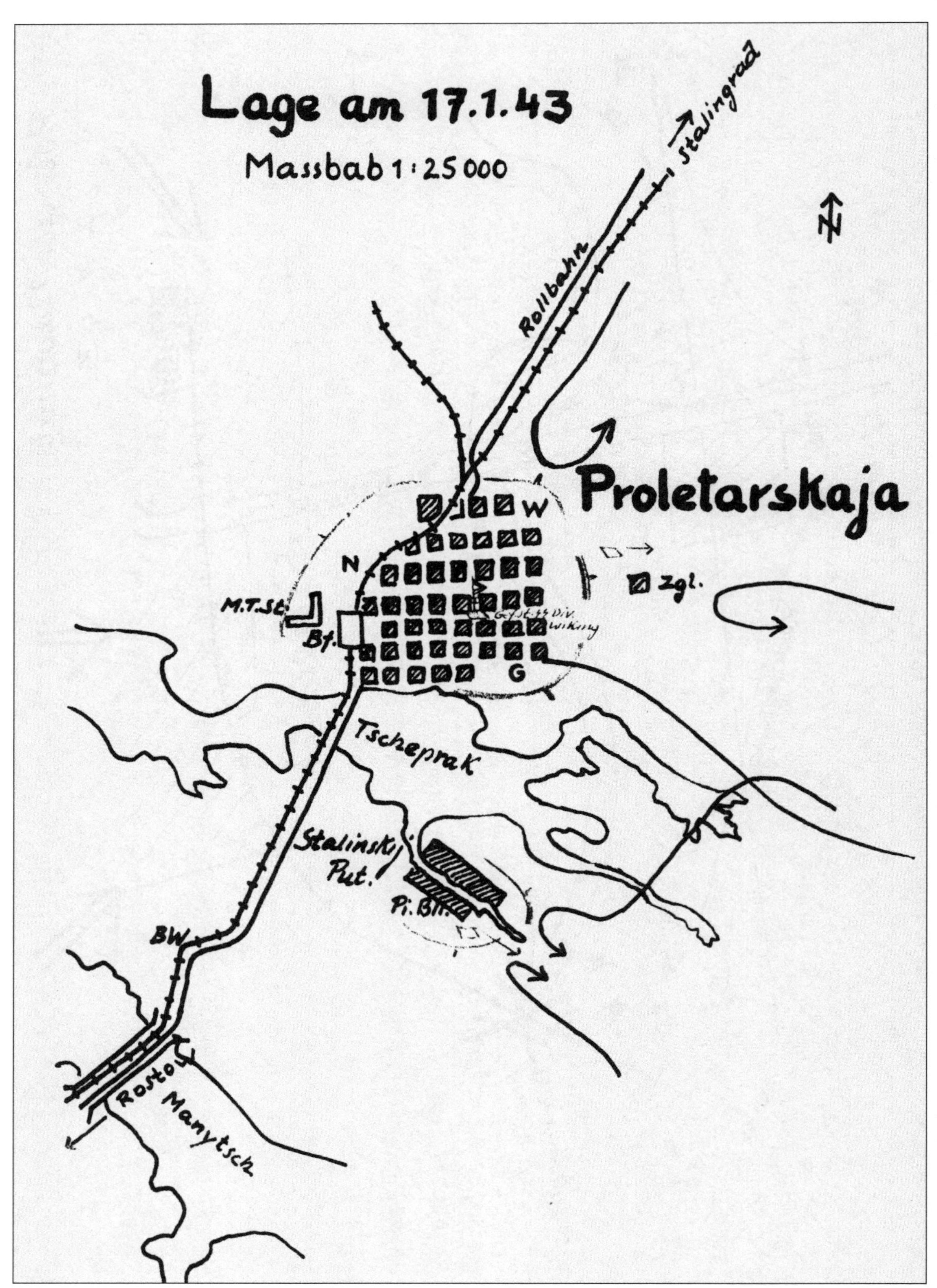

Kartenskizze Proletarskaja, Lage 17.1.1943. Quelle: Tagebuch Schneider

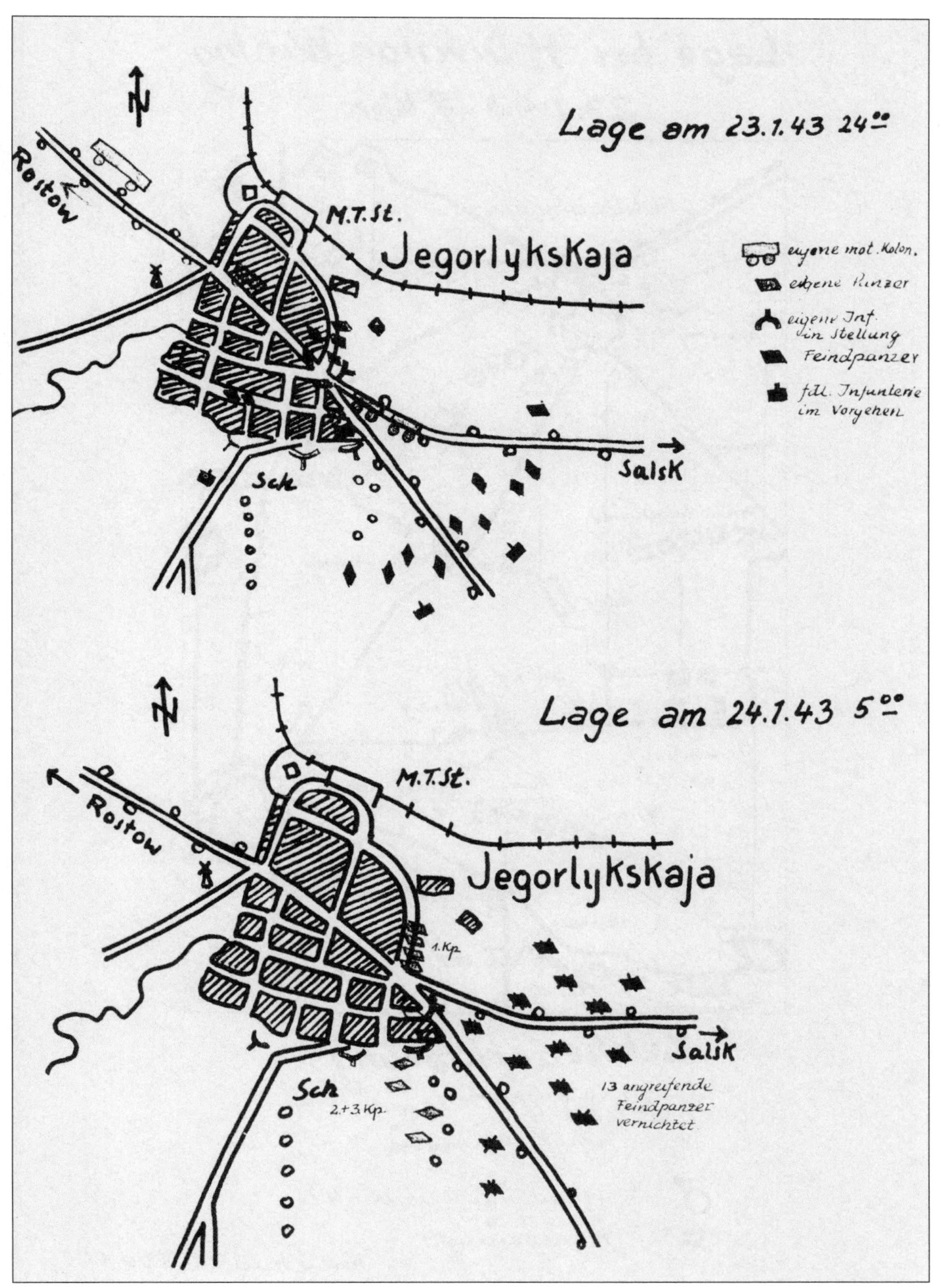

Kartenskizze Jegorlykskaja, Lage 23.1. und 24.1.1943. Quelle: Tagebuch Schneider

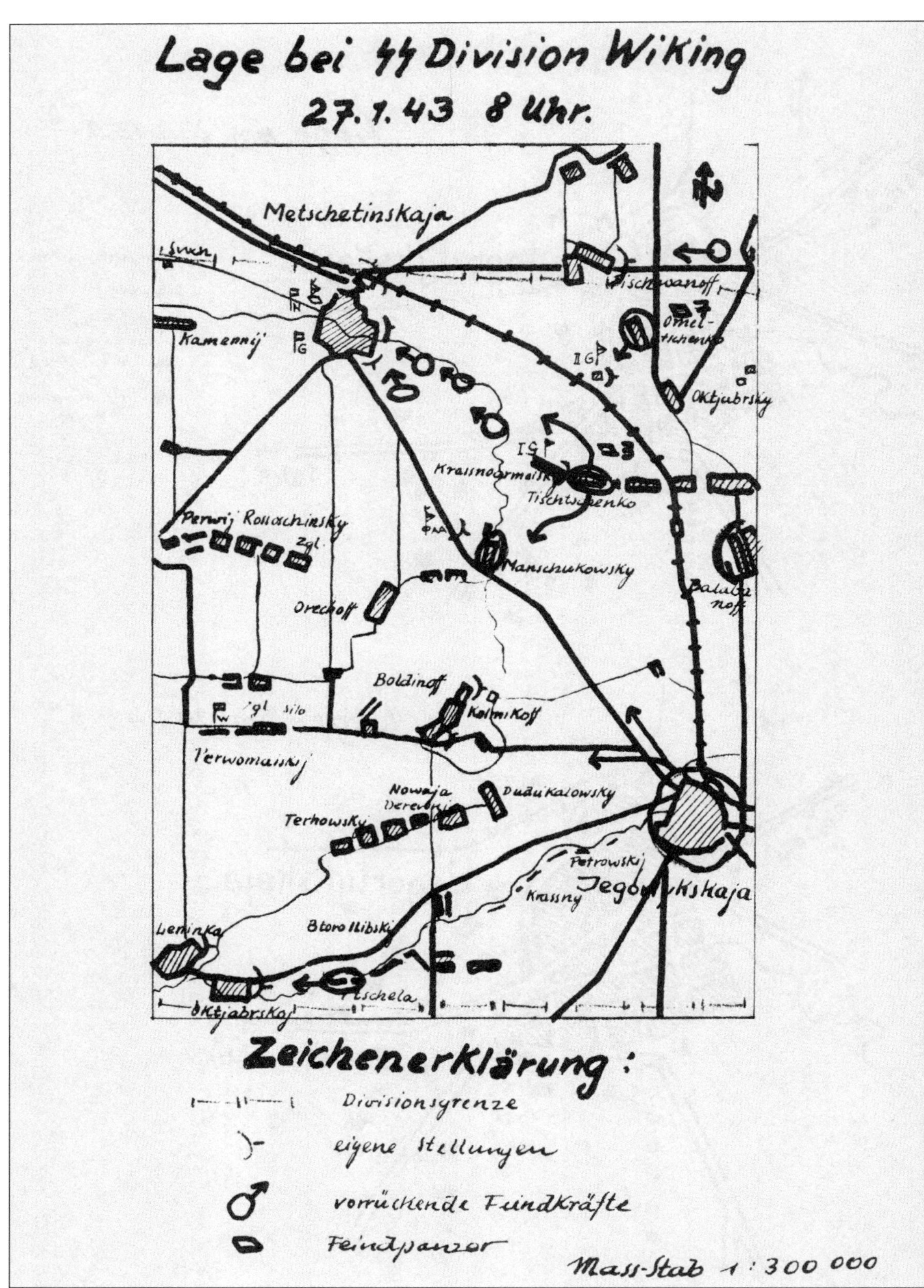

Kartenskizze Metschetinskaja, Lage 27.1.1943. Quelle: Tagebuch Schneider

überschreiten und eine groß angelegte Offensive gegen den Mittleren Osten führen würde. Sie hielten die Deutschen und die Italiener für stark genug, mit der Panzerarmee in Afrika über den Nil und über den Suezkanal nach Palästina vorzustoßen, mit einer vom Dodekanes und Kreta startenden Invasionsarmee in Syrien einzufallen und mit den Armeen der Ostfront über den Kaukasus bis nach Persien vorzustoßen ..."[1]

Diese Offensive war gescheitert. Die SS-Panzerabteilung 5, mehr als zweieinhalb Monate die Spitze des Angriffs der 5. SS-Division Wiking, fünf Wochen neben anderen die Nachhut am Feind, um den geordneten Rückzug zu decken, überschreitet den Don am Ausgangs- und Endpunkt eines Unternehmens, dessen unglücklicher Ausgang für Deutschland zugleich die Wende in diesem Kriege bleiben sollte.

Das operative Ziel des Feindes, die Durchschneidung der rückwärtigen Verbindungen der deutschen Kräfte südlich des Don, ihre Einschließung und Vernichtung ist nicht erreicht worden.

In einer Sonderdirektive des Obersten Russischen Hauptquartiers an die Südfront vom 23. Januar 1943 war auf die führende und entscheidende Rolle bei der Einkesselung des Feindes im Nordkaukasus hingewiesen worden:

„Die Eroberung von Bataisk durch unsere Streitkräfte hat eine große geschichtliche Bedeutung. Wenn Bataisk genommen ist, werden wir die feindlichen Armeen im Nordkaukasus abschneiden und 24 deutsche und rumänische Divisionen an ihrem Erscheinen in Rostow und Taganrog und in der Don-Niederung verhindern. Der Feind im Nordkaukasus muß eingeschlossen und vernichtet werden wie er in Stalingrad eingeschlossen ist und gerade vernichtet wird ..."[2]

Zu denen, die den angestrebten Erfolg der zahlenmäßig weit überlegenen und von Stalin mehrfach persönlich zu höchster Leistung angespornten Russen vereiteln konnten, gehören auch die Panzermänner der SS-Panzerabteilung 5. Ihre Verluste an gefallenen und verwundeten Männern, Unterführern und Führern nach fast sieben Monaten ununterbrochenen Einsatzes sind beträchtlich. Von den mit der neu aufgestellten Abteilung im Juni 1942 nach Rußland gezogenen Chefs der 3 Kompanien waren zwei gefallen und einer verwundet. Von den Zugführern hatte die 1. Kompanie alle verloren, die 2. und 3. Kompanie den größten Teil.

Das in sie gesetzte Vertrauen hat die Abteilung gerechtfertigt.

1) v. Tippelskirch, „Geschichte des Zweiten Weltkrieges", 1956
2) S. M. Shtemenko, „the soviet general staff at war 1941–45", S. 80

IV. Abwehr zwischen Donez und Dnjepr

Der Uferwechsel der SS-Panzerabteilung 5 über die mit äußerster Anstrengung bis Anfang Februar 1943 offen gehaltenen Don-Brücken bei Rostow bedeutete nicht das Ende wochenlangen, pausenlosen Einsatzes und den Beginn einer so notwendigen Phase der Auffrischung und Ordnung der Einheiten. Vielmehr bildeten die SS-Panzerabteilung 5 im Rahmen der 5. SS-Panzergrenadierdivision Wiking und alle noch kampfkräftigen Teile der 1. und 4. Pz. Armee die einzigen sofort verfügbaren Reserven, um auf eine Entwicklung Einfluß zu nehmen, die zu diesem Zeitpunkt im Don-Donezraum ihrem Höhepunkt zuzustreben schien und eine nach dem Verlust der 6. Armee in Stalingrad zweite, noch größere Katastrophe der deutschen Südfront nicht mehr ausschloß.

Der Verlauf der bisherigen Kämpfe südlich des Don zur Rückführung der deutschen Kaukasusarmee und der Verlauf der ihrem Höhepunkt zutreibenden Kämpfe um Don und Donez wurden diktiert durch die russische operative Absicht, den gesamten deutschen Südflügel zu umfassen und zu vernichten.

Um die Teilnehmer des Geschehens, aber auch die mit den Verhältnissen weniger Vertrauten die Bedeutung dieser entscheidenden Schlacht besser erkennen zu lassen, soll der Rahmen der Geschehnisse aus deutscher wie auch aus russischer Sicht in wenigen Strichen gezeichnet werden.

Die am 16. Dezember 1942 im großen Donbogen begonnenen russischen Operationen gegen die Kräfte der Heeresgruppe B hatten zum Durchbrechen der italienischen 8. Armee und zum Ausweichen der neu gebildeten Armeeabteilungen Fretter-Pico und Hollidt in die allgemeine Linie Donezmündung – Donezbogen bis zum Donezknie, westlich Kamensk-Schachtinskij, geführt. Die deutsche Front hatte sich damit um weitere ca. 150 km von Stalingrad nach Westen entfernt.

Mitte Januar 1943 verlief die Front in einer Länge von etwa 500 km entlang des Donez von dessen Mündung in den Don bis zum genannten Donezknie, westlich Kamensk-Schachtinskij, von dort nach Norden bis zum Donezknie bei Kalitwa und etwa 30 km westlich und parallel des Don bis Woronesch.

Die Kräfte der Heeresgruppe B setzten sich von Süden nach Norden im Anschluß an die sich bildenden Armeeabteilungen Fretter-Pico und Hollidt aus der italienischen 8. Armee, 1 Alpini-Korps, der ungarischen 2. Armee und der deutschen 2. Armee zusammen.

Vier Wochen nach dem Beginn der russischen Angriffe im großen Donbogen, am 14. Januar 1943, gerieten die Fronten südlich und westlich Woronesch durch den unerwarteten, totalen Zusammenbruch der ungarischen 2. und der italienischen 8. Armee in Bewegung. Durch den Zusammenbruch dieser beiden verbündeten Armeen sah der Beginn auch dieser neuen russischen Operationen dem Beginn der Einschließung der 6. Armee in Stalingrad sehr ähnlich. Am Anfang der Tragödie von Stalingrad stand der Zusammenbruch der 3. und 4. rumänischen Armee. V. Manstein schreibt in einer Zusammenfassung der Ereignisse auf der Südfront im Winter 1942/1943 in „Verlorene Siege", S. 468:

„Darüber hinaus hatten die Sowjets vier auf deutscher Seite kämpfende verbündete Armeen vom Kampfplatz weggewischt (gemeint sind die 3. und 4. rumänische sowie die 2. ungarische und 8. italienische Armee, d. Verf.). *Viele Tapfere, die es auch in diesen Armeen gegeben hat, waren gefallen... Die Reste dieser Armeen haben sich aufgelöst und mußten früher oder später abgeschoben werden ...“*[1]

Bei Shtemenko finden wir in diesem Zusammenhang folgende Bemerkung:

„Der Beginn der Operationen war für den 15. Januar geplant. In Wirklichkeit begannen sie früher. Zwei Tage vorher wurde bewaffnete Aufklärung in die Hauptstoßrichtungen durchgeführt. Im Abschnitt der 40. Armee wurde sie so energisch unternommen, daß der Feind aus den Stellungen geworfen wurde und sich zurückzuziehen begann. Das Armeeoberkommando bemerkte das und ließ sofort mit den Hauptkräften angreifen, die am Ende des Tages bis 7 km tief in die Verteidigungsstellungen eindrangen. Der Angriff wurde am nächsten Morgen fortgesetzt, und die Lage entwickelte sich für uns sehr günstig. Noch bevor die Woche zu Ende war, waren die Hauptkräfte des Feindes aufgespalten und in zwei Räumen eingeschlossen, im Gebiet von Rossosch und Alexejewka. Die Sowjet-Truppen steigerten das Tempo, indem sie dem Feind keine Zeit gaben, sich wieder zu fangen. Am 25. Januar hatten 15 feindliche Divisionen zu existieren aufgehört, und 6 hatten eine überwältigende Niederlage erlitten ...“[2]

Zur Wahl gerade dieses Frontabschnittes und über den Operationsplan selbst bemerkt Shtemenko:

„Der Plan war äußerst verwegen und beinhaltete die Umgehung und Einschließung der Hauptkräfte der 2. ungarischen Armee im Raum Ostrogosch, Alexejewka und Rossosch. Der Raum von Kantemirowka, wo die Verteidigungsstellungen seit unserer letzten Offensive noch nicht wieder hergestellt waren, wurde als der schwache Punkt in der feindlichen Verteidigung ausgewählt. Hier führte die 3. Panzerarmee ihren Schlag, während die 40. Armee südlich Woronesch angriff...“[2]

Aus diesem auch russischerseits nicht erwarteten totalen Zusammenbruch der ungarischen 2. und italienischen 8. Armee entwickelten sich in den letzten Januartagen die schweren Kämpfe in der offenen Südflanke der deutschen 2. Armee mit dem Ergebnis, daß auch diese nach Westen ausweichen mußte. In den nunmehr ungedeckten Raum ergossen sich nach der Überwindung des Oskol die Divisionen der sowjetischen 40. und 60. Armee und erreichten am 9. 2. 1943 Bjelgorod und Kursk (v. Manstein: „Verlorene Siege“, S. 446).

Eine weitere Folge des Zusammenbruches der italienischen 8. Armee war ein starker russischer Stoß auf Isjum, der die Nordflanke der Donezstellung bedrohte, die standgehalten hatte. Nach dem Verlust von Isjum in den ersten Februartagen 1943 hatte sich zwischen dem nach Westen über Slawiansk reichenden Flügel der hier kämpfenden 1. Panzerarmee und der im Entstehen befindlichen und nach Westen zurückgehenden Armeegruppe Kempf eine sich verbreiternde Lücke gebildet, die nicht mehr geschlossen werden konnte.

Die Divisionen der 60. und 40. russischen Armee streben durch diese sich bis auf 350 km verbreiternde Lücke nach Westen und Südwesten den Dnjepr-Übergängen

1) v. Manstein, „Verlorene Siege“, Athenäum Verlag 1955
2) S. M. Shtemenko, „The soviet general staff at war 1941–45“

und der 80 km südlich Bjelgorod liegenden zweiten Hauptstadt der Ukraine, Charkow, zu. Das Kräfteverhältnis in den Bereichen der Heeresgruppen Don und B beträgt 8:1 für den Feind.
„Außer der 1. Division des SS-Panzerkorps, die inzwischen bei Charkow eingetroffen war, standen dem Feind im ganzen Bereich der Heeresgruppe B nur noch Trümmer gegenüber", schreibt v. Manstein über die deutschen Abwehrkräfte Anfang Februar 1943.[1]
Die in den ersten Februartagen fast gleichzeitigen Operationen der russischen Südwestfront über den Donez, die die beiden Flügel der 1. Panzerarmee gefährden, erfordern Entschlüsse von weittragender Bedeutung. Die 4. deutsche Panzerarmee wird nach der Aufgabe von Bataisk am 7. 2. 1943 auf den äußersten Westflügel der Heeresgruppe Don gezogen.
Am 6. 2. 1943 wird die Rückführung der Armeeabteilung Hollidt unter Aufgabe des östlichen Donezgebietes in die Miusstellung eingeleitet, die dann am 17. 2. 1943 erreicht wird.
Am 9. 2. werden die Stäbe der Heeresgruppe B und der italienischen 8. Armee herausgezogen. An Stelle der letzteren bildet sich die Armeegruppe Lanz. Die Front der bisherigen Heeresgruppe B übernimmt die in Heeresgruppe Süd umbenannte, bisherige Heeresgruppe Don.[2]

Um den Entschluß zur Aufgabe des Donezbeckens ist zwischen der Heeresgruppe Don und Hitler gerungen worden. V. Manstein schildert diese Bemühungen eingehend. Zur Verkürzung der Front, zur Möglichkeit der Bildung von Reserven hält er die Räumung für unumgänglich. Die Einwände Hitlers, die wehrwirtschaftliche Bedeutung des Donezgebietes und die Bedeutung der Eisenbahnendpunkte für die Versorgung der russischen Truppen, schwächt v. Manstein ab. Er räumt zwar wachsende Nachschubschwierigkeiten der Russen ein, stellt aber fest:
„Doch waren die Entfernungen von den feindlichen Eisenbahnendpunkten bis zur Küste des Asowschen Meeres oder bis an den unteren Dnjepr nicht so weit, daß daran die Durchführung der zu befürchtenden Abschnürungsoperation gegen den deutschen Südflügel im Zeitalter des Kraftwagens hätte scheitern müssen ..."[1]
Die Auffassung des russischen Generalstabes vom gleichen Problem vor der Aufnahme der Operationen des 14. Januar 1943 und am gleichen Frontabschnitt vermittelt uns Shtemenko:
„Die Entwicklung der Operationen bei der Woronesch-, Südwest- und Südfront wurden erschwert durch Versorgungsschwierigkeiten. Die Versorgung dieser Fronten erfolgte noch auf denselben Wegen, wie während der Vorbereitungsperiode für die Gegenoffensive bei Stalingrad. Die Truppen waren indessen weit nach Westen vorgedrungen und hatten sich von den seitlich verlaufenden Eisenbahnlinien bis zu Abständen von 250, 300 und sogar 350 km entfernt. Wir wurden daran gehindert, die Versorgung der Truppen entlang der Eisenbahnlinie Stalingrad – Kamensk und quer durch das Donezbecken durchzuführen, und zwar durch die eingeschlossene Armee von Paulus, die beiderseits dieser Linie bei Stalingrad stand.

1) v. Manstein, „Verlorene Siege", Athenäum Verlag 1955, S. 433/442
2) v. Tippelskirch, „Geschichte des Zweiten Weltkrieges", 1956, S. 281

Die Linie Woronesch – Millerowo (eine Nord-Südlinie, d. Verf.) *wäre für dieses Vorhaben geeignet gewesen, aber der Abschnitt Liski – Kantemirowka befand sich noch in Feindeshand. Im Generalstab kamen wir mehr und mehr zu der Überzeugung, daß keine neuen breit angelegten Offensiv-Operationen durchführbar seien, bevor wir nicht im Besitz dieser Eisenbahn seien.*"[1]

Die damit von Shtemenko auch hervorgehobene operative Bedeutung der Sperrung der wichtigsten russischen Versorgungslinie nach Westen durch die im Raum Stalingrad eingeschlossene 6. deutsche Armee berechtigt die Frage, was geschehen wäre, wenn diese 6. Armee bereits Ende Dezember 1942 kapituliert hätte, zu einem Zeitpunkt, als die deutschen Armeen südlich des Don noch in den Tälern des Kaukasus operierten. Das Schicksal des deutschen Südflügels wäre ein anderes geworden.

Auf die Bedeutung der Eisenbahnversorgungslinien weist Shtemenko noch einmal hin in einer kritischen Analyse der Gründe für den operativen Mißerfolg der Südwestfront Februar/März 1943:

„Die Truppen der Südwestfront waren zu einem umfassenden Unternehmen nicht in der Lage, das die Einschließung feindlicher Kräfte zum Ziele hatte, die noch stärker waren als die von Stalingrad. Außerdem kam der Feind näher an seine Versorgungsbasen heran, als er in der Donniederung zurückging, während unsere Südwestfront sich weiter und weiter von ihren Basen entfernte. Die Entfernung zwischen den Truppen und den nächsten Eisenbahnstationen betrug in einigen Fällen mehr als 300 km.

Versorgungsgüter mußten auf der Straße herangeschafft werden, und die Lastwagen waren abgenutzt und zu wenig. Nur 1300 LKW und 380 Tankwagen standen in diesem Raum zur Verfügung. Sie konnten nur 900 t Brennstoff transportieren statt 2000 t, die die Armee benötigte ..."[1]

Der Oberbefehlshaber der russischen 40. Armee, Marschall Moskalenko, bestätigt Shtemenko und sagt über die Versorgungsschwierigkeiten seiner nordwestlich Charkow in der zweiten Februarhälfte kämpfenden Truppen:

„Das Heranziehen der rückwärtigen Dienste und das Auffüllen der Verpflegungs-, Pferdefutter-, Munitions- und Treibstoffvorräte wurde immer komplizierter. Die rückwärtigen Dienste der Armee befanden sich an der Bahnstation Waluiki, bereits mehr als 300 km von uns entfernt. Die Kraftfahrzeuge reichten für den Transport über solch eine Entfernung nicht aus. Je weiter unsere Truppen nach Westen vorstießen, desto schlechter wurde die Versorgung. Es mangelte uns an allem."[2]

Die Bedeutung des Donezgebietes unterstreicht Shtemenko bei der Darlegung der Ziele der russischen Februar-Operationen:

„Die Absicht war", schreibt er, *„die unvermutete Schwäche des Feindes in der Linie Kastornoye – Starobielsk zu nutzen und schnell in den Besitz von Kursk, Bjelgorod und Charkow zu gelangen, und außerdem in den Besitz der Kohlengebiete des Donez, die das Land so sehr nötig hatte.*"[1]

Die Gründe für die offensichtlichen Auffassungsverschiedenheiten der militärischen Führer auf beiden Seiten über operative Aspekte im Zusammenhang mit der Entwick-

1) Shtemenko, „The soviet general staff at war 1941–1945"
2) Moskalenko, „In der Südwestrichtung", S. 492

lung der militärischen Lage im Don-Donezraum in den ersten Monaten des Jahres 1943 sind durch den Ablauf der Kämpfe bestätigt worden. Einerseits erhielt v. Manstein u. a. durch die rechtzeitige Räumung des Donezraumes die Voraussetzung für das sogenannte „Schlagen aus der Nachhand", andererseits bestätigt, im Gegensatz zu v. Manstein, Shtemenko die erhebliche Bedeutung der Eisenbahnlinien und Stationen. Mit dem Fehlen derselben begründet er u.a. den schließlichen Mißerfolg der anfänglich erfolgreichen russischen Operationen im Februar 1943.

Diese Operationen waren ausgelöst, ja provoziert worden durch den nicht zu erwartenden Zusammenbruch der ungarischen und italienischen Armeen. Die 2. ungarische Armee wurde zwei Tage vor dem festgesetzten Angriffstermin des Russen aus den Stellungen geworfen, als dieser im Rahmen bewaffneter Aufklärung in energischer Form bis zu 7 km eindrang. Der geplante russische Angriff galt eigentlich nur der Inbesitznahme der Eisenbahnstrecke Liski – Kantemirowka, um dann größere Offensivoperationen vorbereiten zu können. Auf Grund des ungarischen Verhaltens startete man die Offensive sozusagen „aus dem Stand". Sowohl die 2. ungarische als auch die 8. italienische Armee hatten 10 Tage später, am 25. 1. 1943, zu bestehen aufgehört.

„Das glänzende Ergebnis der Operation Ostrogosch – Rossosch löste eine Kettenreaktion von Ereignissen aus, die in den Einzelheiten schwer vorhergesehen werden konnten."[1]

Als sich die Vernichtung dieser Armeen abzeichnete, erhielt Vatutin, der Oberbefehlshaber der Südwestfront, am 19. Januar die Einwilligung des russischen Oberkommandos für die Durchführung des Unternehmens „Sprung", die geplante Offensive zur Vernichtung des deutschen Südflügels. Die Kampfziele wurden, wie folgt, formuliert:

„Die Armeen der Südwestfront führen den Hauptstoß aus der Linie Pokrowskaja – Starobielsk bis zur Linie Kramatorskaja – Artemowsk und weiter in Richtung Stalino, Voluowacha und Mariupol, ferner einen kräftigen Stoß aus dem Raum südwestlich Kamensk in Richtung Stalino, um die ganze Feindgruppe im Raum der Don-Niederung und im Raum Rostow abzuschneiden, einzuschließen und zu vernichten. Sie verhindern den Ausbruch nach Westen und den Abtransport jeglichen Materials." „Man nahm an", berichtet Shtemenko weiter, *„daß der Raum Mariupol am siebten Tag der Offensive erreicht sein würde. Gleichzeitig waren die Hauptübergänge über den Dnjepr zu sichern. Die Operation war im Zusammenhang mit der Südfront auszuführen, die entlang der Küste des Asowschen Meeres vorgehen sollte."*[1]

Mit dem tiefen Durchbruch nach Mariupol wurde eine bewegliche Gruppe unter Generalleutnant M. M. Popoff beauftragt. Die Gruppe bestand aus 4 Panzerkorps (dem 3. und 4. Garde- und dem 10. und 18. Korps) und 3 Infanterie-Divisionen (der 57. Garde- und der 38. und 52. Division), zusammen hatten sie 180 Panzer.[1]

1) Shtemenko, „The soviet general staff at war 1941–1945"

Krassnoarmejskoje

Am 29. Januar 1943 trat die bewegliche Gruppe Popoff an. Entgegen den russischen Erwartungen erreichte sie nach sieben Tagen das Ziel Mariupol nicht, vielmehr nach 14 Tagen, am 11. Februar, den Eisenbahn- und Straßenknotenpunkt Krassnoarmejskoje, noch 130 km nördlich Mariupol. Diesem sowjetischen Nord-Südstoß wurden auch die Verbände der 5. SS-Panzergrenadierdivision Wiking, die am 5. und 6. Februar das Nordufer des Don erreicht hatten, entgegengeworfen. Die wenigen einsatzfähigen Panzer der SS-Panzerabteilung 5 erwarteten neue Einsätze.

Nach dem Übergang der Abteilung über den Don in der Nacht vom 4./5. Februar 1943 glaubte man zunächst an eine kurze Auffrischung, an Zeit für die technische Überholung und Instandsetzung der Panzer.

„In Rostow selbst geht es drunter und drüber. Die Landser holen sich aus den großen Bekleidungs- und Verpflegungslagern das, was sie brauchen. Schon mischen sich Zivilisten darunter und organisieren sich das Beste. Das typische Bild des Rückzuges.

Jeden Tag und vor allem nachts bombardieren die Russen mit ihren Fliegern die Stadt. In der Nacht fallen Schüsse von bewaffneten Zivilisten ... Im Hauptbahnhof herrscht ein fieberhaftes Arbeiten, um wichtige Güter und vor allem das rollende Material und die Lokomotiven in Sicherheit zu bringen."[1]

Ruhe und Instandsetzung sind indessen Illusionen. Am folgenden Morgen, 6. Februar 1943, um 06.30 Uhr ist die Abteilung auf dem Marsch in das 50 km westlich gelegene Ssambek. Doch

„die Ausfallstraßen von Rostow sind wiederum vollkommen verstopft ... Um die Ausfahrt aus Rostow mußte ich noch kämpfen. Es war genau das gleiche Bild wie gestern. Kolonne neben Kolonne versuchte, so schnell wie irgend möglich die bedrohte Stadt zu verlassen. Die Fahrer beschimpften einander, Offiziere sagten einander alles andere, nur keine Höflichkeiten. Dazwischen bog eine bespannte Batterie mit Vorfahrtsrecht unter dem Absperrschutz von Feldgendarmen aus einer Seitenstraße ein."[1]

Gegen 21.00 Uhr, nach fast 15 Stunden, war das Marschziel Ssambek erreicht. Der folgende Sonntag ist Ruhetag, und am 8. Februar zieht die Abteilung um in das etwa 10 km entfernte Taganrog, das gute Unterkünfte und Zerstreuung bietet.

In einer Fabrikhalle arbeitet der Werkstattzug fieberhaft an der Instandsetzung der Panzer und Fahrzeuge.

„Der Abschleppzug fährt immer noch fleißig nach Rostow und holt in mühseliger Arbeit und mit wenig anerkannter Aufopferung eine Klamotte nach der anderen. Tag und Nacht sind die 18 t-Zugmaschinen unterwegs."[1]

Einsatz und Erfolg eines Panzerverbandes stehen in direkter Abhängigkeit von der Leistungsfähigkeit und Einsatzbereitschaft seiner technischen Dienste. Das Verhältnis des fachlich in Lehrgängen bei Daimler Benz und Maybach geschulten technischen Personals des Werkstattzuges zu den kämpfenden Teilen der SS-Panzerabteilung 5 mag ein zusammenfassender Bericht des Führers des Werkstattzuges, Untersturmführer Weise, über den bisherigen Einsatz verdeutlichen:[2]

1) Tagebuch Schneider   2) Bericht Weise

„Mit vollem Vertrauen kam der erste große Einsatz, der Durchbruch auf Rostow. Mit größeren Minenschäden, aufgerissener, durchschlagener Bodenwanne und Laufwerkschäden fielen einige Wagen aus. In Pfirsich-Plantagen am Ufer des Don setzten wir die Panzer in wenigen Tagen wieder instand und fuhren dem taktischen Zeichen zu neuem Einsatz nach, geführt von der eigenen Funkstelle durch die Abteilung. Auf dem Wege durch Steppe und Kaukasus wurden an Laufwerk und Motoren die größten Anforderungen gestellt, und Schäden stellten sich ein. Doch wohin wir auch kamen und unterzogen, im Wald, einer Plantage, einer Kolchose, einer Fabrik oder unter freiem Himmel, immer waren wir sofort einsatzbereit.

Bald hatten wir Routine mit anfälligen Arbeiten, Laufwerk, Antriebsschäden, Funk- und Waffenschäden, sie wurden schnell gemeistert. Hier zeigte sich der große Vorteil, daß der Werkstattzug immer unmittelbar im Einsatzraum der Abteilung zu erreichen war und seine Instandsetzungen durchführte.

Steppensand, Staub und Sonnenglut im Kaukasus fraßen die Zylinderwände und Kolben unserer Motoren, und mancher Motor mußte ausgetauscht werden. Bald waren die Nachschubwege zu lang, und die Motoren mußten von der Instandsetzungsgruppe selbst mit neuen Zylinderlaufbüchsen und Kolben und den damit verbundenen Arbeiten versehen werden. Dabei wurde den Maschinen auf unseren Werkstattwagen das Letzte abverlangt. Von den kleinsten Spezialbolzen bis zum Egalisieren der Kurbelwelle wurde alles getan. Beim Durchfahren des Terek war für einige Panzerwagen das Wasser zu tief. Sie liefen voll Wasser. Wie so oft in der H.K.L. und im Minenfeld war auch hier die Bergestaffel mit ihren großen Zugmaschinen zum Einsatz gekommen. Im Ölgebiet von Malgobek mußte vieles getan werden. Bei stärkstem Widerstand des Gegners fielen hier in kurzer Zeit 22 Panzerkampfwagen aus. Die meisten waren als Totalschaden gemeldet. Doch als wir unseren Instandsetzungsplatz verließen und weiterzogen, blieben nur drei total ausgebrannte Panzerwracks zurück.

Viel Schweiß und leere Elektrodenhüllen ließen wir an der Grusinischen Heerstraße zurück. Doch im neuen Einsatzbereich Richtung Stalingrad bei Schnee und eisiger Kälte wurde von Mensch und Maschine das Letzte verlangt. Wir fuhren immer noch mit unseren ersten Panzerkampfwagen.

Inzwischen kannten wir jede Schraube, Teile und Leitungen, nichts konnte uns mehr schrecken. Jede Arbeit wurde ausgeführt: Getriebe zerlegt und instandgesetzt, Turm und Kanone ausgewechselt, Zusatzplatten und Sicherungen sowie Verstärkungen angebracht, Panzermotorenwechsel in 24 Stunden, Getriebe in 2 Tagen, Seitenantriebe, Kanonen- und Funkstörungen meist in wenigen Stunden, desgleichen leichtere Laufwerkschäden.

Weitere Sorgen machten uns die unzähligen LKW- und PKW-Reparaturen. Selbst steckengebliebene Granaten wurden aus dem ausgebauten Rohr herausgeschossen, die Rohre wieder eingebaut. Niemand hielt es für möglich."

Das Ziel aller Anstrengungen in Taganrog war die Verstärkung der noch nicht einmal kompaniestarken, einzigen einsatzfähigen Gruppe der Abteilung, die Obersturmführer Grathwol führte. Der so gewonnene Zuwachs an Kampfkraft der SS-Panzerabteilung 5 stand am Abend des 13. Februar 1943, auf Eisenbahnwagen verladen, bereit und verließ noch am gleichen Abend Taganrog.

Auch die nicht kampffähigen Teile der Abteilung marschieren an diesem Tage, und zwar nach Amwrosiewka, etwa 80 km nach Norden, über Pokrowskaja und Uspen-

skaja. Der Raum und die Namen sind den Wikingern vertraut aus den harten Winterkämpfen 1941/1942.
3 Tage später verlegen die nicht kampffähigen Teile nach Stalino, weitere 50 km nordwestlich. Stalino bleibt bis etwa Mitte März die Basis der Abteilung. Der kampffähige Teil, die Gruppe Grathwol, steht seit Tagen im Rahmen der 5. SS-Panzergrenadierdivision Wiking in harten Kämpfen im Raume Krassnoarmejskoje, einem Straßen- und Eisenbahnknotenpunkt, etwa 60 km nordwestlich Stalino.

Am 8. Februar 1943, an dem gleichen Tage, an dem die SS-Panzerabteilung 5 Taganrog erreichte, stehen die Anfänge der 5. SS-Panzergrenadierdivision Wiking bei Amwrosiewka auf ihrem Marsch nach Norden. Am 10. Februar erreichen sie Stalino, wo sich zu dieser Zeit auch das Hauptquartier der Heeresgruppe Don befindet.
Um 10.00 Uhr dieses Tages unterrichtet die 1. Pz. Armee das XXXX. Pz. Korps über die Zuführung der 5. SS-Panzergrenadierdivision Wiking und der 17. Pz. Division.
Um 15.15 Uhr wird Wiking vom gleichen Tage
„ab 18.00 Uhr dem XXXX. Pz. Korps unterstellt und ist über Konstantinowka so vorzuziehen, daß sie spätestens 12. 2. westlich des Kriwoy Torez zur Auswirkung kommt.“[1]
Um 22.00 Uhr unterrichtet das Korps die Armee über den Auftrag der Division Wiking:
„SS-Panzergrenadierdivision Wiking erreicht im Nachtmarsch Raum ostwärts Ssergejewka und tritt von dort am Vormittag längs der beiden auf Kramatorskaja führenden Straßen an. Angriffsziel: Westufer Kriwoy Torez.
Feindlage: III. Pz. Korps wird zu anderweitiger Verwendung aus Kramatorskaja herausgezogen, während IV. Gardepanzerkorps unter allen Umständen Kramatorskaja zu halten hat. Die restlichen beweglichen Verbände der Gruppe Popoff (X. u. XVIII. Pz. Korps) bilden weiterhin beiderseits des Bachmuts einen Schwerpunkt.“[2]
Am 11. 2. 1943, 04.00 Uhr erreicht die Division Wiking folgender, fernschriftlicher Befehl des XXXX. Pz. Korps:
„1. Starker Panzerfeind auf Straße Kramatorskaja – Ssergejewka – Grischino im Vorgehen nach Südwesten. Anfang 01.00 Uhr Alexandrowka.
2. SS-Panzergrenadierdivision Wiking tritt sofort an und erreicht mit allen Teilen auf kürzestem Wege Krassnoarmejskoje. Vorherige Versammlung ist nicht abzuwarten. Schnelles Erreichen von Krassnoarmejskoje von entscheidender Bedeutung.
3. Straßen:
a) Artemowsk – Konstantinowka – Nowo Ekonomitschewskoje
b) Stalino – Ismailowka – Galjuzinowka – Sselidowka – Otradnyj.
4. Offiziere der 1. Pz. Armee stehen in Gorlowka zum Alarmieren und Einweisen der Division zur Verfügung. Bei Ia der Armee anfordern.“[2]

Die Vorhut der Division, das Regiment Nordland, kämpft sich von Süden an die Stadt heran. Die Gefechtsgruppen Westland und Germania treffen von Osten bzw. westlich ausholend auf starken Panzerfeind. Mit erheblichem Munitionsaufwand täuschen die Divisionsartillerie und auch die zunächst zur Verfügung stehenden etwa 8 Panzer einen wesentlich stärkeren Angreifer vor.

1) KTB XXXX. Pz. Korps/Anlagen 2) KTB XXXX. Pz. Korps

In diesem für die Versorgung der Donez-Mius-Front lebenswichtigen Straßen- und Eisenbahnknotenpunkt soll die eingedrungene Spitze der Panzergruppe Popoff gestoppt und dann zurückgeworfen werden. Letztere hatte in zehntägigen Kämpfen im Nord-Südstoß von Isjum etwa 100 km Gelände gewonnen und setzte damit zur Umfassung des linken Flügels der 1. Pz. Armee südlich Slawiansk an.
Die zur Umfassung ansetzenden Verbände der Panzergruppe Popoff und die parallel nach Süden zum Schutze ihrer Flanke umgebogenen Kräfte des XXXX. Pz. Korps der 1. Pz. Armee trennte der Kriwoy-Torez, ein im Abstand von etwa 10 km ostwärts von Krassnoarmejskoje von Süden nach Norden fließender Nebenfluß des Donez. Die deutscherseits anfänglich beabsichtigte westliche Umfassung der Gruppe Popoff wiederum scheiterte an dem Ergebnis der Erkundung des Geländes westlich des Kriwoy-Torez. Diese hatte, wie v. Manstein berichtet, *„festgestellt, daß ein Vorgehen der eigenen Panzerverbände im Gelände westlich des Kriwoy-Torez zur Umfassung des Gegners nicht möglich sei. Das von scharf eingeschnittenen Schluchten durchzogene Gelände wäre so tief verschneit, daß ein Ansatz der eigenen Panzerkräfte nicht möglich sei ... Dagegen stieß der Gegner seinerseits in der Nacht zum 11. Februar mit starken Panzerkräften über das angeblich ungangbare Gelände westlich des Kriwoy-Torez bis Grischino durch."*[1]
In der Tat ist der rücksichtslose Einsatz der Kräfte durch die russische Führung den Ostfrontkämpfern bekannt. Shtemenko charakterisiert den Winter 1943 so:
„Der Winter 1943 war ausnehmend kalt, mit starken Stürmen und schweren Schneefällen. Aber dies war der zweite Kriegswinter, und niemand kümmerte sich um die Wetterbedingungen."[2]
Der 5. SS-Panzergrenadierdivision Wiking gelang es bei diesem Stand der Dinge trotz der erheblichen Schwächung in den Kämpfen südlich des Don, den durchgebrochenen Feind bei Grischino und Krassnoarmejskoje zu stoppen.
Am frühen Morgen des 12. 2. *„trat Wiking erneut zum Angriff auf Krassnoarmejskoje an und drang gegen zähen Panzerfeind (dabei viel Flak und Pak) mit der von Rownyj aus vorgehenden Gruppe (Westland) 11.30 Uhr 1 km tief in die Stadt ein.*
Die Angriffsspitze der Südgruppe (Nordland) brach in Nowo Alexandrow ein und steht mit Teilen dicht südlich Wosdweshenskij.
Das auf Grischino angesetzte Regiment (Germania) ist infolge Wegeschwierigkeiten bei Kotlina aufgesessen auf Molodezkij abgedreht worden, um über Ssergejewka auszuholen."[3]
Der umklammerte Feind leistet erbitterten Widerstand. Am 18. 2., nach 6 Tagen, ist er in Krassnoarmejskoje und Grischino vernichtet. Teile können nach Norden entkommen.
„An den Kämpfen in Krassnoarmejskoje hat sich die Zivilbevölkerung auf russischer Seite stark beteiligt ...
Nach Abschluß der Kämpfe im Raum Krassnoarmejskoje werden verschiedene feindliche Befehle erbeutet. Bemerkenswert ist eine Meldung des Kommandeurs des IV. Gardepanzerkorps an den Oberbefehlshaber der Gruppe Popoff, in welcher dieser die Kämpfe am 18. 2. in Krassnoarmejskoje schildert ...

1) v. Manstein, „Verlorene Siege", Athenäum Verlag 1955, S. 447
2) Shtemenko, „The soviet general staff at war 1941–1945"
3) KTB XXXX. Pz. Korps

Weiterhin meldet der Kommandeur, daß die Kämpfe in Krassnoarmejskoje viele Verluste an Menschen und Material gekostet haben.
Von der 14. Gardepanzerbrigade und der 3. Garde mot. Schützenbrigade wird wörtlich gesagt, daß fast nichts übriggeblieben ist.
Weiterhin wird darauf aufmerksam gemacht, daß die Hilfe des X. Pz. Korps nicht ausreicht, zumal dieses den versprochenen Nachschub nicht erhalten hat."[1]

Von welcher Bedeutung der Durchbruch der Panzergruppe Popoff nach Krassnoarmejskoje für die Beurteilung der Lage durch die russische Führung war bzw. dessen Stop durch die Division Wiking, kennzeichnet Shtemenko mit folgender Bemerkung:
„*Seine Berichte* (Vatutin, d. Verf.) *an das Allgemeine Hauptquartier atmeten noch den Optimismus, welcher noch weiter angefacht wurde durch den Panzerdurchbruch nach Krassnoarmejskoje. Vatutin glaubte, daß der gesamte feindliche Widerstand bald gebrochen sein würde.*"[2]
Die deutsche Widerstandskraft brach indessen nicht nur nicht zusammen, vielmehr bereitete die Heeresgruppe Süd eine Gegenoffensive von Süden und Südwesten vor, zu der die 4. und 1. deutsche Pz. Armee in zeitlicher Abstimmung am 18. und 19. Februar 1943 antraten. Die von der Offensive der 1. Pz. Armee und mittelbar auch von der der 4. Pz. Armee getroffene Gruppe Popoff verharrte bis zu diesem Tage in einer damals unverständlichen Passivität, während zum gleichen Zeitpunkt die russischen Panzerspitzen der Woroneschfront vor den Dnjeprübergängen Dnjepropetrowsk und Saporoshe standen. Diese Passivität erklärt Shtemenko aus der Sicht eines führenden Mitgliedes des russischen Generalstabes mit der mangelhaften Vorbereitung dieses Schlages und den unlösbaren Versorgungsproblemen zur Zeit des Geschehens. Die im Bewußtsein dieser Unzulänglichkeiten dennoch befohlene Operation gründete sich wieder auf die vollständige Verkennung der deutschen Absichten.
„*Die Verteidigungsabsichten der Heeresgruppe Don wurden nicht rechtzeitig erkannt. Die Bewegung feindlicher Kolonnen während der Auffrischung hielt man weiter für kopflose Flucht und den Versuch, den Kampf in der Donniederung zu vermeiden und das Westufer des Dnjepr so schnell wie möglich zu erreichen. Das Oberkommando der Südwestfront hielt offensichtlich an dieser Fehleinschätzung fest, obwohl Tatsachen, die es hätten auf der Hut sein lassen sollen, schon sichtbar waren.*"[2]
Marschall Moskalenko erklärt zu dem gleichen Verhalten der Woronesch-Front:
„*Selbst als der Gegner den Druck von Süden und Südwesten verstärkte, glaubte das Oberkommando der Front noch daran, daß dieser seine Truppen westlich und nordwestlich Charkow über den Dnjepr zurücknehme. Zumindest war dies der Direktive vom 26. 2. zu entnehmen, die von der 40. Armee forderte, so weit als möglich nach Westen vorzurücken und Sumy und anschließend Poltawa zu nehmen.*"[3]
Das Argument von dem „*kopflosen Rückzug der Nazi-Streitkräfte*" wurde selbst am 21. 2. nicht revidiert,
„*als Gewißheit entstand, daß mehrere SS-Divisionen zum Gegenangriff antraten. Die an*

1) KTB XXXX. Pz. Korps
2) Shtemenko, „The soviet general staff at war 1941–1945"
3) Moskalenko, „In der Südwestrichtung", S. 493

diesem Tage M. M. Poppoff, dem Kommandeur der beweglichen Gruppe, übermittelten Weisungen stellen dies ganz unzweideutig fest: „Die durch die Absicht des Feindes, alle Truppen über den Dnjepr zurückzuziehen, entstandene Lage erfordert entschlossenes Handeln.“[1]
Am gleichen 21. 2., 20.35 Uhr erhält die Division Wiking folgenden Befehl:
„Feind geht angeschlagen auf Geiluschka-Abschnitt zurück. 11. Pz. Division stößt 22. 2. von Nowo Alexandrowka auf Stepanowka vor.
SS-Panzergrenadierdivision Wiking bleibt ohne Aufenthalt und ohne Versammlung der Division abzuwarten, auch nachts, im Vorgehen über Kriworoschja auf Nowo Petrowka und sperrt Geiluschka-Abschnitt. Regiment Germania wird wieder unterstellt. Noch in Krassnoarmejskoje befindliche Teile beschleunigt antreten.“[2]
Am Mittag des folgenden 22. 2. hat die Division Jekaterinowka, Wawarowka und Nowo Petrowka genommen.
Um 20.35 Uhr erhält Wiking fernschriftlich den Kampfauftrag für den 23. Februar:
„SS-Panzergrenadierdivision Wiking stößt zur Verbindungsaufnahme mit 11. Pz. Division auf Iwerskoje durch und verhindert zunächst Ausbrechen des Feindes über Linie Nowo Iwerskoje – Jekaterinowka – Kriworostoje nach Westen. Nächstes Ziel: Alexandrowka an der Ssamara.“[2]
Am späten Vormittag des 23. 2. befiehlt der Kommandierende General der Division Wiking,
„umgehend mit starken Kräften auf Stepanowka vorzustoßen.“[2]
Am 24. 2. versuchen die Restteile der zerschlagenen Gruppe Popoff weiterhin, vor 7. und 11. Pz. Division nach Norden zu entkommen.
„Neu ist, daß das in der Westflanke des Korps stehende III. Pz. Korps auch den Befehl bekommen hat, nach Norden abzumarschieren. Damit hat der Gegner endgültig seine Absicht, sich einem vermeintlichen deutschen Rückzug nach Westen vorzulegen, aufgegeben und versucht, möglichst starke Teile seiner zerschlagenen Armee nach Norden zu retten.“[2]
Am 25. Februar nimmt Wiking Bogdanowka und besetzt am frühen Nachmittag mit der Vorausabteilung Gawrilowka, nachdem am Vortage Alexandrowka und Ssofiewka genommen worden sind.
Für die weitere Verfolgung des Feindes lautet der Auftrag:
„SS-Division Wiking riegelt Barwenkowo nach Westen und Nordwesten ab und stößt mit einer starken Kampfgruppe bis zum Donez ostwärts Petrowskaja vor und hält den dortigen Übergang offen.“[2]
Bis zum Abend des 27. 2. ist nach hartem Kampf Archangelskaja genommen. Von 14 Feindpanzern sind 6 abgeschossen worden. Gruschewacha befindet sich in eigener Hand.[2]
Am 28. Februar abends lautet die Tagesmeldung der Division Wiking:
„SS-Panzergrenadierdivision Wiking Bereka-Brücke nördlich Gruschewacha unzerstört in eigener Hand und gesichert. Donez-Brücke in Petrowskaja zerstört.“[2]

Ihrem vor kaum vier Wochen erzielten Erfolg, die Don-Übergänge bei Rostow für das Abfließen der Verbände der 1. und 4. Pz. Armee offenzuhalten, hat die Division Wiking

1) Shtemenko, „The soviet general staff at war 1941–1945“
2) KTB XXXX. Pz. Korps

einen weiteren hinzugefügt. An einem entscheidenden Punkt hat sie im Rahmen der 1. Pz. Armee dazu beigetragen, daß das operative Ziel des Feindes, die Umfassung und Vernichtung des deutschen Südflügels, vereitelt und die Donezfront wieder gefestigt worden ist.
Ihre Würdigung findet diese Leistung, an der die Panzerabteilung nur mit einer kompaniestarken Kampfgruppe Anteil hat, in einem Tagesbefehl der Division. Auch v. Manstein findet in seinen Erinnerungen Worte der Anerkennung. Zum Erstaunen manchen Lesers fügt er dann hinzu:
„Abgesehen davon, daß sie durch die vorhergehenden Kämpfe bereits erheblich geschwächt war, litt sie an einem entscheidenden Mangel an Führern. Die Division bestand aus Freiwilligen der SS aus den baltischen und nordischen Ländern. Ihre Verluste waren so stark gewesen, daß zur Zeit nicht mehr genug Offiziere mit entsprechenden Sprachkenntnissen vorhanden waren. Daß dadurch die Schlagkraft der an sich guten Truppe leiden mußte, war verständlich.“[1]
Diese ohne Angabe von Einzelheiten getroffene Feststellung bedarf in zweifacher Hinsicht der Erläuterung. Die Feststellung über die Zusammensetzung der Division Wiking kann nur auf einer falschen Unterrichtung v. Mansteins beruhen. Die Namen der Grenadierregimenter: Germania, Westland und Nordland weisen auf die Zusammensetzung hin. Das Regiment Germania setzte sich schon aus der Friedenszeit her aus Reichsdeutschen zusammen. Das Regiment Westland nahm Freiwillige aus den westlichen Ländern, das Regiment Nordland aus den nordischen Ländern auf. In diesen beiden Regimentern waren starke reichsdeutsche Stämme unter den Mannschaften, Unterführern und Führern das Gerüst derselben. Auch in den Divisionseinheiten überwog das reichsdeutsche Element.
Es ist nicht bekannt, worauf sich v. Mansteins Verständnis für die durch Verständigungsschwierigkeiten verursachte Minderung der Schlagkraft dieser Division stützt. Ohne die Möglichkeit des Einzelfalles grundsätzlich ausschließen zu wollen, wie etwa bei dem estnischen Freiwilligen-Bataillon,[2] muß festgestellt werden, daß noch lebenden Angehörigen dieser Division eine allgemeine Aussage dieser Art unverständlich erscheint. Darüber hinaus sei dem Verfasser, der als Einheitsführer in der Aufklärungsabteilung, im Regiment Nordland und im Panzerregiment dieser Division Niederländer, Flamen, Dänen und Norweger zu führen Gelegenheit gehabt hat, die Bemerkung erlaubt, daß er zu keinem Zeitpunkt Verständigungsschwierigkeiten gehabt hat, nicht zuletzt dank der teilweisen Sprachverwandtschaft und der sprachlichen Auffassungskraft der Freiwilligen.
Möglicherweise hat Generalfeldmarschall v. Manstein auch sonst Zweifel an den Führungseigenschaften der Offiziere der Waffen-SS gehabt. Im Kriegstagebuch der Armeegruppe Kempf findet sich am 19. 2. 1943, fast gleichzeitig mit den Ereignissen bei Wiking, um 10.35 Uhr die Eintragung:
„Chef SS-Panzerkorps meldet, er betrachte die Entsendung von Generalstabsoffizieren als Verbindungsoffiziere zu den SS-Kommandobehörden als ein Mißtrauensvotum gegenüber den eigenen Generalstabsoffizieren.“[3]

1) v. Manstein, „Verlorene Siege“, Athenäum Verlag 1955, S. 449
2) siehe Seite 164
3) „Befehl des Gewissens“, Munin Verlag, 1976

Ein weiterer Hinweis auf Zweifel an den Führungseigenschaften des Stabes des II. SS-Panzerkorps mag der Hinweis im gleichen Kriegstagebuch vom 16. Februar 1943, um 10.50 Uhr sein, in welchem v. Manstein fordert: *„Es soll erneut zur Frage Stellung genommen werden, ob SS-Generalkommando Hausser ausscheiden soll und die Divisionen direkt zu unterstellen sind.“*[1]
Es ist der gleiche Oberstgruppenführer Hausser, der gegen den wiederholten Führerbefehl und den der nachgeordneten Kommandobehörden die Stadt Charkow am 15. Februar 1943 geräumt hat, um sie vier Wochen später mit seinen neu geordneten Divisionen zurückzuerobern.
Die durch die Räumung frei gewordenen Divisionen waren die Voraussetzung *„für den großzügigen, gesunden Operationsplan Mansteins“*, wie Hausser in einem Nachtrag zu diesem Geschehen feststellt. Er stellt die Frage: *„Womit hätte denn Manstein seine Offensive zwischen Don und Dnjepr nach Norden führen können?“*[2]

Kamyschewacha – Michailowka

Kehren wir zurück zur Masse der SS-Panzerabteilung 5 nach Stalino. Hier arbeitet der Werkstattzug fieberhaft an der Instandsetzung der Panzer und Räderfahrzeuge.
Die Abteilung selbst erfährt hier in diesen Tagen eine tiefgreifende organisatorische Veränderung. Fast genau ein Jahr nach dem Beginn der Aufstellung der Abteilung ergeht die Weisung, durch Aufstellung einer II. Abteilung ein der Division Wiking kriegsgliederungsmäßig zugehöriges Panzerregiment aufzubauen. Der bisherige Abteilungskommandeur, Sturmbannführer Mühlenkamp, wird mit dieser Aufgabe betraut. An seiner Stelle wird Sturmbannführer Köller Kommandeur der I. Abteilung.
Am 28. Februar 1943 findet die Übergabe statt. Das Abstellen zahlreicher bewährter Männer und Unterführer als Stamm und Rückgrat der neu aufzustellenden Abteilung bedeutet für das Panzerregiment 5 eine notwendige Voraussetzung, für die schon geschwächte I. Abteilung einen zusätzlichen, fühlbaren Verlust.

Am 4. März werden die reparierten Panzer und Fahrzeuge der Gruppe Grathwol nach Kamyschewacha zugeführt. Das bedeutet 150 Kilometer über eine verschlammte Rollbahn, der infolge der Schneeschmelze jeder Kilometer abgerungen werden muß.
Der Pendelverkehr über diese Strecke zwischen den Gefechtsteilen der Abteilung und den Nachschubeinheiten dauert bis zum 14. März. Russische Luftangriffe gehören zur Begleitung, zu deren Opfern auch der Adjutant der Abteilung, Obersturmführer Birnschein, gehört. Im Lazarett in Stalino heilt er seine Schulterverletzung aus.
Am 15. März 1943 ist die I./Pz. Rgt. 5 wieder geschlossen untergebracht im Raum westlich Isjum, auf dem Südufer des Donez.
Der Abteilungs-Gefechtsstand liegt in Kamyschewacha, die rückwärtigen Dienste liegen in Podolje.

1) „Befehl des Gewissens“, Munin Verlag 1976
2) Paul Hausser, „Waffen-SS im Einsatz“, Plesse-Verlag 1953, 1. Auflage S. 100

Die Front ist ruhig in den nächsten Wochen. Die Truppe stellt mit allen Mitteln die Gefechtsbereitschaft wieder her. Auch die Trosse treiben Gefechtsausbildung.
Die heimliche Hoffnung, daß die Division und damit auch die Abteilung aus der Front herausgezogen werden, erfüllt sich nicht. Der Traum von Heimaturlaub, Wiedersehen bleibt ein Traum. Am 1. April 1943 ist entschieden, daß die 5. SS-Panzergrenadierdivision Wiking in Frontnähe kurz aufgefrischt wird.
In einer Führerbesprechung in Kamyschewacha, so berichtet Hauptsturmführer Schneider,
„erlebte die Abteilung ihre Wiedergeburt. Die Kompanien werden mit neuen Panzern ausgestattet. Allerdings nicht mit dem Material, wie wir es uns wünschen. Typisch die letzten Panzer zusammengekratzt.“[1]
Die 1. Kompanie der I./SS-Pz. Rgt. 5 hat unter ihren jetzt 13 Kampfwagen 7 Panzer mit der Kanone 5 cm lang, 4 mit der Kanone 7,5 cm kurz und 2 Panzer mit der Kanone 7,5 cm lang.

Am 5. April verlegt die Abteilung in den von der Division befohlenen Auffrischungsraum Losowaja, etwa 60 km südwestlich Kamyschewacha, an der großen Durchgangsstraße IV von Dnjepropetrowsk nach Slawiansk. Wegen der außerordentlichen Dichte der Belegung dieses Raumes durch Etappeneinheiten jeder Art verlegt die Abteilung am 10. April in den nördlich von Losowaja gelegenen Ort Michailowka – Ssossipatrowka.
Über den Auffrischungsort und den Auftakt der Auffrischung erfahren wir von Hauptsturmführer Schneider weiter:
„Es ist ein echt ukrainisches Dorf und macht bei dem üblen Wetter keinen besonders guten Eindruck. Wie sich später herausstellte, hat es uns doch in seinen Lehmhütten gefallen, denn wir gingen ungern weg. Ich habe nun auch die Kettenstaffel wieder bei mir, so daß der Tanz beginnen kann. Die Richtlinien für die Ausbildung sind schon da. Die, ach so alten Krieger, werden Augen machen, wenn sie wieder auf Schwung gebracht werden.
Die Kompanie richtet fleißig die Unterkünfte ein. Panzer werden getarnt, Betriebsstofflager und die Werkstatt der Instandsetzungsgruppe eingerichtet. Der Furier sucht nach einem geeigneten Backofen und nach einem Keller, in welchem leicht verderbliche Nahrungsmittel gehalten werden können.
Der Spieß hat ein Arbeitskommando zusammengestellt, das bereits an der Erstellung einer Sauna arbeitet. Und andere bemühen sich um die Ausgestaltung des Unterrichtsraumes, in dessen Nähe der Sandkasten aus dem Boden schießt.
Ich selbst sitze mit meinen Zugführern beisammen, um die Panzerbesatzungen neu zu bestimmen. Es herrscht ein Betrieb wie in einem Ameisenhaufen.“[1]
Für den 20. April, „Führers Geburtstag“, hat der Kommandeur „dienstfrei“ angeordnet. Die entsprechenden Talente in den Kompanien sorgen für die kulinarische Ausgestaltung dieses Tages. Der „Konditormeister“ Fiebelkorn und der Koch der 2. Kompanie bewähren sich, wie immer, mit ihren Künsten. Der Speiseraum des Abteilungsstabes in Michailowka u. a. ist in den wenigen Tagen durch die Künstler des Werkstattzuges mit Wandleuchtern aus Schmiedeeisen und Messingkartuschen ausgestattet

1) Tagebuch Schneider

worden, deren Kerzenlicht eine würdige Atmosphäre schafft. Fünf Tage später bietet das Osterfest eine weitere Gelegenheit, den Krieg zu vergessen. Die Improvisationsfähigkeit, die geistige Beweglichkeit und auch Gemütskraft des deutschen Soldaten möge der folgende Bericht bestätigen:[1]

„Nachmittags, um 04.00 Uhr begann das Kompaniefest. Im offenen Viereck waren Tische und Stühle in das frische Grün einer Wiese gestellt worden. Den Hintergrund bildete die lebendige Kulisse einer wilden Hecke. Unser Konditormeister Fiebelkorn war mit seinen Künsten nicht zurückhaltend. Und so konnte den Männern dreierlei Kuchen vorgesetzt werden, dazu ein ordentlicher Bohnenkaffee. Unter lustigen Vorträgen und Darbietungen kam die rechte Stimmung auf. Anschließend wurden Spiele wie Sackhüpfen, Eierlaufen, Reiterkämpfe und dergleichen durchgeführt, wobei sich der Chef mit seinen Zugführern nicht ausschloß. Zur Stärkung wurden Schnäpse ausgeschenkt.

Inzwischen hatte sich ein großer Teil der Bevölkerung eingefunden. Durch unsere Landsknechtslieder angestachelt, boten einige Barischnas ihrerseits einige russische Volkslieder und Tänze zum Besten. Der Starost, der an meiner Seite saß, schwang als Dorfbulle das Tanzbein. Aber nur kurze Zeit. Denn der Schnaps, dem er sehr zugesprochen hatte, machte ihn bald bewegungsunfähig. Mit einem kräftigen Abendessen und einem Lied, beides in Anwesenheit des Kommandeurs, wurde der gut gelungene Kaffeenachmittag beschlossen."

Petrowka – Iwanowski

Am 10. Mai 1943 ist die erste Phase der Auffrischung der I./Pz. Rgt. 5 im Raum Michailowka – Ssossipatrowka beendet. Die 1. Kompanie wird gemeinsam mit einer Pionierkompanie dem Regiment Germania unterstellt, das als Eingreifreserve des Korps dicht hinter die Front der 46. I. D. in den Raum Petrowka verlegt wird. 3 Tage später, am 13. 5., verlegt die Panzerabteilung ebenfalls in den Raum Petrowka. Am 14. 5. wird die Eingreifreserve noch weiter nach vorn gezogen. Die 1. Kompanie zieht in Iwanowski unter, einem aus zwei Häuserzeilen bestehenden Dorf, das überdies mit Flüchtlingen aus den Donezdörfern überbelegt ist. Die Bevölkerung begrüßt die Belegung, um so vor lästigen Partisanenüberfällen gesichert zu sein.

Der Gefechtsstand und die Masse der Abteilung liegen in Priwolje.

In kurzer Zeit erhält Iwanowski, „Standort der 1. Kompanie", ein Gesicht wie wenige Wochen vorher Ssossipatrowka. Der Ausbildungsbetrieb läuft planmäßig. Mit schier unerschöpflichem Talent werden die Möglichkeiten für Freizeit und Sport geschaffen. In wenigen Tagen entsteht aus dem Nichts ein Sportplatz, umrahmt von einer 400 m-Bahn. Eine Hindernisbahn mit Wassergraben, Kriechhindernis, Schwebebalken, Hürden und Eskaladierwand fehlen ebenfalls nicht. Gruben für Weit- und Hochsprung, sogar ein Fahnenmast vervollständigten die Anlage. Zur Verwirklichung einer Bademöglichkeit wird auf die bewährte Methode der Benzinfässer zurückgegriffen, die natürlich gereinigt jetzt Wasser enthalten, das mittels einer Benzinpumpe verspritzt werden kann.

1) Tagebuch Schneider

Höhepunkt dieses kulturellen Schaffens ist das Sportfest von Iwanowski mit einer für alle Beteiligten unvergeßlichen Siegesfeier. Den begehrtesten Preis, einen Urlaubsschein und gleich die Fahrkarte dazu, gewinnt Fiebelkorn.
Sechs Wochen gewährt der Feind der I./Pz. Rgt. 5 zur Wiederherstellung der Einsatzbereitschaft. Seit dem 1. Juli 1943 liegt sie in Marschbereitschaft.

Bereka – Raum Charkow – Bereka

Am 5. Juli 1943, abends rollt die Abteilung über Barwenkowo, Bol. Andrejewka nach Krutaja-Balka. Außer der Division Wiking rollt auch noch eine Panzerdivision des Heeres nach Norden. Um der feindlichen Aufklärung zu entgehen, werden die Bewegungen auf der Rollbahn jeweils um 03.00 Uhr morgens beendet.
Schon am 9. Juli ist das Zwischenspiel als Eingreifgruppe hinter dem Berekaabschnitt beendet. Der Marsch führt jetzt in Richtung Charkow. Von Komarowka, einer Vorstadt von Charkow, marschiert die Abteilung in der Nacht vom 12./13. Juli nach Woroschilowsk, etwa 50 km nördlich Charkow. Aus dem vermuteten Einsatz im Rahmen der deutschen Offensive im Raum Kursk, „Zitadelle", wird indessen nichts. Nach zwei Wartetagen in Woroschilowsk marschiert die Abteilung in der Nacht vom 15./16. Juli wieder, allerdings nicht weiter nach Norden, sondern wieder nach Süden zurück in das bereits bekannte Bereka. Die soeben beendeten Bewegungen standen in ursächlichem Zusammenhang mit der großen Schlacht im Raum Kursk.
Nach einer dreimonatigen Pause hatten neue operative Bewegungen im südlichen Teil der Ostfront begonnen. Die letzte große deutsche Offensivoperation im Osten, das Unternehmen „Zitadelle", war soeben gescheitert. Am 5. Juli hatte die Offensive gegen massierte russische Kräfte in dem nach Westen vorspringenden Frontbogen im Raume Kursk mit dem gleichzeitigen deutschen Vorstoß von Norden und Süden begonnen. Das Ziel war, die Initiative und operative Bewegungsfreiheit zurückzugewinnen.
Es waren im Norden, südlich Orel, im Rahmen der 9. Armee unter Generaloberst Model 5 Panzerdivisionen, 1 Panzergrenadierdivision und 7 Infanteriedivisonen, im Süden im Rahmen der Armee-Abteilung Kempf und der 4. Panzerarmee, beiderseits Bjelgorod, 11 Panzerdivisionen und 7 Infanteriedivisionen bereitgestellt worden.
Die im Norden auf einer Breite von 90 km angreifende 9. Armee
„blieb nach Anfangserfolgen bereits in den ersten Angriffstagen liegen, nachdem sie an der tiefsten Stelle 15 km in die feindliche Front eingebrochen war."[1]
Die beiden von Süden angreifenden Armeen drangen bis zu 35 km tief in das russische Verteidigungssystem ein. Zwischen den Spitzen der beiden Angriffskeile lagen noch mehr als 100 km, als am 12. Juli 1943, sieben Tage nach dem Beginn der Operationen, die 9. Armee den Angriff einstellen mußte. Die beiden von Süden angreifenden Armeen stellten fünf Tage später, am 17. Juli 1943, ihre Angriffe ein.
Das Scheitern dieses Unternehmens stellt die endgültige Wende auf dem russischen Kriegsschauplatz dar. Von hier bis zur Eroberung Berlins führt ein gerader Weg.

1) v. Tippelskirch, „Geschichte des Zweiten Weltkrieges", Athenäum Verlag 1956, S. 330

Ssrednij – Golaja Dolina

Die Männer der I./SS-Pz. Rgt. 5 verstehen den Sinn der Märsche der letzten Tage nicht. Als sie gar in der Nacht zum 17. Juli auf der Panzerstraße „Ost" von Bereka wieder nach Süden marschieren,

„greifen sie sich an den Kopf und können keine Erklärung dafür finden, was sie in den alten Löchern sollen."[1]

Als sie aber am Abend des 17. Juli nach Kamyschewacha befohlen werden, erhalten sie Klarheit. Nördlich des Ortes hat der Russe mit starken Kräften den Donez überwunden und greift nun seinerseits an. Im Sog dieser russischen Gegenoffensive steht das Kampfgeschehen der nächsten Wochen und Monate. Im Nachtmarsch wird Kamyschewacha erreicht, das voll gestopft ist von Trossen und Korpstruppen.

Am nächsten Morgen, 18. Juli 1943, greifen die der Kampfgruppe Dorr des Regimentes Germania unterstellte 1. und 3. Kompanie der Panzerabteilung an, um einen russischen Einbruch nördlich Barabaschewka abzuriegeln. Auf Anhieb gelingt die Säuberung des Geländes in Richtung Ssrednij, dessen Südrand erreicht wird. Die nächsten Angriffsziele sind Mal. und Bol. Garaschewka. Während Massen flüchtender Russen bei Höhe 123,1 den Panzern willkommene Ziele bieten, werden diese selbst am Vorderhang von 18,2 cm Granaten der russischen Artillerie eingedeckt. Eine tief eingeschnittene Balka, 1 km vor dem zum Greifen nahen Ziel Garaschewka, erscheint für Panzer und Infanterie unüberwindlich. Der Kommandeur der Kampfgruppe, Dorr, wird zum neunten Male verwundet. Aus dem Panzer 113 schlagen plötzlich helle Flammen, die Besatzung bootet aus.

Die Panzer entziehen sich dem Feuer durch Rückwärtsfahrt auf den Hinterhang und finden Sichtschutz durch eine Hecke.

Ein zweiter Angriff am Nachmittag scheitert ebenfalls an der tiefen Schlucht. Auch der Versuch der Säuberung des Ortes Ssrednij, in dem sich noch die Kampfgruppe Sitter halten soll, scheitert am Abend. Weder der Angriff der 1. Kompanie von Westen noch der der 3. Kompanie von Süden, die zwei Panzer verliert, haben Erfolg.

Im Morgengrauen des 19. Juli greifen die Panzer der 1. Kompanie Ssrednij erneut an. Die in den Obstgarten südlich des Ortes nachts eingesickerten Russen machen den Besatzungen mit ihren Panzerbüchsen das Leben schwer.

Eine Funkwarnung der Abteilung veranlaßt die 1. Kompanie, den Angriff abzubrechen und in einer Heckenreihe in Deckung und Stellung zu gehen. Ihr ist ein russischer Großangriff für 08.15 Uhr auf Ssrednij gemeldet worden. Pünktlich brausen 7 T 34 durch den Ort. Drei, schon im Rücken der lauernden Panzermänner der 1. Kompanie, werden abgeschossen und brennen. Die restlichen vier, vorsichtiger geworden und zwischen den Häusern unentschlossen, werden ebenfalls das Opfer der sich geschickt heranpirschenden, eigenen Panzer.

Trotz jetzt einsetzenden starken Artilleriefeuers auf Ssrednij und trotz pausenloser russischer Angriffe hält die Kampfgruppe Sitter mit Kompaniestärken zwischen

1) Tagebuch Schneider

10 und 20 Mann den Ort. Zur Verstärkung trifft eine Kompanie des Regimentes Germania ein.
Die Panzer der 1. Kompanie ziehen sich etwa 500 m zurück, um sich dem wachsenden Artilleriefeuer zu entziehen. Zur Sicherung bleiben 2 Panzer unter der Führung von Untersturmführer Senghas am Ortsrand zurück. Sie halten in dieser Stellung während des Nachmittages.
Der Führer der Sturmgeschützkompanie, die zur Unterstützung der Gruppe Sitter herangezogen wird, fällt auf dem Wege zu dessen Gefechtsstand in dem mörderischen Artilleriefeuer.
Bei dem rechten Nachbarn versuchen, wie der Führer der 1. Kompanie der Panzerabteilung 5 vom Gefechtsstand des Regimentes Germania mit dem Glase beobachten kann, am Nachmittag etwa 100 russische Panzer durchzubrechen. Der Einbruch wird von dem tapferen Bataillon Narwa gestoppt.
Ein für die folgende Nacht befohlener Entlastungsangriff mit 2 Panzerkompanien, der Sturmgeschützkompanie und dem Pi-Bataillon wird ein Fehlschlag. Orientierungsschwierigkeiten, unklare Befehlsverhältnisse, mangelhafte Verbindung untereinander, kurz, Ausbildungsmängel für den Nachtkampf verursachen den Mißerfolg.[1]
Die auch am 20. Juli südlich Ssrednij sichernde 1. Kp. wird um 10.00 Uhr von der 3. Kp. abgelöst. Die 1. Kp. bleibt dem Regiment Germania unterstellt, erreicht über Kamyschewacha, Dimitrijewka den Ort Broschowka. In dem Waldstück südlich davon werden die nächsten 10 Tage zur Instandsetzung der Fahrzeuge und Waffen benutzt. In den frühen Morgenstunden des 3. August 1943 marschiert die I./SS-Pz. Rgt. 5 wieder einmal nach Nordwesten, um den Raum Bereka zu erreichen. Das Hin- und Hergeworfenwerden gehört schon zu den Gewohnheiten der letzten Wochen. So auch heute.
Ein Vorstoß starker russischer Kräfte südlich Isjum auf Golaja-Dolina hat dort zu einem etwa 12 km breiten und 10 km tiefen Einbruch geführt. Die I./SS-Pz. Rgt. 5 macht also wieder kehrt, um in dem bedrohten Raum die Lage wiederherzustellen. Die 1. Kompanie wird dem Regiment Germania unterstellt, das den Einbruch bereinigen soll. Vom Gefechtsstand des Regimentes im Wäldchen 1 km westlich Krassnopolje erreicht die Kompanie gegen 16.00 Uhr in Golaja-Dolina den Gefechtsstand der II. Abteilung des Panzerregimentes der 17. Pz. Div. Diese, auf Zusammenarbeit mit dem Regiment Germania angewiesen, hat bereits in kühnem Zupacken 23 russische Panzer vom Typ T 34 und KW I abgeschossen. Kurz bevor die am Südostrand von Golaja-Dolina sichernde 1. Kompanie der I./SS-Pz. Rgt. 5 den Angriffsbefehl erhält, wird ein eigener Panzer IV von einem T 34 abgeschossen und brennt aus.
Hauptsturmführer Schneider greift kurz darauf mit 3 Panzern an. Anfänglich mit Panzerbüchsen kämpfende Russen beginnen zu laufen. Senghas schießt einen russischen Panzer Mark III ab und ein durch diesen Vorstoß mitgerissenes Bataillon der 17. Pz. Division erreicht die Straße Golaja-Dolina – Slawiansk und sperrt damit die Rollbahn. Ein noch am Abend gefahrener Angriff auf den Obstgarten, 1,5 km ostwärts Golaja-Dolina, wird infolge der Dunkelheit abgebrochen. Im Morgengrauen des

1) Tagebuch Schneider

4. August findet die Einsatzbesprechung für die Fortsetzung des Angriffs in Gegenwart des Kommandierenden Generals, General Heinrici, und des Divisions-Kommandeurs, Brigadeführer Gille, statt. Die wörtliche Übernahme der Tagebuchnotiz des Hauptsturmführers Schneider über den 4. August mag dazu beitragen, über den sonst sachlichen Abriß der Kämpfe dieser Wochen hinaus zu einer der Wirklichkeit nahe kommenden Vorstellung vom Alltag der in der vorderen Linie Kämpfenden zu kommen, und zwar durch die lebendige Schilderung der Eindrücke und geschehnisnahen Empfindungen auf dem Gefechtsfeld:

„Die Panzer stellen sich unbemerkt in einer breiten Balka bereit. Es ist ein herrliches Angriffswetter. Pünktlich wird angetreten. Mit Karacho wird die Höhe genommen, ohne daß der Russe eigentlich merkt, wie ihm geschieht. Als wir allerdings oben sind und uns anschicken, in's Tal auf den Obstgarten zuzufahren, erhalten wir ein tolles Feuer der Artillerie, aus Pak und Panzern. Senghas und gleich darauf ein weiterer Wagen werden abgeschossen. Letzterer brennt aus. Es war Rempis Schlitten. In beiden Fällen gab es Verwundete. So stehen wir den ganzen Tag in glühender Hitze hinter der Höhe 199,5 auf Sicherung. Gegen 15.00 Uhr plötzlich Chefbesprechung. Neuer Befehl:

Der Obstgarten ist zu nehmen. Verstärkte Abteilung greift nach Artillerievorbereitung mit aufgesessener Infanterie des II. Bataillons Germania an. Gleichzeitig tritt von Norden her die Aufklärungsabteilung der Division Wiking an. Angriffsbeginn 16.00 Uhr.

Da die Zeit knapp ist, werden in viel zu kurz bemessener Zeit die Vorbereitungen getroffen. Die Infanteristen springen durcheinander und suchen ihren richtigen Haufen. Andere springen noch hastig auf die schon fahrenden Panzer. Mit dem Gongschlag 16.00 Uhr fahren wir über die Höhe.

Da entlädt sich ein Feuer über uns, wie ich es noch nicht erlebt habe. Eine richtige Feuerwand steigt vor mir hoch. Fontänen von Dreck, dazwischen die Blitze der detonierenden Granaten. Ich fahre mit meiner Kompanie am linken Flügel und sehe rechts von mir 2, 3, ja schließlich 5 lichterloh brennende Panzer von uns. Und dazwischen orgeln immer noch die Granaten, ganz abgesehen davon, daß Pakfeuer uns auf's Korn nimmt.

500 m haben wir in diesem Inferno zurückgelegt. Ich hatte gerade die ersten Obstbäume erreicht, da ruft der Kommandeur durch Funk uns zurück zur Ausgangsstellung.

Ich zähle die Häupter meiner Lieben und muß feststellen, daß wiederum 2 Wagen ausgefallen sind, Totalverlust. 2 weitere Wagen sind leicht beschädigt und kommen für einen sofortigen Einsatz nicht in Frage. So sichere ich weiter am Hinterhang, um eventuelle Gegenstöße des Russen abzuwehren mit sage und schreibe 3 Wagen mit 5 cm Kanonen. Die Herren von der Wehrmacht sind sich noch nicht im Klaren; sie sammeln noch.

Die armen Grenadiere hatten starke Verluste. Auf den Panzern aufgesessen waren sie dem Splittersegen schutzlos preisgegeben ...“[1]

Nach einer kurzen Betrachtung über die Zusammenarbeit von Panzern und Infanterie allgemein und der sinkenden Kampfmoral des Infanteristen, hinter dessen Verteidigungsstellung aufgeteilte Panzer stehen, faßt Schneider das Tagesgeschehen zusammen:

„Der Erfolg des Angriffs auf den Obstgarten war gleich Null. Er kostete viele Menschen und

1) Tagebuch Schneider

Material. Das wäre zu vermeiden gewesen. Der Brigadeführer Gille hat, als er sich telefonisch beim Herrn Kommandierenden General, Heinrici, abmeldete, sehr gut zum Ausdruck gebracht, daß er keinen Wert darauf legt, jemals wieder mit dem Herrn General zusammenzuarbeiten. Ich muß anfügen, daß die Idee zu diesem närrischen Angriff vom Kommandierenden stammt und daß Gille mit allen Kommandeuren dagegen war.
In der Nacht wurden das Regiment Germania und auch meine Kompanie abgelöst und traten wieder unter den Befehl der Division."[1]
Wie schon das Regiment Germania erreicht auch die 1. Kompanie der I./SS-Pz. Rgt. 5 am 6. August den Raum Bereka, wo noch 2 Tage zur Instandsetzung und Auffrischung im Rahmen der Abteilung zur Verfügung stehen.
Damit hat die I./SS-Pz. Rgt. 5 auf einer Frontbreite von etwa 200 km im Rahmen der Division Wiking ihren „Feuerwehreinsatz" südostwärts Charkow beendet. Ihre Fortsetzung findet diese Form der Krisenhilfe in den kommenden Wochen nordwestlich Charkow im Rahmen der Rückzugskämpfe auf die Dnjeprlinie.

Klenowoje - Kryssino - Kadniza

Gerüchte über „Dicke Luft" bei Charkow erhalten neue Nahrung, als die I./SS-Pz. Rgt. 5, selbst schon auf dem Marsch von Bereka nach Norden, rechts der Rollbahn unterzieht, um den Divisionen „Totenkopf" und „Das Reich" die Rollbahn freizumachen. Beide Divisionen marschieren ebenfalls nach Norden.
„Am 11. August rollen wir gegen Charkow. Auf der Rollbahn ist ein Verkehr wie auf dem Kurfürstendamm. Je mehr man sich der Stadt nähert, desto toller wird das Treiben auf der Straße. Luftwaffe und Landwirtschaftsführer haben es eilig, die bedrohte Stadt zu verlassen . . .
Es ist auch ein komisches Gefühl zu sehen, wie sich eine unendliche Fahrzeugschlange mit Soldaten aller Gattungen an einem vorbeiwälzt, um sich in Sicherheit zu bringen.
Dagegen rollt ein ganz dünner Darm nach vorn, um den Russen aufzuhalten.
Charkow passieren wir nun zum zweiten Male. In der Stadt ist man noch dabei, alle wichtigen Industrieanlagen zu verladen. Also ist die Sache doch mies!"[1]

Die 5. SS-Panzergrenadierdivision Wiking erreicht am 12. August 1943 den Raum nordwestlich Charkow. Starke, zur Umfassung der Stadt Charkow angesetzte Feindkräfte sind im Vorgehen von Norden gegen die allgemeine Linie Olschany – Kryssino.
„Die Hauptkräfte der Division Wiking hatten am 12. 8. Olschany erreicht, um die dort sichernden Teile der SS-Panzerdivision „Das Reich" zu anderer Verwendung abzulösen. Sie hatte den Befehl, sich auf dem Höhenzug 202,4, nördlich Kryssino, zur Verteidigung einzurichten, auf dem noch Spähtrupps der Panzerdivision „Das Reich" sicherten.
Aber auch die russischen Vorhuten hatten das Bestreben, die Höhenzüge zu gewinnen.
Wiking setzte die Panzerabteilung in breiter Front zum Angriff auf die Mitte des Höhenzuges an . . ."[2]

1) Tagebuch Schneider
2) „Europäische Freiwillige", P. Straßner, Munin Verlag 1968

Zum ersten Male in diesen Abwehrkämpfen soll ein Abteilungsangriff gefahren werden, zu dem sich die 1. Kompanie links, die 3. Kompanie in der Mitte und die 2. Kompanie rechts bei und in dem „Eierwäldchen", nördlich Kadniza, bis 08.00 Uhr bereitstellen. Eine Sturmgeschützbatterie folgt hinter der 3. Kompanie.
Das erste Angriffsziel, die Höhe 209,5, überfahren die in einer Angriffsbreite von etwa 1,5 km durch die Steppe ziehenden Panzer, stoßen durch bis zur Höhe 202,4, die in den nächsten Tagen in diesem Frontabschnitt noch besondere Bedeutung erlangen soll. Der Panzer des Chefs der 1. Kompanie wird abgeschossen und brennt aus.
Für den folgenden Tag, den 13. 8. 1943, wird der Angriff der Panzerabteilung auf die etwa 1,5 km entfernte Stadt Klenowoje angesetzt. Die Stadt liegt vor der Front und soll zusammen mit dem II. Bataillon Germania genommen werden.
„Vom ersten Angriffstag war bekannt, daß die Stadt stark vom Russen besetzt ist. Die 2. Kompanie hat durch flankierendes Feuer von dort einen Wagen verloren. Dieser brannte aus, und der Dichter Kurt Eggers starb dabei den Heldentod. Durch Augenbeobachtung wurde diese Feindmeldung bestätigt.
Gegen 14.00 Uhr trat die Abteilung mit dem II. Bataillon Germania zum Angriff an. 1 km vor der Ortschaft, in dem vorgelagerten Maisfeld, blieb der Angriff bereits hängen. Und da die Panzer absolut keine Ziele erkennen konnten, selbst aber in mörderischem Abwehrfeuer standen, drehten wir ab.
Nach nochmaliger eingehender Besprechung trat die Abteilung gegen 16.00 Uhr erneut an. Die 3. Kompanie schirmte westlich des Südrandes von Klenowoje gegen gemeldeten Panzerfeind ab. Links fuhr ich mit der 1., in der Mitte die Sturmgeschütze und rechts Beck mit der 2. Kompanie. Mit uns ging das Bataillon vor. Bataillon ist zuviel gesagt, die Kompanien hatten nurmehr 25 Mann. Mit einer verbissenen Wut im Leibe arbeiteten wir uns durch das Maisfeld vor. Der Russe schoß wieder sein tolles Abwehrfeuer. Aber dieses Mal mußte es geschafft werden. Da habe ich das Pech, daß in meinem Streifen eine tiefe Balka auftritt. Ich halte mich selbst mehr zur Mitte und fahre die Balka entlang, um eine Umgehung bzw. Brücke zu finden.
Mit den Sturmgeschützen erreiche ich nun die ersten Häuser. Vom Gegenhang feuert der Russe nun mit gesteigerter Wucht. Die Sturmgeschütze fahren unter dem Eindruck dieses Feuers zurück. Da ich allein machtlos bin, entziehe ich mich zunächst mal der Sicht des Feindes, indem ich hinter ein Haus in Deckung fahre. Kaum habe ich den Platz erreicht, da kommt ein Mann von der Sturmgeschützbatterie zu mir gesprungen und bittet um Abschlepphilfe für seinen Wagen. Also wieder raus in das Feuer und den Wagen, der in eine Mistgrube gefahren ist, abgeschleppt. Die Männer arbeiten fieberhaft an der Befestigung der Seile. Als alles fertig ist, ein Ruck, und schon ist die Karre wieder flott. Einen Übergang habe ich nicht gefunden. Von meiner Kompanie ist nichts mehr zu sehen. Da ich vorne allein stehe und auch keinen Infanteristen entdecken kann, fahre ich wieder zurück an der Balka entlang. Da sehe ich auf einmal Panzerspuren. Also ist mein Haufen hinter mir durch die Balka gefahren. Also ran und nach!
Es ist wie auf der Achterbahn. 10 m tief geht es steil runter, daß der Motor im ersten Gang anfängt zu heulen. Kaum bin ich unten und will an der Gegenseite wieder hoch, da spuckt der Schlitten ein paar Mal und sagt gar nichts mehr. Alle Bemühungen des Fahrers können den Motor nicht wieder zum Laufen bringen. Herrlich!
Auf einer Brücke in 500 m Entfernung hüpfen die Russen herum. Eine Pak schießt immer die Balka entlang, und ich sitze in der Mausefalle, unbeweglich. Eine herrliche Lage. Ich fluche

und schimpfe. Allein der Motor rührt sich nicht. Allmählich fängt die ganze Besatzung an zu schwitzen. – Nach 15 Minuten endlich springt der überhitzte Motor wieder an. Das Kühlwasser hatte 110 Grad.
Und langsam wie eine Schnecke kriecht mein Wagen den Gegenhang hoch. Kaum oben angekommen, sehe ich meine Kompanie in Feuerlinie stehen und wild um sich knallen. Dazwischen haut feindliche Artillerie, daß es eine Pracht ist. Rechts von mir ein Obstgarten, und am äußersten Stadtrand kämpft die 2. Kompanie. Von den Herren Grenadieren ist weit und breit nichts zu sehen.
Ohne infanteristische Begleitung in die Ortschaft zu fahren, lehne ich ab. Weiter auf dem erreichten Platz zu verharren, ist Unsinn, da wir das eigentliche Angriffsziel doch nicht erreicht haben, nämlich die Besetzung des Ortes ..."[1]
Mit Dunkelwerden ziehen sich die Panzer zurück, sichern bei Höhe 209,5 und rollen dann zurück nach Maximowka, um aufzutanken, aufzumunitionieren, kleine technische Mängel zu beseitigen und zu schlafen.
Der Angriff des II.Bataillons Germania war nicht durchgeschlagen, da sein Kommandeur, Hauptsturmführer Juchem, seit Beginn des Angriffs vermißt wurde und demzufolge die notwendige Führung fehlte.
Bis zum folgenden Morgen des 14. August 1943 ist die Höhe 202,4 wieder verloren und in russischer Hand. Die 1. Kompanie der Panzerabteilung hat die Höhe mit der Kompanie Schreiber zurückzugewinnen.
„*Am Nordrand des Waldes nördlich von Kryssino finde ich ein Häufchen Infanteristen, unter ihnen auch Hauptscharführer Schreiber, den Führer des Abschnittes. Alle Offiziere seines Bataillons bis auf den Adjutanten, Obersturmführer Friedrich, sind ausgefallen. Das Bataillon selbst hat eine Grabenstärke von ca. 60 Mann.*
Nach kurzer Besprechung der Lage wird angetreten. Mit der Unterstützung der Panzer gelingt es, die Höhe zu nehmen. 60 Männer halten nun wieder verantwortlich einen Abschnitt von 2,5 km Breite. Das ist unsere Front. Aber das Herrliche ist, daß ich noch keinen Mann gefunden habe, der irgendwie verzagt gewesen wäre ..."[1]

Die pausenlosen Abwehrkämpfe nordwestlich Charkow im August 1943, die die Division Wiking im Raum Maximowka – Klenewoje festhalten, sind russischerseits offensive Flankensicherungsmaßnahmen zur Deckung der Südflanke ihrer weiter nördlich nach Westen vorstoßenden Hauptkräfte. Die russischen Angriffe werden ohne Unterbrechung und zum Teil mit starken Kräften, insbesondere Artillerie, vorgetragen. Am frühen Morgen des 15. August greifen sie erneut aus Klenowoje heraus mit starker Infanterie die Höhe 209,5 an. Auch die Höhe 228,1 ist hart umkämpft. Die 1. Kompanie der Panzerabteilung ist wieder an der bedrohten Stelle.
„*In dem kleinen Sattel zwischen beiden Höhen erkenne ich den Feind. In Bataillonsstärke geht der Russe gegen unsere schwachen Sicherungen vor. Ich freue mich riesig, daß er es tut. Denn ich stehe genau in seiner rechten Flanke. Zu unserem Glück kann ich keine Panzer erkennen. Also ran! Ich lasse die Kompanie breit machen und fasse den Iwan überraschend in der Flanke. An einigen Stellen geht der Russe im Schweinstrab zurück auf Klenowoje. Unsere Kanonen geben den Segen dazu. Bald ist der Nordhang der angegriffenen Höhe leergefegt. In der Hitze*

1) Tagebuch Schneider

des Gefechtes haben wir gar nicht gemerkt, daß der Russe uns mit seiner Artillerie eindeckt. Wir drehen nach Norden ein und landen in der Sowchose Tarowka. Hier nehme ich Verbindung mit der Kompanie Heder auf, deren Chef den Abschnitt befehligt.
Auch bei ihm sieht es wüst aus, die Kompanie ist nurmehr einen Zug stark. Er hat zumeist Esten, die die deutsche Sprache nicht beherrschen. Es ist verständlich, daß sich damit die Schwierigkeiten in der Führung steigern, zumal, wenn es anfängt, brenzlig zu werden.
Im Kompanie-Gefechtsstand treffe ich auch den Chef der 2. Kompanie, Obersturmführer Multhoff. Seine Kompanie sichert draußen hinter der HKL . . ."[1]
Noch in der Dämmerung des heutigen Abends greift der Russe mit Panzern nach starker Artillerievorbereitung die Höhe 202,4 an und nimmt sie.
Die 1. und 3. Kompanie der Panzerabteilung wollen zusammen mit dem II. Bataillon des Regimentes Germania die Höhe im nächtlichen Gegenstoß zurückgewinnen. Nachdem jede Einzelheit sorgfältig geplant und durchgesprochen ist, und
„nachdem der Feuerschlag der eigenen Artillerie verrauscht ist, wird pünktlich 23.00 Uhr angetreten.
Bis kurz vor die Höhe wird ohne zu feuern gefahren. Ich habe mir die Feuererlaubnis vorbehalten. Aber als mein Wagen, der in der Mitte auf die Mogila zufährt, zu schießen beginnt, geht ein toller Feuerzauber los. Die farbigen Perlschnüre der Leuchtspurmunition, dazwischen die Blitze der Panzergranaten vermischt mit den Einschlägen und Abschüssen der Sprenggranaten geben ein wunderbares Bild. Die Russen hauen bei diesem Inferno ab, als ob der Leibhaftige hinter ihnen her wäre. Wie wir bei Tage feststellen konnten, haben die Burschen Gewehre und Ausrüstungsgegenstände in größerer Zahl liegen lassen. Wir stoßen weit über das Ziel ins Niemandsland hinein. Aber kein Panzer läßt sich sehen. Sie wurden anscheinend nach Erringung ihres Erfolges sofort wieder zurückgenommen.
Ich lasse die Kompanie noch sichern, bis unsere Grenadiere sich in ihren Löchern wieder eingerichtet haben. Dann fahren auch wir wieder an den Hinterhang.
Schreiber und auch Schumacher sind begeistert über den Erfolg. Die Infanteristen hatten keinen einzigen Verlust."[1]
Am 16. August wiederholt sich das Spiel. Die eigenen Grenadiere werden von der Höhe 202,4 wieder geworfen. Die 1. und 3. Kompanie der Panzerabteilung erobern sie zurück und bringen zur Verstärkung des II./Germania noch eine Pionier-Kompanie nach vorn. Dieses allerdings nicht ohne die schon bekannten Schwierigkeiten, daß nämlich das Zurückfahren der Panzer mißdeutet wird. Die Pioniere wollen mit zurück. Schließlich gelingt es aber, wie Hauptsturmführer Schneider berichtet,
„sie zu vernünftigem Handeln zu zwingen."[1]
Die Front ist dünn besetzt. Ein Panzer-Spähtrupp stellt fest, daß im Anschluß an die Pionierkompanie ein 1,5 km breiter Abschnitt unbesetzt ist. Bei einem aufmerksamen Gegner eine außerordentlich unangenehme Lage.
Nach einem ruhigen 17. August werden die Panzermänner in den frühen Morgenstunden des 18. durch anhaltendes Trommelfeuer geweckt. Mit starken Infanterie- und Panzerkräften greift der Russe die Höhe 209,5, die Sowchose Tarowka und die Höhe 228,1 an. Die Panzerabteilung befiehlt sofortiges Antreten auf Höhe 209,5.

1) Tagebuch Schneider

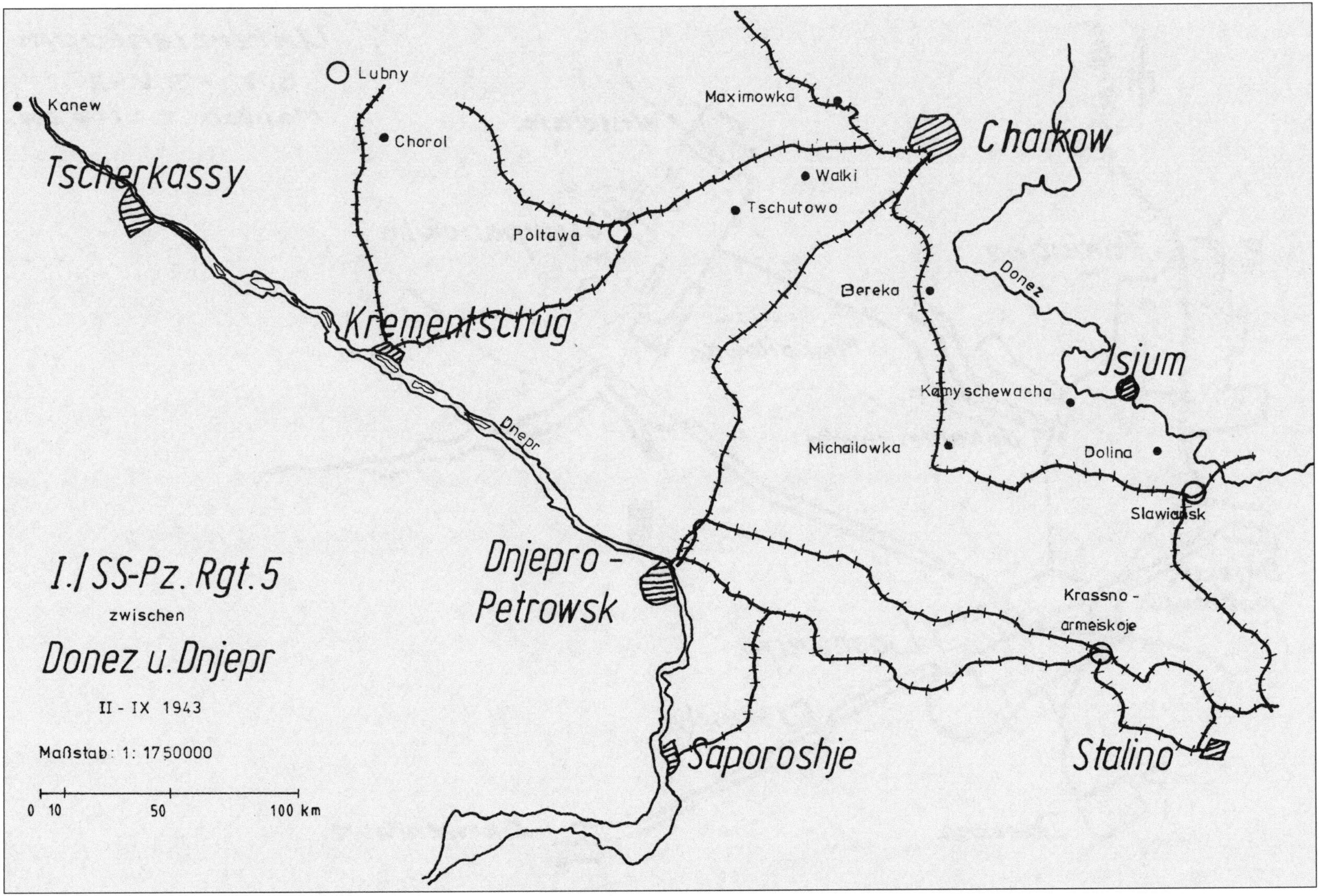

I./SS-Pz. Rgt. 5
zwischen
Donez u. Dnjepr
II - IX 1943
Maßstab: 1: 1750000
0 10 50 100 km

Kanew
Tscherkassy
Lubny
Chorol
Krementschug
Dnjepr
Poltawa
Dnjepro-Petrowsk
Saporoshje
Maximowka
Tschutowo
Walki
Bereka
Michailowka
Charkow
Donez
Kamyschewacha
Isium
Dolina
Krassno-armeiskoje
Slawiansk
Stalino

Übersichtskarte: Donez–Dnjepr

Kartenskizze Michailowka–Losowaja. Quelle: Tagebuch Schneider

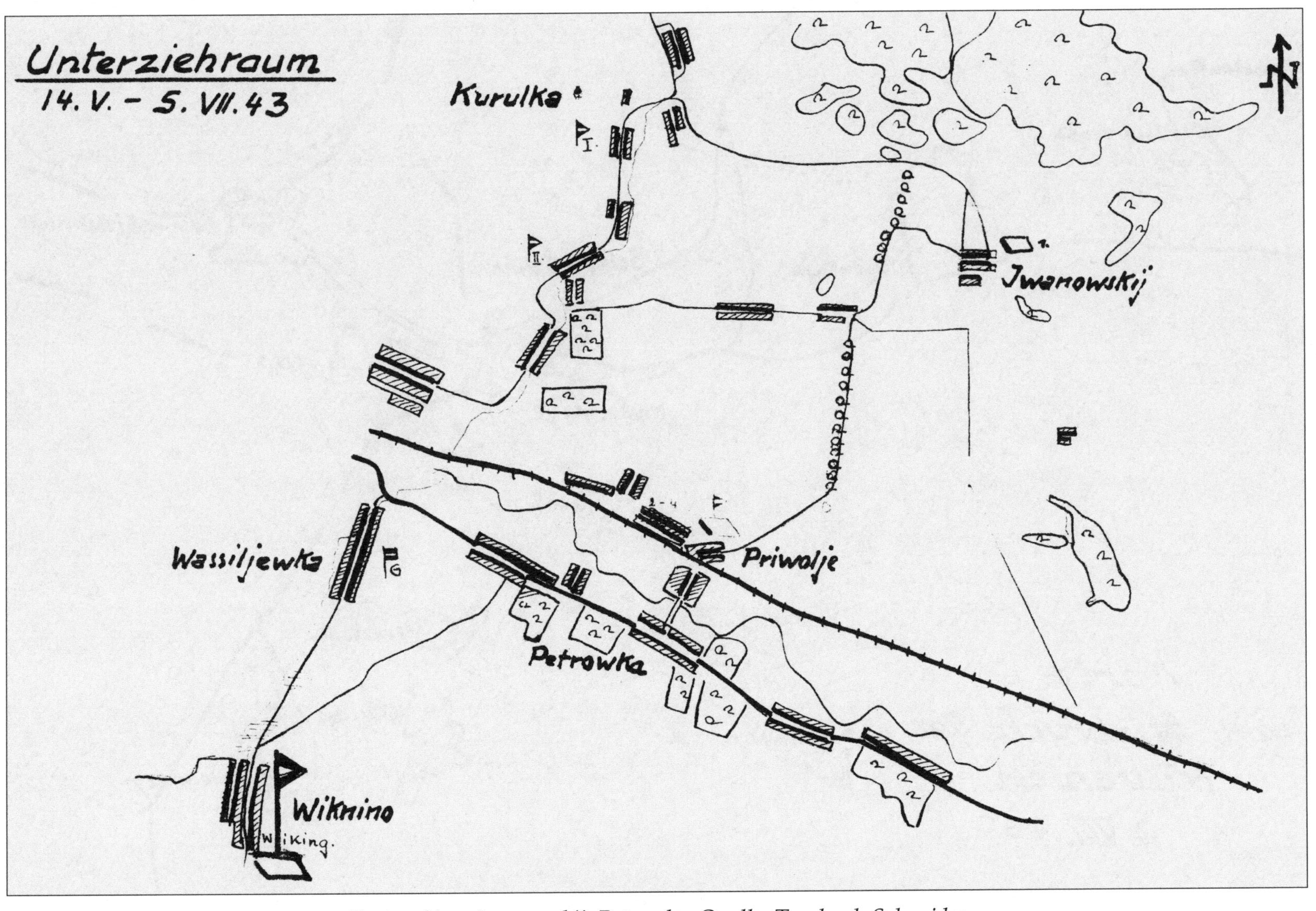

Kartenskizze Iwanowskij–Petrowka. Quelle: Tagebuch Schneider

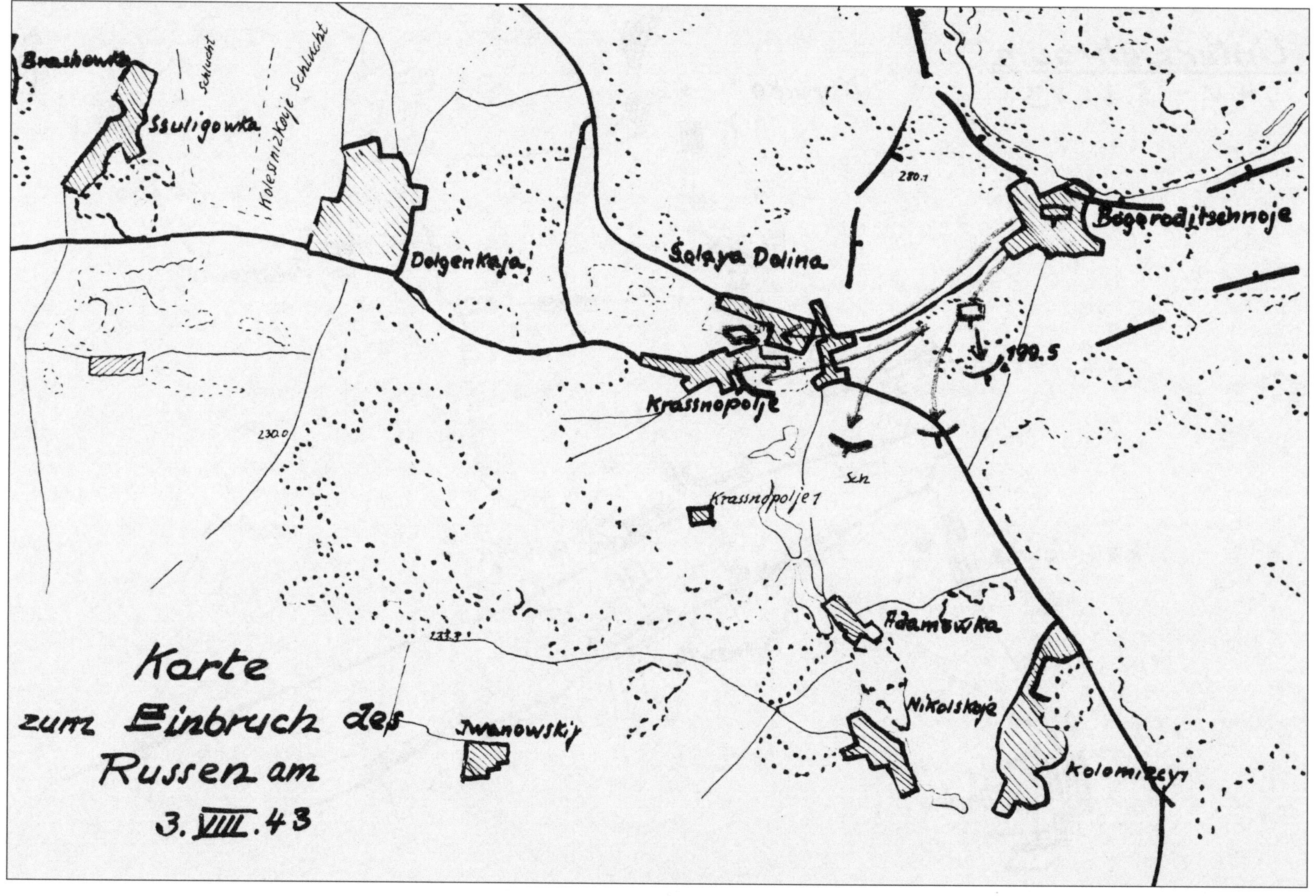

Kartenskizze Donez/Golaja-Dolina

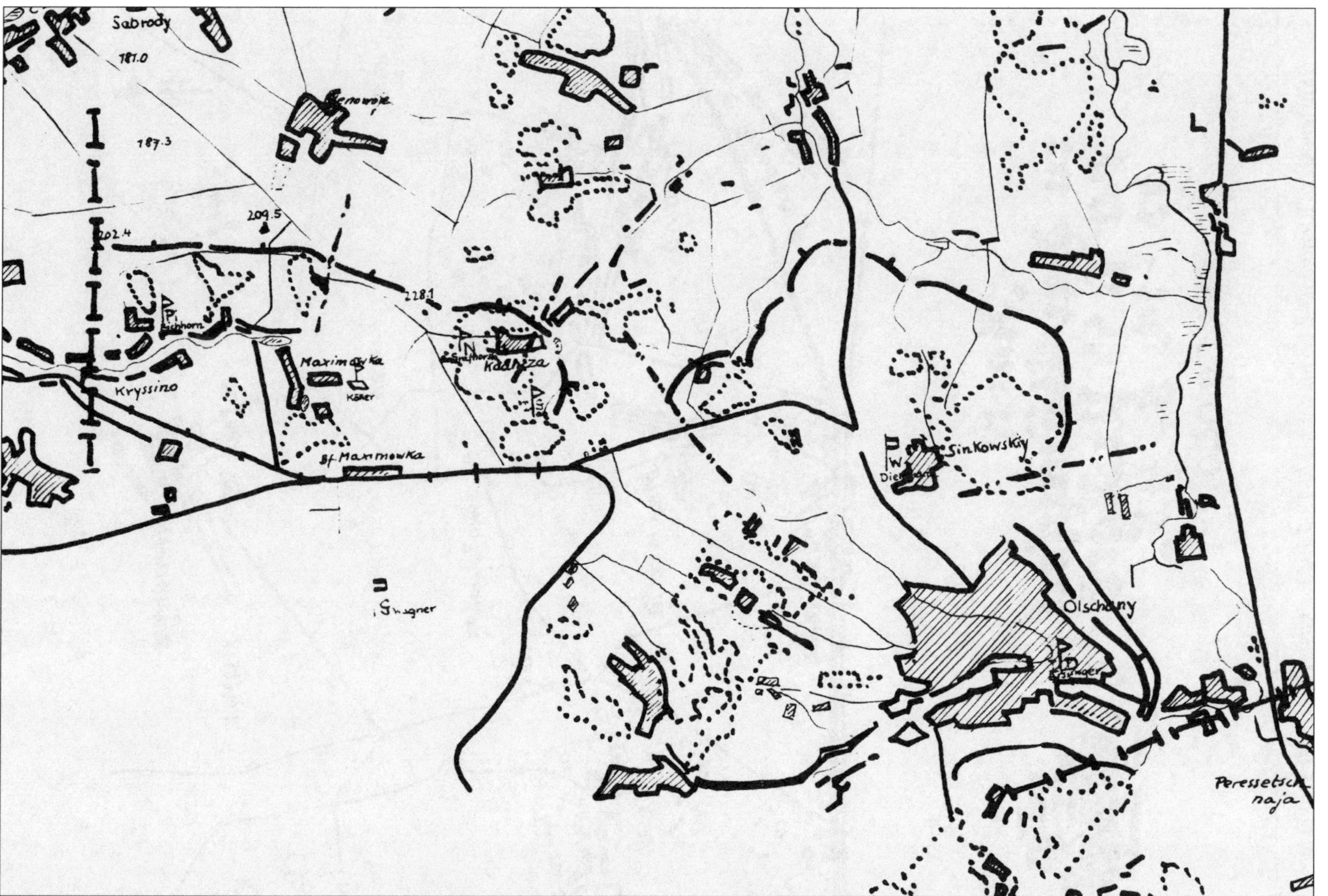

Übersichtsskizze Olschany–Klenowoje. Quelle: Tagebuch Schneider

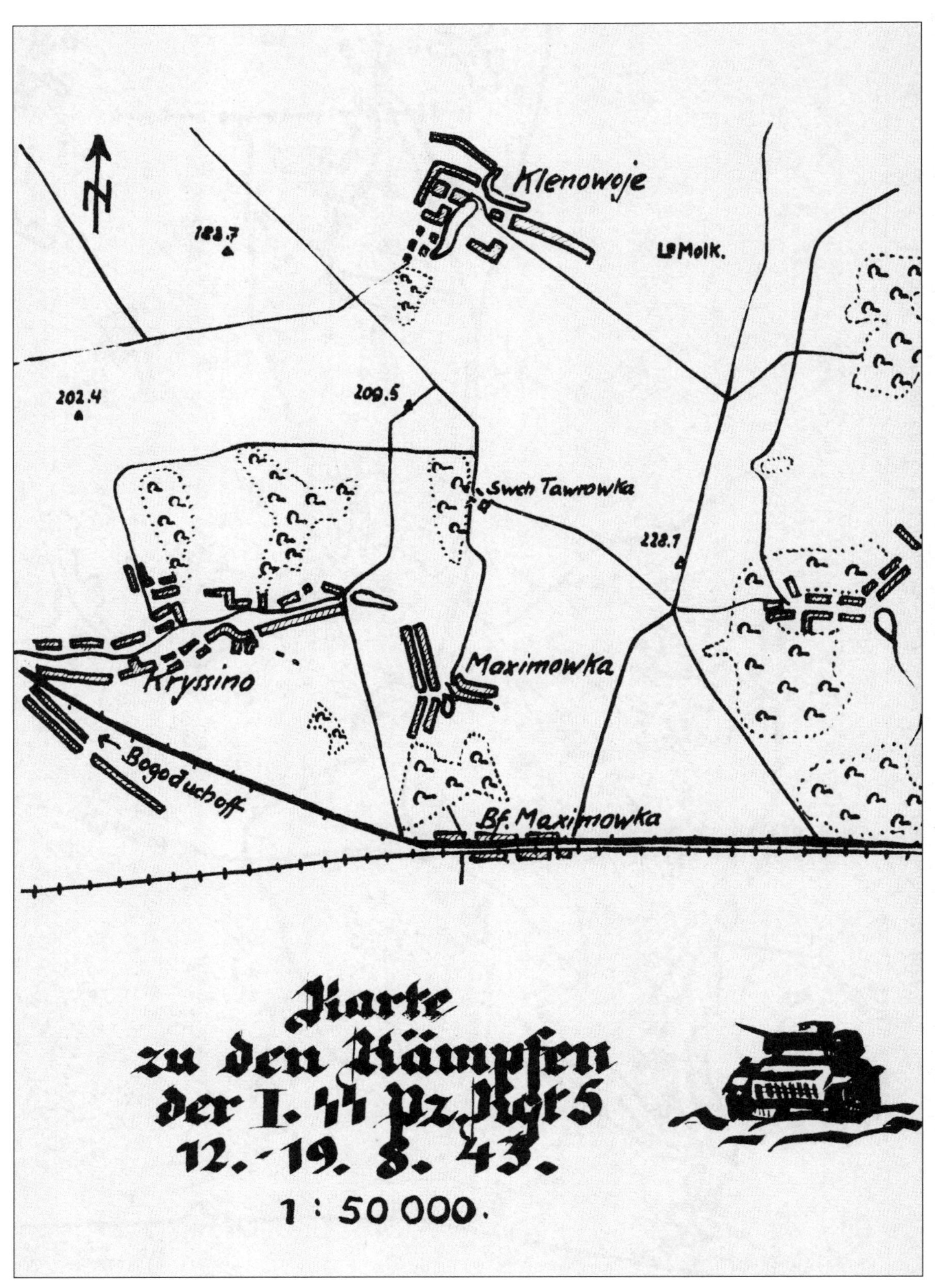

Kartenskizze Klenowoje–Maximowka, 12.–19.8.1943. Quelle: Tagebuch Schneider

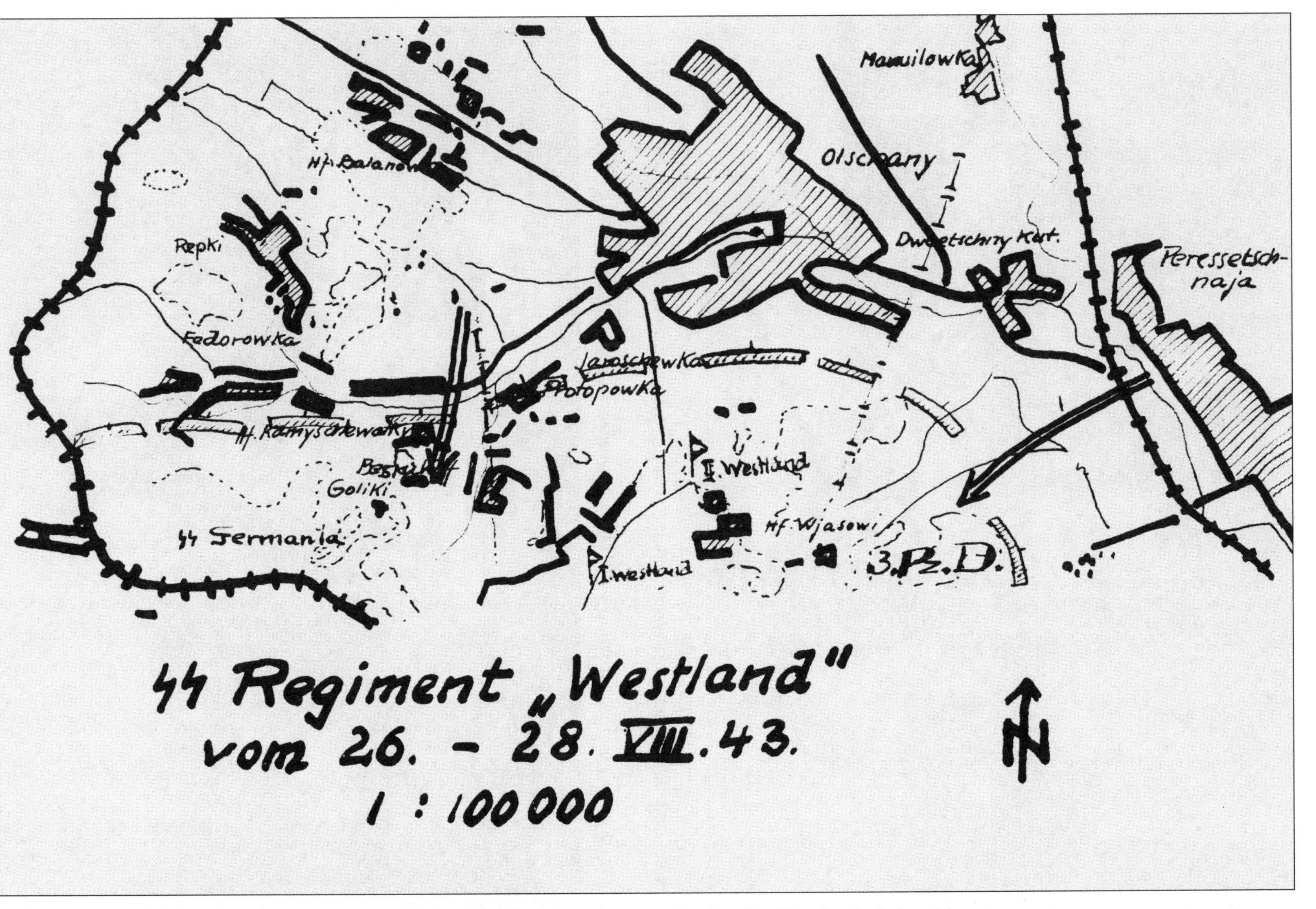

Kartenskizze Olschany, 26.–28.8.1943. Quelle: Tagebuch Schneider

April 1943, Ssossipatrowka: Hstuf. Schneider auf dem Kompaniefest der 1./PzRgt. 5

18.7.1943, Ssrednyi: Nach dem Kampf. V.l.n.r.: Stm. Stücklschweiger, Uscha. Putensen (verwundet), Ustuf. Senghans (auf dem Panzer), Oscha. Rulf (alle 1./Pz.Rgt. 5)

Hauptsturmführer Schneider berichtet:
„Ich fahre zwischen dem mittleren und westlichen Wäldchen nördlich Maximowka hindurch und stelle mich kurz am Nordrand des mittleren Wäldchens bereit. Russische Infanterie arbeitet sich direkt auf meinen Standort zu. Es sind nicht wenige, die da kommen.
Mit meinen 4 Schlitten greife ich an. Sie weichen wieder nach Süden aus. Aber ganz ohne Wirkung sind unsere MG doch nicht. Oft purzeln drei, vier auf einmal. Da wir nun Luft und nach rechts Blickfeld haben, sehen wir, wie hart nördlich 209,5 vier, fünf, nein sechs T 34 und ein Sturmgeschütz in Reihe aufmarschiert sind. Schade, daß wir nur einen Panzer IV mit der guten Kanone 7,5 cm haben. Die Burschen könnten alle geknackt werden, ohne daß sie uns etwas zu Leide tun könnten; denn ihre Türme zeigen alle nach Süden. Bis sie uns erkennen, würden sie alle schon brennen und schmoren. Senghas schießt also auf die Brüder. Schon der zweite Schuß sitzt, und der Russenpanzer zeigt kurz darauf Rauchentwicklung. Senghas nimmt sofort Zielwechsel vor, und bei wenigen Schüssen brennt der zweite lichterloh. Der erste gerät beim Zurückfahren ebenfalls vollends in Brand.
Zäh und ich können uns leider nicht mit den 5 cm-Wagen an dem Panzerkampf beteiligen, da unsere Kanonen nicht soweit reichen. Wir beschränken uns darauf, die russische Infanterie Senghas vom Halse zu halten. Allerdings können wir es nicht hindern, daß eine russische Pak den erfolgreichen Wagen zu guter Letzt doch noch in Brand schießt. Schade, Senghas war so schön im Zuge. Mit dem Wagen brennt der letzte 7,5 cm-Wagen der Kompanie aus.
Zu allem Unglück ist Senghas auch noch ziemlich ernst verwundet. Er hat einen Oberarmschußbruch davongetragen. Mit großen Schwierigkeiten gelingt es, die abgeschossene Besatzung zu bergen und in Sicherheit zu bringen. Nun stehe ich mit zwei Wagen auf Sicherung an der nördlichsten Waldecke des mittleren Wäldchens. Offensiv kann ich mit den Schlitten nicht mehr werden . . .“[1]
Während die hier „stillgelegte“ 1. Kompanie der Panzerabteilung abwehrt und sichert, greifen die 7,5 cm-Panzer der 3. Kompanie etwa 3 km weiter ostwärts die vordringenden russischen Massen an Infanterie und Panzern an. Es ist ein Großkampftag, an dem der Russe über die bisherigen Kampfziele, die Höhen 209,5 und 228,1, hinaus die Bahnlinie und Rollbahn bei Maximowka erstrebt. Mit mehr als 100 Panzern, mit dem Einsatz von 2 Panzerkorps also, sucht der Feind hier am 18. August 1943 einen entscheidenden Erfolg.
Gustav Waber aus der 3. Kompanie der I./SS-Pz. Rgt. 5 schildert uns diesen Tag wie folgt:
„Wir lagen mit unseren Panzern im Dorf Maximowka in einem Tal. Oben auf der Anhöhe sahen wir eine Kolchose, sicher ein ehemaliger Gutshof. An dieser Stelle machte der kleine Höhenzug einen Bogen. Somit hatte die Kolchose eine beherrschende Lage. Diesen Höhenzug hielt unsere Infanterie besetzt und spuckte dem Russen vorne im Tal ausgiebig in die Suppe. Übrigens war unsere Infanterie spärlich verteilt, denn die Division hatte damals einen Frontabschnitt von 15 km zu halten und war infanteristisch in jenem Herbst 1943 sehr angeschlagen. An diesem Tage nun setzte 04.00 Uhr früh plötzlich ein irrsinniges Trommelfeuer des Russen ein. Mit allen schweren Waffen beschoß er unsere Stellungen. Wir lagen auf Stroh unter unseren Panzern. Nach genau 2 Stunden setzte das Trommelfeuer aus, friedhofsstill war es. Schnell

1) Tagebuch Schneider

machten wir unsere Panzer klar zum Gefecht, denn nun konnte es jeden Augenblick losgehen.
Und richtig, kaum waren wir im Panzer, hörten wir auch schon die MG 42 unserer Infanterie von der Höhe. Jedoch erst nach einer Stunde erhielten wir den Befehl zum Aufbruch. Da die russische Infanterie die Höhe nicht nehmen konnte, hatten sie Panzer herangeholt und versuchten mit allen Mitteln durchzubrechen.
Schnell ging's auf die Höhe. Unterwegs begegneten wir dem Arzt in seinem Sanka. Auf die Frage, wie es im Kolchos stehe, lachte er stolz. Fünf Mann lagen dort. Jeder mit einem MG 42 und einem Berg Munition. Das Trommelfeuer hatte ihnen nichts getan, und nun hatten sie eben den neunten Großangriff innerhalb von zwei Tagen abgewehrt. Da traten mir schier die Tränen in die Augen. Fünf Mann halten einen Gutshof, und vor ihnen liegen seit Tagen Berge von Leichen. Da muß man Nerven haben wie Stahl.
Als wir die Höhe erreichten und in's Tal blickten, sträubten sich uns die Haare. Es wimmelte dort von feindlichen Panzern. Als die ersten T 34 nahe genug herangefahren waren, begrüßten wir sie mit unseren 7,5 cm lang. Doch obwohl wir Treffer auf Treffer erzielten, konnten wir gegen diese Übermacht nicht ankämpfen.
Schon schoben sich einzelne T 34 zwischen uns durch und versuchten durchzubrechen. Da, in der größten Not, kamen uns drei Tiger von einer benachbarten Wehrmachtseinheit zu Hilfe. Schon im Anfahren fegten sie mit ihrer 8,8 cm lang die durchgebrochenen T 34 weg. Gleich gab es etwas Luft. Dann machten wir gemeinsam weiter. Die Gegend glich einem Industriegelände. Überall ausgebrannte T 34. Erst die Dunkelheit setzte dieser Panzerschlacht ein Ende.
Als wir das Ergebnis hörten, jubelten wir. 84 T 34 hatten wir zusammen mit den Tigern abgeschossen. Sogar der Wehrmachtsbericht brachte diesen Sieg. Die eigenen Verluste waren minimal.
Am nächsten Morgen versuchte es der Russe noch einmal. Doch schon während des sich hebenden Nebels schossen wir eine Reihe T 34 ab. Und als das so weiterging, zog er um 09.00 Uhr seine Panzer zurück. Dafür soll er zwei Tage später rechts von uns durchgebrochen sein. Ich aber werde stets an jene Panzerschlacht und an jene fünf europäischen SS-Männer im Kolchos denken . . ."[1]
Ein Fernschreiben des A.O.K. 8 Ia vom 20. 8. 1943 anerkennt die Leistung der Truppe:
„Das Korps hat in den letzten Tagen zwei große Erfolge zu verzeichnen: 1. Den Abwehrsieg der SS-Panzergrenadier-Division Wiking, der nach Einsatz der Tigerabteilung insgesamt 84 Panzerabschüsse erbrachte.
2. Den kühnen Stoß der SS-Panzergrenadier-Division Totenkopf über die Merla. Mein Dank und meine volle Anerkennung der Führung und Truppe. gez. Wöhler
Ich freue mich, den unterstellten Divisionen und Korpstruppen vorstehendes Anerkennungsschreiben des Herrn Oberbefehlshabers der 8. Armee übermitteln zu können. gez. Breith General der Panzertruppen und Kommandierender General des III. Pz. Korps."[2]

In diesen pausenlosen Abwehrkämpfen des August 1943 gegen einen Feind, der den Zugang nach Charkow durch Umfassung von Nordwesten und Westen erzwingen will, ist die I./SS-Pz. Rgt. 5 das Rückgrat der Division Wiking. Mit täglich weiter zusammen-

1) Bericht Waber   2) „Europäische Freiwillige", Munin Verlag 1968

schrumpfenden Gefechtsstärken hält sie einen Frontabschnitt von etwa 22 km. Weder die durchlaufende Besetzung einer derart überdehnten Front noch die notwendige Tiefe einer Verteidigungsstellung sind rechnerisch und praktisch durchführbar, selbst nicht in vermuteten Brennpunkten der Verteidigung. Es gehört mit zu den Unberechenbarkeiten des Krieges, daß zwangsläufig vorhandene Frontlücken, auch über mehrere Kilometer Länge, dem Feinde verborgen bleiben und nicht zur Katastrophe führen.

Die vordere Linie der Division Wiking verläuft von Ost nach West, etwa nördlich der Orte Olschany - Sinkowsky - Kadniza - Maximowka - Krissyno. Nach Sicherung einer Frontlücke westlich der Höhe 209,5 in den vergangenen Tagen, erhält die 1. Kompanie der Panzerabteilung den Auftrag, die 2. Kompanie ostwärts Kadniza abzulösen, die dort ebenfalls eine Frontlücke von einigen Kilometern abschirmt. Letztere, zwischen dem Bataillon Narwa in Kadniza und dem Regiment Westland in Sinkowsky, ist verursacht worden durch das Eindrücken und Abdrängen der Front eines Bataillons des Regimentes Germania nach Westen durch die hier ebenfalls anrennenden Russen. Der Bataillonsführer ist mit anderen Offizieren gefallen. Die Grabenstärke des Bataillons beträgt etwa 70 Mann.

Als linker Nachbar hält das Bataillon Narwa mit etwa 120 Mann einen Abschnitt von 3 km. In den Ort Kadniza sind bereits Russen eingesickert, befinden sich also bereits im Rücken des Bataillons Narwa. Ein Panzer-Spähtrupp der 1. Kompanie mit den Kommandanten Lohmüller und Dienersberger wird im Ort vom Feind bereits mit Nahkampfmitteln angegriffen. Auch zurückgehende Verwundete, Melder und Munitionsträger werden beschossen.

Aber auch die Kräfte des Russen sind offenbar nicht unbemessen. Am 20. 8. verhält er sich ruhig.

Am nächsten Tag wird die 1. Kompanie nach Sinkowsky, dem Gefechtsstand des Regimentes Westland, auf den rechten Flügel der Division befohlen. Kaum dort, erreicht sie um 16.00 Uhr der Befehl zur Umkehr auf den linken Flügel des Regimentes. Obersturmführer Multhoff, der Führer der 2. Panzerkompanie, gibt mit der ihm eigenen Gelassenheit hier die Orientierung. Am Morgen hat die Kompanie in der Lücke zum Bataillon Narwa einen starken russischen Stoßtrupp in Kompaniestärke nahezu aufgerieben. Im Augenblick greift der Russe mit Panzern und starker Feuerunterstützung den Westflügel des Regimentes Westland an und nicht, wie man erwarten könnte, einige hundert Meter weiter links in der 2 km breiten Lücke.

2 Russenpanzer werden abgeschossen. Der Angriff wird zurückgeschlagen. Am 23. August greift der Feind nicht an. Abends, 19.00 Uhr wird die 1. Kompanie der Panzerabteilung nach Olschany zum rechten Nachbarn, dem Gefechtsstand des II. Bataillons des Regimentes Deutschland, befohlen. Zur Veranschaulichung der Unsicherheiten einerseits und der notwendigen Entschlußkraft andererseits sei der Eindruck beim Erreichen von Olschany wiedergegeben.

„In Olschany rolle ich bei Dunkelheit ein. Die Stadt ist wie ausgestorben. Kein Zivilist, aber auch kein Soldat ist zu sehen. Feindwärts, aber doch sehr nahe, schlägt ab und zu eine Granate ein. Auch MG-Feuer unterbricht von Zeit zu Zeit die Stille. Wenn uns unser Gehör nicht trügt, ist es nicht einmal weit bis zur vorderen Linie.

Ich gebe mir die größte Mühe, eine Markierung zu finden, die uns den Weg zum Gefechtsstand „Bissinger" zeigt. Aber nichts zu finden. Kurz entschlossen bilde ich in der Straße einen Igel, teile eine Wache ein und lasse die Kompanie ruhen. Auf diese Art und Weise können wir wenigstens ein paar Stunden schlafen ..."[1]

An den beiden folgenden Tagen, dem 24. und 25. August, herrscht relative Ruhe. Die Panzerkommandanten Steinkohl und Lohmüller erhalten vom Regiments-Kommandeur Westland eine besondere Anerkennung für die Bereinigung eines russischen Einbruchs. Sie waren nämlich an diesen beiden „Ruhetagen" in den Nachbarabschnitt kommandiert worden.

Die ununterbrochenen Abwehrkämpfe der Division Wiking vom 12.–25. August 1943 in der allgemeinen Linie Olschany – beiderseits Maximowka – Krissyno münden in der Nacht zum 26. August ein in eine nicht mehr enden sollende Rückwärtsbewegung bis hinter den Dnjepr, Ende September 1943. Die Division Wiking und mit ihr die I./SS-Pz. Rgt. 5 gerieten in den Sog der Rückwärtsbewegung der 8. Armee, der früheren Armeegruppe Kempf. Diese wurde wiederum ausgelöst durch den operativen Durchstoß starker russischer Kräfte im Abschnitt der 2. deutschen Armee am rechten Flügel der Heeresgruppe Mitte in Richtung des Oberlaufes des Dnjepr.

Gleichzeitig hatten auch die russische Süd-, Südwest-, Steppen- und Woronesch-Front Mitte August 1943 mit entscheidenden Angriffsoperationen begonnen. Diese führten beiderseits Isjum zum Erfolg, ließen die Miusstellung und am 29. August Taganrog verloren gehen und die russischen Armeen vier Wochen später den Dnjepr erreichen.

Die allgemeine Rückzugslinie der Division Wiking ist zunächst die Bahnlinie Charkow – Poltawa, dann nahezu eine Querbewegung in Richtung Dnjepr bei Tscherkassy.

In der Nacht zum 26. August beginnt die Absetzbewegung für die 1. und 3. Kompanie der Panzerabteilung zusammen mit dem II. Bataillon des Regimentes Westland in den Raum Wjasowy, südlich Olschany. Zum ersten Male wird auch die russische Luftwaffe mit gleichzeitig angreifenden Bomberverbänden offensiv. Sie erhellen die Zielräume mit Bündeln von Leuchtraketen.

Während der rechte Nachbar, die 3. Pz. Division, sich weiter absetzt, schlägt das II. Bataillon Westland mit der 1. Panzerkompanie, letztere unter Obersturmführer Moritz, an diesem Tage nachdrängende Russen zurück. 3 Russenpanzer werden abgeschossen.

Am Nachmittag des folgenden Tages bricht der Feind zwischen dem I. Bataillon Westland und dem II. Bataillon Germania durch. Bis zum Hereinbrechen der Dunkelheit gelingt es dem Regiment Westland im Zusammenwirken mit der 1. und 2. Panzerkompanie, den Einbruch abzuriegeln.

Am 28. August erneutes Absetzen.

„Selbst der Landser fragt sich schon: Wohin will man denn noch?"[1]

Unter dem 29. August berichtet Hauptsturmführer Schneider:

„00.30 Uhr geht es los. Die Kompanie hat den Auftrag, am rechten Flügel der Division das

1) Tagebuch Schneider

Absetzen des Regimentes Westland zu decken. Das Absetzen geschieht ohne feindlichen Druck reibungslos. Der Russe bombardiert mit Nachtbombern, die mittels der neuen Leuchtraketen das Gelände taghell erleuchten, die Rückzugsstraße und die an ihr liegenden Dörfer. Wie immer sind die Verluste im Vergleich zum Aufwand gleich Null.
Das Regiment rollt gegen 02.00 Uhr an uns vorbei nach rückwärts. Wir sind nun allein. Um der Division die Zeit zu verschaffen, die zum Aufbau einer Verteidigungsstellung und zum Einrichten derselben benötigt wird, sichert die Panzerabteilung stützpunktartig auf der über 30 km langen Front der Division im Niemandsland."[1]
Im Laufe des Tages wird mit Panzern nachdrängender Feind unter Abschuß von 4 Panzern und unter Zurücklassung von 100 Gefallenen abgewiesen. Die Panzerabteilung liegt in Buski. Die Grenadiere sind in ihren Stellungen.
Der Geist der Panzermänner ist ungebrochen, ihre Einsatzbereitschaft unermüdlich. Keine leichtsinnigen Verluste ihres wertvollen Materials und Gerätes. Gustav Waber berichtet aus diesen Tagen:
„Es war selbstverständlich, daß sich die Einheiten eines Frontabschnittes gegenseitig unterstützten, wenn besonders dicke Luft war. So erhielten eines Tages 3 Panzer IV unserer Kompanie den Befehl, eine benachbarte Infanteriekompanie der Wehrmacht bei einem bevorstehenden Angriff der Russen zu unterstützen. Sofort rauschten wir ab, und kaum hatten wir uns gemeldet, da ging der Rummel auch schon los. Nachmittags war das menschenmordende Anrennen der Russen vorbei, und unsere Spähtrupps meldeten Schanzarbeiten auf der anderen Seite. Da also hier mit einer Ruhepause gerechnet werden konnte, machen wir uns müde und fast ohne Munition auf den Heimweg.
Nichts ahnend fahren wir am Rande eines Tales, dicht an dem steilen Hang entlang. Um uns blumige, grüne Wiese. Plötzlich sacken wir, der Spitzenpanzer, ab, und schon drehen sich die Ketten leer in dem weichen Sumpfboden; denn wir liegen mit der Wanne auf. Schnell warnen wir die Kameraden. Dann besehen wir uns den Schaden. Eklige Sache! Wer hätte das geahnt, nach 5 km Weg?!
Doch sofort versuchen wir herauszukommen. Die beiden anderen Panzer setzen sich schräg vor uns und versuchen, uns herauszuziehen. Die Trossen spannen sich bis zur äußersten Grenze. Doch wir rühren uns nicht von der Stelle.
Nun schlagen wir große Steine aus dem Hang und legen sie vor die Ketten.
Inzwischen beginnt plötzlich eine wilde Schießerei. Unser Ladeschütze geht auf die nahe Höhe auf Spähtrupp. Atemlos kommt er zurück. „Links von uns bei einer anderen Infanteriekompanie der Wehrmacht greift der Russe ebenfalls an. Nun geht sie wegen Munitionsmangel zwei Höhen zurück.“
Obwohl wir jetzt unsere Anstrengungen verdoppeln, kommen wir nicht heraus. Die Ketten reißen die Steine unter den Panzer, aber wir sitzen fest wie zuvor. Nun kommt schon unsere Infanterie vorbei. Wir schlagen vor, sie sollten die Höhe links von uns halten, bis wir loskommen. Sie schlagen vor zu verschwinden. Denn schon sind wir im Niemandsland und bald mitten drinnen in der russischen Infanterie.
Was tun? Die Panzer sprengen? Nein! Das nicht, wenn es nicht unbedingt nötig ist.
Als uns die Infanterie ihre letzten Munitionskisten daläßt, ist uns leichter ums Herz. Schnell

1) Tagebuch Schneider

drehen wir alle Türme gegen die linke Höhe, von der der Russe in wenigen Minuten kommen muß.
Und dann Steine her, was die ausgepumpten Lungen nur schaffen. Fieberhaft, verbissen arbeiten wir. Jetzt haben wir wieder einen Berg von Steinen vor dem Panzer. Und wieder beginnen die Kameraden zu ziehen, während unsere Ketten langsam Stein um Stein verschlingen.
Plötzlich eine leichte Bewegung nach vorne, und langsam heben wir uns. Hurrah! Im letzten Augenblick! Nun nichts wie links anziehen und langsam, ganz langsam an den Hang heran und fort von der sumpfigen Stelle. Bald geht es mit eigener Kraft.
Wie wir gerade die Trossen lösen, hören wir schon das hundertfache, heisere „Urräh" der Russen, und gleich darauf fliegen uns schon die ersten Kugeln um die Köpfe. Doch wir sind nun heraus aus dem Sumpf und schießen zurück, bis sich unsere Infanterie gesammelt und Munition gefaßt hat und auf der rechten Höhe in Stellung gegangen ist. Als der Angriff der Russen dann im gemeinsamen Feuer zusammenbricht, fahren auch wir zu unserer Kompanie zurück und können nun auch endlich selbst Munition fassen."[1]

Am 30. August 1943 steht die 1. Kompanie der Panzerabteilung auf dem äußersten Westflügel der Division beim Bataillon „Narwa" unter seinem Kommandeur, Hauptsturmführer Grafhorst, in Woitenkoff. Die besondere Aufmerksamkeit gilt der Naht zur Nachbardivision. Am 31. August rollt die Kompanie in die Mitte des Divisionsabschnittes nach Tetschjutschina – Balka, um hier mit dem Bataillon Oeck Verbindung aufzunehmen. Der Weg dorthin führt über eine Bahnlinie.
Hauptsturmführer Schneider berichtet:[2]
„Ich bin noch nicht an dem besagten Übergang, da bietet sich mir ein tolles Bild. Einschläge liegen sehr gut auf und in der Nähe des nach vorn führenden Weges. Aber das ist an sich nicht so schlimm. Schlimmer ist, daß Pak's, an ihren Kettenfahrzeugen aufgeprotzt, und eine ganze Batterie nach rückwärts abhauen. Dazwischen springen einige Infanteristen nach hinten, immer bei den Einschlägen Deckung nehmend.
Ich lasse meine Kompanie halten, damit ich in Ruhe die Karte studieren kann. So etwas habe ich noch nicht gesehen und finde eine Erklärung für das Gesehene nur in der Möglichkeit, daß ich mich verfranzt habe. Aber alles stimmt. Ich muß über den Bahnübergang, um zu Oeck zu gelangen. Aber warum gehen die eigenen Truppen zurück?
Kurz entschlossen lasse ich meinen Haufen zurück und lasse einen Wagen auf Funk gehen, damit ich die Knaben an der Strippe habe. Hinter dem Bahnübergang kann man einigermaßen das Bild übersehen. Kurz gesagt: Es ist eine Schweinerei im Gange. In der Ortschaft mit dem komischen Namen ist nach den Aussagen der um mich herum stehenden Grenadiere kein deutscher Soldat mehr. Also wird auch Oeck dort nicht zu finden sein.
Da die Lage schnelles Handeln erfordert, brauche ich den guten Mann auch nicht. Nach Aussagen des O 4, Obersturmführer Kaufmann, ist der Russe mit starken Infanteriekräften durchgebrochen und hat die Ortschaft genommen. Man sieht immer neue Scharen von Russen von unserem Standort aus sich auf die Ortschaft zu bewegen. Rechts von uns ist kein Anschluß mehr vorhanden.
Ich hole sofort meine Kompanie heran und entfalte aus der Bewegung heraus. Die Angriffsformation ist im Nu hergestellt. Ein kurzer Spruch, und schon rauschen meine 12 Wagen auf

1) Bericht Waber 2) Tagebuch Schneider

die vom Russen besetzte Ortschaft zu. Kurz vor dem Ort lasse ich einen Feuerüberfall der gesamten Kompanie schießen. Einige Hütten geraten in Brand. Und schon geht es weiter. Angriffsziel: nördlicher Ortsrand.
Es war eine Freude, die Kompanie vorbrausen zu sehen. Meine alten Kommandanten, die sich schon in vielen Gefechten auf das Höchste bewährt haben, sehe ich vor meinen Augen schmunzeln ob des Feuerüberfalls und seiner Wirkung. In sportlicher Auffassung über die Meisterung der Lage hat jeder den Ehrgeiz, der erste in der Ortschaft zu sein. Daher das unerhörte Tempo, das jeder von den Kommandanten seinem Fahrer befohlen hat.
Wie die wilde Jagd braust der Haufe los. Ich selbst fahre am rechten Flügel. Da erkenne ich vor dem Ort eine ziemlich tiefe, mit steilen Wänden versehene Balka. Aber schnell entschlossen haben die Wagen schon angesetzt zur Überwindung des Grabens. Und siehe, die ersten schieben sich schon in die Ortschaft hinein.
Von meinem Standort sehe ich plötzlich, Turm 03.00 Uhr, eine Menge Russen, die sich vom Bahnkörper aus auf das Dorf zu bewegen. Während ich diese noch bekämpfe, bolzt sich die Masse der Kompanie schon in der Ortschaft herum. Es gibt viele Tote für den Russen. Als ich dort eintrudele, ist schon ein Teil der Grenadiere von Germania wieder da, und wir können den Infanteristen 60 Gefangene übergeben. Neben etwa 100 Toten ließ der Gegner 10 Panzerbüchsen, 7 s.M.G. und 12 l.M.G. liegen. Daneben blieben viele Handfeuerwaffen. Mit den Grenadieren nehme ich nun noch die nördlich der Ortschaft gelegene Höhe 203,4.“

Die Aufmerksamkeit des Angreifers gilt immer den Grenzen zwischen den Truppenteilen des sich verteidigenden Gegners. Nicht selten findet er bis in die Tiefe des Hauptkampffeldes führende Schwachzonen der Verteidigung, sei es, daß beide Nachbarn zu sehr auf die Wirksamkeit der Maßnahmen des anderen vertrauen, sei es, daß infolge unklarer Befehlsverhältnisse notwendige Maßnahmen unterbleiben.

Während die 1. Kompanie der Panzerabteilung am 31. 8. in der Mitte des Divisionsabschnittes rechtzeitig eingreifen konnte, war es auf dem rechten Flügel die 4. Kompanie. Dort war auf der Grenze zum rechten Nachbarn, auf der Naht zur 3. Pz. Division, starker Panzerfeind am gleichen 31. August eingebrochen. Zur Abriegelung des Feindes wurde in der Nacht vom 31. 8./1. 9. 1943 die 4. Kompanie der Panzerabteilung dem I. Bataillon Germania unterstellt.
Mit diesem Befehl erhielt die 4./SS-Pz. Rgt. 5 gleichzeitig ihren neuen Kompaniechef, Untersturmführer Hein, nachdem Obersturmführer Jessen am Vortage verwundet worden war.
Die Gefechtsbereitschaft der Kompanie war eingeschränkt durch die der Überholung dringend bedürftigen Funkanlagen.
Untersturmführer Hein berichtet:
„Aber ich rumpelte in der Nacht zum befohlenen Ort, meldete mich beim Bataillon und igelte mich zu einem kurzen Erholungsschlaf mit der Kompanie ein.
Der Morgennebel hatte sich gerade verzogen, als wir auch schon die Hiobsbotschaft von einem russischen Panzerdurchbruch auf der Nahtstelle zur 3. Pz. Division bestätigt erhielten. Sofortiges Handeln war notwendig. Entlang der Bahnlinie nach Poltawa gehen wir in einem hünengrabähnlichen Kusselgelände, das auf der Karte als „Grab Gruschki“ verzeichnet war, in Lauerstellung. Von eigenen Truppen ist weit und breit nichts zu sehen. Die vor uns liegenden

Höhen zeigen uns in der Morgendämmerung gespenstisch die Richtung, aus der der Gegner kommen mußte.
Die Motoren sind abgestellt. So hören wir den röhrenden Marschlärm einer auf uns zukommenden starken Panzerformation zu uns herüberdröhnen. Nach wenigen Minuten sehen wir ca. 40 Feindpanzer mit Infanterie, wie mit Taubenschwärmen beladen, über die Höhen auf uns zupreschen. Sie sind bereits entfaltet. „12.00 Uhr . . ., Entfernung 1000 m, Panzergranaten, Feuer!" Der Richtschütze und die Besatzung reagieren blitzschnell. 4 Granaten, 4 Treffer, 4 brennende Feindpanzer. Panikartig abspringende Rotarmisten. Das spielt sich vor unseren Augen in Sekundenschnelle ab. Die Zeit ist nicht meßbar, so gespannt ist die Lage. 11 brennende T 34 und 4 bewegungsunfähige Panzer blockieren den russischen Angriff. Im Rückwärtsgang ziehen sie sich blitzschnell hinter die Höhe zurück. Meine Männer springen aus den Turmluken, schreien laut vor Erregung über den Erfolg, ahnen aber bereits den nächsten Angriff durch die Mulden beiderseits der Höhe. Schnell werden die Ziele verteilt. Fehlender Funk wird durch Armzeichen ersetzt, und schon beginnt der umfassende, neue Angriff des Gegners. Es klappt wie am Schnürchen; mustergültig wie bei einer Sandkastenübung. Wieder wird der Gegner abgeschlagen. 2 T 34 bleiben brennend liegen, 2 bewegungslos stehen. Ein KW II rollt seine 52 t mit Höchstgeschwindigkeit an uns vorbei. „Kehrt marsch!" Mit einem Geschütz sind wir hinter ihm her. Entfernung 250 m. Schuß, Treffer, Abpraller! Viermal wiederholt sich dieses makabre Spiel. Dann „Hurrah!" Die Russen booten aus, und der KW II gehört uns. Wir preschen heran. Da steigen die Russen schnell wieder ein. Jetzt „Turm 06.00 Uhr", und wir sind fertig zum neuen Feuern. Aber der Russe dreht gemächlich ab und zeigt uns seine Wanne. Ein Schuß, er brennt. Aber es ist unsere letzte Panzergranate . . .
Keine Funkverbindung zur Abteilung, alle Granaten verschossen. So werden wir jetzt, inzwischen 11.00 Uhr vormittags, von 20 Feindpanzern wie die Hasen gejagt, erreichen aber ohne Verluste den schützenden Eisenbahndamm und werden dort von unserer anrollenden 3. Kompanie in höchster Not empfangen, die uns den neuen Feind abnimmt. Meldung bei der Abteilung. Schnellreparatur unserer Geschütze, die Funkanlage in Ordnung gebracht, rollen wir in den Abendstunden in eine neue Stellung, 2 km südlich unseres bisherigen Kampfplatzes. In der Nacht passiert nichts. Wir igeln. Die Wagen sind gut getarnt. Eine Mütze voll Schlaf tut uns wohl. Beim ersten Büchsenlicht erkennen wir den Gegner, der sich mit Strohhaufen getarnt hat und, in unserer alten Stellung entfaltet, bereitsteht.
Funkmeldung an die Abteilung, um Verstärkung anzufordern. Dieser Gegner ist zu fassen. Diese Chance wahrzunehmen, ist unser aller Wunsch. Es brennt uns fast unter den Nägeln. Der verwundete Chef einer Sturmgeschützbatterie „Das Reich" meldet sich bei mir. Jetzt machen wir Sandkastenplanung.
Mit allen Kommandanten aller, jetzt neun Geschütze besteigen wir den Turm des Bahnhofsgebäudes. Ein Artilleriebeobachter findet sich ein. Die Ziele sind schnell ausgemacht und auf sieben Kommandanten verteilt. Zwei bleiben Zielreserve. Der Artilleriebeobachter will eine Nebelwand schießen.
Um 11.00 Uhr rollt der Angriff unserer Wagen. Im Schutze der Nebelwand erreichen wir die vorgesehene Schußposition, 500 m vor dem Feind. „Feuer"! 9 Feindpanzer brennen sofort. 4 T 34 wollen flüchten und werden von rückwärts erledigt. Im Zick-Zack jagen ein paar Panzerspähwagen zurück hinter die schützende Höhe. Wir machen Scheibenschießen auf sie und rollen einen Schützengraben der Sowjets auf, in dem sich die Begleitinfanterie eingebuddelt hat.

Jetzt ist der Weg frei für den angekündigten Gegenangriff des Regimentes „Der Führer", der für den Nachmittag angesetzt ist. So lange halten wir ‚Grab Gruschki'."[1]
In einem Anerkennungsschreiben vom 7. November 1943 würdigt der Oberste Befehlshaber und Führer des Deutschen Reiches die persönlichen Leistungen des Untersturmführers Hein an diesem Tage.

Der sich bis in die Mittagsstunden des 1. 9. 1943 verzögernde Gegenangriff des Regimentes „Der Führer" und der Pantherabteilung des SS-Panzerregimentes 2 der Division „Das Reich" erfährt gegen Abend Unterstützung durch einen wirksamen Stukaangriff. Dennoch wird die erreichte Höhe bei „Grab Gruschki" in der folgenden Nacht wieder geräumt. Die Pantherabteilung zieht etwa einen guten Kilometer von dem Ort Tetschjutschina-Balka entfernt unter.
Die in den frühen Morgenstunden des 2. September 1943, gegen 07.00 Uhr versuchte Verbindungsaufnahme durch die im Ort liegende 1./Pz. Rgt. 5 verläuft unglücklich. Einem tragischen Irrtum, der in unübersichtlichen Lagen bei in Bewegung befindlichen Fronten unvermeidbar zu sein scheint, fallen 3 der die Verbindung suchenden Panzer am Ortsausgang Tetschjutschina-Balka zum Opfer, abgeschossen von den draußen sichernden Panthern. Unter den Schwerverwundeten befindet sich auch Hauptsturmführer Schneider, dessen Tagebuchaufzeichnungen mit diesem Tage enden. Der Richtschütze Abraham wird tödlich verwundet.
In den folgenden Wochen setzt sich die I./SS-Pz. Rgt. 5 im Rahmen der Division Wiking in größer werdenden Sprüngen ab. Bis zum 7. September wird die Linie Walki – Tschutowo – Poltawa, etwa 40 km weiter westlich, erreicht. Wie bisher wird der Feind in harten Kämpfen abgewiesen, in deren Verlauf der Chef der 2. Kompanie, Obersturmführer Multhoff, bei Walki schwer verwundet wird.
Am 19. September entbrennen in der etwa 140 km nordwestlich, in der Linie Chorol – Lubny, erreichten Stellung neue, erbitterte Kämpfe, die dem Massenaufgebot des Feindes wiederum einen durchschlagenden Erfolg versagen.
Obwohl sie immer wieder ausweichen müssen, tragen die Panzerkompanien entscheidend dazu bei, die unvermeidbaren Frontlücken zu schließen und die notwendige Zeit zu gewinnen für das Abfließen der Verbände über die wenigen Dnjepr-Übergänge.

Der Dnjepr-Übergang

Die gewaltige personelle und materielle Übermacht des Feindes, die v. Manstein im Frühjahr 1943 bereits mit 8:1 für den Feind beziffert, ist weiter gewachsen und hat durch das Eingreifen massierter Luftstreitkräfte eine zusätzliche Dimension erhalten. Russische Fallschirmspringer mehrerer Fallschirmbrigaden überspringen die deutschen Verteidiger ostwärts des Dnjepr am 24./25. 9. im Raum Kanew, nördlich Tscherkassy. Das taktische Ziel ist die Errichtung von Brückenköpfen auf dem Westufer des Dnjepr,

1) „Europäische Freiwillige", Munin Verlag 1968, S. 218

noch bevor die Deutschen sich in geeigneten Stellungen unter Einbeziehung dieser starken Flußsperre einrichten können.
Zur gleichen Zeit kämpfen sich die Kompanien der Panzerabteilung über Irklejew nach Tscherkassy zurück, wo sie am 27. September 1943 den Fluß nach Westen überschreiten.
Auf den Tag genau vor zwei Jahren hatte die durch die Kradschützenkompanien der 3 Infanterieregimenter verstärkte Aufklärungsabteilung der Division Wiking 100 km weiter südlich, in Krementschug, diesen Strom nach Osten überschritten, um den damaligen Brückenkopf Dnjepropetrowsk von Osten zu öffnen.
Jetzt müssen die Männer der Division Wiking in den für sie vorgesehenen Stellungen die russischen Fallschirmjäger vernichten und in erbitterten Kämpfen bereits bestehende russische Brückenköpfe auf dem Westufer des Stromes angreifen, einengen und vernichten. Zur Enttäuschung der Truppe erweist sich der Dnjepr keineswegs als die lange ersehnte Barriere, hinter der die so notwendige Atempause gewährt werden kann. Die Truppe findet teils noch nicht fertiggestellte Feldbefestigungen, teils keine vorbereiteten Stellungen vor.
Ein maßgeblicher Grund dafür war, daß der Übergang der Armeen der H.Gr. Süd auf die wenigen großen Übergangsmöglichkeiten in Saporoshe, Dnjepropetrowsk, Krementschug, Tscherkassy und Kiew beschränkt worden war. Die so kanalisierten Bewegungen hatten zu einem großen Zeitverlust geführt. Als Folge hatte der Feind bereits starke Brückenköpfe auf dem Westufer des Dnjepr zwischen den deutschen Übergängen gewinnen können, bevor der Verteidiger die ihm befohlenen Stellungen erreicht hatte.

Die Enttäuschung über den Stand der Verteidigungsvorbereitungen dieses an sich starken Flußabschnittes ist groß. Die Frage, warum es für die zurückgehenden deutschen Armeen der Heeresgruppe Süd nur 5 Übergänge gibt, die als einzige Schleusen außerordentlich viel Zeit erfordern für den Übergang selbst sowie die anschließende Besetzung einer Dnjeprfront von 700 Kilometer Ausdehnung, findet keine befriedigende Antwort.
In den vom Russen bereits gewonnenen Brückenkopf zwischen Dnjepropetrowsk und Krementschug werden neue Kräfte herangeführt, um ihn nach Breite und Tiefe auszuweiten.
Über den russischen Brückenkopf nördlich Kanew führt v. Manstein aus: *„Er hatte mehrere Fallschirmbrigaden südlich des Stromes abspringen lassen und preßte innerhalb kurzer Zeit 8 Schützendivisionen und 1 Panzerkorps in die enge Stromschleife hinein.“*[1]
Warum die deutschen Infanteriedivisionen den Strom nicht auch mit Fähren, auf Stegen und Behelfsbrücken unter Zuhilfenahme der vielen kleinen Inseln überqueren konnten, beantwortet v. Manstein nicht.
Die Männer der Division Wiking, die vor 2 Jahren den gleichen Strom in ostwärtiger Richtung überquert haben, erinnern sich an den Steg in Dnjepropetrowsk, der, obwohl er unter Artilleriebeschuß des Feindes lag, die Verbindung der beiden Ufer des Stromes und die Versorgung des Brückenkopfes ermöglichte.

1) v. Manstein, „Verlorene Siege“, Athenäum Verlag 1955

Der russische Marschall Konjew berichtet über die Dnjeprüberquerung durch seine Verbände:

„Als wir den Dnjepr zu forcieren begannen, war uns bekannt, daß der Gegner seine Hauptkräfte aus der Ukraine ostwärts des Stromes zu den Übergangsstellen in Krementschug und Dnjepropetrowsk zurückführte. Bis zum 25. September waren dort 14 Infanteriedivisionen und 2 Panzerdivisionen der 8. und 1. Panzerarmee. Dem Abschnitt Krementschug hatte er also die größte Aufmerksamkeit gewidmet. Denn er erwartete, daß wir hier über den Fluß gingen, und bereitete sich entsprechend vor. Wir berücksichtigten, daß der Gegner noch nicht dazu gekommen war, zwischen Krementschug und Dnjepropetrowsk eine feste Verteidigung auszubauen und darum seine Hauptanstrengungen auf diesen Abschnitt konzentrierte. Hier wollten wir den Hauptstoß führen.“[1]

Konjew stellt dann fest, daß auch die russischen Pontonparks trotz aller Bemühungen nicht rechtzeitig heranzuschaffen waren und fährt fort:

„Das machte aber den operativ-strategischen Plan der Front, den Dnjepr aus der Bewegung heraus zu forcieren, nicht zunichte. In breiter Front setzten unsere Truppen über den Fluß, zerstörten die gegnerischen Verteidigungsanlagen und fügten dem Gegner eine vernichtende Niederlage zu!“[1]

1) Konew, „Aufzeichnungen eines Frontoberbefehlshabers 1943/44“, Militärverlag der Deutschen Demokratischen Republik, Berlin 1978

V. In den Kesselschlachten zwischen Dnjepr und Bug

Aus der Dnjeprlinie in den Kessel von Tscherkassy

Der Dnjepr zwischen Moschny und dem Südrand Kanew bildet die vordere Linie des der Division Wiking zugewiesenen Verteidigungsabschnittes. Sie kann ihn nicht, wie erwartet, besetzen, sondern muß ihn sich erobern. Der Divisionsgefechtsstand liegt in Goroditsche, 48 km südw. Tscherkassy.
Russische Fallschirmjäger und kleine Brückenköpfe erfordern verlustreiche Kämpfe. Im Irdyn-Sumpf, westlich und im Raum südwestlich Tscherkassy, können Feindgruppen zwar eingeengt, aber nicht vernichtet werden. Der Sumpf verbirgt und entzieht den Feind dem Angreifer. Der Hinterhalt, der Scharfschütze charakterisieren die Gefechtsform.

Untersturmführer Ploen ist Zugführer in der 4. Kompanie der I./Pz. Rgt. 5. Die Kompanie liegt im November 1943 in Beloserje, 9 km westlich Tscherkassy, unter der Führung von Obersturmführer Jessen. Zwischen ihr und Tscherkassy liegt der Sumpf. Untersturmführer Ploen, der selbst am 17. November 1943 schwer verwundet wurde, berichtet knapp und beispielhaft für die Art der Kampfführung:
„Auf Anforderung fuhren die Geschütze in die HKL. Am 13./14. November erkundeten 3 Sturmgeschütze im Abschnitt Swidowok. Der Unterscharführer Trodler stieg aus, um etwas an seinem Fahrzeug zu kontrollieren, und erhielt einen Kopfschuß. Gemeinsam mit dem Hauptscharführer Hackfort bemühte ich mich, Trodler zu bergen. Dabei wurde Hackfort durch Scharfschützenfeuer schwer verwundet. Es gelang, beide Kameraden zurückzubringen. Sie erlagen jedoch wenige Stunden später ihren Verwundungen."[1]
Den auf der sogenannten Fuchsschwanzinsel sitzenden Russen greift die Panzerabteilung 5 im Zusammenwirken mit dem Regiment Westland und dem Grenadierregiment 164 der 57. Bayr. Infanteriedivision an. Über den Beginn dieser verlustreichen „Dschungelkämpfe" berichtet Untersturmführer Hein:
„Am Rande des von Partisanen und regulären russischen Truppen besetzten Waldgebietes ostwärts Tscherkassy teilte sich der Dnjepr durch eine langgezogene Insel, die wiederum durch eine langgezogene Sandbank geteilt, ansonsten aber mit urwaldähnlicher Vegetation den Eindruck eines unmöglichen Kampfgebietes machte. Diese Insel sollte dem Russen zum Sprungbrett auf das westliche Ufer dienen. Und Unmögliches wurde vom Gegner möglich gemacht. Pioniere des Feindes hatten in nächtelanger Arbeit eine Brücke unter dem Wasserspiegel vom Ostufer zur Insel gebaut.
Am 7. 10. 1943 werden die Sicherungskräfte der Division davon überrascht, daß Pak- und Granatwerferfeuer sowie eingesetzte Scharfschützen die Uferstraße nach Moschny sperren.
In verlustreichem Einsatz, die Stärke des Gegners auf dieser Insel nicht ahnend, gelingt es, mit dem II./Westland in dem kleinen Zipfel der Insel Fuß zu fassen und die Russen zunächst über die Sandbank zu werfen. Stärkere Feindkräfte drängten unsere Grenadiere im Morgen-

1) Bericht Ploen

grauen zurück. Die Situation wurde für unsere Soldaten außerordentlich ernst. Eine vom Gegner überrannte Granatwerferbedienung fand man massakriert bei einem vergeblichen Gegenstoß. Diese Gefechtssituation veranlaßte die Division zur Überlegung eines Panzereinsatzes.

Lediglich 3 Panzer III mit hochgezogenem Auspuff standen zur Verfügung. Die Besatzungen Hein, Bock und Schnell wurden ausgewählt und noch in der Nacht zum 8. 10. eine Furtmöglichkeit im reißenden Strom erkundet. Oberscharführer Bock, mit langem Stecken voraus, die Kampfwagen mit voller Wanne im Wasser schwappend, gelang dieses Wagnis in den nächtlichen Morgenstunden. Der Gegner schien von diesem Unternehmen nichts gemerkt zu haben, denn kaum ein Schuß störte diesen Panzer-U-Boot-Einsatz. Eine kurze Lagebesprechung mit dem Kommandeur III./Westland, und der Gegenangriff wurde auf 7 Uhr früh festgesetzt. Unsere Artillerie legte eine Nebelwand, um die einzusehende Lücke abzuschirmen, und unter Vermeidung eines zu starken Gefechtslärmes überwinden wir einen wallähnlichen Hang und sind mitten zwischen dem Gegner. Pakgeschütze werden überrollt, die Ketten knirschen beim Aufprall Stahl auf Stahl, Kanonen und MG's schießen aus allen Rohren. Bis auf vereinzelte schreiartige Kommandos im Wagen sitzt die Besatzung wie festgeschnürt auf ihren Plätzen. Der Kampfwagen wird durch die unmöglichen Bodenverhältnisse hin- und hergeworfen, die Mienen der Männer sind erstarrt, der Schweiß dringt aus allen Poren. „Kein Kettenriß" mag mancher lautlos von sich gegeben haben. Die Russen sind total überrumpelt. Zwischen den Panzern laufend ziehen sie sich panikartig zurück. Wer die Flucht versäumt und der Kugel entgangen ist, geht in die Gefangenschaft. Die Spitze der Insel ist damit genommen."[1]

Während sich der Feind im Dnjepr-Abschnitt nördlich Tscherkassy in den nächsten Wochen verhältnismäßig ruhig verhält, setzt er aus dem Brückenkopf zwischen Krementschug und Dnjepropetrowsk sowie im Norden beiderseits Kiew seine massierten Armeen zu Durchbruchsoffensiven an. Bis zum 10. November gelingt es ihm, zwischen Krementschug und Dnjepropetrowsk die Dnjeprfront in 150 km Breite aufzureißen und einen tiefen Keil zwischen die 1. Panzerarmee am Unterlauf des Dnjepr und die 8. Armee zu treiben.

Im Norden gelingt es ihm, die Stadt Kiew beiderseits zu umfassen und am 6. November 1943 zu Fall zu bringen. Hier stößt er sofort weit nach Westen vor und erreicht am 11. November bereits Shitomir und Fastow, etwa 130 km westlich Kiew.

Er wird hier zwar zum Stehen gebracht und auch ein Stück zurückgeworfen, ohne daß allerdings die Gesamtsituation dadurch entscheidend geändert wird.

Nachdem Mitte Dezember 1943 nach russischen Angriffen aus dem Brückenkopf südlich Krementschug und aus den inzwischen verstärkten Brückenköpfen bei Tscherkassy die Stadt Tscherkassy gefallen ist, setzt der russische Großangriff aus dem Raum westlich Kiew in den letzten Dezembertagen 1943 ein. Er treibt einen 300 km breiten Keil zwischen die Heeresgruppen Süd und Mitte und gewinnt weit nach Westen Raum. Nach Süden eingeschwenkte starke russische Kräfte erreichen bis Mitte Januar 1944 die Linie Berditschew – Bjelaja Zerkow.

Die von Osten aus dem Raum Krementschug angreifenden Verbände der 2. Ukrainischen Front erreichen am 9. Januar 1944 die Stadt Kirowograd, 100 km südlich

1) Bericht Hein

Tscherkassy. Den jetzt zangenartig angesetzten russischen Angriffsspitzen gelingt im Angriff aus der Richtung Bjelaja Zerkow von Norden und Kirowograd von Süden bzw. Osten am 28. Januar 1944 die Vereinigung bei Swenigorodka, etwa 25 km südwestlich Tscherkassy. Die Divisionen des deutschen XI. und XXXXII. A. K., unter ihnen die Division Wiking, sind vom Feinde eingeschlossen.

Der Kessel von Tscherkassy

In diesem Kessel von Tscherkassy bewähren sich in den folgenden 20 Tagen die Standfestigkeit von 10 Divisionen gegen alle trügerische Feindpropaganda, die Tapferkeit gegen die erdrückende Überlegenheit der an der Einschließung beteiligten Teile von 7 russischen Armeen und die mitreißende Führung der verantwortlichen Offiziere. Mit den Ortsnamen Taraschta, Boguslaw, Smela verbindet sich für die alten Wikinger die Erinnerung an harte Verfolgungskämpfe vor 2 Jahren. Auch damals galt es, wuchtigen Angriffen und dem Druck feindlicher Verbände aus dem Raum Tscherkassy standzuhalten, die die bei Uman eingeschlossenen Russen zu entsetzen versuchten. Die Situation ist die gleiche, die Rollen sind vertauscht. Die westlich Tscherkassy eingeschlossenen deutschen Kräfte werden langsam auf enger werdendem Raum zusammengedrückt. Die Entsatzversuche von außen, vor allem des XXXXVII. und III. Panzerkorps scheitern.

Einen Einblick in das dramatische Geschehen dieser letzten Januartage 1944 vermitteln die Tagebuchnotizen des Obersturmführers Hein:

„26. 1. 1944: Panzerabteilung bezieht Bereitstellung zur Abwehr feindlicher Angriffe in Budki-Rotmistrowka und sichert gegen Smela. Angriffe erfolgreich abgewehrt. Abteilung verfügt noch über ca. 25 Pz. IV.

27. 1. 1944, 05.00 Uhr: Feind gelingt Durchbruch mit starken Infanteriekräften hart ostwärts Rotmistrowka.

07.00 Uhr: Im Gegenangriff werden eingebrochene Feindkräfte durch 2. und 3. Kompanie umfassend auf freiem Schneefeld total vernichtet. Batterie Art. Rgt. unterstützt durch direkten Beschuß.

12.00 Uhr: Abteilung sichert mit allen Kampfwagen Ortsrand Budki.“[1]

Am 28. 1. 1944 erhält Obersturmführer Hein durch den Divisionskommandeur persönlich den Auftrag, mit 4 Sturmgeschützen die Lage bei Olschana zu bereinigen und Olschana zu sichern.

Obersturmführer Hein notiert:

„28. 1. 1944, 18.00 Uhr: Ankunft Olschana. Starke Feindkräfte mit Unterstützung Art.Selbstfahrlafetten stehen bereits am nördlichen Ortsrand. Ord. Offz. Div. Nachschubführer führt mich durch Ort zum Gefechtsstand, und ich erhalte Einweisung in die Lage: Eigene Nachschubkräfte haben schwache Sicherung mit rein infanteristischer Bewaffnung am Ortsrand aufgebaut und werden stark bedrängt. Feind hat sich bereits in den ersten Häusern festgesetzt.

1) Bericht Hein

19.00 Uhr: Gegenangriff der 4 Sturmgeschütze (keine Funkverbindung wegen Ausfall der Geräte). Feind wird geworfen und muß sich bei starken Verlusten hinter Höhe zurückziehen.
Abschuß: 5 Selbstfahrlafetten
Eigener Verlust: 1 Sturmgeschütz.
29. 1. 1944, 02.00 Uhr: Vorstoß mit 2 Geschützen auf Kirillowka. Rückführung sämtlicher Benzinvorräte nach Olschana.
Ab 09.00 Uhr wiederholte Angriffe des Gegners gegen nördl. und östl. Ortsrand Olschana. Kleine Einbrüche werden sofort bereinigt. Abwehr jetzt klar gegliedert. Fahrzeugpark jetzt weitgehendst nach Goroditsche verlagert.
22.00 Uhr: Feindlicher Einbruch am nördlichen Ortsrand wird im Nahkampf bereinigt. Division wird wiederholt um Verstärkung gebeten.
30. 1. 1944, 06.00 Uhr: Im Gegenangriff wird der Feind über die Höhe in Richtung Pidynowka zurückgeworfen. Gegner verlagert Kräfte nach Westen.
08.00 Uhr: Feind greift überraschend aus Westen mit Panzerunterstützung an. Feindl. starker Pakriegel sichert Angriff aus der Tiefe. Mit 2 Sturmgeschützen wird Abwehr entlang Straße aufgebaut und Angriff im letzten Augenblick abgewehrt.
15.00 Uhr: 1 Sturmgeschütz Lenkbremsenschaden.
Eintreffen 1 Kompanie Btl. „Narwa“. Mit Kompanieführer Gegenangriff durchgeplant und überraschend durch Senke auf Juckowa gegen Tolstaja geführt. Feind in Panik. Gesamter Pakriegel (ca. 15) aufgerollt.
3 Feindpanzer vernichtet und 250 Gefangene eingebracht.
17.00 Uhr: Stellung auf alte Höhe zurückgenommen, da eigene Kräfte zur vorgeschobenen Sicherung nicht ausreichen.
Einschließung Olschana und Teilung des Kessels entlang fester Straße Olschana – Goroditsche verhindert.“[1]

Diese entscheidende Leistung findet ihre Anerkennung durch die Verleihung des Ritterkreuzes an Obersturmführer Hein.

Nach 10 Tagen Einschließung, am 8. Februar 1944, war der Kessel mit einer ursprünglichen Ausdehnung von etwa 60 km in Nord-Süd wie Ost-Westrichtung auf die Hälfte zusammengeschrumpft, nachdem die Dnjeprlinie am 4. Februar endgültig aufgegeben worden war.
Neben den Wetterbedingungen erschwerte die Enge die Bewegungsmöglichkeiten in wachsendem Maße. Der Druck des Feindes wuchs entsprechend.

Seit dem 7. Februar richten sich alle Maßnahmen im Kessel auf den beabsichtigten Ausbruch aus, dem ein Entsatzangriff von außen entgegenkommen soll.
Auf dem Gefechtsstand der I./Pz. Rgt. 5 in Waljawskije trifft am 9. Februar, 08.30 Uhr der Befehl ein, mit sämtlichen Panzern und Sturmgeschützen Korßun zu erreichen. Bis 14.00 Uhr sind die Kettenteile dort, die Räderfahrzeuge treffen bis zum Abend ein.
Am folgenden Tage wird die Instandsetzung der Fahrzeuge fieberhaft betrieben.

1) Bericht Hein

Um alle noch vorhandenen Kampfreserven zu erfassen, werden alle Panzerbesatzungen ohne Panzer mit allen nicht eingesetzten Teilen, LKW-Fahrern und sonstigen Männern der Trosse, auf Befehl der Division zu einer Infanteriekompanie mit 4 Zügen zusammengefaßt unter der Führung von Hauptsturmführer Wittmann.
Mit einer Gefechtsstärke von 4 Führern und 220 Unterführern und Männern wird sie bereits am 11. Februar gegen Feindkräfte am Bahnhof Korßun eingesetzt. Jeder Zug verfügt über eine Feuerkraft von 3 MG und im übrigen über Gewehre, Maschinenpistolen und Handgranaten. In der Nacht vom 11./12. Februar schließt die Kompanie eine Frontlücke in Arbusino, etwa 1 km ostwärts Korßun. Gleichzeitig stellt sie die Verbindung her zu einer Heereseinheit.
Während die infanteristische Kampfgruppe der Panzerabteilung bis zum Abend des 13. Februar in Abwehr und Gegenstoß wiederholt in Kompaniestärke angreifenden Feind abweist und ein Abgeschnittenwerden der eigenen vordersten Teile verhindert, werden alle instandgesetzten Panzer unter der Führung von Untersturmführer Schumacher nach Jablonowka, etwa 4 km westlich Korßun, gezogen.
Die Führungsstaffel der Abteilung ist bereits am Vormittag nach Jablonowka zum Gefechtsstand des XXXXII. A. K. befohlen worden.
Einen eindrucksvollen Hinweis auf die außerordentlichen Schwierigkeiten, die allein die herrschenden Wetterverhältnisse den notwendigen Maßnahmen und Truppenbewegungen in dem schon zusammengepreßten und starker Feindeinwirkung ausgesetzten Kessel bereiten, gibt v. Manstein mit folgender Bemerkung:
„Zweimal versuchte ich, von Uman aus auch an die Front der Stoßgruppen zu gelangen. Beide Male aber blieb mein Kübelwagen rettungslos im Schnee oder im Schlamm stecken. Das Wetter wechselte von Tag zu Tag zwischen Schneesturm und Tauwetter.“[1]

Um eine möglichst günstige Ausgangsstellung für das Durchbrechen des russischen Einschließungsringes zu gewinnen, versucht der Befehlshaber im Kessel, der Kommandierende General des XI. A. K., General Stemmermann, die nach Südwesten zeigende Spitze des Kessels noch weiter vorzudrücken in Richtung auf Schanderowka. Von dort bis zu den vordersten Teilen des III. Pz. A. K. bei Lißjanka wären noch 13 km für die Stoßgruppen der Eingeschlossenen zu überwinden. Dieser Druck auf Schanderowka wird verstärkt, die Bewegungen werden beschleunigt, weil nicht auszuschließen ist, daß die vordersten Teile der Entsatztruppen durch sich verstärkende russische Angriffe nach Südwesten zurückgedrängt werden.
Auch die Panzerabteilung zieht in der Nacht vom 11./12. Februar vor in die Gegend Ziegelei Sawdski und erreicht am 12. Februar gegen 09.00 Uhr Nowo-Buda, etwa 3 km südlich Schanderowka. Dort nimmt sie Verbindung mit dem Abschnittskommandeur, Major Brese, auf.
Das anhaltende Tauwetter hatte den Marsch durch vom Feinde einzusehendes Gelände sehr erschwert. Ein Sturmgeschütz wurde abgeschossen. Die Panzer sichern jetzt an der Rollbahn Nowo-Buda – Schanderowka nach Nordwesten. Mit erbeutetem Benzin werden sie aufgetankt.

1) v. Manstein, „Verlorene Siege“, Athenäum Verlag 1955, S. 585

In Nowo-Buda selbst lassen eingedrungene Feindpanzer die Lage ungeklärt erscheinen. Auch aus nordwestlicher Richtung drückt der Feind.
Am 13. Februar wirft Untersturmführer Schumacher mit 2 Panzern den Russen aus dem Ostteil Nowo-Buda zurück, wo dieser mit 2 Bataillonen kleinere Einbrüche erzielt hatte. Jetzt versuchen 15 Feindpanzer aus Richtung Morenzy den Durchbruch. Schumacher gelingt es, mit seinen 2 Panzern 8 in Nowo-Buda eingedrungene T 34 abzuschießen und den Südausgang des Ortes zu erreichen, wo er 2 weitere T 34 vernichtet.
Am 14. Februar greift der Russe erneut mit 11 Panzern an. Schumacher stößt mit 2 Panzern in den wieder feindbesetzten Südteil des Ortes vor. Einer seiner Wagen erhält einen Paktreffer und wird beschädigt.
Allein mit seinem Panzer schießt er jetzt 7 Feindpanzer ab. Seine Panzergranaten sind verschossen, aber mit den letzten 3 Sprenggranaten zwingt er die Besatzungen von 3 weiteren Feindpanzern zum Ausbooten. Als ein zweiter Panzer Schumacher zu Hilfe kommt, werden die 3 Panzer in Brand geschossen und dann noch ein vierter, der sich anschickte, Schumacher von rückwärts anzugreifen.
Am gleichen Tage werden bei einem Sicherungsauftrage 4 eigene Panzer, unter ihnen Oberscharführer Fiebelkorn, abgeschossen.
Eine weitere Kampfgruppe unter Führung von Oberscharführer Schweiss schießt im Raum Komarowka, 3 km westlich Nowo-Buda, 4 Russenpanzer ab.
Trotz dieser außerordentlichen Verluste setzt der Russe auch am 15. Februar seine starken Angriffe auf Nowo-Buda fort. 15.45 Uhr bestürmt er erneut den Südteil des Ortes. Wieder ist es Schumacher, der mit seinem Panzer III 2 Feindpanzer knackt.
Die noch bei Arbusino verteidigende Infanteriekompanie der Panzerabteilung unter Hauptsturmführer Wittmann hat sich inzwischen im Rahmen der befohlenen Absetzbewegungen in der Nacht vom 13./14. 2. auf eine Höhenstellung westlich Korßun vom Feinde abgesetzt. Der nachdrängende Gegner wird zum Teil in Gegenstößen abgewiesen. Um 22.00 Uhr setzt sich die Kompanie erneut ab und erreicht am 15. Februar befehlsgemäß Schanderowka.
Am 16. Februar nimmt der Feind mit verstärkten Kräften seine Angriffe auf Nowo-Buda wieder auf, die noch im Morgengrauen zum Verlust des Südteiles des Ortes führen. Die Verteidigung des I. Bataillons Germania, bei dem 2 Panzer zur Sicherung stehen, hält jedoch.

Um 15.00 Uhr bringt der Ordonnanzoffizier des Regimentes Germania der Panzerabteilung den Ausbruchsbefehl. Er sagt, daß sich die I./Pz. Rgt. 5 mit Dunkelwerden gegen 19.00 Uhr vom Feinde löst und Schanderowka erreicht. Dort folgt weiterer Befehl der Division.
Nach der Rückkehr des Abteilungskommandeurs von der Division – er war mit dem Adjutanten um 17.00 Uhr nach Schanderowka gefahren – erteilt er folgenden Befehl:

„Panzerabteilung marschiert nach Rückkehr der Kampfgruppe aus Nowo-Buda sofort nach Westteil Schanderowka und stellt sich dort zum Ausbruch bereit.
Um 19.20 Uhr erfolgt der Abmarsch sämtlicher Panzerteile, die sich folgendermaßen gliedern:

1 Befehlspanzer 2 Panzer IV 4 Panzer III 6 Sturmgeschütze; hinter den gepanzerten Teilen folgen sofort die Räderteile"[1]

Die Bewegungen der Truppenteile in die vorgesehenen Räume werden außerordentlich erschwert durch die schlechten Wetterverhältnisse, entscheidend jedoch durch den Umstand, daß die etwa 50 000 Eingeschlossenen auf einem Raum von jetzt etwa 7 x 8 km zusammengepreßt sind.
Um 21.00 Uhr trifft die Abteilung am Westrand von Schanderowka ein. Der erste Panzer in der Marschfolge, der Befehlspanzer, bricht in die über den hier fließenden Bach führende Brücke ein. Erst nach Stunden ist diese soweit instandgesetzt, daß die Panzer einzeln durch die 18 t-Zugmaschine hinübergezogen werden können. Am 17. Februar 01.45 Uhr ist der letzte Panzer drüben.
Die Infanteriekompanie der Abteilung steht ebenfalls bereit. Auf beiden Flanken der Durchbruchsgruppe westlich Schanderowka sind ihr Sicherungsabschnitte zugewiesen worden.
Noch eine halbe Stunde liegt zwischen erfolgter Bereitstellung zum Durchbruch und Angriffsbeginn. Jeder weiß, daß es um alles geht. Die Hoffnung, daß von außen eigene Kräfte dem Ausbruch entgegenstoßen, belebt den Mut. Noch am 13. Februar funkte der Chef des Generalstabes der 8. Armee, General Speidel, an den Befehlshaber im Kessel, General Stemmermann:
„Breith mit vordersten Teilen Lißjanka. Vormann im Vorgehen aus Brückenkopf Jerki Richtung Swenigorodka. Wie Lage dort? Alles Gute zum Enderfolg!"[2]
Am 15. Februar 1944, zwei Tage vor dem Ausbruch funkte die gleiche 8. Armee: *„Aktionsfähigkeit III. Pz. A. K. eingeschränkt. Gruppe Stemmermann muß Durchbruch bei Dshurshenzy, Höhe 239, aus eigener Kraft erreichen. Dort Vereinigung mit III. Pz. A. K.*"[2]
Am 16. Februar 1944, 15.00 Uhr, 11 Stunden vor dem Beginn des Ausbruchs, funkte v. Manstein an Stemmermann:

„Parole Freiheit. Ziel Lißjanka."[2]

Etwa 13 km trennen die zum Ausbruch Bereitstehenden von den Höhen bei Dshurshenzy, wo die Spitzen des III. Panzerkorps sie erwarten sollen.
Den Ausbruchsverlauf der I./SS-Pz. Rgt. 5 schildert das Kriegstagebuch der Abteilung unter dem 17. Februar 1944:
„02.10 Uhr tritt die Abteilung zum befohlenen Durchbruch an. Wegeverhältnisse sehr schlecht. Südwestlich Chilki erster Feindwiderstand. Hier wurden die letzten Räderfahrzeuge der Abteilung gesprengt, da ein weiteres Durchkommen unmöglich war (tiefe Mulden, Schlamm). Feindpanzer treten von Komarowka aus auf und versuchen, den Durchbruch durch schweres Feuer zu verhindern.
Untersturmführer Schumacher wird mit sämtlichen Wagen südlich von Chilki eingesetzt, um die dort aus Komarowka auftretenden Panzer zu vernichten. 2 Panzer werden vernichtet.
Der Befehlspanzer muß wegen Vorgelege- und Kettenschadens gesprengt werden.
Kommandeur und Adjutant steigen in den Panzer des Untersturmführers Schumacher ein. Untersturmführer Schumacher übernimmt die weitere Führung der restlichen Panzer.

1) Kriegstagebuch der I./SS-Pz. Rgt. 5
2) „Europäische Freiwillige", Munin Verlag 1968, S. 240–243

Kommandeur und Adjutant versuchen, die Männer der Abteilung zusammenzuhalten, was aber infolge der Unübersichtlichkeit der ganzen Lage nicht möglich ist. Kommandeur steigt daraufhin auf eine 18 t-Zugmaschine, da diese noch das einzige Fahrzeug ist, welches in diesem Gelände vorwärtskommen kann.

Feindpanzer treten von Norden nach Süden kommend auf und beschießen mit MG und Kanonen die gegen Südwesten auf Lißjanka vorstoßenden Panzer sowie die Fahrzeuge, die sich bis dahin noch durchschlagen konnten.

Bei dem Waldstück ostwärts Dshurshenzy, wo die Zugmaschine eine freie Pläne zu überwinden hatte, wurde sie von feindlichen Panzern beschossen, wobei diese einen Volltreffer unmittelbar hinter dem Fahrersitz erhielt. Hierbei fand der Kommandeur, Sturmbannführer Köller, den Heldentod.

An der westlichen Waldspitze ostwärts Dshurshenzy treten erneut feindliche Panzer auf, die aus Dshurshenzy kommen. Die an dieser Waldspitze ansteigende Höhe war von den Panzern nicht zu überwinden. Deshalb mußten die Wagen gesprengt werden.

Die Männer der Abteilung schlagen sich einzeln durch. Gegen Abend traf der Großteil der Abteilung in Lißjanka ein. Der Adjutant wurde beim Ausbruch verwundet."[1]

Die nüchterne Sprache des Kriegstagebuches läßt die Schwere des Erlebten des einzelnen Teilnehmers und auch den Umfang der Tragödie dieses Tages vielleicht ahnen. Die folgenden Einzelschicksale sind geeignet, auch dem Kriegsunerfahrenen das tausendfache Geschehen dieses Tages lebendig und anschaulich werden zu lassen.

In den schweren Panzerkämpfen um Nowo-Buda war auch der Panzer 112 mit seinem Kommandanten, Oberscharführer Fiebelkorn, abgeschossen worden.

„Beim Ausbooten wurden sämtliche Angehörige der Besatzung verwundet. Fiebelkorn, der den Wagen als letzter verließ, brach sich beim Abspringen außerdem den Fuß. Die Besatzung schlug sich bis zum Abteilungs-Gefechtsstand durch und wurde am Abend mit Versorgungsfahrzeugen zum Truppenarzt befördert.

Da kein Verbandsplatz mehr Verwundete annahm, verblieben sämtliche Verwundete der Kompanie bei der Abteilung. Jede Einheit war verpflichtet, ihre Verwundeten selbst aus dem Kessel zu führen.

Nach Antreten der Panzer und Infanterie fuhr eine 18 t-Zugmaschine mit 3 MG-Bedienungen als Sicherung der Verwundeten langsam hinter der kämpfenden Truppe her. Danach folgten die 2 Zugmaschinen mit den Verwundeten und der Troß.

Nach ungefähr 7 km Marsch bekam die Zugmaschine, auf welcher sich der Kommandeur und Oberscharführer Fiebelkorn befanden, 2 Paktreffer vorne in die rechte Seite. Hierbei fiel der Kommandeur, und die Verwundeten wurden meist nochmal verwundet. Als das Feuer nachließ, wurden die Verwundeten auf Panjewagen geladen und der Marsch fortgesetzt. Es wurde das erste Waldstück südostwärts Dshurshenzy erreicht. Als die Panzerspitze den Waldrand erreichte, bekam sie plötzlich von der Höhe durch 14 T 34 starkes Flankenfeuer. Bei dem hier entstehenden Panzergefecht zogen sich die Feindpanzer zurück.

In diesem Waldstück lag Fiebelkorn in Deckung. Ich besorgte ihm dann ein Fahrzeug mit Kutscher und vier Pferden und bat Fiebelkorn, sich selber durchzuschlagen. Ich sagte ihm, daß wir das Ziel bald erreicht hätten.

1) KTB I./Pz. Rgt. 5

Nachdem ich ihm das Gespann besorgt hatte, fuhr er noch etwa einen Kilometer weiter. Dort ließ ihn der Kutscher einfach stehen und versuchte, allein durch das heftige Abwehrfeuer zu kommen. Fiebelkorn rief um Hilfe und wurde von einem ihm unbekannten Sturmbannführer von dem Fahrzeug gehoben. Als er gerade herunter war, erhielt der Wagen einen Treffer und flog auseinander.
Fiebelkorn kroch in ein Deckungsloch und lag wieder Stunden allein. Er bat vorbeikommende Kameraden, ihn mitzunehmen. Niemand war in der Lage, sich seiner anzunehmen. Mit Einbruch der Dunkelheit arbeitete sich Fiebelkorn weiter vor und traf noch zwei verwundete Soldaten, die er noch mitschleppte.
In den Morgenstunden des 18. Februar merkte Fiebelkorn, daß er sich verirrt hatte und sich in der feindlichen Stellung befand. Da großes Schneetreiben herrschte und die Aussicht bestand, daß sie nicht gesehen werden konnten, gruben sie sich in den Schnee ein, um wieder die Dunkelheit abzuwarten.
Als der Zeitpunkt gekommen war, daß sie aufbrechen konnten, sprach Fiebelkorn den beiden Mut zu, und sie krochen weiter vorwärts. Kurz danach starb der eine der beiden Soldaten. Nach wenigen Minuten verschied auch der andere.
Fiebelkorn kroch nun wieder alleine weiter und erreichte unter Aufbietung seiner letzten Kräfte eine deutsche Vorpostenstellung.
Zu seinen Verletzungen, die er erlitten hatte, erfror er sich noch beide Füße, beide Hände und das rechte Knie.
Nach Erreichen dieser Stellung verlor Fiebelkorn das Bewußtsein und erlangte es erst wieder, als er aus einem Transportflugzeug ausgeladen wurde.
Bei meinem Besuch sagte er mir, daß er diese Strapazen nur durch seinen harten Ehrgeiz und den festen Willen, seiner Familie erhalten zu bleiben, hätte ertragen können. Unter Berücksichtigung des Zustandes seiner Frau, welche zur gleichen Zeit das zweite Kind gebar, ließ er ihr nur mitteilen, daß er gut aus dem Kessel herausgekommen sei und nur Verletzungen an der rechten Hand hätte."[1]

Der als Infanterist eingesetzte Panzermann Hans Lehni erinnert sich an den 17. Februar 1944 und schreibt:

„Teile der 2. Panzerkompanie waren im Anschluß an die Panzerabteilung Stobes auf einem Bergrücken in Stellung. Die Stellung sollte bis 24.00 Uhr gehalten werden.
Es war mitten in der Nacht, da griff der Russe plötzlich an. Nach dem „Urrä" schienen es viele zu sein und gehoppelt zu kommen, unterstützt von einigen Panzern. Mit ausgebauten MG aus vernichteten eigenen Panzern hielten wir in sie hinein.
Da erklang das „Urrä" bereits hinter uns. Die Russen waren beim Stab, wo der Hauptstoß durchgebrochen war.
Die Aufgabe war erfüllt, da es nach 24.00 Uhr war. Wir setzten uns in ein Tal ab, wo von allen Waffengattungen Soldaten sammelten.
Da erscholl plötzlich der Ruf: „Freiwillige vor!" Der Russe soll nochmal von der Höhe zurückgeschlagen werden. Da meldete ich mich auch. Mit Schwung wurde die Höhe zurückerobert.
Wieder zurückgekehrt ins Tal, waren die dort stehenden Soldaten weg. Im Schnee konnte man den Weg verfolgen, wo sich andere wieder dazu gesellten oder abgingen. So kam ich auf eine

1) „Europäische Freiwillige", Munin Verlag 1968, S. 257–261

Höhe, wo ich verharrte. Inzwischen war es Tag geworden. Da hörte ich hinter mir am Bergrücken Motorengeräusch. Das klang nicht wie russische Panzer. Da tauchte eine 18 t-Zugmaschine über dem Hang auf. Da ich wußte, daß keine Fahrzeuge mehr vorhanden waren, so wußte ich nicht, woran ich war. Die Maschine kam näher. Mit der Maschinenpistole im Anschlag näherte ich mich. Auf der Zugmaschine waren lauter Soldaten, hauptsächlich Verwundete. Ich sprang neben dem Fahrer auf. Und kaum 200 m weiter schreie ich: „Russische Panzer auf dem gegenüber liegenden Hang!“.
Es waren 10 bis 15 Stück. Schon bleiben zwei stehen. Ich schreie noch zu Sturmbannführer Köller, der neben dem Fahrer saß: „Aufpassen, sie haben uns gesehen!“ und springe ab. Ich entfernte mich sogleich von der Zugmaschine, die stehengeblieben war. Schon schlug es mitten in die Fahrerkabine ein.
Da die Zugmaschine sich in Bewegung setzte den Hang runter, was ich noch eine Strecke verfolgte, nahm ich an, daß nicht viel passiert sei. Ich machte mich auf eigene Faust weiter auf den Marsch und verfolgte in dem Schneesturm Spuren vorangegangener Kameraden. Da ist Panzerkommandeur Sturmbannführer Köller gefallen.“[1]

Obersturmführer Frels bestätigt diesen Bericht, wenn er schreibt:
„Beim Ausbruch aus dem Kessel von Tscherkassy überholte mich die 18 t-Zugmaschine des Sturmbannführers Köller, nachdem mein Kfz. 15 unter anderem mit dem Arzt durch einen 7,6 cm-Treffer ausgefallen war. Köller hält an, nahm mich und andere auf. Ich erinnere mich genau daran. Auf der Fahrerbank saßen von links nach rechts der Fahrer, Sturmbannführer Köller, ich und noch jemand rechts von mir.
Nach einiger Zeit beim Überfahren eines Hügels erhält die Zugmaschine von links vorne einen 7,6 cm-Treffer. Der Motor lief noch, aber die Räder und die Steuerung versagten. Köller erhielt mehrere Splitter, die den sofortigen Tod zur Folge hatten.
Wir sprangen nach rechts ab, aber der Fahrer ließ noch die Zugmaschine ins Tal hinabrollen. Alle kamen mit dem Leben davon. Im Tal, am Waldrand, wurde die Leiche mit Zweigen zugedeckt, da an eine andere Bestattung wegen des Feuers von russischen Panzern nicht zu denken war. Der Tod wurde von einem Arzt, den Namen habe ich vergessen, festgestellt.“[2]

Obersturmführer Hein, der als Verwundeter nicht panzereinsatzfähig ist und die Nachhut der Panzerabteilung 5 führt, notiert in seinem Tagebuch:
„15. 2. 1944: Befehlsausgabe für Ausbruch: Ich übernehme Funkstaffel und Zugmaschinen, da nicht panzereinsatzfähig. Antreten wird auf etwa 00.00 Uhr 17. 2. als Nachhut festgelegt.
16. 2. 1944: Erbarmungsloses Warten! Ganztägig sehr starker Beschuß. Versuch, die restlichen ca. 6 Panzer über eine Notbrücke zu schleusen, mißlingt. Pi. Btl. übernimmt Reparatur der Brücke. Der Angriffsbeginn der Panzer verzögert sich um etwa 3 Stunden.
17. 2. 1944, 05.00 Uhr: Weit verspätetes Antreten mit Funkwagen und Zugmaschinen.
05.30 Uhr: Flankenangriff aus Südost von ca. 20 T 34. Fahrzeugstaffel reißt auseinander. Mein Funkwagen wird getroffen, und laufend erreiche ich Bodensenke.
07.00 Uhr: Kleines Waldstück in Höhe Komarowka bietet ersten Schutz. Gegner greift aus Nordost mit T 34 an, steht vor Waldstück. Mitgeführte Kriegsgefangene bewaffnen sich und schaffen unübersichtliche Lage.

1) Bericht Lehni 2) Bericht Frels

09.00 Uhr: Im Wald steht letzter eigener Panzer III mit Kurzrohrkanone. Besatzung gefallen. Kampfwagen wird durch mich neu besetzt. Führung übernimmt Heeresoberst, und Gegner zieht sich nach Beschuß ca. 100 m zurück.
10.00 Uhr: Ausbruch aus Waldstück. Panzer III schafft nur etwa 100 m, da Kühlerschaden. Unter starkem Beschuß, u. a. Fla-Kanonen, wird eine Schlucht (Balka) südl. Höhe 239,0 erreicht. Art. Abteilung stürzt Geschütze in die Schlucht.
12.00 Uhr: Feind sperrt Ausgang mit ca. 10 T 34. Überläufer werden mit MG der T 34 niedergemacht.
13.00 Uhr: Ausbruch aus Schlucht frontal gegen Feindpanzer, die seitlich ausweichen. Starke Ausfälle.
14.00 Uhr: Kleines Waldstück vor Höhe 222,5 erreicht. Erschöpfungszustand total. Weiteres Durchkommen erscheint unmöglich. Ausbruchsversuche ersticken im feindlichen Feuer. Verwundete werden von Panzern niedergewalzt. Waldversteck bis zur Dunkelheit.
21.00 Uhr: Offz. Spähtrupp erkundet Möglichkeit durch Moorgelände.
23.00 Uhr: Alle geräuschstarken Waffen und Ausrüstungsgegenstände werden abgelegt. In Reihe, Vorder- und Hintermann angefaßt, werden im Schweigemarsch Feindstellungen umgangen.
18. 2. 1944, 03.00 Uhr: Der Fluß Gniloi-Tikisch ist ohne Zwischenfälle erreicht. Übergang über Pferdeleiber und Panjewagen möglich.
03.30 Uhr: Anruf Vorposten 1. Pz. Div.: „F r e i h e i t !“[1]

Der Kessel von Tscherkassy ist kein Stalingrad geworden. Die Truppe und die verantwortliche Führung widerstanden den Versprechungen der russischen Führung auf ihren Flugblättern und denen der auf russischer Seite stehenden deutschen Generale.
Sie verzagten nicht auf der Höhe von Dshurshenzy, als sie in das Feuer russischer Panzer liefen anstatt in die Aufnahmestellungen des III. Panzerkorps, wie es der Funkspruch des Chefs des Generalstabes der 8. Armee, General Speidel, erwarten ließ.
Das entscheidende Ereignis des 17. und 18. Februar 1944 ist die Durchbrechung des inneren und äußeren Einschließungsringes durch eine zu allem entschlossene Truppenführung im Kessel und eine zu höchsten Leistungen befähigte, tapfere Truppe. Von den Ende Januar eingeschlossenen etwa 56 000 Soldaten gelang mehr als 30 000 der rettende Durchbruch zu den eigenen Linien. Etwa 3000 Verwundete konnten aus dem Kessel ausgeflogen werden.
In dem Originalkartenwerk „Der Kessel von Tscherkassy“, Munin-Verlag, finden wir unter dem 17. Februar 1944 eine Zusammenfassung des Tagesverlaufes in der nüchternen Sprache des Kommandeurs der 5. SS-Panzerdivision Wiking, Gruppenführer Gille:[2]
„Am Morgen um 04.30 Uhr bleibt der eigene Angriff vor der Höhe 239, die der Treffpunkt mit den Entsatztruppen sein soll, im schweren feindlichen Abwehrfeuer liegen. Hier hat der Gegner eine starke Verteidigung mit Panzern aufgebaut. Ein Durchkommen ist aussichtslos, denn eigene schwere Waffen sind wegen des ungünstigen Geländes nicht mitgekommen.

1) Bericht Hein
2) „Der Kessel v. Tscherkassy“, Munin Verlag 1963

Weit nach Osten ausholend fand die Führung der Angriffsspitze dann einen Weg, der weniger Widerstand bot. Aber auch hier gab es neue Schwierigkeiten. Der Gniloi-Tikisch, ein Fluß, der noch Hochwasser und Eisschollen führte, muß bei der eisigen Kälte und immer stärker werdendem feindlichen Feuer durchschwommen werden. Leider wird er vielen Soldaten, die schon die Rettung vor Augen haben, noch zum Grab. Am anderen Ufer geht es dann völlig durchnäßt in eisiger Kälte weiter. Die Bekleidung ist im Augenblick steif gefroren, so daß man Arme und Beine nur mühsam bewegen kann. Immer stärker wird auch das feindliche Artillerie- und Panzerfeuer, und der Weg bis zu den eigenen Linien erscheint endlos weit.
Der Strom der nachfolgenden Truppenteile folgt diesem von den Angriffsspitzen gebahnten Weg wie eine riesige Schlange. Wo der Feind den Marsch aufhalten will, weicht sie zur Seite aus oder kämpft das Hindernis nieder, um dann wieder ihren Weg weiter fortzusetzen. Den ganzen Tag über kämpft sich die Kesselbesatzung zu den eigenen Linien durch, die nur bis an den Ortsrand von Lißjanka, einige Kilometer südwestlich des vorgesehenen Treffpunktes, vorgekommen sind. Die letzten Nachhuten erreichen erst in der Nacht des 18. Februar 1944 die rettenden eigenen Auffanglinien.
Wenn auch alles Material verloren gegangen war, der größte Teil der Menschen konnte gerettet werden."
Mit diesem Bericht findet ein Jahr ununterbrochener, schwerster Kämpfe der Division Wiking und der I./SS-Pz. Rgt. 5 seinen vorläufigen Abschluß. Die im Rahmen der Rückzugskämpfe im Donezbogen und im Rahmen der Absetzbewegungen auf den Dnjepr und in die westliche Ukraine geforderten und erbrachten soldatischen Leistungen werden Maßstäbe bleiben für den möglichen Grad der Anforderungen, die in einem solchen Rahmen überhaupt gestellt werden können.

Der Oberbefehlshaber der russischen Truppen an der Ausbruchsstelle, Marschall Konjew, teilt in seinen bereits genannten, 1972 in Nauka Moskau und 1978 in deutscher Übersetzung im Militärverlag der Deutschen Demokratischen Republik erschienenen „Aufzeichnungen eines Frontbefehlshabers 1943/44" mit, daß er am 17. Februar 1944 mehrmals mit Kommandeuren verschiedener Divisionen gesprochen hat,
„die am Ufer des Gorny Tikitsch an der äußeren Front standen. Sie berichteten, daß kein einziger deutscher Soldat durch ihre Stellungen entkommen sei . . ."[1]
Auch über telefonische Meldungen seiner Armeeoberbefehlshaber berichtet Konjew im gleichen Zusammenhang:
„Aus ihnen geht hervor, daß nirgendwo an der äußeren und der inneren Front ein Deutscher durchgekommen war."[1]
Nach dieser an sich schon erstaunlichen Feststellung fährt Konjew fort: *„Der SS-General Gille, um den die Goebbels-Propaganda später einen großen Rummel aufzog, hatte sich vermutlich schon vorher mit einem Flugzeug abgesetzt oder war in Zivilkleidung durch die Frontlinie entwischt. Daß er in einem Panzer oder in einem anderen Fahrzeug durch unsere Stellungen durchgebrochen ist, halte ich für ausgeschlossen."*[1]

1) Konjew, „Aufzeichnungen eines Frontoberbefehlshabers 1943/44", S. 134/135

Wiederaufstellung der I./SS-Pz. Rgt. 5

„Eine leere Schule war mit dem Hinweisschild „G“ (Gille) als Anlaufstelle gekennzeichnet. Apathisch und doch froh über den gelungenen Ausbruch sitzen die Landser auf dem Lehmboden. Nach und nach erscheinen vertraute Gesichter. Die Freude des Wiedersehens ist groß. Durch die Tür tritt Unterscharführer Schweichler, Richtschütze meines Chefpanzers, das ausgebaute MG über die Schulter, Patronengurte umgehängt.
Er sieht mich, setzt das MG ab und meldet in seinem ostpreußischen Dialekt: „Obersturmführer, Unterscharführer Schweichler meldet sich aus dem Kessel zurück.“
„Schweichler, Mensch, wie sind Sie durchgekommen?“
„Obersturmführer, daß ich 24 Stunden nicht sch . . . konnte, war das Schlimmste. Bitte wegtreten zu dürfen.“
Ein Oberleutnant des Heeres neben mir: „Ich beneide Sie um diese Männer.“[1]

Die Panzerabteilung 5 sammelt zunächst in Bushanka, etwa 5 km hinter den vorderen Linien, und an den beiden folgenden Tagen in Risino, etwa 18 km südwestlich Lißjanka. Dort sammelt auch die Division. Am 21. Februar verlegt die Abteilung nach Dsengolowka, 35 km südwestlich Lißjanka, an der Ost-West-Eisenbahnlinie Schpola – Uman. Hier, etwa 20 km nordostwärts Uman, sind die erschöpften Männer dem Kampfgeschehen weit genug entrückt.

Der Wiederaufstellungsraum der Panzerdivision Wiking und damit auch der Panzerabteilung ist das Generalgouvernement Polen. Am 25. Februar verlegt die Abteilung im Eisenbahntransport nach Lublin, wo sie am 1. März, 01.00 Uhr nachts eintrifft. Am 2. März ist allgemeine Entlausung und um 18.00 Uhr erneuter Bahntransport nach Tomaszow. Hier werden ab 13.00 Uhr am 3. März die Kasernen bezogen. Der Gefechtsstab richtet sich in der Schule und der Werkstattzug im Soldatenheim ein.
Die nächsten Tage sind mit dem Ordnen der Einheiten, der Regelung der personellen Besetzung ausgefüllt. Die große Enttäuschung bringt der 13. März, als der allgemein erwartete und schon vorbereitete Heimaturlaub gesperrt wird. Nur die Germanischen Freiwilligen und die Verwundeten können fahren.
Am 18. März, ab 15.40 Uhr wird die Abteilung erneut verlegt, und zwar nach Cholm, wo die Einheiten am 19. März im Laufe der Nacht eintreffen.
Um 06.00 Uhr werden die Westkasernen bezogen, und bereits um 11.00 Uhr übernimmt der inzwischen wieder genesene und zurückgekehrte Obersturmführer Jessen die auf dem Bahnhof Cholm stehenden 17 Sturmgeschütze mit entsprechend zusammengestellten Besatzungen, um mit ihnen in Richtung Kowel zu fahren. Dort sind die Sturmgeschütze einer nachfolgenden Sturmgeschützabteilung des Heeres zu übergeben.

Die Führung der I./SS-Pz. Rgt. 5 hat inzwischen Sturmbannführer Kümmel übernommen. Seinem zusammenfassenden Bericht vom 19. März entnehmen wir die folgenden Angaben über die Verluste der Panzerabteilung 5 im Kessel von Tscherkassy:

1) Bericht Hein

„Die Verluste im Kessel waren verhältnismäßig hoch. Bis jetzt sind

22 Gefallene
81 Verwundete (Lazarett)
65 Verwundete (Bei der Truppe verblieben)
63 Vermißte
49 Kranke und
2 Verunglückte

festgestellt. Ich nehme an, daß von den Vermißten noch ein großer Teil eintreffen wird bzw. in Lazarette geschafft wurde, von denen wir noch keine Nachricht erhalten haben.“[1]

Unter den Gefallenen befinden sich der Kommandeur der Abteilung, Sturmbannführer Köller, und der Chef der 1. Kompanie, Obersturmführer Moritz. Vermißt wird u. a. Untersturmführer Stadler.

Unter den Verwundeten befinden sich Hauptsturmführer Sobota, Obersturmführer v. Unruh und der Abteilungsadjutant, Obersturmführer Wolf. Letzterer liegt mit Splitterverletzungen im Rücken im Lazarett Lublin.

Die sofort in Angriff genommene Wiederaufstellung der Abteilung sieht folgende Stellenbesetzung vor:

1. Kp.: Obersturmführer Brand
2. Kp.: Obersturmführer Hein
3. Kp.: Obersturmführer Schumacher
4. Kp.: Obersturmführer Jessen.

Die Panzerausbildungskompanie führt Obersturmführer Mittelbacher, der als Abteilungsadjutant vorgesehen ist.

Besonders bemerkbar macht sich der starke Ausfall an Unterführerspezialisten und sehr empfindlich der Ausfall von 4 Stabsscharführern, den „Müttern der Kompanie“. Im übrigen fehlt es an allem, vom Kraftwagen als Bewegungsmöglichkeit, Feldfernsprecher als Verständigungsmittel, vom Kabel bis zu den nötigsten Gebrauchsartikeln wie Zahnbürsten, Rasierapparaten und Toilettenartikeln jeder Art.

Für die Wiederherstellung der Einsatzbereitschaft als Panzerverband sind 22 Pz. IV angekündigt. Die Zusammenstellung der notwendigen Besatzungen stößt auf große Schwierigkeiten. Die primitivsten Voraussetzungen für die Durchführung von Reparaturen fehlen.[2]

Auf Grund eines über den I b der Division übermittelten Fernschreibens des OKH vom 23. 3. 1944 fährt das Panzerabholkommando für 22 Pz. IV unter der Führung von Obersturmführer Brand am 23. März 1944 um 14.00 Uhr ab zum Heereszeugamt Magdeburg-Königsborn.

In dieser Phase der Wiederaufstellung der I. Abteilung in Cholm trifft am 21. März 1944 ein Vorkommando des Stabes des Panzerregimentes 5 ein. Zusammen mit der neu aufgestellten II. Abteilung ist der Regimentsstab auf dem Transport nach Cholm, wo das Panzerregiment 5 mit seinen beiden Abteilungen zum ersten Male zusammengeführt werden soll.

1) Brief Kümmel 2) Bericht Kümmel

Die im März 1944 in eine Phase der Erschöpfung beider Seiten auslaufende, große Winterschlacht an der Ostfront hatte für die deutsche Armee den Verlust der Dnjeprlinie und den weiter Teile der westlichen Ukraine gebracht. Die russische Armee hatte den größten Teil des eigenen Territoriums zurückgewonnen und bereitete ihrerseits den Angriff auf das Vorfeld der deutschen Reichsgrenzen bzw. die Interessengebiete des Reiches an seiner Ostgrenze vor.
Die beschleunigte Wiederherstellung der Gefechtsverwendungsfähigkeit der dem Kessel von Tscherkassy entkommenen Verbände, die ja ihre Waffen und Geräte weitgehend verloren hatten, war dringend geboten. So intensivierte auch die I. Abteilung die personelle Reorganisation, die Ausbildung der technischen Spezialisten, wie Panzerfahrer und Funker, und die Wiederausstattung mit Waffen, Fahrzeugen und Gerät im Rahmen der Möglichkeiten.
Kriegsgliederungsmäßig war die Panzergrenadierdivision Wiking bereits im November 1943 in 5. SS-Panzerdivision Wiking umbenannt worden, ohne daß die entsprechenden organisatorischen Veränderungen draußen im Felde sichtbar geworden wären. Der Kern einer Panzerdivision, das Panzerregiment, bestand zwar seit März 1943 durch den entsprechenden Aufstellungsbefehl einer II. Abteilung. Diese war jedoch bisher als einsatzfähiger Verband noch nicht verfügbar. Es sei daran erinnert, daß der Kommandeur der Panzerabteilung 5, Sturmbannführer Mühlenkamp, im März 1943 mit der Aufstellung dieser II. Abteilung und des Regimentsstabes beauftragt worden war. Die Zusammenführung des Regimentes erfolgte nun im März 1944.

Aufstellung der II./SS-Pz. Rgt. 5

Aufstellungsort der aufzustellenden II. Abteilung war der Truppenübungsplatz Altneuhaus, der südliche Teil des Truppenübungsplatzes Grafenwöhr in der Oberpfalz. In Anlehnung an den Ort Vilseck bot dieser Platz gute und moderne, in gelichtete Kiefer- und Fichtenbestände eingefügte Kasernenunterkünfte und außerdem gute Möglichkeiten für die Schieß- und Gefechtsausbildung.
Die personelle Aufstellung der 4 Kompanien war bis zum Ende Mai 1943 abgeschlossen. Aus den Kampfstaffeln der I. Abteilung ausgesuchte Unterführer und Funktionsunterführer bildeten das Rückgrat der Abteilung und die Voraussetzung für die erfolgreiche Spezialistenausbildung. Diese mußte erklärlicherweise unter einem gewissen Zeitdruck betrieben werden.
Herkunftsmäßig setzte sich die Abteilung vorwiegend aus Reichsdeutschen, ferner aus Flamen, Niederländern, Dänen, Norwegern und Siebenbürger Sachsen zusammen.
Der Kommandeur der Abteilung war der bisherige Bataillonskommandeur im Panzergrenadierregiment Germania, Sturmbannführer Scheibe. IIa und Adjutant war Obersturmführer Förster, IVa O.stuf. Paschke. Als Arzt war Obersturmführer Wiesenberger tätig.

Es führten: die 5. Kompanie Hauptsturmführer Klapdor
die 6. Kompanie Obersturmführer Dedelow
die 7. Kompanie Hauptsturmführer Keppels
die 8. Kompanie Obersturmführer Nicolussi-Leck.
Als Ausbildungspanzer waren einige Panzer III und IV vorhanden.
Aufstellung und Ausbildung standen unter der direkten Einflußnahme des Regimentskommandeurs, Obersturmbannführer Mühlenkamp. Mit seinem Stabe war er ebenfalls in Altneuhaus untergebracht.
Dem Stabe gehörten an: IIa: Hauptsturmführer Zimmermann
IVa: Hauptsturmführer Hagen
Regimentsingenieur: Hauptsturmführer Sobota.
Vilseck und die nähere Umgebung veranlaßten viele, ihre Frauen nachzuziehen, um eine, wenn auch nur befristete, nicht vorhersehbare Zeit in diesen Sommermonaten zusammenleben zu können. Gleichzeitig bot sich manchen Frauen dadurch die Gelegenheit, dem wachsenden Bombenterror der Westmächte in den Großstadtgebieten für eine kurze Zeit zu entfliehen.
In Sorge um ihre Angehörigen fuhren einzelne in Sonderurlaub nach Hamburg und berichteten ihre grauenhaften Eindrücke von den Bombenangriffen auf die Millionenstadt Ende Juli/Anfang August 1943. 3500 Bomber hatten in 4 Nacht- und 3 Tagangriffen 9000 t Bomben auf die dicht bevölkerten Wohngebiete der Stadt geworfen.[1] Die brennenden Menschenfackeln in den Fleeten der Stadt, die Leichenberge in den abgesperrten Straßenzügen, die verzweifelte Suche der Entronnenen nach Angehörigen unter den Trümmern und auf den Sammelplätzen zeigten ihnen eine ganz andere Dimension des Krieges, seine Perversion, eine bisher unbekannte Barbarei.

Durch ein anderes, politisches Ereignis wird die Abteilung in diesen Sommermonaten berührt. Zur Vermittlung zwischen dem Dänischen Königshaus und der Deutschen Reichsführung, und zwar auf der Grundlage verwandtschaftlicher Kontakte, wird der der 5. Kompanie zugeteilte Oberscharführer, Seine Hoheit Erbprinz zu Mecklenburg, freigestellt. In der Abteilung fand die Bereitschaft des Erbprinzen, als Unterführer in der Waffen-SS seinem Lande zu dienen, gebührende Achtung.

Den in der Truppe herrschenden Geist in diesem vierten Kriegsjahr und im dritten Jahr des deutsch-russischen Krieges mag ein anderes, militärisches Ereignis beleuchten. Einer auf dem Truppenübungsplatz Grafenwöhr ebenfalls in der Ausbildung und Aufstellung befindlichen Panzerabteilung des Heeres wurden Anfang Juli die so begehrten Panzerkampfwagen V, Panther, bevorzugt zugeteilt. Diese Abteilung, so hieß es, sollte noch in die schweren Kämpfe im Raume Kursk eingreifen. Die Angehörigen der II./SS-Pz. Rgt. 5 empfanden so etwas wie Eifersucht und Zurücksetzung. Die entscheidende Bedeutung der großen Schlacht im Kursker Bogen wurde nicht erkannt. Es herrschte die Meinung vor, daß man deutscherseits in einen vor dem Abschluß stehenden, russischen Aufmarsch präventiv hineingestoßen sei und dadurch vielleicht der zu erwartenden russischen Offensive die erste Wucht genommen habe.

1) „Bilanz des Zweiten Weltkrieges“, Stalling Verlag 1953, S. 167

Der Ausbildungsstand der Abteilung rechtfertigte indessen eine Feldverwendung noch nicht. Die erste Unterführerlehrkompanie (ULK) hatte ihren Ausbildungsbetrieb unter der Leitung von Obersturmführer Nicolussi-Leck gerade erst aufgenommen.
Letzterer hatte neben diesem Beitrag zur Ausbildung der kommenden Panzerkommandanten auch ganz wesentlich dazu beigetragen, die außerdienstliche Atmosphäre durch einige Fässer Wein aus seiner Südtiroler Heimat Bozen aufzulockern.
Die nähere und weitere Umgebung und die Herzlichkeit der Bevölkerung, deren Erntearbeiten von den Einheiten so weit wie möglich unterstützt wurden, boten genügend Anziehungspunkte, um den eigentlichen Krieg zu vergessen.
Im August 1943 war die Zeit der Ausbildung in Deutschland zu Ende. Die II./SS-Pz. Rgt. 5 wurde im Eisenbahnmarsch nach Karlovac in Kroatien verlegt. Gleichzeitig verlegte auch das III. (Germ.) SS-Panzer-Korps unter Gruppenführer Steiner, das bis dahin ebenfalls im Raum Grafenwöhr – Bayreuth aufgestellt worden war, in den Raum Agram. Der guten Ausbildungsmöglichkeiten wegen blieb jedoch die 2. Unterführerlehrkompanie unter Führung von Hauptsturmführer Klapdor in Altneuhaus zurück, und zwar mit den Zugführern Untersturmführer Wilde, Oberscharführer Schicker und Weißschuh, sowie dem Funkmeister U.scha. Koopmann.
An einem Mittwochmorgen, am 6. Oktober 1943, verließ dann auch die 2. ULK den Übungsplatz Altneuhaus und erreichte über Weiden, Regensburg, Salzburg zunächst Graz bei nebligem, regnerischem Wetter. Nach einem Tag Aufenthalt durchfuhr sie die Untersteiermark, berührte Marburg, lag in Anderburg einen ganzen Tag und war schließlich am 13. Oktober abends in Karlovac, nachdem sie für die letzten 60 km von Agram nach Karlovac nochmal einen ganzen Tag gebraucht hatte.
Karlovac, früher Karlstadt, ist ein mittelgroßes Städtchen, etwa 60 km südwestlich Agram (Zagreb), der Hauptstadt des Landes Kroatien. Jenseits der etwa 80 m breiten Korana mit einem eindrucksvollen Wasserfall dehnt sich zunächst die Ebene, aus der sich dann wieder die bewaldeten Berge erheben. Die Stadt ist in ihrer Anlage und den Bauformen österreichisch geprägt. Auf dem Friedhof lesen wir deutsche Namen.
Den Eindruck der Stadt auf die eben angekommenen Panzermänner der II. Abteilung mögen die Ausschnitte aus zwei Briefen vom 16. und 23. Oktober 1943 vermitteln.
„Wenn wir nicht schanzen würden und in der Stadt nicht alles so enorm teuer sein würde, dann könnte man an alles denken, nur nicht an Krieg. Zwar wird in diesem Land, was die Banden betrifft, allerlei geboten, uns aber haben sie noch nicht belästigt. Ohne diese Dinge könnte dieses Land ein kleines Paradies sein. Heute, aber vor allem am Markttag, bietet sich ein buntes Bild. Die Bauern kommen in die Stadt, die Frauen in ihren bunten, schönen Trachten, rotweißen Strümpfen, dicken, weißen Plisseeröcken und farbigen Miedern, dazu Schmuck in allen Farben und Formen. Sie tragen grundsätzlich alle Lasten auf dem Kopf, ob Kürbis, Korb, Wasserkübel usw. mit erstaunlicher Sicherheit ...“
„Etwas ungewöhnlich sind die Abende und Nächte. Die Stadt bleibt nämlich erleuchtet. So kann man sich wenigstens nicht verirren. Gegen 19.00 Uhr ergeht sich dann die ganze Gesellschaft auf dem Corso. Es ist dies eine kurze Promenade, dicht gedrängt. Gegen 21.00 Uhr ist alles schlagartig verschwunden ...“[1]

1) Bericht Klapdor

Die Unterkünfte der Abteilung sind gut. In dem Hotel „Korana", am Rande der Stadt und am Fluß gelegen, befindet sich der Abteilungsgefechtsstand, im „Zentralhotel" das Kasino und Teile des Regimentsstabes. Die „alten Rußlandhasen" erkennen die Gunst des Augenblicks. Man lebt wie auf einer Insel.
Der Kroatische Staat ist ein eigenartiges Gebilde, versehen mit allen Regierungs- und sonstigen Dienststellen und auf der Karte auch mit einer Landesgrenze. Aber er ist nicht in der Lage, sich im Inneren durchzusetzen, geschweige nach außen eine Rolle zu spielen.
Hier setzt die Aufgabe der II./SS-Pz. Rgt. 5 ein. Statt der so notwendigen Panzerausbildung erwarten sie reine Sicherungsaufgaben.
Der Abfall Italiens vom Achsenbündnis hatte die Entwaffnung der hier vorher stationierten italienischen Truppen nach sich gezogen. Die Transporte der Entwaffneten nach Norden waren den Transportzügen der II. Abteilung begegnet. Der Waffenhandel zwischen Titopartisanen und Italienern hatte gleichzeitig sein Ende gefunden.
Die Partisanen Titos operierten schon recht großzügig.
Die kroatischen Ustaschaverbände waren den Panzermännern zwar freundschaftlich verbunden, hatten militärisch aber nur geringes Gewicht. So wurde der Stadtrand von Karlovac von den Kompanien der II. Abteilung in dauernd besetzten Feldstellungen gesichert. Alle Zugänge in die Stadt wurden kontrolliert. Jenseits der Sicherungslinien begann der Wald und damit das Operationsgebiet der Partisanen.
Die großen Verbindungsstraßen und die Eisenbahnlinien zwischen den ähnlich gesicherten größeren Orten wurden durch kampfstarke Spähtrupps bzw. Panzerzüge kontrolliert und offengehalten. Auch wurden den Lokomotiven Leergüterwagen vorgespannt, um größere Verluste bei Sprengungen zu vermeiden.
Alle diese Maßnahmen konnten natürlich, da sie mit der bekannten deutschen Gutmütigkeit gehandhabt wurden, die Verbindung der Partisanen in die Stadt und die Verbindung aus der Stadt zu den Partisanen nicht verhindern. Ein Beispiel für das Schicksal der Versuche deutscher Kommandobehörden, die zunehmende Partisanentätigkeit auf ein Mindestmaß zurückzudrängen, mag das folgende Vorkommnis sein: Die deutsche Führung hatte sich zur Eindämmung der Partisanentätigkeit zu einem größeren Unternehmen entschlossen. Anläßlich des Eintreffens des Stabes einer zu diesem Einsatz vorgesehenen Division wird von den örtlichen Behörden zu einem Abend eingeladen, an dem auch der Kommandeur der II. Abteilung und der Chef der 5. Kompanie teilnehmen. Mit vorgeschrittener Stunde wird die Stimmung gelöster und ungezwungener. Der Kommandeur der Division wird mit immer neuen Trinksprüchen angesprochen. Ein hoher Beamter der kroatischen Zivilverwaltung, ein Staatsrat, bietet ihm das „Du" an, man steigt auf die Stühle. Der Ia des Generals wird unruhig und hat Mühe, seinen Kommandeur nach anderer Seite hin abzulenken.
Zu später Stunde wird der Herr Staatsrat, der sich in eine halbdunkle Ecke des Hauses zurückgezogen hatte, beim Schreiben irgendwelcher Notizen beobachtet. Diese Beobachtung wird mit Sturmbannführer Scheibe und dem Ia besprochen und sodann beschlossen, die ganze Festversammlung in das Kasino der Panzerabteilung einzuladen, um dann irgendwie in den Besitz dieser Notizen zu kommen.
Alles Notwendige wird veranlaßt, doch der Plan mißlingt. Der Staatsrat ist in dem

Kasino nie angekommen. Der Zufall will es jedoch, daß er in seinem Kraftwagen bei der Rückkehr in die Stadt auf einer der Ausfallstraßen erkannt wird. Er ist also außerhalb der Sicherungen der Stadt gewesen. Die deutschen Kommandobehörden sind einfach ohnmächtig in dem Hoheitsgebiet dieses verbündeten Staates.
Die Verbände der Division stoßen nach dem Beginn der Operationen ins Leere, erleiden einige Verluste durch Überfälle aus dem Hinterhalt, und die ganze Operation verpufft wirkungslos.

Bis in den Dezember 1943 konnte keine Panzerausbildung auf breiterer Grundlage betrieben werden. Außer einigen Versuchsfahrten auf der Korana mit den ersten inzwischen eingetroffenen Schwimmwagen wurde nur infanteristische Ausbildung getrieben. Entsprechende Vorschriften wurden besprochen und auswendig gelernt. Der Kampf und das Verhalten gegen feindliche Kommandotrupps mit am Körper verborgenen Waffen wurde geübt, veranlaßt durch die Erfahrungen mit englischen Kommando-Unternehmen in Frankreich und Norwegen.
Am 12. Dezember 1943 wurde ein Vorkommando mit Hauptsturmführer Klapdor, Obersturmführer Paschke und Untersturmführer Steiner nach Falaise in der Normandie in Marsch gesetzt, um die Vorbereitungen zur Unterbringung der II./Pz. Rgt. 5 im dortigen Raum zu treffen.
Mit der Unterstützung der Kommandantur in Caen und im gleichen Raum untergebrachter Teile der 10. SS-Panzer-Division Frundsberg wurden Unterkünfte übernommen und vorbereitet. Die ersten beiden Panzer vom Typ „Panther" für die Abteilung wurden nach Falaise zugeführt. Wenige Tage später feierte das Vorkommando dort auch das Weihnachtsfest.
Als ein Zeichen der bereits 1943 zunehmenden Unsicherheit der Planungsmaßnahmen und der kurzfristigen Änderung getroffener Entscheidungen mag das Fernschreiben am zweiten Weihnachtstag gelten, welches das Vorkommando aus Falaise abrief und nach Erlangen befahl. Dorthin war inzwischen die II. Abteilung verlegt worden.

Im Januar 1944 wurden etwa 30 Panzerkampfwagen V „Panther" nach Erlangen zugeführt. Dank der Unterstützung durch den Kommandeur einer ebenfalls in Erlangen liegenden Panzer-Ersatzabteilung des Heeres konnten im Januar 1944 die technische und die Gefechtsausbildung vorangetrieben werden.
Der erste Panzerverlust trat auf dem örtlichen Übungsgelände ein, als eine notlandende Ju 81 den Turm eines Panzers V streifte, den Turm verklemmte und sich unmittelbar danach in den Boden bohrte.

Am 24. Januar 1944 wird der bisherige Chef der 5. Kompanie, Hauptsturmführer Klapdor, mit der Führung der II. Abteilung beaufragt.
Am 6. Februar 1944, gegen Mittag verläßt die Abteilung Erlangen im Eisenbahnmarsch, um über Bamberg, Aschaffenburg, Saarburg, Elfringen am 8. Februar den französischen Truppenübungsplatz Mailly-le-camp zu erreichen. Hier soll sie den letzten Schliff erhalten.
Der zwischen Chalons s. Marne und Troyes gelegene Platz bietet brauchbare Möglichkeiten für Gefechtsschießen und Verbandsübungen.

Unterstützt und beaufsichtigt wird die Ausbildung durch den im etwa 80 km entfernten Reims stationierten Stab einer Panzerbrigade des Heeres. Dieser betreut außerdem das von Standartenführer Kleffner aufgestellte und geführte Panzerregiment der 10. SS-Panzerdivision Frundsberg und eine Panzerabteilung des Heeres. Mailly-le-camp ist für die Vorbereitung der genannten Verbände auf den Einsatz im Osten der geeignete Truppenübungsplatz, schlammig und grundlos bei Tauwetter und Regen, sonst trocken und staubig.
Über den Platz ziehen täglich die Bomberströme der Angloamerikaner. Die Zahl der Bomber, deren Begleitschutzjäger fast mutwillig ihre Kondensstreifen am Himmel ziehen, will nicht enden. Mit bedrücktem Herzen sehen die Panzermänner sie ungehindert in Richtung Deutschland fliegen.
Wie richtig sich die vorsorgliche Evakuierung der Kasernenunterkünfte erweisen sollte, zeigte die spätere Bombardierung derselben, die dann ohne Verluste verlief.
Am 14. Februar findet der Ausbildungsstand der Abteilung seinen Niederschlag in anerkennenden Worten des Generalinspekteurs der Panzertruppen, Generaloberst Guderian. Die Panzermänner erfüllt es mit einem gewissen Stolz, daß Generaloberst Guderian in einer Ansprache an die Herren der inspizierten Heeresabteilung anerkennend auf den Geist der Waffen-SS und dessen Grundlagen hinweist.

Wenige Tage bevor diese größtenteils selbst schon kriegserfahrenen Männer wieder an die Ostfront verlegt werden, am 12. März 1944, besuchen sie das nur 100 km ostwärts gelegene Festungsgebiet und die Friedhöfe von Verdun. Sie kennen den Krieg, sie wollen ihn nicht. Und dennoch sind sie hineingestellt in ein Geschehen, das sie zwingt, um den Preis des eigenen Lebens für die ihnen gerecht und unverzichtbar dünkenden Belange des eigenen Volkes im Kampfe einzutreten gleich diesen Zahllosen und Namenlosen unter diesen weißen Kreuzen, in diesen verschütteten Stollen und feuchten Kasematten.

Am 18. März 1944 ist die Ausbildungszeit der II./SS-Pz. Rgt. 5 in Mailly-le-camp beendet. Der Transportbefehl nennt das Fahrtziel nicht. Über die neu gebauten Kopframpen vollzieht sich die Verladung der Kettenfahrzeuge schnell und reibungslos. Während des Verladens gelingt es der Flak, über dem Platz aus dem Strom der silbern glänzenden viermotorigen Bomber einen zum Absturz zu bringen.
In Eiltransporten erreicht die Abteilung den süddeutschen Raum. Wider Erwarten ist sie jedoch nicht für ein Eingreifen im Südostraum vorgesehen. Sie wird vielmehr in den polnischen Raum, nach Cholm, umgeleitet. Hier treffen auch der Regiments- und Abteilungskommandeur, die zunächst nach Wien gefahren waren, am 24. März 1944, gegen 16.00 Uhr ein.
Der Himmel ist wolkenverhangen. Wie alljährlich beendet eine Tauwetter- und Schlammperiode den östlichen Winter. Die Stadt selbst ist charakterisiert durch ihre Lage im polnisch-russischen Grenzgebiet.
Am Rande der Stadt wird die Abteilung in einem Kasernement untergebracht, dessen Gebäude vernachlässigt sind. Straßen und Wege im Weichbild der Stadt sind ausgefahren und in schlechtem Zustand, zum Teil grundlos. Marschübungen in der Umgebung machen auch dem Letzten klar, daß er sich wieder im Osten befindet.

Die letzten 42 Panzer[1] werden zugeführt und die Kanonen angeschossen, allerdings nicht ohne Schwierigkeiten. Es gibt hier noch zivile Dienststellen. Das ist daran zu erkennen, daß notwendige Sperrmaßnahmen für das erforderliche Anschießen form- und fristgerecht beantragt werden müssen.

Bei den „alten Wikingern" werden Erinnerungen wach an die Tage vor dem Beginn des Krieges gegen Rußland im Juni 1941. Damals standen sie wenige Kilometer südlich dieser Stadt im Rahmen einer unbesiegbar scheinenden Armee bereit, über Rawa Ruska und Lemberg, die Hauptstadt Galiziens, nach Südosten zu marschieren. Durch die endlosen Weiten Rußlands bis in die Berge des Kaukasus erkämpfte sich diese Armee den Weg, um nun, drei Jahre später, zum Ausgangpunkt zurückzukehren und den Feind, der gegen Mißgeschick und Niederlagen unempfindlich zu sein scheint, vor den Grenzen des Reiches abzuwehren.

Das SS-Panzerregiment 5 steht in diesen letzten Märztagen 1944 als organisatorische und personelle Einheit im Raum Cholm. Eine taktisch einsatzfähige Einheit bilden die beiden Abteilungen nicht. Die I. Abteilung betreibt ihre personelle Wiederaufstellung, ihre Neuausstattung mit Fahrzeugen, Waffen und Gerät, und die II. Abteilung, deren Führung in Cholm Obersturmbannführer Pätsch an der Stelle des zur Generalstabsausbildung kommandierten bisherigen Führers übernommen hat, sieht ihrem ersten Einsatz im Raume Kowel entgegen.

1) Am 25. 3. 1944 waren laut Generalinspekteur der Panzertruppen (RH 10/20) 42 Panzer in Zuführung. Von der Org. Abt./Gen. St. d. H. waren 41 „Panther" bei SS-Reich zugunsten von SS-Wiking gestrichen worden. (Mitteilung Bundesarchiv vom 4. August 1978)

Entwicklung der Lage und Einschließung der Stadt Kowel

Die westukrainische Stadt Kowel liegt etwa 85 km ostwärts Cholm bzw. 60 km ostwärts des Bug, der ehemaligen polnisch-russischen Grenze. An der großen Eisenbahnlinie Warschau, Lublin, Cholm, Kowel, Rowno gelegen, ist sie gleichzeitig Kreuzungspunkt der Eisenbahnlinien nach Brest Litowsk in nordwestliche und nach dem etwa 280 km entfernten Lemberg über Sokal in südsüdwestliche Richtung.
Die befestigte Straße von Rowno nach Brest Litowsk berührt auf halbem Wege Kowel. In die von Sümpfen umgebene Stadt werden die Straßen- und Eisenbahnlinien streckenweise über Brücken und Kunstbauten geführt. Die den Westteil der Stadt durchfließende Turja ist stellenweise bis zu 200 m breit. Die diagonale Ausdehnung der Stadt beträgt etwa 4 bis 5 Kilometer.
Ihre verkehrspolitische Bedeutung wird unterstrichen durch die Lage an der Turja. Diese ist der westlichste der sieben größeren von Süden dem Pripjet zustrebenden Nebenflüsse. Mit der gleichen Zahl auch von Norden einmündender Nebenflüsse bildet der Pripjet ein Flußsystem von etwa 800 km Länge. In Anlehnung daran dehnt sich von Westen nach Osten zwischen Bug und Dnjepr, in welchen der Pripjet etwa 80 km nördlich Kiew mündet, ein nach dem Pripjet benanntes Sumpfgebiet. Letzteres stellt mit der West-Ost-Ausdehnung von mehr als 500 km und der Nord-Süd-Ausdehnung von zum Teil mehr als 200 km eine wirksame Schranke für militärische Operationen dar.
Es ist das Operationsgebiet für Partisanen einerseits und für Sicherungseinheiten ohne schwere Waffen und ohne Fahrzeuge moderner Art andererseits.
Die Straßen- und Eisenbahnverbindungen zwischen Kowel und Brest Litowsk bilden den westlichen Abschluß dieses Sumpfgebietes. Für die Planung und Durchführung militärischer Operationen bedeutet dieser Umstand, daß der Besitz dieser beiden Punkte für einen nach Westen angreifenden Feind, der bis hierher beiderseits der Sümpfe unzusammenhängend zu operieren gezwungen war, die notwendige Voraussetzung ist für die Wiederherstellung zusammenhängender Operationen westlich des Sumpfgebietes.
Bereits im I. Weltkrieg bildete Kowel in der russischen Generaloffensive unter Brussilow im Sommer 1916 den Angelpunkt der Front, der, in der Schlacht von Kowel vom 28. VII. – 4. XI. 1916 vom österreichischen General v. Linsingen erfolgreich verteidigt, von russischen Gardetruppen nicht genommen worden ist.
Für den Verteidiger ist der Besitz der beiden Punkte für eine nachhaltige Verteidigung lebensnotwendig, weil er ihm die operativen und frontnahen Bewegungsmöglichkeiten erlaubt, die der Angreifer so dringend benötigt und erstrebt.
Ein kurzer Blick auf die Entwicklung der Operationen im Süd- und Mittelabschnitt im Frühjahr 1944 verdeutlicht das Gesagte.

Angriffe der 1. Ukrainischen Front, der nördlichsten der drei Ukrainischen Fronten, brachen, mit wechselnden Schwerpunkten geführt, die Front der Heeresgruppe Süd

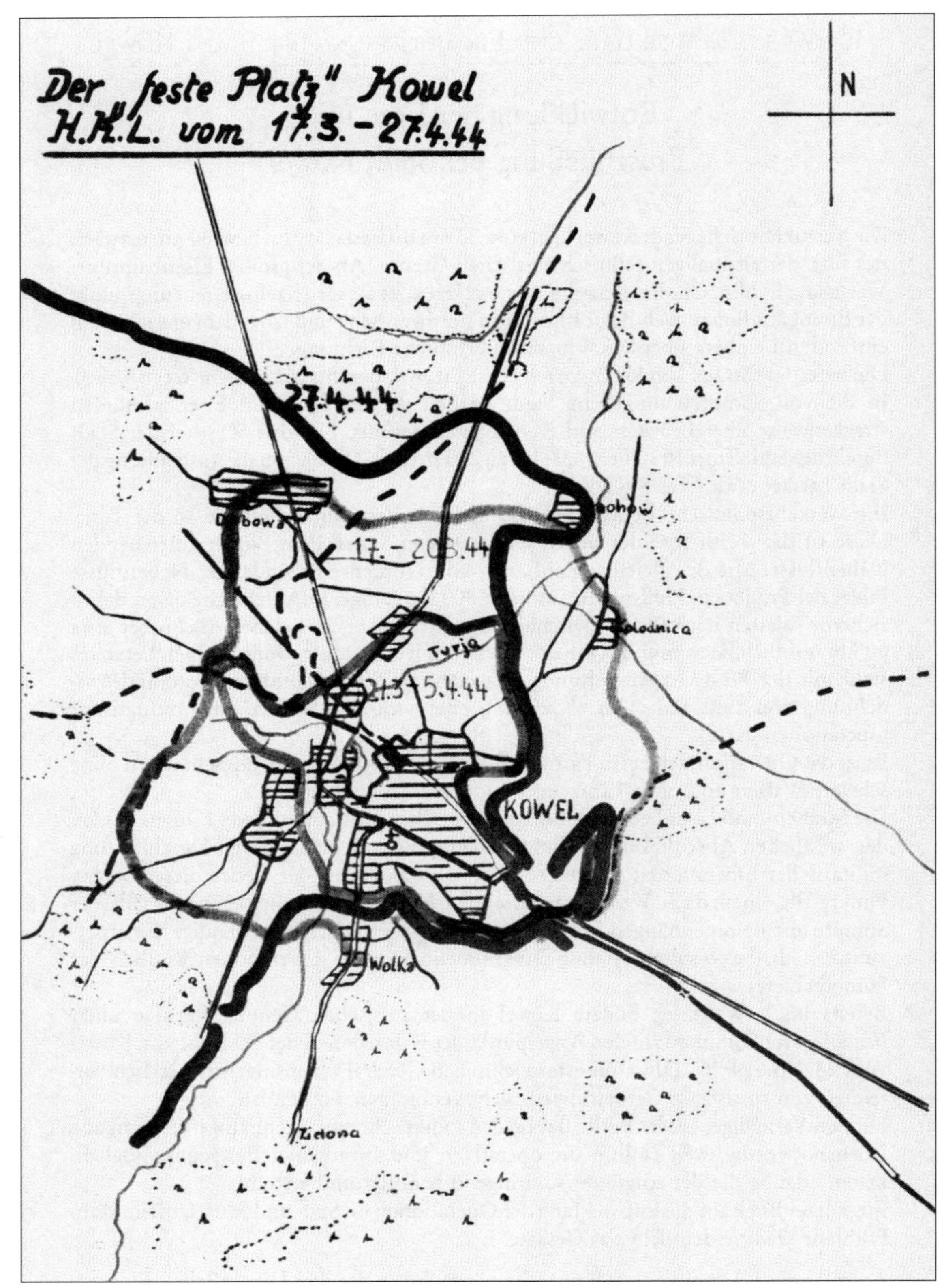

Kowel, HKL 17.3.–27.4.1944

Beim Gefechtsstand der 10. SS-Pz.Div. Frundsberg im April 1944

Deutsche Truppen westlich von Buczacz

Anfang März 1944 an mehreren Stellen auf und erzielten zum Teil tiefe Durchbrüche. Die in fast südliche Richtung geführten Angriffe erreichten die Bahnlinie Tarnopol – Proskirow.

Vor der Wiederaufnahme der Offensivstöße am 21. März 1944 weiter in südliche Richtung unternahm der Oberbefehlshaber der 1. Ukrainischen Front, Marschall Schukow, zur Sicherung seiner Nordflanke Teilangriffe, die die russischen Linien bis in eine Linie Kremenecz – Dubno – Kowel vorverlegten.[1] In Anlehnung an die Südseite der Pripjetsümpfe war damit seine Nordflanke abgesichert. Der am 21. März 1944 wieder aufgenommene Hauptstoß nach Süden führte zum Durchbrechen der 4. Panzerarmee und als unmittelbare Folge am 24. März zur Umfassung und Einschließung der 1. Panzerarmee im Raum Kamenecz-Podolsk.

Die 4. Panzerarmee hielt nur auf ihrem Nordflügel eine teilweise unzusammenhängende Linie nördlich Tarnopol – Brody – Luzk bis Kowel.[1] Mitte April konnte die 1. Panzerarmee durch das von Frankreich herangeführte II. SS-Panzerkorps mit den Divisionen Frundsberg und Hohenstaufen im Raume Buczacz freigekämpft werden.

Das weitere Vordringen der 1. Ukrainischen Front bis Ende März 1944 nach Westen – die vorderen Linien waren mehr als 350 km vom Dnjepr beiderseits Kiew nach Westen vorverlegt worden – hatte auf die Heeresgruppe Mitte direkte Auswirkungen. Mit dem russischen Vordringen südlich der Pripjetsümpfe hatte sich die Südflanke der Heeresgruppe Mitte, nördlich der Sümpfe, um die gleichen 350 km verlängert.

Zwischen der hier die Flanke deckenden 2. Armee und der 4. Panzerarmee südlich des Sumpfgebietes war die seit dem 12. November 1943 nördlich Kiew verlorengegangene, direkte Verbindung infolge der Rückschläge bei der 4. Panzerarmee nicht wieder hergestellt worden.[2]

Die Sicherung der Lücke und gleichzeitig der Südflanke erfolgte durch bewegliche Einheiten und ungarische Verbände. Letztere durften allerdings auf Grund einer Vereinbarung mit der Ungarischen Regierung nur gegen Partisanen, nicht gegen russische Fronttruppen eingesetzt werden, da sie unzureichend bewaffnet seien. Demzufolge wichen diese Sicherungseinheiten im Verlauf der Kämpfe südlich der Pripjet-Sümpfe stets rechtzeitig aus.

Nach der erfolgten Einschließung der Stadt Kowel, Mitte März 1944, als Folge der bereits erwähnten Flankensicherungsangriffe der 1. Ukrainischen Front und auf Grund russischer Bewegungen aus dem Raum Kiew über Sarny, die die Möglichkeit russischer Offensivvorbereitungen in nordwestliche Richtung auf Brest Litowsk nicht ausschlossen, verlegte die 2. Armee den Schwerpunkt der Abwehr auf ihren Westflügel. Sie traf Maßnahmen, die der Sicherung des Raumes Brest Litowsk, der Befreiung der eingeschlossenen Stadt Kowel und der Wiederherstellung der direkten Verbindung mit der 4. Panzerarmee und damit der Heeresgruppe Süd dienten.

Die Stadt Kowel, der südliche Pfeiler der Straßen- und Eisenbahnverbindung an der Westseite des hier mehr als 100 km breiten Gebietes der Pripjetsümpfe, war Mitte März vom Feinde eingeschlossen worden.

1) v. Tippelskirch, „Geschichte des Zweiten Weltkrieges", 1956, S. 374/5
2) v. Tippelskirch, „Geschichte des Zweiten Weltkrieges", 1956, S. 386/8

Das deutsche Oberkommando erklärte Kowel zum „festen Platz" und leitete Maßnahmen zu seiner Entsetzung ein.
Die Auffassungen über den Wert dieser sogenannten „festen Plätze" gingen offensichtlich auseinander, nicht nur innerhalb des deutschen Oberkommandos, sondern auch innerhalb des Kreises der Frontbefehlshaber. V. Tippelskirch berichtet in diesem Zusammenhang:
„Unglücklicherweise fand Hitler einen starken Befürworter für seine Forderungen in dem Oberbefehlshaber der Heeresgruppe Mitte, Feldmarschall Busch, der alle Bedenken seiner Armeeführer, die besonders eindringlich von Generaloberst Reinhardt, dem Oberbefehlshaber der 3. Panzerarmee vertreten wurden, mit der Auffassung zurückwies, daß die festen Plätze bei ihrer Einschließung derart starke Feindkräfte binden würden, daß das Fehlen der eingeschlossenen Verbände außerhalb der festen Plätze eine nebensächliche Rolle spielen würde."[1]
Im Falle Kowel räumt v. Tippelskirch selbst ein:
„Das Halten des wichtigen Eisenbahnknotenpunktes mochte in diesem Fall auch berechtigt gewesen sein."[1]

Bereits in der zweiten Februarhälfte 1944 wird der Druck der Partisanen auf die Stadt fühlbarer. In der Tagesmeldung des Chefs der Bandenkampfverbände vom 25. Februar 1944 wird starker Partisanendruck aus den Wäldern beiderseits des Stochod gegen die Bahnlinie Kowel – Rokitno – Kiew bei Poworsk, etwa 35 km ostwärts Kowel, gemeldet. Nordostwärts der Stadt versammelt sich das SS-Kav. Rgt. 17, um den Feind bei Krzeczewicze, 20 km nordostwärts der Stadt, zurückzuwerfen. Für die Verteidigung der Stadt, so wird in der Meldung mitgeteilt, sind keine Truppen verfügbar.
Die zunehmende Gefährdung der Stadt in der ersten Märzhälfte durch verstärkte Partisanentätigkeit und sich nach Westen vorschiebende reguläre russische Truppeneinheiten hatte am 12. März die Weisung des Hauptquartiers zur Folge, daß die Neuaufstellung der zur Zeit im Raume Lublin – Cholm liegenden Teile der Division Wiking in Kowel erfolgen solle. Zur Ausführung dieser Weisung ist es nicht gekommen.

Die Gefechtsstärken der im festen Platz Kowel eingeschlossenen Truppenteile vor der Einschließung (15. 3. 1944) und nach dem Entsatz (15. 4. 1944) waren folgende:[2]

1. Gruppe: Oberst v. Bissing mit zusammengestellten Kompanien aus

	15. 3. 44	15. 4. 44
Btl. v. Stock	431	90
Btl. Fester	397	79
SS-Kav. Rgt. 17	877	355
Lds. Btl. 637	246	110
Lds. Btl. 476	263	129

1) v. Tippelskirch, „Geschichte des Zweiten Weltkrieges", 1956, S. 389
2) KTB A. O. K. 2 Anlagen

2. Gruppe: Oberstleutnant d. Schutzpolizei Golz

Pi. Btl. 662	150	93
I./Sich. Rgt. 177	294	99
II./SS-Pol. Rgt. 17	304	102
3./Pi. Btl. 50 u. Teile Eis. B. P. Rgt. 5	382	266
Btl. Tenner	267	72
l. Artl. Abt. 426 o. 1 Bttr.		
l. Flak Abt. 854 o. 2 Bttr.		
Eisenbahnpanzerzug 10	60	22

Der Entsatz der „Festung" Kowel

Am 16. März 1944, mittags landeten Gruppenführer Gille und sein O1, Hauptsturmführer Westphal, mit dem Fiseler Storch in Kowel. Am 13. März 1944 war Kowel zum „festen Platz" erklärt worden.
Die am gleichen Tage von Cholm mit der Eisenbahn nach Kowel in Marsch gesetzten Einheiten der Division Wiking erreichten ihr Ziel nicht mehr, da sich der Ring um die Stadt bereits fest geschlossen hatte. Hauptsturmführer Westphal erinnert sich:
„Als es Abend wurde, machten wir uns langsam mit dem Gedanken vertraut, in einer Stadt zu sitzen, die langsam aber sicher vom Feinde von allen Seiten eingeschlossen wurde. Denn auch die Meldungen von den um Kowel eingesetzten Einheiten zeigten, daß der Russe von allen Seiten vorrückte.
4 sowjetische Schützendivisionen, nämlich die 76., 143., 184. und 320., wurden festgestellt. Auch am nächsten Tage versuchten Germania und Westland nochmal einen Angriff, um nach Kowel zu stoßen. Der Feind war aber nun schon zu stark geworden."[1]
Der ganze Umfang der kritischen Lage Kowels am 16. März und an den folgenden Tagen wird deutlicher durch den knappen Bericht des Kommandeurs des Artillerieregimentes 5, Standartenführer Richter. Er war mit der Koordinierung der Bewegungen und Maßnahmen der Einheiten der Division Wiking außerhalb Kowels beauftragt worden. Standartenführer Richter schreibt:
„Als ältester Kommandeur wurde ich daher beauftragt, aus den im Raum Zamosz liegenden Einheiten eine Kampfgruppe zusammenzustellen und im Bahntransport von Zamosz über Wlodzimiercz von Süden auf Kowel vorzustoßen und einen Zugang zur Stadt frei zu kämpfen. Gleichzeitig wurde eine Einheit des Regimentes Germania von Westen auf Kowel angesetzt, die jedoch zwischen Maciejow und Kowel wegen Ausfalls der Lok durch Beschuß den Zug verlassen und sich kämpfend unter Verlusten nach Westen absetzen mußte. Auf Grund dieses Ergebnisses wurde wohl in letzter Minute der an mich ergangene Befehl aufgehoben und der Entsatz der Stadt Kowel von Westen her angeordnet.
Diese Änderung erwies sich als richtig, denn die Bewegung erfolgte nunmehr entlang der Hauptbahnlinie Lublin – Kowel, die für den Nachschub notwendig war ...

1) „Europäische Freiwillige", Munin Verlag 1968, S. 264

Mit 2 Führern und 2 Mann begab ich mich ohne Fahrzeug und ohne Nachrichtenmittel also an die Durchführung meines Auftrages. Der Bahnhof Cholm war dem zusätzlichen Andrang der anrollenden Transporte nicht gewachsen. Und es dauerte Stunden, ehe ich mit dem ersten Transport in Richtung Kowel weiterfahren konnte. Durch die bedrohliche Lage ostwärts des Bug war auch die Partisanentätigkeit zwischen Bug und Kowel aufgelebt und Bahn und Bugbrücke gefährdet. Die notwendige Transportsicherung verzögerte daher den Abfluß der Transporte. Mit Entladung der ersten Transporte in Luboml und sofortiger Übernahme der Sicherung nördlich und südlich der Bahn durch Einheiten des Artillerieregimentes änderte sich jedoch das Tempo. Trotz sofort einsetzender Luftangriffe konnten die Entladungen beschleunigt durchgeführt werden.
Als einziger kampfkräftiger Verband wurde mir das III. Bataillon Germania zugeführt, das als SPW-Bataillon neu aufgestellt war.[1] *Mit diesem konnte bereits in den ersten Tagen der wichtige Ort Maciejow, der bereits von dem Gegner besetzt war, in kühnem Ansturm genommen und nach Osten abgesichert werden.*
Mit dem Eintreffen weiterer Einheiten wurde Geländegewinn nach Osten, Süden und Norden erzielt. Wiederholte Angriffe auf den Bahnhof Maciejow und die Sicherungseinheiten nördlich der Bahnlinie konnten abgewehrt werden. In diesen Kämpfen fiel leider auch der Chef der 7. Batterie des Artillerieregimentes 5, Obersturmführer Sommer.[2]
Die Absicherung des Schlauches ermöglichte nun auch die Instandsetzung der Bahn, so daß Entladungen der zur Unterstützung zugeführten 131. I. D. bereits auf dem Bahnhof Maciejow erfolgen konnten. Diese wurden durch einsetzende Luftangriffe nur unwesentlich gestört. Erst durch den Einsatz dieser Division konnte eine richtige Front aufgebaut und die Versorgung der Kampfgruppe Richter, die sich der Division eingliederte, sichergestellt werden.
Auch Geschütze und andere schwere und leichte Waffen sowie Fahrzeuge und Nachrichtenmittel trafen allmählich aus Lublin ein, so daß sich die Kampfkraft laufend verstärkte. Für einen Durchstoß auf Kowel fehlte es jedoch an Panzern ...“[3]
Wenn es auch gelang, die inzwischen von allen Landverbindungen abgeschnittenen Verteidiger Kowels durch die Luft zu versorgen, so erforderte dennoch die sich verschlechternde Lage durchgreifende Hilfe und Entsatz. Jeder Ausfall schwächte die ohnehin geringe Zahl der Verteidiger, die bereits auf den Stadtrand zurückgeworfen waren und teilweise in den Randbezirken kämpften.

Die bis zum 24. März 1944 in Cholm ausgeladene II./SS-Pz. Rgt. 5 erhält am 26. März den Befehl zum Entsatz des festen Platzes Kowel. Auf einen dringenden Funkspruch Gruppenführer Gilles vom Vortage hin hatte das Pz. A. O. K. 4 geantwortet:
„Pz. Abteilung Wiking nur mit 1 Kompanie einsatzbereit. Genehmigung auf Verwendung dieser Kompanie, wie von dort vorgeschlagen, höheren Ortes erbeten.“[4]
Der erste Transport verläßt am 27. März, 00.30 Uhr Cholm. Die ungenügende Kapazität des Bahnhofes und das Fehlen einer Kopframpe verursachen gerade jetzt nachteilige Zeitverzögerungen.

1) Das Btl. verfügte noch nicht über SPW u. Kfz. (KTB A. O. K. 2 Anlagen)
2) Das Artillerieregiment wurde infanteristisch eingesetzt.
3) Bericht Richter
4) KTB A. O. K. 2, Anlagenband

Die Lage der Eingeschlossenen hat sich in den letzten Tagen dramatisch verschlechtert und verschärft sich zunehmend.
„Seit 04.00 Uhr Großangriff mit mindestens 10 Batterien, Panzer und aufgesessener Infanterie, Fliegerunterstützung",[1]
funkt Gille am 19. 3., 05.45 Uhr. Die Zahl der Verwundeten steigt sprunghaft auf 750.
Am 21. 3. wird dringend um Jagdschutz gebeten gegen die laufenden Schlachtfliegerangriffe. Um 13.15 Uhr antwortet das Pz. A. O. K. 4: *„Jagdschutz auf Grund zu geringer Reichweite und verschlammter Plätze zur Zeit nicht möglich."*[1]
5 Stunden später funkt Gille:
„Durch laufende Schlachtfliegerangriffe, insgesamt 12 Anflüge, starke Verluste und Zerstörungen in der Stadt. Panzerzug 10 durch Volltreffer vernichtet. Insgesamt 900 Verwundete."[1]
Die russische Luftwaffe fliegt.
Am folgenden Tage werden von 10 in den Stadtkern eingedrungenen Panzern 5 im Nahkampf, 1 durch Flak vernichtet. Luftversorgung wird durchgeführt, jedoch keine Luftunterstützung.[1]
Am 27. März muß die HKL an den Nordostrand der Stadt um 600 m zurückverlegt werden. Seit 02.00 Uhr greift der Russe mit starken Kräften und Panzern auch die Süd- und Ostfront an. Auch im Osten muß die HKL um 500 m zurückgenommen werden.[1]
Gille funkt:
„Artl. Munition fast verschossen, laufend Auffliegerangriffe."[1]
„28. 3.: Lage ernst, Artl. Munition verschossen. Dringend Zuführung von l. F. H. Munition erbeten."[1]
Wenig mehr als 24 Stunden später heißt es:
„Schwere Kämpfe Süd und Ost, hohe Verluste."[1]
In der Nacht zum 30. März, um 01.30 Uhr fordern die bedrängten Eingeschlossenen:
„Kampfgruppe Gille muß, da Gegner bereits am Bahnhofsgelände sitzt und somit Luftversorgung durch direktes Feuer beherrscht und keine Kräfte zum Gegenstoß mehr vorhanden, auf Durchstoß am 30. 3. bestehen."[1]

Nach dem Eintreffen der 8./Pz. Rgt. 5 in Maciejow am 27. 3., 05.30 Uhr nimmt der Kommandeur des Regimentes, Obersturmbannführer Mühlenkamp, die Verbindung mit dem Kampfgruppenkommandeur, Standartenführer Richter, und mit der 131. I. D. auf.
Die dringlichste Aufgabe ist die Erweiterung des Bereitstellungsraumes ostwärts Maciejow zunächst nach Südosten, um den Druck des Feindes auf die Eisenbahnlinie und die Straße von Maciejow nach Kowel zu mindern.
Um 13.30 Uhr greift die 8. Kp. den Feind 500 m nördlich Targowiscze, etwa 7 km südostwärts Maciejow, an. Dieser weicht fluchtartig zurück. In Stärke von etwa 3 Kompanien räumt er Targowiscze und weicht weiter nach Südosten aus. Durch das gleichzeitige Ausweichen einer 7,6 cm-Batterie ist die unmittelbare Feindeinwirkung auf die Bahnlinie ausgeschaltet.

1) KTB A. O. K. 2, Anlagen

Am 28. März wird die 8. Kp. nach Tupaly, etwa 8 km ostwärts Maciejow, vorgezogen und nach ihrem Eintreffen um 15.00 Uhr der 131. I. D. unterstellt.
Hier nehmen auch der Kommandeur Pz. Rgt. 5 und Standartenführer Richter Verbindung mit den Kommandeuren des Regimentes Westland und des Artl. Rgt. 131 auf. Einer Geländeerkundung mit Sturmbannführer Dorr und Sturmbannführer Hack, Kommandeur des III./Germania, schließt sich um 19.00 Uhr eine Besprechung mit dem Kommandeur des Grenadierregimentes 434, Oberst Naber, an. In Kenntnis des dringenden Funkspruches Gruppenführer Gilles und der gebotenen Eile wird die 8./Pz. Rgt. 5 von Tupaly in das 5 km weiter ostwärts gelegene Stare-Koszary vorgezogen. Mit aufgesessener Infanterie des Grenadierregimentes 434, rechter Nachbar III./Germania und linker Nachbar das Grenadierregiment 434, stellt sich die 8. Kompanie am Wegekreuz Südostrand Stare-Koszary zum Angriff auf das 4 km nordostwärts gelegene Czercasy bereit. Der Ort liegt nördlich der Bahnlinie Maciejow – Kowel, ist von 3 Seiten durch Sümpfe geschützt und nur von Westen bzw. Südwesten angreifbar.
Um 12.00 Uhr, eine Stunde nach dem zunächst für 11.00 Uhr befohlenen Angriffsbeginn, rollen die Panzer an. Zweieinhalb Stunden später, um 14.30 Uhr, meldet der Führer der 8. Kompanie, Obersturmführer Nicolussi-Leck:
„Kompanie steht auf Höhe 600 m westlich Czerkasy. Stellungen durchbrochen und eingedrungen. Infanterie wird bekämpft. Starkes Schneetreiben behindert die Sicht. Wenn Schneetreiben vorbei, gehe ich weiter vor. 6 Wagen im Sumpf. Erbitte Arzt für Verwundete.“[1]
Am späten Nachmittag steht das Grenadierregiment 434 mit 2 bis 3 Kompanien links neben den Panzern auf gleicher Höhe, die Grenadiere des III./Germania, rechts an der Eisenbahnlinie, hängen zurück.
Da das Gelände nördlich und ostwärts Czerkasy als sumpfig beurteilt wird und infolge des Schneetreibens nicht eingesehen werden kann, befiehlt der Kommandeur des Pz. Rgt. 5, Czerkasy anzugreifen, zu nehmen und nach Norden, Osten und Süden zu verteidigen.
Nur 10 Minuten später, um 17.15 Uhr meldet die 8. Kompanie:
„Czerkasy wird von eigener Infanterie gesäubert, 8 Panzerkampfwagen einsatzbereit, 8 Panzerkampfwagen ausgefallen. Stehen im Gelände südlich der Bahnlinie. Infanterie südlich der Bahnlinie nicht auf gleicher Höhe.“[1]
Gruppenführer Gille wird durch Funk über die Lage unterrichtet. Bevor die 8./Pz. Rgt. 5 für die Nacht auf Funkstille geht, meldet sie um 19.00 Uhr das Ergebnis des ersten Angriffstages:
„Vernichtet oder erbeutet wurden 7 Pak 7,62 cm, 4 Geschütze 7,62 cm, 200–300 Tote und Gefangene. MG und sonstige Waffen noch nicht festgestellt.“[1]
Die Kompanie selbst hat an diesem Tage einen gefallenen Zugführer und 3 Verwundete zu beklagen.

1) Chronik Pz. Rgt. 5

Durchstoß der 8./Pz. Rgt. 5 nach Kowel

Angesichts der Geländeschwierigkeiten und des Feindwiderstandes entschließt sich das Regiment, den Angriff am 30. März nicht fortzusetzen. Der entsprechende Funkbefehl lautet:
„Für 30. 3. kein Einsatz. Kompanie wird Divisionsreserve und zieht im Morgengrauen nach Stare-Koszary. Aufgesessene Stoßtruppgrenadiere sind zu ihren Einheiten zu entlassen.“[1]
Dieser Funkspruch kann der 8. Kompanie indessen nicht direkt übermittelt werden, da sie erst ab 04.00 Uhr morgens wieder auf Empfang geht. Auch die Einschaltung des Grenadierregimentes 434 hat keinen Erfolg.
Über den mit einer 1t-Zugmaschine und einem Funkgerät 5 nach Stare-Koszary befohlenen Unterscharführer Heins erfährt das Regiment um 05.10 Uhr, daß die 8. Kompanie mit eigener Infanterie aus eigenem Entschluß entlang des Bahndammes zum weiteren Angriff auf Kowel angetreten ist und z. Zt. 2 Kilometer westlich Kowel steht. Um 05.30 Uhr gibt der Führer der 8. Kompanie folgende Lagebeurteilung:
„Habe 9 Panzer vorne, davon 2 durch Minen ausgefallen. Restliche Panzer stehen entlang des Bahndammes. Begleitende Infanterie, etwa ein Bataillon, hat über Panzer hinaus einen Brückenkopf gebildet. Minen können nicht gesucht werden, da keine Pioniere vorne. Die Lücke zwischen Panzerkompanie und Regiment ist durch Wehrmacht über Czerkasy nach Norden gesichert. Nach Süden hängt Einheit Hack stark ab. Das Waldgelände ist feindfrei. Einheit Hack würde schnell vorankommen. Feindwiderstand restlos gebrochen. Es besteht sehr viel Aussicht durchzukommen. Wenn Brücke gesprengt, Pioniere nach vorne. Bahndamm ist auch für schwere Fahrzeuge geeignet.“[1]
Mit diesem Lagebericht in der Chronik des SS-Panzerregimentes 5 bricht die Verbindung zur 8. Kompanie, Nicolussi-Leck, ab. Es folgt dann folgende Eintragung:
„Gegen 10.00 Uhr meldet die 131. I. D., daß die Panzerkompanie mit begleitender Infanterie um 09.05 in Kowel eingetroffen ist.“[1]
Das Vorgehen des III./Germania südlich der Bahnlinie wurde durch den Feind in den ausgedehnten Waldstücken erschwert. In wechselnden Abständen zwischen 500 und 1000 m schieben sich diese Wälder an die Bahnlinie heran, um sich etwa 2 bis 3 km westlich der Stadt Kowel bis direkt an den Bahndamm und auch auf dessen Nordseite auszudehnen. Die letzten 2 Kilometer bis Kowel führt dann die Bahn durch offenes Sumpfgelände.

Den Entschluß zum Durchbrechen des russischen Einschließungsringes und den Kampf selbst in den frühen Morgenstunden des 30. März 1944 schildert Obersturmführer Nicolussi-Leck:[2]
„Am 30. 3. 44, 03.00 Uhr standen mir 9 fahrbereite Panzer zur Verfügung. Mit diesen trat ich um 04.00 Uhr in Reihe auf dem Bahndamm an, entwickelt in Richtung der Waldstücke rechts des Bahndammes.
2 km ostwärts Czerkasy bekamen wir Feuer von 2 Feindpanzern aus den Waldstücken rechts

1) Chronik Pz. Rgt. 5
2) „Europäische Freiwillige“, Munin-Verlag 1968, S. 267

des Bahndammes. Nach Vernichtung derselben fielen beim weiteren Vorgehen in der Nähe des Bahnhofes Czerkasy 2 Panzer durch Minen aus.
Die Infanterie, die während des Feuerkampfes zurückgeblieben war, erreichte die Panzerspitze und bildete über sie hinaus einen Sicherungsschleier, der das Bahnhofsgelände und die Waldstücke ostwärts davon, einschließlich des Muni-Lagers rechts der Bahn, einschloß. Feindwiderstand war äußerst gering.
Um 06.00 Uhr war die Minensperre durch Stoßtrupp-Pioniere beseitigt. Hauptmann Bolm teilte mir mit, daß er Befehl hätte, nicht mehr weiter vorzugehen. Ich erklärte ihm, nicht mehr halten zu können, und trat unverzüglich mit aufgesessenen Begleit-Stoßtrupps an. Den beiden durch Minen bewegungsunfähig liegengebliebenen Panzern unter Führung von SS-Oscha. (Feldwebel) Faas befahl ich, die Instandsetzung vorzubereiten und gleichzeitig den Stützpunkt Bahnhof Czerkasy zu verteidigen und damit die Bahnlinie für die nachfolgenden Panzer offenzuhalten. Hierzu stellte mir Hauptmann Bolm eine Gruppe Infanterie für Nahverteidigung der Panzer zur Verfügung.
Als meine Panzerspitze 2 km an Kowel heran war, bekam ich folgenden Funkspruch: „Befehl vom Bataillonsführer, die Panzer sollen halten." Diese Meldung wurde dem Kommandanten des Schlußfahrzeuges durch einen Melder des Hauptmanns Bolm zugerufen und mir durch Funk weitergegeben. Da meine vorderen Panzer bereits im Gefecht verwickelt waren mit feindlicher Infanterie und Panzerbüchsentrupps, die den Nordwestausgang der Stadt abriegelten, und kurz danach sich ein heftiger Feuerkampf mit 10 bis 12 Flak und Artilleriegeschützen aus der allgemeinen Linie Kowel – Moszczona entwickelte, konnte ich unmöglich halten und ließ darum die Meldung des Hauptmanns Bolm unberücksichtigt. Zudem bestand kein Unterstellungsverhältnis. Starkes Schneetreiben schaltete vorübergehend die linke Flankenbedrohung aus, gleichzeitig wurden die Sperrstellungen vor dem vorgeschobenen Stützpunkt Stecker aufgebrochen, wobei sich ebenfalls die freiwilligen Begleit-Stoßtrupps hervorragend bewährten. Mit der Infanterie des Hauptmanns Bolm hatten wir keine Verbindung mehr. Gegen 07.30 Uhr war die Bahnschleife erreicht und Verbindung mit Hauptmann Stecker aufgenommen.
Nach Erfüllung einiger Sonderwünsche hinsichtlich Feindbekämpfung der im Nordwesten der Stadt eingesetzten Verteidigungskräfte fuhr ich mit 7 Panzerkampfwagen zum Gefechtsstand Gille und meldete mich 08.15 Uhr beim Gruppenführer."
7 Panzerkampfwagen V, Panther, bedeuten für die Verteidiger Kowels eine beachtliche Verstärkung der Verteidigungskräfte und eine Belebung des Widerstandswillens der schwächer werdenden Verteidiger. Der Ring um die Stadt war durchbrochen, aber nicht aufgebrochen worden; er hatte sich inzwischen wieder geschlossen.
Die beispielhafte Tat des SS-Obersturmführers Nicolussi-Leck findet nach dem Abschluß der Kämpfe ihre Würdigung durch die Verleihung des Ritterkreuzes.

Endgültiger Entsatz der Stadt

Den beiden durch Minenschaden beim Bahnhof Czerkasy liegengebliebenen Panzern gilt die Aufmerksamkeit des Feindes. Hier, 1500 m vor der eigenen HKL, erwehren sich die beiden Besatzungen und 12 Grenadiere unter der Führung von Oberschar-

führer Faas am Nachmittag heftiger Angriffe aus nordostwärtiger Richtung. 4 bereits am Vortage hinter ihnen, südlich Czerkasy, liegengebliebene Panzer unter Führung von Unterscharführer Kasper unterstützen die Abwehr.
In der Nacht gelingt es der 11./Germania unter Hauptsturmführer Treuker, durch den Feind hindurch zur Gruppe Faas durchzustoßen und sie zu verstärken.
Am nächsten Morgen nimmt der Feind seine Angriffe wieder auf. In Kompaniestärke schiebt er sich zwischen die „Panzerinsel" und die eigene HKL. Auch die Neuverminung des Bahndammes kann nicht verhindert werden.
Die liegengebliebenen Panzer sind dem III./Germania unterstellt worden, das mit ihrer Sicherung und Versorgung beauftragt ist. Doch die zwar verstärkte Gruppe bleibt auf sich gestellt. Am späten Nachmittag verschärft sich die Lage durch den fühlbarer werdenden Munitionsmangel. Versorgung durch die Luft ist nicht möglich.
Zwei wieder fahrbereite Panzer, die nach Eintreten der Dunkelheit befehlsgemäß aus der Panzer-Igelstellung zur eigenen HKL durchzustoßen versuchen, werden auf halbem Wege von feindlicher Pak aus dem Walde südlich der Bahnlinie abgeschossen.
Die Feindkräfte zwischen der eigenen HKL und der Panzer-Igelstellung sind bereits so stark, daß der für 22.00 Uhr angesetzte Angriff eines Ski-Bataillons der Jg. Brig. 1, das 2 Panjefahrzeuge mit Infanterie-Munition mitführt, südlich Czerkasy liegenbleibt und die Eingeschlossenen nicht erreicht.
Im Laufe der Nacht schiebt sich die russische Infanterie bis auf 200 m an die Igelstellung heran, die schweren Waffen des Gegners schießen sich auf sie ein. Ein auf dem Bahndamm liegengebliebener Panzer wird in Brand geschossen.
Am späten Vormittag des 1. April bitten die Eingeschlossenen um Munition, Sanitätsgerät und Verpflegung. Um 14.45 Uhr meldet Hauptsturmführer Treuker:
„Stützpunkt auf engstem Raum zusammengedrängt. Werden von Westen und Süden stark bedrängt. Kann mich nur noch wenige Stunden halten. Erbitte bis dahin Sperrfeuer 500 m mehr ostwärts."[1]
Obersturmbannführer Mühlenkamp und der Ia der 131. I. D. kommen zu der Auffassung, daß weder die liegengebliebenen Panzer geborgen noch die Panzer-Igelstellung weiter gehalten werden können.
Der Befehl:
„Restliche Panzer sprengen. Nach Kowel durchschlagen!"[1] besiegelt das Schicksal der Panzer.
Hauptsturmführer Treuker entscheidet sich jedoch für den Ausbruch nach Westen zu den eigenen Linien, die er, selbst zwar verwundet, mit der 11./Germania und der Gruppe Faas erreicht.
Einen Tag nach dem erfolgreichen Durchstoß der 8. Kompanie nach Kowel, am 31. 3. 1944, gegen 11.00 Uhr werden in Maciejow die Panzer der 7. Kompanie entladen. Eine Stunde später ist ein Zug bereits im Einsatz zur Abwehr eines Angriffs im Raum Perewisy, 4 km ostwärts Maciejow, nördlich der Bahnlinie. Gegen 17.00 Uhr ist der Gegner hier abgewiesen, so daß die 7. Kompanie in der Nacht zum 1. 4. zunächst im Raum Tupaly versammelt und dann nach Stare – Koszary vorgezogen werden kann.

1) Chronik Pz. Rgt. 5

Starker Gefechtslärm aus Richtung Czerkasy und die Meldung des I. R. 434 um 03.45 Uhr, daß der Feind bei Czerkasy durchgebrochen und Czerkasy vom Russen genommen sei, machen den erneuten Einsatz der 7. Kompanie notwendig.
Zusammen mit dem Bataillon Hauptmann Eppinghaus tritt sie nach einem Angriff eigener Sturzkampfflieger um 05.30 Uhr zum Gegenstoß an. 07.10 Uhr meldet Obersturmführer Schneider:
„Starke Flankierung durch Pak von Süden. 6 Panzer im Sumpf festgefahren, 2 Panzer durch Minen, 2 durch Kanonenschaden (einer durch Beschuß) ausgefallen, 2 Panzer haben Anschluß an das I./434 gefunden. 3 Panzerkampfwagen stehen in Deckung noch einsatzbereit."[1]
Diese 5 noch einsatzbereiten Panzer, die Grenadiere und das Ski-Bataillon greifen um 07.45 Uhr weiter an. Der Feind in der rechten Flanke wird durch Artillerie und Flieger niedergehalten. Fünf Stunden später ist der Feind endgültig geworfen und Czerkasy durch die Grenadiere, wirksam durch die 5 Panzer unter der Führung von Untersturmführer Schicker unterstützt, wieder genommen.
Am späten Abend verfügt die in das Waldstück 2 km ostwärts Tupaly zurück befohlene 7. Kompanie noch über 2 einsatzbereite Panzer. Die Masse ihrer Panzer liegt unbeweglich im Angriffsgelände. Die technischen Dienste arbeiten fieberhaft.

17 Tage schon widerstehen die Verteidiger Kowels in ihren Stellungen am Rande der Stadt dem Druck des sich ebenfalls verstärkenden Feindes. Seit 6 Tagen versuchen die Entsatzkräfte mit Unterstützung zunächst der 8./Pz. Rgt. 5 und seit 2 Tagen der 7./Pz. Rgt. 5 den Zugang nach Kowel von Westen aufzubrechen.
Am 2. April 1944 verändert sich das Kräfteverhältnis entscheidend zugunsten der Entsatzkräfte. Nachdem am Vorabend gegen 19.00 Uhr der Kommandeur der II./Pz. Rgt. 5, Obersturmbannführer Paetsch, in Maciejow eingetroffen ist, folgen am 2. 4. 1944 die noch fehlenden Einheiten der Abteilung. Die um 06.30 Uhr eingetroffene 5. Kp., die 11.40 Uhr entladene Stabskompanie und die 15.40 Uhr eingetroffene 6. Kp. verstärken die Kampfkraft um weitere 28 Panzer vom Typ Panther.
Die jetzt vollzählig versammelte II./Pz. Rgt. 5, ohne die 8. Kp. in Kowel, zieht im Walde 2 km südostwärts Tupaly unter.

Nach der Einbeziehung des Kampfraumes Kowel in den Befehlsbereich der Heeresgruppe Mitte werden auch die Maßnahmen des LVI. Pz. A. K. wirksam, das mit der 4. und 5. Pz. Division zum Entsatz Kowels von Nordwesten im Anmarsch ist. Die Vorhuten der 5. Pz. Division erreichen am 2. April Smidyn, 10 km nordostwärts Maciejow, und die der 4. Pz. Div. am 3. April Stare-Koszary.
Da die Bereitstellung der 4. Pz. Div. sich um 24 Stunden verzögert, muß sich die II./SS-Pz. Rgt. 5 am 3. April auf die Unterstützung des Angriffs der 5. Pz. Div. auf Krühel beschränken. Dazu stehen die Panzer der 6./SS-Pz. Rgt. 5 am Südrand Krasnoduby auf der Höhe 196,1, etwa 1,5 km nördlich der Bahnlinie zwischen Tupaly und Stare-Koszary, bereit.
Der Angriff der Grenadiere auf Krühel schlägt jedoch nicht durch. Um 13.45 Uhr meldet die 6. Kompanie:

1) Chronik Pz. Rgt. 5

„Von eigenem Infanterieangriff nichts zu merken. Erhalten ab und zu Feuer aus Ortschaft von feindlicher Infanterie."[1]

Um 17.40 Uhr wird die Kompanie in den Unterziehraum ostwärts Tupaly zurückgezogen.

Die Nacht vom 3./4. April, die Uhren sind inzwischen auf die Sommerzeit umgestellt worden, bringt wenig Schlaf. Die Angriffsgruppen beziehen ihre Bereitstellungsräume.

Um 03.15 Uhr leitet ein Feuerschlag der Artillerie den Angriff ein. 2 Stunden später greifen mit dem Büchsenlicht die den einzelnen Angriffsgruppen unterstellten Panzerkompanien an.

Um 05.13 Uhr steht die 6. Kompanie 500 m südlich Krasnoduby in ihrer gestrigen Stellung mit dem gleichen Auftrag gegen Feind in Krühel und ostwärts Krühel.

Die 5. Kompanie steht am Südostrand von Stare-Koszary zur Unterstützung des Angriffs des II./Germania gegen die bewaldeten Höhen 2,5 km südostwärts Stare-Koszary.

Die 7. Kompanie steht im Walde 2,5 km südostwärts Tupaly hinter dem Grenadier-Regiment 431. Der Auftrag der 7. Kp. lautet: Nachdem das verstärkte Ski-Jäger-Regiment Nr. 2, das II./Westland und das III./Germania ihre Angriffsziele nach Südosten erreicht haben, greift die 7. Kp. Kalinowka, etwa 3 km südsüdostwärts Stare-Koszary, und die südlich davon gelegenen Friedhöfe an. Dieser Angriff soll die rechte Flanke des auf die bewaldeten Höhen südostwärts Stare-Koszary vordringenden linken Nachbarn entlasten.

Dort steht die 5. Kp. 90 Minuten nach Angriffsbeginn, um 06.40 Uhr mit 2 Zügen 1,2 km südostwärts Stare-Koszary und hat die feindlichen Stellungen vor dem Waldrand durchbrochen. Die eigene Infanterie ist im Begriffe, aus diesen Stellungen heraus in den Wald einzudringen. Eine Stunde später meldet die 6. Kp., die das Vorgehen der 4. Pz. Div. nördlich der Bahnlinie unterstützt, daß Krühel genommen ist. Auch der Wald und die Landbrücke nördlich Nowe-Koszary, erstes Angriffsziel der 4. Pz. Div., sind, wie das Grenadier-Regiment 434 meldet, um diese Zeit erreicht. Der Besitz dieses Landrückens ist die Voraussetzung für den weiteren Angriff auf Moszczona, von wo dann die Umgehung der Sümpfe westlich Kowel von Norden her für mechanisierte Einheiten möglich ist.

Die Angriffe gegen die feindlichen Höhen- und Waldstellungen südostwärts Stare-Koszary nehmen einen weniger guten Fortgang. Um 08.50 Uhr liegen das III./Germania und das II./Westland vor dem Waldrand fest. Gegenstöße des Feindes können abgeschlagen werden. In seinem ausgebauten Stellungssystem, etwa 50 m tief im Wald mit der vorderen Linie, verteidigt sich der Russe hartnäckig.

Die nördliche Angriffsgruppe mit der 5./Pz. Rgt. 5 ist zwar auf etwa 400 m an den Wald beiderseits der Straße Stare-Koszary – Kowel herangekommen, kann aber die ungedeckte Strecke gegen bisher 8 erkannte feindliche Pakgeschütze in verdeckten Stellungen im Walde nicht überwinden. Bis zum frühen Nachmittag schießen diese Pak einen auf eine Mine gefahrenen Panzer ab und beschädigen 2 weitere durch Treffer im Laufwerk und am Turm. Die Kompanie ist in den erreichten Stellungen wie festgenagelt. Zu einem zusammengefaßten Angriff aller Sturmgeschütze und Panzer auf

1) Chronik Pz. Rgt. 5

den nördlichsten Zipfel des Waldes, in den Teile des Sturmbataillons bereits eindringen konnten, kann sie nicht herangezogen werden, da der Feind die wichtige Höhenstellung sofort wieder besetzen würde.
Erst nach einem Stukaangriff um 14.35 Uhr gelingt es den zusammengefaßten Kräften, in den nördlichen Teil des Waldes einzudringen. Das Aufrollen der feindlichen Stellung von Norden nach Süden scheitert jedoch.
Die gleiche Frage, ob ein Lösen vom Feinde möglich sei, verneint Obersturmführer Jessen um 15.45 Uhr erneut. Er meldet dem Regiment:
„Kompanie kann erst mit Dunkelwerden zurückgenommen werden, da Scharfschützen- und MG-Beschuß. Bergung der Panzer und der Verwundeten nur bei Dunkelheit möglich.“[1]
Die am Nachmittag des 4. April verfügbaren Kompanien des Pz. Rgt. 5, die bereits am Vormittag nach gelöstem Kampfauftrag in den Raum Tupaly zurückgezogene und inzwischen nach Stare-Koszary vorgezogene 6. Kp. sowie die 7. Kp. erhalten 16.25 Uhr vom Kommandeur des Regimentes folgenden Befehl:
„Das Rgt folgt hinter der 4. Pz. Division und erreicht Moszczona. 5. Kp. verbleibt bei 131. I. D. und wird später nachgeführt. Die Versorgungsdienste des Regimentes verbleiben bis auf weiteren Befehl in Maciejow, Tupaly und Stare-Koszary.“[1]

Das LVI. Pz. Korps gewinnt mit der 4. Pz. Division rechts und der 5. links langsam Boden.
„Wir sind zum entscheidenden Stoß auf Kowel angetreten“
lautet sein Funkspruch an die Eingeschlossenen um 09.30 Uhr. Auf dem Wege nach Kowel müssen 4 geschlossen oder mit Teilen stehende Feinddivisionen geschlagen werden. Ostwärts und südlich von Kowel stehen 3 weitere.[2]
Gegen starken Widerstand nimmt unter der Führung des Generalleutnant v. Saucken die 4. Pz. Division gegen 12.00 Uhr Moszczona, 2 km nördlich Czerkasy, stößt weiter auf Dubowa und steht am Nachmittag in einer Panzerschlacht westlich Dubowa. Die Bewegungen der Division werden erheblich gestört durch den Feind bei Friedhof Czerkasy und durch Flankenfeuer aus dem Waldstück nördlich der Bahn, ostwärts Czerkasy. Gegen beide Punkte dringt der Angriff der 131. I. D. nicht durch.
Am Abend des 4. April gelingt es der 4. Pz. Division, die Panzersperre zu durchbrechen und die Bahnlinie westlich Dubowa zu überschreiten.[2]
Der 4. Pz. Division folgend, erreicht die II./Pz. Rgt. 5 um 17.45 Uhr Moszczona. Entlang des nach Südosten in Richtung Kowel führenden Weges greift auch sie jetzt in die Kämpfe ein. Sie erreicht gegen schwächeren Widerstand die Wegebiegung etwa 2 km südostwärts Moszczona.
Mit dem Büchsenlicht um 03.15 Uhr tritt das ebenfalls dorthin vorgezogene I./Germania weiter nach Südosten an, während die 6. Kp. noch nach Osten und Nordosten, die 7. Kp. nach Nordosten und Norden sichern. Mit dem Bataillon fahren der Kommandeur Pz. Rgt. 5 und sein O. O. (Ordonnanzoffizier) in ihren Panzern. Ohne Feindberührung erreicht das Bataillon das Bahnkreuz 2,5 km nordwestlich Kowel, wo der vorgeschobene Stützpunkt der Eingeschlossenen jetzt die seit Tagen ersehnte Verstärkung gegen den Feind aus Südsüdwesten erhält.

1) Chronik Pz. Rgt. 5   2) KTB A. O. K. 2 Anlagen

Bereits am Vorabend, um 23.30 Uhr war die erste Verbindung mit ihm aufgenommen worden.[1]

„05.30 Uhr ein Bataillon SS-Germania und Kdr. SS-Pz. Rgt. 5 an vorgeschobenem Stützpunkt Bahnkreuz westlich Kowel eingetroffen“[1], funkt der Festungskommandant an das A. O. K. 2.

Bei dem Versuch der beiden Panzer, in Richtung Stadt weiterzufahren, fährt der Panzer des Kommandeurs auf eine Mine. Nach Sicherung des bewegungsunfähigen Kampfwagens durch Infanterie kehrt der Kommandeur zunächst in Richtung Moszczona zur II./Pz. Rgt. 5 zurück.

Der 4. Pz. Division unterstellt, befindet sich hier die 6. Kp. seit 05.30 Uhr in raschem Vorstoß nach Ostsüdosten, die 7. Kp. nach Osten im Zusammenwirken mit dem Pz. Grenadierregiment 12 der 4. Pz. Division. Die 6. Kp. überschreitet nördlich Kowel die von Norden nach Kowel führende Straße Dubowa, Kowel, kämpft eine feindliche Batterie nieder und steht um 12.30 Uhr am Friedhof, Nordostrand Kowel. Sie übernimmt die Sicherung nach Osten und Norden.

Die 7. Kp., mit dem Pz. Grenadierregiment 12 im Angriff nach Osten, holt unter Ausnutzung des Bahndammes südlich aus und greift nun über die Dubowa südlich vorgelagerte Höhe den Ort an. Nach dem Niederkämpfen starker Pak und Artillerie fällt Dubowa am Vormittag.

Um 07.50 Uhr erreicht Gruppenführer Gille der Funkspruch des LVI. Pz. Korps:

„4. Pz. Division am Weg Moszczona – Kowel und in Dubowa, wird einbrechen. Wie Feindlage Nord- und Westrand? Wenn möglich Angriff unterstützen.“[1]

Gilles Kräfte aber reichen dazu nicht mehr. Um 13.15 Uhr funkt er an die 4. Pz. Division über die 131. I. D.:

„Nord- und Westfront Kowel schwache Sicherungen aus Landesschützen, Polizei, Eisenbahnpionieren und Alarmeinheiten.“[1]

Unter Abschirmung ihrer linken Flanke durch die 5. Pz. Division setzt die 4. Pz. Division mit dem Pz. Grenadierregiment 12 und den unterstellten Panzern der II./Pz. Rgt. 5, der 7. Kp., zum entscheidenden Stoß nach Süden an und zerbricht den letzten Feindwiderstand nördlich der Stadt.

„4. Pz. Division von Dubowa an Rollbahn in Kowel eingebrochen. Verbindung hergestellt“[1] funkt das LVI. Pz. Korps um 14.00 Uhr an das A. O. K. 2.

Der zahlenmäßig weit überlegene Feind ist trotz härtester Gegenwehr und trotz der für den Angreifer besonderen Ungunst der Geländeverhältnisse um die schon greifbare Frucht seiner dreiwöchigen Anstrengungen gebracht worden. Der operativ bedeutende Eisenbahnknotenpunkt Kowel bleibt zunächst in deutscher Hand und blockiert auf diese Weise die russischen Vorbereitungen der Offensive gegen den Raum Brest Litowsk.

Die Lage der Eingeschlossenen während der Kämpfe der letzten Tage schildert der O1 der Division, Hauptsturmführer Westphal:

„Der von uns besetzte Verteidigungsring in Kowel war durch die Angriffe des übermächtigen Gegners immer mehr zusammengedrängt worden. Unser Gefechtsstand lag so dicht hinter der

1) KTB A. O. K. 2 Anlagen

vorderen Linie, daß er sogar durch Gewehrfeuer des Gegners erreicht wurde. Die Zahl der Verwundeten war groß und ihre Unterbringung bereitete besondere Schwierigkeiten, da fast alle Häuser keine Keller haben. Auch die ärztliche Versorgung war schwierig, da nicht genügend Ärzte, Verbandsmaterial und Arzneimittel vorhanden waren. Ein Arzt war sogar mit einem Sturzlastensegler eingeflogen worden. Kaum reichte die Besatzung noch aus, um den Verteidigungsring zu besetzen. Die Kompanien bestanden nur noch aus wenigen Soldaten. Immer wieder gelang es feindlichen Panzern, in die Stadt einzudringen. Die tapferen Verteidiger wußten es aber stets zu verhindern, daß auch russische Infanterie den Panzern folgte.
Panzer standen eine Stunde vor dem Gefechtsstand, bis einer durch eine Panzerfaust abgeschossen wurde und ein anderer sich wieder entfernte. Ein weiterer feindlicher Panzer stürzte in der Stadt von einer Brücke in einen Bach und die Besatzung konnte gefangengenommen werden.
Immer wieder markierten wir auf der Karte den Standort der eigenen Angriffsspitzen, welche sich von Westen her auf Kowel zu bewegten. Denn wir konnten uns ausrechnen, wann die Besatzung durch die starken Verluste bei den ununterbrochenen Feindangriffen Kowel nicht mehr würde halten können. Dennoch war niemand mutlos, sondern alles rechnete mit einem Entsatz.“[1]

Die Erweiterung des geschlagenen Zuganges

Nach dem erfolgreichen Durchbrechen des Einschließungsringes richten sich alle Anstrengungen auf die Erweiterung des Durchbruchskanals nach Osten und Westen und die Zurückdrängung des Feindes aus den Stadtrandgebieten.
Noch am gleichen Tage tritt die 6./Pz. Rgt. 5 zum I./Germania, das entlang der Bahnlinie Kowel – Stare-Koszary nunmehr von Osten nach Westen angreifen und die Verbindung zu den vordersten Teilen der 131. I. D. herstellen soll.
Der Vorstoß bleibt erfolglos.
„Vorstoß SS-Germania mit Panther-Unterstützung von Eisenbahnkreuz nach Westen im feindlichen Pak- und Infanteriefeuer von Ostrand des großen Waldes liegen geblieben“,[2] meldet die 131. I. D. am Abend des 5. April.
Auch der Feind im „Czerkasy-Wald“ weicht nicht, obwohl
„etwa 50 feindliche Pak durch Sturmgeschütze und Panther und schwere Waffen vernichtet werden.“[2]
Auch am nächsten Tage bleibt der von Westen, Süden und Südosten gegen den sich verbissen wehrenden Gegner geführte Angriff liegen. Dagegen gelingt es beim VIII. A. K.,
„im Angriff von Osten und Westen die Verbindung der 131. I. D. mit dem eigenen Stützpunkt an dem Bahnkreuz nordwestlich Kowel herzustellen.“[2]
Am Abend des 5. April werden das VIII. A. K. und die Kampfgruppe Gille vorüber-

1) „Europ. Freiwillige“, P. Straßner, Munin Verlag 1968
2) KTB A. O. K. 2

gehend dem General der Infanterie Hossbach unterstellt und bilden mit dem LVI. Pz. Korps die „Gruppe Hossbach“.
Diese erhält den Auftrag:
„Kowel endgültig zu entsetzen und die Stadt einschließlich der am Ostrand verlaufenden Bahnschleife als festen Block in der neu zu bildenden HKL zu halten. Beiderseits Kowel ist die Turja zu gewinnen, die im Norden bis zur Mündung in den Pripjet als HKL auszubauen und zu halten ist.“[1]
Dieser Auftrag bestimmt in den kommenden Wochen auch den Einsatz und die Kämpfe der II./Pz. Rgt. 5.

Wie verzahnt stellenweise die Fronten sind, wie zäh und lästig mit Pak ausgestattete feindliche Widerstandsnester in dem ausgedehnten Sumpfgebiet westlich der Stadt sind, mag an den Schwierigkeiten gemessen werden, unter denen der am Morgen des 5. April auf eine Mine gefahrene Befehlspanzer des Regimentskommandeurs geborgen wird. Nach Paktreffern in der Wanne und am Turm durch russische Pak auf 2500 m Entfernung muß der zu seinem Schutz abgestellte Panzer des Untersturmführers Niemann in seinem Feuerkampf durch einen Zug der 5. Kp. verstärkt werden. Erst am 6. April kann der Befehlspanzer nach Einbruch der Dunkelheit geborgen werden.
Nach einigen ruhigen Tagen gewinnt ein eigener Angriff der 6. Kp. zur Unterstützung des Pz. Gren. Rgt. 33 am 10. April etwa 6 km nach Nordosten Raum und damit die Linie Bachow – Höhe 179. Ein von starken Panzerkräften unterstützter Gegenangriff des Feindes aus nördlicher Richtung wird am 12. April nach Abschuß von 15 Feindpanzern durch die 6. Kp. zerschlagen.

Nach weiteren vier Ruhetagen stellen sich in der Nacht zum 17. April die 5. und 6. Kp. am Westrand der Stadt bereit, um nach der Bildung eines Brückenkopfes über den Westarm der Turja die Höhe 189,5, deren Südostausläufer und das Kasernengelände im Südwestteil Kowels in Besitz zu nehmen.
Der um 01.30 Uhr begonnene Angriff des Pi. Btl. 50 stößt auf härtesten Widerstand und bleibt liegen.
06.35 Uhr funkt die Kampfgruppe Gille an LVI. Pz. Korps:
„Stukaangriff auf Wolka wirkungsvoll. Eigener Angriff Südwestteil Kowel gegen starken Feind liegengeblieben. Erbitten umgehend Stukaangriff auf Südkaserne an Straße Kowel – Turzysk. Startzeit erbeten.“[2]
Bis zum frühen Morgen sucht die 6. Kp. vergeblich einen Übergang über die Turja. Erst als die Kampfgruppe Dorr um 07.00 Uhr im Angriff von Norden her entlang der Bahnlinie die Höhe 189,5 erobert hat, entschließt sich der Kommandeur Pz. Rgt. 5, nördlicher gelegene Übergänge zu benutzen.
Um 09.00 Uhr endlich kann die 6. Kp. über einen von ihr erkundeten Übergang nach Räumung der Minen und nach dem Legen eines Knüppeldammes durch Pioniere des Regimentes antreten. Nach der Aufnahme der Verbindung mit einer von der Höhe 189,5 in den Westteil Kowel bereits eingedrungenen Kompanie der Kampfgruppe Dorr greift sie nach Süden an. Die nachfolgende 5. Kp. dreht sofort nach Süden ein

1) KTB LVI. Pz. Korps 2) KTB A. O. K. 2

und säubert mit der Infanterie den Westteil der Stadt. Am frühen Nachmittag sind die Angriffsziele erreicht. Die 5. Kp. steht mit ihrem linken Flügel in der Südkaserne und rechts von ihr die 6. Kp. auf der Höhe 188. Der Nordrand des Waldes Lubliniec an der Bahnlinie ist erreicht.

Der Regimentsstab und die II./Pz. Rgt. 5 verfügen am 18. 4. über 48 einsatzbereite Panzer und 1 Bergepanzer (40 Pz. V, 4 Bef. Pz., 4 IV).

Die letzte entscheidende Angriffsoperation zur Gewinnung des Westufers der Turja südlich Kowel durch das LVI. Pz. Korps ist für den 27. 4. 1944 befohlen und vorbereitet worden.

Um 05.00 Uhr stehen u. a. bereit bei der Windmühle am Südwestrand Kowel: Rgt. Stab, Stab II./Pz. Rgt. 5, 5. und 6. Kp.,

im Südteil der Stadt: Pz. Pi. Kp., 8. Kp., 2./Pz. Jg. Abt. 49, 1 Zug I./Fla. Rgt. 64.

Die beiderseits der Bahnlinie Kowel – Sokal – Lemberg angreifende Infanterie erreicht mit dem rechten Bataillon Do-Lubliniec und mit dem linken den Wald südlich der Höhe 189,5.

Nachdem Major Quehl meldet:

„Do-Lubliniec fest in unserer Hand. Im Wald ostwärts der Bahnlinie harter Widerstand“[1], tritt die 6. Kp. um 07.00 Uhr an. Erst unter dem Schutze von Nebel gelingt ihr das Überschreiten des Bahnüberganges unter gleichzeitiger Bekämpfung heftigen Feindwiderstandes und Pakfeuers. Erst jetzt, unter dem Feuerschutz der Panzer, ist den Pionieren des Pz. Pi. Zuges die Räumung der Minen möglich, die den weiteren Angriff der Panzer bis 15.00 Uhr verzögert.

Der Feind nutzt die Stunden, um seine weiter westlich eingesetzten Kräfte in den Wäldern südwestlich Stare-Koszary sich lösen und über das etwa 3 km westlich Lubliniec liegende Dolhonosy nach Südosten in Kolonnen zurückgehen zu lassen.

Um 15.00 Uhr überwindet die 6. Kp. das von Minen geräumte Sumpfgebiet beiderseits der Bahnlinie, vernichtet 7 Pakgeschütze und erreicht Lubliniec. Nach Osten eindrehend gewinnt sie die Höhe 191,4, befindet sich im Rücken des Feindes in den Wäldern südwestlich Kowel und erleichtert jetzt der Infanterie das Säubern der Wälder vom Feind.

Die nachgezogene 5. Kp. stößt von Lubliniec weiter nach Südosten und nimmt die Höhe 193,3. Nach Horodelec an der Turja vorgetriebene Panzeraufklärung überrennt eine aus 12 LKW mit aufgeprotzten Pak-Geschützen bestehende russische Kolonne und sperrt den Turja-Übergang.

Die 8./Pz. Rgt. 5, die 2./Pz. Jg. Abt. 49 und der Fla-Zug I./Fla. Rgt. 64 schirmen den Angriff westlich Lubliniec nach Westen und Südwesten ab.

Wie bereits im Nordosten ist durch diesen erfolgreichen Angriff der feindliche Griff um Kowel nun auch im Südwesten gelockert und die vordere Linie um 6 km nach Südwesten vorverlegt worden.

Der Feind verlor neben leichten Infanteriewaffen 3 Panzer Mark III, 43 schwere Pakgeschütze, 6 leichte Pakgeschütze, 7 schwere Granatwerfer, 4 leichte Infanteriegeschütze, 18 Panzerbüchsen, 3 leichte Flakgeschütze und 28 LKW.

1) Chronik Pz. Rgt. 5

Die endgültige Säuberung des Geländes um Kowel westlich der Turja befiehlt das LVI. Pz. Korps am 27. 4., 12.25 Uhr:
„131. I. D. hat den Befehl über die Angriffsgruppe Ost nach unmittelbarer Vereinbarung mit Gruppe Gille zu übernehmen. 131. I. D. hat in Fortsetzung des Angriffes Horodelec zu nehmen und zu halten. Gruppe Gille gewinnt die Turja vom Nordrand Horodelec bis Kowel und richtet sich auf dem Westufer zur Verteidigung ein. Die Säuberung des Hintergeländes, insbesondere des Waldes südostwärts Stare-Koszary und südlich Czerkasy, hat 131. I. D. noch heute zu beginnen."[1]
Der Sieg an der Turja wird am 28. 4. 1944 im Wehrmachtsbericht wie folgt erwähnt:
„Südwestlich Kowel durchbrachen Verbände des Heeres und der Waffen-SS, durch die Luftwaffe hervorragend unterstützt, tiefgegliederte feindliche Stellungssysteme und warfen die Sowjets an den Turja-Abschnitt zurück."[1]

Maciejow – Sokal – Maciejow

Vom 9. Mai bis 9. Juni 1944 bezieht das SS-Pz. Rgt. 5 ohne die I. Abteilung Unterkünfte im Raum Maciejow.
Der Rgts. Stab mit der Stabskompanie und der Stab der II. Abteilung mit der 5. Kp. befinden sich in Maciejow, die 7. Kp. in Bielicze, 2 km nördlich, die 6. Kp. in Paryduby, 5 km nordostwärts, die 8. Kp. mit der I-Staffel der II. Abteilung in Somin, 3 km südlich, und die Pz. Pi. Kp. mit dem Panzer-Werkstattzug in Okunin, 3 km südwestlich Maciejow.
Als Panzer-Eingreifgruppe des LVI. Pz. A. K. führen die Einheiten Wegeerkundungen durch in den Abschnitten der 26. I. D., der 4. Pz. Div., der 342. I. D. und der 131. I. D. Gleichzeitig nimmt das Regiment die Verbindung zu diesen Stellungsdivisionen auf. Fast 5 Wochen vergehen ohne besondere Ereignisse. Die kostbare Zeit wird genutzt zur Instandsetzung der Fahrzeuge, der Waffen und Geräte und zur Vervollkommnung der Ausbildung und Gefechtsbereitschaft.
Am 9. Juni 1944 trifft der Befehl ein zur Verlegung des Panzerregimentes und des III./Germania in den Raum Sokal, 90 km südwestlich Maciejow. 2 Tage später wird bereits der letzte Transport in Sokal entladen. Wirtschaftlich der 10. SS-Pz. Div. Frundsberg zugeteilt, ist die Kampfgruppe Mühlenkamp taktisch dem II. SS-Pz. A. K. unterstellt, dessen Gefechtsstand sich in Zloczow befindet.
Bereits am 12. Juni tritt die Panzerkampfgruppe Mühlenkamp unter den unmittelbaren Befehl des Pz. A. O. K. 4, da das II. SS-Pz. A. K. an die Normandiefront verlegt wird. Die nächsten Tage sind ausgefüllt mit der Wegeerkundung zu den Stellungsdivisionen, der entsprechenden Verbindungsaufnahme und einer Funkrahmenübung mit sämtlichen Einheiten der 4. Pz. Div. am 24. 6. 1944, die für das SS-Pz. Rgt. 5 Obersturmführer Wolf leitet.
Am 22. Juni tritt in der Führung der II. Abteilung ein Wechsel ein. Hauptsturmführer

1) KTB LVI. Pz. Korps Anlagen

Reicher tritt an die Stelle von Obersturmbannführer Paetsch, der die Führung des Panzerregimentes der 10. SS-Pz. Div. Frundsberg übernimmt.
Am 25. Juni verlädt auch die Panzerkampfgruppe Mühlenkamp ab 07.00 Uhr auf dem Bahnhof Sokal, um allerdings wieder im Raum westlich Kowel unterzuziehen. Dort tritt sie erneut unter den Befehl des LVI. Pz. A. K. in Chworostow.
Die Hintergründe dieser Verschiebung des SS-Pz. Rgt. 5 aus dem Raum Maciejow nach Sokal und zurück sowie des II. SS-Pz. A. K. zurück in die Normandie sind kriegsgeschichtlich von einer Tragweite, die des Verständnisses wegen eine kurze Beleuchtung derselben an dieser Stelle notwendig erscheinen lassen.
Die Divisionen des am 12. Juni 1944 nach Frankreich zurückverlegten II. SS-Pz. A. K., Hohenstaufen und Frundsberg, waren 1943/1944 in Frankreich aufgestellt worden. Sie waren durch Ausbildung, Planspiele und Rahmenübungen mit den räumlichen Verhältnissen westlich des Unterlaufes der Seine vertraut und hatten die verschiedenen Möglichkeiten eines Einsatzes gegen gelandeten Feind in diesem Raum durchgespielt. Anfang April 1944 nach Rußland verlegt, um die eingeschlossene 1. Pz. Armee freizukämpfen, verblieb das Korps nach erfülltem Kampfauftrag als Armee- bzw. Heeresgruppenreserve von Ende April bis zum 12. Juni 1944 im Raum südostwärts bzw. nordostwärts Lemberg. Eine Woche nach der erfolgten Invasion der Westalliierten an der Küste der Normandie wurde das Korps in die ihm vertraute Umgebung zurückverlegt, in der der Feind inzwischen festen Fuß gefaßt hatte. Weitere 2 Wochen sollten vergehen bis zum Einsatz des Korps gegen einen Feind, der die Phase der Schwäche nach der Anlandung bereits überwunden hatte und über einen festen Brückenkopf verfügte. Die erste Phase der Invasion war gelungen an der Stelle, an der ihn statt zweier unbeweglicher Stellungsdivisionen die beiden Panzerdivisionen Hohenstaufen und Frundsberg hätten erwarten können, wenn sie nach der Befreiung der 1. Pz. Armee aus dem galizischen Raum wieder freigegeben und in den Raum beiderseits der Orne zurückverlegt worden wären.
Die Zusammenziehung weiterer Panzerkräfte neben dem II. SS-Pz. A. K. im Raum nordostwärts Lemberg durch die Verlegung der Panzerkampfgruppe Mühlenkamp Mitte Juni 1944 in den Raum Sokal liegt begründet in der Erwartung eines russischen Großangriffs auf den Nordflügel der Heeresgruppe Nordukraine.
Bei von Tippelskirch finden wir in diesem Zusammenhang folgende Bemerkung:
„Im Generalstab des Heeres hatte sich aber, gefördert durch das sehr bestimmte Urteil Models, der die Galizische Front führte, die vorgefaßte Meinung von einem Angriff gegen die Heeresgruppe Nordukraine so fest verwurzelt, daß man von ihr nicht mehr herunterkam. Der russische Aufmarsch gegen die Heeresgruppe Mitte ließ sich zwar nicht ableugnen, es wurde ihm aber im Rahmen der russischen Pläne eine untergeordnete Bedeutung beigemessen.“[1]
Über die Ursachen dieser Fehlbeurteilung der russischen operativen Absichten durch die deutsche Führung erfahren wir von Shtemenko, daß ein Täuschungsmanöver größten Umfanges diesen für die alliierte Kriegsführung bedeutsamen Erfolg erzielt hat. Über die Art und den Umfang dieser Täuschungsmaßnahmen, über deren Notwendigkeit und den erzielten Grad der Geheimhaltung berichtet er:

1) V. Tippelskirch, „Geschichte des Zweiten Weltkrieges“, 1956, S. 460

„Bei der Vorbereitung der Bjelorussischen Operationen wünschte der Generalstab, das deutsche Oberkommando irgendwie davon zu überzeugen, daß der Hauptstoß der sowjetischen Armeen im Sommer 1944 im Süden und im Baltischen Raum zu erwarten sei.
Am 3. Mai erhielt der Oberkommandierende der 3. Ukrainischen Front folgende Anweisung: „Zur Täuschung des Feindes wird es Ihre Aufgabe sein, einige operative Täuschungsmanöver durchzuführen. Die Versammlung von 8 oder 9 Infanteriedivisionen, verstärkt durch Panzer und Artillerie, muß über die rechte Flanke der Front hinaus durchgeführt werden. Die Vorspiegelung des Versammlungsraumes sollte wirklichkeitsnahe sein, indem die Bewegungen, die Verteilung verschiedener Gruppen, Fahrzeuge, Panzer, Gewehre und Ausrüstung sichtbar werden. Flak hat in Stellung zu gehen, wo Panzerattrappen und Artillerie verlegt werden, und der ganze Raum muß Luftabwehrmaßnahmen zeigen durch Flak in entsprechenden Stellungen und durch die Aufrechterhaltung regulärer Jagdfliegerpatrouillen.
Die Sichtbarkeit und die Wirksamkeit der Täuschungsmaßnahmen werden überprüft durch Luftbeobachtung und Luftaufnahmen. Das operative Täuschungsmanöver wird vom 5. bis 15. Juni durchgeführt werden." Eine ähnliche Anweisung erhielt die 3. Baltische Front. Dort war die Irreführungsbewegung ostwärts des Chereckha durchzuführen.
Beide Köder wurden sofort geschluckt, und das deutsche Oberkommando zeigte große Unruhe, besonders im Süden. Die Luftaufklärung wurde verstärkt, um herauszufinden, was wir nördlich Kishinew wollten. Das Belassen unserer Panzerarmeen im Südwestsektor war auch eine Art Bluff. Die feindliche Aufklärung hatte ein wachsames Auge auf sie, und weil keine dieser Armeen bewegt wurde, führte es zu dem Schluß, daß unsere Offensive höchstwahrscheinlich hier zu erwarten sei ...
Es wurden Maßnahmen getroffen zur Geheimhaltung unserer Absichten. Nur ein sehr kleiner Kreis wurde direkt mit der Ausarbeitung der Pläne für die Sommeroffensive als Ganzem sowohl als auch für die Bjelorussische Operation im Besonderen befaßt. Die Absichten waren in der Tat voll nur 5 Leuten bekannt, dem Stellvertreter des Obersten Befehlshabers, dem Chef des Generalstabes und seinem Vertreter, dem Chef der Operationsabteilung und einem seiner Vertreter.
Jede Korrespondenz darüber, sowohl telefonische Unterhaltungen wie fernschriftliche Nachrichten, waren streng verboten. Darüber wurde sehr streng gewacht. Vorschläge der Fronten, die die Operationen betrafen, wurden auch nur mit 2 oder 3 Leuten verhandelt, wurden gewöhnlich mit der Hand geschrieben und in der Regel durch die Kommandierenden persönlich überbracht.
Die Truppen wurden angewiesen, ihre Verteidigung zu vervollkommnen, Front-, Armee- und Divisionszeitungen veröffentlichten nur Dinge, die sich mit der Verteidigung befaßten ..."[1]
Auch der Russe scheint den Verrat gekannt zu haben. Diese Dimension des Krieges, vor allem auch auf deutscher Seite, gehört immer noch verständlicherweise zu den best gehütetsten Geheimnissen des Zweiten Weltkrieges. Durch die Fehlbeurteilung der russischen operativen Absichten für den Sommer 1944 durch die deutsche Führung und durch die Bereitstellung der operativen Reserven hinter der Heeresgruppe Nordukraine wurden die anglo-amerikanischen Landungsmaßnahmen im Küstenraum der Normandie entscheidend begünstigt und das Schicksal der von ihren Reserven entblößten Heeresgruppe Mitte im ersten Ansturm der gewaltigen russischen Übermacht Ende Juni 1944 besiegelt.

1) Shtemenko, „The soviet general staff at war 1941-45"

Doch auch in diesem Falle gilt die Mahnung des großen Moltke:
„Eine gerechte Kritik darf nicht den nachmaligen Lauf der Dinge, nicht die Kenntnis der Verhältnisse, wie sie nachträglich vorliegen, zum Maßstab ihres Urteils nehmen, sondern muß sich fragen, was konnten die Leiter der Begebenheiten zur Zeit ihres Handelns davon wissen... Es ist so unendlich viel schwieriger zu handeln, als hinterdrein zu urteilen.“[1]

Am 26. Juni 1944 liegt das III./Germania, das mit Schützenpanzerwagen ausgestattete Bataillon des Regimentes, im Waldstück nördlich Maciejow. Die bisher eingetroffenen Teile der II./Pz. Rgt. 5 liegen im Waldstück südlich Tupaly. In Sokal zurückgehaltene Teile der II. Abteilung können erst nach einer Intervention des Regimentskommandeurs bei der Armee verladen werden. Sie treffen am 3. Juli im Raum Maciejow ein. Nunmehr scheidet das III./Germania aus dem Verband der Panzerkampfgruppe Mühlenkamp aus, um am 5. Juli der 26. I. D. unterstellt zu werden.
Am 6. Juli 1944 steht die II./Pz. Rgt. 5 südlich der Bahnlinie Maciejow – Kowel als Eingreifreserve ostwärts und südostwärts Stare-Koszary bereit. Auf den südlichen Teil des Bereitstellungsraumes fliegt die russische Luftwaffe gegen Mittag Bombenangriffe. Gleichzeitig meldet die 8. Kp. Bereitstellungen russischer Infanterie im Raume Dolhonosy, die dann von der eigenen Artillerie bekämpft werden. Um 14.45 Uhr greifen 17 russische Panzer und Infanterie Nowe-Koszary an und werden abgewiesen.
Die jetzt mit wechselnden Schwerpunkten geführten feindlichen Angriffe erfordern schnelles Reagieren, Umgruppieren und damit Beweglichkeit der Kompanien des Panzerregimentes 5.
Am späten Nachmittag befiehlt das LVI. Pz. A. K. die sofortige Verlegung der II./Pz. Rgt. 5 in den Raum Smidyn, nordostwärts Maciejow. Wenige Stunden später stehen die Kompanien im Walde südwestlich dieses Ortes bereit.
In der folgenden Nacht bricht der Russe in die HKL bei Krühel ein und greift in Richtung Krasnoduby an. Das feindliche Artilleriefeuer verstärkt sich auf der ganzen Front.
Die 5. und 6. Kompanie werfen den Feind bei Höhe 197,2, etwa 2 km nordwestlich Krühel, im Gegenstoß zurück.
In der Nacht zum 8. Juli werden im Zuge einer Frontbegradigung die keilförmig nach Osten in Richtung Kowel vorspringenden Stellungen in eine allgemeine Linie Smidyn – Krühel, ostwärts Maciejow, zurückgenommen. Nachdrängender Feind wird von den Kompanien der II. Abteilung zurückgeworfen, die dann ostwärts Maciejow auf den Höhen 206 und 220 sichern.
Im Zuge dieser reibungslos durchgeführten Absetzbewegungen wird die 7. Kp. in den Brückenkopf Smidyn befohlen und dem III./Germania unterstellt.
Während die Masse der II. Abteilung in der Nacht vom 8./9. Juli im Ostteil Maciejow unterzieht, verlegt der Regiments-Gefechtsstand nach Bilicze am Nordrand Maciejow. Wenngleich sich die russischen Angriffe vor der ganzen Front verstärken und verdichten, erwartet doch niemand einen Großangriff, dessen Ziel der Durchbruch starker Panzerkräfte über Maciejow – Luboml zur Gewinnung eines Brückenkopfes über den Bug, 15 km westlich Luboml, ist. Der jetzt eingeleitete Großangriff, der mit einem

1) Moltke, „Ausgewählte Werke Feldherr und Historiker“, Verlag v. Rainer Hobbing, Berlin, 1925

geradezu verschwenderischen Aufwand an Material, Panzern, Flugzeugen und Artillerie vorbereitet und durchgeführt wird, erfüllt die in ihn gestellten Erwartungen nicht. Im Zusammenwirken mit den Stellungstruppen gelingt es der II./Pz. Rgt. 5 durch die Wahl einer abwehrgünstigen Stellung, durch kaltblütiges Warten auf die günstigste Schußposition und durch eine unerläßliche Standfestigkeit, den Angriff überlegener Panzermassen an den beiden folgenden Tagen zu zerschlagen und die Panzerschlacht von Maciejow zu ihren Gunsten zu entscheiden.

Ein Teilnehmer dieses Panzerkampfes, Obersturmführer Lichte, berichtet über diese Tage nach der Absetzbewegung auf den Ostrand von Maciejow:

„Der Gegner bemerkt die Absetzbewegungen, so glauben wir, nicht, und es verläuft alles im Schutze der Nacht ohne Störung. Der Abt. Stab zieht mit seinen 3 Panzern und dem Fernsprechtrupp im Morgengrauen in einem Gehöft am Ortsrand von Maciejow unter.

Zur Feier der gelungenen Aktion, es ist ein strahlender Sonntagmorgen, beschließen Adjutant und O.O. nach dem „Waldleben" ohne angemessene sanitäre Anlagen, eine körperliche Generalreinigung durchzuführen. Ein ehemaliger Sowjetarmist, den wir irgendwo aufgegriffen und in unseren Fernsprechtrupp eingereiht haben, besorgt einige Eimer mit Wasser. „Iwan", so wird er von allen genannt, ist ein Universalgenie. Er kocht ausgezeichnet, ist ein kaltblütiger und findiger Störungssucher, und in brenzligen Lagen greift er zum Karabiner, um nicht noch einmal die Front wechseln zu müssen.

Die tragenden Säulen des Stabes befassen sich nun zunächst mit ihren Bärten. Diese feierliche Handlung wird plötzlich unfreundlich gestört durch einen Fliegerangriff in bis dahin ungewohnter Intensität. Nachdem das Strohdach des Hauses brennt, verziehen Adjutant und O.O., nur mit einer Badehose bekleidet, sich in ein Panzerdeckungsloch vor der Haustür, unter Mitnahme des Feldfernsprechers. Nach einiger Kurbelei an diesem Apparat stellen beide fest, daß die Leitungen zu den Kompanien unterbrochen sind. Da inzwischen auch starkes Ari-Feuer eingesetzt hat, ist die Ursache hierfür nicht schwer zu erklären. Iwan, unser Freund und „Hiwi", springt im dicken Feuer los auf die berüchtigte Störungssuche.

Plötzlich hören die beiden Krieger in Badehose Motorengeräusche. Der O.O., der für seine holsteinische Kaltblütigkeit bekannte und unvergessene Untersturmführer Jensen, fragt den Adjutanten: „Welcher Idiot fährt in diesem Feuer mit einem Fahrzeug umher?"

Sie heben ihre Nase über den Rand des Deckungsloches und sehen in 50 m Entfernung 3 ausgewachsene T 34. Die Kommandanten stehen in den Türmen und beobachten, Gott sei Dank, in die falsche Richtung. Adjutant und O.O. springen in ihrer unvorschriftsmäßigen Bekleidung in ihre in der Nähe stehenden, gut getarnten Panther und schießen 2 T 34 ab. Den dritten übernimmt in demselben Augenblick der Kommandeur. Auf die kurze Schußentfernung fliegen alle Iwans buchstäblich in die Luft.

Selbstverständlich sind die Kompanien, ohne Befehle abzuwarten, inzwischen zum Gegenangriff angetreten. Das sich nun unter Führung des Abteilungskommandeurs, Hauptsturmführer Reichert, entwickelnde Gefecht bildet einen Höhepunkt in der Geschichte der Pantherabteilung. Zunächst werden die sich bereits in den Feuerstellungen der Artillerie tummelnden T 34 angenagelt, und die eigene vordere Linie wird wieder erreicht. Die dann bezogene Hinterhangstellung ist so ideal, wie Taktiklehrer in Wünstorf sie nicht besser hätten erfinden können. Trotzdem rennt der Gegner 2 Tage lang mit immer neuen Panzerwellen an und verliert insgesamt 99 T 34 und T 43, ohne daß die Pantherabteilung einen Totalausfall hat.

Was den Kommandeur der Gegenseite veranlaßt hat, immer in die gleiche Falle zu rennen und dabei nahezu sein ganzes Regiment zu verlieren, wird für alle, die etwas vom Handwerk der Panzerei verstehen, immer unerfindlich bleiben.“[1]

In einer Zusammenfassung der Kämpfe vom 6.–10. Juli 1944 im Raum zwischen Kowel und Maciejow heißt es im Bericht des Oberkommandos der Wehrmacht vom 11. Juli 1944:

„Im Raum von Kowel haben Truppen des Heeres und der Waffen-SS in viertägigen, harten Abwehrkämpfen den Ansturm von 10 sowjetischen Schützen-Divisionen, 1 Panzerkorps und 2 Panzer-Brigaden abgeschlagen und dem Gegner dabei erhebliche Verluste an Menschen und Material beigebracht. Bei diesen Kämpfen wurden im Zusammenwirken aller Waffen vor der Front und im Hintergelände 295 feindliche Panzer vernichtet.

Die rheinisch-moselländische 342. I. D. unter Führung von Generalmajor Nickel, die rheinisch-westfälische 26. I. D. unter Führung von Oberst Frommberger und eine Kampfgruppe der 5. SS-Panzerdivision Wiking unter Führung von SS-Standartenführer Mühlenkamp haben sich durch beispielhafte Tapferkeit ausgezeichnet.“

Die Zerschlagung dieser Angriffsgruppen bedeutete die weitere Sperrung des wichtigen Bug-Überganges und des Zuganges von Süden nach Brest Litowsk und damit eine entscheidende Entlastung der Südflanke der bereits schwer ringenden und teilweise in der Auflösung befindlichen Heeresgruppe Mitte.

Ihre äußere Anerkennung fand diese Leistung in der Verleihung des Eichenlaubes zum Ritterkreuz an den Kommandeur des Panzerregimentes, Standartenführer Mühlenkamp, und in der Verleihung des Ritterkreuzes an den Oberscharführer Fred Großrock, Zugführer in der 6. Kp., der allein mit seinem Zuge 26 feindliche Panzer vernichtete.

Der Feind setzte an den beiden folgenden Tagen seine von Panzern und Flugzeugen unterstützten Angriffe beiderseits der Eisenbahnlinie fort. Der in der Nacht zum 12. Juli ostwärts Maciejow durch die Heeressturmgeschütz-Abteilung 600 abgelösten II./Pz. Rgt. 5 gelingt es in mehreren Gegenstößen zwischen Scaino, Krühel und Krasnoduby, weitere 18 Feindpanzer abzuschießen und die Lage wiederherzustellen. Es ist der letzte Einsatz des Panzerregimentes 5 im Raum westlich Kowel.

Noch am späten Abend des 12. Juli 1944, um 21.45 Uhr setzen sich die II. Abteilung und die Regiments-Einheiten planmäßig nach Westen ab. In der Nacht zum 13. Juli marschieren sie über Ruda, 5 km westlich Maciejow, nach Borki, ostwärts Luboml. Während dort mit der Verladung der II. Abteilung sofort begonnen wird, erreicht die Führungsstaffel des Regimentes im Landmarsch Cholm. Nach der Meldung beim dort befindlichen I a der Division Wiking fährt sie gegen 22.45 Uhr weiter in Richtung Brest Litowsk, wo sie nach einer kurzen Übernachtung auf der Strecke Wladawa – Brest am 14. Juli um 07.00 Uhr eintrifft.

Das unerwartete Herausziehen des Panzerregimentes 5 aus dem Kampfraum Kowel und seine Verlegung in den Raum Brest Litowsk stehen in ursächlichem Zusammenhang mit der sich immer schneller ausweitenden Katastrophe der Heeresgruppe Mitte.

Die russische Großoffensive hatte am 22. 6. 1944 begonnen. 10 Tage später

1) Bericht Lichte

„waren etwa 25 Divisionen vernichtet oder eingeschlossen, nur wenige auf dem Südflügel stehende Divisionen noch intakt, die entkommenen Reste kaum noch kampffähig.“[1]
„Am 4. Juli meldete die Heeresgruppe Mitte, daß ihr in der 350 km breiten Durchbruchsfront 126 Schützendivisionen, 17 mot. Brigaden, 6 Kavalleriedivisionen und 45 Panzerverbände in Brigadestärke gegenüber ständen, denen sie im Augenblick nur 8 Verbände in Divisionsstärke entgegenstellen könne.“[1]
„Am 12. Juli“, so berichtet v. Tippelskirch, *„zeichneten sich gegenüber der 2. Armee bereits russische Durchbruchsabsichten auf Bialystok und Brest-Litowsk ab.“*[1]
In diese turbulente Situation hinein wurde das SS-Pz. Rgt. 5 im Rahmen der ebenfalls auf dem Marsch dorthin befindlichen 5. SS-Panzerdivision Wiking verlegt, nachdem der Oberbefehlshaber der Heeresgruppe Nordukraine, Feldmarschall Model, auch den Oberbefehl über die Heeresgruppe Mitte in Personalunion vom bisherigen Oberbefehlshaber, Feldmarschall Busch, am 28. Juni 1944 übernommen hatte.[2]
Zu dieser Zeit verfügt das Panzerregiment 5 auch wieder über die I. Abteilung, die ihre Wiederaufstellung von April bis Juli 1944 in Cholm bzw. auf dem Truppenübungsplatz Heidelager, Debica, beendet hat.

Wiederaufstellung der I./SS-Pz. Rgt. 5 April – Juni 1944

Die personelle und materielle Wiederaufstellung der I. Abteilung ist zunächst in Cholm mit Nachdruck betrieben worden, litt aber dennoch unter den im fünften Kriegsjahr sich immer stärker bemerkbar machenden Engpässen in allen Bereichen, nicht zuletzt im Ausbildungsstand des Ersatzes und in der Qualität des ebenso notwendigen wie wichtigen Unterführerkorps.
Anfang April konnte die Panzer-Ausbildungskompanie, die Obersturmführer Mittelbacher geführt hatte, aufgeteilt werden, um in den Kompanien mit der praktischen Ausbildung zu beginnen.
22 Panzer IV waren inzwischen vom Heereszeugamt Magdeburg-Königsborn eingetroffen. Der Stabskompanie wurden 2, den 4 Kompanien je 5 Panzer als Ausbildungspanzer zugewiesen.
Die Überführung von Kfz. und Nachrichtengerät von Lublin erfolgte ebenfalls in den ersten Apriltagen durch Untersturmführer Hohenester und Oberscharführer Bollermann.
Daß man keine Friedensausbildung betrieb, sondern sich in einem besetzten Lande, in einem Raum befand, der schon morgen Frontgebiet sein konnte, dessen wurde man sich bewußt durch sich verstärkende Bandentätigkeit. So forderte am 5. April das Auftauchen einer auf 100 Mann geschätzten Bandengruppe, kaum 3 km nordwestlich von Cholm entfernt, den Einsatz einer Kampfgruppe unter der Führung von Untersturmführer Schumacher.

1) v. Tippelskirch, „Geschichte des Zweiten Weltkrieges“, 1956, S. 467
2) v. Tippelskirch, „Geschichte des Zweiten Weltkrieges“, 1956, S. 465

Der wachsenden Unsicherheit auf den Straßen fallen am 14. April 1944 vier Angehörige der II. Abteilung zum Opfer: die Obersturmführer Paschke und Müller sowie die Rottenführer Waldenburg und Palei. Obersturmführer Paschke befand sich auf der Rückfahrt von Berlin. Die vier von Banditen Erschossenen wurden am 16. April in Cholm begraben.
Die eigenartige Atmosphäre hier in Cholm zwischen Krieg und Frieden wird noch bewußter durch Verwaltungsvorgänge, wie z. B. die Meldung und Inmarschsetzung der Offiziersbewerber der Abteilung in die Heimat, durch Theater- und Filmveranstaltungen in Cholm oder Lublin und nicht zuletzt durch Platzkonzerte des Regiments-Musikzuges vor den Verwundeten des Lazaretts Cholm oder Wunschkonzerte in den Cholmer Lichtspielen.
Am 20. April fühlt sich das ganze Regiment ausgezeichnet durch die Verleihung der Brillanten zum Ritterkreuz an den Kommandeur der Division, Gruppenführer Gille, durch den Obersten Befehlshaber und durch die Beförderung des Regiments-Kommandeurs, Mühlenkamp, zum Standartenführer.
Am 2. Mai werden die Stabsfunktionen wieder besetzt.
Der aus dem Genesungsurlaub zurückgekehrte Obersturmführer Wolf übernimmt erneut die Geschäfte des Abteilungsadjutanten und Obersturmführer Mittelbacher die des O.O. (Ordonnanzoffizier).
Die Würdigung der Leistungen in den schweren Winterkämpfen findet Ausdruck durch die Verleihung des Ritterkreuzes an die Kompanieführer der 2. und 3. Kompanie, die Obersturmführer Hein und Schumacher, sowie die Verleihung des Deutschen Kreuzes in Gold an den inzwischen schwer verwundeten Chef der 1. Kompanie, Sturmbannführer Schneider. Am 19. Mai wechselt die Führung der Abteilung. An Stelle von Sturmbannführer Kümmel, der mit der Aufstellung der Kampfgruppe Debus beauftragt wird, übernimmt Hauptsturmführer Säumenicht die Führung der I./Pz. Rgt. 5, Ritterkreuzträger bereits im Kessel von Demjansk.

Eine Fülle personeller und organisatorischer Probleme muß neben den Schwierigkeiten der Ausbildung und der Wiederherstellung der Gefechtsbereitschaft gelöst werden. In seinem Erfahrungsbericht vom 2. Mai stellt der jetzige Führer der 1. Kp., Obersturmführer Brand, fest, daß
„der größte Teil der Unterführer noch zu vollwertigen Ausbildern herangebildet werden muß.“[1]
Er spricht das Dilemma klar an, das sich in einem mehrjährigen Kriege zwingend einstellen muß, wenn er feststellt: *„Die Ausbildung leidet darunter, daß der größte Teil der Unterführer der Kompanie gleichzeitig nicht vollwertige Ausbilder sind, da sie mehr oder weniger auf Grund ihres Einsatzes berechtigt befördert worden sind. Sie müssen aber trotzdem, da sie Unterführer sind, vollwertige Ausbilder werden.“*[1]
Die ganze 1. Kp. verfügt zu diesem Zeitpunkt über 5 Panzerkampfwagen, 40 Gewehre und ebenso viele Seitengewehre, 21 Maschinenpistolen und 66 Pistolen. An Schanzzeug verfügt die ganze Kompanie über 10 Kreuzhacken und 15 Spaten.
In dem gleichen Bericht wird über mangelndes und mangelhaftes Schuhzeug geklagt. Zeltbahnen sind überhaupt keine vorhanden.

1) Bericht Brand

Über den Ausbildungsstand der 2. Kp. berichtet Obersturmführer Hein am 21. 5. 1944:
„Die Gefechtsstärke der 2. Kp. beträgt 3 Führer, 19 Unterführer und 35 Männer bei einer Ist-Gesamtstärke von 3 Führern, 44 Unterführern und 79 Mannschaften.
Ausbildungsstand, Erscheinungsbild wie auch geistige Beweglichkeit der neu zugewiesenen Männer ist mit wenigen Ausnahmen weit unter dem Durchschnitt.“[1]
Eine Feststellung dieser Art ist für die Bildung eines abgewogenen Urteils über die Leistungen in den verschiedenen Phasen des Krieges wissensnotwendig. Andererseits ist sie keineswegs ein Kennzeichen beginnender Resignation. Denn in dem gleichen Bericht wird abschließend bemerkt:
„Das Gesamtbild der Kompanie bildet trotzdem eine gute Voraussetzung für die Neuaufstellung, zumal starker Tatendrang für den kommenden Einsatz und allgemeine Dienstfreude vorherrschend sind.“[1]
Nachdem die Notwendigkeit entsprechender Lehrgänge für alle Funktionen einer Panzerbesatzung: Kommandant, Richtschütze, Ladeschütze, Funker und Fahrer betont worden ist, stellt der Kompanieführer zusammenfassend fest:
„Obgleich nach der Zuweisung von Waffen und Gerät sowie von Ausbildungsvorschriften keine wesentlichen Schwierigkeiten mehr auftreten, macht sich die mangelnde Kenntnis aller Dienstgrade gerade dieser Unterlagen als Voraussetzung für die Panzerausbildung immer wieder ungünstig bemerkbar. Diesbezüglich muß den Ersatzeinheiten der Vorwurf gemacht werden, daß sie sich nicht genügend mit der infanteristischen Grundausbildung und der Handhabung von Waffen und Gerät beschäftigen.“[1]
Die auslaugende Wirkung eines mehrjährigen Krieges im personellen, im Ausbildungs- und auch im Produktionsbereich wird in diesen Berichten sichtbar. Die Wirklichkeit im fünften Kriegsjahr ist die verstärkte Leistungsforderung bei gleichzeitig abnehmender Menge der materiellen Hilfsmittel und zunehmender Minderung des Ausbildungsstandes des personellen Ersatzes.
Der Kern der Truppe ist indessen noch nicht aufgeweicht. Er versucht, diese Schwierigkeiten zu überspielen durch intensive Ausbildung und kameradschaftliche Einschmelzung der „Neuen“. Der Schwung und die selbstverständliche Auffassung von soldatischer Pflicht, auch in der Phase militärischer Rückschläge, lassen sich noch mit Erfolg übertragen.

Am 4. Juni 1944 erhält die I./SS-Pz. Rgt. 5 den Befehl, auf den Truppenübungsplatz Heidelager, Debica, zu verlegen und dort die Ausbildung zu intensivieren. Am 10. Juni trifft der letzte der 7 Transporte dort ein. Unterkunft bezieht die Abteilung im Ring IV des Heidelagers.
Nach kaum 20 zur Wiederherstellung der Einsatzbereitschaft zur Verfügung stehenden Tagen erreicht die Abteilung am 1. und 2. Juli in 4 Bahntransporten den Raum Sokal. Hier tritt sie wieder zur 5. SS-Panzerdivision Wiking, der Armeereserve der 4. Pz. Armee. Die Unterkünfte in Torki, Pusow und Kniaze sind so gewählt, daß die Rollbahn Tartarow – Stojanow freigehalten werden kann.

Aus zwei Berichten des Kommandeurs der Abteilung, Hauptsturmführer Säumenicht, vom 3. und 5. Juli 1944 ist zu entnehmen, daß

1) Bericht Hein

„der Aufenthalt der Abteilung auf dem Truppenübungsplatz Heidelager auf Grund der günstig gegebenen Voraussetzungen trotz seiner kurzen Dauer zu einer raschen Hebung des Ausbildungsstandes führte, besonders zu der Vollendung der Einzelausbildung und der Besatzungsausbildung. Die Gruppenausbildung kann mit Verlassen des Truppenübungsplatzes und Verlegung in den Raum Torki als abgeschlossen angesehen werden."[1]

Bekleidungsmäßig ist die Abteilung nicht nur voll ausgerüstet, sondern verfügt auch über den vorgeschriebenen Reservebestand von 10%. Der zur Verfügung stehende LKW-Laderaum der Munitionsstaffel beträgt 6 t. Er reicht nur zum Mitführen von einem Viertel der Erstausstattung für die vorhandenen 22 Panzer IV und 21 Sturmgeschütze.

Der Betriebsstoffstaffel steht ebenfalls nur ein unzureichendes Ladegewicht von 6 t zur Verfügung. Um 1 VS (Verbrauchssatz = Brennstoffmenge für 100 km) von 17,2 t oder 17 200 l für die vorhandenen Panzer und Sturmgeschütze mitführen zu können, ist ein Laderaum von 11,2 t notwendig. Die zusätzlichen 4 bzw. 3 schweren LKW zu 4,5 t sind zwar angefordert, aber in nächster Zeit nicht zu erwarten.

Auch die personelle Situation zeigt noch einige Engpässe. Es fehlt ein organisatorisch begabter Abteilungsfunkmeister, es fehlt an Mittelwellengeräten und Panzerfunkgeräten. Wie empfindlich eine mechanisierte Einheit in ihrer Einsatzbereitschaft und wie schnell der so selbstverständlich zu laufen scheinende Funktionsmechanismus auf den Ausfall einfachster Elemente reagiert, mag die folgende Feststellung unterstreichen: *„Stromquellen und Sammelaggregate sind in ausreichendem Maße vorhanden, es fehlt jedoch an Säure zum Ansetzen neuer Sammler."*[1]

In seiner abschließenden Zusammenfassung stellt der Kommandeur fest:

„Weiterhin wird noch eine Zeit von etwa 4 Wochen als notwendig erachtet, um den wellenweise eingetroffenen Ersatz in den Einheiten auf ein einheitliches Ausbildungsniveau zu bringen und in den Geist der Abteilung einleben lassen zu können."[1]

Die Entwicklung der Lage erlaubt indessen diese gewünschten 4 Wochen nicht mehr. Die I./Pz. Rgt. 5 wird lt. Befehl vom 4. 7. 1944 geteilt in eine einsatzbereite Kampfgruppe und in eine Ausbildungsgruppe. Die Kampfgruppe besteht aus der 3. und 4. Kp. sowie der Stabskompanie, deren Führung Obersturmführer Senghas übernimmt.

Von den 22 verfügbaren Panzern IV übernimmt die 3. Kp. 20 Panzer, 2 Panzer werden zu Befehlspanzern umgebaut. Die vorhandenen 21 Sturmgeschütze übernimmt die 4. Kp. Beide Kompanien sind damit einsatzbereit.

Die 1. und 2. Kp. werden unter der Führung von Obersturmführer Hein zurückverlegt auf den Truppenübungsplatz Heidelager. In Ermangelung jeglichen Ausbildungsmaterials wird mit der ebenfalls dort liegenden Pz. Jg. Abt. 5 und der Sturmgeschütz-Ersatzabteilung die Teilnahme an Lehrvorführungen und Übungen vereinbart.

Gleichzeitig mit der Rückverlegung der beiden Ausbildungskompanien und des Musikzuges nach Debica wird dort noch ein Stützpunkt unter der Leitung von Hauptscharführer Krause eingerichtet. Dieser nimmt alles nicht sofort einsatznotwendige Material, Gerät und die Kleidungsreserven auf. Die Abteilung gewinnt so den dringend benötigten LKW-Laderaum.

1) Berichte Säumenicht

Mit allen Mitteln der Improvisation steht jetzt ein einsatzfähiger Panzerverband zur Verfügung, der am 10. Juli 1944 auf den Bahnhöfen Krystinopol und Sokal verladen und am folgenden Tage in Luboml entladen wird. Im Landmarsch erreicht die I. Abteilung das Waldstück 3 km südostwärts Nowosiolki, etwa 6 km südsüdwestlich Maciejow. Der Auftrag lautet, Gelände- und Wegeerkundung durchzuführen für einen Einsatz in ostwärtige Richtung, und zwar in einer Abschnittsbreite von etwa 15 km zwischen Dolsk südostwärts und Paryduby nordostwärts Nowosiolki.

Mit dem Eintreffen im Raum Maciejow ist die I./Pz. Rgt. 5 auch taktisch dem Panzerregiment 5 wieder unterstellt. Dieses hat bekanntlich in der Nacht vom 12./13. Juli 1944 die bisher im Kampfraum Kowel seit Anfang April 1944 eingesetzte II. Abteilung aus der Front herausgezogen, nach Luboml zurückgeführt und mit deren Eisenbahnverladung begonnen.

Am 13. Juli gegen 15.00 Uhr erhält auch die eben erst eingetroffene I. Abteilung den Befehl, Luboml zu erreichen, um nach Anweisung des Verladeoffiziers, Obersturmführer Niemann, am 15. 7. in 4 Eisenbahntransporten dem Regiment nach Haynowka, etwa auf halbem Wege zwischen Brest Litowsk und Bialystok, zu folgen.

Die im Landmarsch verlegende Führungsstaffel der Abteilung trifft dort am 16. Juli gegen 07.00 Uhr morgens ein und wird auf dem Rgt.-Gefechtsstand in Zbucz, 10 km westlich Haynowka, in die Lage eingewiesen. Die unübersichtliche Lage, die geradezu turbulente Entwicklung haben die Einsatzbefehle vom 13. Juli bereits überholt.

VI. Zwischen Brest Litowsk und Warschau

Die Situation, in die die 5. SS-Pz. Division Wiking und damit die gepanzerte Gruppe der Division nördlich Brest Litowsk, auf dem Südflügel der Heeresgruppe Mitte, einzugreifen sich anschickt, soll zunächst umrissen werden.
Seit dem 22. Juni 1944 befindet sich die Front der Heeresgruppe Mitte unter dem Druck weit überlegenen Feindes bereits mehr als 400 km westlich ihrer Ausgangsstellungen in weiterem Zurückgehen. Der linke Flügel und die Mitte der Heeresgruppe schienen sich aufzulösen infolge tiefer Durchbrüche, infolge der Einschließung größerer Verbände und infolge des unvermindert starken Feinddruckes. Es gelang jedoch nach der Zuführung von Verstärkungen und in Anlehnung an den Njemen, beiderseits Grodno, die Lage vorübergehend zu stabilisieren.
Auf dem Südflügel der Heeresgruppe leistet die 2. Armee noch Widerstand in einer geschlossenen Front. Doch unter dem Druck des Feindes weicht auch sie weiter nach Westen aus. Die Verluste an Ausrüstung und Waffen sind erheblich, die der bisher dreiwöchige Rückzug bei durchschnittlichen täglichen Marschleistungen von 20 km verursacht hat. Teilweise verfügen die Kompanien nurmehr über 1 MG. Schwere Waffen, besonders Pak und Panzer, sind zum großen Teil verloren oder vernichtet. So verfügt die 12. Pz. Division am 20. 7. zwar über 56 freie Panzerbesatzungen ohne Panzer, aber nur über 1 einsatzfähigen Panzer.[1]

Widerstandsfähigkeit und Kampfwille sind in allen Teilen dieser 2. Armee unterschiedlich. Teils sind die Divisionen zerschlagen, teils kämpfen sie noch unter den schwierigsten Bedingungen. In einzelnen Fällen wird der Kampfwille mit drakonischen Maßnahmen erzwungen. Kommandeure und Offiziere aller Grade, einschließlich Divisionskommandeure, werden abgelöst. Die Masse aber kämpft unter Entbehrungen und härtesten Bedingungen und trägt noch zusätzlich die Schwachen.
„129. I. D. zu müde. Die Männer hören nicht einmal die Artillerieeinschläge. Waffen sind nicht in Ordnung, da kein Reinigungsmaterial vorhanden ist. Sie halten nicht mehr, sondern laufen weg.“,[1]
meldet General Harteneck dem Oberbefehlshaber der 2. Armee.
Am folgenden Tage bricht bei dieser Division die Front zusammen.
„Die 129. I. D. will einfach nicht mehr kämpfen“,[1]
meldet die Armee der Heeresgruppe am 13. Juli.
Der Chef des Gen.Stabes des LV. A. K., Oberst i. G. Hölz, erklärt am 14. 7.:
„Die Möglichkeit eines geplanten Widerstandes sehe ich nicht mehr.“[1]
Der Kommandierende General dieses Korps, General Herrlein, schlägt der 2. Armee am gleichen Tage vor:
„... nicht mehr Hinhaltenden Widerstand zu leisten, sondern zum geordneten Rückzug überzugehen.“[1]
Am 19. Juli meldet das XXIII. A. K.:
„Es gibt zahlreiche Truppenteile, die seit 6–10 Tagen keine Feldküche mehr gesehen haben.

1) KTB A. O. K. 2, Anlagen

Ein großer Teil der Männer läuft barfuß. Nur 2 Stunden Schlaf am Tag für die Männer ist keine Seltenheit."[1]

Die Disziplin im rückwärtigen Frontgebiet ist teilweise schlecht. Sie veranlaßt Feldmarschall Model, die Befehlshaber zu ermahnen:

„Aufpassen auf Panzer und schwere Pak, die sich hinten rumtreiben. Er erzählt ein Beispiel von Grodno, wo er von einem Russenpanzer angeschossen wurde, und auf der Fahrt durch Grodno 5 s. Pak fand, die niemand einsetzte, während alles vor dem einen Panzer panikartig flüchtete. Am gleichen Tage sah er noch 5 Tiger, die in südwestliche Richtung angeblich mit leichten Schäden nach hinten fuhren."[1]

Die Frage der Kampfführung ist Gegenstand fast täglicher Auseinandersetzungen zwischen den Verantwortlichen der einzelnen Führungsebenen. Es wird offenbar, daß die sich langsam beschleunigende Rückwärtsbewegung nicht nur vom Feinde erzwungen wird.

„Der Entschluß von General Weidling, sich mit seiner Südfront abzusetzen, ist durch ein Gerücht gefaßt worden. Angeblich soll der Ic 12. Pz. Division dem Kommandeur der 50. I. D., General v. Pfuhlstein, gemeldet haben, daß 12. Pz. Division durchbrochen und am Weglaufen sei."[1]

Generalmajor v. Treskow macht durch schlechte Fernsprechverbindungen verursachte Hörfehler verantwortlich für Mißverständnisse zwischen ihm und dem Chef des Gen. Stabes des LV. A. K. einerseits, sowie dem Kommandierenden General der Gruppe Harteneck andererseits. Hierdurch werden am 18./19. 7. in dem tatsächlichen Ausmaß nicht notwendige Ausweichbewegungen des LV. A. K. ausgelöst, die wiederum die Nachbarn in Mitleidenschaft ziehen. Diese müssen mit Rücksicht auf ihre jetzt offenen Flanken auch zurückgehen.[1]

Feldmarschall Model, allgegenwärtig und fest entschlossen, das Geschehen wieder unter Kontrolle zu bringen, befiehlt als Kampfform die Verteidigung. Jede Rückwärtsbewegung ist einen Tag vorher zu melden unter Angabe der in Aussicht genommenen neuen Linie. Die Bewegung selbst ist abhängig von der Genehmigung durch die Armee bzw. die Heeresgruppe.

Unmißverständlich bringt er seine Forderung dem Oberbefehlshaber der 2. Armee, Generaloberst Weiß, am 12. Juli zum Ausdruck:

„Ich betone, Sie haben keine Handlungsfreiheit!"[1]

Bei einer anderen Gelegenheit präzisiert er ihm seine Auffassung:

„Der Standpunkt der Armee, den Kampf im Hinhaltenden Widerstand führen zu wollen, ist völlig abwegig. Wir sind jetzt in einer Krisenlage, die mit allen Mitteln gemeistert werden muß. Die Kampfführung muß darauf abgestellt werden, dem Russen möglichst viel Schaden zuzufügen."[1]

Der Chef des Generalstabes der 2. Armee, Generalmajor v. Treskow, fordert am gleichen Tage, wenige Stunden später, vom Chef der Heeresgruppe, Generalleutnant Krebs:

„Der Russe kann mit diesen Kräften nicht gehalten werden. Es müßte Befehl zum Hinhaltenden Widerstand gegeben werden."[1]

1) KTB A. O. K. 2, Anlagen

Generalleutnant Krebs stellt in seiner Antwort fest:
*„Bei Befehl zur Verteidigung sind 30 km marschiert worden. Wie soll das erst werden, wenn Hinhaltender Widerstand befohlen wird ...
Sie müssen Ihre Befehle dem Befehl des Feldmarschalls angleichen!“*[1]
Am 14. 7. versucht v. Treskow erneut, mit seiner Auffassung durchzudringen. Er weist auf die Überlegenheit des Feindes hin, der mit 4 Armeen vor der Front der 2. Armee stehe.
„Der eigene Zustand der Truppe ist schlecht. Auch Zustand Wiking ist begrenzt.“[1],
stellt er fest. Um 14.50 Uhr des gleichen Tages, wenige Stunden nach der Meldung des Kommandeurs der 5. SS-Pz. Division Wiking auf dem Gefechtsstand in Bielsk, verneint er jede Hoffnung:
„Wenn man glaubt, mit unseren Kräften den Feindansturm hier halten zu können, dann irrt man sich. Der Angriff kann nicht einmal angenommen werden, ohne Gefahr zu laufen, daß die Truppe zerschlagen wird.“[1]
Noch einmal, am Abend dieses Tages, versucht v. Treskow, Handlungsfreiheit für die Armee zurückzugewinnen in einem gemeinsamen Gespräch mit dem Chef des Generalstabes der Heeresgruppe, General Krebs, und dem Oberbefehlshaber der 2. Armee, Generaloberst Weiß. Er verweist auf die Beeinträchtigung der Heiligkeit des Befehls bei der jetzigen Art der Befehlserteilung und das schwindende Vertrauen der Truppe in die Führung.
Er wiederholt, daß der Befehl zur Verteidigung von der Masse doch nicht befolgt wird, andererseits die wenigen noch wertvollen Persönlichkeiten und Verbände zerschlagen werden.
General Krebs erwidert:
*„Es kommt zur Zeit darauf an, das Vorgehen der Russen unbedingt zu verzögern. Neue Divisionen werden zugeführt, und eine Verteidigung wird infolgedessen möglich sein ...
Der Feldmarschall steht auf dem Standpunkt, daß bei Genehmigung der Führungsfreiheit der Armee nicht der ausreichende Zeitgewinn erreicht wird, andererseits es trotzdem zu einer Zerschlagung der eigenen Kräfte kommen muß ...“*[1]
Wörtlich formuliert General Krebs noch einmal den Auftrag des Feldmarschalls:
„Es ist so Widerstand zu leisten, daß die Truppe für den Tag in der Linie steht, die befohlen ist. Aber weitere Vernichtungen und Einschließungen sind zu vermeiden. Die Armee hat jeden Tag die Linie zu melden, in der am kommenden Tag Widerstand geleistet werden soll.“[1]

Die Führungsschwierigkeiten werden durch zwei weitere Faktoren verschärft, durch das Problem der verbündeten Truppen und die Versorgungsengpässe der Front.
Die Ablehnung des k. ung. II. Res. Korps durch die Frontbefehlshaber ist einhellig. So fordert der Chef des Gen. Stabes des XXIII. A. K., Oberstleutnant Reimpel, am 14. Juli von der 2. Armee die Entfernung der Ungarn:
„Das Korps bittet, die ung. Kav. Division wegzunehmen. Die Ungarn stehen zur Verfügung. Besser keine Hilfe als Ungarn. Wenn Ungarn in der Front stehen, ziehen sie wie ein Magnet den Russen an. Wenn nichts da steht, dann getraut sich Gegner nicht in das Loch hinein.“[1]

1) KTB A. O. K. 2, Anlagen

Am 18. Juli fordert der Kommandierende General des XXIII. A. K., General Tiemann: *„Ungarn haben eine Brücke gesprengt. Bitte, sie möglichst bald aus dem Gefechtsgebiet zu entfernen.“*[1]
Auch Generalmajor v. Treskow meldet am 19. Juli der Heeresgruppe:
„Ungarn sind geplatzt, wenn auch einzelne von ihnen gut sind.“[1]
Der Chef des Gen. Stabes des XX. A. K., Oberst i. G. Wagner, meldet am 21. Juli 1944: *„Riesenschweinerei beim Nachbarn. Russe ist bei der ungarischen Division durchgebrochen. Vorderste Feindteile stehen bei Stradecz, 7 km südlich des Festungsgürtels“* (Brest Litowsk, d. Verf.).[1]

Die Versorgungsschwierigkeiten der Front scheinen weniger in der Nichtverfügbarkeit von Munition und Brennstoff an sich zu liegen als in der Organisation der Zuführung. Als General Harteneck am 20. Juli der Armee meldet:
„Munitionslage ist schlecht. Wir haben nur bis Mittag Munition“,[1]
stellt der O.Q. der 2. Armee fest:
„Habe die ganze Nacht telefoniert. Ein Munitionszug ist durch General des Transportwesens falsch geleitet. Das ist der Grund.“[1,2]
Am folgenden 21. Juli meldet er:
„Betriebsstoffzug ist heute noch nicht da. Habe das Allerletzte aus meinem Lager herausgeholt. Bin ausverkauft.“ . . .
„Bei gleich bleibenden Fehlleitungen ist die Versorgung gefährdet“,
schreibt er in der Tagesmeldung.[1]
Generalmajor v. Treskow notiert am 12. 7. für eine Besprechung mit Generalleutnant Krebs als vierten Besprechungspunkt:
„Betriebsstoffzug Baranowitsche ist ausgerissen“.[1]
Am 14. 7. klagt Oberst i. G. Wagner, Chef des Gen. Stabes XX. A. K.:
„Dort ist nicht alles in Ordnung bei den Transportdienststellen“.[1]
Der Ia des A. O. K. 2 stellt fest:
„Z. Zt. liegen große Schwierigkeiten durch Transportdienststellen vor.“[1]
Wenige Tage vorher mußte der Oberbefehlshaber der 2. Armee erklären:
„Außerdem hat es verschiedene Pannen in der Eisenbahnzuführung gegeben.“[1]

Mit dem General des Transportwesens scheint es auch Schwierigkeiten zu geben in der Koordination von Maßnahmen im rückwärtigen Frontgebiet, wie Sprengungen u. a. Am Morgen des 20. Juli orientiert General v. Treskow den Oberbefehlshaber, Generaloberst Weiß:
„Sprengungen wurden z. T. vom Chef des Transportwesens durchgeführt.“
Darauf der OB.:
„Schnelle Arbeit geleistet. Brücke heute früh noch in Ordnung, kurze Zeit später zerstört.“[1]
Auf die gleiche Orientierung durch v. Treskow antwortet der Chef des Generalstabes der Heeresgruppe:
„Das geht doch nicht!

1) KTB A. O. K. 2, Anlagen
2) Das militärische Transportwesen unterstand General Gercke, der seine sämtlichen Kriegstagebücher verbrennen ließ. (Europäische Wehrkunde, Heft 12, XXIX. Jahrgang, München, Dez. 1980)

3.4.1944, vor Kowel: Stubf. Päetsch besichtigt letzte technische Vorbereitungen für den bevorstehenden Angriff.

März 1944: Ustuf. Renz mit dem Aufklärungszug auf dem Marsch nach Cholm/Kowel

5.4.1944, Kowel: Panzer der 6. Kp. und des Aufkl.Zuges dringen in den Nordteil von Kowel ein.

April 1944, Kowel: Untergezogene Panzer der 5. Kompanie

1944, Raum n.o. Warschau: Ostuf. Jessen, Chef 5. Kp., und Hstuf. Hannes, Führer einer gep. Kp./Germania, stimmen sich ab.

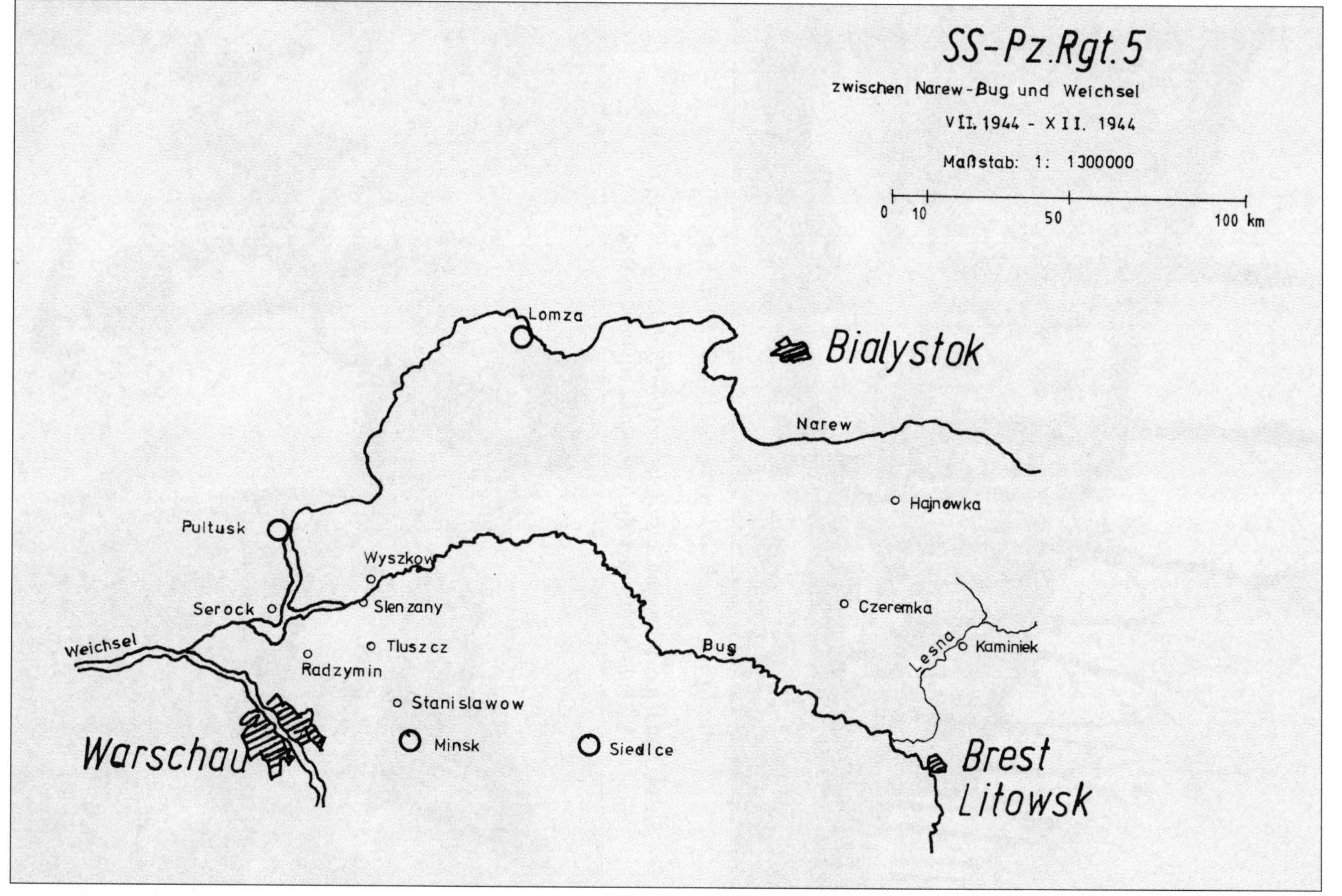

Übersichtsskizze Brest Litowsk–Warschau

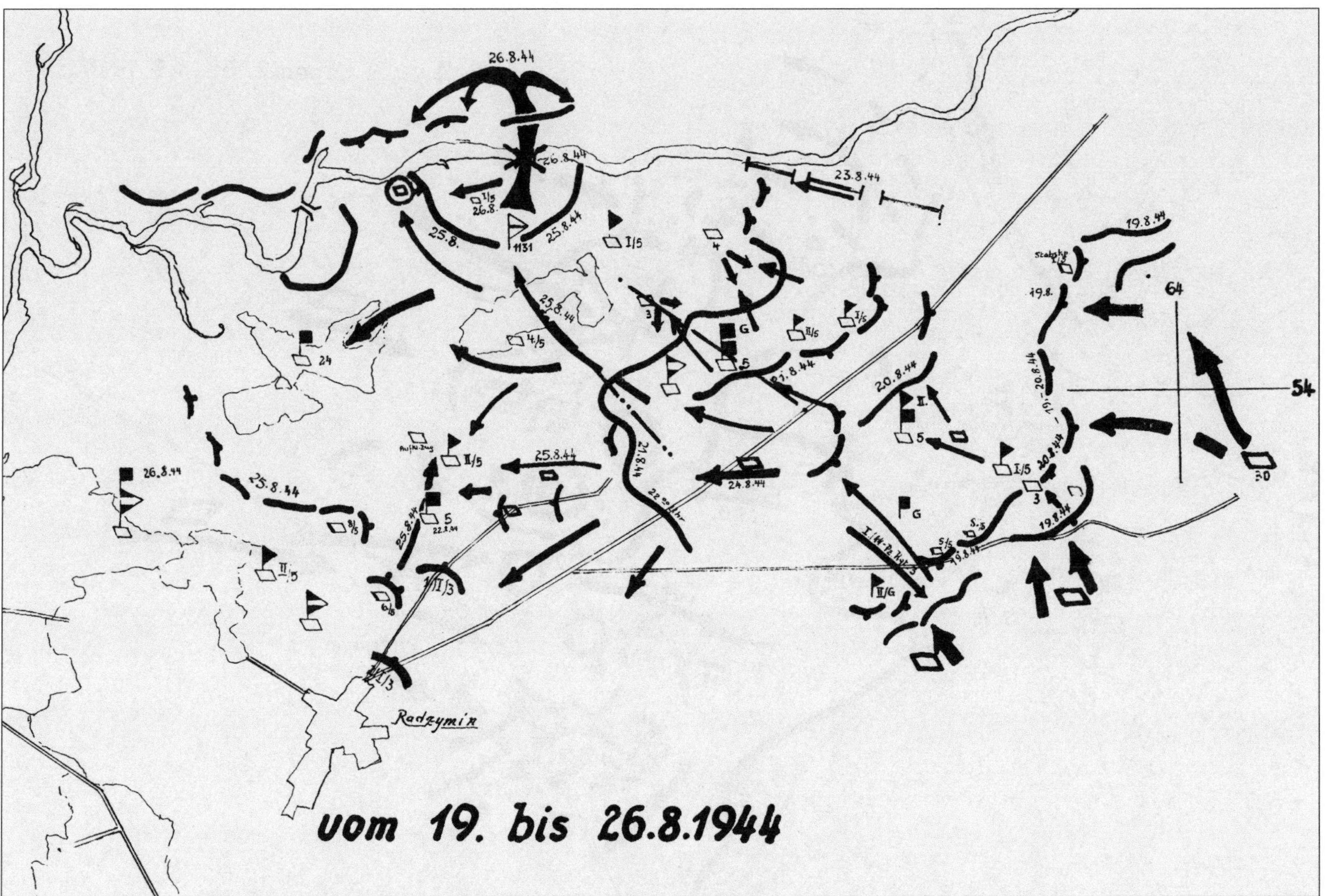

Lageskizze: 5. SS-Pz.Div. Wiking, Stanislawow–Slenzany, 19.–26.8.1944. Quelle: Dr. Renz

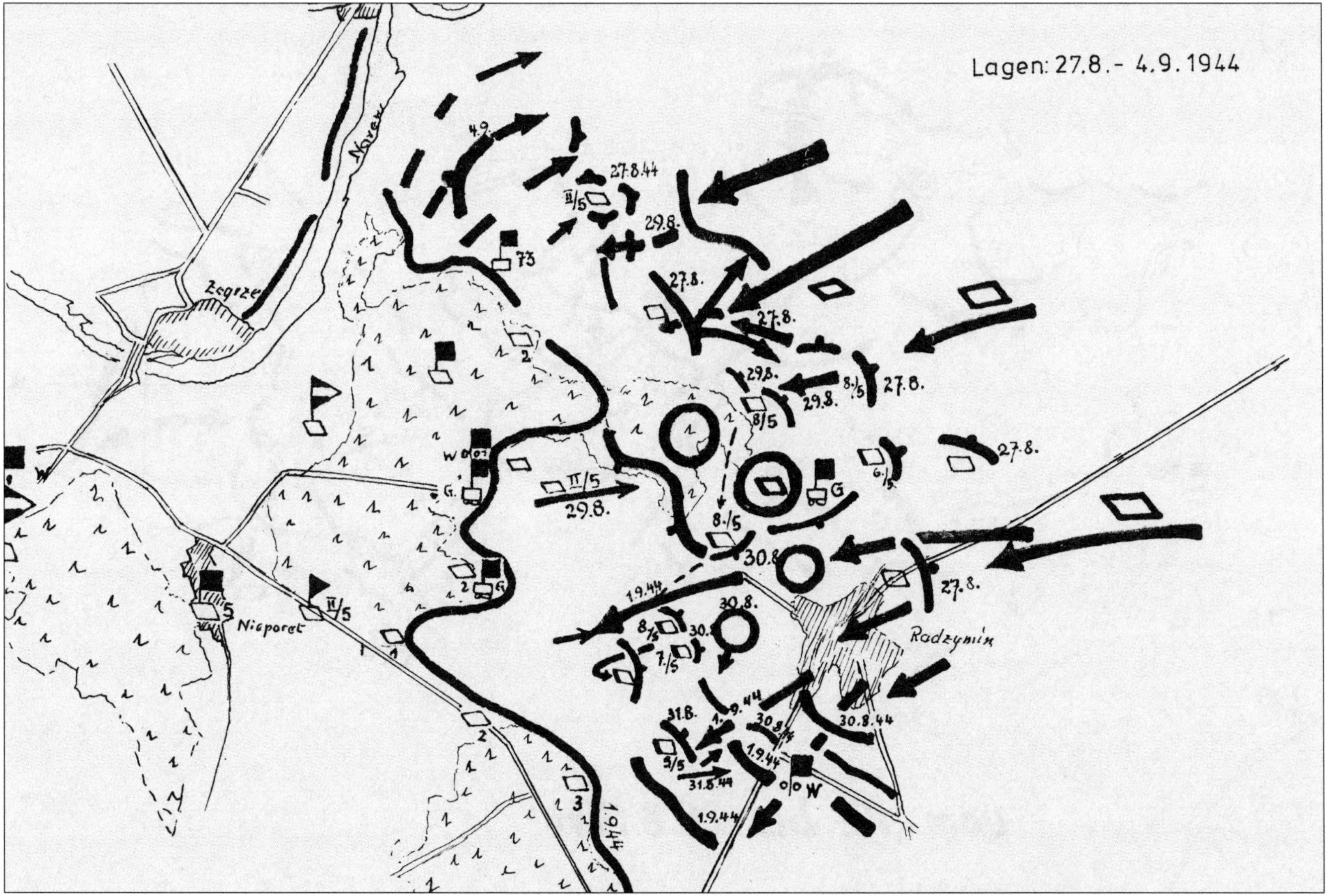

Lagen: 27.8.- 4.9.1944

Lageskizze: 5. SS-Pz.Div. Wiking, Radzymin–Serock, 27.8.–4.9.1944. Quelle: Dr. Renz

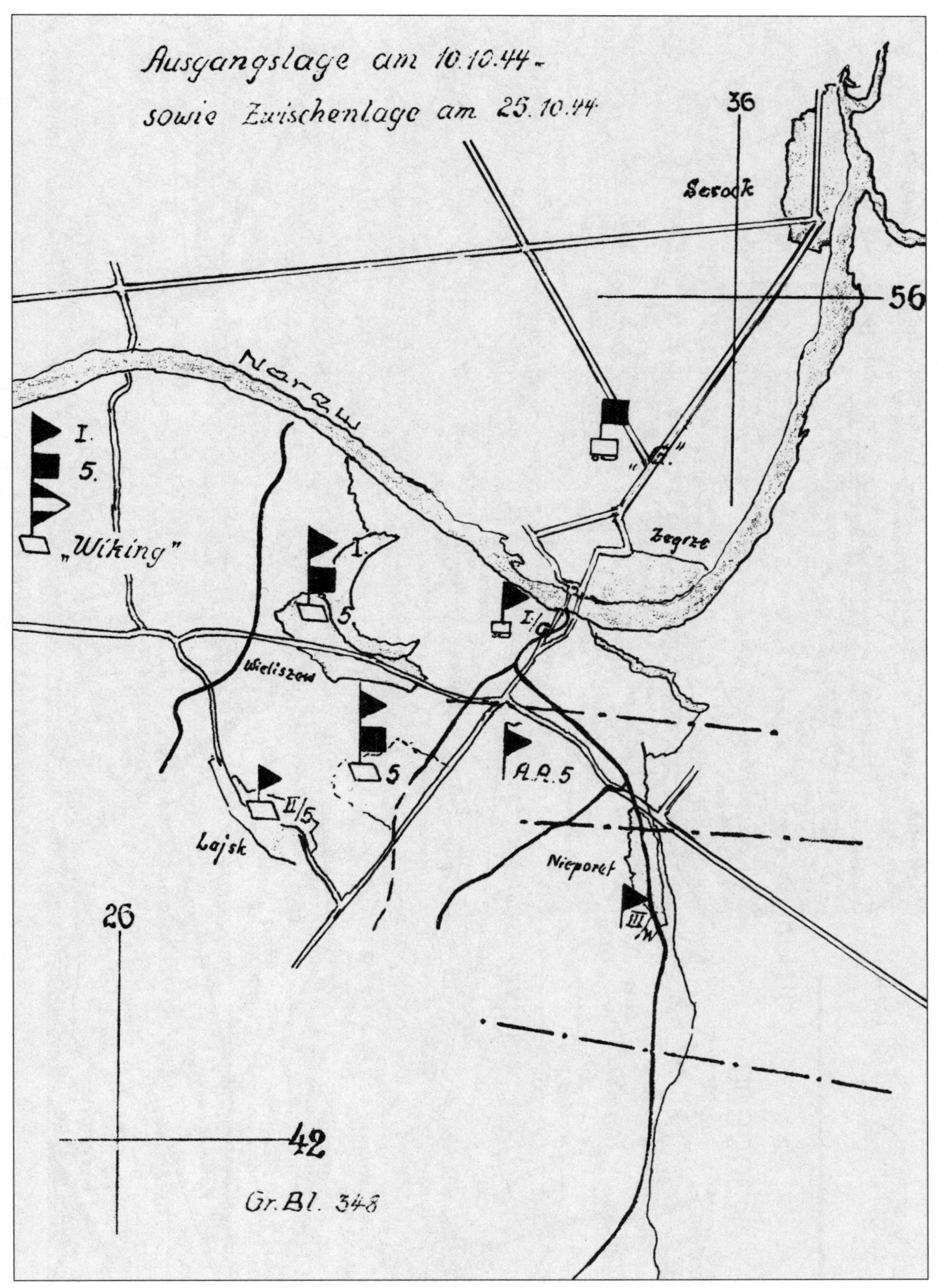

Lageskizze: 5. SS-Pz.Div. Wiking, 10.10. und 25.10.1944. Quelle: Dr. Renz

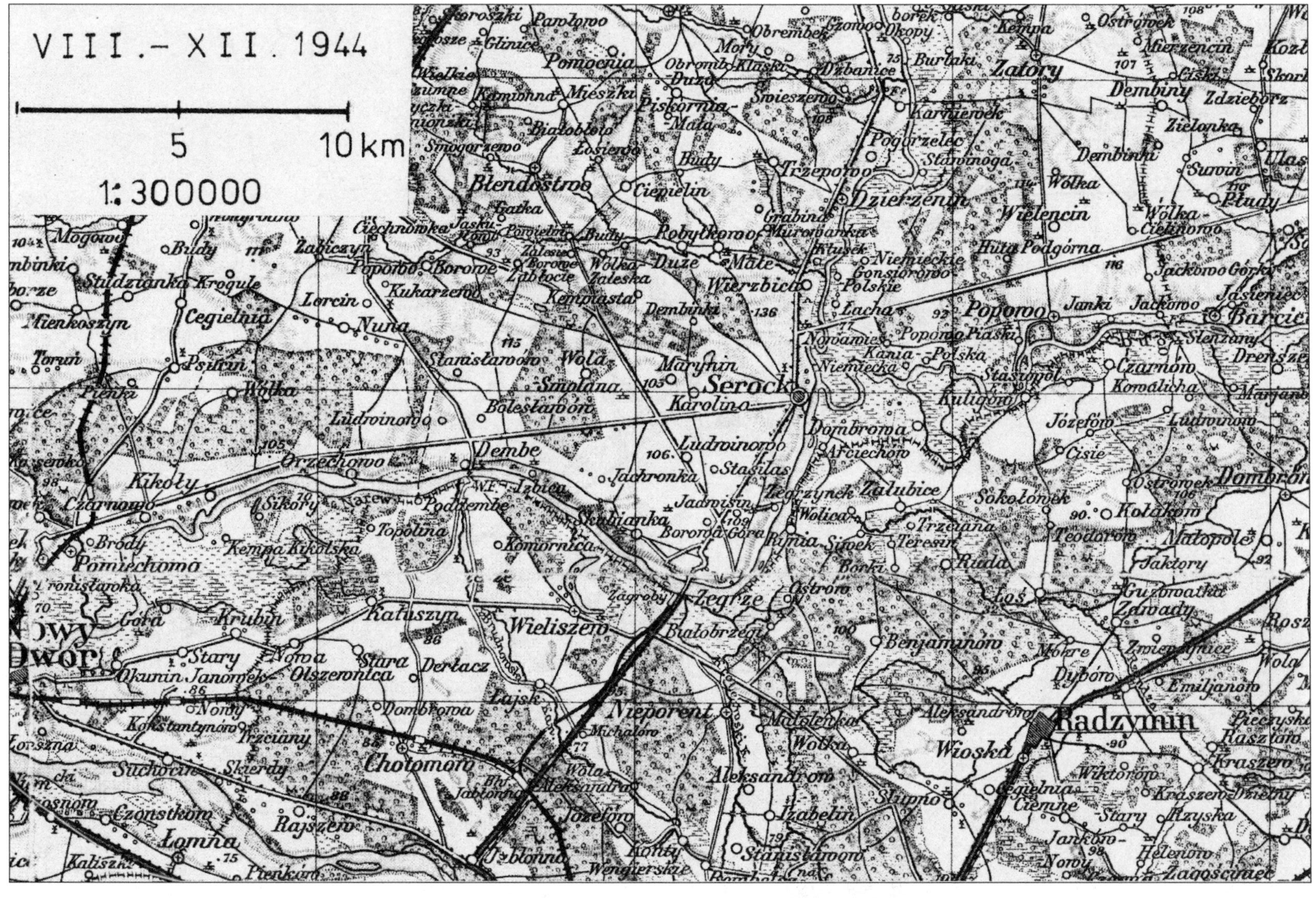

Kartenausschnitt: Nieporent–Serock

Heeresgruppe kann nur zur Sprengung freigeben. Sprengbefehl muß die Armee geben!"[1]
Die „Desorganisation" in einem für die Durchführung der eigenen Bewegungen entscheidenden Bereich wird gekennzeichnet durch eine Eintragung im KTB der 2. Armee vom 22. Juli 1944:
„Der Chef des Generalstabes des Kav. Korps Harteneck „meldet, daß beim Korps sich ein Pionierleutnant aufhält, der den Auftrag hat, im Hintergelände an den Kunstbauten Sprengungen vorzubereiten und auch auszuführen. Er hat sich Gott sei Dank aber mit uns in Verbindung gesetzt, so daß wir das vorläufig noch verhindern können."[1]

Dieser zum Zerreißen gespannte Frontabschnitt der 2. Armee ist der vorgesehene Einsatzraum der 5. SS-Pz. Division Wiking.
Am 14. 7. 1944 ergeht folgende Orientierung des A. O. K. 2:
„An die 5. SS-Pz. Div. Wiking:
1. *5. SS-Pz. Div. Wiking wird als Heeresgruppenreserve in den Bereich der Armee verlegt.*
2. *Auslade- und Versammlungsraum der Division um Grodek, vorderste Teile am Swislocz-Abschnitt.*
3. *Straße für Landmarschteile: Brest – Kaminiec Litewski – Bialowieza – Haynowka – Narew.*
4. *Die Division hat Einsatz nach Osten, Nordosten und Südosten vorzubereiten, Wegeerkundungen durchzuführen und Brückenverstärkung für schwere Panzer vorzunehmen.*
5. *...*
6. *..."*[1]

In 33 Eisenbahnzügen werden die zu verladenden Teile der Division über Cholm, Lublin, Siedlce in den Einsatzraum geleitet.
Die Landmarschteile erreichen, über Wlodawa kommend, mit Anfängen bereits am 14. 7., abends den Raum Brest Litowsk. Die Marschdisziplin war sehr gut, stellt der Tagesbericht des Kommandeurs der Feldgendarmerie beim A. O. K. 2 fest.

Um 12.00 Uhr des gleichen Tages meldet sich der Divisionskommandeur auf dem Gefechtsstand des A. O. K. 2. Sein ständiger Begleitoffizier, Untersturmführer Lange, berichtet:[2]
„Etwa um den 14. 7. 1944 wurde die 5. SS-Panzerdivision Wiking, von anderer Verwendung kommend, der 2. Armee (Abschnitt etwa Brest Litowsk – Bialystok) unterstellt.
Hierzu meldete sich am gleichen Tage der Divisionskommandeur Gille auf dem Gefechtsstand des A. O. K. 2 im Raume westlich Bialystok. Ich begleitete ihn.
Zunächst wurde der Chef des Stabes der 2. Armee, Generalmajor Henning v. Treskow, in seinem Arbeitszimmer aufgesucht. Dieser führte gerade ein Ferngespräch mit der Heeresgruppe Mitte und meldete die Inbesitznahme von mehreren Ortschaften durch den Feind und Auflösungserscheinungen und chaotische Zustände bei der eigenen Truppe.
Gille warf noch während des Telefonates sinngemäß ein: „aber Herr General, das stimmt doch nicht, da ist kein Feind, da marschiert meine Wiking, wir haben eben dieses Gebiet überflogen ..."
Treskow wurde es peinlich, und er beendete recht schnell sein Ferngespräch.

1) KTB A. O. K. 2, Anlagen 2) Bericht Lange

Nach etwa fünfminütiger Einweisung geleitete der Chef des Stabes meinen Divisionskommandeur zum Oberbefehlshaber der 2. Armee, Generaloberst Walter Weiß."

Über die Absichten der Heeresgruppe mit der in Zuführung befindlichen 5. SS-Pz. Division Wiking unterrichtet Generalleutnant Krebs am Abend des 14. 7. 1944 Generalmajor v. Treskow:
„Wiking darf nicht verkleckert werden. Wiking muß als Eingreifreserve für Durchbrüche bereitgehalten werden. Befehl des Feldmarschalls lautet: Ros-Abschnitt halten und da, wo eingebrochen wird, Linie etwa 10 km dahinter neu aufbauen. Mit „Totenkopf" und „Wiking" soll Gegenangriff geführt werden, „Totenkopf" von 4. Armee aus angesetzt."[1]
Feldmarschall Model selbst bittet den Oberbefehlshaber der 2. Armee:
„Setzen Sie die Pz. Division Wiking vernünftig ein, nicht im Walde. Am besten aus der Gegend von Harteneck."[1]
Am 15. 7., 11.30 Uhr erreicht die Division Wiking folgende fernschriftliche Orientierung des A. O. K. 2:
„Erster Ansatz der Division voraussichtlich zur Zerschlagung des Feindes am Südflügel der Gruppe Harteneck. Mit Gruppe Harteneck ist sofort Verbindung aufzunehmen, um die erforderlichen Vorbereitungen zu treffen."[1]
Bis zum Mittag des 15. 7. sind die im Landmarsch verlegenden Führungsstaffeln der Division und der Regimenter im Raume Bialystok eingetroffen. Insgesamt 558 Kfz. haben in den frühen Morgenstunden die Marschmeldestelle in Bielsk passiert.[1]

Der Gefechtsstand des Pz. Rgt. 5 befindet sich in Bialystok, der der II./Pz. Rgt. 5 mit der Stabskompanie, der 5. und 6. Kp., beide bereits mit Teilen entladen, im Walde 4 km ostwärts Bialystok.[2]
Während die befohlenen Verbindungen ostwärts Bialystok aufgenommen und die Erkundungen durchgeführt werden, erhält die Division um 14.00 Uhr folgenden Vorbefehl fernmündlich:
„Pz. Division ist sofort in Richtung Haynowka vorzuführen. Div. Kdr. sofort im Storch zum A. O. K.; Transporte sind entsprechend umzuleiten."[1]
In dem Fernschreiben von 20.50 Uhr wird der neue Aufrag unter Punkt 1 formuliert:
„1. 5. SS-Pz. Division Wiking versammelt beiderseits Haynowka so, daß sie jedes Heraustreten des Feindes aus der Pouszcza Bialowieza nach Westen, Norden oder Süden durch Angriffsschläge in ostwärtige, südostwärtige und nordostwärtige Richtung verhindert. Soweit möglich ist es Aufgabe der Division, ein Vorgehen des Feindes bereits im Forst durch vorgeworfene Teilkräfte aufzuhalten."[1]

Am frühen Morgen des 16. 7. sind 2/3 der Landmarschteile nach einem Marsch von 50 km und 7 Züge der Eisenbahntransporte im Raume Haynowka eingetroffen.[1]
Um 11.55 Uhr erhält der Ia der Division vom Chef A. O. K. 2 bereits den nächsten Verlegungsbefehl telefonisch:
„Ein Verschieben nach Kaminiec Litewski erkunden, um dort den Gegner, der auf Brest vorstößt, im Angriff anzufahren. ... Sie müssen so früh wie möglich über den Lesna-Abschnitt nach Osten angreifen."[1]

1) KTB A. O. K. 2, Anlagen 2) Chronik Pz. Rgt. 5

Auf den Hinweis des Ia, daß die Artillerie noch nicht da ist, antwortet General v. Treskow:
„Wenn er nach Brest durchstößt, besteht für XX. und XXIII. A. K. größte Gefahr. Sie müssen angreifen."[1]
4 Stunden später erhält der Ia, Obersturmbannführer Schönfelder, den Verlegungsbefehl:
„Ohne Verzug mit möglichst großer Kampfgruppe in den Brückenkopf Kaminiec Litewski verlegen. Möglichst starke Teile auf das Ostufer nehmen, um zur Verbindungsherstellung mit Nordwestflügel XXIII. A. K. angreifen zu können."[1]
Um 17.15 Uhr weist Gruppenführer Gille die Forderung der Armee zurück, Sicherungen bei Haynowka gegen möglichen Feind aus Richtung Bialowieza stehen zu lassen und damit die eigenen Kräfte zu teilen.
„Wir sind keine Division, sondern eine Kampfgruppe. Knapp 1/3 erst da. Der Schlag, den ich zu führen beabsichtige, muß auch sitzen. Dazu brauche ich alles, was mir zur Verfügung steht ... Panzer und Panzergrenadiere marschieren jetzt los. Marschiere auf zwei Straßen."[1]
6 Stunden später meldet die Division das Eintreffen der ersten Teile in Kaminiec Litewski. Es ist innerhalb von wenig mehr als 30 Stunden der dritte Versammlungsraum der Division, den mehr als 100 km vom ersten trennen.
Seit 20.00 Uhr untersteht die Division Wiking, bisher Heeresgruppenreserve, dem A. O. K. 2 und im Rahmen der Armee dem XXIII. A. K.
Zur gleichen Zeit wird die 3. SS-Pz. Division Totenkopf mit ähnlicher Aufgabenstellung dem A. O. K. 4 im Raume Grodno unterstellt.

Kaminiec Litewski

Die gepanzerte Gruppe der 5. SS-Pz. Division Wiking, die Kampfgruppe Mühlenkamp, Teile Pz. Rgt. 5 und unterstelltes III./Germania (SPW), steht am 17. Juli 1944, morgens mit dem Regiments-Gefechtsstand an der Straßengabel Kaminiec Litewski – Peliszcze, Kaminiec Litewski – Widomla, am Südostrand Kaminiec Litewski.
Einsatzbereit sind 20 Panzer V und das III./Germania. Im Laufe des Tages werden weitere 17 Panzer V eintreffen und außerdem die I. Abteilung mit der 3. und 4. Kp. Die 3. Kp. wird von Czeremcha, die nach Wysocki Litarski umgeleitete 4. Kp. von Wysocki im Landmarsch Kaminiec Litewski erreichen. Der Werkstattzug der I. Abteilung ist im Schloß Wysocki einsatzbereit.

Kaminiec Litewski liegt auf dem Ostufer der Lesna. Diese wendet sich hier von Nordosten bzw. Osten kommend in einem nach Südosten geöffneten Bogen nach Süden und mündet nordwestlich Brest Litowsk in den Bug.
Nach Norden dehnt sich die Puczcza Bialowieza aus, ein urwaldähnliches Waldgebiet mit einer Nordsüdausdehnung von etwa 50 km und einer Ostwestausdehnung von

1) KTB A. O. K. 2, Anlagen

etwa 40 km. Durchzogen wird dieser Wald von je einer großen Straße in Nordsüd- und Ostwestrichtung. Für Großverbände ist der Wald schwer passierbar.
Von seinem Westrand, etwa bei Haynowka, überbrücken zahlreiche, wie Inseln eingelagerte Waldstücke verschiedener Größe beiderseits der Bahnlinie Haynowka – Czeremcha – Siedlce den freien Raum bis zum 50 km südwestlich fließenden Bug. Eine ähnliche Fortsetzung findet der Wald von seinem Südwestrand nach Süden und Südwesten.
Beiderseits der von Pruzana von Nordosten nach Südwesten durch diese südliche Waldbrücke führenden großen Straße steht der Feind im Begriffe, den Nordwestflügel des XXIII. A. K. zu durchbrechen. Das Oberkommando der Heeresgruppe Mitte stellt unter Punkt 1 seiner Tagesmeldung vom 16. Juli 1944 fest:
„Nachdem es dem Feind im Verlaufe der gestrigen Kämpfe gelungen war, die inneren Flügel des XXIII. A. K. und der Gruppe Harteneck nach Süden bzw. Norden abzudrängen, stieß er heute durch die so entstandene breite Lücke mit einem mech. Korps, einem Kav. Korps und mindestens 3 Schützendivisionen in der tiefen Nordflanke des XXIII. A. K. nach Südwesten auf Brest vor. Auf Grund dieser bedrohlichen Entwicklung der Lage mußte SS-Pz. Division Wiking – obwohl noch nicht voll im Raume Bielsk Podlaski – Haynowka versammelt – in den Raum ostwärts Kaminiec Litewski verschoben werden, um am 17. 7., mittags durch Angriff nach Osten dem linken Flügel des XXIII. A. K. das Zurückkämpfen auf die für morgen vorgesehene Widerstandslinie zu ermöglichen.“[1]
Diesen Angriff befiehlt jetzt der Kommandeur der gepanzerten Gruppe. Um 11.00 Uhr greifen die verfügbaren Kompanien der II./Pz. Rgt. 5, die 5. und 7. Kp., mit dem III./Germania entlang der Straße Kaminiec Litewski – Peliczcze an und stoßen durch bis zur Straßenkreuzung nördlich Peliczcze. Mit der gleichzeitig von Süden nach Norden vorstoßenden Kampfgruppe Hänle der 7. I. D. kann gegen Mittag die Verbindung aufgenommen werden. Die bereits bei Widomla durchgestoßene Spitze der Feindkräfte ist damit zunächst von ihren rückwärtigen Verbindungen abgeschnitten.

Inzwischen haben auch die beiden Kompanien der I. Abteilung Kaminiec Litewski erreicht. Sie beziehen ihre Bereitstellungsräume, die 4. Kp. unter Hauptsturmführer Zimmermann links an der Straße nach Widomla, die 3. Kp. unter Obersturmführer Schumacher rechts, angelehnt an die Lesna.
Die Abteilung erhält um 15.00 Uhr den Auftrag, mit Teilen des III. Germania die Höhe 1 km nördlich Widomla zu gewinnen, um die Stärke und die Bewegungen des auf der Straße Sedruz – Widomla nach Westen durchgestoßenen Feindes festzustellen.
17.00 Uhr greift die 3. Kp. an. Die 4. Kp. deckt die linke Flanke entlang der Straße nach Widomla nach Südosten ab.
Bereits 2 km nördlich Widomla wird der eigene Angriff durch Feindpanzer und starke Pakriegel in flankierenden Stellungen beiderseits Widomla abgefangen. Der Vernichtung von 3 feindlichen Pakgeschützen und eines Panzers vom Typ Sherman steht der Verlust von 4 eigenen Panzern gegenüber. Es sind dies die Panzer von Obersturmführer Schumacher, Untersturmführer Rüger, Oberscharführer Ruf und Unterscharführer Elend. 3 Panzer brennen aus, der Panzer 324 kann durch Obersturmführer

1) KTB A. O. K. 2, Anlagen

Hohenester geborgen werden. 2 der geborgenen Gefallenen weisen Verstümmelungen auf.
Nach Zurückziehen der Panzer und SPW werden bei einer Lagebesprechung an der Lesnabrücke, 2 km nordwestlich Radosz, der Abt. Kommandeur, der Adjutant und der Chef der 4. Kp. sowie mehrere Unterführer und Männer durch einen Volltreffer verwundet.
Die Abteilung hat kein Glück an ihrem ersten Einsatztag. Der erste Einsatzbefehl nach der Wiederaufstellung war ein Aufklärungsauftrag, der nicht ausgeführt werden konnte. Das KTB stellt in einer Eintragung vom gleichen Tage fest:
„Der ganze Einsatz hat gezeigt, daß die gewaltsame Aufklärung mit Panzern nicht immer den Erfolg bringt, wie man es von anderen Aufklärungseinheiten gewohnt ist und man darüber hinaus auf Grund der Eigenart der Waffe und der Ungeeignetheit für derartige Aufträge selbst schwere Verluste hinnehmen muß."[1]

Im Abschnitt der II. Abteilung führt der Angriff der 7. Kp., deren linke Flanke von der 8. Kp. gedeckt wird, zur Einnahme von Szczerbowo und Podbrziany, etwa 7 km südostwärts Kaminiec Litewski.
„Damit konnte südostwärts des Bialowiezer Forstes dem Feind die sich ihm noch gestern bietende günstige Gelegenheit für einen Durchbruch auf Brest genommen werden."[2]
„Der Tag brachte der 2. Armee einen wesentlichen Abwehrerfolg. Die Spitze des auf Brest vorgetriebenen Angriffskeiles konnte abgeschnitten werden und geht ihrer Vernichtung entgegen."[2]

In der Nacht zum 18. Juli gruppiert das Pz. Rgt. 5 um. Nach Ablösung der 4. durch die 5. Kp. bezieht der Gefechtsstab der I. Abteilung den der II. Diese zieht in den Westteil des Brückenkopfes, um für Schwerpunktaufgaben der Division zur Verfügung zu stehen.
Der Auftrag der Division lautet: Vernichtung des durchgebrochenen, abgeschnittenen Feindes und Zurückwerfen des Feindes über die Lesna Lewa nach Osten.
Obwohl die Division, so lange das Art. Regiment noch nicht eingetroffen ist, eigentlich nur aufklären will, befiehlt Generaloberst Weiß um 09.00 Uhr:
„Die Division muß heute angreifen und den Feind vernichten."[2]

In den Morgenstunden meldet der Werkstattzug der I./Pz. Rgt. 5 die Vernichtung eines feindlichen LKW, eines SPW und einer Pak bei Rudawicze, einem Lesnaübergang bereits 11 km westlich Widomla, durch Unterscharführer Sander.
Am frühen Nachmittag greift der Feind in Bataillonsstärke mit 13 Pak 7,62 cm aus dem Wald 2 km ostwärts Pruska Wielowieska an. In schnellem Wechsel der Szene greift die 4. Kp., jetzt unter Untersturmführer Bauer, zusammen mit dem inzwischen eingetroffenen I./Germania sowie mit der Regimentsstabskompanie und der Pz. Pi. Kp. Topole an, vernichtet 1 Pak und erbeutet eine andere. Unterscharführer Husemöller fällt durch Kopfschuß.
Die 7. Kp. steht im Kampf um die Höhe 178 und um Czemery, etwa 7,5 km ostwärts Kaminiec Litewski. Die 8. Kp. greift Ranie, 5 km südlich Kaminiec, an.

1) KTB I./Pz. Rgt. 5
2) KTB A. O. K. 2, Anlagen

Mit der Wiedergewinnung von Czemery steht die II./Pz. Rgt. 5 wieder an der Lesna Lewa.

Am Abend dieses Tages stellt die 2. Armee fest:

„Trotzdem die feindliche Angriffsspitze des IV. Garde Kav. Korps bereits vorübergehend in den rückwärtigen Verbindungen abgeschnitten war, stieß sie heute weiter bis an den Bug nordwestlich Brest vor.

Die nunmehr erneut hergestellte feste Verbindung zwischen 7. I. D. und 5. SS-Pz. Division Wiking unterbindet eine Nährung dieser Feindkräfte und gibt damit die Voraussetzung für ihre Vernichtung.“[1]

Das XXIII. A. K. stellt fest:

„. . . 7. I. D. und 5. SS-Pz. Division Wiking gelang es, im Angriff von Süden und Norden die Lücke südostwärts Kaminiec Litewski zu schließen und damit die bereits über die Eisenbahnlinie Brest – Bielsk bis an den Bug, nördlich Janow Podlaski, nach Westen vorgestoßenen starken feindlichen Inf.-, Kav.- und Panzerkräfte von ihren rückwärtigen Verbindungen abzuschneiden.

Beide Divisionen z. Zt. im Angriff in nordostwärtige Richtung zur Gewinnung des Lesna-Lewa-Abschnittes und Herstellung der Verbindung zur 102. I. D.“[1]

Wie schon seit Tagen erwartet, setzt nun der Russe weiter nördlich zur Umfassungsoperation an und erzwingt den Abzug der Division Wiking aus dem Raume Kaminiec.

„Die in dem Waldgebiet der Puczcza Bialowieza bereitgestellte 65. Armee hat ihre Operation zur Westumfassung von Brest heute angetreten. In ihrer Stoßrichtung über Kleszczele nach Südwesten auf den Bug stehen ihr z. Zt. kaum eigene Kräfte gegenüber.

XXIII. A. K. hat den Befehl, 5. SS-Pz. Division Wiking und alle verfügbaren Kräfte beschleunigt herauszulösen und in die tiefe Flanke der 65. Armee zum Einsatz zu bringen.“[1]

Für den 19. Juli bleibt es jedoch der Auftrag der Division Wiking und besonders der gepanzerten Gruppe, die Front des XXIII. A. K. am Lesnaabschnitt zu stabilisieren. Die I./Pz. Rgt. 5 wird in der Nacht zum 19. 7. herausgezogen und in Kaminiec Litewski, Ortsmitte, versammelt.

Um 09.15 Uhr nimmt sie in Klepacze, etwa 7 km nördlich Kaminiec Litewski, Verbindung mit dem I./Westland auf, mit dem sie auf Zusammenarbeit angewiesen ist. Auch mit dem Sperrverband Riechert der 35. I. D. in Dimitrowiecze wird die Verbindung aufgenommen. Hier ist dem Feind mit etwa 500 Mann im Raume Szyszowo – Czernaki – Podbiala ein Einbruch gelungen, den er nach Westen und Südwesten zu erweitern versucht. Podbiala kann bereits im Laufe des Vormittags durch die 35. I. D. zurückgewonnen werden.

Um 16.00 Uhr tritt dann die 4./Pz. Rgt. 5 nach Bereitstellung in Hulewicze über die Höhe 156 auf Szyszowo an. Sie schießt die angreifenden Kompanien des I./Westland an den Ort heran, umfaßt diesen von Norden und ermöglicht durch Vernichtung des sich im Nordteil zäh verteidigenden Russen den Infanteristen die Einnahme von Szyszowo. Aus den Höhenstellungen nördlich des Ortes kontrolliert sie den Bachabschnitt der Lesna Prawa, bevor sich dieser von Norden kommende Arm mit dem von Osten kommenden der Lesna Lewa vereinigt. Ein noch am Abend in Bataillonsstärke

1) KTB A. O. K. 2, Anlagen

und mit starker Artillerieunterstützung geführter russischer Gegenangriff bricht im Feuer der Sturmgeschütze zusammen.
Während die 8. Kp. im Laufe des 19. Juli auf der Höhe 182,5 im Raume Ranie den Angriff auf die eingeschlossenen Teile bei Widomla unterstützt, kann der von der II./Pz. Rgt. 5 unterstützte Angriff nach Osten den letzten Lesna-Brückenkopf des Feindes bei Podrzeczany mit den vorgelagerten Höhen nicht eindrücken.
Gegenangriffe des Feindes in Bataillonsstärke gegen Czemery werden abgewehrt. Ein Einbruch in Topole wird in sofortigem Gegenstoß bereinigt. Das XXIII. A. K. *„hat nunmehr endlich eine feste, gerade von Norden nach Süden verlaufende Front.“*[1]

Der ungehinderte Vorstoß der 65. Armee auf Bielsk nach Südwesten fordert die beschleunigte Herauslösung der Division Wiking.
Um 18.00 Uhr erhält das XXIII. A. K. fernschriftlich folgenden Befehl der 2. Armee:[1]

„1. Feind in unbekannter Stärke, aus Südwestteil der Puszcza Bialowieza antretend, hat Kleszczele besetzt.

2. XXIII. A. K. löst beschleunigt 5. SS-Pz. Division Wiking heraus und stößt mit ihr und möglichst starken Teilen in nordwestliche Richtung ostwärts der Eisenbahn Brest – Bialystok nach Nordwesten vor, um den Feind nordostwärts Kleszczele zu schlagen und die Verbindung zur Gruppe Merker nordostwärts Orla herzustellen.
Die Feindgruppe nordwestlich Brest ist mit Teilkräften abzuriegeln und zu vernichten, soweit es die Durchführung des erstgenannten Auftrages zuläßt.“

Das SS-Pz. Rgt. 5 und die Grenadiere der Division Wiking sind in diesen Wochen in der Tat ein Felsen in der Brandung der russischen Massenangriffe. General v. Treskow hatte seinen Auftrag an den Ia und O1 der Division geschlossen mit den Worten:
„Halten Sie den Gegner auf! Im Westen steht nichts mehr. Der Weg in das Reich ist frei!“[2]
Die Division gibt den Weg allerdings nur zögernd frei und unter hohen Verlusten für den Feind. Sie verfügt jetzt auch wieder über das Artl. Regiment und die schweren Waffen, nachdem der letzte Eisenbahntransport entladen worden ist. Aus dem Bereitstellungsraum um Kaminiec Litewski tritt sie am 20. Juli, 09.00 Uhr zum Angriff nach Nordwesten an.
Das Pz. Rgt. 5, dessen Gefechtsstand sich in Wojska, 12 km westlich Kaminiec befindet, hat in der Nacht die I. Abteilung aus ihren Stellungen nördlich Szyszowo herausgezogen. Bis 14.00 Uhr bleibt diese im Westteil Wojska und erreicht dann gegen 15.30 Uhr mit der Stabskp. den Wald westlich Jasienowka, mit dem Gef. Stab und der 3. Kp. Miniwicze, 3 km südlich Jasienowka. Trotzdem diese Orte mehrere Kilometer hinter der eigentlichen, nach Nordwesten gerichteten Front liegen, ist eine Sicherung bei der unübersichtlichen Lage auch nach Süden erforderlich.
Am späten Nachmittag wird dann auch die 4. Kp. aus dem Brückenkopf Kaminiec zurückgezogen, wo nach der Zerschlagung der Feindkräfte im Raume Widomla durch die Gruppe Jürgens der 292. I. D. jede Gefechtsstärke erloschen zu sein scheint.

Die II. Abteilung kämpft zunächst auf einer Frontbreite von 40 km. Die 6. Kp. greift

1) KTB A. O. K. 2 2) „Eur. Freiwillige“, P. Straßner, Munin Verlag 1968

im Gegenstoß die Höhe 178,4 und Czemery, am Ostrand des Brückenkopfes Kaminiec, südlich der Lesna, an.
Die Masse der II. Abteilung und das III./Germania erreichen im Angriff nach Nordwesten den Sipurka-Bach. Die 5. Kp. greift 25 km nordwestlich Kaminiec die Orte Kalenkowiecze und Podborcze an. 10 km weiter westlich steht die 7. Kp. im Kampf um Dolbizna und Chlewiczcze.
Die Ungunst des Geländes und die noch kaum behinderten Bewegungen des Feindes, der bereits die Bahnlinie Brest – Bialystok bei und nördlich Kleszczele nach Südwesten überschritten hat, zwingen die Division, umzugruppieren und weiter südwestlich nach Norden zu stoßen. Sie muß verhindern, daß die Anfänge der 65. russischen Armee, in der Stärke etwa eines Armeekorps, weiter marschieren.
Am 21. 7., morgens tritt die Division aus dem Raum Wysocki Litewski erneut zum Angriff an.
Das Pz. Rgt. mit einer Gefechtsstärke von 1 Pz. IV lg, 44 Pz. V und 13 Sturmgeschützen überquert mit der I. Abteilung die Bahnlinie Czeremcha – Brest, etwa 10 km südl. Czeremcha, und tritt von Tumin, westlich der Bahnlinie, jetzt parallel zu derselben nach Norden auf Bobrowka an. Einige russische Reiterspähtrupps werden schnell aus Tumin vertrieben. Stärkere Feindkolonnen jedoch ziehen südlich der Bahnlinie Czeremcha – Nurzec ohne Behinderung durch die I. Abteilung nach Westen, da eine nordwestlich Tumin eingestürzte Brücke ein sofortiges Vorgehen verhindert und Panzerpioniere nicht unterstellt sind. Ein Behelfsübergang erfordert viele Stunden.
Die Masse der II. Abteilung steht noch etwa 6 km südostwärts Czeremcha im Kampf.
Die 7. Kp. wirft den Feind bei Dolbizna zurück, und die inzwischen aus dem Brückenkopf Kaminiec nachgezogene 6. Kp. greift bei Awuls, ostwärts Czeremcha, an.
Die 8. und die Pz. Pi. Kp. holen auf Drängen des Korps und der Division weiter nach Westen aus und greifen im Angriff nach Norden die auf der Straße Wolka – Nurzec – Tymianka marschierenden Kolonnen an.
Erst gegen 20.00 Uhr erreicht die I. Abteilung Bobrowka. Hier nimmt sie Verbindung mit dem II./Westland (5. und 7. Kp.) auf.

Das XXIII. A. K. und das A. O. K. 2 drängen immer wieder auf ein schnelleres Durchstoßen, da der Feind bereits die Bugbrücke südostwärts Siemiatycze bedroht.
„Die über die Eisenbahnlinie Brest – Bialystok nach Westen vorgebrochenen Feindteile sind von ihren rückwärtigen Verbindungen abzuschneiden und dadurch der Zusammenhalt innerhalb der Armeefront erneut zu bilden.“[1]
So lautet der Auftrag für den 22. Juli.
Gleichzeitig gibt das Korps der Armee die Begründung für das „langsame Vorankommen“ der Wiking:
„Wiking mußte sich erst eine Ausgangsbasis schaffen. Jetzt soll scharf zusammengefaßt nach Norden vorgestoßen werden. Ein Regiment nordostwärts Hola (ostwärts der Bahn Brest – Czeremcha), eines von Bobrowka nach Norden, eine Gruppe nach Nurzec abgezweigt. ... 292. I. D. ist Wiking unterstellt. ... Schwieriges Gelände, starker Feind. Feind ist im Walde sehr stark. Dort wird er durch Luftaufklärung gar nicht erfaßt.“[2]

1) KTB A. O. K. 2 2) KTB A. O. K. 2, Anlagen

Kurz nach ihrem Antreten ist die Versorgung der Division in Frage gestellt, da durch die nordwestlich Brest noch nicht vernichteten, eingeschlossenen Feindkräfte die Bahn bei Wysocki unterbrochen wird.
Es sei an dieser Stelle darauf hingewiesen, daß der Chef des Generalstabes der 2. Armee, Generalmajor von Treskow, an diesem 21. 7. 1944 den Tod gefunden hat. Laut KTB des A. O. K. 2, Anlagen, Ferngespräche vom 21. 7. 1944 [1] hat er gegen 10.00 Uhr den Gefechtsstand verlassen in der Absicht, sich bei der 28. Jäg. Div., der 12. Pz. Div. und dem LV. A. K. ein genaues Bild zu machen.
Um 15.45 Uhr meldet Oberst i. G. Hölz (Chef des LV. A. K.) der Armee:
„General von Treskow ist bei Erkundungsfahrt bei 28. Jäg. Div. gefallen im Walde nordostwärts Nowosiolki." [1]
Nowosiolki liegt ca. 25 km ostwärts (feindwärts) entfernt vom Gefechtsstand des LV. A. K. in Jurowek, nördlich Bialystok. Um diesen Ort wurde laut Meldung des LV. A. K. bereits in den Vormittagsstunden gekämpft. Das Waldgebiet nördlich davon war von starken Banden [1] durchsetzt. Einen weiteren Kommentar enthält das KTB vom 21. 7. 1944 nicht.

Czeremcha

Der Schwerpunkt des Angriffs des Panzerregimentes liegt am folgenden Nachmittag westlich der Bahnlinie. Die aus den Stellungen bei Awuls und Dolbizna herausgelöste II. Abteilung erreicht den Raum westlich der I. Abteilung. Diese wirft mit der 3. Kompanie und im Zusammenwirken mit dem II./Westland den Gegner aus Zubacze nach Norden in Richtung Czeremcha zurück. Die angreifenden Teile vereinigen sich wenig später gegen 17.00 Uhr hart südlich des Bahndammes südlich Czeremcha mit der gepanzerten Gruppe Westphal. Diese konnte inzwischen mit der 8./Pz. Rgt. 5 den Feind über Barka ebenfalls nach Nordosten auf Czeremcha zurückwerfen.
Weiter westlich befinden sich die 6. Kp. und die Rgts. Stabskp. im Angriff auf Tymianka, die 5. Kp. im Vordringen auf Siemichocze in nordwestliche Richtung. Bis zum Abend sind die Ausgangsstellungen der Grenadiere für den entscheidenden Angriff auf Czeremcha erreicht, nämlich die Ränder der bis zu 3 km tiefen Wälder westlich und südwestlich Czeremcha.
Am 23. Juli, 07.00 Uhr sichert die 3. Kp. am Bahnübergang, 4 km südlich Czeremcha, nach Osten, Norden und Nordwesten. Die 4. Kp. marschiert über Barka auf Borowiki. Im Zusammenwirken mit der 8. Kp. schaltet sie in der Westflanke der stürmenden Grenadiere die feindlichen schweren Waffen aus und ermöglicht das Eindringen in Czeremcha.
Um 16.00 Uhr steht die I. Abteilung 1 km nördlich des Westausganges Czeremcha ohne die 3. Kp., die aber bereits nachgezogen wird.
Die Abteilung überquert die Straße Kleszczele – Czeremcha, schiebt sich am Südrand

1) KTB A. O. K. 2, Anlagen

des Wäldchens zwischen Straße und Bahndamm vor und erreicht bei Kuzowa, nördlich Czeremcha, den Bahndamm. Nach Niederkämpfen heftigen Abwehrfeuers aus Kuzowa stößt die 4. Kp. direkt nach Süden bis zum Nordrand des Bahnhofes, der inzwischen auch von der 7. Kp. von Süden erreicht worden ist. Auch die 3. Kp. hat inzwischen eingegriffen und erreicht in direktem Stoß nach Südosten den Westrand der Stadt.
Die Panzermänner der II. Abteilung kämpfen heute ebenfalls mit Erfolg. Die 5. Kp. durchbricht am weitesten westlich bei Augustynka die russischen Stellungen nach Norden, die 6. Kp. sichert auf Höhe 180 nach Norden und klärt gegen die nördlich der Bahnlinie liegenden Orte Nurzec und Rogacze auf. Die 8. Kp. greift mit der Regiments-Stabskompanie die Höhe 181,2 nordwestlich Czeremcha an und nimmt in Kleszczele Verbindung mit der 4. Pz. Div. auf.
Die folgenden Tage kennzeichnen verstärkte Anstrengungen der Russen, Czeremcha zurückzugewinnen. Der Druck verstärkt sich durch den Einsatz von Panzern und Schlachtfliegern, die auch bereits am 23. Juli in die Kämpfe eingegriffen hatten. Umfangreiche Verminungen der Straßen in und um Czeremcha, die in bemerkenswerter Schnelligkeit immer wieder von ausweichenden Russen vorgenommen zu werden pflegen, fordern ihre Opfer.
Am frühen Morgen des 24. Juli schießt die 4. Kp. 2 T 34 und 1 Pak 7,62 cm hart ostwärts des Bahndammes in Czeremcha ab. Die 7. Kp. schlägt am Bahnhof einen Angriff ab und vernichtet im Gegenstoß den auf Chlewiszcze zurückgehenden Feind. Die 6. und 8. Kp. behaupten ihre Stellungen bei Rogacze und Kleszczele.

Die Entwicklung der größeren Lage erfordert eine größere Absetzbewegung der 5. SS-Panzerdivision Wiking auf das Westufer des Bug. Die Kampfgruppe Westland, bestehend aus dem Pz. Grenadierregiment Westland, der I./Pz. Rgt. 5 und der I./SS-A. R. 5, hält die erreichten Linien und deckt so das Abfließen der übrigen Verbände.
In diesem Rahmen löst die 4./Pz. Rgt. 5 die 8. Kp. südlich Kleszczele um 23.00 Uhr ab mit dem Auftrag, den feindlichen Kolonnenverkehr auf der Straße Kleszczele – Dasze zu sperren. Die 3. Kp. steht als bewegliche Reserve bereit.
Am 25. Juli greift sie auf Grund einer Alarmmeldung des Chefs der 4./Westland, Hauptsturmführer Amberg, über stärkere in Czeremcha eingedrungene russische Kräfte diese an und wirft sie wieder hinaus. Der Feind läßt 30 Tote, 1 Geschütz und 1 Pak zurück. Während die 3. Kp. Sicherungsstellung am Ostrand der Stadt bezieht, gelingt es der 4. Kp., den feindlichen Kolonnenverkehr auf der Straße Kleszczele – Dasze zusammen mit den Panzergrenadieren zu sperren.

Nach erkannten russischen Angriffsvorbereitungen im Walde westlich Czeremcha tritt der Feind um 17.00 Uhr mit 200 Mann Infanterie und 12 Panzern an, überrollt die eigenen Infanteriestellungen und dringt erneut in Czeremcha ein. Im Feuer der Vierlingsflak der Stabskompanie bricht der Angriff der russischen Infanterie zusammen. Eine Pak der 14./Westland vernichtet 2 T 34; 5 T 34 werden von den Panzern IV der 3./Pz. Rgt. 5 brennend zusammengeschossen, den Rest erledigt die 8. Kp., die von Süden dem angreifenden Feind in die Flanke fällt. In der nüchternen Sprache eines Gefechtsberichtes des Fla-Zuges stellt der Führer der Stabskompanie der I./Pz. Rgt. 5,

Obersturmführer Senghas, die Ereignisse in Czeremcha am 25. Juli 1944 so dar: *„In Stellung gegen Czeremcha und Wald westlich Czeremcha. Gegen 10.00 Uhr Durchbruch der Russen im Ostteil Czeremcha. Entscheidende Abwehr durch beide Geschütze des Fla-Zuges. Alte HKL wieder hergestellt worden.*
Gegen 17.00 Uhr sah ich eigene Infanterie zurückgehen. Gefechtslärm in westlicher Richtung aus dem Wald. Ein Unterführer vom Gefechtsstand Westland meldete, daß eine Vierlingsflak nach vorne kommen soll. Der Russe würde mit starken Kräften angreifen.
Geschütz 2 fuhr bis zur HKL und eröffnete das Feuer gegen Waldrand. Plötzlich kommen aus dem Wald 12 russische T 34. Im gleichen Augenblick kam der Befehl der Abteilung, beide Geschütze zurückzuziehen, da die Geschütze gegen Panzer wehrlos sind. Auf Befehl des Btl. Kommandeurs I./SS-Westland blieben die Geschütze jedoch in Stellung und versuchten durch dauerndes Kurven der Maschinen dem Feuer der zum Teil vorbeifahrenden Panzer auszuweichen.
2 Panzer T 34 wurden von der 14./SS-Westland abgeschossen. Eine Pak der 14./SS-Westland bekam kurz darauf einen Volltreffer und fiel aus.
Dem Geschütz 1 gelang es, 2 Pak 7,62 cm abzuschießen und die feindliche Infanterie von den Panzern zu trennen und ihr schwere Verluste zuzufügen. Der Russe konnte dadurch nur mit den Panzern allein in Czeremcha eindringen. Er verlor später, als er im Feuerbereich unserer Panzer war und die 8. Kp. mit „Panthern" vorstieß, alle seine Panzer. Beide Geschütze wurden zurückgezogen, da der Auftrag erfüllt war. Ein Mann wurde durch Bauchschuß verwundet, blieb aber beim Geschütz. Nachts wurden wieder die alten Stellungen bezogen."[1]
In den frühen Morgenstunden des 26. Juli nimmt der Feind seine Angriffe nach starker Feuervorbereitung durch Pak, Artillerie, Reihenwurfgeräte und Granatwerfer wieder auf. Wieder gelingt es russischen Infanteristen, durch die mehr und mehr gelichteten eigenen Stellungen nach Czeremcha durchzusickern. Wieder werden sie vernichtet, während die feindlichen Panzer an der eigenen Abwehr scheitern.

Von den Kompanien der II. Abteilung kämpft am 26. Juli die 7. Kp., wie auch schon am Vortage, 10 km ostwärts Czeremcha bei Buszcyacze gegen den von Nordosten drückenden Gegner, die 5. Kp. wirft etwa 17 km südwestlich Czeremcha im Gegenstoß nördlich Werpol den Gegner von der Höhe 176 zurück. Die 6. Kp. fährt einen Gegenstoß auf die Rollbahn Biala-Podlaska – Terespol.
In der Ost- und Westflanke der Division Wiking schiebt sich der Feind beharrlich weiter nach Süden vor. Im Rahmen der Absetzbewegung auf das Südufer des Bug löst sich in der Nacht zum 27. Juli jetzt auch die verstärkte Kampfgruppe Westland aus den nördlichsten Stellungen bei Kleszczele und in Czeremcha.
Die Masse der I./Pz. Rgt. 5 erreicht in einem Sprung den Raum Tokary, etwa 17 km südlich Czeremcha. Dabei verliert die 4. Kp. bei dem Versuch, ein südlich Kleszczele festgefahrenes Sturmgeschütz zu bergen, noch ein zweites. Infolge des Zeitverlustes durch die Bergungsarbeiten muß sie sich dann in der zweiten Nachthälfte mitten durch den Feind hindurchschlagen und erreicht gegen 15.00 Uhr den Raum Tokary.
Zur gleichen Zeit löst die 3. Kp. die bei Wilanowo, etwa 5 km nordwestlich stehende 8. Kp. ab, die dann mit der II. Abteilung den Bug nach Süden überschreitet.

1) Bericht Senghas vom 28. 8. 1944

In der Nacht zum 28. Juli setzt sich die I. Abteilung in das Waldstück nordostwärts Mackowicze ab. Dabei erschweren starke feindliche Luftangriffe besonders das Nachziehen der 4. Kp. südlich Tokary.
Als Eingreifreserve im nunmehr zu räumenden Brückenkopf nördlich des Bug erkundet die I. Abteilung Einsatzmöglichkeiten im Raum Siemiatycze. Ein Zug der 3. Kp. unter Führung von Untersturmführer Kampe sichert die Ablösung eines Infanteriebataillons der 292. I. D. Vorsorglich werden bis zum Abend sämtliche beschädigten Panzer und Sturmgeschütze auf das Südufer des Bug gebracht, und um 21.00 Uhr überquert auch die I./Pz. Rgt. 5 den Bug nach Süden, um den Raum Zakalinki zu erreichen.

Der noch vor einigen Tagen vorgesehene neue Einsatzraum, hart nordwestlich Brest Litowsk, ist durch die schnelle Entwicklung der Lage überholt. Noch während des Nachtmarsches wird die aus dem Nachhutverband ausscheidende I./Pz. Rgt. 5 angehalten. Das neue Marschziel liegt nicht mehr ostwärts, sondern westlich. Über Losice, Mordy marschiert die Abteilung zunächst nach Südwesten, um dann nach Nordwesten über Paprotnia den vorläufigen neuen Unterkunftsraum Kozuchowek zu erreichen, bereits mehr als 90 km westlich Brest Litowsk.
Mehr als 11 Stunden benötigen die Kompanien für die etwa 80 km Marschleistung. Während die Radfahrzeuge ohne Ausfall die Strecke hinter sich bringen, kommen die Kampfkompanien nach der starken technischen Beanspruchung der letzten beiden Wochen nur mit 3 bzw. 6 Panzern in Kozuchowek an. Alle Möglichkeiten zur Fahrzeugbergung werden genutzt. Für die Durchführung der notwendigen Instandsetzungsarbeiten stehen der 29. und 30. Juli zur Verfügung.

Die Besatzung von Brest Litowsk konnte unter der Führung von General Felzmann den Einschließungsring nach Westen durchbrechen.
„Am 26. 7., abends war die Einschließung vollzogen. Am 27. 7. kam der Befehl zum Ausbruch ... 700 Verwundete sind raus. Geschütze, die zurückgelassen werden mußten, sind gesprengt ... In Brest ist nichts außer Alkohol liegengeblieben (um die Russen abzulenken). Alles andere, Forts, Brücken, Bunker, 70 Eisenbahnwaggons, die auf eine Brücke gefahren worden sind, usw. sind gesprengt.
Hiwis haben sich ausgezeichnet geschlagen!“[1]

Das Tempo der Lageentwicklung nimmt zu. Am 31. Juli um 13.00 Uhr tritt die I./Pz. Rgt. 5 erneut nach Nordwesten an, marschiert über Sokulow nach Westen bis Wengrow, von dort nach Süden bis Grebkow und wieder nach Westen bis Mlencin, etwa 10 km ostwärts Stanislawow. Nach dieser erneuten Marschleistung von etwa 60 km befindet sich jetzt auch die I. Abteilung in dem neuen Einsatzraum des Regimentes etwa 35 km ostwärts Warschau.

1) KTB A. O. K. 2, Anlagen

Entwicklung der Lage zwischen Bug und Weichsel

Die große Absetzbewegung der 5. SS-Panzerdivision Wiking aus dem Kampfraum ostwärts des Bug in den Raum ostwärts Warschau war durch die Entwicklung der größeren Lage erzwungen worden. Dem Feind waren auf breiter Front tiefe Durchbrüche gelungen.
Nach der Aufnahme der Offensiven durch die 1. und 4. Ukrainische Front gegen die Heeresgruppe Nordukraine gelingt am 16. Juli 1944 der Durchbruch bei Brody. Er führt Marschall Konjew bis in den Raum nördlich Lemberg.
Der rechte Flügel der 1. Ukrainischen Front durchbricht bei Kowel die 4. Pz. Armee und steht am 22. Juli auf dem Westufer des Bug vor Cholm. Nach dem Fall der Stadt Lublin am 24. Juli geht die 4. Pz. Armee auf Krasnik und Pulawy, auf die Weichsel zurück. Am gleichen 24. Juli überwindet weiter nördlich die 1. Weißrussische Front bei Wlodawa, 60 km südlich Brest Litowsk, den Bug, gewinnt schnell nach Norden und Nordwesten Raum, erreicht Biala und Lukow und nähert sich mit der Mitte des Stoßkeiles der Stadt Siedlce. Mit der jetzt gegebenen Bedrohung Warschaus zeichnet sich gleichzeitig der Versuch ab, den Südflügel der Heeresgruppe Mitte zu umfassen.
Das operative Ziel der Russen scheint weit gesteckt, nämlich der Durchbruch zwischen Narew und Weichsel, nordwestlich Warschau, nach Nordwesten, um mit Erreichen des Raumes Ostpreußen die Heeresgruppe Nord und Teile der Heeresgruppe Mitte zu isolieren und von ihren rückwärtigen Verbindungen abzuschneiden.[1]
In der Vereitelung dieser Absicht liegt die entscheidende Bedeutung der Kämpfe der nächsten Wochen, in die auch das SS-Panzerregiment 5 gestellt ist.

Die Maßnahmen der deutschen Führung sind gekennzeichnet durch den Einsatz des Stabes der 9. Armee zum Aufbau einer Front zwischen Pulawy und Warschau im Anschluß an die 4. Pz. Armee und die Maßnahmen der 2. Armee zum Aufbau einer jetzt notwendig gewordenen „Südfront“ von Siedlce bis Biala. Dem Aufbau dieser „Südfront“ dient die Rückführung der Besatzung von Brest Litowsk und der südlich eingesetzt gewesenen Teile am 28. und 29. Juli sowie die beschleunigte Lösung vom Feinde und Rückführung der 5. SS-Panzerdivision Wiking.
Infolge der Unterlegenheit der Brückenkopfkräfte südostwärts Warschau gelingt dem russischen III. Pz. Korps der Durchbruch zwischen dem Westflügel der 2. Armee und dem Brückenkopf Warschau. Die durchgebrochenen russischen Kräfte können jedoch eingeschlossen und unter Mitwirkung starker deutscher Luftstreitkräfte vernichtet werden.

In den harten und wechselvollen Kämpfen des jetzt folgenden Monats August glückt dem Feind der erstrebte allgemeine Durchbruch nicht. Doch gelingt es der 1. Weißrussischen Front, die inneren Flügel der 2. und 9. Armee in den dem August folgenden Kämpfen hinter den Bug zurückzudrücken. Hier steht auf dem inneren Flügel der 2. Armee die 5. SS-Pz. Division Wiking neben der 3. SS-Pz. Division Totenkopf.

1) v. Tippelskirch, „Geschichte des Zweiten Weltkrieges“, Athenäum Verlag 1956

Im Rahmen ihrer Division kämpfen auch die Männer des SS-Panzerregimentes 5 nach allen Himmelsrichtungen, entziehen sich kämpfend allen Einschließungsversuchen und halten.
Den russischen Kräfteeinsatz für diesen erstrebten Durchbruch zwischen Narew und Weichsel auf einer Frontbreite von etwa 120 km beziffert v. Tippelskirch mit 60 bis 70 Schützendivisionen, 10 Panzer- und mechanisierten Korps, 3 Kav. Korps und starken Luftstreitkräften.[1]
Die personelle und materielle russische Überlegenheit auf dem Schlachtfeld ist erdrückend; sie reicht indessen nicht aus, die deutsche Front ostwärts und später nördlich Warschau zu durchbrechen. Der deutschen Führung und dem immer noch hohen Ausbildungsstand der Truppe gelingt es vielmehr, aus einer anfänglich nach Westen und Südwesten gerichteten Front zunächst nach Süden und dann in einer Schwenkung um 90° um den Angelpunkt Warschau in Anlehnung an den Narew bzw. die Weichsel wieder nach Osten zu kämpfen.

Der Kampf um Bug und Narew

Die in der letzten Juliwoche aus den Kämpfen im Raume Czeremcha herausgezogene Masse der 5. SS-Pz. Division Wiking ist auf den rechten Flügel der 2. Armee in den Raum ostwärts Warschau geworfen worden. Zwischen dem rechten Flügel und den im Brückenkopf Warschau stehenden Kräften der 9. Armee klafft eine Lücke. Diese ist aufgerissen worden durch den Vorstoß des russischen III. Pz. Korps über die Linie Kaluszin – Minsk und den Durchbruch nach Nordwesten. Die vordersten Teile des Feindes stehen um Radzymin.
Obwohl bei Modlin und südlich Serock eigene Brückenköpfe nach Süden gebildet werden konnten, bewegt sich der Feind ungehindert. Es besteht die Gefahr, daß er den Bug/Narew nach Norden überschreitet und mit Teilkräften nach Nordosten vorstößt.
Die 5. SS-Pz. Division Wiking hat den Auftrag, nach Westen anzugreifen, den Feind von seinen rückwärtigen Verbindungen abzuschneiden und die Verbindung mit den Kräften ostwärts Warschau herzustellen.
Nachdem sie am 30. Juli, 20.00 Uhr Stanislawow genommen, den dort stehenden Feind vernichtet und mehrere Panzer und LKW erbeutet hat, stößt sie am 31. 7. im Rahmen bewaffneter Aufklärung weitere 10 km nach Westen vor. Die Bewegungen der Division werden allerdings durch Wegeschwierigkeiten (Versandung) stark behindert.

Der Kommandeur der am 31. Juli im Raum ostwärts Stanislawow eintreffenden I./Pz. Rgt. 5 erhält auf dem Regimentsgefechtsstand am Westrand Stanislawow den Befehl, Teile der bei Sokule, 3 km südostwärts Stanislawow, eingesetzten II. Abteilung abzulösen.
Die 3. Kp. übernimmt hier einen Teil der Südfront des nach Westen in Richtung Warschau vorgetriebenen Schlauches. Die frei werdenden Teile der II. Abteilung stehen für den weiteren Vorstoß nach Westen zur Verfügung.

1) v. Tippelskirch, „Geschichte des Zweiten Weltkrieges", Athenäum Verlag 1956, S. 473/474

Die 4. Kp. verbleibt im Raume Mlencin als Reserve in der Nähe des Abteilungsgefechtsstandes am Straßenkreuz westlich Mlencin.

Am Abend des 31. 7. befiehlt die Heeresgruppe die Fortsetzung des Angriffs am 1. 8. 1944:

„1. *Der Angriff zum Schließen der Lücke ostwärts des Brückenkopfes Warschau ist am 1. 8. 44 mit Tagesanbruch von Stanislawow nach Westen durch das IV. SS-Pz. Korps fortzusetzen. Hierzu führt A. O. K. 2 abends von der 3. SS-Pz. Div. Totenkopf die gepanzerte Gruppe und 3 Btle dem IV. SS-Pz. Korps zu.*
9. Armee unterstützt diesen Angriff durch Vorgehen aus dem Raume südwestlich Okuniew über den Dluga-Abschnitt und bildet hier Brückenköpfe.

2. *9. Armee kämpft am 1. 8. durch Angriff von Südwesten her die Straße Warschau – Radzymin frei.*“[1]

Die 3. SS-Pz. Div. Totenkopf hatte nach starken Feindeinbrüchen in Siedlce die Stadt erlaubnisgemäß aufgegeben und verteidigt am 31. 7. in der Linie Proszew – Südrand Mokobody – Verlauf des Liviec bis Krezesin. Nach rechts hat die Division Verbindung mit dem SS-Pionierbataillon 5 in Grebkow.
In der Nacht zum 1. 8. und am Tage zieht sie über Mlencin, Stanislawow vor in den von Wiking weiter vorgetriebenen Schlauch und löst an der Südfront eingesetzte Teile Wiking ab.
Bis zum Abend des 1. 8. gelingt dem Regiment Germania, das mit seiner Masse den Angriff führt, und den Panzern der II./Pz. Rgt. 5 bei Höhe 129, nördlich Okuniew, die Verbindung mit der 19. Pz. Division von Westen. Diese Verbindung wird auch in der folgenden Nacht gehalten.
Im Laufe des Tages bringt der Feind neue Kräfte von Süden heran und führt, besonders am Vormittag, starke Angriffe südlich Stanislawow, bei Mlencin und südostwärts Grebkow.
Mit dem südostwärts Stanislawow verteidigenden Regiment Westland und dem Pi. Btl. 5 treten die Panzer der 3. und 4. Kp. wiederholt, vor allem bei Sokule und Ludminowo, zu Gegenstößen an und stellen die alte HKL wieder her.
Anhaltender Regen erschwert die Bewegungen. Nicht befestigte Straßen sind mit Räderfahrzeugen zum Teil nicht befahrbar.
Bis zum Abend des 2. 8. gelingt der 19. Pz. Division von Südwesten und gepanzerten Teilen der 4. Pz. Div. von Nordosten der Durchstoß nach Radzymin und damit die Abriegelung der durchgebrochenen Feindkräfte nach Norden.
Gegen Versuche des jetzt bei und ostwärts Welomin zusammengedrängten und unter Brennstoffmangel leidenden Gegners am folgenden Tage, nach Süden bzw. Südosten durch die Nordfront der Division Wiking auszubrechen, setzt die Division Wiking ein durch Panzer der II./Pz. Rgt. 5 verstärktes Bataillon Germania nördlich Michalow ein. Hier sind die nicht gepflasterten Wege auch für Kettenfahrzeuge nur bedingt befahrbar.
Für den 4. August wird nun der endgültige Durchstoß nach Westen befohlen.

1) KTB A. O. K. 2, Anlagen

„Alle verfügbaren Kräfte sind auf dem Westflügel scharf zusammenzufassen, um am 4. 8., 08.00 Uhr angriffsweise aus Gegend Michalow über Dluga Koszielna die Verbindung zur 9. Armee erneut herzustellen und zu halten."[1]
Trotz des sich verstärkenden Feinddruckes auf die Südfront wird die Armeefront jetzt endgültig geschlossen und die eingeschlossene Feindgruppe zerschlagen.

Am Ende dieser schweren Angriffs- und Abwehrkämpfe ist ein Blick auf die Einsatz- bzw. Gefechtsstärken aufschlußreich. Das SS-Pz. Rgt. 5 meldet am 2. 8. 1944 einsatzbereit: 8 Pz. IV lg, 45 Pz. V und 13 Sturmgeschütze. Mit diesen Zahlen verfügt der eingesetzte Teil des Regimentes nicht über die Stärke einer vollen Abteilung. Andererseits kommt aber in diesen Zahlen nach der außerordentlichen Beanspruchung der Panzer in den letzten beiden Wochen die hervorragende Arbeit der technischen Dienste zum Ausdruck.

Die Gefechtsstärke der Division Wiking betrug am 29. 7. 1944 2200 Mann. Dies ergibt nach dem Stand vom 3. 8. 1944 eine Kampfstärke je 1 km Front von 147 Mann.[1]
Wenn diese Zahl für die „Angriffsdivision" Wiking noch relativ günstig erscheint, dann lautet die für die gleiche Zeit ausgewiesene Zahl für die „verteidigende Division" Totenkopf: je 1 km Front 78 Mann.[1]
Im Mittel lauten die Zahlen für die im Rahmen der 2. Armee eingesetzten Divisionen bzw. Großverbände: je 1 km Front 115 Mann.[2] Diese überdehnten Frontbreiten stellen ein Vielfaches der Normbreiten dar. Bei Berücksichtigung des physischen Zustandes der kämpfenden, überanstrengten Truppe und ihrer unzureichenden materiellen Ausrüstung sind die erbrachten Leistungen ebenso erstaunlich wie bewundernswert.

Nachdem der Gefechtsstab der I. Abteilung bereits am 2. August nach Stanislawow, Ortsmitte, und nach einem Volltreffer durch Reihenwurfgerät am 6. August in das Waldstück 1 km nordwestlich Fw. Stanislawow verlegt hat, wird auch die 3. Kp. unter Belassung eines Zuges am Südrand Stanislawow in den Wald zurückgezogen.
Am 7. August zieht die Abteilung auch die 4. Kp. aus dem Raum Mlencin wieder an sich und verlegt dann in das Waldstück nordostwärts Turze. Von hier schiebt die 4. Kp. den Zug Paetow 2,5 km nach Süden an den Ostrand Helenow auf der Westseite der Bahnlinie Wyskow – Tluszcz – Minsk vor, um in Richtung Cisowka wirken und gegebenenfalls die Zurücknahme der Gefechtsvorposten des hier eingesetzten II./Germania decken zu können.
Bei der Durchführung einer Erkundung von Einsatzmöglichkeiten im Abschnitt des Regimentes Germania am folgenden Tage wird Untersturmführer Schneider durch eine Granate schwer verwundet. Er erliegt seinen Verletzungen am Nachmittag im HVP in Rowne, etwa 15 km nordnordostwärts Stanislawow. Am Westrand des Ortes findet er das Soldatengrab.
Durch die gleiche Granate werden der Führer der 5./Pz. Rgt. 5, Obersturmführer Jessen, und sein Zugführer, Untersturmführer Erd, schwer verwundet.

1) KTB A. O. K. 2, Anlagen
2) KTB A. O. K. 2 Gesamtfront 2. Armee am 3. 8. 1944: 266 km
Gefechtsstärken 2. Armee am 29. 7. 1944: 30 656 Mann

Die 3. Kp. wird nach Wolomyn an der Bahnlinie Warschau – Bialystok, 18 km nordostwärts Warschau, als Panzereingreifreserve des Korps zurückgezogen.

Während in den zurückliegenden Verteidigungs- und Rückzugskämpfen die Aufteilung der Abteilungen des Panzerregimentes und der kompanieweise Einsatz in den einzelnen Abschnitten die Regel geworden ist, setzt sich diese Entwicklung insofern fort, als in den kommenden Kämpfen bei schrumpfenden Gefechtsstärken der Kompanien jetzt auch diese auseinandergerissen werden und zugweise auf die Abschnitte der Grenadiere verteilt werden, um örtliche Frontzusammenbrüche mit diesem letzten Mittel zu verhindern.

Der Feind hat inzwischen aufgeschlossen. In Erwartung der Wiederaufnahme seiner Angriffe werden sämtliche Trosse des Panzerregimentes in der Nacht vom 9./10. August in den Wald südlich Krusze, etwa 10 km weiter nordwestlich, zurückverlegt.
Eine halbe Stunde nach ihrem Antreten, um 04.00 Uhr setzt das zusammengefaßte Feuer der schweren Waffen des Russen auf die Stellungen beiderseits Stanislawow ein. Der mit starken Kräften nach Nordosten geführte Angriff kann im Abschnitt des rechts eingesetzten II./Germania und vom rechten Nachbarn, der 3. SS-Panzerdivision Totenkopf, abgewiesen werden. Auf der Grenze zwischen den Regimentern Germania und Westland gelingt es dem Feind, bei Dworzek und südlich durchzubrechen und das Höhengelände bei Pustelnik, südwestlich Stanislawow, in seinen Besitz zu bringen. In Ausnutzung dieses Anfangserfolges greift er in den Mittagsstunden aus Cisowka nach Osten an, überschreitet den Bahndamm bei Pustelnik und sickert in den Wald bei Retkow, ostwärts des Bahndammes ein. Zwei Versuche, weiteres Gelände zu gewinnen, scheitern dann im Abwehrfeuer aller Waffen.
Der Kommandeur des I./Germania, Sturmbannführer Müller, kann durch Zurückklappen seiner 3. Kp. nach Nordosten, durch bewegliche Kräfte und den Einsatz der 4./Pz. Rgt. 5 eine Front nach Süden aufbauen und die Einbruchstelle abriegeln.
Zur gleichen Zeit wirft einige Kilometer weiter ostwärts ein Gegenangriff der II./Pz. Rgt. 5 den Feind aus Stanislawow wieder hinaus. Damit hat der Russe sein heutiges Angriffsziel, die Süd-Nordstraße Minsk – Stanislawow – Jadow, nicht erreicht.

Dieser 11. August 1944 bringt für das Panzerregiment 5 eine entscheidende Veränderung. Standartenführer Mühlenkamp, der zunächst die SS-Pz. Abteilung 5 und seit 1943 das SS-Panzerregiment 5 aufgestellt und geführt hat, übergibt die Führung des Regimentes an Obersturmbannführer Darges, um selbst als neuer Kommandeur der 5. SS-Panzerdivision Wiking Gruppenführer Gille abzulösen, der mit der Aufstellung und der Führung des IV. SS-Panzerkorps beauftragt worden ist.

In der Nacht zum 12. August setzt sich die 5. SS-Panzerdivision Wiking vom Feinde ab und bezieht eine vorbereitete HKL:
Bahnlinie 4 km südlich Tluszcz – Westrand Waldstück Grabow – Wald südostwärts Sulejow.
Mit Rücksicht auf die Entwicklung der Lage beim linken Nachbarn, der 5. Jg. Division, setzt sich das links eingesetzte Regiment Westland mehr als 10 km in nordnordost-

wärtige Richtung ab, während der rechte Flügel des Regimentes Germania gleichsam als Drehpunkt nur geringfügig ausweicht. War die Gesamtfront der Division bisher nach Südwesten gerichtet, so zeigt sie jetzt nach Südosten.
Die I./Pz. Rgt. 5 mit dem Gefechtsstand am Westrand des Waldes Grabow ist jetzt auf Zusammenarbeit mit dem Regiment Westland, die II. Abteilung auf Zusammenarbeit mit dem rechts eingesetzten Regiment Germania angewiesen. Der 1. Zug der 4. Kp. wird allerdings ebenfalls dem III./Germania unterstellt.
Der feindlichen Luftaufklärung ist die Absetzbewegung nicht entgangen. Der Russe folgt entschlossen den eigenen Bewegungen, und schon in den frühen Vormittagsstunden werden in beiden Regimentsabschnitten die Gefechtsvorposten und vorgeschobenen Kräfte zurückgeworfen. Die an den Südrand Miendzyles, 10 km südwestlich Sulejow, vorgeschobene Pz. Pi. Kompanie muß sich, immer wieder überflügelt, über Franciskowo auf Mionse zurückziehen. Ein Gegenstoß des I./Germania mit Unterstützung der 7./Pz. Rgt. 5 auf Mionse kann hier vorübergehend klären.

Der 6./Pz. Rgt. 5 gelingt es im Zusammenwirken mit dem II./Germania, den Feind unter hohen Verlusten an Menschen und Panzerabwehrwaffen zurückzuwerfen und die alte HKL wiederherzustellen.

Im Abschnitt des Regimentes Westland, dem Schwerpunkt der feindlichen Angriffe, gelingt dem Russen unter sich verstärkendem Druck ein Einbruch auf der Naht zwischen dem I. und II. Bataillon. Im Gegenstoß kann dieser durch einen Zug der 4./Pz. Rgt. 5 und durch den Einsatz der 15./Westland noch einmal bereinigt werden. Sowohl im Abschnitt der 1./Westland bei Kury als auch im Abschnitt der 4./Westland bei Bialki befinden sich die alten Stellungen am Nachmittag wieder in eigener Hand. Ein erneuter Angriff in den frühen Abendstunden mit weiter verstärktem, zusammengefaßten Feuer schwerer Waffen durchbricht die Front der 7./Westland ostwärts Bialki und der 5./Westland südostwärts Sulejow. Der Gegenstoß der 4./Pz. Rgt. 5 stellt infolge der erheblichen Dezimierung der Grenadierkompanien die Lage indessen nicht wieder her. Im Schutze der Nacht wird hier die HKL auf den Ostrand Sulejow, die Höhe 113 und den Nordrand des Waldstückes 2 km südlich Sulejow, Bialki zurückgenommen. Im Laufe der Nacht trifft die inzwischen der I./Pz. Rgt. 5 wieder unterstellte 3. Kompanie im Kampfraum ein.
Mit unverminderter Heftigkeit nimmt der Feind am 14. August seine Angriffe wieder auf. Er greift südlich Mionse und Grabow zwar ebenfalls an, sucht jedoch mit allen Mitteln im Raum Sulejow gegen das II./Westland eine Entscheidung. Nach starkem Vorbereitungsfeuer greift er die Stadt Sulejow von Süden, Südosten und aus Wujowka von Nordosten an und nimmt sie. Ein Gegenstoß der 8./Pz. Rgt. 5 unter Obersturmführer Nicolussi-Leck, in den Flanken von der 4./Pz. Rgt. 5 abgeschirmt, wirft den Feind bis gegen 08.00 Uhr auf die Ortsmitte Sulejow zurück und riegelt den Einbruch zunächst ab, allerdings unter Verlust von 2 Panzerkampfwagen V, Panther. In Nahkämpfen mit russischen Panzerbekämpfungstrupps fällt Unterscharführer Abenseth von der 4. Kp.
Ein gegen Mittag durch die 3./Pz. Rgt. 5 und die Pz.Pionierkompanie Schliack geführter Gegenangriff stößt zunächst zügig über die Ortsmitte Sulejow nach Süden vor,

hat aber nicht mehr die Durchschlagskraft, um die Ausgangsstellungen zurückzugewinnen. Erneute russische Angriffe bis zum Abend können abgewiesen werden. Für die Nacht übernimmt die infanteristische Sicherung der 3./Pz. Rgt. 5 in Sulejow die herangeführte Divisonsbegleitkompanie unter Führung von Hauptsturmführer Heder. Die Abwehrvorbereitungen werden verstärkt betrieben. Teile der Feldgendarmerie bauen neue Stellungen aus von der linken Divisionsgrenze, nördlich Sulejow, über den Waldrand 2 km nordwestlich Sulejow bis zum Anschluß an die Stellungen des I./Westland. Pioniere der Einheit Weck verminen das Vor- und Zwischengelände.

Wider Erwarten verhält sich der Feind an den folgenden Tagen verhältnismäßig ruhig. Er scheint umzugruppieren. Starke Infanterie in Bataillons-Stärke mit etwa 20 Panzern vom Typ T 34 und Sturmgeschütze ziehen sich in die Wälder südlich und südwestlich Sulejow.
Sulejow selbst wird am Abend des 14. August bis 23.00 Uhr von der 3./Pz. Rgt. 5 und der Kompanie Heder geräumt. Nach der Verminung der Ausfallstraßen nach Westen und Südwesten setzt sich die 3./Pz. Rgt. 5 unter Obersturmführer Schumacher nach Wilczoch, 2 km südwestlich der Stadt, als bewegliche Reserve ab.
In den Abschnitten des II. und I./Germania ist es den Zügen Olin von der 7./Pz. Rgt. 5 und Großrock von der 6. Kp. gelungen, kleinere Einbrüche abzuriegeln und den Gegner zurückzudrücken.
Mit dem Morgengrauen des 15. August greift der Feind die Stellungen des II./Germania auf dem rechten Flügel der Division erneut an. Während der Zug Olin der 7./Pz. Rgt. 5 im Abschnitt der 6./Germania eingebrochenen Feind und 4 T 34 nordwestlich Mionse angreift, wirft sich Obersturmführer Schneider mit den restlichen 3 Panzern der 7. Kp. und 2 Panzern des Aufklärungszuges der II./Abteilung dem auf der Höhe 105 angreifenden Feind entgegen. Er kann jedoch den Verlust von Fw. Jasienica infolge der erdrückenden Überzahl der feindlichen Infanterie nicht verhindern. Jetzt führt der Kommandeur der II. Abteilung, Hauptsturmführer Flügel, der als bisheriger Regimentsadjutant deren Führung übernommen hat, mit Artillerieunterstützung den Gegenstoß und gewinnt sowohl Jasienica als auch die Höhe 105 zurück.
Während dieser Kämpfe erreichen weiter ostwärts durchgebrochene Russen das Nordufer des Cienka-Abschnittes und dringen in den Ostteil von Tluszcz ein, werden jedoch im sofortigen Gegenstoß unter der Führung des Regimentsadjutanten, Obersturmführer Wolf, und Obersturmführer Bauer wieder hinausgeworfen.
Um die Bedrohung der rückwärtigen Verbindungen hier auszuschalten, wird die 3./Pz. Rgt. 5 aus dem Abschnitt Westland herangezogen und am Nachmittag durch Standartenführer Mühlenkamp persönlich zur Wiedergewinnung der Höhe 99, etwa 1 km südlich Wilczaniec, eingesetzt. Bei diesem zügigen und erfolgreichen Angriff, bei dem der Feind 12 Pak-Geschütze verlor und 110 Gefallene zurücklassen mußte,
„zeichnete sich Untersturmführer Meyer, der erstmals im Rahmen der Abteilung eingesetzt wurde, durch schneidiges Draufgängertum besonders aus.“[1]
Die eigene Infanterie gewinnt Stellungen auf dem Südufer des Cienka-Baches, die 3./Pz. Rgt. 5 sichert am Südrand Tluszcz.

1) Kriegstagebuch I./Pz. Rgt. 5

An den beiden folgenden Tagen herrscht, von kleineren Aufklärungsvorstößen abgesehen, verhältnismäßige Ruhe. Beide Seiten verbessern und verstärken ihre Stellungen. Während die 3. Kp. am Südrand Tluszcz von der 5. Kp. abgelöst wird und zur I. Abteilung zurücktritt, wird die 8. Kp. aus dem Abschnitt Westland abgezogen und wieder der II. Abteilung als Eingreifreserve unterstellt.

VII. Die erste Abwehrschlacht um Warschau

Am 18. August 1944, um 09.00 Uhr setzt mit einem Trommelfeuer aller schweren Waffen auf den gesamten Divisionsabschnitt die erwartete Großoffensive der Russen ein. In schweren und nur von wenigen kurzen Atempausen unterbrochenen Kämpfen besteht die 5. SS-Panzerdivision Wiking in den kommenden 4 Wochen die große Zerreißprobe, die dem Feind zwar Geländegewinn bringt, ihm jedoch den entscheidenden Erfolg, den Durchbruch nach Nordwesten, versagt. Entscheidenden Anteil an diesem Abwehrerfolg haben die Männer des SS-Panzerregimentes 5. Mit letzter Kraftanstrengung, mit den letzten ihnen verbliebenen Panzerkampfwagen unterstützen sie die mit einer erdrückenden Übermacht schwer ringenden und zusammenschmelzenden Grenadierkompanien und treten teilweise an ihre Stelle.

Die Angriffsschwerpunkte des Feindes liegen auf beiden Flügeln der Division. Während die Stellungen des I./Westland rechts und in der Mitte des Regimentsabschnittes gehalten werden, bricht der Russe auf dem linken Flügel bei der 5. und 6./Westland ein. Schon eine Viertelstunde nach dem Angriffsbeginn steht russische Infanterie vor dem Gefechtsstand der I./Pz. Rgt. 5 und muß im Nahkampf vernichtet werden. Die 3. Kp. steht mit 3 Panzern unter Obersturmführer Schumacher beim Gefechtsstand des Bataillons Schmidt, II./Westland, in Wymysly, nordwestlich Sulejow; 4 Panzer unter Oberscharführer Ruf stehen am Waldrand nordwestlich Sulejow.
In den Mittagsstunden in Wolka Sulejowka, nordostwärts Sulejow, eingedrungener Feind wird im zusammengefaßten Gegenstoß der 3. Kp., des Zuges Lüthgarth der 4. Kp. und Infanterie auf SPW zurückgeworfen. Obersturmführer Lüthgarth wird am Südostrand Wolka Sulejowka abgeschossen und schwer verwundet.
Mit dem Zug des Oberscharführers Ruf geht die Verbindung verloren. Zum Gefechtsstand zurückkehrende Teile melden, daß der gesamte Zug bei der Abwehr russischer Panzer nach Abschuß von 9 Russenpanzern ausgefallen ist.
Nachdem am Nachmittag den Gefechtsstand der I. Abteilung erneut angreifender Feind zurückgeschlagen werden kann, wird der Gefechtsstand zusammen mit noch 2 einsatzbereiten Sturmgeschützen der 4. Kp. an den Waldrand südlich Wymysly verlegt.
In den späten Nachmittagsstunden greift Obersturmführer Schumacher mit 2 Panzern IV und 2 Sturmgeschützen unter Führung des Kommandeurs der I. Abteilung erneut Wolka Sulejowka an. Sie dringen in den Ort ein und beobachten starken Kolonnenverkehr von Sulejow nach Norden.

Das Abschußergebnis der I. Abteilung am Abend des ersten Großkampftages beträgt bei starken eigenen Verlusten 17 Feindpanzer, darunter 6 vom Typ Sherman, 6 T 34, 4 T 43 und 1 Flammpanzer sowie 10 Pakgeschütze.

Auf dem rechten Flügel der Division gelingt dem im Schutze einer Nebelwand angreifenden Feind der Durchbruch bei Punkt 99. Das II./Germania kann das Eindringen von 2 feindlichen Kompanien in Tluszcz nicht mehr verhindern. Auch die Höhe 107 geht verloren. In schweren Kämpfen im Raum Fw. Jasienica schießen die 7. und 8./Pz. Rgt. 5 12 russische Panzer ab und bringen das feindliche Vordringen unter schweren Verlusten für die russische Infanterie zum Stehen. Die eigene Infanterie ist zerschlagen, die Panzer sind ohne infanteristischen Schutz.
Weil der Russe am Nachmittag erneut aus Tluszcz nach Norden angreift, richtet sich der Regiments-Gefechtsstand zur Nahverteidigung ein. Auf Grund der ungeklärten Lage beim linken Divisions-Nachbarn klärt der Regiments-Aufklärungszug nach Nordosten gegen Mokrawies auf und übernimmt gegen Abend unter Führung von Untersturmführer Renz die Sicherung nach Süden gegen Tluszcz.
Auch beim rechten Divisions-Nachbarn, der 3. SS-Panzerdivision Totenkopf, gelingt starken Panzer- und Infanteriekräften ein Einbruch, der zunächst nicht abgeriegelt werden kann. Der Gefechtsstab der II./Pz. Rgt. 5 und die 7. Kompanie werden umgangen und abgeschnitten. Sie behaupten ihre Stellungen bis zum Abend.

Neue, schwere Kämpfe mit ihrem Brennpunkt auf der Naht zwischen den Divisionen Wiking und Totenkopf entwickeln sich in der HKL in der Linie Klembow – Rzonzaabschnitt – südlich Krusze – Wolka Kozlowska – Postoliska – Mokrawies, die in der Nacht zum 19. August von der Division bezogen worden ist.
Der eingeschlossenen Panzergruppe Flügel gelingt es, wie die Chronik des Panzerregimentes 5 berichtet,[1]
„sich in der Nacht mit dem Gefechtsstab und dem Rest der 7. Kp. über die Eisenbahndämme südwestlich und westlich Tluszcz durchzuschlagen."
Was sich hinter dieser Feststellung verbirgt, schildert Hauptsturmführer Flügel in seinem folgenden Bericht:
„Noch vor dem Trommelfeuer des Russen auf unseren Abschnitt wurden alle Kompaniechefs zur Entgegennahme wichtiger Befehle zum Abteilungsgefechtsstand befohlen. Es waren bei mir Nicolussi-Leck, Großrock, Schneider mit Olin und der Abteilungsarzt, Dr. Kalbskopf.
Mein Panzer stand mit Vorgelegeschaden abseits und wurde von der I-Gruppe repariert.
Zu einer Verabschiedung kam es bei der Besprechung nicht mehr. Durch das schlagartige Einsetzen des russischen Trommelfeuers wurden mir zugleich alle Möglichkeiten einer straffen Führung aus der Hand genommen. Der Chef 8. Kp. erhielt einen Splitter im rechten Oberschenkel, fiel aus und wurde in meinen Panzer übernommen.
Der Chef 6. Kp., Martin, war am 14. 8. durch Feindeinwirkung gefallen. Er hatte in einem Panzerwagen Gefangene mit zum Gefechtsstand gebracht, um sie zu identifizieren. Dabei hatte sich ein Gefangener mit einer Handgranate in die Luft gesprengt, wobei Martin tödliche Verletzungen erlitt. Die Kompanie wurde dann von Großrock übernommen.

1) Chronik Pz. Rgt. 5

Der Russe flog einen Schlachtfliegerangriff nach dem anderen. Er warf Luftminen zwischen unsere Panzer, wobei einige in der Automatik erheblich beschädigt wurden. Wir hatten Ausfälle und waren völlig auf uns gestellt, denn die Infanterie war als Begleitschutz nicht mehr bei uns.
Über die Höhe 99 trat nun der Gegner mit Infanterie und Panzern gegen uns an. Die 7. Kp. unter Schneider und Olin entfaltete sich, um hier unsere Igelstellung so lange zu halten, bis wir klare Vorstellungen darüber gewonnen hatten, was sich rechts und links neben uns getan hatte. Gott sei Dank, hatten wir einige Tage vorher eine Geländeerkundung durchgeführt, um für alle Fälle gewappnet zu sein. Es war nicht beabsichtigt, über den Fluß, der völlig panzersicher war, zurückzugehen.
Die russische Infanterie drang in die Waldstücke hinter uns ein, nachdem der Gegner den Brückenkopf über den Fluß, der vom Nachbarn Totenkopf gehalten werden sollte, genommen hatte. Wir waren nun jedem Pistolenschuß ausgesetzt und konnten mit unseren Panzern nur kleine Bewegungen ausführen. An große Angriffs- und Entlastungsschläge war nicht zu denken.
Die Funkverbindungen zum Regiment und zur Division waren zum Glück noch gut. Ich konnte die Lage durchgeben. Vom Regiment, der Division und auch von der Artillerie wurde mir Entlastung zugesagt. Es blieb jedoch alles erfolglos.
Gegen Nachmittag waren wir fast in der Hand der Russen. Ich befahl, daß niemand den Panzer verläßt. Alle Spähtrupps durch Panzerbesatzungen wurden eingestellt. Wir hatten uns nur noch gegenseitig zu schützen.
Gegen 14.00 Uhr hörten wir eine Detonation in der Richtung, wo mein defekter Kampfpanzer stand. Wir fuhren sofort mit 2 Panzern los, um festzustellen, was sich abgespielt hatte, und stellten fest, daß die Besatzung nach Verschießen der letzten Munition sich mit ihrem eigenen Kampfwagen in die Luft gesprengt hatte.
Wir hatten allerlei zu tun, um in Schußposition zu bleiben und die Stellung zu halten. Mit letzter Sendeenergie konnten wir über das Regiment mit der Division vereinbaren, daß wir uns abends gegen 19.00 Uhr lösen.
Die Zeit verging außerordentlich langsam. Die Munitionsbestände nahmen stark ab, und auch der Sprit wurde immer weniger, so daß wir uns gegenseitig verständigen mußten, nur noch zu schießen, wenn es irgendwo notwendig war.
Der Russe marschierte an uns in Marschkolonnen auf dem Bahndamm vorbei. Jeder, der oben auf dem Bahndamm ging, nahm, was er hatte, ob Handgranate oder Maschinenpistole, und schoß und warf nach uns. Unsere Besatzungen mußten die Zähne zusammenbeißen und zuschauen, denn sie durften nur noch im äußersten Falle schießen.
Gegen 19.00 Uhr begann die Dämmerung. Die Division hatte mir zugesagt, einen Feuerschlag über die Höhe, auf die Höhe und vor die Höhe 99 zu legen, um den ersten Ausbruchsversuch in Richtung Tluszcz zu unterstützen. Es blieb mir nichts anderes übrig, als mit den russischen Panzern in Angriffsfahrt in Richtung unserer eigenen Linien mitzufahren.
Wir hatten links neben uns eine Eisenbahnunterführung, die wir durchfahren mußten. Untersturmführer Großrock bekam den Auftrag, hier 2 Wagen vorzuschieben, die Bahnunterführung zu passieren und nachher dort mitten im Russen deren Reihen zu lichten, um unsere Panzer durchschleusen zu können. Anschließend wollten wir uns entfalten und angriffsweise mit den Russen gemeinsam in Richtung unserer eigenen Linien vorstoßen.
Großrock fuhr selbst, wie es bei ihm nicht anders war, die Spitze. Als er kaum die Unterführung durchquert hatte, wurde sein Panzer durch Volltreffer abgeschossen. Ich nehme an, daß es eine

hochwertige Sprengladung mit hoher Durchschlagskraft war. Der Panzer glühte fast. Großrock kam halb verbrannt aus dem Wagen; die Männer der Besatzung konnten sich ebenfalls retten und wurden durch die anderen Panzer übernommen.
Der Ausbruchsversuch war gescheitert. Der Rest meiner Panzerabteilung stand nun Panzer an Panzer zusammen und besprach über Funk den nächsten Ausbruch. Allerdings in sehr gut getarnter Art, wir hatten ja Zeit. Denn niemand war mehr in der Lage, uns zu helfen.
Der eigene Feuerschlag kam nicht. Wie sich später herausstellte, war ja die Artillerie bereits in der nächsten Stellung.
Der zweite Ausbruchsversuch ging in Richtung des ehemaligen Nachbarn, der Totenkopf-Division, Richtung Cienka-Brücke. Die russischen Panzer waren ja bereits über diese gestoßen und befanden sich in unserem Rücken jenseits des Flusses.
Untersturmführer Schicker, mein Adjutant, mußte die Spitze führen. Ich fuhr knapp hinter ihm. Er war kaum 100 m gefahren, da stürzte sein Panzer kopfüber in einen starken Bombentrichter. Der Turmkranz verklemmte sich. Schicker kam mit der Hand in den Turmkranz und wurde ziemlich stark verletzt. Auch dieser Ausbruchsversuch scheiterte. Eine Bergung war kaum möglich. Der Panzer mußte zurückgelassen werden. Er wurde gesprengt. Schicker selbst wurde von mir übernommen. Mein Panzer war nun langsam voll mit Großrock, Schneider und deren Besatzungen. Es blieb uns jetzt nur noch die Möglichkeit, mit den Panzern durch den Fluß in Richtung Tluszcz durchzustoßen, um die eigenen Linien zu erreichen. Funkverbindung gab es keine mehr.
Der Entschluß zum letzten Ausbruchsversuch wurde gegen 02.00 Uhr früh gefaßt und genau abgesprochen. Wir hatten unsere Panzer mit den Panzerschürzen – es sind Eisenplatten, die das Laufwerk schützen sollen – zusammengekoppelt, immer einen Panzer mit dem anderen. Es wurde vereinbart, daß die Panzerschürzen im Fluß versenkt wurden, um einen guten Untergrund für die Ketten zu haben. Mit 2 Vierlingsflak sollte der Übergang über den Fluß gesichert werden.
Im Laufe der Nacht fanden starke feindliche Panzerbewegungen in unserer Nähe statt. Leuchtkugeln jeglicher Farbe wurden von den Russen über uns geschossen, und so waren wir froh, als etwas Nebel, den der Fluß angezogen hatte, aufkam. In seinem Schutze konnten wir die nähere Erkundung durchführen, allerdings zu Fuß. Unter starker Absicherung tasteten wir uns zwischen den Russen durch, um eine Möglichkeit für die Panzerdurchfurtung zu finden. Mit einigen Zugführern und Kompaniechefs stieg ich am Fluß aus, um die genaue Übergangsstelle festzulegen. Wir kamen nicht allzuweit. Denn jenseits des Flusses hatte sich ein russisches Bataillon zur Ruhe gesetzt, um dem Angriff der russischen Angriffsspitze, die Tluszcz bereits eingenommen hatte, wie ich später erfuhr, zu folgen.
Jetzt wurde die Vierlingsflak vorgezogen, seitlich aufgestellt und einige Panzerschürzen in den Fluß versenkt. Es war ein tolles Durcheinander. Der Russe wußte nicht, wer Freund und Feind war, als auf ein verabredetes Leuchtzeichen die Vierlingsflak uns den Übergang freischossen. Das Überraschungsmoment und die Kopflosigkeit der Russen kamen uns zustatten, um mit den ersten Panzern, jeder am Seil mit dem folgenden Panzer gekoppelt, durchzufurten.
Als die ersten das andere Ufer erreicht hatten, machten sie etwas Luft, und wir zogen anschließend alle anderen Wagen nach. Es waren noch 9 Panzer, die uns geblieben waren. Nach der Durchfurtung hielten wir an und versuchten, über den Bahndamm zu kommen, an dem entlang ein sehr schöner Weg nach Tluszcz führte.

Der Panzerkampfwagen Förster wurde vorgezogen, um über den nächsten Damm aufzuklären. Alles ging ganz langsam und sehr sachte vor sich. Denn wir hatten ja bis zum Morgengrauen Zeit.
Als Förster nach ungefähr 300 m den Damm erreicht hatte, um den Anschluß auf den Weg nach Tluszcz zu bekommen, detonierte mit einem gewaltigen Krach sein Panzer, den es förmlich in die Luft hob. Er stürzte über die Böschung kopfüber ab und blieb bewegungsunfähig liegen. Ohne Rücksicht darauf, was nun geschehen würde, gingen wir vor und schirmten den Panzer Förster ab. Förster sah böse aus. Er hat mehrere Sprengtöpfe auf den Wagen geworfen bekommen. Der Panzer war von den Ketten abgerollt und Förster saß ohne Beine da. Sie waren zerfetzt. Er sagte zu mir: „Hauptsturmführer, der Arsch ist ab. Ich melde mich ab.“
Mit einem von den noch vorhandenen 8 Wagen mußten wir nun in Richtung Tluszcz erkunden. Die 7. Kp. schob beim ersten Morgengrauen einen Panzer vor, um eine in der Nähe befindliche kleine Brücke auf ihre Tragfähigkeit zu untersuchen. Als der Wagen an der Brücke angekommen war, sprangen plötzlich Russen aus dem Buschgelände heraus und setzten den Panzer mit Sprengtöpfen außer Gefecht. Der Besatzung gelang es, unter dem Schutz der restlichen Panzer auszubooten und die eigenen Reihen wieder zu erreichen.
Unsere Munition neigte sich dem Ende zu. Ich selbst hatte nur noch wenige Leuchtkugeln.
Von unserer Stellung aus beobachteten wir, wie im Morgengrauen der Russe mit aufgesessener Infanterie auf mehreren Panzern in Richtung Tluszcz vormarschierte. Uns blieb nichts anderes übrig, als durch das Kusselgelände in die gleiche Richtung zu fahren, um unsere eigenen Linien zu erreichen. Meine letzte Leuchtkugel sollte dazu dienen, unseren eigenen Kameraden anzuzeigen, daß sie es nicht mit den Russen, sondern mit eigenen Panzern zu tun haben. Unsere 7 Panzerwagen waren mit Verwundeten und den übrig gebliebenen Besatzungen überfüllt. In schneller Fahrt nahmen wir die gleiche Richtung wie der Russe auf unsere eigenen Linien. Beim Anfahren hörten wir in einer Entfernung von etwa 2 km Gefechtslärm.
Ich befahl sofort, die Erkennungsflagge hochzuziehen. Zum Glück erkannte uns die eigene Infanterie sofort. Es gelang uns, ohne weitere Verluste die eigene HKL wieder zu erreichen. Sämtliche Kompanieführer waren ausgefallen und teilweise verwundet. Es war uns gelungen, alle Toten und Verwundeten mitzunehmen.
Nach 2 Stunden befand ich mich bereits wieder mit einem neuen Auftrag unterwegs. Die 5. Kp., jetzt unter Obersturmführer Lichte, war in starke Bedrängnis geraten. Mein eigener Panzer war sauer gefahren und stand deshalb zur Überholung in der Werkstatt. Ich nahm deshalb einen Panzer des Regimentsstabes, um den eigenen Verbänden bei ihrer Absetzbewegung auf eine neue Stellung Luft schaffen zu können.“[1]

Wer ermißt die Größe und die Zahl der Einzelleistungen, die täglich auf den Gefechtsfeldern erbracht werden?! Keine Chronik wird sie erfassen. Stellvertretend für ungezählte andere mag hier folgen, was ein Kompanieführer, Untersturmführer Seebode, am 28. August 1944 dem Vater eines am 18. August 1944 gefallenen Funkers schreibt:
„Seit einigen Wochen zerschlägt die Division Wiking alle Durchbruchsversuche der Sowjets nordöstlich Warschau. An diesem Erfolg ist auch das Panzerregiment hervorragend beteiligt, in dem Ihr Sohn, der SS-Sturmmann Hendrik Ponse, als Funker mit seinem Bruder steht. Am 18. August ist der Funktrupp Ponse durch Artillerietreffer ausgefallen, wobei Ihr

1) Bericht Flügel

Sohn, Hendrik Ponse, den Tod fand, während sein Bruder schwer verwundet wurde. Der Funktrupp Ponse war ein Begriff für jeden Panzermann des Regimentes, und sein Ausfall trifft uns schwer. In den mißlichsten Situationen gab der Funktrupp Ponse dem Regiment durch seinen unermüdlichen Einsatz die Führungsmöglichkeiten durch Funk. Wenn es fast unmöglich erschien, die Funkverbindung zu den Panzerkompanien zu bekommen, Funktrupp Ponse stellte jede Verbindung her.

Der Funktrupp war eine großartige Kameradschaft und bei allen Vorgesetzten geachtet. Obwohl schwer verwundet, erstattete SS-Unterscharführer Ponse seinem Zugführer die Meldung: „Funktrupp Ponse ausgefallen, zwei Mann gefallen, ich selber schwer verwundet."

So war der Geist und die Haltung Ihrer Jungens, und Sie können wahrlich stolz auf sie sein. Vorbildlich in seiner Pflichterfüllung hielt Hendrik Ponse seiner deutschen Heimat die Treue bis in den Tod. Beliebt und geachtet in seinem Kameradenkreis wird er für uns alle unvergessen bleiben.

Sturmmann Hendrik Ponse wurde auf dem Heldenfriedhof in Modlin beigesetzt . . ."[1]

Der Russe scheint das Angriffstempo noch verschärfen zu wollen. Gleichzeitig mit den soeben aus der Mausefalle Tluszcz entkommenen Teilen der II./Pz. Rgt. 5 dringen 15 Feindpanzer und Infanterie aus dem Wald südlich Kozly, bereits 3 km nördlich Tluszcz, nach Norden vor, überschreiten die Straße nördlich Krusze, werden dann von der 5./Pz. Rgt. 5 gestoppt. Bis 13.00 Uhr schießt die 5. Kp. 5 Feindpanzer ab. Diese scheinen sich wie die russischen Infanteristen zu vermehren. Für jeden abgeschossenen Panzer treten 2 neue auf.

In der sich am Nachmittag entwickelnden Panzerschlacht zwischen Kozly und Wolko Kozlowska, in die auch die Pantherabteilung der 3. SS-Panzerdivision Totenkopf unterstützend aus Richtung Krusze eingreift, schießen die 5. und 8. Kp. weitere 13 Sherman und T 34 ab. Vor dem aus Wolka Kozlowka am späten Nachmittag nach Norden gegen die Stellungen des Regimentes Westland vordringenden Panzerfeind weicht die eigene Infanterie zurück. Die 3./Pz. Rgt. 5 schlägt sich hier mit 13 Feindpanzern herum. Die beim II./I. R. Westland eingesetzte 4./Pz. Rgt. 5 verliert Untersturmführer Harwik und 2 Wagen bei Wolka.

Auf der linken Divisionsgrenze bei Przykory steht der Regimentsaufklärungszug gegen russische Infanterie und Panzer auf der Straße von Mokrawies nach Norden im Kampf. Im Laufe der folgenden Nacht über Tluszcz nach Norden in den Raum Jarzembiadonk nachgeführte, starke russische Kräfte greifen im Morgengrauen erneut nach Norden an und erzwingen um 08.00 Uhr die Räumung des Ortes Debinki durch das Regiment Westland. Der 4./Pz. Rgt. 5 gelingt es, den Gegner abzufangen und einen drohenden Durchbruch in die jetzt fast entblößte linke Flanke der Division zu verhindern. Zur gleichen Zeit steht die 3. Kp. auf der Grenze zwischen den Regimentern Westland und Germania in schwerem Kampf mit den aus dem Raum Kozly nach Nordwesten drängenden Feindkräften. Zeitweise ohne infanteristischen Schutz hält sie die Stellung, bis Teile der Grenadiere, am Abteilungs-Gefechtsstand neu gegliedert, an dem Feldweg Chrosciele – Roszczep eine neue Verteidigungsstellung bezogen haben. Erst dann zieht sich die 3. Kp. auf eine neue Stellung bei Fabianow zurück.

1) Brief Seebode

In ununterbrochener Abwehr gegen feindliche Panzer- und Infanteriekräfte weicht die 5. Kp., selbst nur von stark geschwächter Infanterie unterstützt, auf Trojany an der Rollbahn Radzymin – Wyskow zurück. Der Regiments-Gefechtsstand, der zeitweise fast in der vorderen Linie liegt, verlegt nach Karpin, nördlich der Rollbahn.

Das Ergebnis dieses Tages sind 5 abgeschossene Feindpanzer durch die I. und 15 abgeschossene Feindpanzer durch die II. Abteilung.

Die Gefahr der drohenden Überflügelung auf der linken Divisionsgrenze und des folgenden Abgeschnittenwerdens von den rückwärtigen Verbindungen konnte in den beiden letzten Tagen nur mit der Aufbietung letzter Kräfte und durch die Entschlossenheit tapferer Einzelner verhindert werden.
Ein aus dem Raum Mieczyslawow von Osten mit Panzern und Infanterie geführter Stoß trifft eine Frontlücke. Die Entschlossenheit und Umsicht des Führers der Stabskompanie, Obersturmführer Senghas, bringt den Feind noch einmal um den schon greifbaren Erfolg. In seinem Gefechtsbericht vom 29. August 1944 schreibt Obersturmführer Senghas:
„Am 18. August 1944 lagen sämtliche Troßteile einschließlich Stabskompanie unter meiner Führung in Zabrodzie, etwa 1 km ostwärts der Rollbahn Wyskow – Warschau. Gegen 11.00 Uhr kam ein Melder der Wehrmacht bei mir an und sagte aus, daß der Russe 1 km ostwärts der Bahnlinie bei Zabrodzie durchgebrochen sei und die Panzer bereits vor der Ortschaft ständen. Eigene Infanterie, die im Vorgelände eingebaut war, war zurückgegangen und war zersprengt, so daß eine Frontlücke von 3–4 km entstanden war. Ich ließ sofort alle Fahrer ihre Kfz. besetzen und alarmierte sofort meine Panzernahbekämpfungstrupps. Sodann fuhr ich mit meinem PKW über die Bahnlinie nach Osten, um aufzuklären, wie stark der Feind ist und aus welcher Richtung er angreift.
Etwa 1 km ostwärts Zabrodzie stieß ich auf eine Kavalleriespitze der Russen und sah auch eine Masse Feindinfanterie weit auseinandergezogen sich von Osten nach Westen auf die Bahnlinie zubewegen. Ich fuhr sofort zurück, um kampfkräftige Teile der Trosse zusammenzufassen und mit 2 nichteinsatzbereiten Panzern, die bei der I-Gruppe standen, zu verteidigen. Es war mir sofort klar, daß der Russe die Frontlücke erkannt hatte und bestrebt war, schnellstens an die Hauptrollbahn zu kommen, um dort den gesamten Nachschub der Division zu unterbinden.
In der Zwischenzeit hielt ich versprengte Teile eines Pi-Baubataillons und einige Unteroffiziere und Mannschaften einer Strafkompanie, die im Gelände zurückfluteten, auf und formierte sie zusammen mit meinen Troßteilen zu einer Kompanie, die mit M.Pi., Gewehren und Pistolen ausgerüstet war und aus 58 Mann bestand.
Bereits beim Instellunggehen am Bahndamm beschoß uns der Gegner mit Artillerie, Granatwerfern und Pak, die in dem Wald 1,5 km ostwärts der Bahn in Stellung waren. Gegen 14.30 Uhr kam ein Reiterspähtrupp in Stärke von 8 Mann auf uns zu, drehte nach Beschuß sofort nach Norden ab und verschwand in dem buschbestandenen Gelände.
Eine Stunde später bemerkte ich Bewegungen am Westrand des Waldes, etwa 1 km ostwärts der Bahnlinie, und ließ daraufhin einen Feuerüberfall von den beiden Panzern IV, die ich etwas abgesetzt westlich der Bahnlinie in Stellung gebracht hatte, machen. Kurze Zeit später eröffnete der Feind ein starkes Ari- und Granatwerferfeuer und trat ungefähr mit 2 Kompanien zu je 50 Mann in Richtung Bahndamm zum Angriff an. Ich hatte, da wir wenig M. Pi. Munition

hatten, befohlen, daß Feuereröffnung auf nächste Entfernung stattfinden solle, und hatte damit eine sehr gute Wirkung erzielt.
Die beiden Panzer IV, die ich etwas abgesetzt hatte, mußten sich gleich zu Beginn des Angriffs etwas zurückziehen, da sie ein gut gezieltes Pakfeuer erhielten. Der russische Angriff blieb 200 m vor uns liegen, und als der Feind sah, daß er so nicht vorwärts kam, setzte er sich wieder bis zum Wald ab, wobei viele Verwundete im Gelände liegen blieben ...
Gegen 08.30 Uhr griff der Feind erneut aus dem Waldstück ostwärts der Bahnlinie an, und zwar dieses Mal mehr in nordwestliche Richtung. Wahrscheinlich hatte er in der Nacht aufgeklärt und festgestellt, daß links neben meiner Kompanie eine Lücke von ungefähr 800 m bis zum linken Nachbarn war. Daran anschließend lag ein Sicherungsregiment der Wehrmacht mit dem Auftrag, nach Süden zu verteidigen.
Dieser russische Angriff wiederholte sich an diesem Tage zweimal und wurde jedesmal unter blutigen Verlusten für den Feind abgeschlagen. Eigene Verluste waren 2 schwer und 4 leicht Verwundete.
Die folgende Nacht verlief ebenfalls ruhig. Am anderen Morgen jedoch trommelte der Russe eine halbe Stunde mit Artillerie und Granatwerfern auf unsere Stellungen und hauptsächlich auf den linken Nachbarn. Gegen 10.00 Uhr fuhren plötzlich 4 Feindpanzer nach Norden und waren ganz schnell im Buschgelände verschwunden.
Eine Stunde später griff der Feind erneut aus dem Wald heraus unsere Stellungen an. Da meine Männer keine M.G. hatten, ließ ich von den beiden Panzern IV die Funker-M.G. ausbauen und brachte dieselben mit guter Schußwirkung in Stellung.
Als die russische Infanterie auf ungefähr 600 m herangekommen war, erschienen plötzlich 3 von den 4 Panzern, die wir vorher gesehen hatten und wollten anscheinend den russischen Angriff unterstützen. Der eine meiner Panzer IV schoß innerhalb kurzer Zeit alle 3 ab, der vierte wurde von Infanterie am linken Flügel vernichtet.
Die Feindpanzer vom Typ T 34 und Sherman brannten sofort und wenig später flogen sie auseinander. Der russische Angriff blieb danach im Vorfeld liegen, und als der Feind 2 Stunden später nochmal angriff, wurde noch eine schwere Pak vernichtet.
Gegen 16.00 Uhr kam Meldung von rechts, daß der Russe beim Regiment Westland durchgebrochen sei, und da konnte ich mir denn erklären, warum wir seit einer Stunde andauernd Feuer aus unserem Rücken bekamen. Als uns gegen 19.00 Uhr die Munition ausging (die Panzer hatten sich längst verschossen) und die Front beim linken Nachbarn zurückgenommen wurde, setzten wir uns auf Umwegen ab. Die Ortschaft Zazdros, die genau in unserem Rücken lag, war zu dieser Zeit längt vom Feinde besetzt.“[1]
Für sein selbständiges und umsichtiges Verhalten wurde Obersturmführer Senghas mit dem Ritterkreuz ausgezeichnet.

In der Nacht zum 21. August werden die stark geschwächten Bataillone des Regimentes Westland nach Laskow, nördlich der Rollbahn Radzymin – Wyskow, zurückgenommen und neu gegliedert. Die Absetzbewegung und Umgliederung decken die 3. und 4./Pz. Rgt. 5 im Kampf mit dem bereits seit 04.00 Uhr angreifenden Feind. Unter seinem starken Druck wird die HKL in das bewaldete Höhengelände südwestlich Slopsk mit den Punkten 103 und 106 zurückgenommen. Die mit Unterstützung von

1) Bericht Senghas

Tieffliegern, Schlachtfliegern und schweren Waffen immer wieder vorgetragenen Angriffe werden zurückgeschlagen.
Das Kriegstagebuch der I./Pz. Rgt. 5 berichtet:
„3. und 4. Kp. decken in günstigen Stellungen die Umgliederung der eigenen Grenadiere gegen den nachdrückenden Gegner. Von russischer Infanterie umgeben und ohne infanteristischen Schutz im Walde stehend, leisten hier die Besatzungen Widerstand und ermöglichen dadurch den eigenen Grenadieren die notwendige Zeit zum Umgliedern und Instellunggehen auf Höhe 106 und 103 bei Slopsk.“[1]
Der Charakter der nur noch stützpunktartig möglichen Verteidigung der HKL mag durch den folgenden Bericht über den Einsatz des Fla-Zuges der I./Pz. Rgt. 5 am 21. August 1944 deutlich werden.
„Der Abteilungs-Gefechtsstand lag vor der Infanterielinie, der Fla-Zug mit Geschütz 2 auf Sicherung gegen Wolka-Slopska. Infanterie war keine mehr vorne. Da beobachtete der Posten von Geschütz 2, wie russische Infanterie erst in Stärke von 20 Mann und in 100 m Abstand 25–30 Mann in den Südostteil von Wolka-Slopska eindrang. Gut liegendes Dauerfeuer mit allen 4 Rohren zwang die Russen, fluchtartig zurückzugehen. Verluste durch den Feuerüberfall hatte der Russe auf jeden Fall.
Nach ungefähr 2 Stunden fühlte der Feind wieder mit einigen Gruppen vor. Dabei gelang es ihm, einen Granatwerfer in Stellung zu bringen. Nachdem unser Feuer wieder eröffnet wurde, deckte er uns mit Granatwerferfeuer ein. Innerhalb einer bis zwei Minuten hatte das Geschütz 4 Verwundete. Das Geschütz mußte sofort Stellungswechsel machen.
Am Abteilungs-Gefechtsstand befand sich nur noch der Kommandeur mit einem Panzer. Alles andere war bereits nicht mehr da. Der Gefechtsstand verlegte nach Marjanow.“[2]
Im rechten Divisionsabschnitt, im Abschnitt des Regimentes Germania, neben dessen Gefechtsstand, nordwestlich Dombrowka, sich auch der Gefechtsstand des Panzerregimentes 5 befindet, gelingt es dem während des ganzen Tages anrennenden Feind, Trojany an der Rollbahn Radzymin – Wyskow zu nehmen. Das hier zur Verstärkung eingesetzte I./Pz. Gren. Rgt. „Eicke“ weicht auf neue Stellungen bis 500 m vor dem Gefechtsstand des Panzerregimentes 5 aus.
Mit der Übernahme des linken Divisionsabschnittes durch die herangeführte 1131. Infanteriebrigade unter dem Kommando von Oberst Söth im Laufe des Nachmittags schwenkt die Division Wiking in eine Nord-Süd-Verteidigungslinie nordwestlich Radzymin zurück. Die 1131. Inf. Brigade steht in der Linie Slopsk – Punkte 103–106 – Malopole. Der Gefechtsstand des Panzerregimentes 5 verlegt abends an den Nordrand Gutzowatka, südwestlich Dombrowka.
Während die II. Abteilung die Sicherung im Raum südwestlich Dombrowka übernimmt, verbleibt die I. Abteilung als Eingreifreserve hinter der 1131. Inf. Brigade im Ostteil Marjanow, auf halbem Wege zwischen Dombrowka und dem Südufer des Bug bei Slenzany.
Die Kämpfe des 22. und 23. August sind gekennzeichnet durch die Versuche des Feindes, mit stärkeren Kräften die Rollbahn nach Norden zu überwinden. Nach erfolgreichen Gegenstößen durch die I. Abteilung bei Punkt 103 und durch die

1) KTB I./Pz. Rgt. 5 2) Bericht Senghas

II. Abteilung bei Punkt 106 sowie auf Malapole bleibt die HKL fest in eigenem Besitz. Malapole wechselt dreimal den Besitzer.
Auch der 24. August steht im Zeichen der Anstrengungen zur Verbesserung und zum Ausbau der eigenen Stellungen in Erwartung des russischen Vorstoßes auf die Bug-Übergänge.
Die Führung der 4./Pz. Rgt. 5 hat am Vortage Obersturmführer Metzger übernommen. Die verhältnismäßige Ruhe erlaubt es, verdiente Auszeichnungen vorzunehmen. Auf dem inzwischen in die Försterei 1,5 km westlich Cisie verlegten Regiments-Gefechtsstand empfängt der Führer der 6./Pz. Rgt. 5, Untersturmführer Großrock, durch den Divisionskommandeur, Standartenführer Mühlenkamp, das Ritterkreuz zum Eisernen Kreuz.
Auf dem Gefechtsstand der I. Abteilung wird Untersturmführer Meyer für seine unerschrockenen Einsätze mit dem EK II ausgezeichnet. Die gleiche Auszeichnung erhält der SS-Schütze Wieser, der, als Melder abgestellt, beim Panzerkampf um Fabianow schnell entschlossen den fehlenden Richtschützen des Kommandeurpanzers vertrat und mit dem ersten Schuß einen T 34 abschoß.

Seit 03.00 Uhr trommelt der Russe im Morgengrauen des 25. August 1944 mit allen Kalibern auf die Stellungen der 1131. Inf. Brigade. Eine Stunde später erfährt der Kommandeur der I./Pz. Rgt. 5, der alle entbehrlichen Fahrzeuge des Gefechtsstabes vorsorglich über die Bug-Brücke Slenzany auf das Nordufer des Flusses befohlen hat, auf dem Brigade-Gefechtsstand in Kowalicha, daß die HKL auf der Grenze des I. und II. Bataillons der 1131. Inf.-Brigade südlich Drenszew durchbrochen und der Feind bereits in das Waldstück 2 km südlich des Gefechtsstandes eingesickert ist.
Während die 4./Pz. Rgt. 5 die Höhe 97 südlich Ludwinow zurückzugewinnen sucht, wirft sich die 3. Kp. im Abschnitt des I./1131 dem Angreifer entgegen.
Als der Wald südostwärts Ludwinow verloren geht, wird auch die 3. Kp. dorthin gezogen, um den Ort zu halten. Die Unübersichtlichkeit der Freund/Feindpositionen unterstreicht die Gefangennahme eines Russen in Ludwinow, der den Auftrag hat festzustellen, welche Panzer eigentlich in Ludwinow herumfahren. Von ihm erfährt die 3. Kp., daß unmittelbar südlich des Ortes 5 Panzer KW 85 bereitgestellt werden.

Im rechten Divisionsabschnitt steht die 8. Kp. nach dem Verlust von Jaktory, Malapole und Gutzowatka bei Punkt 104 südostwärts Kolakow, nachdem sie 5 Sherman und T 34 vernichtet und 7 weitere Panzer bewegungsunfähig geschossen hat. Allein 8 von diesen kann Unterscharführer Tausend verbuchen.
Am Abend des 25. August sichern die 8. und 6. Kp. im Dreieck Zawady – Los – Mokry zusammen mit Panzern des Panzerregimentes der 3. SS-Panzerdivision Totenkopf. Weiter nördlich dringen die russischen Panzer unter Umgehung Ludwinows bis Czarnow am Südufer des Bug vor, nehmen den Ort und stehen damit am Abend zwischen der Division Wiking und der 1131. Infanteriebrigade. Deren schwache Kräfte erscheinen erschöpft und werden im Laufe der Nacht in einen engeren Brückenkopf Slenzany zurückgenommen.

Brückenkopf Slenzany

Vom Südufer des Bug ostwärts Slenzany verläuft die HKL des I./1131 nach Süden an den Südrand Kowalicha. Hier schließt das II./1131, das Bataillon Augustin, nach Südwesten bis an den Südrand Ludwinow, dann nach Nordwesten bis zum Wäldchen etwa 1,5 km nordwestlich Ludwinow zurückspringend an. In der Erkenntnis der Gefährlichkeit der ungedeckten Südwestflanke durch den bereits bei Czarnow stehenden Panzerfeind entschließt sich Hauptsturmführer Säumenicht zu einem Aufklärungsvorstoß auf Czarnow. Die dort stehenden 4 Sherman-Panzer sollen vernichtet, der Ort selbst besetzt und dann nach Südosten zum rechten Flügel des Bataillons Augustin Verbindung aufgenommen werden. Obwohl es gelingt, auf nächste Entfernung an die am Südrand Czarnow stehenden Feindpanzer heranzukommen, schlägt das Unternehmen infolge des Versagens eines Faustrohres fehl. Das Aufklärungsergebnis jedoch, daß zwischen dem Nordrand Ludwinow und dem Südrand Czarnow über 2 km keine eigenen Sicherungen stehen, veranlaßt den Kommandeur der I. Abteilung, die 2 km südostwärts Slenzany stehende 3. Kp. am Südrand Slenzany Stellung beziehen zu lassen zur Abwehr eines aus Richtung Czarnow zu erwartenden feindlichen Panzerangriffes.
Fast gleichzeitig mit dem Beginn des befohlenen Stellungswechsels der 3. Kp., um 04.00 Uhr stößt auch der Russe vor. Trotzdem er zurückgeschlagen wird, gelingt ihm ein entscheidender Erfolg. Durch den Volltreffer einer Panzergranate in eine vorbereitete Sprengladung der 24 t-Brücke wird diese zerstört. Der Verkehr in und aus dem bedrängten Brückenkopf ist unterbrochen.
Da eine direkte Verbindung zum Panzerregiment 5 nördlich Benjaminow, etwa 13 km südwestlich Slenzany, infolge des russischen Keiles bis Czarnow am Südufer des Bug nicht mehr besteht, beauftragt der Kommandeur der I. Abteilung seinen Adjutanten, Obersturmführer Mittelbacher, über die zerstörte Brücke auf das Nordufer zu hangeln, Verbindung mit Oberst Söth aufzunehmen und dann den Kommandeur des Panzerregimentes 5 über die Lage zu unterrichten und weitere Befehle zu erbitten. Während Oberst Söth die Wiederherstellung des Brückenkopfes fordert, erteilt der Kommandeur der Division Wiking, Standartenführer Mühlenkamp, auf seinem Gefechtsstand in Gegenwart des Kommandierenden Generals, SS-Gruppenführer Gille, dem Kommandeur des Panzerregimentes, Obersturmbannführer Darges, bzw. der I. Abteilung folgenden Befehl:
„Auf Befehl der Division greift I./Pz. 5 Panzerfeind bei Czarnow an und vernichtet ihn. Sie bricht sodann weiter nach Westen durch in den Brückenkopf Stasiopol – Kuligow. Dort unmittelbar Panzerbrückenkopf um Brücke Popowo-Koscielne.
Brigade Söth hat im Falle eines Absetzens aus derzeitigem Brückenkopf den Befehl des Kommandierenden Generals, SS-Gruppenführer Gille, die Brücke so zu zerstören, daß Infanterieangriff auf Jackowo unmöglich wird.“[1]
Darüber hinaus erhält Obersturmführer Mittelbacher vom Kommandeur des Panzer-

1) Kriegstagebuch der I./Pz. Rgt. 5

regimentes 5 die Weisung, im Falle der Undurchführbarkeit dieses Befehls den Bug nach Norden zu durchfurten und von Norden über Popowo in den Brückenkopf Kuligow einzufahren.

Nach erfolgter Verbindungsaufnahme mit dem Befehlsführenden im Brückenkopf Kuligow, Hauptsturmführer Schlette, kehrt Obersturmführer Mittelbacher zum Gefechtsstand der I. Abteilung im Waldstück 3 km nördlich Barcice zurück und orientiert den im Brückenkopf südlich des Bug befindlichen Kommandeur der Abteilung durch Funk.

Nachdem hier inzwischen die am Vortage bei Ludwinow stehenden 5 KW 85 ebenfalls nach Norden durchgestoßen sind und sich mit den in Czarnow befindlichen Feindpanzern vereinigt haben, bezweifelt Hauptsturmführer Säumenicht die Erfolgsaussichten für einen eigenen Angriff und den Durchstoß nach Kuligow, wo weitere 8 Feindpanzer stehen.

Um 13.30 Uhr greift die I./Pz. Rgt. 5 befehlsgemäß an. Die 4 Sturmgeschütze der 4. Kp. schieben sich unter dem Feuerschutz der 3. Kp. vor und erreichen zügig den Ostrand Czarnow. Hier trifft gegen 14.00 Uhr die Kugel eines russischen Scharfschützen den Kommandeur der I. Abteilung, Hauptsturmführer Säumenicht, tödlich. Der eigene Angriff stockt und dringt nicht weiter durch. Im Feuer der überlegenen Feindpanzer ziehen sich die Reste der I. Abteilung auf Slenzany zurück.

Der Führer der 4. Kp., Obersturmführer Metzger, berichtet in seinem am 1. September 1944 niedergeschriebenen Gefechtsbericht:

„Ich komme zunächst mit meinen 4 Sturmgeschützen gut vorwärts und lege von Feuerstellungen aus 400 m westlich Slenzany mehrere Feuerschläge auf den Ostrand Czarnow. Im weiteren Verlauf des Angriffs komme ich bis auf 400 m an den Ostrand von Czarnow heran, muß dann aber links ausholend einen trockenen Geländestreifen erkunden, da vor mir das Gelände stark versumpft ist. 300 m weiter südlich einen Weg findend, komme ich bis auf 50 m an den Ortsrand Czarnow heran. Ausschau nach meinen Nachbargeschützen haltend, sehe ich, daß beide 300 m rechts rückwärts von mir im Sumpf festgefahren sind.

Unmittelbar hinter mir folgen mein Nachbargeschütz und die Panzer IV der 3. Kp.

Als ich nun in dieser Lage mit meinem Sturmgeschütz auf den Ortsrand vorfahre, hinter einem Hügel hervorkommend, stehe ich plötzlich auf 40–50 m Entfernung vor 2 querfahrenden Feindpanzern vom Typ Sherman und T 34.

Gleich nach meinem ersten Schuß hatte ich Ladehemmung und konnte mein Sturmgeschütz gerade noch durch die Geistesgegenwart des Fahrers nach rückwärts in Deckung bringen. Die Wirkung des Schusses konnte ich nicht mehr beobachten, da mir in kurzer Zeit Scherenfernrohr und Winkelspiegel entzwei geschossen wurden.

Im gleichen Augenblick hörte ich durch den Funk von der schweren Verwundung des Abteilungskommandeurs und bekomme den Befehl zum Absetzen.

Das Absetzen gelang trotz schwieriger Verhältnisse (einige Panzer IV und 1 Sturmgeschütz sind seitlich am Weg im Sumpf festgefahren) durch die fabelhafte Zusammenarbeit der Panzerbesatzungen. Ich fahre mit meinem Sturmgeschütz zu den beiden festgefahrenen Sturmgeschützen, um dieselben herauszuziehen. Das Herausziehen blieb ohne Erfolg. Unter dem Feuerschutz meines Sturmgeschützes konnten die beiden Besatzungen, darunter ein Schwerver-

wundeter, geborgen werden. Die beiden Sturmgeschütze wurden anschließend gesprengt."[1]
Der gescheiterte Angriff, das langsame Ausweichen der zusammenschmelzenden Infanterie auf Slenzany führen um 16.00 Uhr zu folgender Lage:
„Der Feind tritt gegen den sich nunmehr auf Slenzany erstreckenden Brückenkopf mit Feuerunterstützung aller seiner Waffen an und greift mit Panzerunterstützung aus Osten, Süden und Westen an."[1]
Die verzweifelte Suche nach einer Panzerfurt durch den Bug bleibt erfolglos. Zwei im Fluß beim Versuch zu furten abgesoffene Panzer IV werden gesprengt.
Die restlichen 6 Panzer IV und 2 Sturmgeschütze decken, jetzt unter Führung von Obersturmführer Senghas, den Rückzug der Grenadiere über den Bug bis zur letzten Patrone und Granate. Dann werden auch sie gesprengt.
Obersturmführer Metzger berichtet:
„Da sich ein Sturmgeschütz bereits verschossen hatte, hält das andere mit den Panzern IV der 3. Kp. den stark angreifenden Feind aus Süden und Südwesten nieder. Als die eigene Infanterie den Bug nach Norden überschreitet, stehen die Panzerbesatzungen noch immer im Gefecht. Erst nach Eindrücken des Brückenkopfes und Herannahen der feindlichen Infanterie auf 50 m werden die Geschütze und die Panzer IV im Einvernehmen mit Obersturmführer Senghas nach Verschuß der letzten Munition gesprengt. Obersturmführer Senghas und ich verlassen mit den restlichen Panzerbesatzungen als Letzte den Brückenkopf."[1]
Ein letzter Versuch, die Dinge zu wenden oder aufzuhalten, Obersturmführer Schumacher eilte mit 2 Panthern und 2 Panzern IV aus der Werkstattkompanie herbei, um Hilfe zu bringen, kam zu spät.
Die Bilanz dieses Tages ist bedrückend. Die Verluste wiegen in der Phase äußerster Kraftanspannung besonders schwer. Neben unersetzlichen Männern und Unterführern verliert die Abteilung ihren Kommandeur. 8 Panzer IV und 4 Sturmgeschütze sind vernichtet.
Der Feind verlor an diesem Tage 3 Shermanpanzer und 2 T 34, 2 Pak, 10 l.I.G. sowie zahlreiche Tote und Verwundete.

Es erscheint verständlich, daß unter so extrem hohen körperlichen und seelischen Belastungen Schuldfragen anklingen und gegenseitige Mißverständnisse laut werden können. Feststellungen, die eigentlich nur in der Rückschau auf das Geschehen getroffen werden können, werden in die Geschehnisabläufe gemengt.
Die russischen Anstrengungen waren auf die Vernichtung der in Slenzany stehenden Panzer, auf die Brückenauffahrt und den Übergang selbst gerichtet. Die verschossenen, wehrlosen Panzer vor der Brücke hätten sich zwar noch bewegen können. Da aber keine Durchfurtungsmöglichkeit vorhanden war und die Verteidigungskraft der Grenadiere gegen die jetzt erdrückende Übermacht über kurz oder lang erliegen mußte, war mit reinen Standortveränderungen jetzt wehrloser Fahrzeuge kein Kampfauftrag mehr zu erfüllen. Unter dem Zwang der Räumung des Brückenkopfes mußten die Panzer gesprengt werden.
Bezeichnenderweise begnügte sich der Feind mit seinem Erfolg, so daß das ostwärts Slenzany noch südlich des Bug sichernde I./1131, der rechte Flügel des Bataillons

1) Bericht Metzger

stand etwa 400 m ostwärts Slenzany, noch bis zum Abend in seinen Stellungen verblieb. Erst gegen 21.00 Uhr räumte es die Stellungen und ging auf das Nordufer zurück.
Der Kommandeur der 1131. Inf. Brigade, Oberst Söth, stellt in seiner am 27. August 1944 schriftlich niedergelegten Beurteilung an die 5. SS-Panzerdivision Wiking u. a. fest: *„Die Absetzbewegung ist von der Panzerabteilung des Hauptsturmführers Säumenicht hervorragend unterstützt worden, wie auch die Zusammenarbeit mit dieser Abteilung an den Vortagen nur als vorzüglich bezeichnet werden kann …*
Die Panzerbesatzungen haben meines Erachtens die schwer bedrängten Grenadiere bis zum restlosen Übersetzen nicht verlassen wollen und haben dann, als der letzte Schuß verschossen war, die Fahrzeuge gesprengt, um zu verhindern, daß dem Gegner die Panzer in die Hände fielen. Ein Ausweichen auf das I. Bataillon hätte vielleicht die Panzer erhalten, u. U. aber wären bei scharfem Nachdrängen des überlegenen Gegners auch diesem Bataillon schwere Verluste beigebracht worden.
Ich verneine deshalb die Schuldfrage auch zu Gunsten der Panzerbesatzungen, die ich als unerschrockene Kämpfer kennengelernt habe.“[1]

Nach der Räumung von Slenzany ist auf dem Nordufer des Bug unter Heranziehung von Trossen und rückwärtigen Diensten eine Sicherungslinie besetzt worden, deren Rückhalt der Zug Kampe aus der 3. Kp. darstellt mit 2 Panzern IV und 1 Sturmgeschütz. Eine zweite Gruppe, bestehend aus 3 Panzern V und 1 Sturmgeschütz, übernimmt den gleichen Auftrag an der 70 t-Brücke bei Popowo, 5 km weiter westlich, unter der Führung von Oberscharführer Müller aus der 7. Kp.
Ein Übersetzen des Gegners auf das Nordufer muß unter allen Umständen verhindert werden.

In der Nacht zum 27. August 1944 wird die stark dezimierte I./Pz. Rgt. 5 aus der Front herausgezogen und trifft ohne den Zug Kampe in Marynin, 4,5 km westlich Serock auf dem Westufer des Narew, ein, um Panzer, Fahrzeuge, Waffen und Gerät zu ordnen und instandzusetzen.
Am folgenden 28. August, der verhältnismäßig ruhig verläuft, nimmt die Abteilung Abschied von ihrem toten Kommandeur. Je 3 Männer und 2 Unterführer von jeder Kompanie und das Führerkorps der Abteilung grüßen Hauptsturmführer Säumenicht in der Zitadelle der Festung Modlin zum letzten Mal und betten ihn dort in einem Soldatengrab zur letzten Ruhe.
Nach dem Verlust des Südufers des Bug zwischen Wyskow und Serock endet im Abschnitt der 5. SS-Panzerdivision Wiking die erste Phase des operativen Durchbruchsversuches der Russen nach Nordwesten. Der Erfolg des bisherigen Abwehrkampfes, an dem das SS-Panzerregiment 5 entscheidenden Anteil hat, ist darin zu sehen, daß die groß angelegte russische Durchbruchsoperation verlangsamt worden ist. Nach ihrem Übergang über den Bug bei Wlodawa gewann die 1. Weißrussische Front in 10 Tagen über 170 km Raum bis südlich Stanislawow. Die nächsten 40 km überwand sie aber erst in 30 Tagen in härtesten Kämpfen bis in die Linie Bug – Serock –

1) Schreiben Söth

Nieporent – Weichsel, nordwestlich Warschau, also knapp ein Viertel des Raumes der ersten Phase in der dreifachen Zeit.
In der genannten Linie kann die mit mehr als zehnfacher Überlegenheit vorgetragene Offensive zunächst als gestoppt gelten. In den folgenden 60 Tagen, vom 31. August bis zum Ende November 1944, drückt der Feind die jetzt feste Front der Division Wiking in den schweren Kämpfen im sogenannten Nassen Dreieck zwischen Narew und Weichsel, ostwärts Modlin, nur „meterweise" um weitere 20 km zurück.
Die ungewöhnliche Härte der Kämpfe wird bestimmt durch die erdrückende Überlegenheit des Feindes an Personal und Material einerseits und den Willen des Einzelkämpfers zur Selbstbehauptung und seine seelische Kraft in allen Einheiten der Verteidiger andererseits.
Die Kämpfe werden indessen durch ein weiteres Moment, die besonderen Geländeverhältnisse im Kampfgebiet, beeinflußt.
Das Südufer des windungsreichen Bug säumt ein 2 bis 3 km breiter Dünen- bzw. Sumpfstreifen, an den sich parallel ein ebenso breiter fast durchgehender Waldstreifen anschließt. Sehr ähnlich ist das Ostufer des Narew charakterisiert.
Das gesamte Kampfgebiet südlich des Bug und des Narew ist von Bachläufen, Wäldern und Waldstücken verschiedenster Ausdehnung stark durchschnitten und bedeckt. Im sogenannten Nassen Dreieck zerschneiden Kanäle und tote Flußarme das Gelände in verstärktem Maße. Ein so beschaffenes Gelände behindert die Kampfführung eines voll mechanisierten Pz. Regimentes bzw. einer Panzerdivision. Die Bewegungsmöglichkeiten der Panzer und die Ausnutzung ihrer weit tragenden Waffen werden stark behindert. In gleichem Umfang wächst die Gefahr für den sichteingeschränkten und infanteristischer Nahbekämpfung ausgesetzten Panzer. Seine entscheidende Stärke, der geschlossene Einsatz des größeren Verbandes, ist kaum möglich.
Den massierten russischen Schützendivisionen gereichen die gleichen Verhältnisse zum entschiedenen Vorteil. Die Wälder erlauben das schnelle Ein- und Durchsickern der überall bienenschwarmartig auftretenden Infanteristen in und durch die Linien der teilweise zu Rumpfeinheiten zusammengeschmolzenen deutschen Verbände.
Die beliebigen Artilleriemassierungen, der ungehinderte Einsatz der Schlachtfliegerverbände potenzieren das ohnehin zahlenmäßige Übergewicht der Russen.

Die zweite Wiederaufstellung der I./Pz. Rgt. 5

Nach achtwöchigen, ununterbrochenen Kämpfen steht die I./Pz. Rgt. 5 Ende August 1944 nur noch mit der 4. Kp. am Feind. Die Abteilung, die bereits einmal, nach dem Kessel von Tscherkassy, vor einem halben Jahr aus der Front zur Wiederaufstellung herausgezogen worden war, ist nach dem Abschluß der Kämpfe um den Bug-Übergang Slenzany erneut nicht mehr einsatzfähig. Diese Feststellung trifft allerdings nur für die in den Kämpfen der letzten acht Wochen eingesetzte Hälfte der Abteilung zu, ohne die noch eingesetzten Teile der 4. Kp.

Die 1. und 2. Kp. wurden Ende Juli 1944 nach Heidelager/Debica zurückverlegt und befinden sich seit Ende August in Horschowitz, im Raum Litzmannstadt (Lodz), unter Führung von Obersturmführer Hein zur Ausbildung, allerdings immer noch ohne Panzerausstattung.
Nach Marynin, auf dem Westufer des Narew, zurückgezogen, erhalten die mit der Instandsetzung von Waffen, Gerät und Fahrzeugen beschäftigten Reste der aus der Front gezogenen Teile eine Ruhepause. Kinobesuche in Ostenburg (Pultusk) dienen der Entspannung.
Die unermüdlichen LKW-Fahrer erhalten eine in der augenblicklichen Lage merkwürdig anmutende Aufgabe. Zu einer Sonderkolonne zusammengestellt, befördern sie ungarische Truppen aus dem Raum Zegrzynek nach Struga. Die Honved-Verbände werden abmachungsgemäß nach Ungarn zurückverlegt.
Am 6. September 1944 verlegen die herausgezogenen Teile der I. Abt. in den Raum Bugmünde (Nowy-Dwor), weil dort, der unmittelbaren Fronteinwirkung entzogen, eine ungestörte Ausbildung möglich ist. Diese ist um so nötiger, als der personelle Ersatz vorwiegend von Einheiten der Luftwaffe überstellt wird. Deren Gefechtsausbildung läßt für den Erdkampf zu wünschen übrig.[1]

Neben den dienstlichen Belangen kommen auch die ganz persönlichen zu ihrem Recht. So nimmt am 7. September der Kommandeur des Panzerregimentes 5, Obersturmbannführer Darges, die Ferntrauung des Unterscharführers Schlegel aus der 3. Kp. vor, ein willkommener Anlaß für die Kompanie zu einer ausgedehnten Feier.

Im Zuge organisatorischer Veränderungen übernimmt Untersturmführer Weise am gleichen Tage die Führung der Panzerwerkstattkompanie. Am 17. September wird die Panzer-Pionierkompanie in Zakrozym als Verband aufgelöst. Je 1 Zug Pioniere wird der I. und II. Abteilung eingegliedert.
Zur Durchführung einer weiterhin ungestörten Ausbildung verlegt die Abteilung am gleichen Tage in den Raum Naruszewo, etwa 12 km südlich Plöhnen oder etwa 21 km nordwestlich Modlin. Gleichzeitig übernimmt Obersturmführer Senghas die Führung der 1. Kp. in Horschowitz und setzt sich dorthin in Marsch.
Mit der Aufstellung einer Versorgungskompanie durch den Abteilungs-Adjutanten wird dieser in Personalunion Chef der Versorgungs- und Stabskompanie. Außerdem ist er noch Führer des Alarmbataillons II, einer Einrichtung zur Erfassung aller Trosse und rückwärtigen Dienste für den Kampfeinsatz.

Inzwischen ist die 2. Kompanie, der seit dem 17. September 17 Pz. IV aus Linz zugeführt worden sind, in Bugmünde eingetroffen, wo sie bis zum 25. September die Ausbildung fortsetzen kann. Am folgenden Tage ist für sie ebenso wie für die Stabskompanie und den Gefechtsstab die Ausbildung und Auffrischung beendet. Aus Bugmünde bzw. Naruszewo kommend, treffen die Einheiten im neuen Einsatzraum Zagroby – Wieliszew – D. Poniatow, südlich des großen Narew-Knies, wieder mit der ununterbrochen eingesetzt gewesenen 4. Kompanie zusammen.

1) Siehe Anhang: Fernschreiben OKH/GenStdH/Org. Abt. vom 16. 9. 1944
Personelle Auffrischung

In seinem Bericht über den Zustand der für den Einsatz wieder zur Verfügung stehenden Gruppe der I./Pz. Rgt. 5 vom 4. Oktober 1944 an das Panzerregiment 5 stellt Obersturmführer Hein u. a. fest:
„Der Gesundheitszustand der Männer ist gut. Durch die Tätigkeit des Truppenarztes und die Fürsorge der Einheitsführer sind Krankheitsfälle nur vereinzelt aufgetreten. ...
Eine Betreuung der Männer, deren Heimat nunmehr in den von den Alliierten besetzten Gebieten liegt (Volksdeutsche aus Rumänien, Flamen und Niederländer), muß von höheren Dienststellen noch weiter ausgebaut werden.“[1]
In seiner Zusammenfassung stellt er fest:
„Die Abteilung ist nach Zuweisung der fehlenden Panzerkampfwagen in kürzester Zeit einsatzbereit. Die Ausbildung hat einen ausgezeichneten Stand auf allen Gebieten erreicht.
Der dauernd getrennte Einsatz einzelner Teile der Abteilung ist dem Zusammengehörigkeitsgefühl der Männer abträglich. Er erschwert die Führung der Abteilung, bringt durch die geringe Anzahl der Kampfwagen, die die Abteilung in den Kampf schicken kann, größere Ausfälle und nicht die bisher gewohnten Erfolge ...“[1]

VIII. Die zweite Abwehrschlacht um Warschau

Während der fast vierwöchigen Atempause für die Masse der I./Pz. Rgt. 5 steht das Panzerregiment 5 mit der II. Abteilung und der 4. Kp. im Rahmen der 5. SS-Panzerdivision Wiking ohne Übergang in harten Abwehrkämpfen, in der sogenannten zweiten Abwehrschlacht um Warschau.
Am 29. August stehen der Zug Kampe mit 3 Panzern IV auf dem Nordufer des Bug, an der 70 t-Brücke bei Popowo, und Unterscharführer Sander mit 3 Sturmgeschützen an der 24 t-Brücke Slenzany. Bis zum 2. September sieht der Feind von Übersetzversuchen ab. Statt dessen konzentriert er seine Anstrengungen in Richtung des Narew-Knies südlich Serock und auf den Raum Radzymin, in dessen Nordwestteil einzudringen ihm am 29. August gelingt. Dabei schießt die 8./Pz. Rgt. 5 fünf Feindpanzer ab.[2] Die 6. Kp. wirft den in Trzciana und Ruda, 6 km nordwestlich Radzymin, eingedrungenen Feind aus Trzciana wieder hinaus. Weiter nordwestlich hält die 5. Kp. den Ostrand von Zalubice.
Ein Gegenangriff unter Führung des Kommandeurs der II. Abteilung mit 3 Panzern und Unterstützung der I./SS-Pz. Rgt. Totenkopf sowie der 2. und 3. Kp. der A. A. 5 auf Regentowka bleibt liegen.
An den beiden folgenden Tagen vernichtet die II./Pz. Rgt. 5 20 Feindpanzer. Der Feinddruck auf Alexandrow, westlich Radzymin, und Borki, 7 km nordwestlich, hält unvermindert an. Hier unterstützen die 5. und 6. Kp. das II./Gren. Rgt. „Eicke“. Gegielnia an der Straße nach Warschau geht verloren. Offensichtlich sucht der Feind hier den Erfolg. Nach starker Artillerie- und Granatwerfervorbereitung auf den ganzen

1) Bericht Hein
2) Die 5 Abschüsse verbucht Unterscharführer Melsbach mit seiner Besatzung: Unterscharführer Zöneker (Richtschütze), Sturmmann Schlosser (Ladeschütze), Rottenführer Nickel (Fahrer) und Funker Tölz

Divisionsabschnitt tritt er am 1. September, um 10.00 Uhr mit starker Panzer- und Schlachtfliegerunterstützung auf Radzyminiek und Slupno an der großen Straße nach Warschau an.
Das II./Westland und die 5./Pz. Rgt. 5 werden überrannt unter Verlust eines Panzers V und 2 Panzer IV. Slupno selbst geht verloren. In Panzerduellen kann ein Durchbruch der Feindpanzer verhindert werden. Trotz des eigenen starken Artilleriefeuers auf Feindmassierungen in Slupno greift der Russe um 18.30 Uhr erneut von dort nach Südosten an. 40 Bombenflugzeuge pflügen den umkämpften Punkt 104 um. Auch nach einem zweiten mit größerer Heftigkeit geführten Angriff behaupten die Verteidiger ihre Stellungen. 24 Feindpanzer vom Typ Sherman, Valentin, T 34, T 43 und KW. I werden vernichtet.

An den beiden folgenden Tagen flaut die Wucht der Angriffe ab. Zunächst versucht der Feind in 3 Nachtangriffen, die er mit einem einstündigen Trommelfeuer vorbereitet, in Borki sein Glück. Das Pz. Grenadierregiment 73 schlägt die Angriffe ab. Am folgenden Nachmittag geht Borki zwar vorübergehend verloren, ein Gegenstoß des herangeführten Bewährungsbataillons 560, des Bataillons „Ridder“, bringt es um 22.00 Uhr wieder in eigene Hand.
Auch ein vorübergehender Einbruch auf Punkt 104 kann durch die 5./Pz. Rgt. 5 bereinigt werden.
Am 4. September wirft das Bataillon „Ridder“ mit Unterstützung der 7./Pz. Rgt. 5 in das Dünengelände bei Dombrowa und Arciechow, im Mündungsraum des Bug südostwärts Serock, eingedrungenen Feind zurück. Aus dem Raum Borki meldet der Regiments-Aufklärungszug den Abschuß von 2 feindlichen Sturmgeschützen und 1 T 34.

Das Abflauen der Kämpfe an den beiden letzten Tagen vor der Division Wiking findet am Abend des 4. September seine Erklärung. Bei Wyszkow, einem bedeutenden Straßen- und Eisenbahnknotenpunkt mit Übergängen über den Bug, etwa 50 km nordostwärts Warschau, hat der Russe die Stellungen der 35. I. D. und 5. Geb. Jg. Division durchstoßen und dringt, unterstützt von etwa 12 Panzern, in Richtung Ostenburg (Pultusk) vor.
Die um 19.00 Uhr nach Wola-Mystowska befohlene 4./Pz. Rgt. 5 erreicht diesen Raum mit 4 Sturmgeschützen, um die durchgebrochenen Feindkräfte aufzuhalten. Nach Abschuß von 2 feindlichen Selbstfahrlafetten und 1 LKW behindert die Dunkelheit den weiteren Einsatz.
Um 20.30 Uhr zieht ein neuer Befehl die Kompanie an die Straße Wyskow, Serock, nördlich Somianka, um das Absetzen der Einheiten der 1131. Inf. Brigade und der 35. I. D. über den Narew bei Serock zu decken.
Obersturmführer Metzger berichtet in seinem Gefechtsbericht vom 10. Sept. 1944:
„Die Absetzbewegungen der eigenen Infanterie werden von 4 Sturmgeschützen nach Osten abgeschirmt. Die 4 Sturmgeschütze setzen sich jeweils überschlagend von Übersichtspunkt zu Übersichtspunkt ab, nehmen Versprengte und Erschöpfte mit auf und erreichen ohne große Kampfhandlungen um 05.00 Uhr des nächsten Tages den Brückenkopf nordostwärts Serock. Von hier aus sichern sie bis 06.30 Uhr das weitere Absetzen der Infanterie.

Um 06.35 Uhr stoße ich mit 4 Sturmgeschützen in ostwärtiger Richtung auf der Rollbahn noch einmal 2 km vor und stelle in dem Waldstück 4 km nordostwärts Serock nachdrängende feindliche Infanterie, Pak und bespannte Einheiten des Feindes fest. Nach Zusammenschießen einzelner feindlicher Infanteriegruppen ziehe ich mich unter heftigem Pakfeuer in den Brückenkopf zurück und überschreite um 07.05 Uhr als letzte Einheit den Narew. Die Brücke wird 5 Minuten später auf Befehl des Obersturmbannführers Braune gesprengt."[1]

Mit dem Verlust des Ostufers des Narew nördlich Serock zeichnet sich die Möglichkeit der nördlichen Überflügelung der Stellungen zwischen Warschau und dem Narew-Knie südlich Serock ab. Daher wird als unmittelbare Folgemaßnahme nach der Aufgabe des eigenen Brückenkopfes ostwärts Serock der Zug Olin der 7./Pz. Rgt. 5 mit 4 Panzern V als Eingreifreserve nach Karolino, westlich Serock, befohlen.
Die Werkstattkompanie wird nach rückwärts verlegt und der Regiments-Gefechtsstand nach Nieporent.
In der Nacht zum 5. September gelingt es dem Feind noch während der eigenen Absetzbewegungen über den Narew, in Stärke von etwa 600 Mann, begünstigt durch die flankierenden Möglichkeiten einer nach Westen geöffneten, weiten Flußschleife, den Fluß ebenfalls bei Pogorzelec, 7,5 km nördlich Serock, zu überwinden. Trotz sofortiger Gegenstöße durch die 4./Pz. Rgt. 5 mit einer SPW-Kompanie des Pi-Bataillons 5 und später des Zuges Olin der 7./Pz. Rgt. 5 gelingt die Vernichtung dieser Kräfte nicht, auch nicht, als die 4. Kp. Pogorzelec erreicht.
„*Die Kompanie tritt nach stattgefundener Versorgung um 08.35 Uhr mit 3 Sturmgeschützen an*", berichtet Obersturmführer Metzger, „*und erreicht ohne Feindberührung den Punkt 81 westlich Dsierzenin, erhält aber nach Überschreiten dieser Höhe bereits starkes Artilleriefeuer. Die SPW-Kompanie holt links umfassend aus. Die Sturmgeschütze stoßen frontal auf den Südwestteil von Pogorzelec vor und erreichen die allgemeine Linie 500 m vom Südrand Pogorzelec.*
Hier fallen 2 Sturmgeschütze technisch aus, werden jedoch unter schwerstem Infanteriefeuer nach rückwärts abgeschleppt. Ich steige um und erreiche Höhe 108 in Pogorzelec und stoße 1000 m weiter nach Osten vor. Da keine eigene Infanterie zur Sicherung des Erfolges vorhanden war, drängen gegen 12.00 Uhr feindliche Infanteriekräfte bei meinem Absetzen (bedingt durch neuen Auftrag) später nach und dehnen im weiteren Verlauf den Brückenkopf nach Westen aus."[1]
Der neue Auftrag rief die Kompanie nach Dsierzenin, das der nach Süden drängende Gegner bei gleichzeitiger Sperrung der Rollbahn Ostenburg (Pultusk) – Serock bereits erreicht hat. Auch dieser eigene Gegenstoß schlägt nicht durch.
„*Wir kommen bis auf Höhe 110,5, jedoch die nachfolgende Infanterie kommt nicht vorwärts, so daß dem Angriff ein größerer Erfolg versagt bleibt*",
berichtet Obersturmführer Metzger.[1]
Der sich inzwischen auch mit schweren Waffen und Panzern verstärkende Feind wird um 15.00 Uhr bereits mit starken Infanteriekräften in Dzbanice, 3 km nordwestlich Pogorzelec, gemeldet.
Am Nachmittag dieses 5. September 1944 sind an eigenen Kräften gegen den sich nach Nordwesten, Westen und Süden ausweitenden Brückenkopf herangeführt worden:

1) Bericht Metzger

von Norden eine Panzerbrigade mit Anfängen bei Gzowo am Narew, etwa 4 km nördlich Pogorzelec, von Westen das Panzergrenadierregiment 1007 der 19. Pz. Division in die Linie Budy – Piskornia, etwa 7 km westlich Pogorzelec, und von Süden die 1131. Infanteriebrigade.
Außer den Teilen der 7./Pz. Rgt. 5 und der 4. Kp. bei Dsierzenin greifen 4 Panzer V der 8. Kp. unter Obersturmführer Bauer auf Trzepowo, 3 km westlich Pogorzelec, an. Die am 6. September in den frühen Morgenstunden mit großer Erbitterung auf beiden Seiten geführten Kämpfe bringen den eigenen Verbänden keinen Erfolg. Die beiden Bataillonskommandeure des Pz. Grenadierregimentes 1007 finden den Heldentod.
Eine gewisse Enttäuschung und auch Kritik mag man dem vorliegenden Gefechtsbericht des Obersturmführers Metzger vom 10. 9. 1944 entnehmen, dessen Angriffsziel in Zusammenarbeit mit der 7./Pz. Rgt. 5 die Narewbrücke Karniewec war:
„Die Kompanie tritt um 04.35 Uhr mit 4 Sturmgeschützen und 1 Panzer IV, wie befohlen, an, erreicht allgemeine Linie 500 m nördlich Friedhof, links der Rollbahn.
Der eigenen Infanterie, die nur zögernd hinter den Geschützen folgt, fehlt es an Angriffsschwung, und die schon nach den ersten hundert Metern eingetretenen Verluste bringen es mit sich, daß die Infanterie nicht mehr weiter vorgeht.
Ich bekämpfe mit den Geschützen s.MG- und Panzerbüchsennester. Der Panzer IV erhält einen Paktreffer in das rechte Antriebsrad und nach erfolglosen Abschleppversuchen einen weiteren Paktreffer in den Kampfraum, der den Totalausfall des Panzers IV zur Folge hat.
Während die Kompanie durch weiteres Halten oben angeführter Linie den Angriff der eigenen Infanterie noch einmal nach vorn zu reißen versuchte, werden 2 Kommandanten und 4 Mann der Kompanie verwundet. Ich selbst wurde leicht verwundet und ziehe mich um 05.20 Uhr als letztes Sturmgeschütz auf die Ausgangsstellung zurück."

In seiner Zusammenfassung stellt er fest:

„Der Angriff, der nach einem vorausgegangenen Feuerschlag der eigenen Artillerie von nur 20 bis 30 Schuß gegen fest ausgebaute Feldstellungen des Feindes geführt wurde, konnte bei der zahlenmäßigen Unterlegenheit (Verhältnis 1 : 20) nicht von Erfolg gekrönt werden. Ich hatte den Eindruck, daß von oben her die Gesamtangriffe auf den Brückenkopf nicht richtig vorbereitet waren. Ein Zusammenhang der Führung im größeren Maßstab war keinesfalls vorhanden."[1]
Der Feind seinerseits rennt am Mittag zweimal vergeblich nach Süden gegen die dort stehenden Panzer an.

In Erkenntnis der notwendigen Koordinierung der eigenen Angriffe verlegt der Gefechtsstand der II./Pz. Rgt. 5 nachmittags nach Marynin, nordwestlich Serock. Ebenfalls unter dem Eindruck des neuen Schwerpunktes der feindlichen Anstrengungen nördlich des Narew werden die noch südwestlich Radzymin bei Punkt 104 stehenden Teile der II. Abt. in den Wald 1 km südlich Nieporent hinter den Krolewski-Kanal zurückgezogen.
In der Nacht und in den Vormittagsstunden des 7. September weitet der Feind den inzwischen gefestigten Brückenkopf nach Norden und Westen aus, um dann gegen 16.00 Uhr mit starken Panzerkräften den Durchbruch nach Süden in die linke Flanke

1) Bericht Metzger

der Division Wiking zu erzwingen und im Falle des Gelingens die Division aus ihren jetzigen Stellungen südlich des Narew herauszumarschieren.
20 Feindpanzern gelingt der Durchbruch in Richtung Male, 5 km nordwestlich Serock. Gleichzeitig drückt russische Infanterie den rechten Flügel des Pz. Grenadierregimentes 73 entlang der Rollbahn auf Serock zurück.
Während hier Panzer der 3. SS-Panzerdivision Totenkopf die Lage beherrschen, wird die 7./Pz. Rgt. 5 unter Untersturmführer Olin den durchgebrochenen 20 Panzern entgegengeworfen. 4 Panzer V stellen den Gegner bei Murowanka, nordostwärts Male, und 2 Panzer V 10 Feindpanzer bei Male. Der Kommandeur der II. Abteilung, Hauptsturmführer Flügel, eilt mit seinem Befehlspanzer und 1 Sturmgeschütz nach Dembinki, südlich Male, zur Klärung der Lage.
Im Raum Male setzt sich Untersturmführer Olin mit den Panzern V der 7. Kp. durch. Diese vernichten 11 der durchgebrochenen Feindpanzer. Einer von ihnen ist der Jubiläumspanzer des Panzerregimentes 5. Mit ihm ist der 500ste Feindpanzer in den letzten 5 Einsatzmonaten, seit April 1944 vernichtet worden.[1]
Außerdem erbeutet die 7. Kp. noch 2 weitere Feindpanzer.
Auch die 4. Kp. steht an diesem 7. September 1944 in der Brandung unerschütterlich, obwohl sie nur über 3 Sturmgeschütze verfügt und damit nicht einmal die Gefechtsstärke eines Zuges hat.
Obersturmführer Metzger skizziert uns diesen entscheidenden Tag in seinem Gefechtsbericht:
„Die Kompanie steht mit 3 Sturmgeschützen 1 km westlich Friedhof Dzierzenin und sichert in allgemeine Richtung Norden. Ein zusammengefaßter Großangriff des Feindes, der um 10.00 Uhr erfolgt, wird um 11.00 Uhr endgültig im Zusammenwirken mit der 7. Kp. im zusammengefaßten Feuer zerschlagen.
Der Feind marschiert 1500 m vor unseren Augen in westsüdwestliche Richtung mit starken Infanteriekräften vorbei.
Um 12.00 Uhr werden im Raum von Male Feindpanzer gemeldet. Die 7. Kp. rückt mit 5 Panthern dorthin ab. Ich riegele mit meinen 3 Sturmgeschützen weiter nach Norden ab und zerschlage um 17.00 Uhr einen erneuten starken Angriff des Feindes vor meiner Stellung. Dabei erleidet 1 Sturmgeschütz schweren Ketten- und Antriebsschaden. Das Sturmgeschütz wird unter starkem Feindbeschuß so instandgesetzt, daß es abgeschleppt werden kann. Die Abschleppung erfolgt mitten durch starke Infanteriekräfte des Gegners bei Male.
Nachdem ich umgestiegen bin, stehe ich mit meinem Sturmgeschütz in der alten Stellung und versuche um 17.45 Uhr, einen erneuten Großangriff des Feindes abzuwehren. Der Feind, der jedoch stark überlegen ist (1:30), gewinnt weiter an Boden und steht bereits unmittelbar in der linken Flanke meiner Stellung.
Beim Bekämpfen der feindlichen Infanterie erblicke ich plötzlich 200 m in meiner rechten Flanke 2 T 43, deren Kommandanten im selben Moment in die Lage eingewiesen werden. Beide Panzer wurden mit 2 Schuß in 20 Sekunden abgeschossen.
Im gleichen Moment stoppt beim Detonieren der Feindpanzer der gesamte Angriff und flutet teilweise zurück.

1) Rgt. Sonderbefehl vom 7. 9. 1944 (siehe Anlage)

10 Minuten später reißt die rechte Kette meines Sturmgeschützes. Der Schaden wird in schwerem Feindfeuer nach einstündiger Arbeit behoben. Ich decke mit meinem Sturmgeschütz das Absetzen der Infanterie vom Feind, treffe um 21.00 Uhr mit den Panthern der 7. Kp. zusammen und sichere bis 02.00 Uhr im Raum Male in nördliche Richtung."[1]

Im Divisions-Abschnitt südlich des Narew verhält sich der Feind ruhig. Im Rahmen der 28. sowjetischen Armee, die dem IV. SS-Panzerkorps nördlich Warschau gegenübersteht, liegt das 20. Schützenkorps mit 4 Gardeschützendivisionen[2] (76., 20., 42. und 55.) der 5. SS-Panzerdivision Wiking seit Anfang September gegenüber. Es war an die Stelle des aus der Front herausgezogenen 8. Gardepanzerkorps getreten. Die materielle Überlegenheit des Feindes wird durch ein Luftaufklärungsergebnis unterstrichen, das allein im Raum Radzymin 130 Feindbatterien, das Zehnfache der eigenen Divisions-Artillerie, feststellt.

An den folgenden Tagen beschränkt sich der Feind auf einzelne Vorstöße, die im allgemeinen abgewiesen werden können. Nur der Einbruch in den Nordteil von Serock kann nicht ganz bereinigt werden. Hier bemüht sich der Feind um die Wiederinstandsetzung der Brücke nördlich der Stadt.
Am 9. September können feindliche Bereitstellungen im Raum Duza, 7,5 km westlich des Narew, durch die Feuerschläge der eigenen Artillerie zerschlagen werden. Jetzt flauen die Kämpfe um die Erweiterung des russischen Brückenkopfes ab.

Am 13. September verändert ein feindlicher Großangriff ostwärts Warschau, der die 73. Infanteriedivision überrennt, auch für die Division Wiking die Lage. Als am folgenden Tage Praga auf dem Ostufer der Weichsel endgültig verloren geht, muß auch die HKL der Division Wiking im Anschluß an die 3. SS-Panzerdivision Totenkopf in die allgemeine Linie Alexandrow am Krolewskikanal – Straßenkreuz südwestlich Nieporent – Zegrze – Serock zurückgenommen werden.
Ohne die nördlich des Narew gebundenen Teile des Panzerregimentes 5 stehen jetzt 2 Panzer IV des Regiments-Aufklärungszuges südwestlich Nieporent, 4 Panzer V hinter der HKL in Nieporent und 5 Panzer V der 5. Kp. unter Obersturmführer Lichte als Regimentsreserve bei dem inzwischen nach Wieliszew zurückverlegten Regiments-Gefechtsstand.
Vor den Stellungen der Division Wiking werden jetzt auch außer den Gardeschützendivisionen des 20. Schützenkorps die 413. und 165. Schützendivision des 114. Schützenkorps festgestellt.[2]
In der zweiten Septemberhälfte und während der ersten 10 Oktobertage herrscht im ganzen Verteidigungsabschnitt der 5. SS-Panzerdivision Wiking Stellungskrieg. Die Kampfhandlungen dienen auf beiden Seiten der Verbesserung der vorderen Linien, dem Ausbau der Stellungen, der Durchführung von Aufklärungs- und Stoßtruppunternehmen, um durch Veränderungen beim Feind in Ergänzung der Funk- und Luftaufklärungsergebnisse auf seine Absichten schließen und sich vorbereiten zu können.
So wie die Wikinger betreibt auch der Russe den Ausbau eines tief gestaffelten Graben- und Bunkersystems.

1) Bericht Metzger 2) Chronik Pz. Rgt. 5

Die Pioniergruppen der Pz. Pi. Züge unterstützen die Grenadiere bei ihrem Stellungsbau durch den Einschlag von Bunkerholz, sie verminen das Vorfeld, teilweise bis 30 m vor den feindlichen Linien.
Die Panzerkompanien wechseln ihre Stellungen entsprechend den vermuteten feindlichen Absichten.
Die II. Abteilung mit der 7. und 8. Kp. und dem Gefechtsstab steht nördlich des Narew, die 5. und 6. Kp. stehen südlich desselben.
Die Sturmgeschütze der 4. Kp. werden ebenfalls von Dembinki in den südlichen Divisionsabschnitt zunächst hinter das Bewährungsbataillon 560 und später hinter die Pz. A. A. 5 gezogen.
Am 23. September übernimmt das II./SS-Pz. Gren. Rgt. 10 den Abschnitt des Bewährungsbataillons 560, das als Armeereserve herausgezogen wird.
Das Panzerregiment 5 zieht seine Trosse und die Werkstattkompanie in den jetzt vorgesehenen Raum Zakrozym, westlich Modlin. Wie bereits in den Abteilungen wird auch hier eine Alarmkompanie gebildet unter der Führung von Untersturmführer Seebode.
2 Tage nach dem Eintreffen der 2./Pz. Rgt. 5 in Wieliszew übergibt am 28. September auf dem Regiments-Gefechtsstand vor der angetretenen 2. Kompanie und in Anwesenheit aller Führer und Portepeeunterführer Standartenführer Mühlenkamp im Rahmen einer würdigen Feier offiziell die Führung des SS-Panzerregimentes 5 seinem Nachfolger, Obersturmbannführer Darges. Wenige Tage zuvor wurde Standartenführer Mühlenkamp das Eichenlaub zum Ritterkreuz des Eisernen Kreuzes verliehen; eine Anerkennung, die das gesamte Regiment als Ehrung empfindet. Der tatsächliche Wechsel in der Führung des Regimentes hat bereits vor 7 Wochen, am 10. August 1944, stattgefunden.
Der Russe aktiviert in diesen Wochen zwei weitere Mittel seiner Kriegführung. Die in den Wäldern südlich Modlin agierenden Bandengruppen werden am 18. September, mittags durch 120 Feindbomber versorgt. Außer Fallschirmspringern werden auch Versorgungsgüter abgeworfen, von denen ein beachtlicher Teil im Raum Poniatow – Kaluszym – Krubin bei den eigenen Truppen niedergeht.
Am 29. September beginnt er, im Rahmen von Lautsprecherpropaganda im Abschnitt des III./SS-Pz. Gren. Rgt. 10 Mitglieder des Komitees „Freies Deutschland" auftreten zu lassen, die zur Aufgabe des Kampfes und zur Desertation aufrufen. Diese Aktionen wiederholen sich bis zum 6. Oktober.
Da die Lage nördlich Warschau eigene Angriffsabsichten im Divisions-Abschnitt ausschließt, werden die beiden Brücken über den Krolewski-Kanal nördlich Nieporent am 2. 10. gesprengt.
Nördlich des Narew dagegen beginnen neu herangeführte Teile der 9. Armee am 4. 10., um 05.10 Uhr, den russischen Brückenkopf anzugreifen. In zweitägigen Kämpfen, in die auch die II./Pz. Rgt. 5 mit der 7. und 8. Kp. eingreift, gelingt es, diesen auf einen restlichen Nordteil zusammenzudrücken, in welchem dann nur noch schwache Feindteile aktionsfähig bleiben.

IX. Die Schlacht im „Nassen Dreieck“

In den ersten Oktobertagen 1944 kommt das Generalkommando des IV. SS-Panzerkorps auf der Grundlage sorgfältiger Feindbeurteilung, aufgefangener Funksprüche und unmittelbarer Beobachtungen vor der eigenen Front, wie Räumung von Minengassen und neue Batteriestellungen, zu der Auffassung, daß ein neuer Großangriff des Feindes zu erwarten ist. 42 eigenen Batterien im Korpsabschnitt stehen 235 auf der Feindseite gegenüber.
Das A. O. K. 9, General v. Lüttwitz, dem Auffassung und Beurteilung der Feindlage durch das IV. SS-Panzerkorps sowohl fernmündlich wie fernschriftlich gemeldet worden sind, kommt zu einer diametral entgegengesetzten Beurteilung und meldet seinerseits der Heeresgruppe, daß keine Anzeichen für einen bevorstehenden Großangriff im Abschnitt des IV. SS-Panzerkorps vorliegen.
Zwei folgenschwere Maßnahmen leiten sich aus dieser entgegengesetzten Beurteilung des Generals v. Lüttwitz ab: das Herausziehen der 19. Pz. Division mit der daraus folgenden Abschnittsverbreiterung des IV. SS-Panzerkorps und die Ablehnung der erhöhten Munitionsanforderungen desselben.[1]
Die Auffassung des IV. SS-Panzerkorps wird indessen durch die Ereignisse des 10. Oktober 1944 bestätigt. An diesem Tage beginnt der russische Großangriff. Er war infolge der Zerschlagung der frontnahen Gefechtsstände, der Artilleriestellungen und der Bereitstellungen der russischen Infanterie durch konzentrierte Präventivschläge und durch Wirkungsschießen der eigenen Artillerie um mindestens 24 Stunden verschoben worden.
Am Tage vor dem Beginn dieses Angriffs, am 9. Oktober 1944 tritt in der Führung der 5. SS-Panzerdivision Wiking erneut ein Wechsel ein. Standartenführer Ullrich tritt an die Stelle von Standartenführer Mühlenkamp, der als Inspekteur In.6[2] im Kommandoamt der Waffen-SS in Berlin eine verantwortungsvolle Tätigkeit aufnimmt.

Seit 09.00 Uhr des 10. Oktober 1944 trommeln die russischen Batterien auf die Stellungen der Division Wiking und die des rechten Nachbarn, der 3. SS-Panzerdivision Totenkopf. Um 10.30 Uhr halten die russischen Schützendivisionen die Stellungen für sturmreif und greifen an, mit Schwerpunkt die Stellungen des III./Westland und der nach Süden anschließenden 3. SS-Panzerdivision Totenkopf.
Hier gelingt dem Feind ein tieferer Einbruch, jedoch kein Durchbruch. Der Wald bei Konty – Wengierski, 5 km südsüdwestlich Nieporent westlich des Krolewski-Kanals, geht verloren.
Auch im Abschnitt Westland bricht er südlich Nieporent und bei Alexandrow ein, überwindet den Krolewski-Kanal und dringt in den Wald ostwärts Michailow ein. Die Stellungen des III./Westland, des Bataillons Nedderhof, werden überrannt, das Bataillon wird zersprengt, alle Kompanieführer fallen oder werden verwundet.

1) „Europäische Freiwillige“, Munin-Verlag 1968, S. 301
2) Inspektion 6 = Inspektion der Panzertruppen der Waffen-SS

Im Gegenstoß stoppen 5 Panzer IV und die Sturmgeschütze der 4. Kp. mit einigen wieder geordneten Versprengten in Höhe des Bataillons-Gefechtsstandes „Nedderhof“ den vordringenden Feind und ermöglichen den Aufbau einer neuen HKL.
Feindkräfte, die weiter nördlich im Abschnitt der Pz. A. A. 5 den Bahndamm vorübergehend erreichen, werden im Gegenstoß zurückgeworfen. Die durch das zweistündige Trommelfeuer fast vollständig verschüttete 9./Westland kann nach gelungenem Gegenstoß wieder freigegraben werden. Teile besetzen den Versorgungsgraben auf der Naht zwischen III./Westland und Pz. A. A. 5 und verhindern so ein weiteres Vordringen der Russen nach Norden.
Der Führer der 4./Pz. Rgt. 5 entschließt sich jetzt, die Kompanie zu teilen. 4 Sturmgeschütze läßt er am Bataillons-Gefechtsstand Nedderhof, III./Westland, zurück zur Verhinderung eines weiteren feindlichen Vordringens nach Westen. Mit den restlichen 4 Sturmgeschützen erreicht er den Nordrand des Waldes und stößt jetzt außerhalb desselben von Norden nach Süden in die Flanke der vordringenden Russen. Gemeinsam mit Restteilen der links eingesetzt gewesenen Kompanie des III./Westland gewinnt der Angriff Raum und nähert sich dem Ortseingang und der Kirche Nieporent. Da überholt die um 15.30 Uhr aus dem Abschnitt der A. A. 5 zum Gegenangriff angetretene gepanzerte Divisionsreserve, die 2./Pz. Rgt. 5 und die 10./Germania (SPW), die im Kampf mit Feindkräften in der rechten Flanke stehenden Sturmgeschütze und überwindet die nur noch geringe Entfernung bis zu den ersten Häusern von Nieporent. Der Ortsrand ist jedoch mit russischer Pak gespickt. 2 auf der Dorfstraße stehende Panzer IV werden vernichtet, unmittelbar darauf 1 SPW. Nach Ausfall des Kompanieführers fallen beim notwendig gewordenen Absetzen nach Norden der russischen Pak und den Nahbekämpfungstrupps 3 weitere Panzer IV zum Opfer.

Siegfried Melinkat, Angehöriger dieser 2./Pz. Rgt. 5, faßt die Kampfeindrücke dieses Nachmittags im Gedicht:

Nieporent

Die Erde bebt im Feuerschlag
massierter Batterien.
Gewaltig Dröhnen füllt die Luft,
vorn wird Hurrääh geschrien.

Wir hören es im Funkverkehr,
Wortfetzen, hart und schnell.
Der Russe trommelt seit neun Uhr,
durchbrach die HKL.

Ein Kradmelder bringt den Befehl:
„Die Zweite greift jetzt an!“
Rückwärts gestaffelt fährt sie vor,
rollt an den Feind heran.

Lenkbremsen kreischen, Ketten klirren,
Motore heulen auf.
Granaten schlagen um uns ein,
wir fahren dichter auf.

Die Infanterie in SPW's,
noch hüllt der Staub sie ein.
Der Spitzenzug bleibt vorne stehn,
schießt in die Gräben rein.

Da! Grelle Lohe, harter Knall
und roter Feuersturm.
Paktreffer bei dem Wagen vorn,
drei springen aus dem Turm.

Dem Fahrer sperrt das Rohr den Weg,
wir hören noch sein Schrei'n,
als ihn die helle Flamme faßt,
es ging durch Mark und Bein.

Der Funker? – – – Keiner sah ihn mehr.
Sein Spruch klingt noch im Ohr:
„Achtung! 2 Uhr, Pak im Gehölz!“
Dann blitzte es davor.

Der Panzer steht in heller Glut,
wir feuern, setzen ab,
erreichen eine Nebelwand – – –
fast war es unser Grab.

Und Schlag auf Schlag traf dann die Pak,
zerschoß die Kompanie.
Manch' Kamerad von mir blieb dort,
den Tag vergeß' ich nie.

In einer Ost-West Sicherungslinie verhindern die 2. und 4./Pz. Rgt. 5 bei beginnender Dämmerung eine Ausdehnung der eingebrochenen Russen nach Norden.
Die 5./Pz. Rgt. 5 wird gegen Abend als Divisions-Reserve nach Michailow gezogen.

Nach einem erfolglosen Nachtangriff des I. und III./Westland in dem unübersichtlichen Dünengelände setzt der Feind am folgenden Tage seine Angriffe gegen die Stellungen der Pz. A. A. 5 und des Regimentes Westland fort. 4 Angriffe schlägt die Panzerkampfgruppe Hein, 2./Pz. Rgt. 5, mit den Grenadieren zurück.

Am späten Nachmittag greift der Russe von der Kirche Nieporent nach Norden an, überrennt die 9./Westland und kommt in den Rücken der 3./A. A. 5. Unter dem Druck eines gleichzeitigen Angriffs auf den rechten Flügel der A. A. 5 werden die eigenen Stellungen auf den Bahndamm nordwestlich Nieporent zurückgenommen.

Weiter südlich unterstützt die 5./Pz. Rgt. 5 mit 11 Panzern V das III./Germania im Raum Michailow.

Am folgenden 12. Oktober hält der Druck des Feindes auf die Nahtstellung des Regimentes Westland und der A. A. 5 unvermindert an. Um 09.00 Uhr wird ein in Bataillonsstärke vorgetragener Angriff von der Pz. A. A. 5 zurückgeschlagen. Dann deckt von 12.00 Uhr bis 12.30 Uhr ein Trommelfeuer aller schweren Waffen sowohl die Stellungen des Regimentes Westland, der Pz. A. A. 5 als auch der 2. und 4./Pz. Rgt. 5 ein. Von den nördlich des Bahndammes stehenden Panzern der 2. Kp. werden die Panzer 224 und 225 durch Volltreffer vernichtet. Nach verlustreichem Ringen erreicht der gegen Verluste unempfindlich scheinende Russe dann im Abschnitt Westland den Bahndamm bei K. Wieliszew.
Im Rücken der etwa 4 km südlicher mit Teilen von Westland gegen Wola-Alexandra sichernden 5./Pz. Rgt. 5 verstärkt sich der Feind, der in der Dämmerung weitere Kräfte in der linken Flanke der Kompanie nachziehen kann. Nachdem 6 Feindpanzer Fw. Michailow erreicht haben, ist auch starkes Kettengeräusch im Walde vernehmbar.
Unter dem Eindruck, daß der sich weiter verstärkende Feind eine Entscheidung im Abschnitt Westland erzwingen will, zieht der Kommandeur des Panzerregimentes 5 am Abend des 12. Oktober die noch nördlich des Narew bei Marynin stehenden Teile der II. Abteilung, die 7. und 8. Kp., nach Lajsk am Brudnowski-Kanal, etwa 3 km südlich Wieliszew, hinter den bedrohten Abschnitt.
Der Gefechtsstand der I. Abteilung wird von Lajsk nach Poniatow verlegt.

Erwartungsgemäß greift der Feind in den frühen Morgenstunden des 13. Oktober in Richtung Straßen-Eisenbahnüberführung nordostwärts K. Wieliszew mit starken Kräften an. Mit Teilen erreicht er den Friedhof nordostwärts K. Wieliszew, der in den nächsten Tagen außerordentlich heftig umkämpft werden soll. Die russische Luftwaffe fliegt den ganzen Tag rollende Angriffe besonders auf die rückwärtigen Verbindungen und Gefechtsstände. Aus einem Verband von 14 Il. II schießt Oberscharführer Aumeyer mit dem Fla-Zug 1 Il. II ab.
Seit 08.00 Uhr morgens befindet sich die II./Pz. Rgt. 5 von Lajsk im Angriff nach Osten und erreicht die Punkte 94,5 und 87 an der großen Straße Zegrze – Jablonna. Im Anschluß nach Norden, im Abschnitt der Pz. A. A. 5 und der hier eingesetzten 4./Pz. Rgt. 5 drückt sich die russische Infanterie durch die eigenen nicht mehr durchgehend besetzten Linien westlich und nordwestlich in den Rücken der Verteidiger. Die HKL bzw. Panzersicherungslinie muß an den Bahndamm zurückgenommen werden, wo nicht nur nach Osten, sondern auch nach Norden und Nordwesten gesichert werden muß. Der Feind ist überall. Ein Sturmgeschütz erhält einen Artillerievolltreffer, 2 Tote sind zu beklagen.
Am frühen Nachmittag gewinnt die Pz. A. A. 5 mit Teilen des rechten Flügels des I./Germania im Gegenstoß die HKL am Bahndamm nördlich K. Wieliszew zurück. Auf beiden Seiten wird mit äußerster Verbissenheit gekämpft.
Gleichzeitig scheint südlich K. Wieliszew dem auch seinerseits jetzt mit Panzern angreifenden Feind der Durchbruch zu gelingen. Seine vordersten Teile erreichen den Bahnhof Wieliszew.

Die Panzergruppe 4./Pz. Rgt. 5 sammelt am Ostrand des Ortes. Auch die versprengten Teile Westland und der A. A. 5 werden hier aufgefangen und zum Gegenstoß neu geordnet. Dann gewinnen die Grenadiere zusammen mit den Panzern der I. und II. Abteilung ihre alten Stellungen zurück; der Friedhof allerdings bleibt in Feindeshand.

Im Gefechtsbericht der 2./Pz. Rgt. 5 lesen wir über den Verlauf des 13. Oktober:

„Dem Feind war es gelungen, in den Vormittagsstunden westlich des Sicherungsabschnittes der Kompanie durchzubrechen und sich kurz vor dem Bahndamm Wieliszew – Nieporent festzusetzen. Hierdurch war es dem Feind gelungen, mit stärkeren Kräften der Kompanie und Teilen der Infanterie den Rückzug abzuschneiden.

Um 11.00 Uhr kam der Befehl vom Abteilungskommandeur, sich mit den Restteilen der Infanterie abzusetzen und hinter dem Bahndamm bei der A. A. neue Stellungen zu beziehen. Die Feindstellungen wurden in einem kurzen Gefecht überrollt und eine neue Sicherungslinie bezogen. Durch weitere Angriffe des Feindes rechts von uns war es ihm gelungen, über den Bahndamm hinweg bis zum Bahnhof Wieliszew durchzubrechen und somit der Abteilung, den Restteilen der Infanterie und der A. A. den Rückweg abzuschneiden. Durch plötzliches Auftreten mehrerer Feindpanzer entstand ein großer Wirrwar unter der Infanterie, die sich sofort bis zu unseren Panzern zurückzog. Durch starkes feindliches Artilleriefeuer wurde 1 Panzer durch Volltreffer in Brand geschossen, weiter wurde 1 Panzer wegen Vorgelegeschaden von eigenen Wagen in Brand geschossen, da keine Abschleppmöglichkeit vorhanden war.

Da sich der Druck des Feindes immer mehr verstärkte, mußte sich die Abteilung mit den Restteilen der Infanterie und der A. A. bis nach Wieliszew absetzen. Nach Erreichen eigener Stellungen wurde die Kompanie zu einem sofortigen Gegenstoß gegen Waldstück westlich Nieporent angesetzt, um die alte HKL am Bahndamm wiederherzustellen. Nach Durchführung des Auftrages setzte sich die Kompanie bis zum Waldrand ab und sicherte in ostwärtige Richtung. Vernichtet wurden 2 Pak 4,7 cm, 2 LKW, 10 MG, Feindverluste 30–40 Mann.“[1]

Um den Bahndamm bei K. Wieliszew und um den Friedhof nordostwärts davon wird auch an den folgenden beiden Tagen mit unverminderter Heftigkeit gerungen. Nach jeweils mörderischem Trommelfeuer des Feindes, unter dem Druck seiner Panzer und Schlachtflieger weichen die Grenadiere auf die Sicherungslinien der eigenen Panzer aus. Diese reißen sie dann im Gegenstoß wieder mit nach vorne und werfen den eingedrungenen Feind zurück unter Vernichtung von 5 T 34. Oberscharführer Weiß vernichtete am 15. 10. allein 4 Feindpanzer und mehrere Pak.

Zum ersten Male greift der Feind auch den linken Flügel, unmittelbar südlich des Narew-Knies am Straßenkreuz südwestlich Zagroby, mit Panzern an, wird aber durch die Panzer des Regiments-Aufklärungszuges geworfen.

Am Abend des 15. Oktober ist auch der Friedhof nach stärkster Artillerievorbereitung und nach dem Einsatz schwerer Werfer-Batterien wieder in eigener Hand und damit auch die Verbindung zwischen der A. A. 5 und dem I./Westland wieder hergestellt.

Die 4./Pz. Rgt. 5 versucht, aus dem Kastenwäldchen südlich Wieliszew durch laufende Gegenstöße in Richtung Bahndamm die aus Alarmeinheiten bestehende Kampfgruppe Heder zu entlasten. Mehrere Pak und 2 Feindpanzer werden abgeschossen.

1) Gefechtsbericht 2./Pz. Rgt. 5

Nach einem gescheiterten Nachtangriff auf den Bahndamm wird die Kampfgruppe am 15. 10. durch das II./Germania abgelöst. Ein Einsickern des Feindes in den Kastenwald kann jedoch nicht verhindert werden.
Nach rollenden Schlachtfliegerangriffen im Morgengrauen des 16. 10. wird ein erneuter Angriff bei Zagroby abgewiesen. Ein wuchtiger Feuerschlag eigener schwerer Werfer läßt hier auffallende Ruhe eintreten.
Am späten Nachmittag trifft ein eigener, durch Feuer aller schweren Waffen eingeleiteter Gegenangriff auf einen Feindangriff, der durch ein Trommelfeuer auf den Wald bei K. Wieliszew vorbereitet worden ist. Die unter der Wucht des Feindangriffs weichenden eigenen Grenadiere reißt der sofort durch den Kommandeur des Panzerregimentes 5, Obersturmbannführer Darges, persönlich eingeleitete Gegenstoß mit 2 Panzern IV und 1 SPW wieder nach vorn. Aus der wiedergewonnenen Linie nordwestlich des Friedhofes kann dieser im Laufe der folgenden Nacht ebenfalls wiedergenommen werden.
Auch der Gegenangriff des II./Germania dringt im Zusammenwirken mit der 4./Pz. Rgt. 5 bis an den Bahndamm vor, der dann gehalten werden kann.
Offensichtlich sind auch die russischen Kräfte nicht mehr unerschöpflich. An den beiden folgenden Tagen, dem 17. und 18. Oktober, herrscht verhältnismäßige Ruhe im gesamten Abschnitt; allerdings nur eine Ruhe vor dem erneuten Sturm, der am 19. 10., 07.45 Uhr als Trommelfeuer mit dem Schwerpunkt auf den Wald bei K. Wieliszew losbricht. Eineinhalb Stunden dauert das Inferno, dann greifen die braunen Gestalten an. Der Wald bei K. Wieliszew geht verloren. Der Zug Klein der 4. Kp. verliert 2 Kampfwagen, Klein selbst muß wegen Kettenschadens ausbooten.
Noch während des Trommelfeuers steht die russische Infanterie vor dem Gefechtsstand des II./Germania, dessen HKL überrannt und zusammengebrochen ist. Der Chef der 4./Pz. Rgt. 5, Obersturmführer Weerts, wird bei der Besetzung einer Auffanglinie verwundet.
Der 2./Pz. Rgt. 5 gelingt es im Zusammenwirken mit den noch greifbaren Sturmgeschützen und Teilen der Infanterie seit 10.20 Uhr im Gegenstoß, zunächst ein Heraustreten des Feindes aus dem Walde nach Westen zu verhindern.
Um 16.00 Uhr wird dann ein Gegenangriff der I./Pz. Rgt. 5 unter der Führung von Obersturmführer Schumacher in Zusammenarbeit mit dem I./Westland wirksam. Der Feind wird geworfen, und abends stehen die Panzer wieder am Bahndamm, allerdings abschnittsweise ohne Infanterie.
Außerordentliche Schwierigkeiten machen die Versorgung, das Auftanken und Aufmunitionieren der tagelang ununterbrochen im Einsatz stehenden Panzer. Sie ist nur nachts möglich und wird erschwert durch die teilweise ungeklärten Situationen in den Flanken und im Rücken der vordersten Teile. Die technischen Dienste arbeiten unermüdlich unter schwierigsten Bedingungen. Die Haltung der Männer des Panzerregimentes in diesen Tagen charakterisiert eine Feststellung im Kriegstagebuch der I. Abteilung vom 21. Oktober 1944:
„Die Kämpfe sind sehr hart, die Stimmung bleibt auch weiterhin gut bestehen.“[1]

1) KTB I./Pz. Rgt. 5

Zur Sicherung gegen feindliche Panzerüberraschungen wird der Straßendamm westlich des Straßenkreuzes Wieliszew in den frühen Morgenstunden des 20. Oktober gesprengt. Die eigenen Infanteriesicherungen sind auch hier zu schwach, um ein Durchsickern des Feindes in die südliche Flanke der sichernden Panzer verhindern zu können.

Unter Belassung von je 2 Panzern IV und 2 Sturmgeschützen zur Sicherung gegen den Bahndamm und den inzwischen wieder feindbesetzten Friedhof werden die 2. und 4./Pz. Rgt. 5 aus dem Wald ostwärts Wieliszew zurückgezogen. Der folgende Feind besetzt den Wald, zieht sofort starke panzerbrechende Waffen nach und schlägt den seit 10.30 Uhr laufenden Gegenstoß der 2. und 4./Pz. Rgt. 5 ab, deren Panzer die durch Pak gesicherten Waldschneisen ohne Infanterie nicht überwinden können. Ein am späten Abend geführter Gegenangriff der I. Abteilung mit unterstellter Infanterie scheitert ebenfalls.

Die 2. Kp. verliert beim Absetzen der Kompanie nach einem gescheiterten Angriff auf den Friedhof in der folgenden Nacht ihren Chef, Untersturmführer Bauer, durch Kopfverwundung.

Der Druck des Feindes auf Wieliszew und besonders auf den Abschnitt des I./Germania hält auch am folgenden Tage an. Die Befehlspanzer der I. Abteilung müssen zur Verstärkung der geschwächten Kompanien in dem Sperriegel ostwärts Wieliszew eingesetzt werden, da die 2. Kp. nur noch über 4 einsatzbereite Panzer IV und die 4. Kp. über 3 Sturmgeschütze verfügen und damit nicht einmal mehr die Stärke eines Zuges besitzen.

Der am Abend eintreffende Divisionsbefehl, im Laufe der Nacht mit den Absetzbewegungen auf die Marder-Dachs-Stellung in Anlehnung an den Brudnowski-Kanal zu beginnen, kommt nicht überraschend.

Die Gefechtsstände des Panzerregimentes 5 und der I. Abteilung gehen nach Skrzezew, nordwestlich D. Poniatow bzw. 6 km nordwestlich Wieliszew.

Die durch Panzer der I. Abteilung verstärkten Gefechtsvorposten sichern die Absetzbewegungen und werden bereits am folgenden Vormittag teilweise zum Ausweichen gezwungen. Die feindlichen Angriffe konzentrieren sich auf Wieliszew, das zunächst verteidigt und nach der Besetzung durch den Feind stoßtruppartig von den Panzern und Infanterie am Tage und nachts angegriffen wird. Diese Angriffe stören die Bereitstellung der sich verstärkenden Russen und fügen ihnen starke Verluste zu.

Die besondere Aufmerksamkeit gilt dem linken Flügel des neu gebildeten „Verteidigungsabschnittes Darges“. Die Panzer der 2. Kp. sichern in Zusammenarbeit mit dem I./Germania allmählich mehr nach Norden gegen den Narew als nach Osten. Auf dessen Nordufer greift der Russe nämlich inzwischen Izbica an und überflügelt bereits die Stellungen auf dem Südufer.

Angesichts dieser Entwicklung wird auch der Gefechtsstand der II. Abteilung nach Skrzezew gezogen.

Die eigenen Bewegungen werden durch den Feind auf dem Nordufer, durch Pak und Scharfschützen, zunehmend erschwert. Die jetzt aufeinander abgestimmten feindlichen Bewegungen auf beiden Flußufern zersplittern die ohnehin geschwächten Verteidiger zusätzlich.

Trommelfeuerartig vorbereitete Angriffe gegen die Stellungen des I./Germania und der A. A. 5 können am 24. Oktober zwar abgewiesen, ein Übersetzen des Feindes in Bataillonsstärke vom Nord- auf das Südufer in Höhe von Izbica am hellen Nachmittag kann dagegen nicht verhindert werden. Gewohnheitsmäßig gräbt sich der Russe in dem Wald- und Buschgelände sofort ein und kann nicht mehr vertrieben werden, weil eigene Reserven nicht mehr zur Verfügung stehen. Das I./Germania biegt den linken Flügel nach Westen ab und versucht, mit der Hilfe zweier Panzer die Lage unter Kontrolle zu halten.

Am 26. 10. bahnt sich eine ernstere Krise an durch einen russischen Doppelangriff beiderseits des Narew. Auf dem Nordufer greift der Feind nach einstündigem Trommelfeuer um 10.20 Uhr mit einem von Panzern unterstützten Infanteriebataillon nach Westen den Ort Dembe an. Gleichzeitig greifen die über den Narew gesetzten Kräfte nach Südwesten an und drücken die eigenen Grenadiere bis in Höhe des Gefechtsstandes des I./Germania zurück.

Von den 5 auf Dembe angreifenden Feindpanzern schießt Oberscharführer Fischer, Zugführer in der 2./Pz. Rgt. 5, in 20 Minuten 3 Panzer vom Südufer des Narew ab. Um 11.50 Uhr setzt der Feind weitere Kräfte, etwa 150 Mann, in Schlauchbooten bei Punkt 71 über den Fluß. Den jetzt verstärkten Kräften gelingt wenig später ein Einbruch 400 m ostwärts Punkt 86. Die unermüdlichen Panzermänner bereinigen noch einmal die Lage. Der Gefechtsbericht der 2./Pz. Rgt. 5 lautet:

„Unsere Wagen mit den unterstellten SPW zerschlagen in schwungvollem Gegenstoß den Angriff des Gegners und werfen ihn hinter die Sanddünen bei Höhe 86 in seine Ausgangsstellungen zurück. Nachdem die Infanterie wieder in ihren alten Stellungen ist, ziehen sich die Kampfwagen wieder etwas zurück. Gegen 15.00 Uhr ist die eigene Infanterie schon wieder zurückgegangen. Beim Einbruch der Dämmerung wird sie im erneuten Gegenstoß wieder auf die Höhe gebracht. In der Nacht wird die alte Sicherungslinie vom Vortage bezogen.“[1]

Der aufopferungsvolle hinhaltende Widerstand, der zeitlich und örtlich den Charakter von Verteidigungskämpfen erhält, fordert von den eingesetzten Teilen auch an den folgenden Tagen den äußersten Einsatz. Das Hauptkampffeld schiebt sich täglich mehr in den Bereich der ehemaligen Festung Modlin, in den sich zum Mündungspunkt von Weichsel und Narew verengenden Raum zwischen beiden Flüssen.

Während beim Eintritt in den Raum des sogenannten „Nassen Dreiecks“ südlich Zegrze die Nord-Südausdehnung der HKL noch etwa 18 km betrug, mißt sie jetzt bereits keine 12 km mehr. Daher werden jetzt aus der Front der Division Wiking Kräfte frei und der Abschnitt der 3. SS-Panzerdivision Totenkopf gestreckt.

Im Zuge der weiteren Rücknahme der HKL in die sogenannte „Fuchsstellung“ am 27. und 28. Oktober werden das Panzergrenadierregiment Germania und das Panzerregiment 5 vom Südufer auf das Nordufer gezogen. Das Regiment Germania übernimmt hier infanteristisch den Abschnitt der herausgelösten 19. Panzerdivision und das Panzerregiment 5 die Aufgaben des Panzerregimentes 27.

Am 27. Oktober, nachmittags unterstützen die Panzer und Sturmgeschütze der I. Abteilung das Zurückgehen der Kampfgruppe Oeck.[2]

1) Gef. Bericht 2./Pz. Rgt. 5 2) Chronik Pz. Rgt. 5

In den späten Nachmittagsstunden stärker nachdrückender Feind wird durch das wirksame Feuer der Werfer-Batterien gestoppt.
Die Bewegungen selbst leiden weniger unter dem Druck des Feindes, bei dem Erschöpfungserscheinungen spürbar werden, als unter technischen Schwierigkeiten. Der abgeschossene Panzer des Unterscharführers Schnell kann abgeschleppt, der von Unterscharführer Juhr muß gesprengt werden. Das Reißen von Ketten, auch bei Abschleppwannen, erzwingt wiederholt das Einigeln zur Durchführung der Bergungsarbeiten. Über Skrzeszew erreicht die I. Abteilung in der Nacht zum 28. Oktober Janowek, um von dort über Bugmünde in Kikoly auf dem Nordufer unterzuziehen. Nach kurzer technischer Instandsetzung der Panzer löst die 2. Kp. die eingesetzten Panzer der II. Abteilung ab und sichert im Schloßpark von Dembe nach Süden und Osten. Der Rest der Abteilung steht beim Gefechtsstand, 400 m ostwärts Orzechowo, bzw. verbleibt in Kikoly.

Die schweren Kämpfe im „Nassen Dreieck" klingen mit dem Erreichen des ehemaligen Festungsbereiches Modlin und mit den Umgruppierungen der Kräfte in den letzten Oktober- und ersten Novembertagen aus.
Zusammen mit den voraufgegangenen beiden Abwehrschlachten um Warschau hat der Feind in fast zehnwöchigen, ununterbrochenen Kämpfen mit großem personellen und materiellen Einsatz Geländegewinne erzielen können. Dem ungebrochenen Verteidigungswillen der 5. SS-Panzerdivision Wiking und in ihrem Rahmen der Männer des SS-Panzerregimentes 5 ist aber mit den Kameraden der 3. SS-Panzerdivision Totenkopf die Vereitelung der operativen Absicht des Feindes gelungen, nämlich die Vereitelung des operativen Durchbruchs nach Nordwesten und damit der Umklammerung der Restteile der Heeresgruppe Mitte und der Heeresgruppe Nord.

Mit den Ortsnamen Janowek und Czarnowo beiderseits des Narew verbindet sich die Erinnerung an starke Außenforts der ehemals stärksten Festung des kaiserlichen Rußland. Im August 1915, vor genau 29 Jahren fiel die Festung Nowo Georgiewsk (heute Modlin) unter dem kühnen Zugriff deutscher Landwehr- und Landsturm-Divisionen unter der Führung des Generals v. Beseler. 90 000 russische Soldaten, unter ihnen 30 Generale, wurden zur Kapitulation gezwungen.[1]
Anfang November 1944 enden die Kämpfe im gleichen Raum nicht mit der Kapitulation der dieses Mal deutschen Verteidiger, sondern die Flut einer vielfachen Übermacht bricht sich vor den zahlenmäßig weit unterlegenen, aber entschlossenen Verteidigern.

Die in den Monaten November/Dezember 1944 folgenden Kämpfe sind „Stellungskämpfe ohne besondere Vorkommnisse". Im Vordergrund aller Anstrengungen in der jetzt gewährten Atempause steht die Wiederaufstellung des SS-Panzerregimentes 5, die sofort in Angriff genommen wird. Die Kampfstaffeln des Regimentes werden zweigeteilt.

1) „Schlachten des Weltkrieges", Gerhard Stalling, Oldenburg, 1926, S. 108

Teile der 2. und 4. Kp. sowie die 5. und 6. Kp. bleiben in der Front. Der Regiments-Aufklärungszug tritt mit 2 Panzern IV zu den im Einsatz bleibenden Teilen der I. Abteilung.

Die 1., 3., 7. und 8. Kp. und Teile der 2. und 4. Kp. werden unter der Führung von Obersturmführer Nicolussi-Leck zu einer Panzer-Lehrabteilung zusammengefaßt, die ihren Dienstbetrieb auf dem Übungsplatz Schieratz, südlich Litzmannstadt (Lodz), am 13. 11. 1944 aufnimmt. Der erste Transportzug hat Modlin am 9. November 1944 um 14.00 Uhr verlassen. In Plöhnen haben sich die 3. und in Lowic die 1. Kp. angeschlossen, die dort bereits seit Wochen Ausbildung betrieben haben. Der dritte Panzer IV des Regiments-Aufklärungszuges steht als Ausbildungspanzer zur Verfügung.

Für die eingesetzten Teile der I. und II. Abteilung bedeuten diese Wochen Stellungskrieg. Fehlende Panzer werden durch Panzerattrappen dargestellt. Diese werden zu bevorzugten Zielen der russischen Artillerie und erfüllen ihren Zweck der Täuschung des Feindes. Die Front der Division Wiking bewegt sich in den letzten beiden Monaten des Jahres 1944 nur unwesentlich.

Vor 4 Jahren, im Dezember 1940 erging der Befehl zur Aufstellung der Division Wiking. Eine Welt soldatischen Erlebens umschließen die vergangenen 4 Jahre. Die Divisionsführung benutzt die verhältnismäßige Kampfruhe zu einem Rückblick im Rahmen eines feierlichen, soldatischen Appells. Einer Veröffentlichung aus dem Jahre 1952, acht Jahre später, ist die folgende Schilderung entnommen: [1]

„Das schönste Beispiel jener germanischen Treue, die nicht nur im Glück, sondern auch in trüben, unglücklichen Stunden aufrecht und stolz eine unveränderliche Haltung bewahrt, boten die Männer der SS-Panzerdivision Wiking, die sich im Dezember 1944 in den Mauern der Festung Modlin, einer noch im Brennpunkt der Kämpfe stehenden polnischen Festung, versammelten, um das vierjährige Bestehen ihrer Europäischen Einheit zu feiern ...

Während ein eisiger Sturm die Mauern der polnischen Festung umpeitschte, unter tief hängenden Wolken die Front auf neue, schwere Tage sich vorbereitete, hielt die Führung der Division Wiking einen kurzen soldatischen Appell ab.

Der Divisionskommandeur, Standartenführer Ullrich, und der Kommandierende General des IV. SS-Panzerkorps, SS-Obergruppenführer und General der Waffen-SS Herbert Gille, sprachen kurz zwischen den Klängen von Beethoven und Richard Wagner zu den angetretenen Wikingern. In ihren Worten spiegelte sich der Sturmlauf wieder, der die norwegischen, dänischen und niederländischen Bauernsöhne, die flämischen Jungarbeiter und Studenten mit ihren deutschen und anderen Kameraden durch die Ukraine marschieren ließ, über den Dnjepr hinweg bis zum Mius. Die Tage und Nächte in den vereisten Balkas während des Ostwinters 1941/42 stehen in den Gedanken wieder auf. Dann die vielen anderen Schlachten und Gefechte bis zu den Kämpfen im Angesicht der Eisgipfel des Kaukasus.

Wer von den Wikingern, die in dem weiten Saale der Festung auf die Worte ihrer Führer lauschten, kann sich nicht mehr an die trostlose Weite der Kalmückensteppe erinnern, als die Division Rücken und Flanke der Kaukasusarmee zu sichern hatte.

Beim Angriff als erste, beim Rückzug als letzte am Feinde, so grub die Division ihre Taten in die blutige Geschichte des Ostfeldzuges ein. Es war ein ergreifendes Bild: die düstere polnische

1) „Wiking Ruf" Nr. 4 Februar 1952

Festung, in ihr versammelt die Freiwilligen aus fast allen europäischen Ländern. Männer, deren Familien sich in vielen Fällen in Internierung befanden, die infolge ihrer geraden Haltung von ihrer Umwelt in der Heimat gehaßt und verfolgt wurden, die, von Hohn und Spott umgeben, über 4 Jahre Haus und Hof, ihr junges Leben zur Verfügung stellten, getragen von dem Glauben an eine bessere Zukunft. ...“

X. Ungarn

Die Entwicklung der militärischen Lage im Donauraum von August bis Dezember 1944

Am Vorabend des Weihnachtsfestes, am 24. Dezember 1944, gegen 18.00 Uhr erhält das IV. SS-Panzerkorps den Verlegungsbefehl nach Ungarn in den Raum westlich Budapest.
Ein neuer Kriegsschauplatz erwartet damit auch das SS-Panzerregiment 5. Die letzten schweren Kämpfe in der Schlußphase des Zweiten Weltkrieges zwischen der Donau, beiderseits Budapest, und den Ostalpen, zwischen Wien und Graz sollten noch einmal den äußersten Einsatz von Mensch und Material unter der zur Gewißheit werdenden Belastung des verlorenen Krieges fordern.
Zum Verständnis dieser Kämpfe im Donauraum sollen zunächst die Zusammenhänge mit dem Geschehen an der Ostfront seit dem Beginn der großen russischen Angriffsoperationen im August 1944 in großen Zügen aufgezeigt werden.
Die russischen Offensiven im Frühjahr 1944 hatten die Armeen der 1. und 4. Ukrainischen Front in die allgemeine Linie Kowel – Lemberg – ostwärts Stanislau an die Ostabhänge der Waldkarpaten geführt. Die Armeen der 2. und 3. Ukrainischen Front schlossen sich nach Südosten an, über Kolomea westlich des Sereth bis nördlich Roman, von da in ostwärtiger Richtung nördlich Jassy bis Cornesti und dann nach Südosten nördlich Kishinew an den Dnjestr. Über den Fluß bis zu seiner Mündung in das Schwarze Meer hatte die 3. Ukrainische Front 2 Brückenköpfe gewonnen, den stärkeren im Raum Tiraspol.
Das Operationsziel dieser russischen Kräfte nördlich des Schwarzen Meeres war der Zusammenbruch der drei noch mit dem Deutschen Reich verbündeten Regierungen Rumäniens, Bulgariens und Ungarns, der Durchstoß zu den Partisanenarmeen Titos und das Durchschneiden der Versorgungslinien der noch auf dem Balkan stehenden deutschen Truppen.

Die Bewegungen moderner Armeen in diesem Raum werden entscheidend berührt durch die zwei starken Gebirgsflanken der großen Flußsysteme der Moldau und der Donau im rumänischen Raum.
Die Nord-Süd-Gebirgsflanke der Karpathen und deren fast rechtwinklige Fortsetzung in Ost-West-Richtung, die Transsylvanischen Alpen, umschließen das Siebenbürger Hochland, dessen Besitz entscheidend ist für einen Angriff in die ungarische Tiefebene der Theiß und Donau.
Vor dem Beginn ihrer Sommeroffensive trennten die am Dnjestr stehenden russischen Armeen noch mehr als 800 km von der Donau südlich Budapest.
Der deutschen Heeresgruppe Südukraine, die am 15. September 1944 in Heeresgruppe Süd umbenannt wurde, standen zur Verteidigung des rumänischen Raumes die Armee-

gruppe Dimitrescu[1] mit der 3. rumänischen und 6. deutschen Armee in der Dnjestr-Stellung sowie die deutsche 8. und rumänische 4. Armee zur Deckung des Raumes Cornesti – Roman – Karpathenostrand zur Verfügung.

Am 20. August 1944 traten die Armeen der 3. und 2. Ukrainischen Front nach zweieinhalbstündiger Feuervorbereitung an.
Zum gleichen Zeitpunkt stand die 5. SS-Panzerdivision Wiking auf dem Höhepunkt der ersten Abwehrschlacht um Warschau.
An der Front in der Normandie schloß sich an diesem Tage der Kessel von Falaise. Die Masse der 7. deutschen Armee ging hier verloren; damit war der Weg durch Frankreich für die Westalliierten frei. 5 Tage vorher hatte die amerikanische 7. Armee mit ihren Landeoperationen an der südfranzösischen Küste im Raum Marseilles begonnen. In Italien standen die alliierten Armeen bereits nördlich Florenz; vor Jahresfrist war Italien zum Feinde übergetreten.
Der Krieg näherte sich zum Zeitpunkt des Beginns der Operationen in Rumänien von allen Seiten mit zunehmender Schnelligkeit den Grenzen des Deutschen Reiches.

Die Divisionen der deutschen 6. und 8. Armee hielten dem Ansturm der Armeen Tolbuchins (3. Ukrainische Front) und Malinowskis (2. Ukrainische Front) 3 Tage stand. Die verbündeten rumänischen Armeen wurden ihr Schicksal.
„Fast überall, wo der russische Angriff auf rumänische Verbände stieß, gaben diese den Kampf von vornherein auf“,
berichtet v. Tippelskirch.[1]

Am Abend des 23. August 1944 gab der rumänische König den Abschluß eines Waffenstillstandes bekannt. Die rumänische Armee wechselte auf die russische Seite. V. Tippelskirch berichtet weiter:
„Die Front verwandelte sich in ein Chaos. Überall, wo rumänische Verbände standen, öffneten sich die Linien, so daß die Russen auch an bisher nicht angegriffenen Frontteilen den Weg frei fanden.“[1]

Die beiderseits des Pruth über Jassy nach Süden durchstoßenden Verbände der 2. Ukrainischen Front vereinigten sich im Raum Vaslui-Husi mit den aus dem Brückenkopf Tiraspol nach Westen vorgedrungenen Teilen der 3. Ukrainischen Front und besiegelten das Schicksal der aus dem Frontbogen Kishinew – Cornesti nicht schnell genug zurückgehenden deutschen Divisionen.
„Um sich dem völligen Zusammenbruch, der Vernichtung zu entziehen, hätte es eines sofortigen Rückzuges und der schleunigen Besetzung der Donaubrücken bedurft. Da dies nicht geschah, kamen die Rumänen den Deutschen zuvor, sperrten die Übergänge und lieferten die deutschen Verbände den Russen aus. 16 deutsche Divisionen gingen total verloren, ein unersetzlicher Verlust in unserer ohnehin schon so schweren Lage.“[2]
Es sei hier daran erinnert, daß nur wenige Wochen früher, Anfang Juli, in den Strudeln des Zusammenbruches der Heeresgruppe Mitte fast 25 deutsche Divisionen versunken waren.

1) v. Tippelskirch, „Geschichte des Zweiten Weltkrieges“, 1956, S. 482/484/485
2) Guderian, „Erinnerungen eines Soldaten“, 1951, S. 332

Nach dem Zusammenbruch der Dnjestr-Front, aus der Teile der 8. Armee und nur kleine Teile der 6. Armee, die sich den Rückweg über den Sereth erzwingen konnten, die Karpathen erreichten, drangen Malinowskis Armeen nördlich der Donau über Ploesti, Bukarest nach Süden vor, überschritten am 8. 9. die Donau und drangen in Bulgarien ein.
Bereits am 6. 9. hatten nach Westen angreifende Teile bei Turnui-Severin nach der Durchquerung der Walachei die Verbindung mit Tito-Einheiten aufgenommen.
Gleichzeitig durcheilte Tolbuchin die Dobrudscha, erreichte bereits am 30. August Constanza am Schwarzen Meer und stieß nach Warna an die bulgarische Grenze.
Am 7. September 1944 verließ auch Bulgarien offiziell das Bündnis mit dem Deutschen Reich und erklärte diesem den Krieg. Es wurde gezwungen, seine 10 durch Deutschland gut ausgerüsteten Divisionen unter russischen Befehl zu stellen.[1]
Über die Pässe der Transsylvanischen Alpen dringen Malinowskis Verbände von Süden in Siebenbürgen ein, am 5. September fällt Kronstadt. In die Lücke zwischen den hier eingesetzten Resten der 6. deutschen Armee und der 2. ungarischen Armee stößt die im Raum Kronstadt-Herrmannstadt gebildete rumänische Armee hinein. Die ihr folgenden, starken russischen Kräfte drängen die 3. ungarische Armee nach Westen zurück, die bis Anfang Oktober hinter die Theiß zurückweicht.
Auch die 8. Armee kann ein Heraustreten des rechten Flügels der 2. Ukrainischen Front aus dem Gebirge nicht verhindern. Nach für beide Seiten in der Pußta verlustreichen Panzerschlachten gehen bis Ende Oktober Großwardein und Debreczen verloren.
Ende Oktober steht auch die 8. Armee bei Tokai hinter der Theiß. In dieser Situation zerbricht auch das ungarisch-deutsche Bündnis. Am 15. Oktober erbittet der Reichsverweser, Admiral v. Horthy, von den Feindmächten den Waffenstillstand. General Miklos, der ehemalige Militärattaché in Berlin und derzeitige Oberbefehlshaber der 1. Ungarischen Armee, und einige Generale laufen an diesem Tage zum Russen über.[2]
Nach der Einschließung Belgrads durch Verbände des Südflügels der 2. Ukrainischen Front und Teile Tolbuchins von Süden fällt die Stadt am 18. Oktober.
Am 29. Oktober durchbrechen Verbände Malinowskis die an der Theiß stehende 3. ungarische Armee und dringen auf Budapest vor.
Vier Wochen später, am 24. November 1944, überschreiten Teile der 3. Ukrainischen Front bei Mohacs die Donau, 180 km südlich Budapest. Fünfkirchen geht verloren. Zu dieser Zeit, als die russischen Spitzen nurmehr 270 km südostwärts Wien stehen, befinden sich noch deutsche Truppen in Saloniki und Durazzo, noch 800 bzw. 600 km weiter entfernt.[3]
Ein erneuter Stoß Malinowskis nach Norden bricht Mitte Dezember den deutschen Riegel zwischen Theiß und Donau auf. Die Spitzen erreichen im Norden das Eipeltal und weiter südlich am großen Donauknie die Stadt Waitzen.
Wenige Tage später zerbricht Tolbuchin südlich der Donau die deutschen Stellungen nördlich des Velence-Sees. Er ist inzwischen durch die 37. russische Armee verstärkt worden, deren Aufgaben die bulgarische Armee übernommen hat. Seine Angriffs-

1) v. Tippelskirch, „Geschichte des Zweiten Weltkrieges“, 1956, S. 502
2) v. Tippelskirch, „Geschichte des Zweiten Weltkrieges“, 1956, S. 496
3) Guderian, „Erinnerungen eines Soldaten“, 1951, S. 340

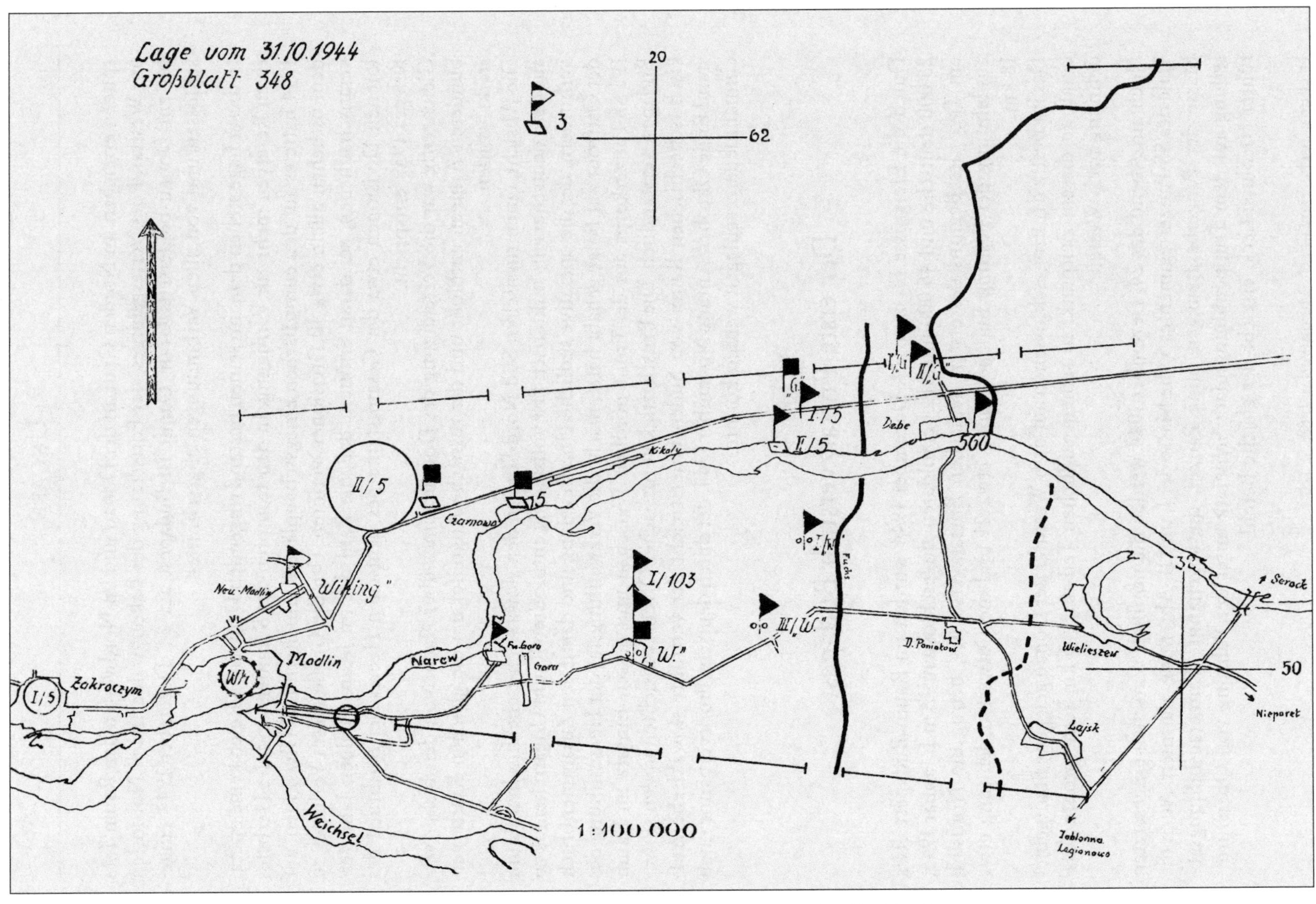

Lageskizze: 5. SS-Pz.Div. Wiking, 31.10.1944. Quelle: Dr. Renz

spitzen erreichen im Norden Gran an der Donau und im Nordwesten den Raum Tata am Westrand des Vertesgebirges, der Fortsetzung des Bakonywaldes nach Nordosten bis zur Donau beiderseits Gran. Damit ist Budapest am 24. Dezember 1944 eingeschlossen und von allen Verbindungen abgeschnitten.

In dieser Lage stehen dem um seinen Bestand ringenden Deutschen Reich keine operativen Reserven mehr zur Verfügung. In den Kämpfen des Sommers und des Herbstes 1944 hatte es auf den europäischen Kriegsschauplätzen annähernd 60 Divisionen, auf dem östlichen allein etwa 40 Divisionen verloren. Um die Größe dieses Verlustes zu veranschaulichen, sei daran erinnert, daß die Zahl der im letzten halben Jahr verlorenen Divisionen etwa der Gesamtstärke des deutschen Heeres bei Ausbruch des Krieges 1939 entspricht.
Gleichzeitig war die Verteidigung des Donauraumes über Nacht von den bisher verbündeten Armeen entblößt und der russische Angreifer um die gleichen Kräfte verstärkt worden.
Die Absicht, einen russischen Süd-Nord-Stoß in den slowakisch-tschechischen Raum aus dem deutscherseits militärisch fast vollständig entblößten Raum Ungarn heraus zu verhindern, der die operative südliche Überflügelung und damit den Zusammenbruch der Ostfront zur Folge gehabt hätte, macht die Verzweiflungstat der Herauslösung des IV. SS-Panzerkorps aus der Front nördlich Warschau und dessen Einsatz im Raum Budapest verständlich. Die Ernsthaftigkeit russischer Offensivabsichten in den slowakisch-tschechischen Raum von Süden unterstreicht der verfrühte slowakische Aufstand Ende Oktober/Anfang November 1944, der durch deutsche Frontverbände noch einmal niedergeschlagen werden konnte.

Der erste Entsatzversuch Budapest

Durch die Ereignisse bis zum 24. Dezember 1944 wurden im Raum Budapest etwa 25 000 deutsche und 45 000 ungarische Soldaten eingeschlossen.[1] Am 1. Januar 1945, am Tage des Beginns des ersten deutschen Entsatzversuches, betrug die Nordsüdausdehnung der Festung Budapest noch etwa 21 und die Ostwestausdehnung etwa 18 km.
Das im Besitz der Eingeschlossenen auf dem Westufer der Donau gelegene Stadtgebiet besaß zu diesem Zeitpunkt in seinem südlichen Teil mit 4,5 km seine größte Ausdehnung nach Westen.

Noch am Abend des 24. Dezember 1944 werden die nördlich Warschau eingesetzten Teile des SS-Panzerregimentes 5, die Masse der I. und II. Abteilung, alarmiert. Auch die Masse der Panzerbesatzungen ohne Panzer, die sogenannte Panzerausbildungsabteilung auf dem Truppenübungsplatz Schieratz unter der Führung von Obersturmführer Nicolussi-Leck, erreicht der gleiche Befehl.

1) „Europäische Freiwillige", Munin Verlag 1968, S. 320

Im Laufe des 26. Dezember werden die Kampfstaffeln verladen, vom Feinde ungestört. Sie verlassen am gleichen Tage einen der 50 Verladebahnhöfe im Raume Modlin-Nasielsk. Der Kommandeur der II. Abteilung, Hauptsturmführer Flügel, kommt zur Abfahrt des Transportzuges noch gerade rechtzeitig von einem Heimaturlaub zurück. Die Marschstrecke und das Marschziel bleiben ungenannt. Das ganze Unternehmen läuft unter „streng geheim".

Bei winterlicher Kälte durchqueren die Panzermänner in ungeheizten Eisenbahnwagen die Slowakei und erreichen nach etwa 700 Eisenbahn-Kilometern in den letzten Dezembertagen Komorn (Komarom) an der Donau, etwa 70 km nordwestlich Budapest. Die vom Truppenübungsplatz Schieratz nachgeführten Teile werden im Raum Raab – Neu Raab, 40 km weiter westlich, entladen und ziehen dort unter.

In ihrer lebensbejahenden Haltung feiern die Männer in Komorn Silvester, um dann am Neujahrstag, dem 1. Januar 1945, um 09.00 Uhr morgens nach einem Konzert auf dem Marktplatz Komorn mit beginnendem Schneetreiben in Richtung Tata anzutreten. Die Trosse folgen am 2. Januar.

Im Raum ostwärts Tata stellen sich die von ihren Entladebahnhöfen beschleunigt vorgeführten Einheiten der 5. SS-Panzerdivision Wiking bereit zum Entsatzangriff auf Budapest. Rechter Nachbar sind Teile der 6. Panzerdivision, die Gruppe Pape, und eine ungarische Kavalleriedivision, linker Nachbar die 3. SS-Panzerdivision Totenkopf.

Der Angriffsbeginn ist für 18.00 Uhr befohlen worden.

Für den noch nicht eingetroffenen Kommandeur der Division führt der Kommandeur des Regimentes Germania, Obersturmbannführer Dorr, den Befehl.

Das SS-Panzerregiment 5 stellt sich bereit mit 22 Kampfwagen vom Typ Panther der II. Abteilung und 10 Kampfwagen vom Typ Panzer IV der I. Abteilung. Damit verfügt das Regiment über die Kampfkraft von nicht einmal zwei Kompanien, kaum 20% seiner Sollstärke.

Bereitstellung und Angriffsvorbereitungen stehen im Zeichen großer Eile.

Der Auftrag der gepanzerten Gruppe lautet, entlang der von Tata nach Osten führenden Straße anzugreifen, die feindliche Stellung zu durchstoßen, das etwa vier Kilometer entfernte Agostyan zu erreichen und dann entlang und auf der nach Südosten, nach Biecske, führenden Straße in kühnem Vorstoß das Höhengelände bei Biecske zu gewinnen.

Zum Angriff beiderseits der gleichen Straße stellen sich das I. und III./Germania am Ostrand Tata bereit.

Der zur besseren Ausnutzung des Überraschungsmomentes ohne artilleristische Feuervorbereitung in der bereits hereingebrochenen Dunkelheit begonnene Angriff trifft auf eine stark verminte Stellung. Erst nachdem diese gegen etwa 23.00 Uhr von der Infanterie durchstoßen und die Minen auf der Straße bis 24.00 Uhr geräumt sind, tritt die II./SS-Pz. Rgt. 5 gegen 00.00 Uhr zum Angriff auf Agostyan an. Den Spitzenzug der 6. Kp. führt Untersturmführer Hinz, der im Turm stehend kurz vor der Höhe Agostyan von rechts rückwärts einen Kopfschuß erhält, der seinen sofortigen Tod zur Folge hat.

Angriff und Durchstoß bis Agostyan kommen so überraschend für den Russen, daß er

die Befreiung der vor einer Woche hier gemachten deutschen Kriegsgefangenen nicht mehr verhindern kann.
Der weitere Angriff über die Höhe hart südlich Agostyan im Morgengrauen scheitert an dem starken Abwehrfeuer des Feindes. Der russischen Artillerie gelingt sogar aus verdeckter Feuerstellung der Abschuß eines Panzers.
Erst mit der wieder hereinbrechenden Dunkelheit erzwingt die jetzt an der Spitze fahrende 5. Kp. den Zugang zu der nach Südosten führenden Straße. Mit den Spitzenpanzern fahrende Pioniere räumen die Minen. Paksperren müssen niedergekämpft werden. Aus den bis an die Straße stoßenden Wäldern, die die steil ansteigenden Hänge bedecken, greifen immer stärker werdende Infanterieeinheiten des Feindes an. Diese entzieht der Wald dem Zugriff der auf die Straße angewiesenen Panzer. In den frühen Morgenstunden des 3. Januar 1945 steht die Panzerspitze in Vertestolna, 6 km südostwärts Agostyan, das auch vom II./Germania unter Hauptsturmführer Pleiner bereits in der Nacht erreicht worden war. Das Bataillon hatte von Tata weit südlich ausholend angegriffen.

Ein Panzerspähtrupp stellt etwa 1 km südostwärts Vertestolna, da, wo die Hauptstraße von Tata nach Südosten wieder in den Wald eintritt und sich mit dem von Vertestolna kommenden Weg gabelt, einen starken russischen Pakriegel fest. Die Pak-Geschütze sind eingegraben mit Schußrichtung auf die Hauptstraße.
Diesen Pakriegel frontal aufzubrechen, scheint nicht möglich, da eigene Luftunterstützung fehlt bei gleichzeitig vorhandener feindlicher Lufttätigkeit, und weil auch die Unterstützung durch die eigene Artillerie infolge der erheblichen Geländeschwierigkeiten kaum wirksam wird.
Die Panzer tun das Unerwartete. Sie holen in einem Marsch durch eine Schlucht aus, greifen jetzt am Waldrand entlang an und fassen den in seinen eingegrabenen Stellungen weitgehend unbeweglichen Feind in der Flanke und vernichten ihn ohne eigene Verluste. 17 Pak-Geschütze und mehrere Panzer läßt der Russe zurück.
Die Panzerspitze und die folgenden Teile des Panzerregimentes müssen jetzt auf der durch den Wald führenden Serpentinenstraße die Durchfahrt erzwingen durch die Vernichtung einzelner, in Abständen stehender russischer Panzer. Wenngleich die Straße für einen Panzereinsatz denkbar ungeeignet ist, gibt es jetzt keine Alternative. Der bis über 400 m ansteigende Wald auf der rechten Seite bietet keine Umgehungsmöglichkeit. Das nach links ansteigende Gelände ist zwar nicht von einem gleich tiefen Wald bedeckt, doch erschwert ein anderer Umstand den Angriff hier in wachsendem Maße. Sowohl der rechte wie auch der linke Nachbar hängen mehr und mehr zurück. Die offenen, länger werdenden Flanken beanspruchen die zur Nährung des Angriffs aus der Tiefe vorgesehenen Reserven und schwächen die Stoßkraft. Der inzwischen mobilisierte Gegner weiß, die Geländevorteile in Gestalt der sich von Nordwesten nach Südosten ziehenden, bewaldeten Höhenzüge gegen den auf die jeweils im Grunde laufende Straße angewiesenen, gepanzerten Angreifer zu nutzen. Die ihm durch den deutschen Angriffsplan zugefallenen Geländevorteile sind erheblich.

Der Divisionskommandeur und auch der Kommandierende General sind bei der Panzerspitze und drängen auf einen schnellen Durchstoß. Mühsam quält sich indessen

der Angriff der Panzerspitze bis zum Austritt der Straße aus dem Wald, wenige hundert Meter vor der Ortschaft Tarjan, vorwärts.
Kurz bevor hier die Spitze, die von dem 1. Zug der 5. Kp. unter Untersturmführer Kerkhoff gefahren wird, offeneres Gelände erreicht, trifft den Führer des 2. Zuges, Oberscharführer Männer, der noch hinter dem Panzer des Führers der 5. Kp., Obersturmführer Lichte, fährt, das Soldatenschicksal. Ein noch in der rechten Flanke rechts rückwärts unerkanntes russisches Sturmgeschütz schießt den Panzer Männers ab, der selbst tödlich verletzt wird. Das Sturmgeschütz wird anschließend vernichtet.
Um 15.00 Uhr ist Tarjan genommen, die Kämpfe am Südrand des Ortes ziehen sich bis in die beginnende Dunkelheit hin. Doch noch während dieser Kämpfe wird der Divisions-Gefechtsstand bereits um 17.00 Uhr nach Tarjan vorgezogen. Der Druck auf das Angriffstempo soll sich so verstärken.
Die Geländeschwierigkeiten, die feindliche Abwehr, die russische Fliegertätigkeit über der einzigen Vormarschstraße nehmen zu. Eigene Lufttätigkeit ist nicht spürbar. Auch die Unterstützungsmöglichkeit der eigenen Artillerie ist weiterhin beschränkt.
Südostwärts Tarjan tritt der Wald auf den ansteigenden Hängen beiderseits der Vormarschstraße zurück und flankiert dieselbe über eine Länge von mehr als drei Kilometern in einem Abstand von jeweils eineinhalb Kilometern auf beiden Seiten. Um ein „Spießrutenlaufen“ oder eine zweite Situation Malgobek bei den zu erwartenden ungedeckten Flanken infolge des Zurückhängens der Nachbarn zu vermeiden, entschließt sich der Kommandeur des SS-Panzerregimentes 5, Obersturmbannführer Darges, die ursprünglich befohlene Vormarschstraße zu verlassen, nach Süden einzudrehen, über den Höhenrücken hinweg das auf der Südseite gelegene Tatabanya zu erreichen, um dann über ein für Panzer günstigeres Gelände anzugreifen und die Hauptstraße nördlich Biecske wieder zu erreichen.
Entsprechende Aufklärung meldet das südwestlich Tarjan zu überwindende Gelände feindfrei. Der Zug Kerkhoff übernimmt die Spitze, und nun windet sich Panzer für Panzer die Steilhänge in der Dunkelheit hoch. Die Panzermänner sprechen scherzhaft von dem Edelweißabzeichen der Gebirgstruppen für diese Leistung. Auf dieser Querbewegung zur eigentlichen Angriffsrichtung nehmen die Panzer das Bataillon Norge unter ihrem Kommandeur, Hauptsturmführer Vogt, auf, das bis hierher vordringen konnte.
Kurz vor Tatabanya erhält der Panzer Kerkhoff einen russischen Paktreffer ins Laufwerk. Kerkhoff marschiert zu Fuß zurück, wird von seinem in einem SPW dem Vorgehen seiner Panzer folgenden Regimentskommandeur auf das „allgemeine Verhalten eines Soldaten im Gelände“ aufmerksam gemacht und nimmt dann auch Deckungsmöglichkeiten im Straßengraben wahr. Die folgende Werkstattkompanie kann ihm einen inzwischen reparierten Panzer zur Verfügung stellen, mit dem er nördlich Biecske wieder zur 5. Kp. stößt.
Nachdem der Widerstand starker, mit Pak und Panzern eingegrabener russischer Nachhutkräfte gebrochen ist, erreicht das Regiment Tatabanya.
Die ungarische Bevölkerung hat die deutschen Soldaten auf ihrem bisherigen Vordringen überall freudig begrüßt.
In der Nacht vom 4./5. Januar greift das Panzerregiment 5 von Tatabanya über ver-

hältnismäßig offenes und leicht welliges Gelände nach Südosten an, stößt in der Morgendämmerung bis an die Straße Csabdi – Biecske, etwa 3 km nördlich Biecske, durch und vernichtet eine überraschte russische Nachschubkolonne. Kurz vor dem Erreichen der Straße wird der Kommandeur der II. Abteilung, Hauptsturmführer Flügel, bei einer Erkundung zu Fuß verwundet, und zwar in der Nähe des Gefechtsstandes des II./Germania: Hinter einem Strohschober führt Hauptsturmführer Pleiner sein ebenfalls bis hierher durchgestoßenes Bataillon.

Der Spitzenzug der 5. Kp., der Zug Kerkhoff, überquert nun den Gutshof Hegyiks am Südrand Csabdi und dreht auf die nach Biecske führende Straße ein. Nach wenigen hundert Metern erhält er aus Biecske unerwartet starkes Pakfeuer, dem die beiden Spitzenpanzer zum Opfer fallen. Kerkhoff selbst und dem hinter ihm fahrenden Führer der 5. Kp., Obersturmführer Lichte, gelingt es nur durch sofortiges Zünden und Werfen von Nebelkerzen, sich diesem Feind durch Verschwinden hinter die nächste Bodenwelle zu entziehen.

Die noch einsatzfähigen Teile des SS-Panzerregimentes 5 igeln sich jetzt zusammen mit dem Bataillon Norge auf dem Gutshof ein, den sie in den nächsten Tagen wie eine Festung zu verteidigen haben werden. Der sich laufend verstärkende Feind, der in Bataillons- und Regimentsstärke mit zunehmender Artillerieunterstützung, mit Panzern und überlegenen Luftstreitkräften pausenlos nun seinerseits angreift, hat längst die letzten eigenen Reserven zur Abwehr in den Flanken gebunden. Winterwetter und einsetzender Schneefall erschweren alle Bewegungen. Zwar gelingt es der links benachbarten 3. SS-Panzerdivision Totenkopf, ihre Spitzen bis in die Linie Many – Zsembek vorzudrücken und dadurch die linke Flanke der Division Wiking zu entlasten. Dafür fehlt der rechte Nachbar jedoch vollkommen.

Trotz der sich auch frontal um Biecske verstärkenden Russen greift die gepanzerte Gruppe am 8. Januar im Rahmen eines nochmaligen Vorstoßes beider Divisionen an und erreicht den Friedhof am Nordrand von Biecske. Doch dann scheint die Angriffskraft zu einem Durchstoß auf Budapest erschöpft zu sein.

Von jetzt an haben sich die Verteidiger des Gutshofes Hegyik der pausenlos mit Panzern und starker Artillerieunterstützung vorgetragenen Angriffe der Russen zu erwehren. Das Versorgungsproblem wird drückender. Die Verwundeten, die Dr. Kalbskopf versorgt, können nur nachts zurückgebracht werden. Nachts erfolgt auch vor allem die Munitionsversorgung auf den in der Werkstattkompanie wieder fahrbereit gemachten LKW.

Das Artilleriefeuer zwingt die „Gäste" im Gutshaus vom zweiten in den ersten Stock und schließlich in den Keller. Schlaf gibt es für die Verteidiger nicht mehr. In immer wieder vorgetragenen Nachtangriffen dringen die russischen Infanteristen durch die Umzäunungen in die Gehöfte ein und werden wieder hinausgeworfen. Bei einem solchen Angriff wird der Kommandeur der I. Abteilung, Hauptsturmführer Hein, während er in einer Tür an der Rückseite des Gebäudes mit dem Chef der 5. Kp., Obersturmführer Lichte, steht, durch Splitter einer detonierenden russischen Handgranate am Unterschenkel verwundet. Für ihn übernimmt Obersturmführer Bauer die Führung der I. Abteilung.

Mit außergewöhnlicher Tapferkeit verteidigen sich die Grenadiere des Bataillons

Norge unter ihrem Kommandeur, Hauptsturmführer Vogt. Sie bereinigen jeden Einbruch. Mit dem bereits von den Russen gefürchteten Kampfruf „Norge" werfen sie die Eingedrungenen in harten Nahkämpfen wieder hinaus.
Für die Kaltblütigkeit und Gesamthaltung der Männer im Gutshof Hegyik zeuge das folgende Begebnis:
Ein Oberscharführer des Bataillons Norge, der bereits früher einen Arm verloren und sich dennoch wieder an die Front gemeldet hatte, erhält in den Kämpfen im Gutshof einen Durchschuß durch den Mund. Da er nicht mehr sprechen kann, schreibt er dem ihn behandelnden Dr. Kalbskopf die Frage an die Tür: „Muß ich jetzt sterben?"
Der Doktor beruhigt ihn: „Wenn Sie schön den Mund halten, vielleicht nicht."

Bis zum 12. Januar 1945 bleiben die Männer des SS-Panzerregimentes 5 in ihrer vorgeschobenen Stellung im Gutshof Hegyik.
Der erste Versuch, die Eingeschlossenen in Budapest über Biecske zu entsetzen, ist jedoch inzwischen abgebrochen und die Masse der 5. SS-Panzerdivision Wiking bereits am 9. Januar zum Teil unter Feindeinsicht auf vereisten Straßen und Feldwegen herausgelöst, nach Norden zurückgeführt und im Raum Estergom (Gran) erneut bereitgestellt worden zu einem neuen, zweiten Entsatzversuch über das Pillisgebirge nach Südosten.
Den noch in Biecske stehenden Panzermännern ist das Abbrechen des ersten Versuches, als auch sie am 12. Januar wieder nach Norden marschieren, unbegreiflich. 27 km trennten sie noch vom westlichen Stadtrand Budapest. An dem zweiten Versuch sind sie nicht beteiligt, marschieren vielmehr nach Raab (Györ), um dort verladen und über Papa in den Raum Vesprem verlegt zu werden.

Generaloberst Guderian, seit Juli 1944 Chef des Generalstabes des Heeres, besucht in den kritischen ersten Januartagen 1945 u. a. auch die Gefechtsstände der Generale Balck und Gille. Das Ergebnis seiner an Ort und Stelle erhaltenen Eindrücke vom ersten Entsatzangriff auf Budapest formuliert er in „Erinnerungen eines Soldaten" auf Seite 350:
„Wahrscheinlich lag das Versagen des Angriffs daran, daß der Anfangserfolg der Abendschlacht am 1. Januar in der folgenden Nacht nicht zu rücksichtslosem Durchbruch ausgenutzt worden war. Wir hatten nicht mehr die Führer und Truppen von 1940, sonst wäre uns vielleicht doch hier ein Erfolg beschieden gewesen. ..."[1]

Diese herbe Kritik an den beteiligten Panzermännern und ihren Führern erscheint unverständlich und unberechtigt.
Generaloberst Guderian konnte sich mit einem nur flüchtigen Blick auf die Lagekarten bei den besuchten Stäben von der Ungunst des für den Angriff gewählten Geländes durch den Oberbefehlshaber der Armeegruppe, General Balck, überzeugen. Unter winterlichen Straßenverhältnissen einen Panzerverband über durch ausgedehnte Mittelgebirgswälder führende Serpentinenstraßen einen zur Abwehr vorbereiteten Gegner angreifen zu lassen, war mit den damals geltenden taktischen Lehrmeinungen unvereinbar.

1) Guderian, „Erinnerungen eines Soldaten", Vowinckel Verlag 1951

In dem angreifenden SS-Panzerregiment 5 und den Einheiten der 5. SS-Panzerdivision Wiking gab es Führer und Unterführer, die auch die Verhältnisse von 1940 aus eigenem Erleben kannten. Sie wußten, daß die 1940 vorhandenen Panzerformationen nicht mit nur einem Fünftel ihrer Sollstärke zum Angriff antraten. Diese kämpften damals mit der Unterstützung ausreichender Artillerie und fanden eine beispiellose Unterstützung durch die luftbeherrschende, eigene Luftwaffe, deren Sturzkampfbomber feindliche Punktziele beiderseits der Vormarschstraßen mit kaum gekannter Treffsicherheit vernichteten und den angreifenden Panzern aus dem Wege räumten. Der erste Entsatzangriff auf Budapest ist von tapferen und kriegserfahrenen Soldaten durchgeführt, aber nicht geplant worden.

An dem gleichen 12. Januar 1945, an dem die Panzer des SS-Panzerregimentes 5 über Tatabanya, Tata nach Norden marschieren, um in Raab (Györ) verladen zu werden, ist auch der am Abend des 10. Januar 1945 begonnene zweite Entsatzvorstoß von Esztergom (Gran) nach Südosten eingestellt worden.
Die angreifenden Regimenter Germania und Westland finden einen völlig überraschten, aus schwach besetzten Stellungen zurückweichenden Feind vor sich. In den Feldküchen der Truppe wird bereits für die Ausbrechenden gekocht. Von dem genommenen Pilisszentkereszt aus sind die Kirchtürme des nur noch 17 Kilometer entfernten Budapest zu sehen. Da erreicht um 20.00 Uhr die zuversichtliche Truppe der völlig unverständliche Befehl der Armeegruppe Balck, den Angriff einzustellen. Alle Argumente der Truppenführer fruchten nicht. Den greifbaren Erfolg vor Augen, zuversichtlich, die Eingeschlossenen zu retten, müssen sie am nächsten Morgen wieder nach Norden fahren und die gebotene Chance aus der Hand geben. Sie tun es nicht, ohne noch einmal in den Luftkurort Dobogekö zu fahren, um noch einmal die Kirchtürme der Stadt Budapest zu sehen.[1]
Wen wundert es, wenn hier murrend und laut von Verrat gesprochen wird, den Zehntausende mit ihrem Leben bezahlen werden?![2]

Der dritte Entsatzversuch Budapest

Das Ziel der in Raab (Györ) bei eisiger Kälte verladenen Reste des SS-Panzerregimentes 5 ist der Raum ostwärts Vesprem, etwa 70 km südostwärts Raab bzw. 5 km nördlich der Nordspitze des Plattensees. Hier versammelt sich die 5. SS-Panzerdivision Wiking im Rahmen des IV. SS-Panzerkorps zu einem neuen Entsatzangriff. Der Kampfauftrag fordert den Durchstoß bis zur Donau, dort Eindrehen nach Norden und Entsatz der Stadt Budapest von Süden.
Es ist der dritte und letzte Entsatzversuch.
Die hier bereitgestellten Einheiten der 5. SS-Panzerdivision Wiking haben in den letzten acht Tagen außer ihrem zweiten Entsatzversuch vom 10.–12. Januar 1945

1) Tagebuch Jahncke 2) Bericht Kerckhoff

etwa 250 km reine Verlegungsmarschleistungen, zum Teil unter den Augen des Feindes und zum größeren Teil als Querbewegungen zur Front hinter sich.
Die Kämpfe um Biecske und der Landmarsch nach Raab, etwa 80 km, haben die Reste des Panzerregimentes 5 weiter zusammenschmelzen lassen. Die Männer der Werkstattkompanie geben ihr Letztes. Mit etwa 10–12 Panzern vom Typ Panther, verteilt auf die 5. und 6. Kompanie, rücken die II. Abteilung und die Reste der I. Abteilung am 17. Januar 1945 mit dem Beginn der Dunkelheit ostwärts Vesprem in ihren Bereitstellungsraum hinter dem links bereitgestellten Regiment Germania. Die Kampfkraft der beiden Abteilungen liegt jeweils unter Kompaniestärke. Die genaue Zahl der bereitgestellten Kampfwagen ist nicht mehr feststellbar. Zur Sicherung der Geheimhaltung des Angriffsvorhabens erkunden die Kommandeure die Bereitstellungsräume in rumänischen Uniformen. In dieser Verkleidung nehmen sie auch die Verbindung mit den Stellungstruppen auf.

Am Donnerstag, dem 18. Januar 1945, um 04.30 Uhr trifft der Angriff auf eine von russischen Sperrverbänden hartnäckig verteidigte HKL. Minenfelder und Pakriegel zeigen zum ersten Male eine Ergänzung durch elektrisch geladene Stolperdrähte.
Da der Angriff bis zum frühen Nachmittag den erstrebten Durchbruch nicht erreicht, wird die bis dahin zurückgehaltene gepanzerte Gruppe unter Obersturmbannführer Dorr eingesetzt. Sie durchstößt bis zum Abend die stark ausgebauten feindlichen Stellungen und gewinnt dann nach Osten Raum.
Untersturmführer Kerckhoff, Zugführer in der 5. Kp., berichtet:
„Am Nachmittag wird Berhida genommen, abends stehen wir vor Nadesdladany. Die Stimmung hat sich optimistisch gewandelt, zumal es wieder vorwärts geht.
Die Nacht ist bitter kalt, es regnet und schneit, die Straßen sind glatt, die Versorgung klappt.
19. Januar 1945: Früh wurde angetreten, der Angriff ging zunächst nur zögernd voran, die 5. links, die 6. rechts, SPW folgen in der Mitte. Nach erstem Geländegewinn verstärkte der Russe Artilleriefeuer und setzte seine Schlachtflieger ein. Trotz allem ging es voran.
Die Russen kamen ins Laufen, der Schnee wurde weniger, das Gelände offener, keine offene Flanken wie im Vertesgebirge. Gute Sicht, leichtes, welliges Gelände. Wir überschreiten den Kanal“ (Savitz-Kanal, südlich Stuhlweißenburg, d. Verf.) *„und stehen jetzt fast 35 km ostwärts vom Tage des Antretens. Die Stimmung steigt.“*[1]
Am folgenden 20. Januar 1945 schließt Ungarn Waffenstillstand mit Rußland. Der ungarische Generalstabschef, General Vörös, hatte auch inzwischen die Seite gewechselt und war mit dem Kraftwagen des Chefs des deutschen Generalstabes, Generaloberst Guderian, den er nach Beteuerung seiner Bündnistreue zum Geschenk erhalten hatte, zum Russen gefahren.[2]
Untersturmführer Kerckhoff berichtet weiter:
„20. Januar 1945: Ganz in der Frühe wurde angetreten. Die alte Gliederung wurde beibehalten. Wir kommen langsamer voran. Russe hatte Pakriegel in aller Eile aufgebaut. Sperrdivisionen machen uns das Leben schwer. Zu allem Unglück fiel Chef 5. Kp., Obersturmführer Lichte, aus. Er wurde beim Angriff auf Sarosd abgeschossen und schwer verwundet. Untersturmführer Kerckhoff übernahm die 5. Kp. erneut.“[1]

1) Bericht Kerckhoff 2) Guderian, „Erinnerungen eines Soldaten“, Vowinckel Verlag 1951, S. 343

Im Angriff auf Sarosd greift die 5. Kp. mit Pionieren des Pi. Bataillons über einen langen, mit Mais bestandenen, ansteigenden Hang ein Gehöft auf dem Kamm an. Das Gehöft wird genommen, es werden Gefangene gemacht.
Aus der Tiefe der russischen Stellung rollen russische Panzer im Gegenangriff vor, schießen das Gehöft in Brand und zwingen die Angreifer durch die starke Rauchentwicklung, sich abzusetzen.
Die Panzer der 5. Kp. nehmen, nachdem die Räderfahrzeuge zurückgezogen sind, den Panzerkampf auf. Der zahlenmäßig weit überlegene Feind überflügelt die Panther und faßt sie in der Flanke. Dabei wird der Verwaltungsführer der II. Abteilung, der als Panzerkommandant eingesprungen ist, abgeschossen.
In dieser Situation befiehlt der Führer der 5. Kp., sich vom Feinde zu lösen. Um die eigenen Panzer und ihre Bewegungen der Feindsicht zu entziehen, wirft er eine Nebelkerze, erhält im gleichen Augenblick einen Treffer am Turm und wird verwundet. Es gelingt ihm, sich nach vorübergehender Bewußtlosigkeit dem gezielten Schützenfeuer russischer Infanterie zu entziehen und sich vom Panzer des Führers der 6. Kp., Untersturmführer Großrock, aufnehmen zu lassen.

Untersturmführer Kerckhoff berichtet weiter:
„21. Januar 1945: Obwohl Sarosd feindfrei war, konnte Dorr sich nicht entschließen, Ort noch am Abend zu nehmen. Feind verstärkte sich in der Nacht und besetzte die Ortschaft.
Hinter der gepanzerten Gruppe brach Russe mit starkem Verband durch. Gruppe Dorr war von der Division abgeschnitten.
Großrock mit der 6. Kp. sicherte nach Westen und Süden, die 5. Kp. nach Norden und Osten. Die SPW standen in der Nacht zwischen den Panzern. Divisionskommandeur auf dem Wege zur Spitze.
In der Nacht Volltreffer durch Artillerie auf Gefechtsstand Germania. Einige Offiziere werden getötet, Dorr schwer verwundet. Sturmbannführer Müller übernimmt Germania.
22. Januar 1945: Gruppe Dorr tritt nach guter Ari-Unterstützung an und kommt zügig voran. Tagesziel: über Seregelyes nach Psz. Szabolcs. Pakriegel für Pakriegel wird niedergekämpft. Nach Überwindung der Pakfronten durch Panzer (14 Stück) gehen SPW auf gleiche Höhe mit vor. Für heute Angriff auf Stuhlweißenburg vom Korps befohlen. Am Nachmittag verstärkte Gegenangriffe mit Panzer-Unterstützung. 12 T 34 brennen und ein Mehrfaches an Gespannen und LKW. Der Angriff kommt gut voran. Am Abend stehen wir in der Ortschaft Psz. Szabolcs. Wir haben unser Tagesziel erreicht.
Unser linker Nachbar, die T-Division, hängt nach, ebenso rechts die 3. Panzerdivision. Jetzt muß aber Sprit und Munition heran. Für die Radfahrzeuge nicht ganz einfach, da Straßen stark vereist.
23. Januar 1945: Bei klarer Sicht und eisiger Kälte wird nach Osten eingedreht und angegriffen. Wir kommen bei zähem Widerstand langsam vorwärts. Die 5. Kp. vernichtet eine starke Pakfront bei Som und geht zur Sicherung über. Das Wetter verschlechtert sich, Regen und Schnee wechseln und vermindern die Sicht.
24. Januar 1945: Wir hören, daß der konzentrische Angriff auf Stuhlweißenburg von Waffen-SS, Heer und Ungarn gute Fortschritte macht, wir sind guter Dinge. Sprit und Munition sind in der Nacht auch herangeführt worden. Auch die leibliche Versorgung der Männer klappt.

So treten wir an und stehen schon am Nachmittag nach zähem Widerstand der Russen in Adony an der Donau. Wir gehen zur Sicherung über. Wir sind auf uns allein gestellt.
Das SPW-Bataillon wird zum Velence-See beordert, um die linke Flanke der Division zu sichern. Im Süden dringt der Russe in unserem Rücken in Perkata ein. Es sind die starken Kräfte, die uns am 21. Januar die Spitze der Division abgeschnitten hatten. Die 3. Pz. Div. müßte doch mit dem Bißchen fertig werden!
Am Abend schneit es mächtig. Wie mag die Nacht ohne Infanterie werden?"[1]
Am gleichen Tage kommt der Angriff der Division Wiking nach Norden nur langsam vorwärts. Das am Donauufer angesetzte Regiment Germania und auch das links angreifende Regiment Westland stoßen auf hartnäckigen Widerstand.[2]
Über den 25. 1. berichtet Untersturmführer Kerckhoff:
„Kein Angriff, wir sichern. Das Wetter wird schlechter und damit auch die Sicht. Am späten Nachmittag hören wir Lärm, der Wind steht gut für uns. Vor Einbruch der Dunkelheit greift der Russe mit Infanterie und Panzern an. 7 Russen, fast ausschließlich T 34, brennen und geben uns Einblick in das Vorhaben der Russen. Wir hatten keinen Ausfall und noch 11 Panther auf Sicherung (5. und 6. Kp. zusammen). Die Stimmung war gut."[1]
Infolge des sich versteifenden Feindwiderstandes, infolge des noch weit zurückhängenden linken Nachbarn und der ungeklärten Lage in der südlichen Flanke bricht die Division am 25. Januar den Angriff ab und geht zur Abwehr über. Bei nur geringer Feindberührung vor der eigenen Front wächst die Besorgnis über die Entwicklung in der südlichen, rechten Flanke.
Das aus Angehörigen der Versorgungseinheiten gebildete Alarmbataillon muß in Adony eingesetzt werden. Perkata, 9 km südwestlich Adony, geht am 27. 1. verloren. Die russischen Angriffe nehmen auch in der linken Flanke an Wucht zu. Sie dauern am 28. 1. an.
Im Süden wird die Lage immer undurchsichtiger, die Angriffe in Flanke und Rücken nehmen zu.
Am 29. Januar stößt ein starker russischer Angriff von Norden auf die eigenen zum Angriff bereitgestellten Teile der Division Wiking und der links von ihr eingesetzten T-Division, kurz vor deren Angriffsbeginn.
Nach mehr oder weniger übereinstimmenden Aussagen des O1 der Division Wiking, H.stuf. Jahncke, und des Chefs des Gen. St. des IV. SS-Panzerkorps kann das dramatische Geschehen dieser entscheidenden Tage um den dritten Entsatzversuch der Stadt Budapest zusammengefaßt so dargestellt werden: Der am 18. Januar begonnene Angriff hatte nach der Eroberung Stuhlweißenburgs die Linien der Divisionen Wiking und Totenkopf bis zum 29. Januar 1945 etwa auf die gleiche Höhe bis an den Vali-Kanal vorgetragen. Aus den erreichten Stellungen nördlich Adony an der Donau verläuft diese erreichte Linie etwa 25 km nach Nordwesten, den Kanal entlang. Mit dem weiteren Verlauf des Kanals nach Nordwesten und einem Zurückhängen des linken Nachbarn entfernte sich die Front natürlicherweise immer weiter von Budapest. Die kürzeste Entfernung dorthin, etwa 24 km, hatte sie 10 km nordostwärts des Velence-Sees zwischen Kajaszo und Baracska erreicht. Von hier führte die Hauptvormarsch-

1) Bericht Kerckhoff 2) Tagebuch Jahncke

straße in gerader, nordostwärtiger Richtung über das etwa 10 km entfernte Tarnok nach Budapest.

„Gegen 07.00 Uhr (?) war Angriffsbeginn auf Budapest festgesetzt. Nach Auskunft des Ic der Armee hätte Gegner vor Wiking nur eine angeschlagene Kavalleriedivision. Wir sollten bis Budapest in einem Zuge durchstoßen. Angriff wurde wegen Nebel zweimal, auf 08.00 Uhr und 09.00 Uhr verschoben.

Kurz vor letztem Angriffstermin tritt Gegner an. Russe greift an allen Fronten unter sehr starker Fliegerunterstützung an. ... Division wurde durch diesen massiven feindlichen Panzerangriff überrascht und ist erbost über ungenügende Feindaufklärung.“[1]

Der Chef des Generalstabes des IV. SS-Panzerkorps, Obersturmbannführer Schönfelder, berichtet:

„25. Januar: Alle Divisionen stehen auf gleicher Höhe am Kanal, kleine Brückenköpfe. Gegner verstärkt sich laufend und greift auf ganzer Front unentwegt an. Trotzdem ist beabsichtigt, Kanal bei Kajaszo zu überschreiten, da dort der Widerstand am geringsten, nach Süden einzudrehen und Gegner am Kanal im Rücken zu fassen und damit Vormarschstraße über Tarnok wieder freizumachen.

26.–28. Januar: Erneuter Befehl der Armee, Angriff dort einzustellen und zuerst in nördliche, dann in nordwestliche und letztlich westliche Richtung anzugreifen, um Gegner vor linkem Nachbarn im Rücken zu fassen.

Alle Teile richten sich zur Abwehr ein. Ic meldet, daß sich ein starker feindlicher Panzerverband, neues Panzerkorps, nördlich versammelt. Es wird mit Angriff von dort auf linke Flanke gerechnet. Armee bestreitet und verlangt Fortsetzung des Angriffs nach Westen. Wir richten uns zur Abwehr des Feindangriffs ein, der auch am 29. Januar erfolgt. Ca. 250 Feindpanzer greifen an, stoßen bis zur Hauptstraße durch. Bei Pettend große Panzerschlacht, bei der allein an diesem Tage 140 Feindpanzer erledigt werden.

Bataillon Norge, fast ausschließlich aus Norwegern bestehend, verteidigt dort und hält seine Stellungen. Kommandeur, Hauptsturmführer Vogt, erledigt selbst mit der Panzerfaust 6 Feindpanzer.

Durch das tapfere Verhalten des Bataillons wird ein Aufrollen der Front verhindert. In den folgenden Tagen werden weitere 60 Feindpanzer abgeschossen.“[2]

In beiden Aussagen findet sich anschließend die fast gleichlautende Bemerkung:

„Zwei Tage später soll der Ic der Armee der Zusammenarbeit mit den Russen überführt und erschossen worden sein.“

(Der Ic ist der für die Bearbeitung der Feindlage verantwortliche Generalstabsoffizier, d. Verf.)

Das Ringen währt auch an den beiden folgenden Tagen mit unverminderter Heftigkeit. Die Zahl und Wucht der Angriffe nehmen noch zu. Kerckhoff berichtet am 30. Januar:

„Gegen Mittag ist der Teufel los. Infanterie greift in Bataillonsstärke an. Wir und die Artillerie können abwehren. Dann steigen wie Phönix aus der Asche etwa 30 Feindpanzer, T 34 und T 43, aus dem leichten Nebel hervor. Am Abend brennen 17 Feindpanzer und 2 LKW. Für die Nacht müssen Grenadiere heran. Regiment will helfen. ...“[3]

Am folgenden 31. Januar erzielt der Russe

1) Tagebuch Jahncke 2) Tagebuch Schönfelder 3) Bericht Kerckhoff

„mehrere tiefe Einbrüche bei Westland, die nicht mehr bereinigt werden können. Im Süden scheint Lage völlig unklar, oder steht dort gar keine deutsche Front? An einen Angriff ist nicht mehr zu denken. ...“[1]

In der Südflanke wirft am folgenden Tage, dem 1. Februar 1945,

„Stärkerer Feind den linken Flügel der 1. Pz. Div. bei Radicsa psz.“ (ca. 6 km südlich Adony, d. Verf.) *„entlang der Straße Dunapentele, Adony nach Nordwesten zurück.“*[2]

Die Panther des Panzerregimentes 5 Wiking meistern noch einmal die Lage. Das Kriegstagebuch der Heeresgruppe Süd berichtet:

„In Adony stehende Teile 5. SS-Pz. Div. Wiking wurden durch bataillonsstarken, von 14 Panzern unterstützten Feind nach Nordwesten zurückgeworfen, konnten jedoch im Gegenstoß nach harten Häuserkämpfen den Westrand des Ortes nach Abschuß von 5 Feindpanzern und 1 SFL wieder nehmen. An der Vali-Mündung“ (6 km nördlich Adony, d. Verf.) *„sickerte Feind in Kompaniestärke durch die lückenhafte HKL des I./Pz. Gren. Rgt. Germania nach Süden durch ...“*[2]

Unter dem 1. Februar 1945 notiert Kerckhoff:

„es wird uns klar, auch dieser Angriff auf Budapest ist beendet. Wir merken stündlich die Verstärkung des Feindes ... Das Wetter wird von Stunde zu Stunde schlechter. Es setzt starkes Schneetreiben ein. Nebel umgibt unsere Stellung. Was bringt die Nacht? Wir stehen noch in Adony.“[3]

Die Nacht bringt die Zurücknahme der vorderen Linien der hart bedrängten Divisionen. Für den

„Antrag auf Entschlußfreiheit der Armeegruppe Balck zur Zurücknahme der ostwärts der Seen stehenden Kräfte auf eine kräftesparende Linie vom Sio-Abschnitt über Degh und Sarosd bis zur Mitte des Südufers des Velence-Sees“

trifft um 17.50 Uhr die Genehmigung der Heeresgruppe ein, die ihrerseits um 17.45 Uhr die Genehmigung des OKH erhalten hatte. Dabei war sich die Armeeführung bewußt, daß dieser Entschluß gleichbedeutend war mit der Freigabe der Donauuferstraße für den Feind.[2]

Der O1 der Division Wiking faßt das Tagesgeschehen kurz zusammen:

„Division muß sich von der Donau lösen und setzt sich nach Westen ab. Gegner folgt nur zögernd.“[1]

Auch am 2. Februar setzen sich die Einheiten befehlsgemäß ab. Es herrscht sehr starker Nebel. Anfangs nur zögernd folgender Feind drückt ab Mittag stärker nach. Der morgens, um 08.00 Uhr an den Ostrand Seregelyes verlegte Div. Gef. Stand muß unter Feinddruck in die Ortsmitte verlegt werden.

Über die Absetzbewegungen berichtet das KTB der Heeresgruppe Süd:

„Auch Bewegungen der 5. SS-Pz. Div. Wiking ungestört. Feind schloß gegen neue Linie rasch auf, warf eigene Nachtruppen bei Psz. Szabolcs durch Angriff mit Infanterie und 30 Panzern auf HKL zurück, durchbrach mit 15 Panzern beiderseits der Bahnlinie Psz. Szabolcz, Seregelyes eigene HKL und stieß bis 2 km ostw. Seregelyes vor. Gegenangriff der Eingreifgruppe 3. Pz. Div. und 5. SS-Pz. Div. Wiking angesetzt ...“[2]

In einen dieser Feindeinbrüche, 2 Panzer und 60 Mann, südlich des Velence-Sees bis

1) Tagebuch Jahncke 2) KTB der Heeresgruppe Süd 3) Bericht Kerckhoff

zur Straße Seregelyes, Stuhlweißenburg gerät der Ia des IV. SS-Panzerkorps, Sturmbannführer Rentropp. Obersturmbannführer Schönfelder schreibt:
„Gefechtsstandwechsel von Seregelyes nach Stuhlweißenburg. Rentropp fuhr als Vorauskommando. Starker Nebel. Ich folgte wenig später und stieß auf der Straße auf die Spuren des Überfalles, den leeren Kraftwagen, in ihm Blutspuren. Ungarische Augenzeugen schilderten das Geschehen, wonach Rentropp und seine Begleiter offenbar verwundet in Gefangenschaft gerieten. Bei den vom Feind erbeuteten Unterlagen handelte es sich um Tagesmeldungen betr. Munitions- und Treibstoffbestand im Korpsverband."[2]
Der O 1 der Division Wiking, H.stuf. Jahncke, charakterisiert diesen Tag so: *„Es herrscht ein wenig Durcheinander. Von allen Seiten kommen die zurückgehenden Truppen in den Ort."*[3]
Den ganzen folgenden Tag berennt der Feind Seregelyes bei teils nebligem, teils sichtigerem Wetter vergeblich. Von 27 angreifenden Panzern werden 12 abgeschossen.[1]
Einer nach Nordwesten vorstoßenden Feindgruppe gelingt es, eine Gruppe des SS-Pz. Gren. Rgt. Germania und den im Stellungswechsel befindlichen Stab des SS-Pz. Art. Rgt. 5 Wiking einzuschließen. Das KTB der Heeresgruppe Süd sagt darüber:
„Gegen den linken Flügel der 3. Pz. Div. und die Front der 5. SS-Pz. Div. Wiking trat der Feind mit starken Infanteriekräften und etwa 50–60 Panzern zum Angriff an und durchbrach die eigene schwach besetzte HKL an zahlreichen Stellen. Seregelyes und Dinnies wurden in harten Kämpfen gehalten ... Das von einzelnen Panzern unterstützte Btl. Norge entsetzte aus Seregelyes angreifend eine eigene eingeschlossene Kräftegruppe und war am Abend im weiteren Vorgehen auf Dinnies. Im Nebel, der die Kampfführung in hohem Maße erschwerte, stieß der Feind unter Umgehung der eigenen, weit auseinandergezogenen Stützpunkte mehrfach kampflos nach Westen vor."[1]
Mit dem wachsenden Druck des Feindes, mit der erneuten Verlegung des Div. Gef. Standes Wiking nach Belsöbarand, 5 km westlich Seregelyes, schwindet am Abend des 3. Februar 1945 die Hoffnung auf die Entsetzung der Verteidiger von Budapest. Hier *„dauert das Ringen um die königliche Burg und die südwestlich und südlich davon gelegenen Stadtteile an. Die auf engem Raum zusammengedrängte Besatzung leistet unter schwierigster Versorgungslage dem Haus um Haus vordringenden Gegner erbitterten Widerstand ..."*[1]
Die Armeegruppe Balck erhält um 17.55 Uhr auf ihren Antrag hin die Genehmigung zu einem Funkspruch an die Eingeschlossenen: *„daß an der Entsatzabsicht festgehalten werde, sie sei aber wegen starker feindlicher Gegenangriffe z. Zt. nicht durchführbar."*[1]

Die Entsatzaussichten verschlechterten sich in der folgenden Nacht und am 4. Februar weiter. Das Rgt. Germania wurde nördlich Seregelyes auf die Margarethenstellung zurückgedrückt. Die Orte Sarosd und Seregelyes gingen verloren. Die neue HKL verläuft jetzt zwischen Seregelyes und Belsöbarand. Der Div. Gef. Stand Wiking verlegt um 23.00 Uhr nach Falubattian, bereits 15 km westlich Seregelyes.
Unter dem Eindruck der sich weiter verschlechternden Lage beantragt die Armeegruppe Balck,
„die HKL vor der Enge von Stuhlweißenburg auf eine der Margarethenstellung angenäherte, kürzere Linie zurückzunehmen."[1]

1) KTB Heeresgruppe Süd
2) Bericht Schönfelder
3) Tagebuch Jahncke

Für den 19.05 Uhr gestellten, entsprechenden Antrag der Heeresgruppe *„erteilt das OKH um 00.40 Uhr Entschlußfreiheit, sofern Kräftelage und Feindangriff dazu zwingen."*[1]
In der Entscheidung des OKH heißt es:
„Der Führer sehe ein, daß das Wichtigste das Halten der Front nördlich Stuhlweißenburg sei. Er gebe der Heeresgruppe Entschlußfreiheit, den Frontbogen vor der Enge von Stuhlweißenburg bis auf die Margarethenstellung einzuziehen. Das sollte aber nur geschehen, wenn die eigene Kräftelage und die feindliche Angriffstätigkeit dazu zwingen."[1]

Inzwischen erwehren sich die Verteidiger von Budapest trotz sinkender Hoffnungen auf Entsatz der sich verstärkenden russischen Angriffe.
„Unerhörte Leistung von Truppe und Führung bei schwersten körperlichen und seelischen Belastungen. Feindliche ungeheure materielle Überlegenheit und das Kriegsgeschehen in der Heimat wirken sich stark deprimierend auf die Truppe aus. Eine Scheibe Brot und Pferdefleisch ist die einzige tägliche Nahrung der Truppe. Jede Bewegung fällt wegen körperlicher Schwäche schwer. Dennoch kämpfen Männer trotz sechswöchiger Versprechungen auf Entsatz zäh und verbissen und gehorchen. Fleckfieberfälle in der erbärmlichen Enge der Höhlen und Kasematten mehren sich, ohne daß wesentliche Gegenmaßnahmen getroffen werden können."[1]

Gegen die Front der Division Wiking erweist sich die feindliche Angriffskraft auch am nächsten Tage ungeschwächt. Einbrüche am Nordwestausgang Seregelyes und 4 km südwestlich Dinnies am Velence-See können zum Teil unter Ausnutzung der Dunkelheit bereinigt werden.
Am gleichen 5. 2. lehnt Hitler einen Ausbruchsvorschlag der Besatzung von Budapest ab. Er entscheidet, daß die Stadt weiter zu halten ist.
Am 6. Februar 1945 erzielt der Feind in der zum Zerreißen gespannten Front zwischen Seregelyes und dem Velence-See einen größeren Einbruch.
„Aus Seregelyes trat Feind, von 20 Panzern unterstützt, beiderseits der Straße in dichtem Nebel nach Nordwesten zum Angriff an, nahm Janos mjr. und stieß mit 12 Panzern bis Börgond vor. Wiederholte Feindangriffe auf Dinnies wurden abgewiesen."[1]
Auf Janos mjr. in der entstandenen Lücke von 1,5–2 km wird die gepanzerte Gruppe der Division Wiking angesetzt. Max Juhr, Panzerkommandant in der 2. Kompanie, erinnert sich:
„Die Kampfgruppe bestand aus 4 Tigern, 2 Panzern IV und Obersturmführer Bauer. Ich glaube, er fuhr einen Panther. Der Deckname der Kampfgruppe war „Flieder". Ich höre noch heute den Funkspruch: „Wollt Ihr Flieder alleinlassen?" Die Tiger blieben stehen. Ich war links der Ortschaft auf einem Friedhof, konnte eine Pak ausschalten und wurde selber abgeschossen. Mein Richtschütze Renkewitz wurde schwer verwundet."[2]
Der O1 der Division faßt das Tagesgeschehen des 6. Februar 1945 zusammen:
„Laufende Feindangriffe. Höhe 122 und 130 nordwestlich Seregelyes gehen verloren. Division ist zu Gegenstößen zu schwach."[1]
Über die sich verschlechternden Aussichten der Eingeschlossenen in Budapest berichtet das KTB der Heeresgruppe:

1) KTB Heeresgruppe Süd
2) Bericht Juhr

„Aufspaltung des Kessels in kürzester Frist unvermeidbar; Versorgungslage bereits häufig genug gemeldet. Wie stets schwerste eigene Ausfälle. 11 000 Verwundete erhalten täglich 15 g Hülsenfrüchte und eine halbe Scheibe Brot. Diese Menge auch nur noch für 2 Tage vorrätig."[2]
Die verlorenen Höhen nordwestlich Seregelyes sind an den beiden folgenden Tagen das Ziel eines gemeinsamen Gegenangriffes der 1. Pz. Div. und der 5. SS-Pz. Div. Wiking. Dieser gewinnt zunächst nur langsam Boden, am späten Nachmittag des 8. Februar jedoch wirft er die Russen über die Höhen zurück. Wiking schießt 13 Feindpanzer ab. Damit scheint die Angriffskraft der Russen zunächst gebrochen zu sein. Die jetzt gewonnene durchgehende HKL von westl. Seregelyes bis zum Südrand des Velence-Sees wird in den folgenden Tagen behauptet und ausgebaut.
Eine zusätzliche Verminderung der Kampfkraft der Division Wiking durch die vom SS-Führungshauptamt befohlene Entlassung der Angehörigen der Bataillone Danmark und Norge zu ihren Stammeinheiten wird auf Antrag der Armeegruppe Balck vom OKH verhindert. Es verfügt das weitere Verbleiben der Bataillone bei der Division Wiking.[2]
Die jetzt eingetretene Kampfpause ist das Ende der Angriffe zum Entsatz der Stadt Budapest. Der seit dem 29. Januar 1945 anbrandende russische Großangriff hat die deutsche Entsatzarmee nach Westen zurückgeworfen und nachhaltig geschwächt. Das Angriffsziel, die Verteidiger von Budapest zu entsetzen, ist nicht erreicht worden.
Die Tragödie der Eingeschlossenen, deren Hoffnung auf Befreiung vernichtet und deren unzweifelhaftes Schicksal in diesen Tagen entschieden worden ist, endet mit einem Ausbruchsversuch in der Nacht vom 11./12. Februar. Etwa 700 der noch Kampffähigen erreichen die deutschen Linien. Noch am 8. Februar hatten Obergruppenführer Pfeffer-Wildenbruch, der Kommandierende General des IX. SS-Geb. Korps und Befehlshaber in der eingeschlossenen Stadt Budapest, und der Oberbefehlshaber der Armeegruppe Balck, General Balck, um die Genehmigung des Ausbruchs nachgesucht. Die erneute und letzte Ablehnung durch Hitler übermittelte der Oberbefehlshaber der Heeresgruppe, General Wöhler, am 8. Februar, 19.50 Uhr aus dem Führerhauptquartier:
„Um 19.50 Uhr unterrichtet der OB aus dem Führerhauptquartier den Chef des Generalstabes davon, daß der Führer die Genehmigung zum Ausbruch des IX. SS-Geb. Korps erneut versagt habe, auch für den Fall des Antretens zu einer neuen eigenen Operation. Er sei der Auffassung, daß ein Ausbruch keinen Erfolg haben werde."[2]
Mit der Streckung des Divisionsabschnittes bis an den Südrand von Stuhlweißenburg am 12. Februar tritt die Division Wiking wieder unter den Befehl des IV. SS-Panzerkorps. Nach weiteren 10 Tagen ohne nennenswerte Kampfhandlungen übernimmt die Division am 23. 2. 1945 den bisherigen Abschnitt der 3. SS-Pz. Div. Totenkopf vom Südrand Stuhlweißenburg bis Moha, etwa 7 km nordwestlich Stuhlweißenburg. Eingesetzt sind rechts das Rgt. Westland, links das Rgt. Germania. Auf dem linken Flügel steht auch die II. Abteilung des Panzerregimentes. Die Kampftätigkeit in den nächsten Wochen beschränkt sich auf leichte beiderseitige Spähtrupptätigkeit, geringes Artilleriefeuer, keine Fliegertätigkeit.[1] Diese von allen begrüßte und genossene Ruhe währt bis zum 16. März.

1) Tagebuch Jahncke 2) KTB Heeresgruppe Süd

Im Eilmarsch hatte das IV. SS-Panzerkorps Ende Dezember 1944 nach Ungarn verlegt.

Ein Sturmgeschütz der Division „Wiking" mit aufgesessenen Grenadieren vor Budapest

Angriff auf Stuhlweißenburg im Februar 1945

Vorbei an brennenden Gefechtsfahrzeugen rollt der letzte Vormarsch.

Der Panzerkampfwagen V „Panther“, einer der besten Kampfwagen des Zweiten Weltkrieges

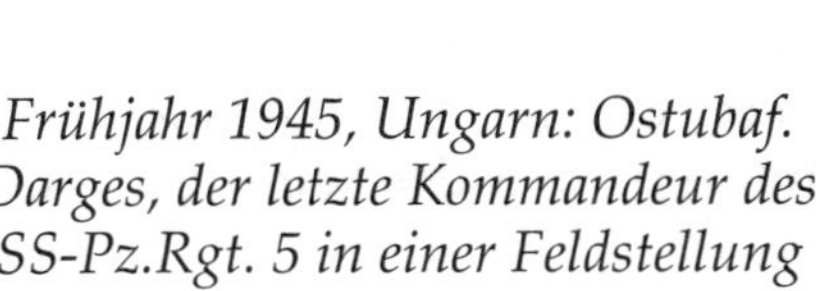

Frühjahr 1945, Ungarn: Ostubaf. Darges, der letzte Kommandeur des SS-Pz.Rgt. 5 in einer Feldstellung

XI. Die letzten Kämpfe

Stuhlweißenburg – die letzte große Schlacht

Auf dem Gefechtsstand der II./Pz.Rgt.5 Wiking in Sarkeresztes, 6 km nordnordwestlich Stuhlweißenburg, ist am 11. März 1945 der Geburtstag des neuen Abteilungskommandeurs, Hauptsturmführer Berndt, gefeiert worden. Noch herrschte an diesem Frontabschnitt Ruhe. Jenseits der Landenge zwischen Platten- und Velence-See hatte die Offensive der 6. Panzerarmee zum gleichen Zeitpunkt ihren Höhepunkt überschritten. Die Armee wurde in die Verteidigung gedrängt. Die letzte große Abwehrschlacht im ungarischen Raum hatte begonnen, entscheidend beeinflußt von den geographischen Gegebenheiten dieses Raumes.

Der Kampfraum Ungarn westlich der Donau beiderseits Budapest ist gegliedert durch eine Südwest-Nordost-Diagonale in Gestalt des Bakonywaldes und des sich nordostwärts anschließenden Vertesgebirges. Dieser Gebirgsriegel dehnt sich mit einer mittleren Tiefe von etwa 40 km über eine Länge von ca. 180 km aus. Dem südlichen Teil, dem Bakonywalde, ist der etwa 80 km lange und durchschnittlich 9 km breite Plattensee nach Südosten vorgelagert. Diesem schließt sich nach Nordosten der nur 10 km lange Velence-See an, durch eine 35 km breite Landenge vom Plattensee getrennt.

Die operative Bedeutung dieses natürlichen Hindernisses wird ergänzt durch die wehrwirtschaftliche in Gestalt des Industriegebietes Benhida-Tatabanya, 40 km nördlich Stuhlweißenburg.

Die Städte Vesprem an der Nordwestecke des Plattensees und Stuhlweißenburg am Südwestufer des Velence-Sees sperren sowohl den Durchgang über die Landenge nach Südosten als auch die Zugänge zu den Durchgangsmöglichkeiten durch den Bakonywald nach Nordwesten. Während Stuhlweißenburg durch Schiene und Straße über Mor und Kisber mit Komorn im Norden verbunden wird, ist Vesprem der Ausgangspunkt für die drei großen Durchgänge nach Nordwesten, Westen und Südwesten. Den Nordwestausgang des Bakonywaldes südlich Papa trennen etwa 70 km von der österreichischen Grenze.

Der Bakonywald selbst hat Mittelgebirgscharakter. Die Minahöhe, etwa 20 km südwestlich Vesprem, mit einer Höhe von 601 m und der Kreuzberg, 20 km nordwestlich Vesprem, 713 m hoch, sind die höchsten Erhebungen.

In diesem Raum ist die am 6. März 1945 begonnene Offensive der 6. Panzerarmee mit ihrer Stoßrichtung durch die Landenge zwischen dem Plattensee und dem Velence-See nach Südosten soeben gescheitert. Die russischen Gegenmaßnahmen haben nach zehntägiger Dauer ihren Abbruch erzwungen und stellen ihrerseits den Beginn der entscheidenden Abwehrschlacht im ungarischen Raum dar. In ihrem Brennpunkt stehen die 6. Armee und die 6. Panzerarmee auf und beiderseits der Landenge von Stuhlweißenburg.

Die 6. Panzerarmee ist im Begriffe, sich für die Verteidigung neu zu gliedern.

Vor der bisher ruhigen Front der Division Wiking lassen die laufenden Verstärkungen

des Gegners einen größeren Angriff erwarten. Am 16. März 1945 herrscht morgens leichtes Schneetreiben, die Front ist ruhig. Um 12.30 Uhr setzt das an sich erwartete, aber in dieser Stärke nicht vermutete, einstündige Trommelfeuer des Russen ein.
„Gegen Mittag trommelt der Russe wie bei Warschau und Kowel mit allen Kalibern. Wir werfen an, schließen die Luken und bleiben wachsam. Nach gut einer Stunde greifen die Roten an. Grenadiere sind standhaft, wir sorgen mit Sprengmunition für entsprechende Wirkung. Angriff wird gemeinsam abgewiesen und ebbt gegen Abend ab."[1]
Nach einem ruhigen 17. März berichtet Untersturmführer Kerckhoff:
„18. März 1945: Ganz früh eröffnet der Russe den Reigen mit Ari- und Granatwerferfeuer. Dann erfolgt Unterstützung durch Schlachtflieger. Einen Zauber veranstaltet der Iwan wie in alten Tagen. Jetzt greifen Infanterie und Panzer an. Wir sind noch 9 Panther und stehen gut gedeckt unmittelbar an der Straße Stuhlweißenburg, Mor. Die 5. und 6. Kompanie konzentrieren sich zunächst auf die Feindpanzer, etwa 50–60. In aller Kürze schießen wir 6 Feindpanzer ab. Das gibt den Grenadieren Auftrieb und den Russen weiche Knie.
Gegen Mittag schwillt der Gefechtslärm wieder zum Orkan an. Mir scheint, der Russe will eine Entscheidung herbeiführen. Wie wir, die Wiking, sind auch Totenkopf und die 1. und 3. Pz. Division stark geschwächt. Das weiß der Feind, also werden jetzt Kräfte massiert, um einen Durchbruch zu erzwingen. Es bahnt sich im Abschnitt um Stuhlweißenburg eine Krise an. Schlachtfliegerwelle auf Welle fliegt an. Man hat den Eindruck, als würde das Trommeln der Ari stärker.
Der Russe hat seine Panzer formiert und greift an. Auf 1400 m wird das Feuer von uns eröffnet. Nach Absprache mit Großrock nimmt die 6. Kompanie die Russen von rechts nach links, die 5. Kompanie von links nach rechts aufs Korn. 7 Feindpanzer liegen nach kurzer Zeit unbeweglich auf dem Gefechtsfeld, weitere 6 Panzer sind mit schweren Treffern stark zerstört worden. Bis zum Nachmittag gegen 16.00 Uhr haben wir einen Ausfall.
Gegen 17.00 Uhr zieht die Dämmerung auf, und mit ihr tauchen plötzlich in der linken Flanke auf der Straße Mor, Stuhlweißenburg Feindpanzer auf. Sofort wird hier der Kampf aufgenommen, und die ersten drei Feindpanzer sind überraschend schnell abgeschossen.
Jetzt beschäftigt sich Großrock frontal mit dem Feindangriff und die 5. Kompanie mit dem Flankenangriff der russischen Panzer ..."[1]
Hier bricht der Bericht Kerckhoff ab, weil der Panzer des Untersturmführers Kerckhoff beim Stellungswechsel abgeschossen und Kerckhoff selbst verwundet wurde.
Die Möglichkeit des russischen Flankenangriffes auf der Straße von Mor nach Stuhlweißenburg war bereits am Vortage angebahnt worden durch tiefe russische Einbrüche beim linken Nachbarn. Am Abend des Vortages stand der Feind bereits bei Moha an der linken Grenze der Division Wiking.
Der Widerstand der zusammenschmelzenden Panzer und der Grenadiere der 5. SS-Panzerdivision Wiking nördlich Stuhlweißenburg kann das tiefe Ein- und Vordringen des Feindes nach Westen beim linken Nachbarn nicht verhindern. Noch am 18. März 1945 stoßen starke Panzerkräfte des Feindes bis zum Divisionsgefechtsstand Wiking in Iszkaszentgyorgy durch. Der linke Flügel der Division muß auf den Nordrand Stuhlweißenburg zurückgenommen werden. Die linke Flanke der Division hängt in der Luft,

1) Bericht Kerckhoff

weil der linke Nachbar fehlt. Das Regiment Germania versucht, die Straße Stuhlweißenburg, Gor, Varpalota stützpunktartig zu besetzen und nach Norden zu sichern. Der rechte Flügel der Division wird auf den Bahnhof am Südostrand Stuhlweißenburg zurückgeworfen. Obwohl der Russe in den späten Nachmittagsstunden des 19. März mit Panzern von Nordosten bis in den Stadtkern einbrechen kann, wird die Stadt gehalten. Nordwestlich der Stadt klafft allerdings eine

„Lücke von 8 km, durch die der Feind über den Bach vorgegangen ist.“[1]

Beim linken Divisions-Nachbarn gehen die Orte Csor, Isztimer und Bodayk, bereits westlich der Straße Stuhlweißenburg, Mor, verloren.

Wenngleich der russische Großangriff nördlich Stuhlweißenburg nicht überraschend gekommen ist, so übertrifft seine Wucht dennoch die Befürchtungen. Für die notwendigen Reaktionen, die Zurücknahme der weit gespannten Front südostwärts der Landenge mit dem Ziel der Herauslösung von Kräften, der Bildung von Reserven und deren Verschiebung in die bedrohten Einbruchsräume nördlich Stuhlweißenburg ist die Zeit nicht mehr da.

Der im Rückblick so notwendige und folgerichtige Entschluß zu einer sofortigen, großen Absetzbewegung wird nicht gefaßt. Ungewißheit über die nächste Entwicklung und keine ausreichende Klarheit über die feindlichen Absichten, Zweifel und nur kurzes Zögern einerseits, die Schwierigkeiten in der Durchführung der Verschiebung größerer Verbände und die unerwartet schnelle Verschlechterung der Lage nördlich Stuhlweißenburg andererseits bestimmen den Ablauf der nächsten Tage.

Die in der Nacht vom 18./19. 3. 1945 südlich des Velence-Sees herausgelöste 356. I. D. muß in weitem Bogen über Raab ihren neuen Einsatzraum Komorn erreichen. Die Marschstrecke beträgt mehr als 150 km. Die 2. SS-Pz. Division versammelt sich nach ihrer Herauslösung im Raum Nadesdladany, um beschleunigt nach Norden in ihren neuen Einsatzraum auf den linken Flügel des IV. SS-Panzerkorps zu marschieren. Das I. SS-Panzerkorps versammelt sich, ebenfalls über die Landenge kommend, hinter dem Einbruchsraum der 3. SS-Pz. Div. Totenkopf. Es wird nordwestlich Stuhlweißenburg in schwere Abwehrkämpfe verwickelt bei der Erkämpfung des eigenen Bereitstellungsraumes für den befohlenen Angriff nach Osten.

Das I. Kav. Korps, bis jetzt eingesetzt in Anlehnung an das Ostufer des Plattensees, soll mit Anfängen in der Nacht vom 19./20. 3. herausgelöst und hinter den linken Flügel des I. SS-Panzerkorps zur Abriegelung des russischen Einbruches nördlich Stuhlweißenburg eingesetzt werden. Es verfügt über die so notwendige Infanterie, die in dem unwegsamen Waldgebiet notwendiger und wirksamer ist als Panzereinheiten.

Das bereits in der Versammlung begriffene Kavalleriekorps muß aber statt dessen am 20. März zum Gegenangriff am Ostufer des Plattensees eingesetzt werden, weil der Russe die dort eingesetzte 25. ungarische Infanteriedivision überrannt und zersprengt hat.

Das ganze Dilemma fehlender eigener Infanterie im Bakonywald wird deutlich in folgender Eintragung im KTB der Heeresgruppe vom 20. März 1945:

„Es soll wenigstens 1 Reiterregiment herausgelöst werden. Die Herauslösung des gesamten

1) KTB Heeresgruppe Süd

Kav. Korps wird um so mehr angestrebt, als die feindliche infanteristische Übermacht, die sich besonders im Gebirgs- und Waldgelände schon heute bedrohlich ausgewirkt hat, nicht durch Panzerkräfte, sondern nur durch eigene Infanterie ausgeschaltet werden kann . . ."[1]
Das I. Kav. Korps bleibt jedoch festgenagelt am Plattensee.

Noch einmal wird in dieser beginnenden, entscheidenden Schlacht die Problematik verbündeter Armeen angesprochen. Während am Plattensee der schnelle und vollständige Zusammenbruch der 25. ung. I. D. die Herauslösung des I. Kav. Korps verhindert, wird das Verhalten der im Vertesgebirge weiter nördlich eingesetzten ungarischen Armee in folgender Eintragung vom 19. März 1945 im KTB der Heeresgruppe Süd festgehalten:
„*Zur Lage im Vertesgebirge erklärt der O.B. in dem erwähnten Gespräch mit Gen.Oberst Guderian, von den Ungarn sei an der gesamten Front nichts mehr vorhanden. Sie haben nicht einmal die im Gebirge errichteten Sperren aktiviert. Er habe noch selten eine solche Truppenkatastrophe erlebt . . .*"[1]

Die ohnehin durch den üblichen Versorgungsverkehr von und zur Front stark belegten Straßen und Wege in der Enge von Stuhlweißenburg werden nicht nur durch die notwendigen Verschiebungen der Großverbände, sondern zusätzlich durch Flüchtlinge und Feindeinwirkung verstopft und belastet. Die Brücke über den Sarvitz-Kanal wird außerdem durch Bomben zerstört.
Die Befehlsverhältnisse werden den veränderten Gegebenheiten angepaßt. Am 19. März, um 14.00 Uhr übernimmt die 6. Pz. Armee die Front von der Südspitze des Velence-Sees bis Komorn an der Donau. Die 6. Armee bleibt befehlsführend südostwärts der Landenge.
Dadurch notwendig gewordene und auch befohlene Änderungen im Unterstellungsverhältnis einzelner Verbände, die aber auf Grund der Entwicklung der Feindlage nicht pünktlich oder gar nicht verwirklicht werden können, führen zu teilweise unerfreulichen Gegensätzen. So wie das I. Kav. Korps trotz des Drängens der Heeresgruppe nicht herausgelöst werden kann ohne die Gefährdung der Plattenseefront, so wird auch die 9. SS-Pz. Div. Hohenstaufen in diesen Tagen von der 6. Pz. Armee und der Heeresgruppe wiederholt dringlich gefordert, von der 6. Armee indessen nicht freigegeben.
Die Unsicherheit der Führung über das ganze Ausmaß und das Ziel der feindlichen Absichten noch an diesem 19. März zeigt sich in der um 14.10 Uhr zwar eintreffenden Genehmigung des OKH zu einer Verkürzung der Front in der Linie Plattensee – Seregelyes – Dinnies an der Südspitze des Velence-Sees, aber der ablehnenden Stellungnahme der Heeresgruppe um 18.00 Uhr zu dem Vorschlag des III./Pz. A. K., den Brückenkopf Seregelyes zu räumen, um die 1. Pz. Div. freizubekommen. Die Heeresgruppe glaubt, darin eine Einladung für den Feind zum Durchbruch sehen zu müssen.
Der 20. März sieht den Feind im Kampf um die Osteingänge des Bakonywaldes in weiterem Vordringen.
„*Wieder wie schon an den ersten beiden Kampftagen wirft der Feind massierte Infanterie ins Gefecht, die sich der bewaldeten Höhen bemächtigt und die eigenen Stützpunkte umfaßt.*"[1]

1) KTB Heeresgruppe Süd

Westlich Stuhlweißenburg erwehrt sich die 1. SS-Pz. Div. starker Panzerangriffe aus dem Raum Inota und Reti pcs. nördlich der Bahnlinie Stuhlweißenburg, Varpalota. 30 Feindpanzer werden abgeschossen. Weiter südwestlich Stuhlweißenburg, in der Linie: Nordrand Nadasdladany, Nordrand Ösi, Nordrand des Waldstückes nordwestlich Ösi, werden die in der vergangenen Nacht südlich Seregelyes herausgelösten Teile der 9. SS-Pz. Div. zur Abschirmung nach Norden eingesetzt. Es sind die Pz. A. A. 9 und das II./Pz. Gren. Rgt. 19. Sie stehen in der offenen linken Flanke der Div. Wiking und damit des III. Pz. A. K., dem die Division seit dem 20. 3. 1945 wieder unterstellt ist. Der Druck des Feindes nimmt auch südlich des Velence-Sees zu.
„Starker Feind warf das in vorgeschobener Stellung hart westlich Seregelyes stehende II./SS-Pz. Gren. Rgt. Westland in schwerem Kampf aus Börgesd, 3 km südwestlich Dinnies, zurück.“[1]
Hier erzwingt jedoch die inzwischen herausgelöste 1. Pz. Div.
„die Wiederherstellung der Verbindung zu den in der Stadt Stuhlweißenburg zäh haltenden Teilen der 5. SS-Pz. Div. Wiking.“[1]
Noch halten die Wikinger den Ostrand der Stadt und schlagen den entlang der Eisenbahnlinie westlich der Stadt angreifenden Feind zurück. Den Stadtteil Kiskekskement holen sie im Gegenangriff zurück und liefern dem in den Stadtkern eingedrungenen Panzerfeind schwere Häuserkämpfe. Stuhlweißenburg ist zum Angelpunkt der Front geworden.
Die 6. Armee erwägt in nüchterner Einschätzung der Lage eine verkürzte Linie: Balatonfökajar – Polgardi (südw. Stuhlweißenburg) – Sarvitz-Abschnitt (westl. Stuhlweißenburg). Auf die damit vorgeschlagene Aufgabe Stuhlweißenburgs erwidert der Chef des Generalstabes der Heeresgruppe um 19.35 Uhr:
„Wenn man den Anschluß an den Velence-See und Stuhlweißenburg aufgebe, würde der Feind die Möglichkeit haben, 22 frei gewordene Schützendivisionen auf schmaler Front in westliche Richtung schwerpunktmäßig angreifen zu lassen. Das sei eine Kräftemassierung, die man schwer aussitzen könne.“[1]
22 möglicherweise frei werdende russische Schützendivisionen belasten in der Tat die Entschlüsse der Heeresgruppe.
Allgemeine Verwirrung und Mangel an Orientierung nehmen zu bis in die höheren Stäbe. Am Abend des 20. März hat der Div. Stab Wiking keine Verbindung zum III. Pz. A. K. Der O1 glaubt den Russen weiter nördlich bereits bei Papa, 20 km westnordwestlich Stuhlweißenburg. In Wirklichkeit ging Papa erst 5 Tage später verloren. Wie weit die Abschnürung der Stadt Stuhlweißenburg allerdings schon fortgeschritten ist, verdeutlicht der nachstehende Bericht des Kommandeurs des SS-Pz. Rgt. 5, Obersturmbannführer Darges, der sich am Abend des 20. März 1945 auf dem Wege zum Div. Gef. Stand Wiking befindet:
„Nach kurzfristiger Auskurierung einer Bronchopneumonie wollte ich mich wieder bei der Division melden und fuhr im Kfz. 15 des Divisionsarztes von Vesprem in Richtung Stuhlweißenburg.
Da inzwischen eine Absetzbewegung der Division eingeleitet war, konnte der Div. Gef. Stand nicht ermittelt werden. Und so fuhren der Obersturmbannführer Dr. Thon und ich im PKW zu-

1) KTB Heeresgruppe Süd

sammen mit 2 Sanitäts-Dienstgraden im Konvoi mit einem VW-Kübelwagen, in dem sich die Generalstabsoffiziersanwärter und „Schlieffen-Pimpfe", die Obersturmführer Schumacher und Glanert, befanden, in Richtung Stuhlweißenburg.
Das typische Bild von zurückgehenden Einheiten und verstopften Straßen begegnete uns, als dieses Band plötzlich abriß und die Straße frei wurde. Die Abenddämmerung war hereingebrochen und etliche brennende Fahrzeugwracks markierten die Straße.
Eine Reifenpanne des uns vorausfahrenden VW zwang dessen Insassen zu kurzem Stop, während wir weiterfuhren in Richtung vermeintlicher Div. Gef. Stand. Um eine unübersichtliche Kurve biegend, gewahrten wir vor uns 3 Panzer, an beiden Straßenseiten gestaffelt. In der Annahme, es handele sich um Panzer der nördlichen Anschlußdivision – divisionseigene Panzer waren hier nicht zu erwarten – fuhren wir scharf rechts an den ersten Panzer heran. Im PKW stehend lehnte ich mich leicht mit der Hand an den Panzer und fragte den Kommandanten nach seiner Einheit. Ich hatte das letzte Wort kaum ausgesprochen, als der Kommandant in den Panzer tauchte und ich die Silhouette eines russischen T 43 erkannte. Dem am Steuer sitzenden Dr. Thon zurufend: „das ist der Iwan", schoß der PKW auch bereits vorwärts, um uns im aufgeblendetenScheinwerferlicht erkennen zu lassen, daß sich im nahen Ort Panzer an Panzer reihte.
Alles Weitere spielte sich in Bruchteilen von Sekunden ab: anhalten, aus dem Wagen springen, Mantel fallen lassen, Pistole in die Hand nehmen und in Richtung auf die eigene Truppe laufen, springen und robben. Die uns freundlichst nachgesandten MPi-Garben durchlöcherten Uniformen und verwundeten zwei Mann leicht. Im grellen Licht der ununterbrochen abgeschossenen Leuchtkugeln und im Feuer der MPi's und MG's absolvierten wir den schnellsten Geländelauf unseres Lebens. Beim Verschnaufen in einer Geländemulde hörten wir dann den zurückgelassenen VW auf der entfernten Straße in die Bereitstellung des sowjetischen Panzerverbandes hineinfahren, ohne daß eine Möglichkeit der Warnung bestand.
Der Iwan, durch die überraschende Begegnung mit uns gewarnt, empfing den VW mit MPi- und MG-Feuer, und dabei wurden die Insassen schwer verwundet. Obersturmführer Glanert konnte sich stark blutend zurückschleppen und wurde in bewußtlosem, stark geschwächtem Zustande durch Zufall von einem Feldgendarmen gefunden – er trat in der Dunkelheit auf ihn – und in ein Lazarett geschafft.
Der in über hundert Panzergefechten bewährte, tapfere und hoch ausgezeichnete, von Offizier und Mann gleichermaßen hoch geschätzte Obersturmführer Schumacher wird seit dieser Stunde vermißt."[1]

Die einzige Verbindungsstraße der Division Wiking von Stuhlweißenburg nach Westen ist damit vom Russen gesperrt. Der Schlauch, in welchem die Division steckt, ist vielleicht noch 15 km lang und höchstens 3–4 km breit. Die Befehle für die Division Wiking lauten dennoch, Stuhlweißenburg zu halten.

Der folgende 21. März bringt dem Feind in den Brennpunkten der Abwehrschlacht weitere, entscheidende Erfolge. Beim linken Nachbarn der Division Wiking, der 1. SS-Pz. Div., geht in den Mittagsstunden Varpalota, 20 km westlich Stuhlweißenburg, verloren. Dabei verlor der von Südosten, Osten und Norden angreifende Feind 46 Panzer. Starker, von Panzern unterstützter Feind, nahm Ösi

1) Bericht Darges

„und warf die zur Flankierung eingesetzten Teile der 9. SS-Pz. Div. nach Süden zurück. Im weiteren Vorstoß nach Südwesten und Westen erreichte der Feind das Weinberggelände ostw. Berhida (ca. 20 km südwestlich Stuhlweißenburg, d. Verf.). *Am Nord- und Ostrand behauptet sich das Reiterregiment 41 (4. Kav. Div.) gegen regimentsstarke Feindangriffe aus Nordosten und Norden."*[1]
Beim rechten Nachbarn der Wikinger in Stuhlweißenburg, der 1. Pz. Div., wird der Feind bis auf geringfügige Einbrüche abgewiesen.
Am Nordostrand des Plattensees dringt er bis in das Waldgebiet von Füle vor. Damit trennen die von Osten und Westen vorgetriebenen russischen Angriffsspitzen nur noch 5 km. Für Teile der 1. und 3. Pz. Div., der 44. Reichsgrenadierdivision Hoch- und Deutschmeister und der Division Wiking in der Stadt Stuhlweißenburg ist die Gefahr der Einkesselung kaum noch abzuwenden.

„Die Verteidiger von Stuhlweißenburg bereinigten während der Nacht die tiefen Einbrüche im Nord- und Südwestteil der Stadt und hielten am Morgen die Linie: westlich kleiner See, südlich Stuhlweißenburg, – Bahnhofsgelände – westliches Weinberggelände – südlicher Stadtteil Kiskekskemet – Bahnlinie nach Mor bis Eisenbahngabel südwestlich der Stadt."[1]
Der O1 der Division notiert an diesem Tage, dem 21. März:
„Damit ist die Lage in Stuhlweißenburg sehr ernst und ein weiteres Halten erscheint zwecklos ... Weiter rückwärts Lage völlig ungeklärt. Verbindung auch zum III. Pz. A. K. unterbrochen ...
Gegen Mittag das erste Mal: Führerbefehl, Stuhlweißenburg ist zu halten. Diesen Befehl halten wir für Wahnsinn, da durch uns nur wenige Truppen gebunden werden."[2]
In die Lebens- und Kampfbedingungen der Verteidiger von Stuhlweißenburg erhalten wir Einblick durch einen Brief des Abteilungsarztes der II./Pz. Rgt. 5, Dr. Kalbskopf, aus dem Jahre 1953 an die Eltern des in diesen Kämpfen vermißten Adjutanten der II./Pz. Rgt. 5, Untersturmführer Jensen. Nachdem Dr. Kalbskopf die bis zum 15. März noch erträglichen Bedingungen in den Räumen der Stadtkommandantur geschildert hat, berichtet er:
„Um den 15. März herum änderte sich dieser Zustand schlagartig. Es waren nämlich mit einem Schlage die Verbindungen zu unseren Nachbarn unterbrochen und mit dem Glase konnten wir beobachten, wie links und rechts außerhalb unserer Reichweite russische Kolonnen nach Westen zogen. Wir erhielten den Befehl, die Stadt unbedingt zu halten. Ich darf von mir behaupten, daß die Tage bis zum 21. 3., nachmittags die schrecklichsten waren, die ich im Kriege erlebte.
In diesen Tagen und Nächten lernte ich Ihren Sohn bewundern. Die Zeit der Telefonverbindungen war vorbei. Jede Meldung, jede Kenntnis der Lage mußte persönlich abgeholt werden. Ich sehe heute noch, wie sich Ihr Sohn in diesen Nächten erhob und in die Unsicherheit dieser Nächte hinausstürmte, um zu erkunden, was für das Wohl und Wehe aller unbedingt erforderlich war.
Mit Bangen erwarteten wir immer seine Rückkehr und versuchten, wenn er dann auftauchte, aus seinen Mienen zu lesen, ob er gute oder böse Post mitgebracht hatte.

1) KTB Heeresgruppe Süd
2) Tagebuch Jahncke

Auf den 21. 3. zu wurde unsere Lage in der Stadt immer verzweifelter. Der Russe hatte uns im Umgriff in den Stadtkern zusammengedrängt, wo wir in einer Mausefalle saßen. Immer noch stand ein Absetzbefehl der Division aus.

In der Nacht vom 20. zum 21. 3. saßen wir in einem massiven Kellergewölbe der Innenstadt völlig eingeschlossen beisammen. Jeder scheute sich, auch nur mit einem Wort an unserem Los zu rühren. Im Hinblick auf die vielen Verwundeten, die nebenan im Keller lagen, graute mir vor der nahen Zukunft. Wir waren uns klar, daß es unter diesen Umständen zu einem Kampf bis zum letzten Mann bzw. zur Selbstaufgabe kommen mußte, da keiner dem Russen lebend in die Hände fallen wollte. Wie durch ein Wunder erreichte uns am 21. 3., nachmittags noch ein Funkspruch, wir sollten uns sofort in westliche Richtung absetzen. Nur ein unbändiger Wille zum Leben nach diesen Nächten der Verzweiflung ließ dieses Wagnis glücken. Nach der Durchbrechung des Ringes durch die letzten unserer einsatzfähigen Panzer ging die Räumung an, die mich im Hinblick auf die vielen Verwundeten völlig in Anspruch nahm. Erst bei der anbrechenden Dunkelheit fanden wir uns wieder, wenige Kilometer westwärts der Stadt auf unserer Ausfallstraße. Bei dieser Gelegenheit tauchte das Gerücht auf, daß wir bereits wieder in einem Kessel waren, der sich wie ein dünner Schlauch von Stuhlweißenburg über 30 km bis an das Nordufer des Plattensees erstreckte und nur eine ganz schmale Ausgangsöffnung aufwies.

Als wir uns an diesem 21. 3., abends auf Feldwegen westwärts in Bewegung setzten, sah ich Ihren Sohn das letzte Mal.

Die Verluste im Kessel waren ungeheuerlich. Mir selbst wurde der Sanitäts-SPW, vollbelegt mit Verwundeten, durch eine Pakgranate in die Luft gesprengt. Keiner der Insassen blieb am Leben. Noch bevor ich den Kessel verließ, wurde mir gesagt, daß der Adjutant Jensen und der Nachrichtenoffizier bei einem Stalinorgelüberfall den Tod gefunden hätten ...“[1]

Der Oberbefehlshaber der 6. Armee, Gen. Balck, beurteilt die Lage so ernst, daß er am 21. 3., um 10.55 Uhr eine Frontverkürzung auf der Linie Plattensee – Falubattian – Nadesdladany – Varpalota vorschlägt. Diese vorgeschlagene Linie verläuft bereits westlich Stuhlweißenburg und bedeutet die Aufgabe der Stadt.[2]

Um 13.20 Uhr will er die entsprechenden Befehle, auch ohne die Entscheidung des OKH abzuwarten, geben. In dem gleichen Gespräch mit der Heeresgruppe erklärt er sich nochmal gegen das Halten von Stuhlweißenburg. 16.55 Uhr wiederholt der Chef des Generalstabes der Armee diese Auffassung mit dem Hinweis:

„die dort stehende 5. SS-Pz.-Div. Wiking würde sich schon jetzt den Weg über Nadesdladany freikämpfen müssen.“[2]

16.40 Uhr erhält die Heeresgruppe die Genehmigung zur vorgeschlagenen Frontverkürzung der 6. Armee mit der Einschränkung jedoch, daß Stuhlweißenburg zu halten sei.

Am späten Nachmittag wird Hitler die Frage Stuhlweißenburg noch einmal vorgelegt, und er entscheidet um 17.50 Uhr noch einmal, daß die Stadt zu halten ist. Dieser Befehl ist es wohl, der Gen.Oberst Guderian um 21.05 Uhr des gleichen Tages in einem Telefongespräch die Notwendigkeit, Stuhlweißenburg zu halten, betonen läßt mit dem Hinweis:

„wenn man dort nachgebe, so komme man ins Gleiten und verliere den Halt bis Komorn.“[2]

1) Brief Dr. Kalbskopf   2) KTB Heeresgruppe Süd

Unter dem unmittelbaren Eindruck der drohenden Einschließung ringt der Kommandeur der Division Wiking gegen Abend mit dem Entschluß, die Stadt aufzugeben, um die Division der tödlichen Gefahr zu entziehen. Nicht zuletzt angesichts der sich heute schnell verschlechternden Entwicklung bei seinen Nachbarn hält er die Hoffnung auf Entsatz nach einer erfolgten Einschließung für eine Illusion und diesen für undurchführbar.
Der Funkspruch des IV. SS-Panzerkorps:
„Kfz. sammeln und nach Westen absetzen, Verwundete nach Westen durchschleusen."[1]
bestärkt ihn wahrscheinlich, obwohl er dem Korps nicht untersteht.
Nachdem am späten Nachmittag nur noch der Südwestteil der Stadt gehalten wurde, teilt der Chef des Generalstabes der 6. Armee um 20.10 Uhr der Heeresgruppe mit:
„daß die Stadt Stuhlweißenburg nach einer Meldung der südlich davon stehenden 1. Pz. Div. nicht mehr in eigener Hand sei."[2]
Um 00.10 Uhr meldet der 1. Gen. Stabsoffizier der 6. Armee dem 1. Gen. Stabsoffizier der Heeresgruppe,
„er habe von der 5. SS-Pz. Div. Wiking mit der taktischen Zeit 22.20 Uhr einen Funkspruch erhalten, wonach der Bahnhof von Stuhlweißenburg in Feindeshand sei und die Division am Südwestrand der Stadt stehe."[2]
Die Reaktion der Heeresgruppe ist der Hinweis, daß die Aufgabe der Stadt der neuerdings von Gen. Oberst Guderian erteilten Weisung widerspreche, wonach sinngemäß auch die noch jetzt verteidigten Stellungen am Südwestrand der Stadt gehalten werden müßten. Die 1. Pz. Div. müsse dort Anschluß suchen.
Gen. Oberst Guderian hatte in einem Gespräch vor 12 Stunden, um 12.45 Uhr betont:
„Die Lage westlich Stuhlweißenburg müsse durch Angriff wiederhergestellt und die Verbindung zur Stadt dadurch gesichert werden. Wesentlich sei, daß niemand abgeschnitten werde."[2]

Der unmittelbare Eindruck der Entwicklung der Lage beiderseits Stuhlweißenburg am Nachmittag des 21. 3. rechtfertigt die Erwartung einer angriffsweisen Wiederherstellung der Lage westlich der Stadt und die Erkämpfung des Anschlusses an die Stadt nicht mehr.
Die massiven Angriffe im Abschnitt des I. Kav. Korps werden in der Nacht zum 22. 3. fortgesetzt und verstärken sich am 22. 3.
Im Abschnitt des III. Pz. A. K., südlich Stuhlweißenburg,
„wo noch am Nachmittag des 21. 3. Teile der 1. Pz. Div. und der 44. Reichsgrenadierdivision Hoch- und Deutschmeister in hartem Abwehrkampf auf dem Höhengelände westlich Falubattian standen"[2]
wird nach dem Fall Falubattians die im Aufbau begriffene Front erneut aufgerissen.

Die drohende Einschließung bzw. das Abgeschnittenwerden der 5. SS-Pz. Division Wiking verhindert jetzt der Div. Kommandeur, Standartenführer Ullrich, durch seinen selbständigen Entschluß, über den uns der O1 durch folgende Bemerkung in seinem Tagebuch unterrichtet:
„Der Div. Kdr. entschließt sich um 20.00 Uhr, entgegen Führerbefehl das Absetzen von

1) Tagebuch Schönfelder 2) KTB Heeresgruppe Süd

Stuhlweißenburg zu befehlen, um wenigstens den größten Teil an Soldaten und Waffen zu retten."[1]

Mit diesem der wiederholten und nachdrücklichen Weisung widersprechenden Befehl befindet sich der Kommandeur der 5. SS-Pz. Div. Wiking letztlich in Übereinstimmung mit einer in den deutschen Dienstvorschriften vorgesehenen, entsprechenden Möglichkeit. Bereits im „Exerzierreglement für die Infanterie" des Kaiserlichen Deutschen Heeres vom 26. Mai 1906 findet sich unter Ziff. 304 folgende Formulierung:

„Die vornehmste Führereigenschaft bleibt die Verantwortungsfreudigkeit. Sie wäre falsch verstanden, wenn sie darin gesucht würde, eigenmächtige Entschlüsse ohne Rücksicht auf das Ganze zu fassen oder gegebene Befehle nicht peinlich zu befolgen und ein Besserwissen an die Stelle des Gehorsams treten zu lassen.

Aber in Fällen, in denen sich der Untergebene sagen muß, daß der Auftraggeber die Verhältnisse nicht genügend übersehen konnte, oder wo der Befehl durch die Ereignisse überholt ist, wird es Pflicht des Untergebenen, erhaltene Befehle nicht oder abändernd auszuführen und dies dem Vorgesetzten zu melden. Für die Nichtbefolgung des Befehls bleibt ihm die volle Verantwortung."[2]

Im Leitfaden: „Die SS- und Polizeigerichtsbarkeit", Stand 1. Juli 1944, findet sich auf der Seite 53 folgende Formulierung:

„Ein Befehl kann einmal durch die inzwischen eingetretenen Ereignisse überholt sein. Gewinnt deshalb der Untergebene nach sorgfältiger Prüfung aller Umstände die Überzeugung, daß sich die Verhältnisse, unter denen der Befehl erteilt wurde, geändert haben oder daß sie ganz anders liegen, als der Befehlende annahm, so daß der erteilte Befehl nicht mehr paßt und im Interesse der Sache nicht mehr ausgeführt werden kann, so muß er selbständig handeln, wenn keine Zeit bleibt, Meldung zu machen und neue Befehle zu erbitten. Stets muß sich der Untergebene fragen, ob der Vorgesetzte in seiner Lage auf seinem Befehl beharren oder einen anderen Befehl geben würde.

(vgl. hierzu HDV 300 „Truppenführung" Ziffer 37)."[3]

Die turbulente Situation im Laufe des 22. März, in der die Entwicklung einer geordneten Führung zu entgleiten droht, wird im KTB der Heeresgruppe Süd so skizziert:

„Im Raum südwestlich Stuhlweißenburg setzte der Feind seine massierten Angriffe mit Schwerpunkt hart nordwestlich des Plattensees fort. Trotz hoher Verluste an Menschen und Panzern gelang es ihm hier, die eigene Abwehrfront um einige Kilometer nach Nordwesten zurückzudrängen. Weiter nördlich stieß der Gegner zwischen die südwestlich Stuhlweißenburg zum Teil noch in Bewegung befindlichen eigenen Kampfgruppen, die nunmehr nach Westen durchbrechen. Gegen von Norden angreifenden Feind gingen in Nachtangriffen Ösi, Nadasdladany und Berhida, im Laufe des Vormittags Jenö und das Waldstück nordostwärts davon verloren. 3. Pz. Div. und die im Raum Stuhlweißenburg eingesetzte 5. SS-Pz. Div. Wiking kämpften sich durch diesen Feind in allgemein westsüdwestliche Richtung durch und erreichten mit Anfängen Balatonfüzfö . . .

Aus dem Raum Varpalota griff Feind mit massierten Infanterie- und Panzerkräften in süd-

1) Tagebuch Jahncke
2) Dilthey, „Der Einjährig-Freiwillige", E. Mittler & Sohn, Berlin 1913
3) Hauptamt SS-Gericht, „Die SS- und Polizeigerichtsbarkeit", 1. 7. 1944

westliche Richtung an und erreichte die Linie Gyarts – Soly – Kadarta – Gyalafiratot. Feindliche Panzerspitzen wurden 3 km ostwärts Vesprem unter Abschuß von 3 Feindpanzern abgewiesen . . .
9. SS-Pz. Div. und Teile 4. K. D. bauten in der Linie: südlich Berhida – Papkeszi Nord – Vilonya Nord – Sita Nord eine Abschirmungsfront auf und wiesen von Panzern unterstützte Feindangriffe ab."[1]
Aus dem nördlich anschließenden Abschnitt meldet die 6. Pz. Armee am späten Nachmittag, um 17.45 Uhr:
„Die 1. SS-Pz. Div. sei durch den schwerpunktmäßigen, seit vorgestern anhaltenden Feindangriff in mehrere Gruppen zerrissen."[1]
Der Oberbefehlshaber der Heeresgruppe erhält auf dem Gef. Stand der 6. Armee, die im Raum südwestlich Stuhlweißenburg führt,
„den Eindruck, daß dort im Augenblick ein wildes Durcheinander herrscht. Da Fernsprechverbindungen fehlen, ist es schwer, ein klares Bild zu gewinnen."[1]

Wenden wir uns dem Ausbruch der 5. SS-Panzerdivision Wiking zu, über den wir aus dem Tagebuch des O1 erfahren:
„Das Lösen vom Feind während der Nacht reibungslos und ohne wesentliche Feindberührung. Bis zum Morgengrauen sind alle Teile der Division auf kleinem Raum um Urhida versammelt. Division beabsichtigt, in zwei Kampfgruppen aufgeteilt nach Südwesten in Richtung Nordrand des Plattensees durchzustoßen. Wir nehmen an, daß wenigstens die Südfront noch losen Zusammenhalt hat.
Gruppe Hack (Westland) soll nach Norden gegen Nadasdladany abschirmen, und die Hauptgruppe – alle gepanzerten Teile – sollen den Durchstoß nach Südwesten erzwingen.
Im Laufe des Vormittags bricht aber die Südfront zusammen. Alle Divisionen, einschließlich geschlossener Tigerabteilung, fliehen nach Westen, nach Vesprem. Es gelingt der Division trotz starker Feindvorstöße von Süden her, immer weiter nach Südwesten vorzustoßen. Allerdings gehen bei diesen pausenlosen Kämpfen gegen immer neu auftauchende Feindgruppen alle gepanzerten Teile, wie Panzer, Sturmgeschütze, SPW, II./A. R. 5 (Selbstfahrlafettenabteilung) verloren. Die einzelnen Einheiten schlagen sich meist stoßtruppartig durch.
Am Mittag geraten wir in die panikartig nach Westen flüchtenden Teile der Südfront. Diese Teile gehen ohne sichtbare Führung aufgelöst zurück. Nur der straffen Führung aller unserer Kommandeure und der immer noch bestehenden alten Disziplin ist es zu verdanken, daß auch bei uns keine panikartige Flucht einsetzt.
Weiterhin verdanken wir unseren geglückten Ausbruch der Division Hohenstaufen, deren Divisionskommandeur, Standartenführer Stadler, gegen den Befehl seine Front so weit wie möglich bis an den Nordteil des Plattensees vorgeschoben hat, um uns diese wichtige Stelle offenzuhalten."[2]
Vom Untergang der kämpfenden Teile des SS-Panzerregimentes 5 in den Kämpfen um Stuhlweißenburg, Vesprem haben wir eine letzte Mitteilung des Kommandanten des Panzers 201, Siegfried Melinkat:
„Nachdem ich als Panzerkommandant des P 201 in der letzten Kampfgruppe des Regimentes (1 Panzer V und 2 Panzer IV) am 21. März 45 hinter Vesprem (Ungarn) abgeschossen worden

1) KTB Heeresgruppe Süd   2) Tagebuch Jahncke

war, stieß ich mit meiner Besatzung zum Troß der 2. Kompanie. Zeuge des Abschusses war unser letzter Divisionskommandeur (Ullrich) selbst, dessen Gefechtsstand sich in unmittelbarer Nähe befand, und der uns als erster beglückwünschte, heil davongekommen zu sein."[1]
Die Anfänge und die Führungsstaffel der Division, die sich auch durchschlagen mußte, ohne im einzelnen Einfluß auf die Führung nehmen zu können, treffen um 16.00 Uhr auf dem Gefechtsstand der 9. SS-Panzerdivision Hohenstaufen in Papkeszi und um 17.00 Uhr in Balatonfüzfö beim III. Pz. A. K. ein.[2]

Das noch am Nordufer des Plattensees stehende I. Kav. Korps wird in der Nacht durch 10 Ju 52 mit 9 t Munition versorgt. Die unter seinem Befehl stehende 23. Panzerdivision tritt
„*in der Nacht vom 22./23. 3. aus dem Raum nördlich Balatonkenese (südostwärts Papkeszi) in ostwärtige Richtung zum Angriff an, stieß bis über Küngös hinaus vor, schoß dabei 15 Feindpanzer ab und nahm die in allgemein westlicher Richtung sich zurückkämpfenden Teile der 1. und 3. Pz. Div. sowie der 44. Reichsgrenadierdivision Hoch- und Deutschmeister auf ...*"[2]
Mit der Freikämpfung dieser Verbände und dem Ausbruch der 5. SS-Panzerdivision Wiking am Vortage ist das operative Zwischenziel der Russen, starke deutsche Teile auf der Landenge Stuhlweißenburg einzuschließen und zu vernichten, zwar nicht erreicht worden,
„*die Eckpfeiler der Verteidigung, Stuhlweißenburg, Varpalota, das Industriegebiet von Tatabanya und Gran, waren jedoch verlorengegangen.*"[2]

Die 5. SS-Panzerdivision Wiking und mit ihr die Reste des SS-Panzerregimentes 5 waren der Einschließung und Vernichtung entgangen. Der Verlust des größten Teiles der schweren Waffen, des Gerätes und der Ausrüstung bedeuteten den Verlust der Einsatzfähigkeit nach bisheriger Auffassung. Das Panzerregiment verfügte über so gut wie keine Panzer mehr.

Für der Beurteilung der Leistungen, des äußersten Einsatzes zur Erfüllung des Kampfauftrages mag ein Blick auf die Verlust- und Ersatzzahlen nach dieser letzten entscheidenden Schlacht nützlich sein. Diese Zahlen sind gesondert für das Panzerregiment 5 nicht vorhanden, doch dürften die für die Division Wiking vorliegenden Zahlen auch für das Panzerregiment 5 aussagefähig sein.[3]
In den schweren Abwehrschlachten nördlich Warschau erreichten die Verlustzahlen an Toten, Verwundeten und Vermißten allein im Oktober 1944 die Höhe von 4072. Nach einem Rückgang dieser Zahlen im November und Dezember 1944 stiegen sie in Ungarn im Januar 1945 erneut auf 2787 und im März 1945 auf 3534.
Die Gesamtverluste der Division in den 6 Monaten Oktober 1944 bis März 1945 betrugen 12136 Mann, das sind 67,6%, mehr als zwei Drittel des Sollbestandes von 17797 Mann. Die Division war nach Stuhlweißenburg bis auf ihren Kern ausgeblutet. Zum Ausgleich der Verluste wurden der Division, wiederum im gleichen Zeitraum Oktober 1944 bis März 1945, an Ersatz 9813 Mann zugewiesen. Dieser Ersatz bestand in der Masse aus erdkampfunerfahrenen Luftwaffen- und Marineangehörigen.

1) Bericht Melinkat 2) KTB Heeresgruppe Süd
3) Zustandsberichte der Division / Archiv Freiburg (siehe Anhang)

Wiederum im gleichen Zeitraum kehrten 407 Genesene zur Division zurück, das sind 5,1% der Verwundeten.
Die Zahl der Vermißten stieg in den letzten 6 Monaten, Oktober 1944 bis März 1945, gegenüber früheren Zeiträumen erheblich an. In den 5 Monaten schwerer Abwehrkämpfe zwischen Donez und Dnjepr, August bis Dezember 1943, betrug sie insgesamt 281; in den 5 Monaten Mai bis September 1944 284, um in den letzten 3 Monaten 1944 auf 883 und von Januar bis März 1945 auf 1255 hochzuschnellen, auf das Vielfache des bisherigen Durchschnittes.
Geht man davon aus, daß die Gefechtsteile im allgemeinen von Verlusten stärker betroffen werden als Trosse und rückwärtige Dienste, so steigt die Aussagekraft der genannten Zahlen.

Für die Beurteilung der Operationen und ihrer Führung auf deutscher Seite im westungarischen Raum im März 1945 ist das KTB der Heeresgruppe Süd eine bestimmende Grundlage. Kriegstagebücher oder gleichrangige dokumentarische Darstellungen „unterer“ Organisationseinheiten, wie der 6. Armee, des III. Pz. Korps, des IV. SS-Panzerkorps, der 5. SS-Panzerdivision Wiking oder des SS-Panzerregimentes 5 stehen nicht zur Verfügung. Dieser Umstand bedeutet zweifellos die Einengung der Möglichkeit einer wünschenswerten, voll ausgeleuchteten, dokumentarischen Darstellung der Abläufe und ihrer Zusammenhänge. Ohne die standpunktbedingten Verschiedenheiten in nachträglichen Darstellungen und Beurteilungen der Entschlüsse und Befehle zu berücksichtigen, sei folgende Anmerkung nach dem Studium des entsprechenden Teiles des KTB der Heeresgruppe Süd erlaubt.
Die Wiederholung von Angriffsbefehlen und die Beschäftigung mit neuen Offensivaktionen durch die Heeresgruppe Süd wirken im Rückblick illusionär und anachronistisch bei der sich laufend verschlechternden Gesamtlage an der Front zwischen Plattensee und Donau, angesichts der starken Dezimierung und teilweisen Zerschlagung der eigenen Verbände, deren Kräfte offenkundig nicht einmal mehr zur Verteidigung reichten. Die ausgewerteten Teile des KTB der Heeresgruppe machen nicht deutlich, daß die einheitliche Auffassung der Frontbefehlshaber über die katastrophale Lage, die Zertrümmerung der eigenen Verbände und die zwingenden Folgerungen für die Kampfführung ungeschminkt und nachdrücklich dem OKH dargelegt worden ist.
Im März 1945 bot der verbliebene Raum nurmehr sehr beschränkte operative Möglichkeiten. Ein Aufgeben des westungarischen Raumes zum Aufbau einer neuen, stabilen Front in Anlehnung an die deutsche Reichsgrenze war gleichbedeutend mit dem Verlust dieser beschränkten operativen Restmöglichkeiten. Damit einher ging eine weitere Schmälerung der ohnehin prekären Rohstoffsituation. Eine einsichtige Führung konnte unter sich verschlechternden Bedingungen – Rückzüge fordern materielle und personelle Verluste – in einer neuen Stellung, die weder vorbereitet noch ausgebaut und besetzt war, kaum eine erfolgreichere Verteidigung erwarten als in der evtl. soeben aufgegebenen. Eine neue, auf den Ostrand der Alpen sich stützende Stellung hätte beide Seiten im Gebrauch der mechanisierten Teile eingeengt. Der Feind hätte mit den bereits im Bakonywald und Vertesgebirge alles umspülenden Massen seiner Infanterie das entscheidende Übergewicht erhalten gegenüber einer Armee, deren Mangel an

Infanterie sie bereits zur Räumung des Bakonywaldes und des Vertesgebirges zwang. In dieser Situation gab es eigentlich keine militärische Führungsalternative mehr. Die vom Feind geforderte bedingungslose Kapitulation, die man ehrenhaften Gegnern in der überschaubaren, jüngeren europäischen Geschichte nicht zu stellen pflegte, war die Alternative.

Hier geraten die soldatische Ehre in ihren bisher gültigen, ausgeprägten Normen und das ebenso verständliche Verantwortungsbewußtsein für das Leben der anvertrauten Soldaten in einen schwer lösbaren Konflikt.

Die fast stereotype Berufung der Heeresgruppe auf OKH- und Führerbefehle stimmt nachdenklich. Andererseits kann die Vorstellung bestimmend gewesen sein, daß die Überwindung der letzten natürlichen Sperre im ungarischen Raum, dieses waldreichen, unwegsamen Gebirgsriegels, durch den Feind unter allen Umständen, auch den größten Opfern, verhindert werden mußte, um die russische Flut noch einmal vor der Reichsgrenze zu dämmen.

Der spätere Chronist registriert in Kenntnis aller Umstände die Logik des Geschehens, der soldatische Führer trifft seine Entscheidungen unter der Bürde vieler Unwägbarkeiten nicht selten zwischen Skylla und Charybdis.

Panzer-Infanteriebataillon, Panzerabholkommando Sennelager, Kapitulation

Die Trümmer der 5. SS-Panzerdivision Wiking, unter ihnen die panzerlosen Besatzungen, die rückwärtigen Dienste und Trosse des Panzerregimentes 5 haben sich am 24. März 1945 wieder gefangen, legen sich den vordringenden Russen beiderseits der von Vesprem nach Südwesten, nach Tapolca führenden Straße vor und versuchen, nach rechts und links Verbindung aufzunehmen. In Sprüngen über Totnaszony, Voröstö erreichen sie am Abend des 25. März den Raum Kapolcz.

Der O1 der Division hält in seinem Tagebuch fest:

„Nur durch den persönlichen Einsatz aller Kommandeure ist es möglich, mit ihren SPW, einschließlich des SPW des Divisionskommandeurs, stützpunktartig die Front zu halten und ein Überschwemmen durch den Russen zu verhindern. Um die wenigen SPW als einzige schwere Waffen sammeln sich die noch einsatzbereiten, kleinen Truppenteile. Dadurch lose Abwehrfront möglich. Truppe ist überanstrengt.“[1]

Der allgemeine Rückzug, der sich bisher in einem Abstand von etwa 10 km parallel zum Nordufer des Plattensees nach Südwesten bewegt, nimmt nun westnordwestliche Richtung und erreicht in einem größeren Sprung am 29. März 1945 den Raab-Brückenkopf Vasyar. Zwischen Vasyar und Vesprem liegen bereits 50 km. Die auf dem Wege dahin einzunehmenden Riegelstellungen hält ein einziger intakter Kampfverband der Division seit Kapolcz, die Aufklärungsabteilung unter ihrem neuen Kommandeur, Sturmbannführer Vogt.

1) Tagebuch Jahncke

Da der Russe nördlich und südlich Vasyar bereits weit nach Westen vordringen konnte, setzt sich die Division Wiking befehlsgemäß am 29. und 30. März 1945 auf die sogenannte Reichsschutzstellung ab und gewinnt über Körmend den Raum Fürstenfeld. Die Reste des Panzerregimentes erreichen zunächst den Raum Heiligenkreuz an der deutsch-ungarischen Grenze und sammeln auf Schloß Hartbergen b. Ilz, nördlich der Straße Fürstenfeld, Graz, die 2. Kompanie in Eichberg.
Der letzte Kampfwagen des Regimentes, ein Panzer IV, Kommandant Unterscharführer Lasch, soll in der Nähe der Reichsgrenze von Pionieren des Heeres auf einer Brücke gesprengt worden sein.
Vor genau 3 Jahren erhielten diese Männer als erste der Waffen-SS ihre Panzer. Sie führten sie ehrenhaft über den Don zum Kaukasus, aus dem Kampfraum südwestlich Stalingrad über Tscherkassy, Kowel in den Raum Warschau. Vergeblich versuchten sie in den Kämpfen der letzten Wochen, die in Budapest eingeschlossenen deutschen und ungarischen Kameraden zu entsetzen. Auf die deutsche Reichsgrenze zurückgeworfen, haben sie nunmehr buchstäblich auch den letzten Panzerkampfwagen, auf dem Gefechtsfelde zerstört, zurücklassen müssen. Sie werden dem Sieger nur sich selbst zu übergeben haben.
Während die Division Wiking mit den LKW-weise eintreffenden Teilen die sogenannte Reichsschutzstellung in der Linie Jennersdorf – Fürstenfeld zu besetzen versucht – teilweise müssen bereits eingedrungene Russen zurückgeworfen werden –, befiehlt die Division die Aufstellung eines Panzerinfanteriebataillons aus den verfügbaren Teilen des Panzerregimentes.
4 mit Infanteriewaffen: Gewehren, Maschinenpistolen und MG ausgerüstete Kompanien unter dem Kommando von Hauptsturmführer Schneider, dem bisherigen Chef der 7./Pz. Rgt. 5, bilden das Bataillon und werden in acht Tagen infanteristisch umgeschult.
Die Züge bestehen aus 3 Gruppen zu je 10 bis 15 Mann.
Eine, die schwere, Kompanie verfügt über einen s. MG Zug, einen Granatwerferzug (8 cm), Flammenwerfer und „Ofenrohre“ zur Panzernahbekämpfung.[1]

Die Kämpfe in den Aprilwochen 1945 gehen zunächst um den Besitz der Reichschutzstellung, die teilweise durch leichte Feldstellungen ausgebaut und stützpunktartig vom Volkssturm besetzt ist.
Südlich Fürstenfeld ist die Höhe 385 wegen ihrer beherrschenden Lage zeitweise umkämpft.
Nach einem tiefen Einbruch bei Jennersdorf und nach der Zurücknahme der vorderen Linie beim linken Nachbarn auf den Lafnitz-Abschnitt wechseln im Zuge einer notwendigen eigenen Frontzurücknahme die Kämpfe zwischen Einbrüchen und Gegenstößen und notwendigen Frontbegradigungen. Hierbei, so hält der O1 der Division in seinem Tagebuch fest,
„bewährt sich besonders das Panzerbataillon. ... Das Bataillon, alles frontbewährte und dekorierte Soldaten, macht einen hervorragenden Eindruck. Bataillon bereinigt spielend einige Einbrüche mit großem Schneid und ohne eigene Verluste. Das Bataillon ist ab 13. April im

1) Bericht Jakubetz

Einsatz und läßt keinen Unterschied zu gut ausgebildeten und bewährten Frontsoldaten erkennen. Ist eine Freude!"[1]
Panzerkommandant Melinkat, der vor wenigen Tagen in der letzten Panzerkampfgruppe des Regimentes ostwärts Veszprem abgeschossen worden war, ist Gruppenführer in der 2. Kompanie. Sein Zugführer ist Unterscharführer Lasch, dessen Panzer IV als letzter Panzer auf einer Brücke soeben gesprengt worden ist.
Melinkat berichtet:
„Nachhaltig ist mir im Gedächtnis geblieben, daß unser Zug einmal drei Tage ohne Verbindung war, in den Nächten im Nahkampf stand, kaum noch Munition hatte und beim Bataillon bereits als vermißt galt. Durch die mutige Tat eines Melders konnte die Verbindung wiederhergestellt werden und der Zug sich kämpfend zu einer Auffangstellung der 1. Panzerdivision durchschlagen."[2]

Die Begleitumstände vor und während der zu erwartenden Kapitulation waren für die noch eingesetzten Teile des SS-Panzerregimentes 5 mehr oder weniger ähnlich. Der Weg führte in die Gefangenschaft der Westalliierten oder in die persönliche Freiheit im Untergrund. Melinkat berichtet über die letzten Tage weiter:
„Unsere letzte Stellung bezogen wir oberhalb von Feldbach in der Untersteiermark. Dort erreichte uns auch die Kapitulation.
Am 8. Mai 1945, gegen 11.00 Uhr setzte sich die 2. Kp. befehlsgemäß ab und wurde auf LKW verlastet. Die Fahrt ging über Graz, das in der Nacht mit Gesang durchfahren wurde, in Richtung Judenburg.
Am 9. Mai vormittags erreichten wir Leoben und erhielten vor der Brücke Infanteriefeuer. Meine Gruppe saß ab. Der MG-Trupp beteiligte sich an der Niederkämpfung der Partisanen, die sich in einem mehrgeschossigen Gebäude vor der Brücke verschanzt hatten und auf alles feuerten, was vorbeifuhr.
Kurz darauf kamen 2 SPW (Kanonenwagen mit 7,5 cm kurz Kanonen) dazu und nahmen das Gebäude unter Feuer. Daraufhin stellten die Partisanen den Widerstand ein.
Weiter wäre noch zu berichten, daß wir am Vormittag des 9. Mai, also nach der Kapitulation, von russischen Schlachtfliegern angegriffen wurden und dabei Ausfälle hatten.
Hinter Leoben löste sich meine Gruppe auf. Die Handfeuerwaffen wurden weiter mitgeführt. Zu Zweien und zu Dreien schlugen wir uns auf Bergpfaden und wenig befahrenen Wegen über Bad Aussee, wo wir uns von Hauptsturmführer Hein verabschiedeten, der dort im Lazarett lag, und Bad Ischl bis zur bayrischen Grenze durch. Bei Braunau wollten wir über den Inn, der nach Aussagen der Einheimischen von den Amerikanern scharf überwacht wurde. Bei dem Versuch, eine Brücke am Tage auf gut Glück zu überqueren, wurde ich mit 2 Mann von Soldaten einer amerikanischen Aufklärungseinheit gefangen genommen."[2]
Einem der letzten Gefallenen der 2./Pz. Rgt. 5 in diesen Tagen, dem Oberscharführer Gerhard Hosan, s. M. G.-Zug der 3. Kp. des Pz. Inf. Btl. 5, widmet S. Melinkat diese Abschiedsworte:

1) Tagebuch Jahncke
2) Bericht Melinkat

Gerd

Im Tod noch lachte sein Gesicht,
die blauen Augen klar und offen,
als wollt' er sagen: fraget nicht,
wir werden alle mal getroffen.

Sein blonder Haarschopf lag im Staub,
die linke Hand hielt noch die Karte.
Am Fuß der Böschung schwarzer Rauch
vom Einschlag einer Sprenggranate.

Der Hohlweg war hier einzusehn.
Weit hinten hat die Pak gestanden.
Ganz plötzlich, ohne sein Verstehn,
zerschnitt der Tod des Lebens Bande.

Ich kannte ihn von früher her,
Freiwilliger meines Jahrgangs,
als Panzermann im großen Heer,
jetzt Infanterist wie anfangs.

Wir robbten Mann für Mann vorbei,
mit Sturmgepäck und Waffen.
Ich wischte mir den Schweiß dabei
und sah – – – sein letztes Lachen.

Untersturmführer Jakubetz hat in den Kämpfen um Stuhlweißenburg seinen Panzer V 612 dem Führer der 6. Kp., Untersturmführer Großrock, nach desses Abschuß überlassen müssen. In Kirchberg im Bezirk Feldbach ist er der Adjutant des Kommandeurs des neu aufgestellten Panzerinfanteriebataillons.[1]
Auch er berichtet, daß sich das Bataillon nordwestlich Feldbach vom Feinde lösen und auf LKW verlastet über Graz, Leoben die Demarkationslinie, die Enns, erreichen konnte. Nördlich Selzthal wurden die Waffen in die Enns geworfen. Das Gefangenenlager war das Ende.

Siebenhundert Kilometer nördlich der Enns, im nördlichen Westfalen, brach die Katastrophe über den Teil des SS-Panzerregimentes 5 herein, der Anfang Januar 1945 im Raum Neu-Raab untergezogen und dann Ende Februar 1945 unter der Führung von Hauptsturmführer Nicolussi-Leck im Eisenbahnmarsch in den Raum Sennelager verbracht worden war. Etwa 200 Männer, Panzerbesatzungen ohne Panzer, hatten nach einer abenteuerlichen Fahrt, einschließlich Bombardierung des Zuges in der Tschechoslowakei, Anfang März den vorgesehenen Raum erreicht, um etwa 40 Kampfwagen Panther zu übernehmen.
Die Unterbringung erfolgte im Raum Warendorf – Versmold. Auf Panzer warteten

1) Bericht Jakubetz

die Männer allerdings vergebens. Exerzier- und infanteristischer Geländedienst füllte die Tage aus.
Dieser Teilverband hatte bis zum Kriegsende weder Verbindung zum Regiment noch zur Division. Auch diese zweite Hälfte des SS-Panzerregimentes 5 sollte den Krieg im infanteristischen Einsatz beenden.

Am 31. März 1945 wird die in Oesterweg, 2 km südostwärts Versmold, einquartierte 1. Kp. alarmiert. Sie erhält den Auftrag, in Richtung Warendorf stoßtruppartig gegen gemeldete feindliche Panzerspitzen aufzuklären.
Obersturmführer Senghas, dessen Kompaniegefechtsstand sich im Gasthaus Margenau in Oesterweg befindet, schiebt den 1. und 2. Zug vor in das 2 km südlicher gelegene Freckenhorst. Untersturmführer Fischer klärt gegen Hoetmar auf, wo die Gruppe Waller Feindberührung hat und auf Freckenhorst zurückgeht.
Obersturmführer Senghas berichtet über seinen letzten Einsatz:
„Am 1. April 1945, morgens, gegen 02.00 Uhr erhielt ich vom Bataillon den Befehl, die Lage in Richtung Warendorf zu erkunden. Aus diesem Grunde requirierten wir einen DKW-Meisterklasse, der einem Vertreter gehörte, dem wir versprachen, den PKW mit vollem Tank nach unserer Rückkehr wieder zurückzugeben.
Ich fuhr mit noch weiteren 3 Männern, vorne links auf dem Kotflügel sitzend (auf dem rechten Kotflügel saß Unterscharführer Klein), durch Warendorf, wo überall in der Nacht bereits weiße Fahnen aus den Fenstern hingen, um in Richtung Westen zu erkunden. Dabei wurde unser PKW durch einen in der Nacht in Stellung gegangenen Panzerspähwagen der Ami's abgeschossen. Ich fiel schwer verwundet in den linken Straßengraben. Steckschuß im linken Oberschenkel, Durchschuß des linken Fußes und Querschläger durch den linken Unterarm mit Verletzung der Schlagader und der Nerven im Unterarm.
Mein Melder, der ebenfalls in den Graben gesprungen war, band mir den Arm ab, und nach kurzer Zeit waren wir von amerikanischen Soldaten, die das Gelände im Morgengrauen absuchten, in Gefangenschaft genommen worden.“[1]
Die Einsätze, Erlebnisse und Schicksale in diesen letzten Tagen sind sehr ähnlich. Der Panzerfunker Overbeck berichtet aus dem Raum Versmold:
„Am zweiten Ostertag ging ich mit den Kameraden Hans Schweinfurth und Max Kuder auf Spähtrupp Richtung Sassenberg dem Feinde entgegen. Der Feind überholte uns, und als wir am Spätnachmittag, nachdem wir Feindberührung gehabt hatten, in Versmold wieder ankamen, war der Ort bereits besetzt und die Truppe nach Borgholzhausen von Versmold abgezogen.“[2]
Hier setzt der Bericht des Panzerkommandanten Walter Fröbe, 2. Kp., ein.
„Ich gehörte zu den abgeschossenen Besatzungen aus Ungarn, die aus dem Sennelager neue Panzer holen sollten. Nebenbei möchte ich erwähnen, daß ich am Plattensee das letzte Mal abgeschossen wurde. Wir warteten also auf unsere Panzer. Da hieß es, die Amerikaner sind Richtung Borgholzhausen unterwegs. Wir haben uns Fahrräder von der Bevölkerung Oesterwegs und Umgebung ausgeliehen und sind den Ami's entgegengefahren.
Am Ortseingang haben wir uns eingebuddelt oder waren teils noch dabei. Da sehen wir plötzlich amerikanische Panzer. Aber nicht nur wir sahen die amerikanischen Panzer, sie haben uns auch gesehen.

1) Bericht Senghas 2) Bericht Overbeck

Im selben Moment krachte es bei uns; die Amerikaner hatten ein paar Sprenggranaten rübergeschickt. Das war der Augenblick, wo es uns alle erwischt hat. Ich nehme es wenigstens an. Denn es war alles ruhig. Der Faigl Sepp lag tödlich getroffen neben mir. Mich hat es am Bein und Oberschenkel erwischt, ich war gehunfähig. Durch vielen Blutverlust habe ich das Bewußtsein verloren und bin erst wieder wach geworden in einem Keller auf einem Bauernhof, wo sie mich versteckt hielten. Danach kam ich in ein Lazarett, die Splitter mußten entfernt werden, anschließend 2 Jahre Gefangenschaft."[1]

Der Führer des 3. Zuges der 1. Kp., Oberscharführer Putensen, vermerkt am 1. 4. 1945 in seinem Tagebuch:

„Sturmmann Stenzhorn vermißt, Unterscharführer Döllner wahrscheinlich gefallen."

Putensen selbst, der mit seinem Zuge die Sicherung von 4 Brücken bzw. Stegen über die Ems übernommen hatte, erhielt von einem nicht mehr bekannten Kameraden zwei Schulterstücke seines verwundeten Kompaniechefs, verstaute sie in seinem „Watzgepäck", einem kleinen Rucksack, und berichtet dann aus seinem Tagebuch:

„So wanderten sie mit mir, nachdem wir uns von Warendorf abgesetzt hatten, vom Gegner jedoch längst umgangen bzw. überrollt worden waren, im Rücken der Engländer und Amerikaner im Fußmarsch über den Teutoburger Wald, das Wiehengebirge, über den Mittellandkanal, die Weser und über die Aller, an deren Nordufer wir bei Rethen wieder deutsche Truppen erreichten. Weiter über eine „Auffangstelle der Luftwaffe" in Winsen/Luhe, über die Kaserne in Langenhorn (Hamburg) fand ich am 28. April 1945 die Reste unserer Abteilung in der Gegend von Gadebusch, Mecklenburg.

Am 29. und 30. 4., 1. und 2. 5. 1945 Zusammenstellung einer Kampfeinheit. Untersturmführer Fischer übernimmt eine Kompanie, ich darin einen SPW-Zug.

Am 2. 5. Alarm! Amerikaner in Gadebusch, Abmarsch nach Carlow, abends Auflösung der ganzen Kampfeinheit. Auf eigene Faust in Richtung Westen.

Am 4. 5. zusammen mit den Kameraden Hans Fischer und Hans Wallner in amerikaniche Gefangenschaft auf freiem Felde. Abends in die Kaserne nach Ratzeburg verbracht.

Am nächsten Tage sind Hans Fischer und ich geflohen, mit ziemlichen Schwierigkeiten und allerhand Glück in der Nacht vom 5./6. Mai den Elbe-Trave-Kanal und am 7. Mai bei Stove die Elbe überwunden. Am 8. 5. erreichte ich mit Hans Fischer mein Heimatdorf, mußte aber die traurige Feststellung machen, daß mein Elternhaus beim Einmarsch der englischen Truppen in Brand geschossen und restlos vernichtet war."[2]

Der Versuch der deutschen Führung, durch Aushilfsmaßnahmen das Schicksal im norddeutschen Raum zu wenden, war zum Scheitern verurteilt. Ihr provisorischer Charakter konnte nicht mehr umgewandelt werden in Abwehrmaßnahmen, die der Lage und den Kräften des Feindes angepaßt waren.

V. Tippelskirch kommt zu folgendem Ergebnis:

„Der Vormarsch der englischen 2. und der kanadischen 1. Armee machte diesen Illusionen im norddeutschen Raum ein schnelles Ende. Die 2. Armee fand an der Ems, der Weser und der Aller durch unterschiedlichen Widerstand deutscher Truppen und umfangreiche Brücken-

1) Bericht Fröbe
2) Bericht Putensen (Die Schulterstücke übergab P. seinem ehemaligen Kp. Chef anläßlich des Jubiläumstreffens 1977 in Jagsthausen, 32 Jahre später.)

sprengungen einige Verzögerung. Ihr Südflügel erreichte die Aller bei Celle schon am 7. April."[1]

Auf dem Nordflügel der amerikanischen Kräfte drang die 9. Armee vor auf Hameln und überschritt die Weser in den ersten Apriltagen.

Einzelheiten zu diesem „unterschiedlichen Widerstand deutscher Truppen" und damit einen Beitrag zum Schicksal des Panzerabholkommandos des SS-Panzerregimentes 5 im Raum zwischen dem Truppenübungsplatz Sennelager und Hannover gibt uns Oberscharführer Karl Jauss, Zugführer in diesem Kommando:

„Nach der Alarmierung am Ostersonntag 1945 versperrten wir die Zufahrten in unseren Unterkunftsraum mit eilig aufgebauten Panzersperren. Aus der Sicht des Panzermannes war unsere Arbeit jämmerlich. Wir hatten keine Minen, keine Sprengladungen, wenig Handgranaten, kein Großgerät und keine weit tragenden Panzerabwehrwaffen. Es hatte nicht viel Sinn.

Kurz vor Mittag meldete die Feldwache an einem Feldweg aus Harsewinkel die feindliche Panzerspitze. Unser geringer Widerstand zwang die Spitze nicht einmal zur Entfaltung. Ihre Rohre nach rechts und links drehend, langsam fahrend (5 km/st.) und schießend, passierte die feindliche Kolonne, etwa 2 Panzerabteilungen und 1 Btl. Infanterie mot., unseren Unterkunftsraum.

Wir konnten nur in Deckung gehen! Nach Einbruch der Dunkelheit sammelten wir uns im nahen Wald. Es waren einige Verluste zu beklagen. Ein Spähtrupp, Melsbach, wurde schon am frühen Morgen abgefangen.

Unsere Verwundeten mußten wir in der Obhut der Bevölkerung zurücklassen. An einigen Häusern sahen wir erstmals weiße Fahnen."

Über Borgholzhausen erreichte die Kampfgruppe im Fußmarsch Minden.

„Der Feind war noch nicht da; aber auch keine eigenen Truppen, außer einer Ortskommandantur. Wir besetzten das östliche Weserufer an den Brücken. Zur Sprengung waren 50 kg Bomben, ohne Abreiß- oder elektrischen Zünder, angeliefert. Wir buddelten Löcher in den Straßenkörper. Zur Zündung der Bomben hatten wir geballte Ladungen aus Handgranaten vorbereitet.

In der folgenden Nacht wurden wir von holzgasgetriebenen LKW's abgeholt, die uns auf einen großen HKP (Heereskraftfahrzeugpark) in einer gut getarnten Flußniederung brachten. Dort standen viele fabrikneue Fahrzeuge, darunter SPW mit und ohne 2 cm Kanonen.

K. Nicolussi hatte ihn ausfindig gemacht und so organisiert, daß wir sofort 10–12 SPW teils mit 2 cm Kanonen übernehmen konnten. Nach der Übernahme fuhren wir direkt zu den Hanomag-Werken in Hannover. Dort konnten wir 7 fabrikneue Jagdpanther mit 8,8 cm Langrohrkanonen und 1 Bergewanne mit wenigen Ersatzteilen übernehmen. Die Kanonen waren noch nicht eingeschossen und justiert. Kraftstoff war wenig da, Munition noch keine. Im Laufe des Tages konnten alle Schwierigkeiten beseitigt werden.

Wir operierten in zwei Gruppen. Eine Front um Hannover war nicht gebildet. Wir hatten nie einen bekannten Truppennachbarn. Unsere Einsatzbefehle kamen direkt vom Ortskommandanten bzw. waren eigene Entschlüsse von K. Nicolussi. Die eigenen Versorgungslager wurden zum Teil von den Fremdarbeitern geplündert.

1) V. Tippelskirch, „Geschichte des Zweiten Weltkrieges", 1956, S. 566

Der erste Kampftag mit den gepanzerten Gruppen brachte einige Erfolge. So konnte ein Kommandant (Andörfer) in wenigen Minuten 6 Panzer abschießen, bis er selbst getroffen wurde.
Bei Ricklingen wurden mindestens 20 gepanzerte Fahrzeuge, vom Sherman bis zum SPW, und ebensoviele LKW und PKW vernichtet. Eigene Verluste: 1 Jagdpanther und 1 SPW Totalausfall, beide Besatzungen verwundet.
Obwohl wir sofort nach gelungener Aktion sichtbar das Feld räumten, belegte der Gegner den kleinen Ort mit heftigem Art. Feuer. Am selben Tage wurden wir zur Sicherung an den nordwestlichen Zufahrtstraßen eingesetzt, wo eine der Gruppen ein heftiges Panzergefecht durchzustehen hatte. Dabei wurden wieder ca. 5–8 Feindpanzer vernichtet. Durch List oder widrige Umstände trennte der Gegner unsere Panzer und schaltete einen Teil der Führer aus. Ein Führer geriet in Gefangenschaft.
In der Nacht sickerten große Teile feindlicher Infanterie mit leichten Räderfahrzeugen nach Hannover ein. Im Morgengrauen kamen dann die massierten feindlichen Panzerkräfte ins Rollen. Nicolussi war mit 3 Panzern und einigen SPW zwischen den an ihm vorbeiziehenden Panzerkolonnen eingekeilt. In einem wahren Husarenritt zog er an den überraschten Panzerverbänden vorbei und kam ohne große Schießerei nach Lehrte."
In Lehrte gelang es, die getrennten und abgesprengten Gruppen wieder zu sammeln. Von hier bewegte sich die Kampfgruppe Nicolussi-Leck unter immer wieder gesuchter Feindberührung in Richtung Celle. Dabei verstanden es die Männer, sich ohne eigene Verluste beim Feinde zu versorgen. Doch den gesuchten Anschluß an eigene Truppen fanden sie nicht.
„Es kam immer wieder zu kleinen Gefechten, die wir aber nur annahmen, um unsere „Stärke" zu verschleiern, oder um uns Respekt zu verschaffen. Dies war sicher lästig für unseren Gegner, meist Amis aber auch Tommys, da wir immer wieder Panzer und LKW's in Brand schossen. Unser Troß bestand aus Ami-LKW. Einen Ami-Spähwagen hatten wir auch, mit dem wir eifrig Nahaufklärung betrieben. Des öfteren fuhr dieser Wagen ganzen Kolonnen entgegen. Wir machten tagsüber bis zu 50 Gefangene, die wir nachts weitab von ihrer Gefangennahme wieder laufen ließen.
Nachts verstärkten wir uns infanteristisch, indem wir versprengte Truppenteile aller Gattungen, einschließlich RAD, zu uns aufnahmen. Im Wesentlichen wurde unsere Kampfkraft dadurch nicht verbessert. Die Männer suchten meist in den nächsten Nächten das Weite.
Durch das ständige Ausweichen wurden wir in den Raum Celle-Gifhorn abgedrängt. Vor uns die Aller. Eigene Aufklärung ergab zunehmende Panzerbewegungen auf den Straßen in unserer Nähe. Alle Brücken waren stark mit panzerbrechenden Waffen gesichert und auch teilweise sehr tief gestaffelt. Dabei machten wir mit der Pak 9,1 cm Bekanntschaft, eine unangenehme!
In einem Abstand von wenigen hundert Metern haben wir einmal ca. 80 Feindpanzer festgestellt.
Mit Hilfe einer BDM-Maid erkundeten wir eine Übergangsmöglichkeit über die Aller, die Mitte April viel Wasser führte. Wir mußten ohne große Vorbereitung durchs Wasser. Alle Radfahrzeuge mußten wir stehen lassen. Während der Bereitstellung zum Übergang entdeckte uns ein Aufklärungsflugzeug. Da es sehr niedrig flog, wurde es von einem SPW mit 2 cm Kanone abgeschossen, was aber nur zur Folge hatte, daß innerhalb weniger Minuten zwei weitere da waren, allerdings nicht mehr so nahe. Alsbald setzte gut liegendes Artilleriefeuer ein.

Die SPW wurden an die Panther angebunden und durch den Fluß geschleppt. Die Infanterie hielt sich an den Fahrzeugen fest. Wir hatten erhebliche Verluste an Verwundeten. Bei der Bergung der Soldaten aus dem Fluß verhielt sich ein gefangener amerikanischer Offizier sehr gut. Er half, unsere Leute am jenseitigen Ufer zu bergen. Unsere Verwundeten ließen wir in Deckung mit dem amerikanischen Offizier und einigen Freiwilligen zurück.

Beim Abkoppeln der SPW stellten wir fest, daß einige zu hoch überflutet worden waren, und deshalb die Motoren nicht mehr ansprangen. Für uns Übriggebliebene war höchste Eile geboten. Die nächste Hauptstraße Celle – Wittlingen mußte überquert werden, bevor der Gegner dort Stellung beziehen konnte. Fast wäre uns das geglückt. Doch ein vorwitziger Schütze löste durch eine unnötige Knallerei bei den ca. 600 m entfernt, in der rechten Flanke stehenden Sherman's Alarm aus. Diese hatten keine große Mühe, von unseren 5 Panzern zweien, darunter einer Bergewanne, das Licht auszulöschen. Aus dem einen Panzer kam vermutlich niemand heraus, während aus dem anderen Wagen die Besatzung mit schweren Verbrennungen ausbootete.

Bei diesem Auftreffen auf den Feind machte sich der fehlende Turm am Jagdpanther als großer Nachteil bemerkbar. In einem Waldstück, ca. 5 km von dem letzten Geschehen entfernt, zogen wir unter und verkrochen uns. Aufklärung war nötig. Wir brauchten wieder Räderfahrzeuge, Verpflegung und Treibstoff.

Am Abend hatten wir wieder 2 LKW und 1 Jeep, Verpflegung, Kraftstoff und ca. 30 Gefangene, darunter 20 MP-Soldaten. Diese gaben zum Teil eine sehr schlechte Figur ab . . .

Unsere Kampfhandlungen waren nun zu Ende. An einem der nächsten Tage geriet K. Nicolussi-Leck in Gefangenschaft. Wir waren sowieso am Ende!

Am 16. 4. 1945 ließen wir die letzten 2 Panzer mit eingelegtem ersten Gang ins Moor rollen. Sie versanken innerhalb weniger Minuten bis über die Ketten. Für die Kanonen hatten wir noch höchstens 10 Granaten. Sie wurden an einem anderen Ort vergraben. Sprengen wollten wir nicht, der Feind hätte uns dann leicht gefunden. Gegen Abend verabschiedete sich das Häuflein voneinander mit einem langen Händedruck in eine ungewisse Zukunft.

Die 2 LKW wurden in der Nacht vom letzten Kommando auf eine Bahnlinie gerollt und gesprengt. Der fast neue Jeep wurde mit Nahkampfwaffen, Verpflegung und Kraftstoff beladen und von 4 Kameraden (letztes Kommando) zur Heimfahrt benutzt. Sie endete nach abenteuerlicher Fahrt, oftmals kilometerweit in feindlichen Kolonnen mitfahrend, mehrmals feindliche Feldwachen in infanteristischem Feuer hinter sich lassend, in Winterbach im Remstal am 20. 4. 1945."[1]

Der Führer des Panzerabholkommandos des SS-Panzerregimentes 5 im Raum nördlich des Sennelagers, Hauptsturmführer Nicolussi-Leck, faßt seine Eindrücke vom Geschehen bis zum Zusammenbruch zusammen und berichtet:

„*Nach dem Zusammenbruch des Ruhrkessels und nach dem Freitod von Generalfeldmarschall Model übernahm das Oberkommando Generaloberst Student, der mir den Frontabschnitt Sennelager bis Münster übertrug und mir hierzu den Volkssturm unterstellte. Bei Versmold entband ich die Volkssturmführer ihrer Pflichten gegen Übergabe der reichlich vorhandenen Panzerfäuste, und dann begann der hinhaltende Widerstand gegen die vorrückenden Engländer und Amerikaner auf der Linie Teutoburger Wald – Minden – Hannover.*

1) Bericht Jauss

Wir besorgten uns Schützenpanzerwagen, amerikanische Fahrzeuge. Es schlossen sich uns auch eine kampfwillige U-Boot-Besatzung, eine Batterie auf Selbstfahrlafetten an, und in Hannover konnten wir sogar bei Hanomag 7 Jagdpanther übernehmen und in den Einsatz bringen.
Als die Amerikaner von Hildesheim auf Hannover anrückten, gelang uns mit Hilfe dieser Jagdpanther der Abschuß von 60 gepanzerten und sonstigen Fahrzeugen. Einige Tage nach diesem Abwehrerfolg wurde jedoch Hannover ohne unser Wissen den Amerikanern übergeben. Wir durchquerten noch erfolgreich das besetzte Hannover, mußten aber dann im Raum Gifhorn die Jagdpanther sprengen, da wir keine Munition mehr hatten. Dort geriet ich mit meinem Adjutanten in amerikanische Gefangenschaft, worauf sich die Abteilung zwischen Gifhorn und der Elbe auflöste."[1]

Nach der Kapitulation der Wehrmacht des Großdeutschen Reiches am 8. Mai 1945, nach Jahren wechselvoller Kämpfe, in deren Endphase auch der letzte Panzer auf dem Gefechtsfelde geblieben ist, fahren die Männer des SS-Panzerregimentes 5 von der ungarischen Front mit ihren leichten Waffen in die Gefangenschaft, wie es der Befehl von ihnen fordert.
Zwischen Weser und Elbe kämpfen Teile des Regimentes bis zum Zusammenbruch, geraten kämpfend in Gefangenschaft oder entziehen sich derselben.
Das Schicksal des Reiches, seinen Untergang vermochten diese Männer nicht abzuwehren. Das jetzt über sie hereinbrechende, persönliche Schicksal mit den neuen Aufgaben einer noch dunklen Zukunft findet sie ungebrochen und bereit, diese zu meistern; jeder nach seinem Vermögen, ganz auf sich gestellt.
Sie waren gläubig und treu, stolz, tapfer und gehorsam, Soldaten.

1) Bericht Nicolussi-Leck

Anhang

I. Häufig vorkommende Abkürzungen

AA oder Aufkl. Abt.	Aufklärungsabteilung
Abt.	Abteilung
A. K.	Armeekorps
A. O. K.	Armeeoberkommando
A. R., Art. Rgt.	Artillerieregiment
II./A. R. 5	II. Abteilung des Artillerieregimentes 5
Btl.	Bataillon
III./I. R. Nordland	III. Bataillon des Infanterieregimentes Nordland
Ia	1. Generalstabsoffizier
Div.	Division
Div. Kdr.	Divisionskommandeur
Gen. St. d. H.	Generalstab des Heeres
HKL	Hauptkampflinie
I. D.	Infanteriedivision
I. R.	Infanterieregiment
Kdr.	Kommandeur
Kp.	Kompanie
1./Pz. Rgt. 5	1. Kompanie des Panzerregimentes 5
KTB	Kriegstagebuch
KWK	Kampfwagenkanone
l. F. H.	leichte Feldhaubitze
LKW	Lastkraftwagen
l. MG	leichtes Maschinengewehr
O. O.	Ordonnanzoffizier
O1	1. Ordonnanzoffizier
OB	Oberbefehlshaber
Pak	Panzerabwehrkanone
Pz. A. K.	Panzerkorps
Pz. Div.	Panzerdivision
Pz. Rgt.	Panzerregiment
Pz. Abt.	Panzerabteilung
I./Pz. Rgt. 5	I. Abteilung des Panzerregimentes 5
SPW	Schützenpanzerwagen
SFL	Selbstfahrlafette
verst.	verstärkt

II. Übersichten und Dokumente

[1] KSTN = Kriegsstärkenachweis

Aufstellung u. Werdegang (Zeitprofil)

Jahr	Monat	SS-Pz. Rgt. 5 (Stab u. St. Kp.)	SS-Pz. Abt. 5 (I./SS-Pz. Rgt. 5)	II./SS-Pz. Rgt. 5
1942	11. II.		Aufstellungsbefehl Üb. Pl. Wildflecken	
	12. IV.		Eingliederung in 5. SS-Div. Wiking	
	9. VI.		Verlegung Ostfront	
	21. VII.		Einsatzbeginn Rostow	
1943	28. II.	Aufstellungsbeginn Üb. Pl. Altneuhaus	Umwandlung in I./SS-Pz. Rgt. 5	Aufstellungsbeginn Üb. Pl. Altneuhaus
	VIII.	Verlegung Kroatien		Verlegung Kroatien
	XII.	Verlegung Erlangen		Verlegung Erlangen
1944	6. II.	Verlegung Mailly le camp		Verlegung Mailly le camp
	18. II.	Verlegung Cholm (Polen)	Wiederaufstellung Cholm (Polen)	Verlegung Cholm (Polen)
	27. III.	Einsatzbeginn Kowel		Einsatzbeginn Kowel
	4. VI.		Verlegung Debica	
	10. VII.		3. u. 4. Kp. einsatzbereit 1. u. 2. Kp. Debica	
	6. IX.	Aufteilung Pz. Pi. Kp.	Wiederaufstellung 3. Kp.	
	25. IX.		1. u. 2. Kp. einsatzbereit	
	13. XI.	Wiederaufstellung: Pz. Lehr-Abt. Pz. A. Zg. zur I. Abt.	Wiederaufstellung: 1. u. 3. Kp. Pz. Lehr-Abt. Teile 2. u. 4. Kp. L. Abt. Reste 2. u. 4. Kp. einsatzbereit	Wiederaufstellung: 7. u. 8. Kp. Pz. Lehr-Abt. 5. u. 6. Kp. einsatzbereit
	26. XII.	Verlegung Ungarn	Verlegung Ungarn	Verlegung Ungarn
1945	1. I.	Kampf um Budapest	Kampf um Budapest	Kampf um Budapest
	II.		Lehr-Abt. Sennelager	Lehr-Abt. Sennelager
	IV.	Pz. Inf. Btl.	Pz. Inf. Btl.	Pz. Inf. Btl.
	8. V.	Kapitulation	Kapitulation	Kapitulation

Soll-Stärken der SS-Pz. Abt. 5[1] und des SS-Pz. Rgt. 5

(errechnet auf der Grundlage der genannten KSTN)[2]

Einheit		Kopfzahl			Fahrzeuge			
SS-Pz. Rgt. 5	KSTN	Offiziere	U-Offiziere	Mannschaft.	Krad (B-Krad)	PKW (LKW)	ZKW	Panzer
Rgt. Gef. Stab	1103 (1. 11. 44)	5	4	8	4	3		
Stabs-Kp.	1103 (1. 11. 44)	2	36	54	3	4 (11)	1	8
Pz. W. Kp.	1187 (1. 11. 44)	6	35	153	3 (1)	7 (42)	7	
I. Abt. Gef. Stab	1107 (1. 4. 43)	8	4	11	2	6 (1)		
Stabs-Kp.	1150 (1. 11. 41)	7	49	169	26 (13)	7 (42)		12
Pz. W. Zug	1185 (1. 6. 42)	4	22	86	4 (4)	3 (21)	4	
1. le. Kp. (III)	1171 (1. 11. 41)	5	63	77	7 (4)	3 (7)	2	17
2. le. Kp. (III)	1171 (1. 11. 41)	5	63	77	7 (4)	3 (7)	2	17
3. m. Kp. (IV)	1175 (1. 11. 41)	8	60	77	7 (4)	3 (7)	2	17
II. Abt. Gef. Stab	1107 (1. 4. 43)	8	4	11	2	6 (1)		
Stabs-Kp. (incl. W-Zug)	1150 (1. 6. 43) (a)	7	71	277	13	20 (70)	4	13
5. Kp. (V)	1177 (1. 11. 43)	3	66	78	3	7 (9)	2	17
6. Kp. (V)	1177 (1. 11. 43)	3	66	78	3	7 (9)	2	17
7. Kp. (V)	1177 (1. 11. 43)	3	66	78	3	7 (9)	2	17
8. Kp. (V)	1177 (1. 11. 43)	3	66	78	3	7 (9)	2	17
Pz. Rgt. Gesamt		77	675	1312	90 (30)	93 (245)	30	152

1) Soll-Stärken der I./Pz. Rgt. 5 ohne die 4. Kp. (Stu.-Gesch.-Kp.)
2) KSTN = Kriegsstärkenachweis

Die Panzerwerkstattkompanie eines Panzerregimentes

(1 Pz. Abt. Pz. IV und 1 Pz. Abt. Pz. V [Panther])

Gliederung und Sollstärke nach KSTN 1187 vom 1. 11. 1944 [1]

Gliederung:	Offz.	Unteroffz.	Mannsch.
Gruppe Führer	3		8
1. Zug	1	9	49
2. Zug	1	9	49
Bergegruppe		3	13
Waffenmeisterei	1	2	7
Werkstatt für Nachrichtengerät		4	8
Ersatzteilgruppe		1	5
Troß		7	14
	6	35	153

Techn. Fachpersonal der Panzerwerkstattkompanie (Sollstärke)

Werkmeister	2		
Pz. Motorenschlosser		6	12
Pz. Getriebeschlosser		6	12
Panzerschlosser		4	12
Kfz. Schlosser			12
Pz. Elektriker			4
Pz. Elektroschweißer			4
Dreher und Schleifer			2
Schmied			2
Klempner			2
Sattler			2
Tischler			2
Panzerwarte für Bergedienst		3	2
Panzerwarte für Abschleppdienst			5
Waffenmeister	1	2	
Waffenmeistergehilfen			5
Funkmeister		2	
Nachrichtenmechaniker		2	4

1) Organisation und Stärken sind laufend geändert bzw. angepaßt worden. Die genannten Zahlen vermitteln ein repräsentatives Durchschnittsbild; KSTN = Kriegsstärkenachweis

Panzer-Einsatz-Stärken der SS-Pz. Abt. 5 und des SS-Pz. Rgt. 5 (getrennt bis April 1944)

Auf der Grundlage der Zustandsberichte der 5. SS-Pz. Div. Wiking (Bundesarchiv)

Zeit [1]	Kampfraum	Pz. III			Pz. IV			Pz. V			Stu. G.		
		Soll	Eins. bereit	% v. Soll	Soll	Eins. bereit	% v. Soll	Soll	Eins. bereit	% v. Soll	Soll	Eins. bereit	% v. Soll
1. Juli 1943	Zwichen Donez u. Dnjepr	35	24	70	14	17	120						
1. Sept. 1943		35	8	23	14	8	57				7	5	70
1. Okt. 1943	Tscherkassy	35	8	23	14	5	35,7				7	2	28,6
1. Jan. 1944	Tscherkassy	55	13	23,6	121 [1]	8	6,6				45 [2]	4	8,8
1. Apr. 1944	Kowel	7	–	–	73	21	28,7	75	58	77,3	31 [2]	19	61,2
1. Aug. 1944	ostw. Warschau	2	–	–	101 [3]	12	11,9	79	42	53,2	–	11	
1. Sept. 1944	N. O. Warschau	2	–	–	101	4	4	79	19	24	–	4	
1. Nov. 1944	Nasses Dreieck	2	–	–	101	7	7	79	15	19	–	3	
1. Jan. 1945	Ungarn	4	–	–	114	10	8,8	79	22	29	–	4	
1. Febr. 1945	Ungarn	4	–	–	114	3	3	79	6	8	–	–	
1. März 1945	Ungarn	4	–	–	114	3	3	79	9	11	–	2	
1. April 1945	Ungarn	4	–	–	114	–	–	79	2	2,5	–	–	

1) Stärken gültig für den jeweiligen Stichtag 2) einschl. SS-Stu. Brig. Wallonien
3) einschl. SS-Pz. Jg. Abt. 5

Merkmale bekannter Panzer im Vergleich[1]

Merkmal	Pz. II[2] F-Ausf.	Pz. III[2] J-Ausf.	Pz. IV[2] F-Ausf.	Pz. V[2] Panther	T 34[3]	M4A3 Sherman[3]
Gewicht	9,5 t	21,6 t	22,3 t	45,5 t	26,5 t	33,5 t
Panzerung	20–35 mm	30–50 mm	40–70 mm	80–110 mm	60 mm	92 mm
PS	140	265	320	650	500	450
km/h	55	40	42	54	53	45
Kanone	2 cm	5 cm lg	7,5 cm lg	7,5 cm	7,62 cm	7,62 cm
Besatzung	3	5	5	5	4	5

1) Es ist bekannt, daß in der Literatur zum Teil voneinander abweichende Daten genannt werden.
2) Rudolf Lusar, „Die deutschen Waffen und Geheimwaffen des 2. Weltkrieges", J. F. Lehmanns Verlag 1971
3) „Der Neue Brockhaus", 1959

Dienstgradbezeichnungen Heer – Waffen-SS

Ranggruppen	Heer	Waffen-SS
Mannschaften	Schütze	Schütze (Schtz.)
	Oberschütze	Oberschütze (Oschtz.)
	Gefreiter	Sturmmann (Strm.)
	Obergefreiter	Rottenführer (Rttf.)
Unteroffiziere	Unteroffizier	Unterscharführer (Uscha.)
	Unterfeldwebel	Scharführer (Scharf.)
	Fähnrich	Standartenjunker
	Feldwebel	Oberscharführer (Oscha.)
	Oberfeldwebel	Hauptscharführer (Hscha.)
	Oberfähnrich	Standartenoberjunker
	Hauptfeldwebel	Sturmscharführer (Stuscha.)
Offiziere	Leutnant	Untersturmführer (Ustuf.)
	Oberleutnant	Obersturmführer (Ostuf.)
	Hauptmann	Hauptsturmführer (Hstuf.)
	Major	Sturmbannführer (Stubaf.)
	Oberstleutnant	Obersturmbannführer (Ostubaf.)
	Oberst	Standartenführer (Staf.)
	- -	Oberführer
	Generalmajor	Brigadeführer
	Generalleutnant	Gruppenführer
	General d. Inf., Kav. usw.	Obergruppenführer
	Generaloberst	Oberstgruppenführer

Anmerkung: Die Waffen-SS kannte keine Dienstgrad-Sonderbezeichnungen für den ärztlichen, technischen und Verwaltungsdienst.

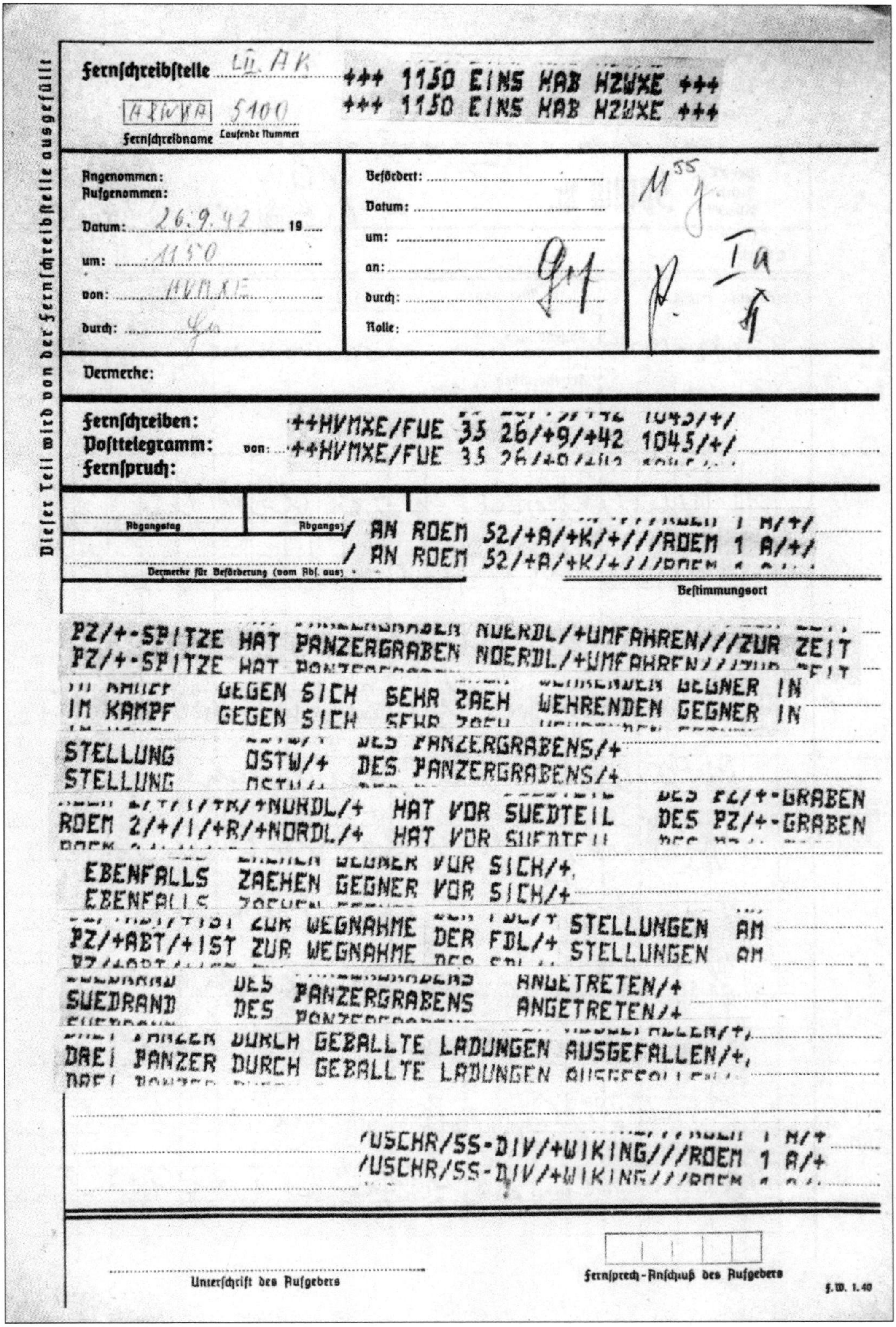

Fernschreibstelle LII. AK

+++ 1150 EINS HAB HZWXE +++
+++ 1150 EINS HAB HZWXE +++

AHWVA 5100
Fernschreibname Laufende Nummer

Angenommen:
Aufgenommen:
Datum: 26.9.42 19
um: 1150
von: HVMXE
durch:

Befördert:
Datum:
um:
an:
durch:
Rolle:

Vermerke:

Fernschreiben:
Posttelegramm: von: ++HVMXE/FUE 35 26/+9/+42 1045/+/
Fernspruch:

Abgangstag Abgangszeit / AN ROEM 52/+A/+K/+///ROEM 1 A/+/

Vermerke für Beförderung (vom Abs. auszufüllen) Bestimmungsort

PZ/+-SPITZE HAT PANZERGRABEN NOERDL/+UMFAHREN///ZUR ZEIT
IM KAMPF GEGEN SICH SEHR ZAEH WEHRENDEN GEGNER IN
STELLUNG OSTW/+ DES PANZERGRABENS/+
ROEM 2/+/I/+R/+NORDL/+ HAT VOR SUEDTEIL DES PZ/+-GRABEN
EBENFALLS ZAEHEN GEGNER VOR SICH/+
PZ/+ABT/+IST ZUR WEGNAHME DER FDL/+ STELLUNGEN AM
SUEDRAND DES PANZERGRABENS ANGETRETEN/+
DREI PANZER DURCH GEBALLTE LADUNGEN AUSGEFALLEN/+,

/USCHR/SS-DIV/+WIKING///ROEM 1 A/+

Unterschrift des Aufgebers

Fernsprech-Anschluß des Aufgebers

F.W. 1.40

Dieser Teil wird von der Fernschreibstelle ausgefüllt

Funkspruch 5. SS-Div. Wiking an LII. A.K. vom 26.9.1942 (Panzergraben Osemyj)

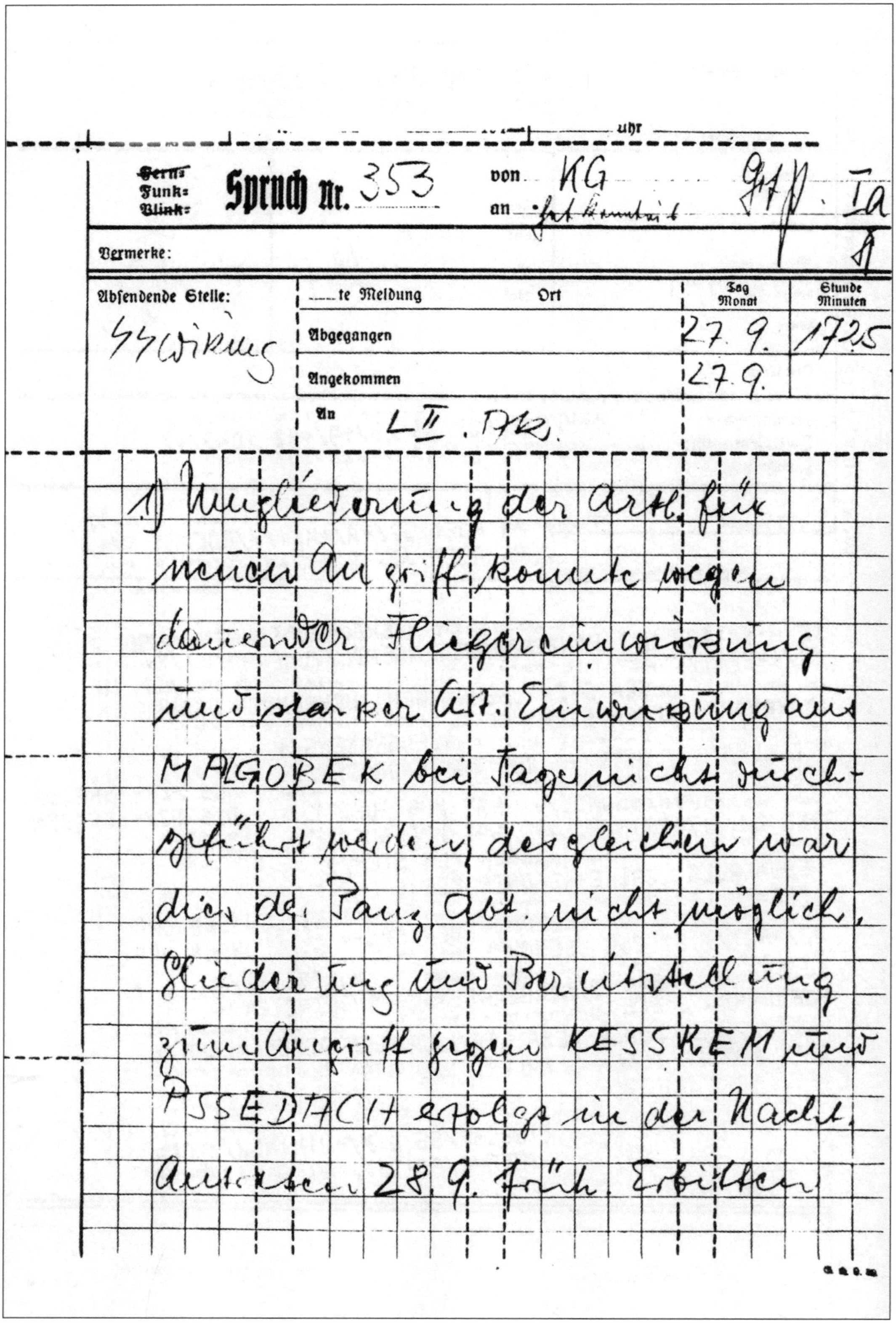

~~Fern~~-
Funk-
~~Blink~~-
Spruch Nr. 353 von KG
an ... Gef. St. Ia

Vermerke:

Absendende Stelle:	....te Meldung	Ort	Tag Monat	Stunde Minuten
SS Wiking	Abgegangen		27.9.	17.25
	Angekommen		27.9.	

An LII. AK.

1) Umgliederung der Artl. für neuen Angriff konnte wegen dauernder Fliegereinwirkung und starker Art. Einwirkung aus MALGOBEK bei Tage nicht durchgeführt werden, desgleichen war dies d. Panz. Abt. nicht möglich. Gliederung und Bereitstellung zum Angriff gegen KESSKEM und ASSEDACH erfolgt in der Nacht. Antreten 28.9. früh. Erbitten

Funkspruch SS-Div. Wiking an LII. A.K. vom 27.9.1942

für diesen Tag: a) Fliegerunterstützung gegen Abt. Stellung
MALGOBEK.
b) starke Jagdabwehr gegen die sich
wiederholenden Fliegerangriffe,
da sowohl Panzer wie Artillerie
in völlig deckungslosem Gelände.

Ia.

F.d.R.

[Signature]

Anlage 4 zu Pz.AOK 1,Ia/O.Qu.
Geheime Kommandosache Nr.965/42 g.K.

Es ist beabsichtigt, das der Armee angekündigte und laufend eintreffende Wintergerät und die Winterbekleidung wie folgt zu verteilen:

Gerätebezeichnung	III.Pz.Korps			LII.A.K.		XXXX.Pz.K.
	13.Pz. Div.	23.Pz. Div.	370. I.D.	SS W.	111. I.D.	3.Pz. Div.
	a) Wintergerät					
Schlitten Hs 1 = E 41	130	130	170	130	170	130
" Hs 3 500 kg	600	600	400	400	400	600
" Hs 5 1000 kg	100	100	70	30	70	100
San.Schlitten "G"	30	30	25	35	25	30
" " E 41	10	10	10	15	10	10
Krank.Schlitten Hs.3/1	25	25	22	30	22	25
le. Akja	500	500	500	300	500	500
Waffen-Akja	170	170	170	100	170	170
Boots-Akja	210	210	210	210	210	210
Ski	900	900	900	900	900	900
Schneereifen	1000	1000	1000	1000	1000	1000
Sperrholzzelte	200	200	160	240	160	200
Zeltöfen	200	200	160	240	160	200
Schießunterlagen für le. Gr.W.36	30	30	30	30	30	30
Schneeunterlagen für s. Gr.W.34	20	20	20	20	20	20
Holzkufen f. s.Pz.B.41	6	6	-	6	-	6
Satz Einh.Ski-Kufen n.Z. 05 - B - 709 2)	83	83	72	60	72	83
Satz Bef.Teilen für 3,7 Pak a/Hs 3	-	-	30	-	30	-
desgleichen für le. I.G.18 a/Hs 3	4	4	8	8	8	4
desgleichen für Pak 38 a/Hs 5	9	9	3	-	3	9
Satz Einheitskufen n.Z. 05 - B - 712 3)	12	12	-	16	-	12
Satz Einheitskufen mit Spornkufen n.Z. 05 - B - 712 4)	-	-	45	-	45	-
Schneeteller f. M.G.	400	400	500	600	500	400
Schnallfelle	50	50	50	50	50	50

- 2 -

Anlage 4 zu Pz. A.O.K. 1 Ia/O. Qu. Nr. 965/42 G.K. (Winterbekleidung und Wintergerät)

- 2 -

Gerätebezeichnung	III.Pz.Korps 13.Pz. Div.	 23.Pz. Div.	 370. I.D.	LII.A.K. SS W.	 111. I.D.	XXXX.Pz.K. 3.Pz. Div.
Bremsflüssigkeit (Ark.), Winteröle und Fette Skiwachs u.weiße Farbe	nach Bedarf.					

b) Bekleidung

Wattierte Hosen	2300	2300	1700	2100	1700	2300
" Jacken	2300	2300	1700	2100	1700	2300
Filzstiefel Paar	2300	2300	1700	2100	1700	2300
Kopfhauben	2300	2300	1700	2100	1700	2300
Fausthandschuhe mit Stulpen	2300	2300	1700	2100	1700	2300

Eins. Tage:	Datum:	Ort nach Rgts.- bzw. Abtlgs.-Bef.:	Bescheinigung:
37	4. 9.	Hf. Butzki	
38	6. 9.	Schljach	
39	7. 9.	Bolgar	
4o	8. 9.	Sochw. 8 Marta	
41	1o. 9.	Tawarowka	
42	11. 9.	Walki	
43	16. 9.	Ssnosbkoff-Kut	
44	19. 9.	Barudka	
45	21. 9.	Bol.Lipnjagi	
46	22. 9.	Bol.Lipnjagi	
47	23. 9.	Tolstaja	
48	2.1o.	Chutor Kreschtschatik	
49	7.1o.	Fuchsschwanzinsel	
5o	8.1o.	Fuchsschwanzinsel	
51	17.1o.	Kreschtschatik	
52	13.11.	Sswidowok	
53	14.11.	Sswidowok	
54	15.11.	Ssekirna	
55	16.11.	Ssekirna	
56	17.11.	Sswidowok	SS-Hauptsturmführer und Abteilungs-Führer
57	5.12.	Chatzki	
58	7.1.44	Mal.Starolselje	
59	8. 1.	Buda-Orlowezkaja	
6o	24. 1.	Butki	
61	25. 1.	Ossitnjatschka	
62	26. 1.	Pastorskoje	
63	27. 1.	Pastorskoje	
64	28. 1.	Pastorskoje	

Eins. Tage:	Datum:	Ort nach Rgts.- bzw. Abtlgs.-Bef.:	Bescheinigung
65	29.1.44	Olschana	
66	3o. 1.	Leninna-Melnikowka	
67	31. 1.	Olschana	
68	1. 2.	Olschana	
69	12. 2.	Nowo-Buda	
7o	15. 2.	Nowo-Buda	
71	17. 2.	Lissjanka	

Hauptsturmführer
Abteilungs-Führer

Soldbuchblatt mit eingetragenen Einsatztagen

1122 Anlage: 2/

ϟϟ-Panzer-Regiment 5
Ia / IIa / Li. / No.

Rgts.-Gef.St., den 17.4.1944

Betr.: Anzurechnende Gefechtstage für die Verleihung des Panzerkampfabzeichens für die Zeit vom 29.3.-15.4.44.

Verteiler: bis Kompanien

Für die Verleihung des Panzerkampfabzeichens werden nachfolgende Gefechtstage festgelegt:

29.3.1944	Angriff auf Czerkasy	8. Kompanie
3o.3.1944	Durchbruch nach Kowel	8. Kompanie
31.3. = 5.4.1944	Einsatz in Kowel	8. Kompanie
1.4.1944	Gegenstoß zur Wiedereinnahme von Czerkasy	7. Kompanie
4.4.1944	Unterstützung des Angriffs II./ϟϟ-Pz.Gren.Rgt. "Westland" ostwärts Stare Koszary	5. Kompanie
5.4.1944	Angriff auf Dubowa Durchbruch nach Kowel	Rgts.-Stab Stab II./5 6. u. 7.Kp.
6.4.1944	Unterstützung des Angriffs I./ϟϟ-Pz.Gren.Rgt. "Germania" an Bahnlinie Kowel - Czerkasy	6. Kompanie
10.4.1944	Unterstützung des Angriffs des Pz.Gren.Rgt. 33 auf Bachow und Höhe 179	6. Kompanie
12.4.1944	Panzergefecht bei Höhe 179	6. Kompanie

i.E. gez. M ü h l e n k a m p

F.d.R.
Christ [signature]
ϟϟ-Obersturmführer und
stellv.Rgts.-Adjutant

Anzurechnende Gefechtstage für die Verleihung des Panzerkampfabzeichens 29.3.–15.4.1944

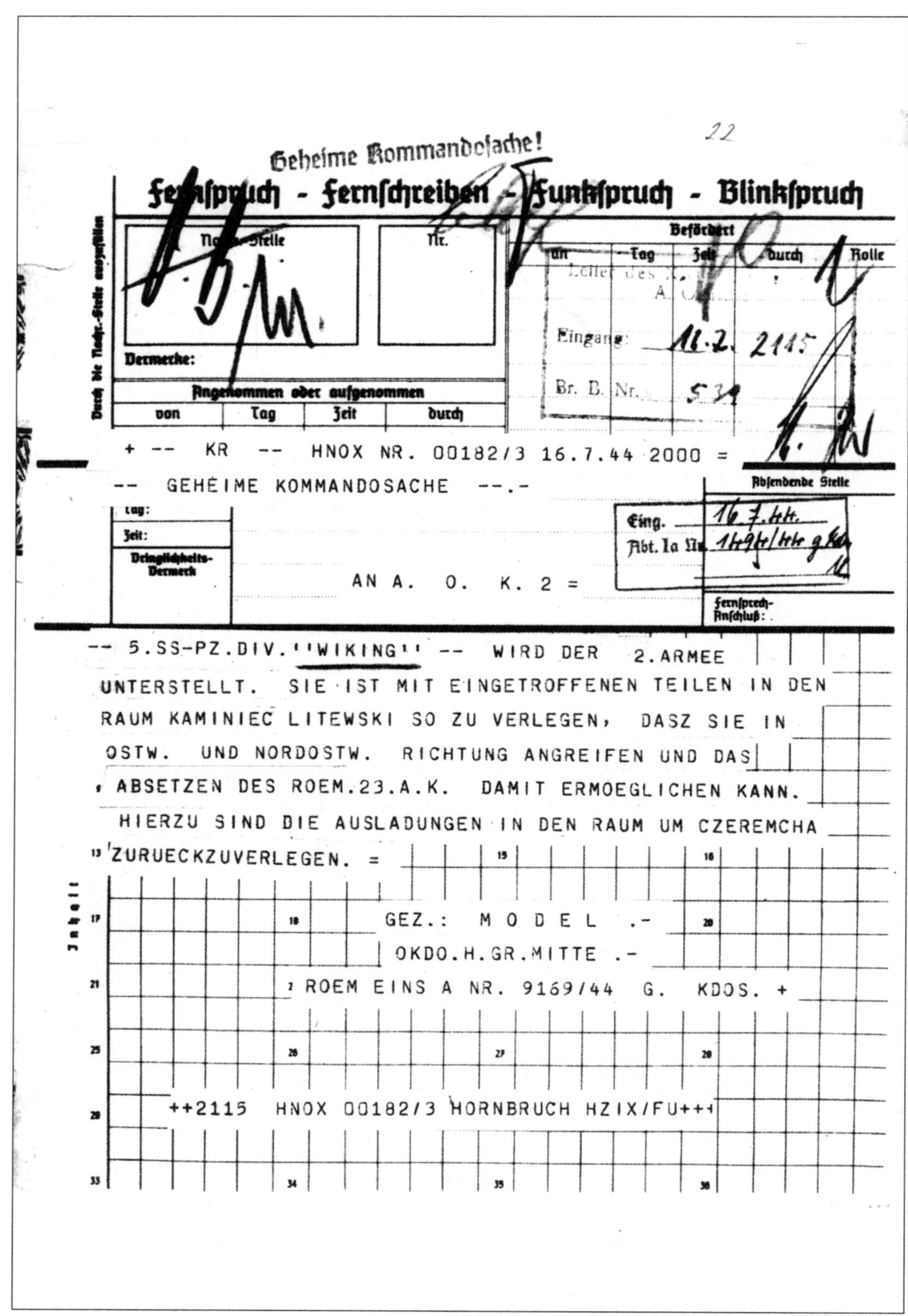

Geheime Kommandosache!

Fernspruch - Fernschreiben - Funkspruch - Blinkspruch

Eingang: 11.2. 2115

Br. B. Nr. 534

\+ -- KR -- HNOX NR. 00182/3 16.7.44 2000 =

-- GEHEIME KOMMANDOSACHE --.-

Eing. 16.7.44.

Abt. Ia Nr. 1149/44 g.Kdos.

AN A. O. K. 2 =

-- 5.SS-PZ.DIV.''WIKING'' -- WIRD DER 2.ARMEE UNTERSTELLT. SIE IST MIT EINGETROFFENEN TEILEN IN DEN RAUM KAMINIEC LITEWSKI SO ZU VERLEGEN, DASZ SIE IN OSTW. UND NORDOSTW. RICHTUNG ANGREIFEN UND DAS ABSETZEN DES ROEM.23.A.K. DAMIT ERMOEGLICHEN KANN. HIERZU SIND DIE AUSLADUNGEN IN DEN RAUM UM CZEREMCHA ZURUECKZUVERLEGEN. =

GEZ.: M O D E L .-

OKDO.H.GR.MITTE .-

ROEM EINS A NR. 9169/44 G. KDOS. +

++2115 HNOX 00182/3 HORNBRUCH HZIX/FU++

Funkspruch Okdo. H.Gr. Mitte an A.O.K. 2 vom 16.7.1944
(Unterstellung der 5. SS-Pz.Div. Wiking)

1126

ℌ-Panzer-Regiment 5
Ia

Rgts.-Gef.St., den 8.8.1944
Fl./Kli.

Ou.Lage: 6

G e f e c h t s b e z e i c h n u n g
für die Zeit vom 7.7. - 26.7.1944

Tag	Einheit	Gefechtsbezeichnung
7.7.1944	II./ℌ-Pz.Rgt. 5 Stab, Stabskp., 5., 6., 8. Kp.	Panzergefecht und Gegenstoß bei Höhe 197,2, 2 km nordwestlich KRUHEL
8.7.1944	II./ℌ-Pz.Rgt. 5 Stab, Stabskp. 5., 6., 8. Kp.	Panzergefecht auf Höhe 206 und 220 ostwärts MACIEJOW
9.7.1944	II./ℌ-Pz.Rgt. 5 Stab., Stabskp., 5.,6.,7.,8. Kp.	Gegenstoß und Sicherung auf Höhe 212 und 220 ostwärts MACIEJOW.
10.7.1944	II./ℌ-Pz.Rgt. 5 Stab, 6. Kp.	Abwehr auf Höhe 212,2 ostwärts MACIEJOW.
11.7.1944	II./ℌ-Pz.Rgt. 5 5. Kp.	Gegenstoß auf Höhe 220,8 südostwärts MACIEJOW.
16.7.1944	II./ℌ-Pz.Rgt. 5 5. Kp.	Angriff bei KAMIENIEC LITEWSKY
	Stabskp., 7.Kp. Rgts.-Stab, Rgts.-Stabskp.,Pz.Pi.Kp.	Gefecht bei RANIE und Straßenkreuz SZCZERBOWO.
17.7.1944	I./ℌ-Pz.Rgt. 5 Gef.Stab., 3. u. 4. Kp.	Aufklärungsvorstoß auf WIDOMLA, Panzergefecht bei Höhe 171,6 nördlich WIDOMLA.
	II./ℌ-Pz.Rgt. 5 Stab,Stabskp. 7.Kp.	Einnahme von SZCZERBOWO, PODBRODZIANY und Höhe 178,4.
	8. Kp., Rgts.-Stab, Rgts.-Stabskp., Pz.-Pi.Kp.	Angriff und Sicherung bei KAMIENIEC LITEWSKY
18.7.1944	I./ℌ-Pz.Rgt. 5 4. Kp.	Angriff auf TOPOLE
	II./ℌ-Pz.Rgt. 5 Stab,Stabskp.,7.Kp. Rgts.-Stab, Rgts.-Stabskp.,Pz.Pi.Kp.	Gefecht auf Höhe 178,4, CZEMERY und TOPOLE

Gefechtsbezeichnungen für die Zeit vom 7.7.–26.7.1944

Tag	Einheit	Gefechtsbezeichnung
18.7.1944	II./ϟϟ-Pz.Rgt. 5 8. Kp.	Angriff auf RANIE.
19.7.1944	I./ϟϟ-Pz.Rgt. 5 4. Kp.	Angriff und Einnahme von SZISZOWO, Abwehr bei Höhe 162,4.
	II./ϟϟ-Pz.Rgt. 5 8. Kp., Pz.Pi.Kp.	Angriff und Sicherung auf Höhe 182,5.
20.7.1944	II./ϟϟ-Pz.Rgt. 5 5. Kp.	Angriff auf KALENKOWICZE, PODBORZE
	6. Kp.	Gegenstoß auf Höhe 178,4 und CZEMERY.
	7. Kp., Rgts.-Stab., Rgts.-Stabskp., Pz.-Pi.-Kp.	Gefecht bei DOLBIZNA, und CHLEWISZ-CZE.
21.7.1944	II./ϟϟ-Pz.Rgt. 5 6.Kp.	Angriff bei KOL. AWULS
	7.Kp., Rgts.-Stab., Pz.-Pi.Kp.	Gegenstoß bei DOLBIZNA
	8. Kp., Pz.Pi.Kp.	Angriff und Sicherung bei KOL. NURZEC und Höhe 180.
22.7.1944	I./ϟϟ-Pz.Rgt. 5 Teile Gef.Stab und 3. Kp.	Angriff und Einnahme von ZUBACZE.
	II./ϟϟ-Pz.Rgt. 5 5. Kp.	Angriff auf ZERCZECE
	6. Kp., Rgts.-Stab, Rgts.-Stabskp, Pz.-Pi.-Kp.	Angriff gegen TYMIANKA
	8. Kp.	Angriff über BORKA und Bahnübergang südwestlich CZEREMCHA
23.7.1944	I./ϟϟ-Pz.Rgt. 5 Gef.Stab, 4.Kp.	Angriff gegen Bahnhof CZEREMCHA
	II./ϟϟ-Pz.Rgt. 5 5.Kp.	Durchbruch bei AUGUSTYNKO
	6.Kp.	Sicherung der Höhe 180 und Aufklärung gegen NURZEC und ROGACZE.
	7.Kp.	Einnahme Bahnhof CZEREMCHA
	8.Kp., Rgts.-Stab, Rgts.-Stabskp. Pz.-Pi.-Kp.	Angriff auf Höhe 181,2 und Verbindungsaufnahme in KIESZCZELE mit 4. P.D.

- 3 -

Tag	Einheit	Gefechtsbezeichnung
24.7.1944	I./SS-Pz.Rgt. 5	
	4. Kp.	Panzergefecht am Bahnhof CZEREMCHA
	II./SS-Pz.Rgt. 5	
	6. Kp.	Sicherung der Höhe 180 und Aufklärung gegen Höhe 178 südostwärts ROGACZE.
	7. Kp.	Gefecht bei Bahnhof CZEREMCHA und Gegenstoß zur Vernichtung CHLEWISZCZE.
	8. Kp., Rgts. Stab, Rgts.Stabs-Kp., Pz.Pi.Kp.	Gegenstoß auf Höhe 181,2 und KLESZCZELE.
25.7.1944	I./SS-Pz.Rgt. 5	
	3. Kp.	Gegenstoß in CZEREMCHA und auf Höhe 184.
	Gef.Stab, Fla-Zug, 3. u. 4. Kp.	Panzergefecht westlich CZEREMCHA.
	II./SS-Pz.Rgt. 5	
	7. Kp.	Gefecht bei KUSTYCZE.
	8. Kp. Pz.Pi.Kp.	Gegenstoß auf CZEREMCHA und Höhe 181,2.
26.7.1944	I./SS-Pz.Rgt. 5	
	3. Kp.	Abwehr in CZEREMCHA und Gegenstoß auf Höhe 184.
	4. Kp.	Panzergefecht westlich CZEREMCHA.
	II./SS-Pz.Rgt. 5	
	5. Kp.	Gegenstoß auf Höhe 176 nördlich WERPOL
	6. Kp.	Gegenstoß auf die Rollbahn BIALA - PODLASKA - TERESPOL .
	7. Kp. Pz.Pi.Kp..	Gefecht bei KUSTYCZE

i.E. gez. M ü h l e n k a m p

F.d.R. [Unterschrift]

SS-Hauptsturmführer u.
Regiments - Adjutant

1127 *Anlage: 7*

SS-Panzer-Regiment 5
Kommandeur

Rgts.Gef.St., den 7.9.1944

Regiments - Sonderbefehl

Das SS-Panzer-Regiment 5 hat während der Kämpfe in der Zeit vom 29.3.1944 bis 7.9.1944 seinen

5 0 0. P a n z e r a b s c h u s s

erzielt.
In dieser Zeit wurden weiterhin vernichtet bzw. erbeutet:

4 Pz.-Spähwagen
71 Pz.-Büchsen
787 schwere Pak
363 leichte Pak
34 Pak-Flak
38 I.G.
10 s.Granatwerfer
44 Flak-Geschütze 8,5 cm
3 Flak-Geschütze 2 cm
6 SFL.
3 Geschütze 17,2 cm
11 Geschütze m.Kaliber
15 s.M.G.
14 l.M.G.
4 Flugzeuge
26 735 Feindtote
125 Lkw.
1 Zgkw.
1 SP.

Das Regiment ist stolz auf diese einmaligen Erfolge. Sie sind uns Ansporn, auf dass in kurzer Zeit der 1 000. Panzerabschuss gemeldet werden kann.

[Unterschrift]

SS-Obersturmbannführer und Regiments-
Führer

Regimentssonderbefehl vom 7.9.1944

VIII 135 h

Fernschreiben 0014309

Mit Anschriftenübermittlung

16.9.44

1. Obkdo.H.Gr.Mitte
nachr: 2. GenStdH/Feldtrsp.Abt.
3. GenStdH/Op.Abt.(Anna)
4. GenStdH/Org.Abt.(Anna).

3300

Betr.: Personelle Auffrischung der SS-Pz.Div.Wiking und Totenkopf.

1.) Aus der Luftwaffe werden zur Auffrischung der SS-Pz.Div. Wiking und Totenkopf 10 000 Mann abgegeben. Übergabe ist bis 19.9. vorgesehen.

2.) Das Personal besteht aus für Luftwaffenzwecke voll ausgebildeten, fliegertechnischem Personal und Soldaten der Boden-Organisation.
Für den Einsatz im Erdkampf ist eine ausbildungsmäßige Überholung von 3 - 8 Wochen, je nach Ausbildungsstand, erforderlich.

3.) SS-Führungshauptamt beabsichtigt Zuführung der 10 000 Mann in die Feld-Ers.Btl. der beiden Divisionen und Durchführung der Ausbildung in diesen Bataillonen.

OKH/GenStdH/Org.Abt.Nr.I/10705/44 geh.
J.A.J.V.

Nach Abgang:
Gr.III
VF SS
I P
KTB
Entwurf

(Littscheid)
Oberstleutnant i.G. und Gruppenleiter

Befehl des OKH vom 16.9.1944 über die personelle Auffrischung der SS-Pz. Divisionen Wiking und Totenkopf

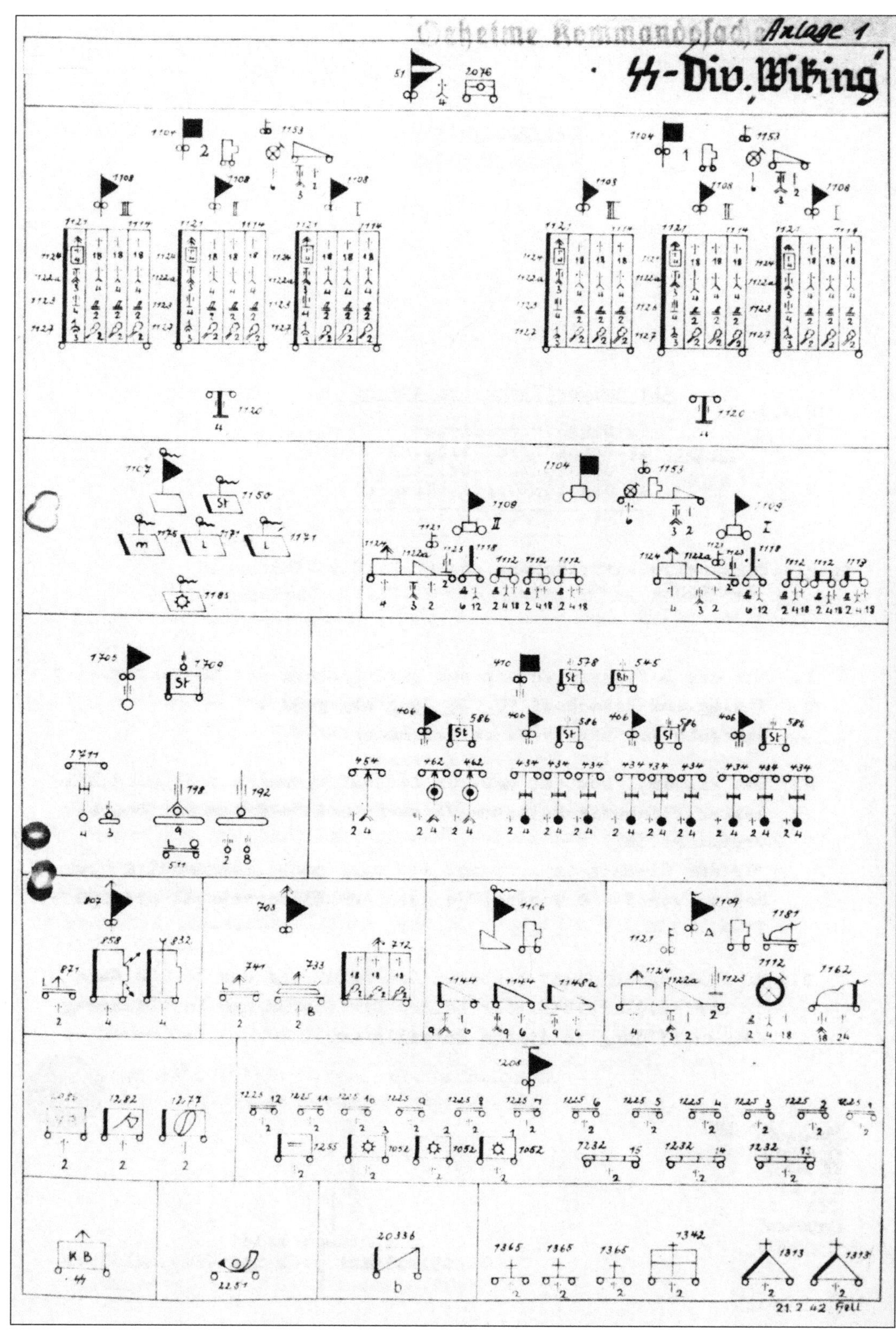

Gliederungsbild 5. SS-Div. Wiking vom 21.2.1942

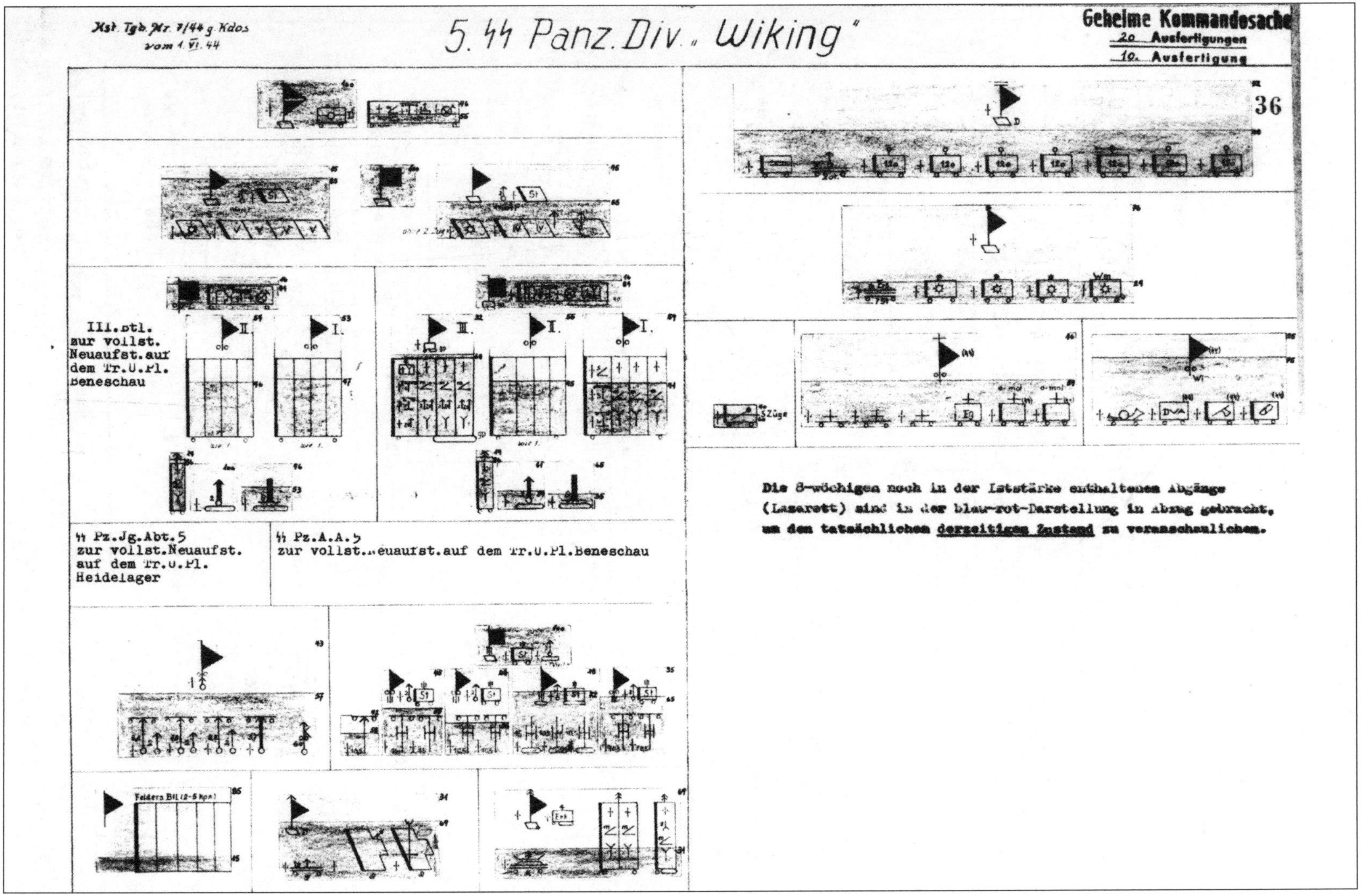

Xst. Tgb. Nr. 7/44 g. Kdos
vom 1. VI. 44

5. SS Panz. Div. „Wiking"

Geheime Kommandosache
20 Ausfertigungen
10. Ausfertigung

36

III. Btl.
zur vollst.
Neuaufst. auf
dem Tr.Ü.Pl.
Beneschau

SS Pz.Jg.Abt.5
zur vollst.Neuaufst.
auf dem Tr.Ü.Pl.
Heidelager

SS Pz.A.A.5
zur vollst.Neuaufst.auf dem Tr.Ü.Pl.Beneschau

Feldersatz Btl. (2-5 Kpn.)

Die 8-wöchigen noch in der Iststärke enthaltenen Abgänge (Lazarett) sind in der blau-rot-Darstellung in Abzug gebracht, um den tatsächlichen derzeitigen Zustand zu veranschaulichen.

Gliederungsbild 5. SS-Pz.Div. Wiking vom 1.6.1944

SS-Pz. Div. Wiking, Ia
Nr. 35/44 geh./G.Kdos. 10. Ausf.

Geheime Kommandosache 35

Meldung vom 1. Juni 1944 ~~1943~~

Verband: 5. SS Pz. Div. Wiking
Unterstellungsverhältnis: LVI. Pz. Korps

1. **Personelle Lage** am Stichtag der Meldung:

a) **Personal:**

	Soll	Fehl
Offiziere	646	316
Uffz.	4 464	1 846
Mannsch.	14 678	5 255
Hiwi . . .	(1 060)	(779)
Insgesamt	19 788	7 417

b) **Verluste und sonstige Abgänge** in der Berichtszeit vom 1. 5. bis 31. 5. 1944

	tot	verw.	verm.	krank	sonst.
Offiziere	1	–	–	2	–
Uffz. und Mannsch.	29	81	7	90	88
Insgesamt	30	81	7	92	88

c) **in der Berichtszeit eingetroffener Ersatz:**

	Ersatz	Genesene
Offiziere	20	1
Uffz. und Mannsch.	906	207

d) **über 1 Jahr nicht beurlaubt:**

insgesamt:	499 Köpfe	4 % d. Iststärke	
davon:	12–18 Monate	19–24 Monate	über 24 Monate
	478	20	1
	Platzkarten im Berichtsmonat zugewiesen:		705

2. **Materielle Lage:**

		Gepanzerte Fahrzeuge							Kraftfahrzeuge				
		Stu. Gesch.	III	IV	V	VI	Schtz. Pz. Pz. Sp. Art. Pz. B. (o. Pz. Fu. Wg.)	Pak SF	Krader Ketten	Krader m. angetr. Bwg.	Krader sonst.	Pkw gel.	Pkw O
Soll (Zahlen)		31	7	73	76	–	374	–	5	305	551	622	140
einsatzbereit	zahlenm.	20	–	27	77	–	117	–	55	78	112	556	60
	in % des Solls	65	–	37	101	–	31,3	–	1100	26	20,3	89	43
in kurzfristiger Instandsetzung (bis 3 Wochen)	zahlenm.	1	–	–	1	–	7	–	2	12	105	31	19
	in % des Solls	3,2	–	–	1,3	–	2	–	40	4	19	5	136

		noch Kraftfahrzeuge							Waffen			
		Maultiere	Lkw gel.	Lkw O	Lkw Tonnage	Ketten-Fahrzeuge Zgkw. *)	Ketten-Fahrzeuge Zgkw. **)	Ketten-Fahrzeuge RSO	s Pak	Art.-Gesch.	MG. ( )	sonstige Waffen
Soll (Zahlen)		32	835	753	3349	89	68	28	24	47	1033	27 lJG 12 sJG 12 [illegible] Fl
einsatzbereit	zahlenm.	256	266	458	2375	21	38	–	12	19	552 (441)	8 lJG 2 sJG
	in % des Solls	800	32	60,8	71	23,6	56	–	50	40	53	20
in kurzfristiger Instandsetzung (bis 3 Wochen)	zahlenm.	83	18	49	61	5	11	–	–	–	22	–
	in % des Solls	259	2,2	6,5	1,8	5,6	16	–	–	–	2	–

*) Zgkw. mit 1–5 t, **) Zgkw. mit 8–18 t
( ) davon MG. 42

3. **Pferdefehlstellen:** –

Anl. zu Nr. 00716/44 geh.
Gen. Insp. d. Pz. Tr.

Zustandsbericht 5. SS-Pz. Div. Wiking vom 1.6.1944

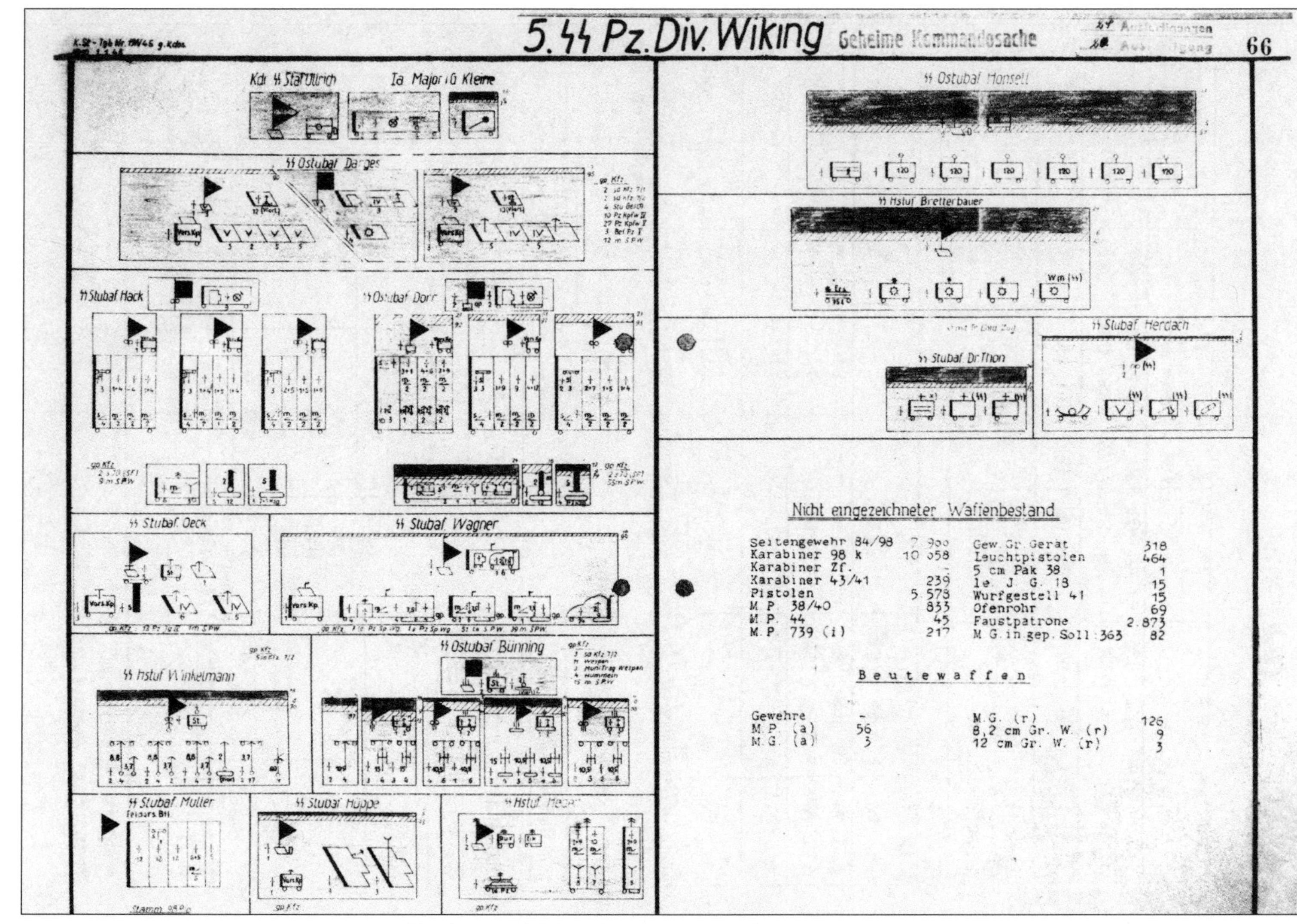

Gliederungsbild 5. SS-Pz. Div. Wiking vom 1.1.1945

~~11.~~ Ausfertigung
10. Ausfertigung 65

Meldung vom 1. Januar 1945

Verband: 5.ꞩ Panzer Div.Wiking
Unterstellungsverhältnis: IV.ꞩ Pz.Korps

1. Personelle Lage am Stichtag der Meldung:

a) Personal:

	Soll	Fehl ◆	Kranke u. Verwundete ◆
Offiziere	593	146	32
Uffz. . . .	3 888	◆ 644	314
Mannsch.	12 944	◆ 1 822	1743
Hiwi . . .	(925)	(553)	
Insgesamt	17 425	◆ 2 320	2089

b) Verluste und sonstige Abgänge in der Berichtszeit vom 1.12. bis 31.12.44

	tot	verw.	verm.	krank	sonst. ◆
Offiziere	- -	-	-	3	10
Uffz. und Mannsch.	- 6	9 26	- 2	43 148	74 662
Insgesamt	6	35	2	194	746

c) in der Berichtszeit eingetroffener Ersatz:

	◆ Ersatz	◆ Genesene
Offiziere	15	-
Uffz. und Mannsch.	58 247	- 13

d) über 1 Jahr nicht beurlaubt:

insgesamt: 2715 Köpfe 16,45 % d. Iststärke ◆

davon:	12—18 Monate	19—24 Monate	über 24 Monate
	2401	285	29

Platzkarten im Berichtsmonat zugewiesen: 658

◆ ohme ;; ?z.Gren.?gt.lo ?estland

2. Materielle Lage:

		Gepanzerte Fahrzeuge							Kraftfahrzeuge				
									Kräder			Pkw	
		Stu. Gesch.	III	IV	V	VI	Schtz. Pz. Pz. Sp Art. Pz. B. (O Pz. Fu. Wg.)	Pak SF	Ketten	m. angetr. Bwg.	sonst.	gel.	O
Soll (Zeichen)		-	4	114	79	-	272	-	353	103	144	758	74
einsatzbereit	zahlenm.	4	-	10	22	-	162	-	35	92	120	484	115
	in % des Solls	-	-	8,8	29	-	59,5	-	9	89	83	64	155
in kurzfristiger Instandsetzung (bis 3 Wochen)	zahlenm	1	-	-	2	-	13	-	18	33	33	74	16
	in % des Solls	-	-	-	2,5	-	5	-	2	17,5	23	9,8	21,6

		noch Kraftfahrzeuge							Waffen			
		LKW				Ketten-Fahrzeuge						
		Maultiere	gel.	O	Tonnage	Zgkw. *)	Zgkw. **)	RSO	s Pak	Art.-Gesch.	M. G. ( )	Sonstige Waffen
Soll (Zeichen)		143	1011	921	5660	88	88	-	34	59	(1188) 1188	18 3,7 Fl 18 8,8 Fl 12 sJG
einsatzbereit	zahlenm.	335	418	624	3777	42	67	-	25	56	575	17 3,7 Fl 12 8,8 Fl 11 sJG
	in % des Solls	234	41	68	67	48	76	-	73,5	95	48,4	83
in kurzfristiger Instandsetzung (des 3 Wochen)	zahlenm	11	24	34	163	3	5	-	-	-	2,6	-
	in % des Solls	7,7	2,3	3,7	3	3,4	5,7	-	-	-	3,8	-

*) Zgkw. mit 1—5 t, **) Zgkw. mit 8—18 t
( ) davon MG 42

Anl. zu Nr. 10107/45 g. Kdos.
Gen. Insp. d. Pz. Tr.

Zustandsbericht 5. SS-Pz. Div. Wiking vom 1.1.1945

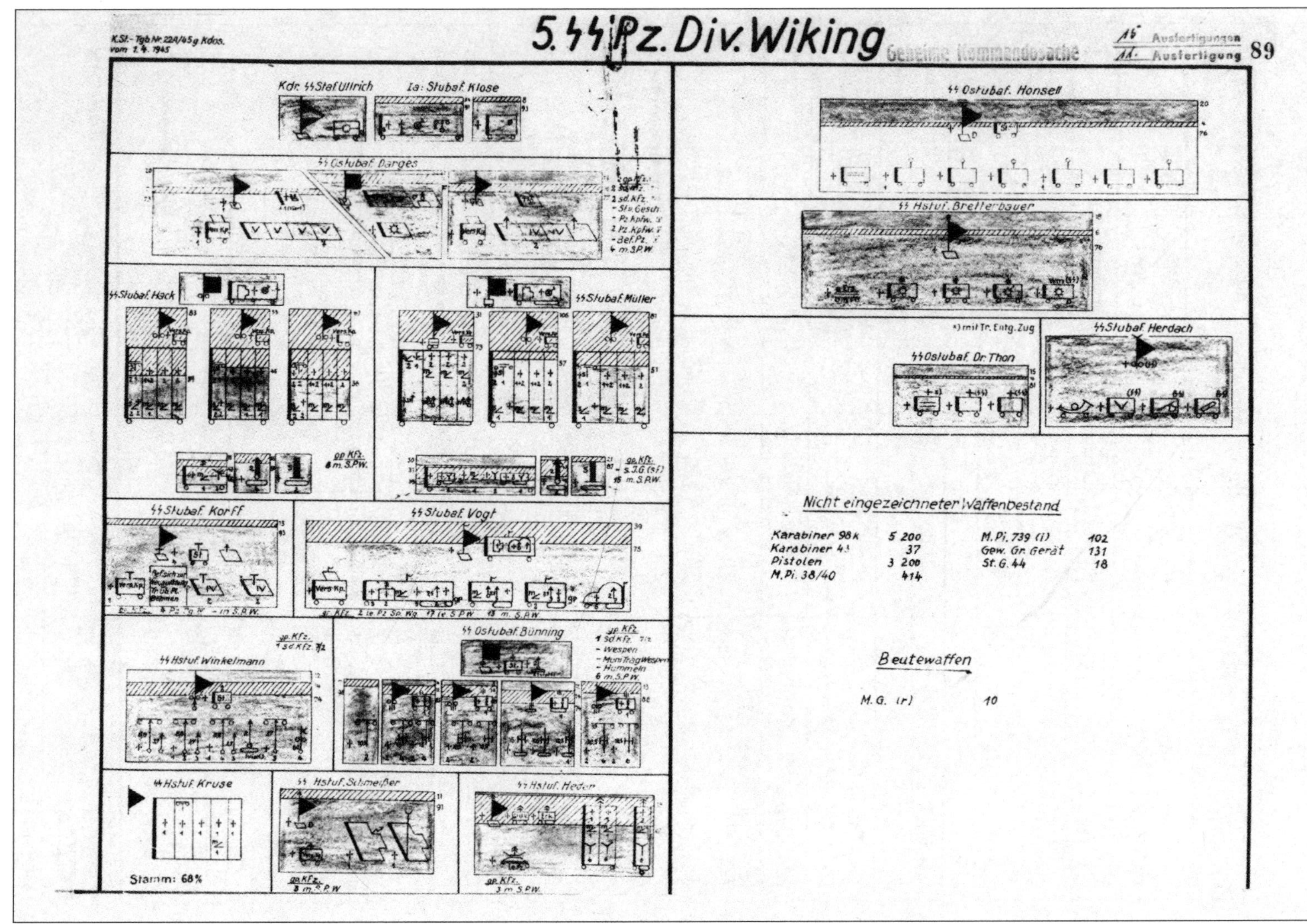

Gliederungsbild 5. SS-Pz. Div. Wiking vom 1.4.1945

17 Ausfertigungen
10. Ausfertigung

Meldung vom 1.April 1945

Verband: 5.: Panzer Div.Wiking
Unterstellungsverhältnis: IV.: Pz.Korps

87

1. Personelle Lage am Stichtag der Meldung:

a) Personal:

	Soll	Fehl	Vorhanden d. Ersatz
Offiziere	393	130	104
Uffz. . . .	3 888	+ 450	1151
Mannsch.	12 944	+ 8 261	4402
Hiwi . . .	(925)	(406)	–
Insgesamt	17 425	+ 2 939	9917

c) in der Berichtszeit eingetroffener Ersatz:

	Ersatz	Genesene
Offiziere	9	–
Uffz. und Mannsch.	130 1 506	12 71

b) Verluste und sonstige Abgänge in der Berichtszeit vom 1.3. bis 31.3.45

	tot	verw.	verm.	krank	sonst.
Offiziere	19	30	9	3	14
Uffz. und Mannsch.	125 348	430 1652	154 802	35 159	69 654
Insgesamt	402	2110	945	197	737

d) über 1 Jahr nicht beurlaubt:

insgesamt: 4260 Köpfe 21 % d. Iststärke

davon:	12—18 Monate	19—24 Monate	über 24 Monate
	3 482	737	41

Platzkarten im Berichtsmonat zugewiesen: keine

2. Materielle Lage:

		Gepanzerte Fahrzeuge							Kraftfahrzeuge				
									Kräder			Pkw	
		Stu. Gesch.	III	IV	V	VI	Schtz. Pz. Pz. Sp Art. Pz. B. (O. Pz. Fu. Wg.)	Pak SF	Ketten	m. angetr. Bwg.	sonst.	gel.	O
Soll (Zeichen)		–	4	114	77	–	278	–	353	103	144	758	74
einsatzbereit	zahlenm.	–	–	–	2	–	52	–	15	50	76	302	84
	in % des Solls	–	–	–	2,5	–	19	–	4	49	53	40	114
in kurzfristiger Instandsetzung (bis 3 Wochen)	zahlenm	2	–	2	5	–	53	–	15	36	45	133	21
	in % des Solls	–	–	2	6	–	19	–	4	35	31	17,5	28

		noch Kraftfahrzeuge							Waffen			
		LKW				Ketten-Fahrzeuge			s Pak	Art.-Gesch.	M. G. ( )	Sonstige Waffen
		Maultiere	gel.	O	Tonnage	Zgkw. *)	Zgkw. **)	RSO				
Soll (Zeichen)		143	1011	921	5660	00	00	–	20	50	1114	18 3,7 Fl 18 8,8 H 12 s 7,6
einsatzbereit	zahlenm.	193	200	470	2650	13	26	–	5	15	110	6 3,7 Fl 6 8,8 H 2 s 7,6
	in % des Solls	135	20	51	46	15	29	–	11	35	10	29
in kurzfristiger Instandsetzung (des 3 Wochen)	zahlenm	62	49	100	556	0	0	–	10	6	–	2
	in % des Solls	43	5	11	10	9	9	–	11	10	–	4

*) Zgkw. mit 1—5 t. **) Zgkw. mit 8—18 t
( ) davon MG 42

Zustandsbericht 5. SS-Pz. Div. Wiking vom 1.4.1945

Dauerbach, 29. III. 43.

Der Einheit: Feldpost Nr. 09274.

Schwer u. hart hat uns die Nachricht vom Heldentod unseres lieben Sohnes O'Schfhr. beim Gefecht getroffen, u. wir danken bestens für die herzl. Anteilnahme seiner so lieb gewordenen Feldeinheit. Grausam geht das Schicksal um u. es ist bitter hart für Vater u. Mutter, wenn eines ihrer lieben Kinder u. in diesem Falle unser lieber einziger Sohn u. Hoffnung so jäh aus dem jungen Leben gerissen wird. Doch zu trauern in seinem Sinne wäre ja unangebracht u. zwecklos, denn er gab ja sein Leben für Deutschland, für eine bessere Zukunft, für uns Alle, u. in diesem Sinne ist unsere tiefe Trauer zugleich auch ein Stolz u. Ehre. Seine Ehre war ja seine Treue.

Nun hätten wir noch einen Wunsch: Zu erfahren wo, u. bei welcher Gelegenheit er den Heldentod gefunden hat, ob er irgendwo beerdigt liegt od. sonst noch etwas zu erfahren wäre. Auch ob er noch sonstige eigene Gegenstände wie Uhr, Brieftasche, Liebsachen u.s.w. bei sich trug oder hinterlassen hatte. Sollte noch irgendetwas von unserem Lieben aufzufinden sein, so bitten wir recht höfl. solches als teures Andenken an ihn uns zukommen lassen zu wollen

Brief des Vaters des am 24.12.1942 gefallenen SS-Oscha. Erwin Göpferich (1./Pz.Abt. 5)

denn ein Vater- u. Mutterherz klammert
sich letzten Endes noch an die kleinste Erinnerung

Sein noch restl. Wehrsold u.s.w. ist letzte
Woche eingetroffen.
Vielleicht ist noch ein- od. der andere seiner
näheren Kameraden bei der Einheit mit dem
wir uns in Verbindung setzen könnten
denn wir haben leider von keinem seiner
Kameraden eine Anschrift u. wären doch so
gerne mit der Kamp. bezw. mit einem
ehemaligen Bekannten unseres lb. Helden
in briefl. Verbindung.

Erwarten also in allen Fragen baldmögl.
Auskunft u. grüßen in stolzer Trauer
allerherzlichst unseres lb. Toten Feldeinheit

Heil u. Sieg!

Familie W. Gästerich

N.B. Erbitten vielleicht die
Anschrift eines seiner
Kameraden.

Reinschrift des Briefes von S. 357/358:

Bauerbach, 29.III.43

Der Einheit: Feldpost Nr. 09274

Schwer u. hart hat uns die Nachricht vom Heldentod unseres lieben Sohnes O.Schfr. Erwin Göpferich getroffen, u. wir danken bestens für die herzl. Anteilnahme seiner so lieb gewordenen Feldeinheit. Grausam geht das Schicksal um u. es ist bitter hart für Vater u. Mutter, wenn eines ihrer lieben Kinder u. in diesem Falle unser lieber einziger Sohn u. Hoffnung so jäh aus dem jungen Leben gerissen wird. Doch zu trauern in seinem Sinne wäre ja unangebracht u. zwecklos, denn er gab sein Leben für Deutschland, für eine bessere Zukunft, für uns alle, u. in diesem Sinne ist unsere tiefe Trauer zugleich auch ein Stolz u. Ehre. Seine Ehre war ja seine Treue.

Nun hätten wir noch einen Wunsch: Zu erfahren, wo, u. bei welcher Gelegenheit er den Heldentod gefunden hat, ob er irgendwo beerdigt liegt od. sonst noch etwas zu erfahren wäre. Auch ob er noch sonstige eigene Gegenstände, wie Uhr, Brieftasche, Leibwäsche usw. bei sich trug oder hinterlassen hatte. Sollte noch irgendetwas von unserem Sohne aufzufinden sein, so bitten wir recht höfl. solches als teures Andenken an ihn uns zukommen lassen zu wollen. Denn ein Vater- u. Mutterherz klammert sich letzten Endes noch an die kleinste Erinnerung.

Sein noch restl. Wehrsold usw. ist letzte Woche eingetroffen.

Vielleicht ist noch ein- od. der andere seiner näheren Kameraden bei der Einheit, mit dem wir uns in Verbindung setzen könnten. Denn wir haben leider von keinem seiner Kameraden eine Anschrift, u. wären doch so gerne mit der Komp. bzw. mit einem ehemaligen Bekannten unseres lb. Helden in briefl. Verbindung.

Erwarten also in allen Fragen baldmögl. Auskunft u. grüßen in stolzer Trauer allerherzlichst unseres lb. Toten Feldeinheit.

Heil u. Sieg!
Familie W. Göpferich

P.S. Erbitten vielleicht die Anschrift eines seiner Kameraden.

III. Karten

[1] Bundesarchiv Freiburg
[2] Bericht Hein
[3] Dr. Renz

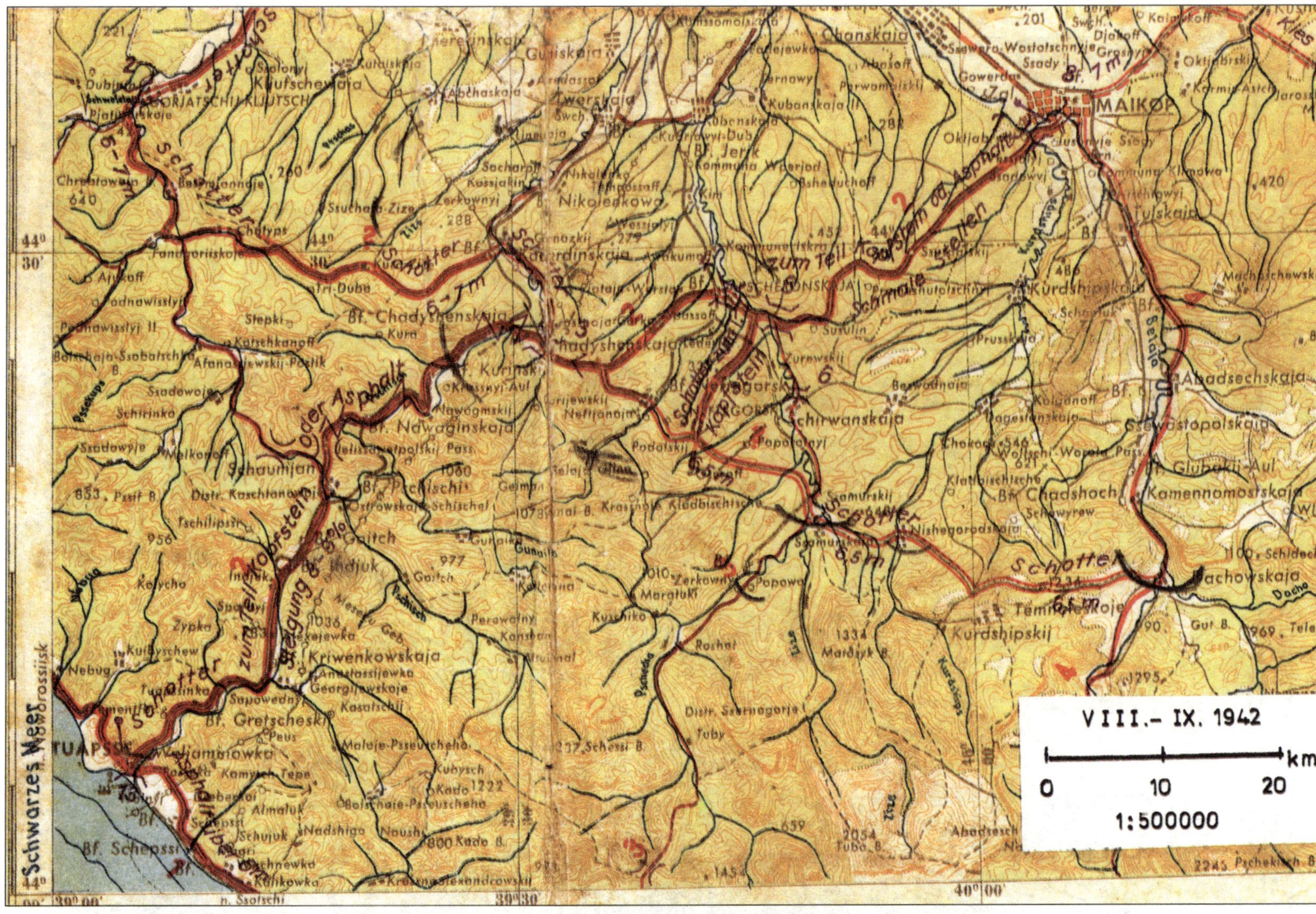

Kartenausschnitt Maikop – Tuapse

Original-Lagekarte 30.9.1942, LII. A.K. (Ausschnitt)

Tschetschenskaja Balka
Tschetschekskaja Balka
Malgobek
Erdöl-Qu.
Wosnessenskaja
Berg Ssokolka
Olennikowa
Ssagopschin
M.T.St.
Psseduch
Sapadnaja Wetw Alchan Tschurtowskog Kanal
Berg Babalo
Nish.Atschaluki
Ssred.Atschaluki
Alchan-Tschurt
Werch.Atschaluki
Ssinij Kamen
Grbh.Zuzo
nach Ordshonikidse
1:100 000

Kartenausschnitt Naltschik – Ordshonikidse – Grossnyj

Original-Lagekarte 2.10.1942, SS-Div. Wiking

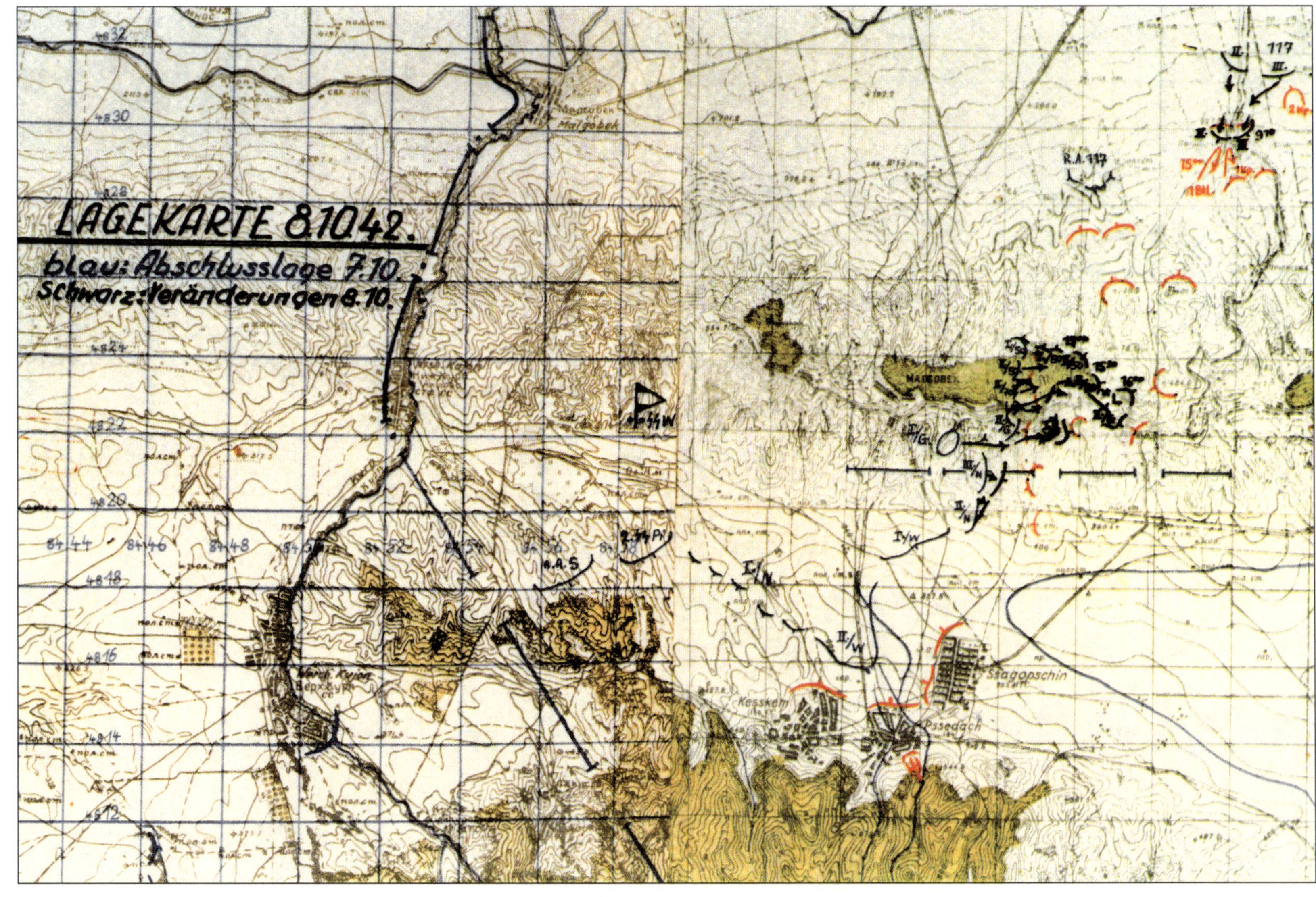

Original-Lagekarte 8.10.1942, LII. A.K.

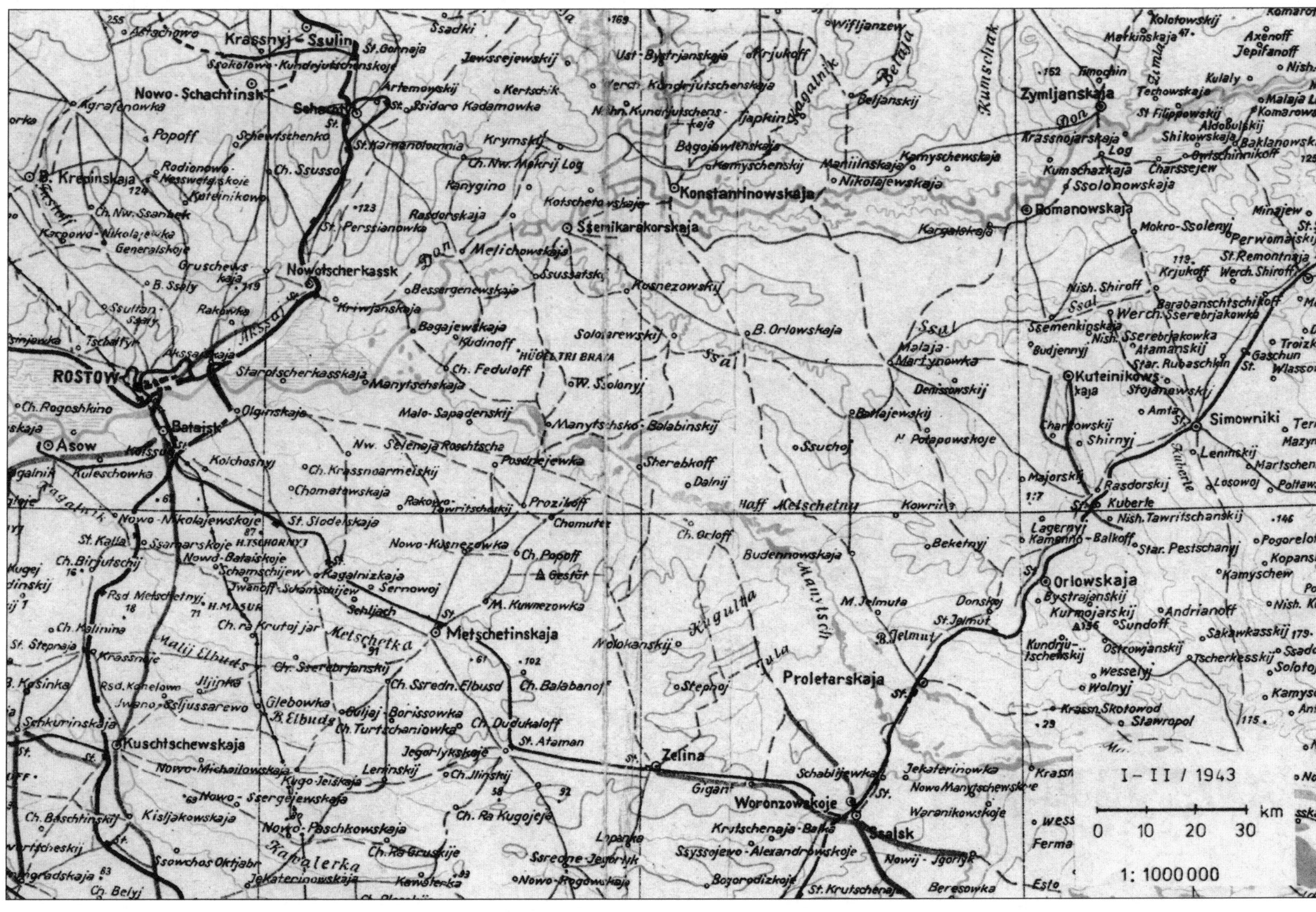

Kartenausschnitt Simowniki – Rostow (aus Arbeitskarte Rostow – Grossnyj)

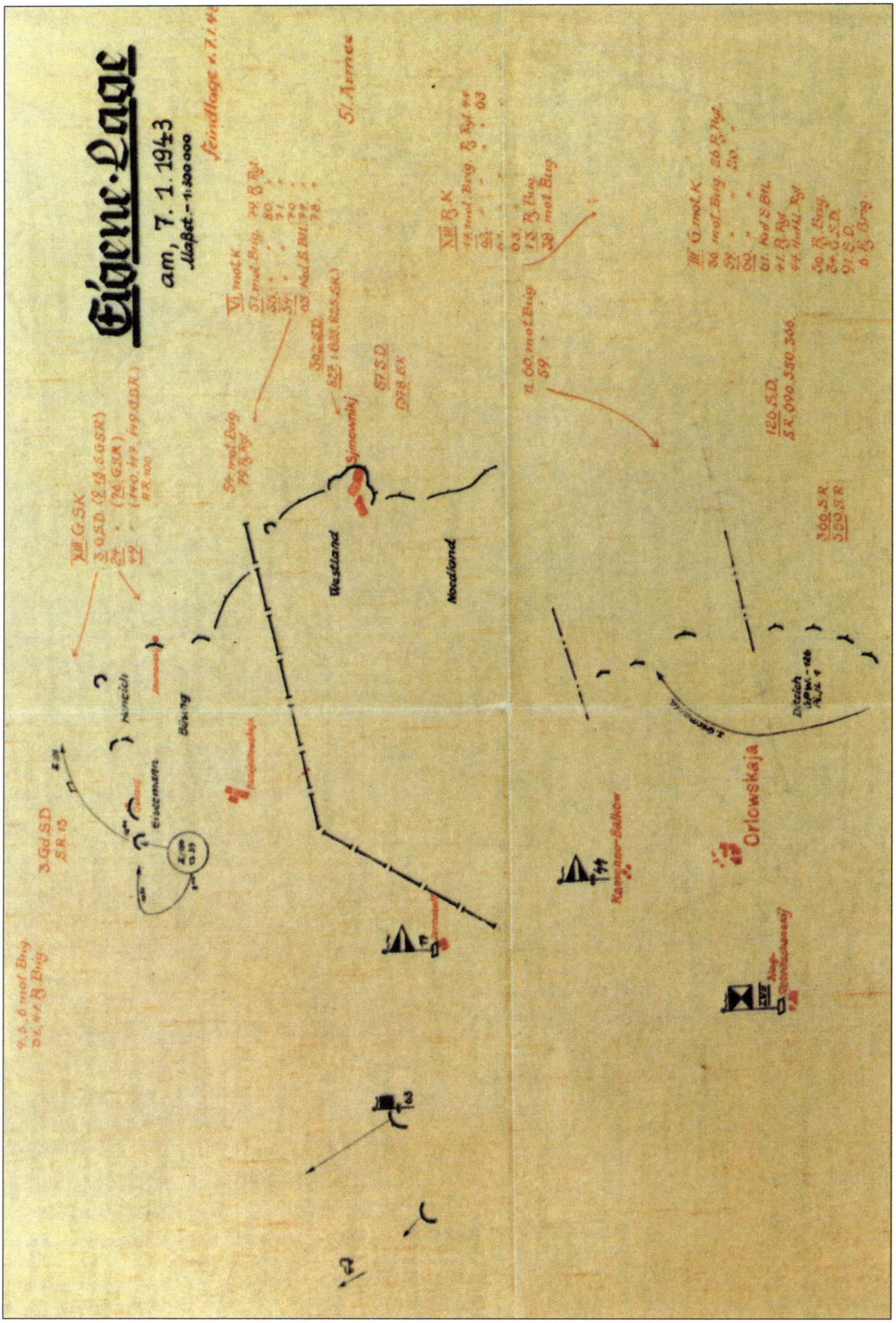

Original-Lagekarte LVII. Pz.Korps, Simowniki 7.1.1943

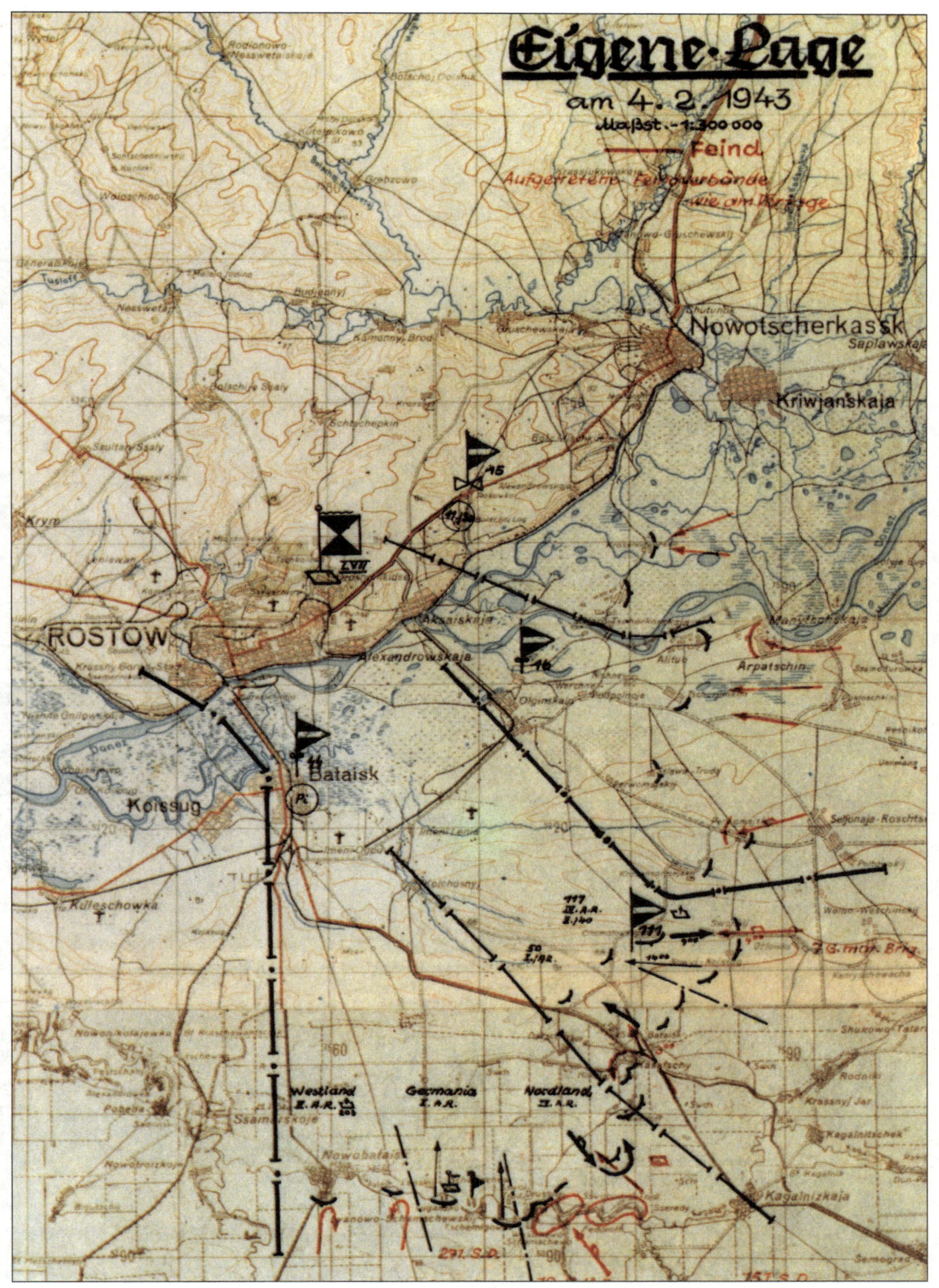

Original-Lagekarte LVII. Pz.Korps, Don-Brückenkopf Rostow – Bataisk 4.2.1943

Original-Lagekarte XXXX. Pz.Korps, Barwenkowo – Isjum, 28.2.1943

Pz.Gr. Popoff
1. Garde-Armee
XVIII. Pz. Korps
57.G.S. Div.
III. Pz. Korps
Isjum
Krassnyj Liman
Drobyschewo
Sslawjansk
Kramators-
-kaja
Nowosselowka
Torskaja
Majaki
Drushkowka
Nowyj Sswet

Original-Lagekarte XXXX. Pz.Korps, Krassnoarmeiskoje – Barwenkowo, 22.–24.2.1943

Weg des Ustuf. Hein aus dem Kessel von Tscherkassy am 17.2.1944.
Originalkarte 17.2.1944, Dshurshenzy – Lißjanka, Kartenausschnitt Kowel

Karte Kaminiec Litewski – Cheremcha

Orla
Białowieża
Kleszczele

Kartenausschnitt Kowel

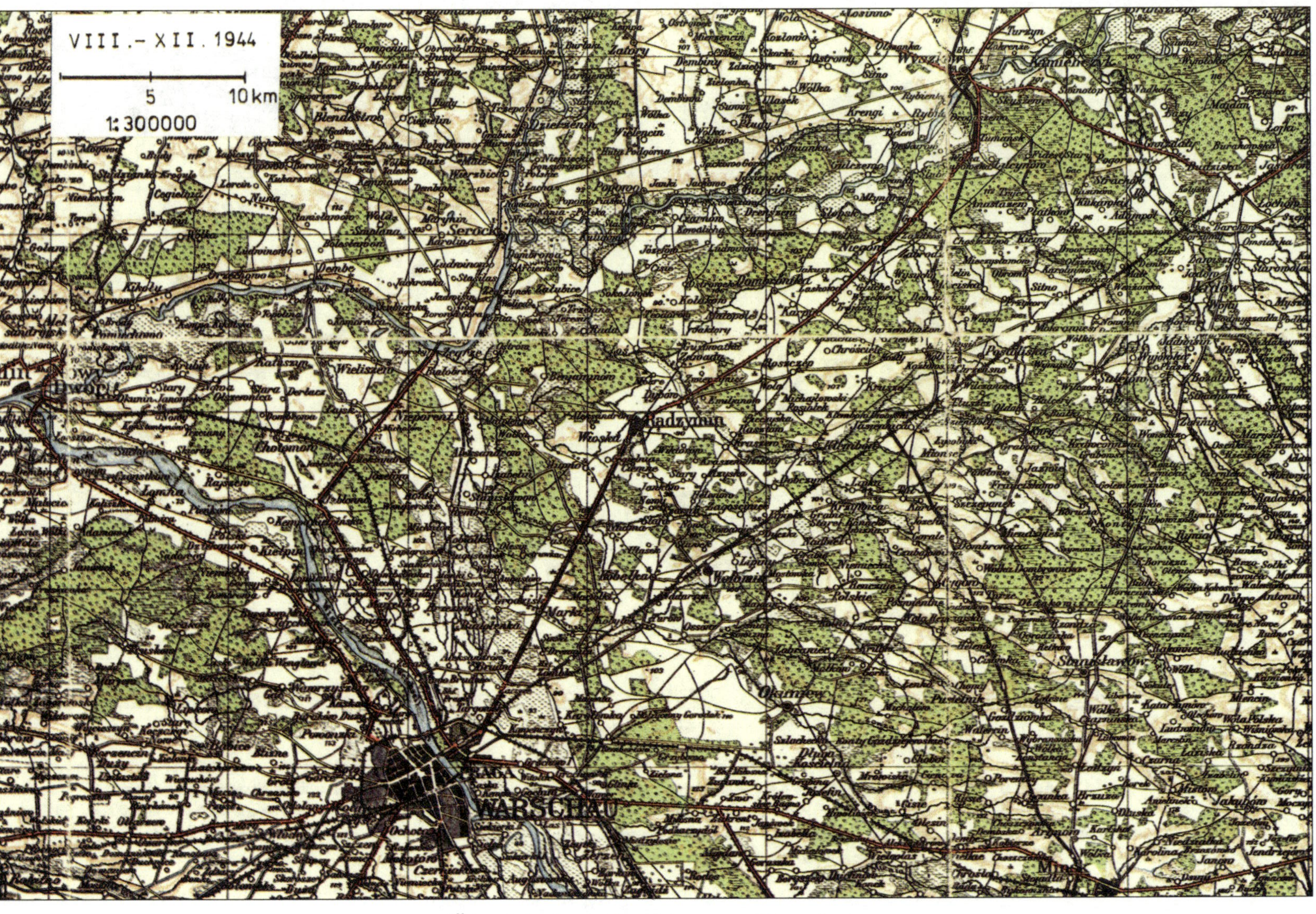

Übersichtskarte Stanislawow – Warschau

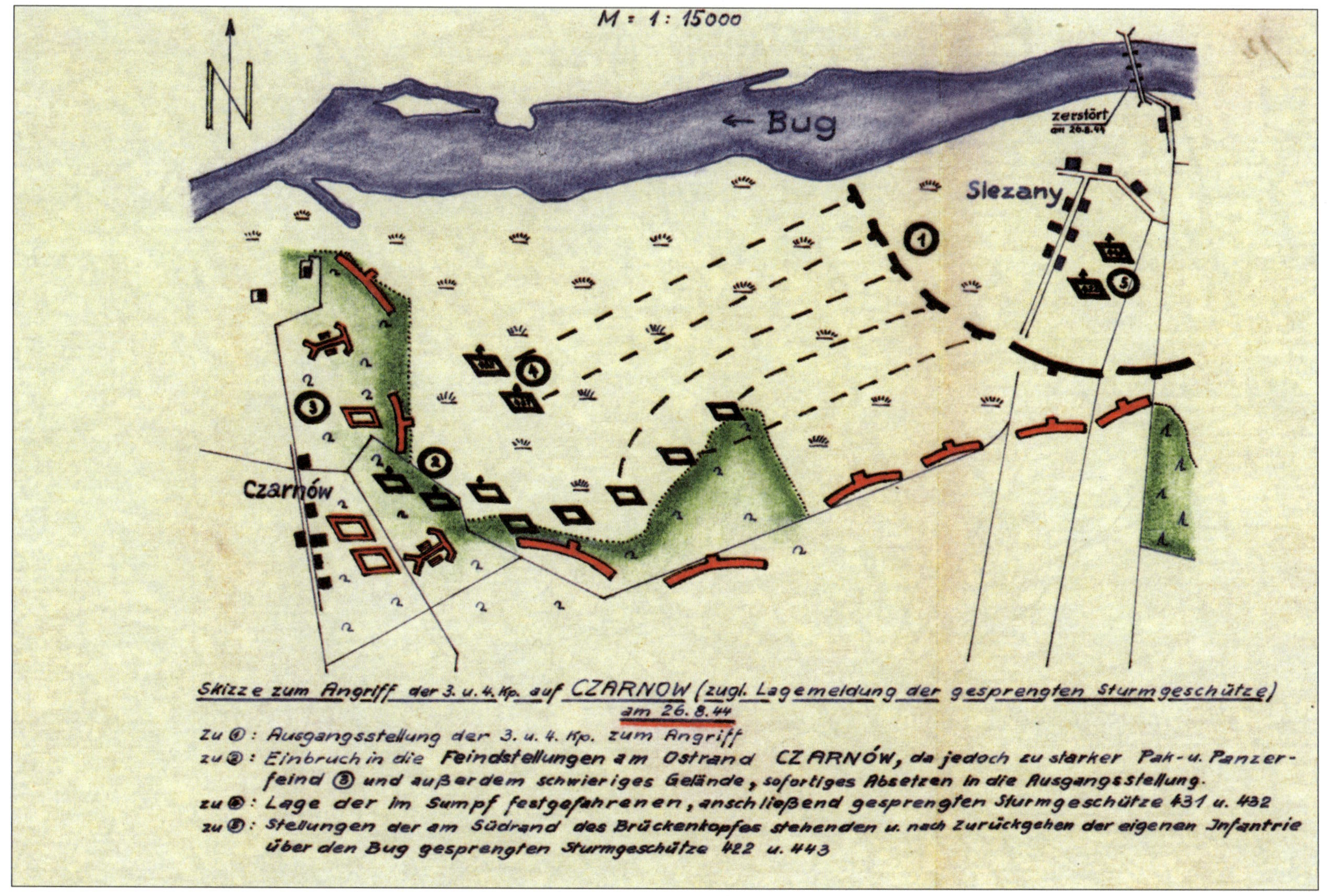

Skizze Czarnow – Slenzany, 26.8.1944

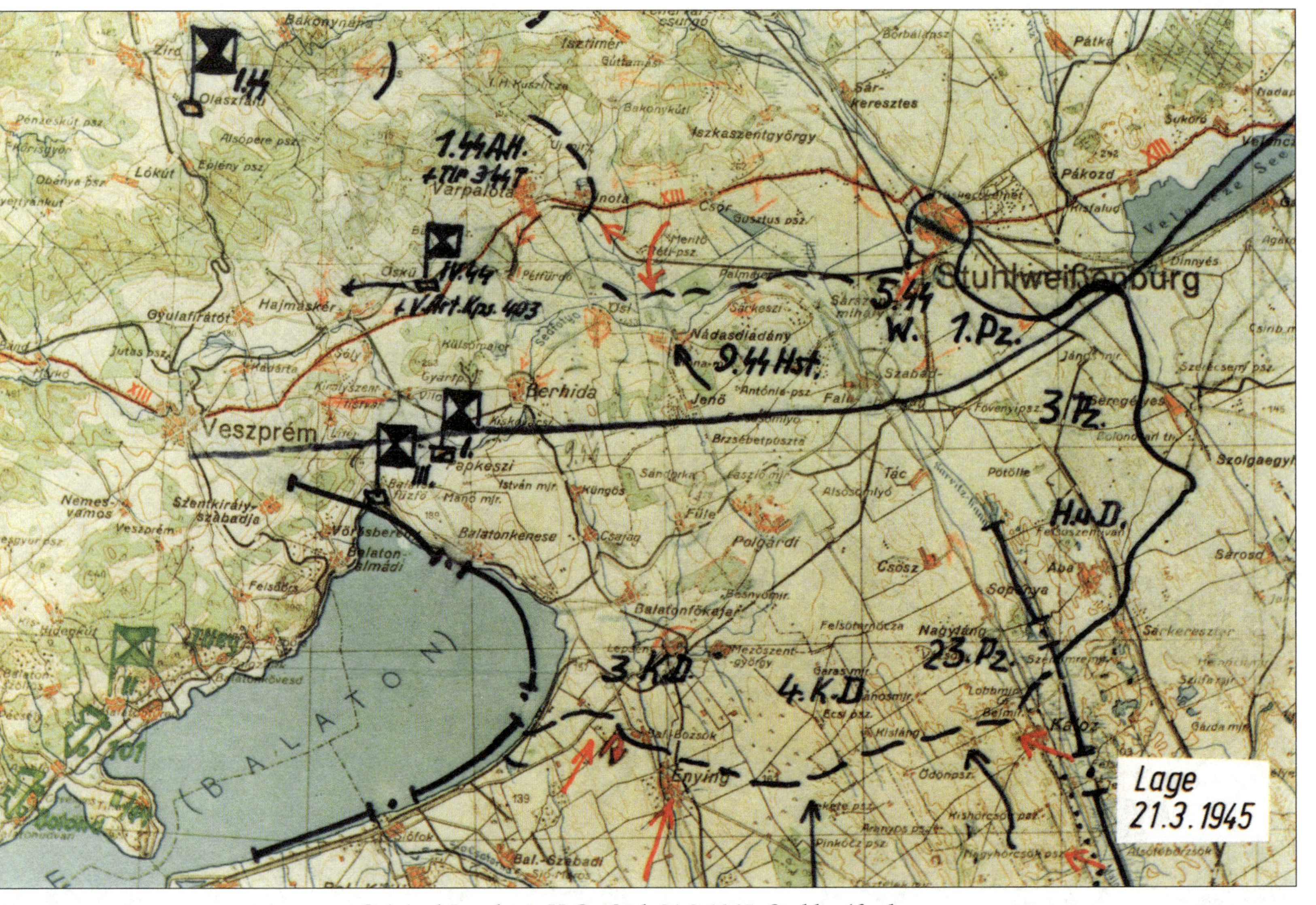

Original-Lagekarte H.Gr. Süd, 21.3.1945, Stuhlweißenburg

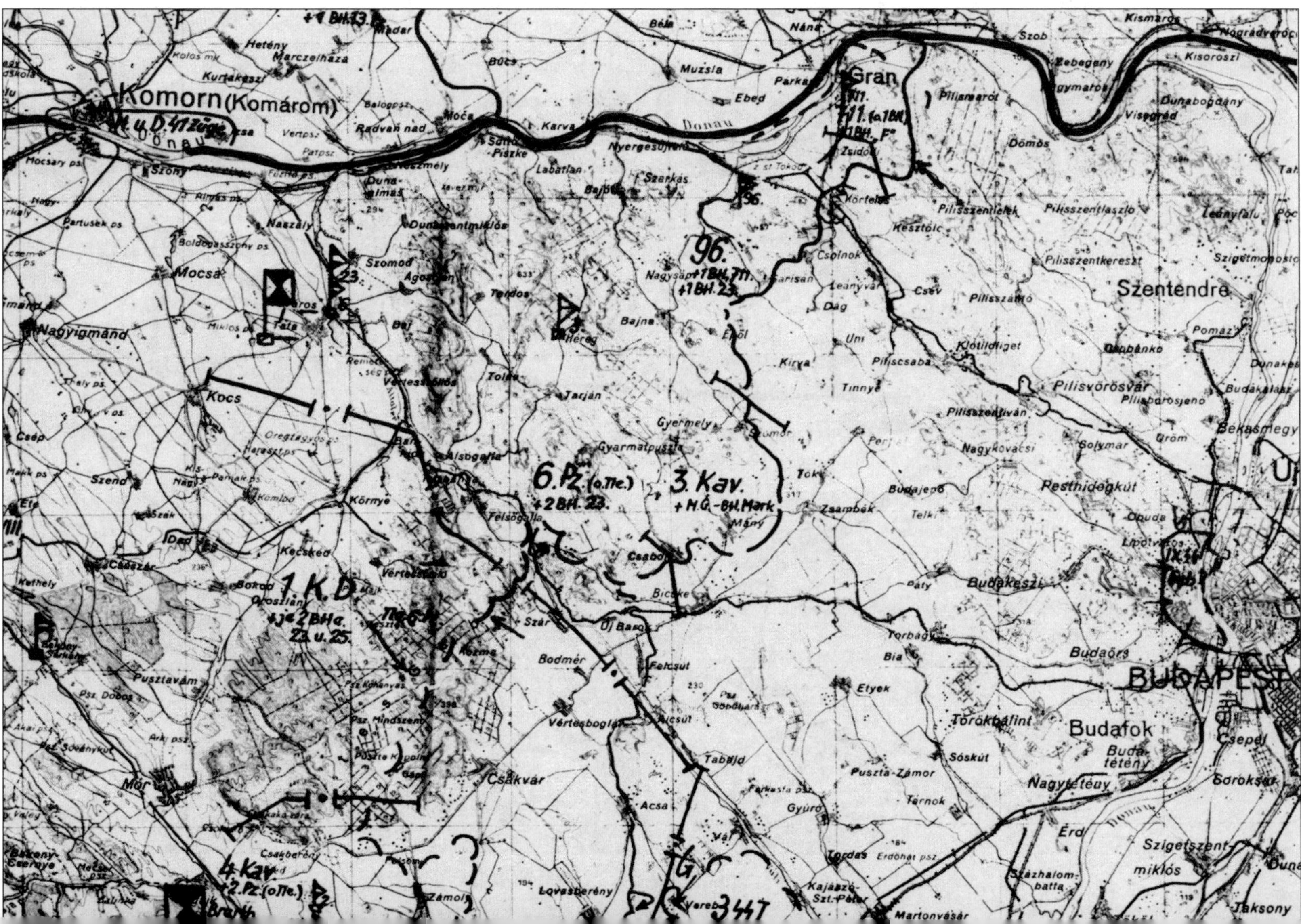

Komorn (Komárom)
Donau
Gran
Szentendre
Budapest
Budafok
Budaörs
Budakeszi
Pesthidegkút
Pilisvörösvár
Nagytétény
Érd
Taksony
Csepel
Soroksár
Törökbálint
Etyek
Kocs
Mocsa
Nagyigmánd
Mór
Csákvár
Bicske
Zsámbék
Tata
Szomód
Nagysáp
Bajna
Tarján
Gyermely
Környe
Kecskéd
Oroszlány
Pusztavám
Bodmér
Felcsút
Vértesboglár
Tabajd
Acsa
Lovasberény
Zámoly
Martonvásár
Tordas
Sóskút
Tárnok
Csolnok
Kesztölc
Dömös
Visegrád
Szob
Nyergesujfalu
Lábatlan
Süttő
Karva
Muzsla
Ebed
Párkány
Szőny
Naszály
Pomáz
Üröm
Solymár
Nagykovácsi
Tinnye
Piliscsaba
Zsámbok
Páty
Telki
Budajenő
Bia
Torbágy
Pusztazámor
Gyúró
96.
6. Pz. (o. Tle.)
3. Kav.
1. K.D.
4. Kav.
347

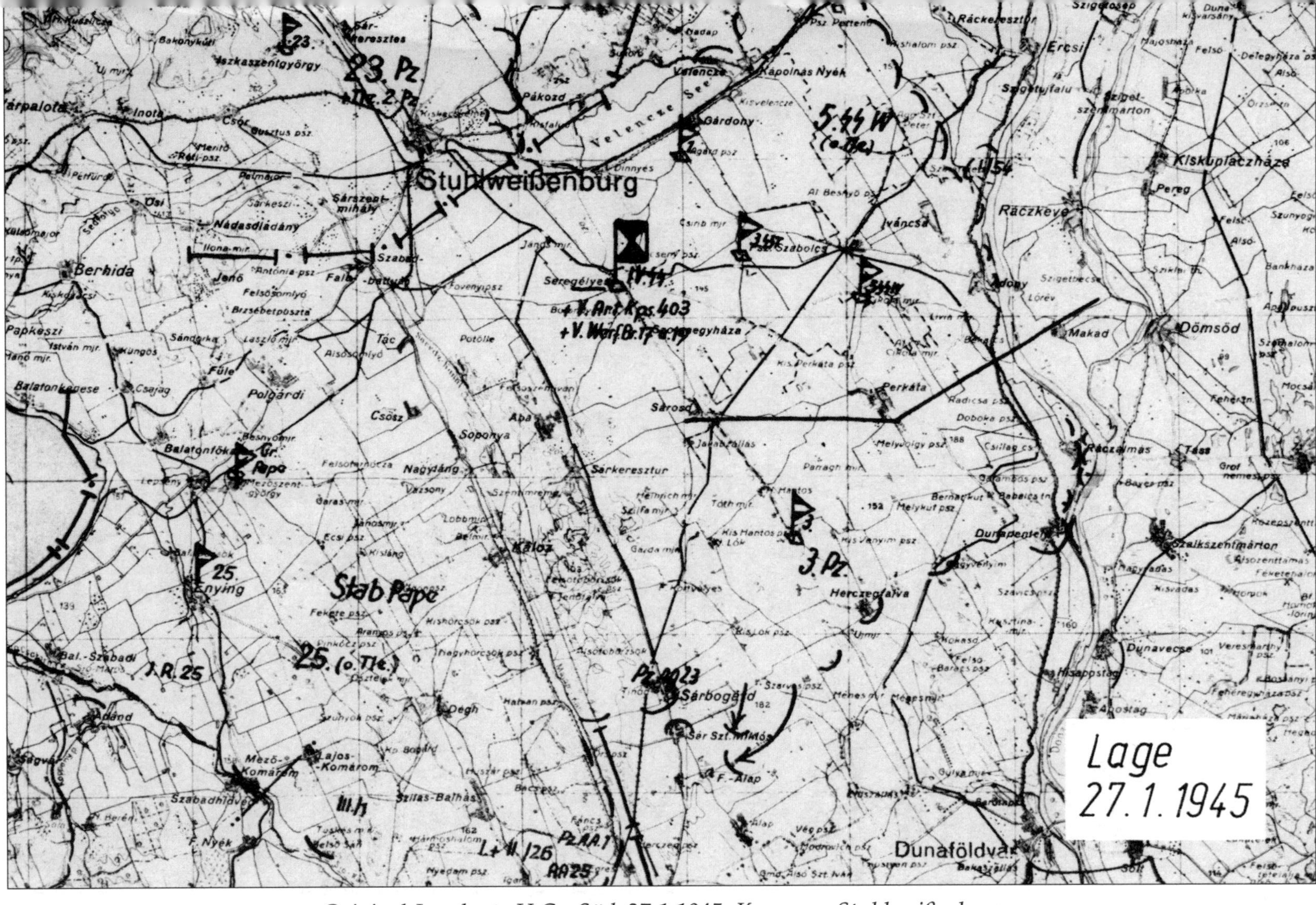

Original-Lagekarte H.Gr. Süd, 27.1.1945, Komorn – Stuhlweißenburg

IV. Literatur- und Quellenverzeichnis

1	Dilthey	„Der Einjährig-Freiwillige“	E. S. Mittler & Sohn, Berlin 1913
2	Guderian, H.	„Erinnerungen eines Soldaten“	Vohwinckel Verlag, 1950
3	Hausser, P.	„Soldaten wie andere auch“	Munin Verlag, 1966
4	Konew, I. S.	„Aufzeichnungen eines Frontoberbefehlshabers 1943/44“	Militärverlag der DDR, Berlin, 1978
5	Lenz, Fr.	„Stalingrad, der verlorene Sieg“	Fr. Lenz, Heidelberg, 1956
6	Liddell Hart	„Geschichte des Zweiten Weltkrieges“	Econ Verlag Düsseldorf, 1972
7	v. Mackensen, E.	„Vom Bug zum Kaukasus“	Vohwinckel Verlag, 1967
8	v. Manstein, E.	„Verlorene Siege“	Athenäum Verlag, 1955
9	v. Moltke, H.	„Ausgewählte Werke Feldherr und Historiker“	Rainer Hobbing Verlag, Berlin, 1925
10	Moskalenko, K. S.	„In der Südwest-Richtung“	Militärverlag der DDR, Berlin, 1975
11	Reichsarchiv	„Die Eroberung von Nowo Georgiewsk“	Stalling Verlag, 1926
12	Rendulic, L.	„Soldat in stürzenden Reichen“	Damm Verlag, München 1965
13	Speidel, H.	„Invasion 1944“	Rainer Wunderlich Verlag, 1949
14	Straßner, P.	„Europäische Freiwillige“	Munin Verlag, 1968
15	Stalling Verlag	„Bilanz des Zweiten Weltkrieges“	Stalling Verlag, 1953
16	Shtemenko, S. M.	„The soviet general staff at war 1941–1945“	Progress Publishers Moskau, 1970
17	Der Reichsführer-SS	„Die SS- und Polizei-Gerichtsbarkeit“, 1. 7. 1944	Friedrich A. Wordel Verlag, Leipzig, 1944
18	Thöle, H.	„Befehl des Gewissens“	Munin Verlag, 1976
19	Tieke, W.	„Der Kaukasus und das Öl“	Munin Verlag, 1970
20	v. Tippelskirch, K.	„Geschichte des Zweiten Weltkrieges“	Athenäum Verlag, 1956

Kriegstagebücher (und Anlagen):

21	Pz. A. O. K. 1	23. 9. – 31. 10. 1942	Bundesarchiv/Freiburg
22	A. O. K. 2	12. 7. – 22. 7. 1944	Bundesarchiv/Freiburg
23	A. O. K. 2	31. 7. – 2. 8. 1944	Bundesarchiv/Freiburg
24	LVII. Pz. Korps	16. 6. – 30. 9. 1942, Nr. 4	Bundesarchiv/Freiburg
25	LVII. Pz. Korps	1. 1. – 28. 2. 1943, Nr. 6	Bundesarchiv/Freiburg
26	XXXX. Pz. Korps	1. 2. – 28. 2. 1943, Nr. 5	Bundesarchiv/Freiburg
27	LVI. Pz. Korps	21. 3. – 27. 4. 1944	Bundesarchiv/Freiburg
28	LII. A. K.	23. 9. – 30. 9. 1942	Bundesarchiv/Freiburg
29	LII. A. K.	1. 10. – 31. 10. 1942	Bundesarchiv/Freiburg
30	I./SS-Pz. Rgt. 5	9. 2. – 30. 11. 1944	

Gefechtsberichte:

31	Schützenkompanie	I./Pz. Rgt. 5 (Wittmann)	11. – 17. 2. 1944
32	Stabskompanie	I./Pz. Rgt. 5 (Senghas)	18. – 22. 8. 1944
33	Fla-Zug	I./Pz. Rgt. 5 (Aumeyer)	10. – 14. 10. 1944
34	2./Pz. Rgt. 5	(Paetow)	10. – 20. 10. 1944
35	2./Pz. Rgt. 5	(Bauer)	21. – 31. 10. 1944
36	3./Pz. Rgt. 5	(Metzger)	4. 9. 1944
37	4./Pz. Rgt. 5	(Metzger)	25. 8. 1944
38	4./Pz. Rgt. 5	(Metzger)	26. 8. 1944

Nr.	Einheit	Verfasser	Datum
39	4./Pz. Rgt. 5	(Metzger)	5. 9. 1944
40	4./Pz. Rgt. 5	(Metzger)	6. 9. 1944
41	4./Pz. Rgt. 5	(Metzger)	7. 9. 1944
42	4./Pz. Rgt. 5	(Weerts)	10. - 19. 10. 1944
43	4./Pz. Rgt. 5	(Weerts)	20. - 26. 10. 1944

Tätigkeits- und Zustandsberichte:

Nr.	Einheit	Verfasser	Datum
44	I./Pz. Rgt. 5	(Kümmel)	19. 3. 1944
45	I./Pz. Rgt. 5	(Köhler, Funkerlehrgang)	24. 4. 1944
46	I./Pz. Rgt. 5	(Säumenicht)	3. 7. 1944
47	I./Pz. Rgt. 5	(Säumenicht)	5. 7. 1944
48	I./Pz. Rgt. 5	(Hein)	4. 10. 1944
49	I./Pz. Rgt. 5	(Hein)	2. 12. 1944
50	I./Pz. Rgt. 5	(Frels)	28. 4. 1944
51	1./Pz. Rgt. 5	(Brand)	2. 5. 1944
52	2./Pz. Rgt. 5	(Hein)	21. 5. 1944
53	3./Pz. Rgt. 5	(Schumacher)	17. 10. 1944
54	Gren. Brig. 1131	(Söth)	27. 8. 1944

Persönliche Tagebücher:

Nr.	Verfasser	Zeitraum	Einheit
55	Jahncke, G.	XII. 1944 - 4. 8. 1945	O1 Div. St. Wiking
56	Hein, W.	26. 1. - 18. 2. 1944	4./SS-Pz. Rgt. 5
57	Schneider, W.	XII. 1942 - 2. 9. 1943	1./SS-Pz. Rgt. 5
58	Schönfelder, M.	XII. 1944 - 8. 5. 1945	IV. SS-Pz. Korps, Chef des Gen. Stabes
59	v. Staden, Th.	I - VI 1942	2./SS-Pz. Abt.5

Berichte, Manuskripte, Veröffentlichungen:

Nr.	Verfasser	Titel	Art
60	Darges, F.	Abwehrkämpfe um Stuhlweißenburg	Manuskript
61	Eckert, K. H.	„HKL wird wieder ausgebügelt“	Manuskript
62	Flügel, H.	Ausbruch Tluscz, August 1944	Manuskript
63	Frels, E.	Ausbruch aus dem Kessel von Tscherkassy	Bericht
64	Fröbe, W.	Einsatz Versmold	Bericht
65	Hein, W.	Lagebericht 11./12. 1. 1943	Manuskript
66	Hein, W.	Dschungelkampf mit Panzern	Manuskript
67	Hein, W.	Anmerkung zum Tagebuch 18. 2. 1944	Manuskript
68	Hepp, J.	Mein tiefstes Erlebnis an der Front	Wiking Ruf, Nr. 19, Mai 1953
69	Jakubetz, L.	SS-Pz. Inf. Btl. 1945	Tonaufzeichnung
70	Jauß, K.	Ausbildungsabteilung 5 Versmold	Manuskript
71	Kerckhoff, M.	Entsatzangriff auf Budapest 14. 1. - 18. 3. 1945	Manuskript
72	Klapdor, E.	Mit der Panzerabteilung 5 zum Kaukasus	Manuskript
73	Klapdor, E.	Aufstellung der II./Pz. Rgt. 5	Manuskript
74	Lange, G.	Meldung beim Chef des Stabes der 2. Armee, Juli 1944	Bericht
75	Lehni, H.	Ausbruch Tscherkassy	Bericht
76	Lichte, K. H.	Maciejow, das Dorf der II. Abt.	Manuskript
77	Melinkat, S.	Die letzten Kämpfe Pz. Inf. Btl. April/Mai 1945	Bericht

78	Mühlenkamp, J.	Aufstellung der Panzer-abteilung 5	Manuskript
79	Mühlenkamp, J.	Angriff auf Rostow	Manuskript
80	Mühlenkamp, J.	Kampf um Malgobek	Manuskript
81	Mühlenkamp, J.	Rückzug vom Kaukasus	Manuskript
82	Neumann, W.	Panzertreffen vor Ssagopschin	Manuskript
83	Nicolussi-Leck, K.	Zwischen Senne und Hannover April 1945	Bericht
84	Overbeck, H.	Einsatz Versmold April 1945	Bericht
85	Putensen, R.	Zwischen Versmold und Ratzeburg	Bericht
86	Ploen, G.	Tod Unterscharführer Trodler	Bericht
87	Dr. Renz, M.	Chronik Pz. Rgt. 5 26. 3. - 30. 11. 1944	Manuskript
88	Richtet,	Einsatz Kowel	Manuskript
89	Dr. Standl, R.	Organisation und Einsatz der Sanitäts-Staffel	Bericht
90	Waber, G.	Fünf Mann halten einen Kolchos	Manuskript
91	W. K., (N. unbekannt)	Tapfere Söhne Europas, treue Kameraden	Wiking Ruf, Nr. 4 Februar 1952
92	Tr. Kameradschaft Pz. Rgt. 5	Entsatzangriffe Budapest	Tonaufzeichnung
93	Dr. Kalbskopf, E.	U. stuf. Jensen in Stuhlweißenburg	Brief

V. Namenverzeichnis

Inhalt

DIE WAFFEN-SS IM BILDBAND

DIE LEIBSTANDARTE IM BILD
320 S. – viele s/w. Abb. – Text deutsch u. englisch – geb. im Atlas-Großformat – € 36,80. – Der älteste Truppenteil der Waffen-SS, die „Leibstandarte SS Adolf Hitler", an allen Fronten.

OFFENSIVE GEGEN KURSK
Das II. SS-Panzerkorps als Stoßkeil im Großkampf
272 S. – viele s/w. Abb. u. farb. Karten – geb. im Atlas-Großformat – € 36,80. – Die „Operation Zitadelle" aus der Sicht der beteiligten Verbände der Waffen-SS.

„WIKING" IM OSTEN
Das SS-Panzer-Regiment 5 im Bild
200 S. – viele s/w. Abb. – geb. im Atlas-Großformat – € 29,80. – Die Einsatzgeschichte des wohl ersten multinationalen Verbandes der Welt.

BEFEHL DES GEWISSENS
Charkow – Winter 1943
348 S. – viele s/w. Abb. und farb. Karten – geb. im Atlas-Großformat – € 36,80. – Ein unverstellter Blick auf die damaligen Ereignisse.

DIE GUTEN GLAUBENS WAREN
4. SS-Polizei-Panzergrenadier-Division im Bild
224 S. – viele s/w. Abb. – geb. im Atlas-Großformat – € 29,80. – Ein bleibendes Denkmal für Tapferkeit und Kameradschaft.

FRONTKÄMPFER
SS-Panzergrenadier-Regiment 3 „Deutschland"
320 S. – viele s/w. Abb. u. Karten – geb. im Atlas-Großformat – € 36,80. – Von Polen über den Rußlandfeldzug bis hin zu den Verteidigungskämpfen 1944/45.

EDITION ZEITGESCHICHTE

Edition Zeitgeschichte • Postfach 52 • 24236 Selent • Tel.: 04384/59700 • Fax: 04384/597040

DIE WAFFEN-SS IN WORT UND BILD

ERNST-GÜNTHER KRÄTSCHMER
DIE RITTER-KREUZTRÄGER DER WAFFEN-SS
832 S. – viele s/w. Abb. – geb. im Großformat – € 49,80. – Dieses Werk stellt alle 409 Soldaten der Waffen-SS vor, die im Zweiten Weltkrieg mit dem Ritterkreuz ausgezeichnet wurden.

ROLF MICHAELIS
UNIFORM-ABZEICHEN DER WAFFEN-SS
Schulterklappen, Kragenspiegel, Armschilde, Ärmelstreifen
76 S. – viele farb. u. s/w. Abb. – geb. im Atlas-Großformat – € 22,80. Rund 300 farbige Abbildungen in Originalgröße mit erklärenden Texten.

ROLF MICHAELIS
UNIFORMEN DER WAFFEN-SS
Feldgrau, Tarnbekleidung, Winterbekleidung, Tropenbekleidung, Sonderbekleidung, Abzeichen
144 S. – über 300 farb. u. s/w. Abb. – Text dt. u. engl. – geb. im Atlas-Großformat – € 25,95. – Eine Enzyklopädie, die keine Fragen offen läßt.

RALF TIEMANN
CHRONIK DER 7. PANZERKOMPANIE
An vorderster Front in der 1. SS-Panzer-division „Leibstandarte SS Adolf Hitler"
320 S. – viele s/w. Abb. – geb. im Großformat – € 25,95. – Der Leser wird mitgenommen in die Dramatik verbissener Panzerduelle.

KOMPANIE-KAMERADSCHAFT (HRSG.)
DIE 3. KOMPANIE
Im Einsatz beim SS-Panzerregiment 12 der 12. SS-Panzerdivision „Hitlerjugend"
168 S. – viele s/w. Abb. – geb. im Großformat – € 19,95. – Die Geschichte der 3. Kompanie des SS-Panzerregiments 12.

ROLF MICHAELIS
DIE PANZER-DIVISIONEN DER WAFFEN-SS
Leibstandarte, Das Reich, Totenkopf, Wiking, Hohenstaufen, Frundsberg, Hitlerjugend
320 S. – viele s/w. Abb. – geb. im Großformat – € 25,95. – Die kampfstärksten Verbände der Waffen-SS.

ALBERT FREY
ICH WOLLTE DIE FREIHEIT
Erinnerungen des Kommandeurs des SS-Panzergrenadier-regiments 1 der „Leibstandarte"
544 S. – viele s/w. Abb. – geb. im Großformat – € 29,80. – Der Ritterkreuzträger berichtet über seine Kriegserlebnisse an allen Fronten.

KOMPANIE-KAMERADSCHAFT (HRSG.)
DIE 7./8. KOMPANIE DER LEIBSTANDARTE
Chronik 1935–45
256 S. – viele s/w. Abb. u. Karten – geb. im Großformat – € 25,95. – Die reich bebilderte Kompanie-Chronik wurde aus Erinnerungen ihrer Angehörigen zusammengestellt.

EDITION ZEITGESCHICHTE

Edition Zeitgeschichte • Postfach 52 • 24236 Selent • Tel.: 04384/59700 • Fax: 04384/597040

Helsinki
Oslo
Reval
Stockholm
Riga
Nordsee
Kopenhagen
Wilna
Brest-Lito
Elbe
Weichsel
Amsterdam
Berlin
Warschau
Paderborn
Kowel
Cholm
Brüssel
Lemberg
Prag
Wien
Budapest
Bern
Stuhlweißenburg
Donau
Buka
Belgrad
Sofia